Uwe Rennspieß

Aufstieg des Nationalsozialismus

Eine vergleichende Lokalstudie der Bergbaustädte Ahlen und Kamen i.W.

Klartext

Die Deutsche Bibliothek - CIP-Einheitsaufnahme

Rennspiess, Uwe:
Aufstieg des Nationalsozialismus : eine vergleichende
Lokalstudie der Bergbaustädte Ahlen und Kamen i.W. / Uwe
Rennspiess. - 1. Aufl. - Essen : Klartext, 1993
   Zugl.: Oldenburg, Univ., Diss., 1993
   ISBN 3-88474-088-1

1. Auflage November 1993
Satz und Gestaltung: Klartext
Druck: WB-Druck, Rieden
© Klartext Verlag, Essen 1993
ISBN 3-88474-088-1

Vorwort

Diese Arbeit wurde im September 1993 vom Fachbereich Sozialwissenschaften der Carl-von-Ossietzky-Universität in Oldenburg als Dissertation angenommen.

Der Titel lautete: „Der Aufstieg des Nationalsozialismus in den Bergbaustädten Ahlen und Kamen i. W. Lokale Verhältnisse als fördernde oder hemmende Faktoren".

Der im März 1993 verstorbene Prof. Erhard Lucas-Busemann hatte die Arbeit angeregt und bis zur Fertigstellung im Dezember 1992 inhaltlich begleitet. Seine wissenschaftlichen Arbeiten, insbesondere über die „Märzrevolution" von 1920 und die „zwei Formen von Radikalismus in der deutschen Arbeiterbewegung" in Hamborn und Remscheid, haben mich schon während des Studiums beeinflußt. Darüberhinaus war er für mich auch als Mensch ein Vorbild.

Mein besonderer Dank gilt den Professoren Klaus Saul und Werner Boldt, die nach seinem Tod kurzfristig die Gutachtertätigkeiten übernahmen.

Außerdem bedanke ich mich bei der Hans-Böckler-Stiftung, die mir ein zwölfmonatiges Stipendium und einen Druckkostenzuschuß gewährte. Weitere Druckkostenzuschüsse zahlten der Landschaftsverband Westfalen-Lippe und die Städte Ahlen und Kamen.

Münster, im Oktober 1993   Uwe Rennspieß

Inhalt

Einleitung

Die beiden Bergarbeiterstädte Ahlen und Kamen liegen am nordöstlichen Rand des Ruhrgebietes. Mit ihrer heutigen Größe von rund 50000 Einwohnern machen sie überregional wenig von sich Reden. Kamen ist allerdings durch das nach ihm benannte Autobahnkreuz bekannt, Ahlen zumindest den Liebhabern exklusiver Badewannen, denn eine der größten Firmen dieser Branche hat dort ihren Sitz. In jüngster Zeit gerät Ahlen öfter in die Schlagzeilen, da die dortige Zeche „Westfalen" zu denjenigen gehört, die in absehbarer Zeit von der Schließung bedroht sind. Kamen hat das schmerzliche Ende des örtlichen Bergbaus schon 1983 erleben müssen. Immerhin blieben mit den „Grimbergschächten" auf dem Stadtgebiet von Bergkamen Teile der Zeche „Monopol" und damit wichtige Arbeitsplätze in der näheren Umgebung erhalten. Im Kampf gegen die Zechenschließungen und die aus eigener Kraft kaum zu bewältigenden Probleme, die damit auf die betroffenen Städte zukommen, haben Ahlen und Kamen schon mehrfach Seite an Seite gestanden.[1]

Mit dem Zug erreicht man Kamen von Dortmund aus in wenigen Minuten und ist nach kurzer Weiterfahrt über Hamm nach rund 30 km in Ahlen. Die Kreise, denen die Vergleichsstädte angehören, stoßen unmittelbar aneinander. Das märkische Kamen bildet den geographischen Mittelpunkt des Kreises Unna (bis 1930 Landkreis Hamm). Das münsterländische Ahlen liegt im Kreis Warendorf (bis 1975 Kreis Beckum).[2]

Wirtschaftshistoriker und Geographen haben sich verschiedentlich darüber gestritten, ob Ahlen noch zum Ruhrgebiet zu rechnen ist. Wie schwer sie sich dabei tun, zeigt eine bekannte Arbeit von Wilhelm Helmrich. Er schreibt zunächst, das Ruhrgebiet reiche „in der räumlichen Ausdehnung soweit, wie Fördertürme und Hochöfen sich im Bilde der Landschaft hervorheben", klammert dann aber das Gebiet von Werne bis Ahlen mit der Begründung aus, „die hier fördernden vier Zechen stellen nur punkthafte Erscheinungen dar".[3] Diese Argumentation ist wenig überzeugend, denn das vereinzelte Erscheinungsbild der Zechen in einem ansonsten ländlichen Umfeld findet sich fast überall im nördlichen Ruhrgebiet. Hier wird die Unsicherheit einer klaren Definition und Eingrenzung des rheinischwestfälischen Industriegebietes deutlich.[4] Ahlen gehört jedenfalls nicht zum Kommunalverband Ruhrgebiet. Bestrebungen der Stadtverwaltung, Anschluß an den

---

1 Beispielsweise in der „kommunalen Kohlerunde", zu der sich die Spitzen von Rat und Verwaltung aus insgesamt sechs „Püttstädten" des östlichen Reviers Ende 1987 zusammenfanden.
2 Zur Geschichte des Kreises Unna, vgl. Krabs (1964), zum Kreis Beckum, Schulte (1947). Die genauen Titelangaben lassen sich dem Literaturverzeichnis entnehmen. Falls ein Autor mehrere Veröffentlichungen in einem Jahr aufzuweisen hat, ist dies mit a, b, c usw. gekennzeichnet.
3 Helmrich (1949), S. 2.
4 Zur wirtschaftsräumlichen Einordnung Ahlens, vgl. Mayr (1968), S. 4.

alten Ruhrsiedlungsverband zu bekommen, haben sich ebensowenig verwirklichen lassen, wie die Versuche, den Status einer kreisfreien Stadt zu erhalten.[5]

Historisch und politisch interessierten Kreisen ist Ahlen wegen eines Ereignisses aus der Zeit unmittelbar nach dem Zweiten Weltkrieg bekannt. Hier versammelte sich der Zonenausschuß der CDU im Februar 1947, um das umstrittene „Ahlener Programm" als vorläufige Grundlage ihrer Wirtschaftspolitik zu verabschieden.[6] Ahlen als Tagungsort für eine christliche Partei zu wählen, hatte eine lange Tradition. Schon 1870 fand hier eine wichtige Gründungsveranstaltung des Zentrums statt.[7]

In heftigem Spannungsverhältnis zum konservativ geprägten Katholizismus in der Stadt entwickelte sich die örtliche Bergarbeiterbewegung besonders weit nach links. Auf der Zeche Westfalen und in der 1911-1924 gebauten Bergarbeiterkolonie besaß die KPD den maßgeblichen Einfluß. Ahlen erhielt den Ruf einer besonders unruhigen Stadt. Bis heute erzählen die älteren Stadtbewohner, daß damals der Spruch die Runde machte:

„Wenn es in Ahlen und Hamborn ruhig ist, ist es im ganzen Ruhrgebiet ruhig!"

Die vierspurige Strecke der Köln-Mindener Eisenbahn, die auf einem Bahndamm durch den Ort führt, spaltet das Stadtgebiet in einen von Bergleuten und einen hauptsächlich von münsterländischen „Paohlbürgern" bewohnten Teil. Der Ausspruch „diesseits und jenseits der Bahn" hat den politischen und sozialen Spannungen bis heute einen räumlichen Ausdruck zugewiesen.

Die auffallendsten Kennzeichen der politischen Landschaft im überwiegend evangelischen Kamen waren dagegen die Stärke liberaler Parteien im bürgerlichen Lager und die klare Dominanz der Sozialdemokratie in der Arbeiterbewegung. Daneben gab es eine sehr unruhige Mittelstandsbewegung, die sich seit 1927 in der Wirtschaftspartei zusammenfand und bis zu 35 % der Wählerstimmen auf sich vereinigte.

Der Verfasser hat in beiden Städten bereits im Rahmen von ABM-Stellen gearbeitet und verschiedene Veröffentlichungen vorgelegt.[8] In Ahlen standen sie unter dem Schwerpunkt der Bergarbeiterbewegung und Koloniegeschichte, in Kamen der Parteiengeschichte und Kommunalpolitik. Die Veröffentlichungen richteten sich vornehmlich an den durchschnittlichen Stadtbewohner und waren um leicht verständliche Präsentation und Anschaulichkeit bemüht. Ein überregionaler Vergleich und die Einordnung in den Forschungsstand kamen demgegenüber zu kurz. Dies soll in der folgenden Untersuchung nachgeholt werden.

Als Ausgangspunkt dient der auffallende Gegensatz im Abschneiden der NSDAP bei den Reichstagswahlen am Ende der Weimarer Republik. 1932 lag der Stimmenanteil für die Nationalsozialisten in Kamen mehrmals über dem Reichsdurchschnitt. Ahlen gehörte demgegenüber zu den Städten mit dem niedrigsten Anteil

---

5 Dazu ausführlich: Mayr (1966).
6 Vgl. John (1977).
7 Vgl. Bachem (1927).
8 Vgl. die Titel im Literaturverzeichnis.

an NSDAP-Wählern. Er lag noch weit unter dem Schnitt der Revierstädte, im November 1932 beispielsweise bei 12,3 %. Neben diesen Wahlergebnissen fällt auf, daß in Kamen jeder wirkungsvolle Widerstand, sowohl in der Arbeiterschaft als auch im Bürgertum ausblieb. Demgegenüber stieß der Machtergreifungsprozeß in Ahlen auf größere Hindernisse.

Die Verlockungen des Nationalsozialismus haben also auf die Bewohner Ahlens und Kamens sehr unterschiedlich gewirkt. Die wirtschaftlichen Verhältnisse waren dabei ähnlich stark durch die Abhängigkeit vom Bergbau geprägt, und die Berufsstruktur weist in beiden Fällen rund 40 % Bergleute auf. Als zentrale Fragestellung ergibt sich daraus:

> Welche lokalen Besonderheiten begünstigten bzw. hemmten den Erfolgskurs des Nationalsozialismus vor Ort?

Das methodische Vorgehen wird dadurch bestimmt, ausgewählte Bereiche der sozialen, wirtschaftlichen und politischen Verhältnisse der beiden Städte in einem systematischen Vergleich darzustellen und auf die fördernden bzw. hemmenden Konsequenzen für die NS-Bewegung zu befragen.

Der Untersuchung liegt die Annahme zugrunde, daß es einen engen Zusammenhang zwischen der weltanschaulichen Orientierung und dem politischen Verhalten sozialer Gruppen einerseits und ihren konkreten Lebensumständen andererseits gibt. Dabei sollen die „Beharrungskraft in alten und neuen politischen Traditionen" und die „rückwirkend gestaltende Kraft des Politischen" nicht übersehen werden.[9] Dies bedeutet, neben den ökonomischen und sozialen Faktoren wie Wohn- und Arbeitsverhältnisse, Lebensstandard, Nachbarschaft, Vereinswesen etc. auch die religiösen, ethnischen, berufs- und schichtspezifischen Traditionen zu berücksichtigen. Die geplante Arbeit will jene Faktoren im lokalgesellschaftlichen Leben einkreisen, die stark genug waren, die beschriebene Wirkung einer mehr oder weniger großen Aufnahmebereitschaft für die NS-Ideologie in den verschiedenen sozialen Schichten hervorzubringen.

Die konkreten Lebensbedingungen, subjektive Erfahrungen und Verhaltensmuster, die Wirkung von Traditionen, Formen des Fehlverhaltens in Bezug auf den Nationalsozialismus usw. können am besten im Mikrosystem des lokalen Bereichs erfaßt werden. Die Lokalstudie verfügt über den Vorteil, daß sie „zur konkreten politischen Sozialgeschichte" werden kann, die „augenfällig zu machen vermag, was der historischen Analyse von höherer Warte aus oft an abstrakten Begriffen verschlossen bleibt".[10] Darüber hinaus lassen sich nur am Ort „Differenzierungen innerhalb der allgemeinen Prozesse erkennen, die Rückschlüsse auf beschleunigende oder retardierende Momente zulassen".[11]

Lokalstudien haben mittlerweile ihren festen Platz in der modernen Zeitgeschichtsforschung.[12] Die Form des Vergleichs zweier oder mehrerer Städte schärft

---

9   Vgl. Tenfelde (1986), S. 39.
10 Broszat/Fröhlich/Grossmann (1981), S. XVIII, ähnlich auch: Hennig (1980).
11 Köllmann (1975), S. 46, vgl. auch Düwell (1990), S. 47 f.

dabei den Blick für lokale Besonderheiten und erschwert den verbreiteten Fehler, die Bezüge zu den allgemeinen historischen Prozessen zu verlieren.[13] Die komparatistische Methode hat sich mittlerweile in derart vielen Fällen bewährt, daß dies Verfahren weite Verbreitung in der Forschung gefunden hat.[14]

Der sozialgeschichtliche Ansatz, das „Politische aus dem Sozialen" abzuleiten birgt einige Gefahren, die es zu berücksichtigen gilt. Detlev Peukert spricht beispielsweise von der nicht zu schließenden „Kluft zwischen sozialen Situationsbeschreibungen" und „den Zeugnissen politischer Aktivität von Arbeiterorganisationen".[15] Adelheid von Saldern weist in ihren „Bemerkungen zu Vergleichsstudien" darauf hin, daß die objektiven Strukturen zweier Städte sehr verschieden sein und trotzdem zu ähnlichen politischen Entwicklungen führen können und umgekehrt. Beide Analyseteile, „sozio-ökonomische Strukturen" und „Praxisformen der Arbeiterbewegung an einem Ort", würden gewöhnlich einfach durch „historische Phantasie" miteinander verbunden.[16]

Diese Kritik bedeutet selbstverständlich nicht, den Versuch, politisches Verhalten aus konkreten Lebensumständen abzuleiten, von vornherein aufzugeben (wie die beiden angesprochenen Historiker selbst durch eine Vielzahl hervorragender Studien gezeigt haben). Von Saldern zählt einige Bedingungen auf, unter denen sich die angesprochene Kluft am besten füllen läßt. Dazu zählt die verstärkte Berücksichtigung von Quellen, „die den Aneignungsprozeß der Wirklichkeit durch die Betroffenen selbst widerspiegeln". Angesichts des Mangels solcher Quellen käme es darauf an, „das Augenmerk mehr auf den Prozeßcharakter der Bewußtseins- und Praxisformen" zu richten. Nur so ließen sich Kontinuitäten und Brüche im Verhalten von Menschen erklären, die sich neuen Verhältnissen nicht ohne weiteres anpassen. Wichtig wäre darüberhinaus, möglichst viele dieser Prozesse zu erfassen.[17]

Die vorliegende Untersuchung versucht, den angesprochenen Problemen Rechnung zu tragen. Zumindest in einigen Fällen konnten Quellen gefunden werden, die etwas über die subjektive Verarbeitung konkreter Lebensumstände, Veränderungen oder politische Vorgaben aussagen. Außerdem wird der Blick weit über den eigentlichen Untersuchungszeitraum der Weltwirtschaftskrise hinaus, bis zurück in die Zeit der Industrialisierung gerichtet. Zeiten der Umbrüche und Veränderungen sollen dabei besonders Berücksichtigt werden. Dem Anspruch, möglichst viele Prozesse zu erfassen, sind eine Reihe natürlicher Grenzen gesetzt (Umfang der Arbeit, Überschaubarkeit, Quellenlage etc.). Als Orientierung dienten mir die auffallendsten Unterschiede in den Vergleichsstädten:

---

12 Thamer (1990), S. 11. Von Saldern (1991), S. 127-153 gibt einen aktuellen Überblick über den Forschungsstand der Lokalgeschichte und zeigt weiterhin vorhandene Lücken auf.
13 Von Saldern (1989), S. 322.
14 Vgl. beispielsweise: Lucas (1976), Boll (1981), Krabbe (1985), Reese (1989).
15 Peukert (1982), S. 19.
16 Vgl. von Saldern (1984), S. 485 und 488.
17 Vgl. ebenda S. 488 und 489.

1. Zeitpunkt und Auswirkungen der Industrialisierung:
   – Der Einzug des Bergbaus in die alte münsterländische Ackerbürgerstadt Ahlen
     erfolgte 36 Jahre später als im evangelischen Kamen, wo bereits 1873 das
     Abteufen begann. Die mit dem Massenzuzug von auswärtigen Arbeitern in
     Zusammenhang stehenden Veränderungen der religiösen und politischen Ver-
     hältnisse gingen in Kamen relativ behutsam vor sich, während sie in Ahlen
     „verdichtet" in der Zeit kurz vor bzw. kurz nach dem Ersten Weltkrieg erfolgten.

2. Wohn- und Arbeitssituation:
   – In Ahlen entstand 1911 bis 1924 eine „geschlossene" Bergarbeiterkolonie, 1,5 km
     von der Altstadt entfernt und durch eine Bahnlinie von ihr getrennt. In Kamen
     wurden seit 1890 Wohnblocks für Bergarbeiter über das ganze Stadtgebiet verteilt
     gebaut. Während der Weimarer Zeit war die Ahlener Zeche die tiefste des Ruhrge-
     biets. Die Arbeitsverhältnisse galten als besonders hart. Der Belegschaftsanteil an
     Ausländern und Jugendlichen war bedeutend höher als in Kamen.

3. Soziale Spannungen:
   – Die Ahlener Bergleute entwickelten in ihrem Wohngebiet ein weitgehendes
     Eigenleben (auch im kirchlichen und schulischen Bereich). Besonders in der
     Weltwirtschaftskrise erreichte das Verhältnis zu den Alteingesessenen den Grad
     direkter Feindschaft. In Kamen lebte zu dieser Zeit schon die 2. oder gar
     3. Generation der Zuwanderer. Ihre Integration war weit fortgeschritten.

4. Politische und religiöse Verhältnisse:
   – Das katholische Ahlen war zentrumsorientiert. In der Bergarbeiterkolonie ent-
     stand dagegen ein kommunistisches Milieu, in dem rund 70 % der Bewohner
     die KPD wählten. Im evangelischen Kamen dominierte bis 1918 die National-
     liberale Partei und in der Weimarer Zeit die DVP. Die Bergarbeiter orientierten
     sich schon relativ früh an der Sozialdemokratie. Die KPD konnte unter den
     Kamener Bergleuten keinen großen Einfluß gewinnen. Die Zechenbelegschaft
     galt als ausgesprochen „gemäßigt" und beteiligte sich an keinen Streikaktionen
     gegen den Lohn- und Sozialabbau. Der NSBO gelang es im März 1933, die
     Mehrheit im Betriebsrat zu gewinnen.

5. Mittelstandsproblematik:
   – Während das Zentrum es in Ahlen verstand, den Mittelstand auch nach der
     Inflation an sich zu binden, entstanden in Kamen gesonderte politische Zusam-
     menschlüsse. Bei den Kommunalwahlen im November 1929 erreichte die
     Wirtschaftspartei hier 35 %.

6. Kommunalpolitik und Selbstverwaltung:
   – In Kamen sorgte ein stark umstrittener Bürgermeister für eine spannungsreiche
     Polarisierung in der Bürgerschaft. Im Stadtparlament stand sich die „Zechenpar-
     tei" (DVP) auf der einen und die Mittelstandsvereinigung (zeitweilig in Zusam-

menarbeit mit der SPD) auf der anderen Seite in scharfer Konfrontation gegenüber. In Ahlen war die Situation eher von dem klassischen Gegensatz links (KPD)
gegen rechts (Zentrum) geprägt. Der Bürgermeister war in Ober- und Mittelschicht verankert. Die Zechendirektoren wohnten außerhalb der Stadt und
griffen nicht in die Kommunalpolitik ein.

Die Gliederung der Arbeit orientiert sich an den beschriebenen Unterschieden.
Nach einer Darstellung der Industrialisierung und der Strukturveränderungen in
ihrem Gefolge stellen die nächsten zwei Kapitel die Lebensverhältnisse der wichtigsten sozialen Gruppen aus Arbeiterschaft, Oberschicht und Mittelstand vor. Das
vierte und fünfte Kapitel vergleicht die Auswirkungen der Weltwirtschaftskrise und
die Entwicklung der NS- Bewegungen miteinander. Im letzten Kapitel wird
versucht, die Reaktionen der wichtigsten sozialen Gruppen auf den Nationalsozialismus darzustellen.

Die Quellenlage und der Forschungsstand zur Stadtgeschichte stellen sich in
Ahlen und Kamen sehr unterschiedlich dar. Während die kommunalen Aktenbe-
stände in Ahlen sehr lückenhaft sind, ist die Sekundärliteratur überdurchschnittlich
gut. In Kamen findet man demgegenüber ein Stadtarchiv mit relativ reichhaltigen
Beständen, aber kaum wissenschaftliche Aufarbeitung.

Diese paradox anmutende Situation hat verschiedene Gründe: Zum einen
erregte die vom münsterländischen Stadttyp abweichende Geschichte Ahlens schon
mehrfach das Interesse von Historikern und Geographen der nahen Universität
Münster.[18] Zum zweiten ist die Stadtverwaltung Anfang der 80er Jahre dazu
übergegangen, die Geschichtsschreibung zur öffentlichen Aufgabe zu erklären.[19] In
zweijährigen Arbeitsbeschaffungsmaßnahmen arbeiteten seitdem verschiedene Historiker in der Stadt. Sie haben einen recht beachtlichen Ausstoß an Veröffentlichungen produziert.[20]

In Kamen gab es diese Entwicklung nicht. Hier war es mit der Erforschung der
Stadtgeschichte bis in jüngster Zeit wie in den meisten Mittelstädten bestellt. Es
war die Sache weniger engagierter Bürger und einiger Schüler und Studenten, die
eine Hausarbeit über ihre Heimatstadt schrieben.[21] Als Ausnahme von dieser Regel
ist allerdings auf die Habilitationsschrift von Everhard Holtmann zu verweisen, der
die politische Kultur im frühen Nachkriegsdeutschland am Beispiel Kamens und
Unnas untersucht.[22]

---

18 Es entstanden eine ganze Reihe von wissenschaftlich fundierten Untersuchungen. Für die
    hier behandelte Fragestellung ist vor allem die Dissertation von Mayr (1968) zur
    Bevölkerungsentwicklung von Interesse und die Magisterarbeit von Zimmer (1987) zur
    Arbeiterbewegung zwischen 1918 und 1923.
19 Vgl. Huhn/Rennspieß (1991).
20 Für diese Arbeit ist besonders die detaillierte Darstellung des Industrialisierungsprozesses
    von Muth (1989) und die NS-Geschichte von Grevelhörster (1987) von Bedeutung.
21 Für das geringere historische Engagement in Kamen spricht auch, daß es hier im Gegensatz
    zu Ahlen keinen in diesem Bereich tätigen Heimatverein gibt und man stadtgeschichtliche
    Themen an der VHS nur als Ausnahmeerscheinung findet.
22 Die Arbeit Holtmanns (1989) greift im Bereich der Mittelstandsproblematik bis in die

Aus diesen Unterschieden in der Quellenlage und dem Forschungsstand der Vergleichsstädte ergibt sich, daß die Beschreibung einzelner Aspekte der Ahlener Verhältnisse aus der Sekundärliteratur zusammengefaßt werden kann, während man in Kamen auf die Orginalquellen zurückgreifen muß. Die Konsequenz sind dann zum Teil recht unterschiedlich lange Textpassagen.

Weimarer Zeit zurück und ist damit neben ihren theoretischen Prämissen auch für die vorliegende Untersuchung bedeutsam.

Kapitel I:
Zeitpunkt und Folgen der Industrialisierung

Man glaubt sie zu kennen, die Geschichte dieser Ruhrgebietsorte, die im Zuge der Zechengründungen in wenigen Jahren von der ländlichen Gemeinde zur Industriestadt expandierten. Dieser Vorgang ist oft beschrieben worden.[1] Im Hinblick auf die unterschiedliche Ausgangssituation für politische und soziale Veränderungen lassen sich bestimmte Typen unterscheiden:[2]

1. die „klassische" Stadt der vorindustriellen Zeit, die durch die Industrialisierung umgeprägt wird,
2. die Stadt als quasi „Neuschöpfung" und Produkt der Industrialisierung,
3. die sich industrialisierende Landgemeinde,
4. die ghettoartige Arbeitersiedlung in ländlicher Umgebung.

Ahlen und Kamen gehören zur ersten Gruppe dieser Aufzählung. Wenn sie auch vor der Industrialisierung nur kleine Ackerbürgerstädtchen mit weniger als 3000 Einwohnern waren, so verfügten sie doch über eine eigenständige Tradition und Geschichte, eine alteingesessene Bevölkerung, Honoratiorenschicht und Mittelstand, städtische Struktur und Stadtkern, alles in allem also, über eine Basis, von der aus sie sich mit der Industrialisierung auseinandersetzen konnten.

Beide Orte lassen sich bereits auf das frühe Mittelalter zurückführen. An einer Flußfurt gelegen, wurden sie aus Gründen der Missionierung und Grenzsicherung mit Kirchen und Burgen versehen. Dabei fällt in Kamen die Besonderheit auf, daß rund um die Burg der Grafen von Altena (Mark) gleich neun weitere Adelssitze entstanden. Im 13. Jahrhundert siedelten sich Bauern, Handwerker und Kaufleute an, und es erfolgte die Verleihung der Stadtrechte. Durch Verbindungen zur Hanse führte die weitere Entwicklung schnell zu einer kurzen Blütezeit. Doch schon in der zweiten Hälfte des 14. Jahrhunderts wurden die Vergleichsstädte dann von anderen Orten der näheren Umgebung in ihrer überregionalen Bedeutung überrundet. Brand, Pest und Kriege sorgten für einen Entwicklungsstillstand über Jahrhunderte. Man kann davon ausgehen, daß die Bevölkerungszahlen und bebauten Flächen im 14. Jahrhundert annähernd genauso groß waren wie zu Beginn der Industrialisierung.[3]

Der Anstoß zu neuem Aufschwung wurde in beiden Städten durch den Anschluß an die Köln-Mindener Eisenbahn im Jahre 1847 gelegt. Viele Tagelöhner und verarmte Handwerker fanden beim Bahnbau eine Beschäftigung, bei der sie die

---

1 Zu nennen ist hier vor allem Croon (1958) und in jüngster Zeit Reulecke (1990a).
2 In Anlehnung an Lucas-Busemann (1984).
3 Die alte Geschichte Kamens ist dargestellt bei Simon (1982) und Sälzer (1984), zu Ahlen: Bohn (1980), Röer (1985) und zuletzt Grabowski (1992).

moderne Lohnarbeit kennenlernten. Erstmals kamen zahlreiche Fremde in die Stadt, von denen nicht alle nach Fertigstellung der Trassen weiterzogen, so daß ein leichter Wanderungsgewinn zu verzeichnen war.[4]

Bei oberflächlicher Betrachtung ließen sich natürlich weitere Gemeinsamkeiten aufzählen. Jedes nähere Hinsehen läßt allerdings die Unterschiede in den Vordergrund treten. Gerade die Nähe der beiden Städte zueinander und die Zugehörigkeit zum gleichen Industrialisierungstyp unterstreicht nur, wie vielfältig und differenziert die Gesichter dieser Städte sind. Man glaubt eben immer nur, sie zu kennen.

Als ein wesentlicher Unterschied in der Entwicklung der Vergleichsstädte fällt als erstes ins Auge, daß die Nordwanderung des Bergbaus die nahe am Hellweg gelegene Stadt Kamen 36 Jahre früher erreichte als das münsterländische Ahlen. Während die Zeche Monopol, mit ihrem Abteufbeginn im April 1873, noch ein Produkt des Gründerzeitbooms war, gehörte die Zeche Westfalen am nordöstlichsten Ausläufer des rheinisch-westfälischen Kohlengebietes – der ersten Spatenstich ihrer Schächte erfolgte am 1.2.1909 – zu den letzten Bergwerksgründungen vor dem Ersten Weltkrieg.[5] Dies hatte vielfältige Folgen:

- in Ahlen gab es eine Industrialisierung vor Einzug des Bergbaus und unabhängig von ihm,
- die Bergwerke gingen sehr unterschiedliche Wege in der Rekrutierung der Belegschaften, im Werkswohnungsbau und im kommunalpolitischen Engagement,
- zur Zeit der Weltwirtschaftskrise lebte in Ahlen noch ein großer Teil der ersten Zuwanderergeneration, deren Situation von sozialen, politischen und religiösen Gegensätzen zu den alteingesessenen Paohlbürgern geprägt war, während die Integration der Bergleute in Kamen schon weit fortgeschritten war.

A. Der Bergbau und der Industrialisierungsprozeß

1. Die Ausgangssituation in den Vergleichsstädten

Vergleicht man die Gewerbestruktur der beiden Untersuchungsstädte vor der Industrialisierung,[6] so läßt sie sich übereinstimmend folgendermaßen beschreiben: Es gab wenig Akademiker und Beamte, wenig wohlhabende Kaufleute, Bauern und Handwerker. Die große Masse bestand aus kleinen Händlern, Handwerkern und Tagelöhnern. Es überwogen Berufe, die den Bedarf an alltäglichen Konsumgütern

---

4 Zu Ahlen im Detail untersucht von Mayr (1965a) und Muth (1989) S. 23-55.
5 Zur Nordwanderung des Bergbaus und seinen Auswirkungen, grundlegend: Helmrich (1949), Brepohl (1957), Wiel (1970) und Steinberg (1978).
6 Vgl. Tabellen und amtliche Nachrichten über den Preussischen Staat für das Jahr 1849, Teil V: Gewerbliche Tabellen. Für Ahlen außerdem von 1816 bis 1853 aus verschiedenen Quellen zusammengestellt von Muth (1989), S. 17, für Kamen im Jahre 1837, Buschmann (1842), S. 219/220.

deckten, dagegen ist die Herstellung von Spezial- und Luxusgütern selten. Fast jeder unterhielt noch einen landwirtschaftlichen Nebenerwerb.

Es fällt nur ein Unterschied von Belang auf: In Ahlen dominierten die Leineweber und in Kamen die Schuster. Diese Handwerksarten fanden vor Ort eine technische Weiterentwicklung zur Maschinenproduktion. Trotzdem läßt sich nicht davon reden, daß sie den Anstoß zur Industrialisierung gaben, wie kurz gezeigt werden soll:

Das Weben hatte in Ahlen schon eine lange Tradition.[7] Im 17. Jahrhundert verfügte die Stadt über eine Leggestelle (zur Qualitätsprüfung der Erzeugnisse). In der Umgebung wurde Flachs und Hanf angebaut. Die ortsansässigen Leineweber und Garnspinner konnten auf Dauer aber nicht mit den großen Textilregionen in Ostwestfalen und dem westlichen Münsterland konkurrieren. Die Zahl der Webstühle nahm um die Mitte des 19. Jahrhunderts in wenigen Jahren von 130 auf weniger als die Hälfte ab. Die geübten Ahlener Leineweber stellten sich auf die Plüschherstellung um. Es bestanden Kontakte zu Textilunternehmern im Aachener- und Elberfelder Raum. Diese trieben die Umstellung voran und führten das Verlagssystem ein. Sie hielten sich in der Stadt fünf „Faktoren", von denen die Weber die Rohware erwarben und an die sie die fertigen Produkte zurückgaben. Der von ihnen angefertigte Plüsch fand hauptsächlich zur Pantoffel- und Möbelherstellung Verwendung. Die Anzahl der Arbeitskräfte in diesem Zweig war Mitte der 1880er Jahre mit 150 auf seinem Höhepunkt. Die wirtschaftliche Lage dieses neuen Produktionszweigs war von Anfang an großen Schwankungen ausgesetzt. Die Umstellung auf motorgetriebene Webstühle gelang nicht in ausreichendem Maße, um Ahlen auf Dauer zum Textilstandort zu machen. Zwar fanden sich 1886 zwei Einheimische zu einer Firma zusammen, die nach Anfängen mit ca. 60 hausindustriellen Webern 1898 den Maschinenbetrieb aufnahm, doch konnte man sich nur bis 1916 halten, da die Rohstofflieferung aus England wegen des Kriegszustandes zusammenbrach. Die Fabrik stellte sich auf Metallverarbeitung um.

Ähnlich verlief die Entwicklung in Bezug auf die Kamener Schuhherstellung. Fallen schon unter der Gewerbetabelle von 1849 64 Schuster mit 34 Gehilfen und 10 weitere „Lederarbeiter" auf, so erhöhte sich ihre Zahl in den 60er und 70er Jahren des 19. Jahrhunderts auf rund 200.[8] Dabei stellten viele Schuster ihr Leder in Lohgruben an der Seseke selbst her und verkauften vornehmlich derbe Arbeitsschuhe in den aufstrebenden Industriestädten der Nachbarschaft. Einige von ihnen sollen es dabei zu einigem Wohlstand gebracht haben. So ist es nicht verwunderlich, daß in den 1880er Jahren drei Schuhfabriken entstanden, in denen um die Jahrhundertwende rund 150 Arbeiter beschäftigt waren.

Aber ähnlich wie die Plüschweberei in Ahlen setzte sich Kamen nicht als dauerhafter Standort einer breiteren Schuhindustrie durch. Nur eine der drei Fabriken konnte sich auf Dauer halten. Damit läßt sich im Grunde keine organische

---

7 Vgl. zum folgenden: Seifert (1951) S. 51-55, Muth (1989), S. 19-20.
8 Hierzu: Pröbsting (1901), S. 49/50.

Weiterentwicklung eines dominierenden heimischen Handwerks zur Industrieproduktion feststellen.[9]

Die Anstöße zur Industrialisierung müssen in anderen Ursachen gesucht werden. Neben den vorhandenen Bodenschätzen war der Einfluß des Umlandes in Bezug auf Absatzchancen und Infrastruktur entscheidend. In dieser Hinsicht verfügten die Untersuchungsstädte über sehr unterschiedliche Ausgangsbedingungen:

Ahlen war nach Münster und Warendorf die drittgrößte Stadt des östlichen Münsterlandes und verfügte über ein größeres ländliches Einzugsgebiet. Seine günstige Verkehrsanbindung an das Ruhrgebiet und das niedrigere Lohnniveau eines Ortes, in dem noch keine nahegelegene Zeche den Arbeitern eine Alternative bot,[10] machten Ahlen zu einem attraktiven Standort für einige bergbauunabhängige Wirtschaftszweige.

Dies war vor allem die Emailleindustrie.[11] Ahlen konnte sich gegenüber der Konkurrenz anderer Emaillestandorte, vor allem in Sachsen und Süddeutschland, gut durchsetzen. Das nahegelegene Ruhrgebiet war einerseits der wichtigste Rohstofflieferant für die Eisen- und Stahlbleche sowie die Kohle, die man zum Heizen der Brennöfen benötigte, andererseits wurde es mit seiner ständig wachsenden Bevölkerung zu einem der wichtigsten Absatzmärkte. Das ländliche Hinterland, auf das sich die Fabrikanten mit Produkten für die Landwirtschaft einstellten, bewährte sich besonders in Krisenzeiten als wichtiger Ausgleich, da sich Konjunkturschwankungen hier nicht so stark bemerkbar machten.

Kamens Ausgangsbedingungen waren weit schlechter. Es lag im Dreieck der ungleich bedeutenderen Städte Unna, Hamm und Dortmund. Gegen deren übermächtige Konkurrenz konnte es sich weder vor noch nach Einzug des Bergbaus durchsetzen.

Hans Heinrich Blotevogel hat die zentralen Orte Westfalens nach ihrer überregionalen Bedeutung vor der Industrialisierung untersucht und einem Schema von 10 Stufen zugeordnet, vom Großzentrum (Stufe 1) über ein in sich weiter differenziertes Höheres-, Mittel- und Unterzentrum bis zum Kirchdorf (Stufe 10). Als Kriterien werden Wirtschafts- und Verwaltungsfunktionen sowie die Bereiche Kirche, Bildungs- und Kultureinrichtungen und Gesundheitswesen berücksichtigt. Danach hatte Ahlen immerhin die Eigenschaften eines schwachen Mittelzentrums (Stufe 6) während Kamen trotz höherer Einwohnerzahl als in dieser Kategorie üblich als Unterzentrum (Stufe 7) nur knapp über den Kirchdörfern rangierte.[12]

9 Lange (1975) zeigt, daß die Industrialisierung in der Grafschaft Mark an schon vorhandene Ansätze anknüpfte, die aber gerade im Landkreis Hamm eben nicht vorhanden waren. Südlich der Ruhr waren die Bedingungen dafür besser.

10 Andererseits waren die höheren Löhne des Metallbereichs auch wieder ein Grund für die Standortnachteile der Plüschweberei in Ahlen, vgl. Seifert (1951), S. 54.

11 Helmrich (1937), S. 80 schreibt dazu: „Weder natürlich bedingt, noch gewerbliche Traditionen nutzend, hat sich im südöstlichen Münsterland die Industrie der Emaille- und sonstigen Blechwaren zum Zentrum in Westdeutschland entwickelt."

12 Blotevogel (1975) besonders S. 40-42 und Karte S. 189.

Hier zog der Bergbau schon 1873 ein, zu einer Zeit, als es noch kaum andere Fabrikgründungen gab. Jetzt stiegen die Grundstückspreise und das Lohnniveau. Man findet Anzeichen dafür, daß die Bemühungen des Bürgermeisters Adolf von Basse (1877 bis 1912), Fabriken anzusiedeln, an den gegenteiligen Interessen der lokalen Unternehmer scheiterten. Sie befürchteten vor allem eine steigende Konkurrenz um die vorhandenen Arbeitskräfte. Industrielle, die sich um den Standort Kamen bemühten „wandten sich anderern Städten zu, die ihnen sogar gerne für Jahre hinaus besondere Erleichterungen gewährten, die Kamen anzubieten versäumt hatte".[13] Vor allem verfügte Kamen über eine schlechtere Infrastruktur als die umliegenden größeren Städte sowie über Defizite in den kommunalen Dienstleistungen. Besondere Beispiele dafür sind die Elektrifizierung und die Kanalisation, die erst in den 1920er Jahren vollendet wurden.

2. Der Einzug der Industrie und ihre Entwicklung bis zum Beginn der Weltwirtschaftskrise

Wenige Jahre nach Anschluß an die Köln-Mindener Eisenbahn entstand in Kamen eine Papierfabrik (1851) und ein Betrieb zur Zigarrenherstellung (1854).[14] Beide überlebten nur wenige Jahrzehnte. In den 1870er Jahren entwikelten sich dann einige Schlossereien und Gießereien zu Maschinenfabriken weiter. Ihre Produktion war eng an den Bedarf der Eisenbahn und der expandierenden Bergwerke in der näheren Umgebung angelehnt. Sie kamen über den Status von Kleinbetrieben mit 30-60 Beschäftigten nicht hinaus. Eine Ausnahme bildete ein Unternehmen, das neben der Herstellung von Rohren und Bohranlagen auch selbst Tiefbohrungen durchführte. Es exportierte bis nach Rumänien und konnte zeitweilig über 200 Arbeitskräfte (1906 = 228) beschäftigen. 1914 beging der Eigentümer Selbstmord. Räume und Anlagen wurden von einer Kölner Firma „Fabrik für elektrische Zünder" übernommen. Während des Ersten Weltkriegs arbeiteten hier zeitweilig 800-900 Menschen an Heereslieferungen. Nach der Umstellung auf den Friedensbedarf konnten allerdings nur noch 100 Arbeitskräfte beschäftigt werden.[15] Bei der Stillegung der Zünderfabrik im Jahre 1927 kamen 128 Personen zur Entlassung.[16]

In der Weimarer Zeit nahm ein Preß-, Stampf und Hammerwerk die Stelle des Betriebes mit den meisten Beschäftigten nach der Zeche ein. Es produzierte in der

13 Zitiert nach einem Artikel von Rektor Siegler in der Zechen-Zeitung, 1927, Nr. 6, S. 6. August Siegler war jahrzehntelang als Kommunalpolitiker aktiv gewesen, bevor er Anfang der 1920er Jahre als erster Beigeordneter für einige Jahre die Geschäfte des Bürgermeisters führte.

14 Die Industrialisierung Kamens ist noch nirgendwo zusammenhängend dargestellt. Wenn nicht anders angegeben, orientiert sich das Folgende an der Stadtchronik (die als Transkription im Stadtarchiv vorhanden ist), Abs. 25-28 und 73-74, außerdem Pröbsting (1901), S. 63-64 und Rektor Siegler in der Zechen-Zeitung, 1927, Nr. 3, S. 4-5.

15 Vgl. Einwohnerbuch der Stadt Kamen von 1923, S. 2.

16 Vgl. Bericht über die Verwaltung der Stadt Kamen, 1924-1928, S. 15 und Kamener Zeitung vom 26.4.1929.

Luftaufnahme der Kamener Zeche Monopol. 20er Jahre. Symbolträchtig wirkt die Stadt im Hintergrund nur wie der „Hinterhof" der Schachtanlage.

Hauptsache Eisenbahnartikel. Hier arbeiteten in der ersten Hälfte der 20er Jahre rund 100 Personen. Das Werk konnte seine Belegschaft bis Ende 1927 erstaunlicherweise verdreifachen, nahm dann aber größere Entlassungen vor, so daß Mitte 1928 noch rund 200 Arbeitsplätze vorhanden waren.[17] Selbst zusammengenommen mit den schon erwähnten drei Schuhfabriken dürften in all diesen Werken – mit Ausnahme der Rüstungspruduktion während des Ersten Weltkriegs – im Schnitt nie mehr als 300-400 Menschen beschäftigt gewesen sein.

Damit ist schon gesagt, daß die eigentliche Ursache für die Entwicklung Kamens zu einer industriellen Mittelstadt die Zechenansiedlung war. Seit 1871 wurde in der Kamener Gegend nach Kohle gebohrt. Die Ergebnisse waren so vielversprechend, daß im April 1873 mit dem Abteufen eines Schachtes (Grillo I) begonnen wurde.[18] Doch die neue Zeche hatte Startschwierigkeiten. Kaum war mit den Arbeiten begonnen worden, leitete der „Gründerkrach" eine langanhaltende Wirtschaftskrise ein. Es dauerte sechs Jahre, bis der erste Schacht auf eine Tiefe von 540 m gebracht und mit dem Abbau der Kohle begonnen werden konnte. Die anfangs sehr weitgehenden Baupläne lagen für lange Zeit auf Eis.[19] Erst als in der zweiten

---

17 Vgl. Kamener Zeitung vom 18.1. und 3.5.1928.

18 Es existiert keine zusammenhängende Darstellung zur Geschichte der Zeche Monopol. Über die Anfänge des Bergwerks und die grobe Entwicklung bis in die 30er Jahre berichtet der damalige Markscheider Dr. Schmidt in einem Artikel für die Zechen-Zeitung, 1938, Nr. 3 und 4. Im Stadtarchiv Kamen befinden sich einige grobe Zusammenfassungen von Teilbereichen der Zechengeschichte, sowie eine Chronologie wichtiger Ereignisse von 1921 bis 1948.

19 Davon vermittelt die Stadtchronik einen guten Eindruck, Abs. 27.

Hälfte der 1880er Jahre ein Konjunkturaufschwung einsetzte, konnte auch die Zeche Monopol richtig Tritt fassen. Seit 1887 wurde der für die Wetterführung (Frischluftzufuhr) unter Tage dringend benötigte Schacht Grillo II abgeteuft, 1889 eine Kokerei errichtet und 1890 in der Gemeinde Bergkamen mit den Arbeiten an Schacht Grimberg I begonnen (1894 mit Grimberg II).[20] Die Schächte waren nach den Hauptanteilseignern der „Gewerkschaft Monopol" Heinrich Grimberg (1833-1907) und Friedrich Grillo (1825-1888) benannt worden. Letzterer gilt auch als Gründer der Gelsenkirchner-Bergwerks-AG (GBAG), die sich um die Jahrhundertwende zum größten Montankonzern Europas entwickelte und deren Direktor Emil Kirdorf war, einer der bekanntesten Wegbereiter Hitlers in die Vorstandsetagen der Ruhrindustrie. Etwa seit 1888 begann die GBAG, planmäßig Anteile der Gewerkschaft Monopol zu kaufen. 1892 konnte sie die Leitung der Kamener Zeche übernehmen und 1897 das Eigentum auf die GBAG umschreiben.[21]

Erst seit 1885 erhöhte sich die Belegschaft merklich von 450 auf 1200 im Jahre 1891, um dann nach einem kurzen Rückschlag bis 1901 auf 1400 zu wachsen (vgl. Tab. 1 im Anhang). Zwischen 1906 und 1909 teufte die GBAG mit Grillo III einen Verbindungsschacht zwischen ihren beiden Anlagen in Kamen und Bergkamen ab. Danach erreichte die Belegschaftsentwicklung mit rund 1600 auf der Schachtanlage Grillo ihren Höhepunkt vor dem Ersten Weltkrieg. Gemeinsam mit der Anlage Grimberg (wo rund 1700 Mann arbeiteten) förderte man 1912 erstmals über 1 Mill. Tonnen (vgl. Tab. 1).

Seit 1893 waren die neuen Anlagen in Bergkamen durch eine Zechenbahn mit dem Ursprungswerk in Kamen verbunden. Nachdem Grimberg dann 1911/12 einen eigenen Anschluß an die Staatsbahn am Bahnhof Bergkamen/Werne erhielt, wurden mit der Zechenbahn nur noch Bergleute transportiert. Seit der Jahrhundertwende entstanden in Bergkamen immer mehr Wohnmöglichkeiten für die Belegschaft der Grimbergschächte. Mitte der 20er Jahre pendelten lediglich 180 Kamener dorthin und umgekehrt arbeiteten 150 Mann aus Bergkamen auf Grillo. Außerdem kamen jeweils 70 Bergleute aus den umliegenden Gemeinden Westick, Methler und Massen sowie je 30 aus Oberaden, Overberge, Südkamen und Weddinghofen. Jeweils 30 Bergleute aus Kamen arbeiteten dafür auf den Schachtanlagen in Heeren und Werne.[22]

---

20 Einen knappen Überblick über die weitere Entwicklung der Zeche Monopol bietet: Hermann (1990), S. 136-137 und S. 262. Der Grubenfelderbesitz war mit 39 Maximalfeldern der größte im Ruhrgebiet und erstreckte sich über mehrere Gemeinden. Da die Schächte sich bald auch auf drei verschiedene Verwaltungseinheiten verteilten, bemühte sich die Direktion gemeinsam mit den Verwaltungsspitzen Kamens immer wieder um eine Stadterweiterung – allerdings erfolglos, vgl. StAK, Nr. 2221 und 2315.
21 Vgl. Jahrbuch für den Oberbergamtsbezirk Dortmund, 1897, Jg. 3, S. 438 und 1899, Jg. 4, S. 309. Zur Geschichte der GBAG, vgl. Gebhardt (1957) und zusammenfassend derselbe (1979).
22 Im Zusammenhang mit den Eingemeindungsplänen wurde die Pendelwanderung der Erwerbstätigen 1927/28 detailliert untersucht, vgl. StAK, Nr. 2315. In den 30er Jahren nahm sie stark zu, so daß dann rund 1500 Personen von außerhalb (vor allem Bergkamen, Rünthe, Westick und Methler) nach Kamen zur Arbeit gingen (davon 850 zur Zeche), umgekehrt pendelten ca. 700 aus (vor allem nach Dortmund und Heeren-Werve), vgl. StAK, Nr. 2219.

Diesen Pendelverkehr erleichterte seit 1909/10 eine Straßenbahnverbindung von Unna über Kamen und Bergkamen nach Werne. Sie wurde von einer Gesellschaft mit Namen „Kleinbahn Unna-Kamen-Werne" betrieben. Anteilseigner waren der Provinzialverband, der Kreis und die beteiligten Kommunen. Der Betriebsbahnhof lag in Kamen und brachte der Stadt einige Arbeitsplätze. Pläne, weitere Anschlußstrecken nach Kaiserau zur Zeche Courl und nach Heeren zum Schacht Königsborn II zu führen, scheiterten.[23]

Der Erste Weltkrieg brachte einen Belegschaftsrückgang von rund 900 Mann auf beiden Anlagen und einen Förderabfall auf 69 % des Vorkriegsstandes. Infolge der Unterernährung und der Arbeitskämpfe in der frühen Nachkriegszeit sank die Förderung (trotz gleichzeitiger Aufstokung der Belegschaft) noch weiter auf 59 %. Der Vorkriegsstand wurde erst 1927 wieder erreicht, obwohl die Belegschaft von Gesamtmonopol im Jahre 1923 auf fast 5000 Mann erhöht wurde (vgl. Tab. 1).

Die Rezession der 1870er und 80er Jahre und der damit zusammenhängende langsame Aufstieg der Zeche Monopol hatten zur Folge, daß die Umstrukturierungen, die Kamen durch den Bergbau erleben sollte, relativ behutsam begannen. Der Arbeiterbedarf konnte bis in die zweite Hälfte der 1880er Jahre zum großen Teil von örtlichen Handwerkern (besonders den verarmten Schustern) und Landarbeitern gedeckt werden.[24] Damit wurde die Zechengründung als Beschaffer von Arbeitsplätzen positiv aufgenommen; ihre problematischen Folgen, z.B. im Wohnungsbau und durch Zuzug fremder Arbeiter, machten sich erst nach und nach bemerkbar. Als in den 1890er Jahren die Papierfabrik und eine Herdfabrik in Konkurs gingen, übernahm die Zeche die Arbeitslosen, ebenso bei der Stillegung einer Waggonfabrik im Jahre 1909.[25] Die Kamener Schachtanlage verfügte durch diese Entwicklung von Anfang an über einen breiten Stamm ortsansässiger Bergleute, die in der Regel eigene Wohnungen hatten und weit weniger unruhig waren als die später zuziehenden Fremden. Der Anteil von Bergleuten aus dem Osten erreichte nie die Ausmaße wie auf anderen Zechen (vgl. Kap. I.B2).

Zusammenfassend kann festgehalten werden, daß sich Kamen durch eine ausgesprochene wirtschaftliche Monostruktur auszeichnete. Es war nicht gelungen, neben dem Bergbau andere Industriezweige anzusiedeln. Den Kindern der ersten Bergarbeitergeneration bot die Stadt in der Weimarer Zeit wenig Alternativen zur Arbeit auf den Zechen; es sei denn sie nahmen eine Pendelwanderung in die umliegenden Großstädte in Kauf. Dortmund und Hamm boten eine mannigfaltige eisenschaffende und verarbeitende Industrie, ein gut ausgebildetes Handels und Bankwesen und Großunternehmen der verschiedensten Wirtschaftszweige sowie staatliche Behörden aller Art.[26]

---

23 Vgl. StAK, Nr. 2215-2232.
24 Hierauf wird in verschiedenen Quellen hingewiesen, besonders in der Stadtchronik, Abs. 72 und in den Berichten an den Landrat, StAK, Nr. 1281 z.B. für das IV. Quartal 1886.
25 Dies wird vom Bürgermeister in seinen jählichen Berichten zur „Lage der Industrie", StAK, Nr. 1912 positiv hervorgehoben.
26 Vgl. Murmann (1958), S. 251.

Die Konjunkturschwankungen des Bergbaus mußten sich damit unmittelbar auf das Wirtschaftsleben der Stadt auswirken. Einen Vorgeschmack davon lieferte die sogenannte Rationalisierungskrise Mitte der 20er Jahre. Zwischen 1924 und 1926 baute die Schachtanlage Grillo rund 400 Bergleute ab. Ein Teil davon verließ die Stadt, während andere sich an die Fürsorgeeinrichtungen wandten.[27] Es schwebte damals sogar das Damokles-Schwert der Zechenstillegung über Kamen.[28] Die Förderanlagen und Tageseinrichtungen von Monopol galten mittlerweile als veraltet und schnitten bei einem Vergleich mit den nördlicher gelegenen Großbetrieben schlechter ab. Die GBAG entschied sich aber für die Stillegung von Zechen im Wittener Raum, nahm einen 15 Millionen-Doller-Kredit auf und begann mit einer umfangreichen Modernisierung der Kamener Anlagen.[29] Trotz der damit einhergehenden Rationalisierungsmaßnahmen erhöhte sich die Belegschaft der Schachtanlage Grillo zwischen 1926 und 1929 dann wieder um rund 500 Mann auf insgesamt 2305 (vgl. Tab. 1).

Nur durch diesen Beschluß in den Vorstandsetagen der GBAG kam die Stadt noch in den Genuß eines Hauchs der sogenannten „Goldenen 20er Jahre". Doch der Aufschwung währte nur kurz. Ende 1929 machten sich die ersten Auswirkungen der Weltwirtschaftskrise bemerkbar (vgl. Kap. IV.A1).

Durch den späteren Einzug des Bergbaus konnte sich in Ahlen eine breitere industrielle Basis entwickeln:

Ein aus Süddeutschland stammender Kupferschmied eröffnete dort 1848 einen Handwerksbetrieb, in dem Eisenblechgefäße für die Land- und Milchwirtschaft sowie für den Haushalt verzinnt wurden.[30] Er experimentierte nebenbei mit der Technik des Emaillierens. Einer seiner Klempnerlehrlinge ging als Geselle auf Wanderschaft und holte sich in Remscheid weitere Anregungen. Nach seiner Rückkehr eröffnete er gemeinsam mit seinem kaufmännisch geschulten Bruder ebenfalls eine Werkstatt zur Verzinnung von Kochgeschirr in Ahlen. In beiden Betrieben gelang 1877 das Emaillieren von Blechwaren. Diese besaßen gegenüber den bisher üblichen Haushaltsgefäßen enorme Vorteile, waren weniger zerbrechlich als Holz, Ton, Glas oder Stein, leichter als Gußeisen und billiger als Kupfer- und Nickelgeschirr. Die neuen Emailleprodukte fanden reißenden Absatz. Es kam zu weiteren Werkseröffnungen in Ahlen. Bis zur Jahrhundertwende gab es bereits 7 Betriebe mit rund 700 Beschäftigten, 1910 waren es 11 Betriebe mit 1000 Arbeitskräften und 1913 sogar 18 mit 2400.[31]

Die Produktpalette wurde immer breiter. Hauptsächlich wurden Kochgeschirre und Haushaltsgeräte hergestellt, aber auch Badewannen, hygienische und medizinische Geräte. Ein Spezialbetrieb produzierte Gärbottiche und Lagerfässer für

---

27 Bericht über die Verwaltung der Stadt Kamen, 1924-1928, S. 14 und 65.
28 Vgl. Zechen-Zeitung, 1930, Nr. 10.
29 StAK, Nr. 2315 sowie Kamener Zeitung vom 9.3.1928.
30 Die Geschichte der Ahlener Industrie ist gut erforscht. Das folgende basiert, wenn nicht anders angegeben, auf Seifert (1951), S. 66-132, Muth (1987) und (1989), S. 74-124.
31 Vgl. auch: Wurst (1929), S. 146.

Die Ahlener Emailleindustrie hatte eine lange Tradition. Hier ein Lager für Haushaltswaren um 1914.

Brennereien. Daneben verfügten viele Werke über Verzinnereien, die überwiegend für den Bedarf der Landwirtschaft arbeiteten.

Die Ahlener Emailleindustrie war auf dem Höhepunkt der technischen Entwicklung und kam mehrmals mit Innovationen auf den Markt. Beispiele sind die nahtlose Badewanne „Adler" oder die besonders widerstandsfähige „Felsenemaille", mit denen sich die Betriebe auch international einen Namen machten. Gegenüber ausländischen Firmen gab es lange einen weiten Entwicklungsvorsprung. Bis zum Ersten Weltkrieg wurde rund 30 % der Ahlener Emailleproduktion exportiert. Aufträge gingen aus fast allen europäischen Staaten, aus Asien und aus Nord- und Südamerika ein. Je mehr diese Länder allerdings eine eigene Produktion aufbauten, desto häufiger kam es zu Schwierigkeiten im Export. Nach dem Ersten Weltkrieg kehrte sich das Bild um. So machte z.B. die Tschechoslowakei der Emailleindustrie mit Billigprodukten auf dem deutschen Markt eine immer stärkere Konkurrenz. In der Weltwirtschaftskrise fielen die Exporte fast ganz weg.

Vermutlich ist die in Deutschland einmalige Zusammenballung der Emailleindustrie in Ahlen neben den oben erwähnten Standortvorteilen noch durch ein weiteres Moment gefördert worden, das hier nur angedeutet werden kann. In den 1880er Jahren wurde Ahlen für kurze Zeit von einer Art „Goldgräberzeit" erfaßt. Man fand ein Mineral mit Namen Strontianit, das vorübergehend in der Zuckerindustrie Verwendung fand, bis es von dem vor allem in England gefundenen

Coelestin verdrängt wurde.[32] Die wenigen Jahre mit hoher Nachfrage reichten aus, um 18 Gruben entstehen zu lassen, davon 12 auf dem Gebiet der Stadt Ahlen und der Gemeinde Vorhelm. Ahlen wurde Sitz der „Strontianit-Societät" von Goerne u. Comp., eine der drei größten Gesellschaften, die den Strontianitbergbau in Westfalen unter sich aufgeteilt hatten. In der Stadt lief die Förderung der einzelnen Gruben – über ein Förderbahnsystem – zusammen, in der Zentralwäsche wurde das Mineral aufgearbeitet und dann über den Ahlener Bahnhof versandt. Hier waren auch die zentralen Werkstätten der Gesellschaft. 1891 mußte die Förderung dann bereits wieder eingestellt werden. Man verkaufte nur noch die restlichen Haldenbestände.

Im Strontianitbergbau waren zeitweilig bis zu 1300 Arbeitskräfte beschäftigt gewesen, von denen ein großer Teil aus der Eifel, dem Bergischen Land, dem Siegerland und dem Westerwald zugewandert war.[33] Die Ahlener Emailleindustrie konnte die arbeitslos werdenden Bergleute übernehmen, denn in diesem Industriezweig wurden nur wenige Facharbeiter gebraucht. Der größte Teil der Beschäftigten bestand aus an- und ungelernten Arbeitskräften. Von 1885 bis 1891 – der Zeit des Niedergangs des Strontianitbergbaus – erhöhte sich die Zahl der Beschäftigten in der Emailleindustrie von 143 auf ca. 500. Die abwandernden Strontianitarbeiter nahmen emaillierte Geschirre mit und wirkten so als Werbeträger. Ein weiterer Aspekt in diesem Zusammenhang ist sicherlich, daß durch die Gewinne des Strontianitbergbaus und die Kaufkraft der dort Beschäftigten erstmals größere Geldmengen nach Ahlen flossen, die als Kapital bei Firmengründungen dienen konnten.

Die Emailleindustrie bestand im wesentlichen aus Mittelbetrieben. Das Auftragen der Emaille war Handarbeit und entzog sich damit weitgehend der Mechanisierung. Nur die größeren Firmen errichteten eigene Stanzwerke, in denen die Rohwaren aus Eisen- und Stahlblechen hergestellt wurden. Da ein ausgelastetes Stanzwerk aber weit mehr Rohware erzeugte als in der eigenen Fabrik zu verarbeiten war, mußten Teile im Rohzustand weiterverkauft oder auf anderem Wege, z.B. durch Verzinnen, verarbeitet werden. Nur zwei Ahlener Werke brachten es zum Großbetrieb mit rund 700 Beschäftigten vor der Weltwirtschaftskrise. Eines davon wurde dann aber ein Opfer dieser großen Rezession. Das drittgrößte Werk beschäftigte nur knapp über 200 Arbeitskräfte, der Schnitt lag um 100.

Seit den 1890er Jahren entstanden zusätzlich selbständige Firmen zur Blechwarenherstellung, die die kleineren Emailleierbetriebe mit Gefäßen belieferten, aber auch versuchten, mit verzinnten oder verzinkten Fertigprodukten eine gewisse Unabhängigkeit von der Emailleindustrie zu erreichen. Beispiele für ihre Produktion sind vor allem Milchkannen, Ofenrohre und Kessel. Daneben entstanden Fabriken zur Herstellung von Werkzeugmaschinen, seit 1910 auch Dreschmaschinen. Die Zahl dieser Betriebe schwankte zwischen 10 bis 15. Es waren in der Regel Kleinbetriebe mit 30 bis 70 Beschäftigten.

---

32 Zum Strontianitbergbau: Muth (1989), S. 60-74.
33 Vgl. Mayr (1968), S. 30-31. Die Schaubilder zur Herkunft der Eisenbahn- (S. 28) und Strontianitarbeiter (S. 31) sind allerdings vertauscht.

Nach kurzem Einbruch zu Beginn des Ersten Weltkriegs, stellten sich die meisten metallverarbeitenden Betriebe auf den Kriegsbedarf um. Soweit es die Einberufungen von Arbeitern und der mangelhafte Ersatz durch Kriegsgefangene zuließ, konnte mit voller Produktionskapazität gearbeitet werden. In der Nachkriegszeit sorgte der große Nachholbedarf der Bevölkerung schnell für gute Absätze der jetzt 21 Stanz- und Emaillebetriebe. Mit kurzen Einbrüchen während der Zeit der Ruhrbesetzung und der Zwischenkrise von 1926 gab es eine gute Konjunktur, bevor die Weltwirtschaftskrise zur starken Reduzierung der Beschäftigtenzahlen führte (vgl. Kap. IV.A1).

Neben dem Bergbau besaß Ahlen 1928 in 20 Fabriken mit mehr als 20 Beschäftigten insgesamt 2734 Arbeitsplätze; davon entfielen 1726 auf die jetzt sechs Betriebe des Emaillebereichs (darunter allein 1407 in den beiden großen Stanz- und Emaillierwerken), die anderen Klein- und Mittelbetriebe boten 1008 Arbeitsplätze an (vgl. Tab. 19 im Anhang). Neben der Metallverarbeitung waren hier auch einige Schuhfabriken vertreten. Zwischen 1884 und 1908 waren fünf Werke entstanden, die in erster Linie Arbeitsschuhe für den Bergbau und die Landwirtschaft produzierten. 1912 ging ein Betrieb in Konkurs, dafür kam 1919 wieder einer hinzu. Zwei Fabriken mußten den Betrieb dann allerdings in der Weltwirtschaftskrise einstellen. Das größte Werk beschäftigte rund 70 Arbeitskräfte, die anderen zwischen 10 und 40.

Anders als in Kamen war die Entfaltung von Mittelbetrieben und das Entstehen eines differenzierten Gewerbes durch den Einzug des Bergbaus nicht mehr zu gefährden gewesen. Im Gegenteil, die zwischen 1909 und 1913 errichtete Zeche Westfalen scheint die Bedingungen der bereits vorhandenen Industriezweige sogar verbessert zu haben. Die hochschnellende Bevölkerungsentwicklung ließ die Nachfrage vor Ort steigen, einige Werke nahmen Bergbauzubehör in ihre Produktion auf, und die Zeche sorgte dafür, daß sich die Kosten für Kohle und Gas verringerten. Inzwischen gab es eine durchdachte Stadtplanung, in der man sich um die Bereitstellung von billigen Gewerbeflächen und Infrastrukturmaßnahmen zur Förderung der Mittelbetriebe Gedanken machte.[34]

Vor allem zeigten die Arbeitskräfte der Metall- und Schuhindustrie wenig Neigung, in den Bergbau abzuwandern. In den Belegschaftslisten der Jahre 1909 bis 1913 finden sich nur 58 gebürtige Ahlener (davon arbeiteten 36 über Tage).[35] Trotz der höheren Löhne im Bergbau lehnten die Einheimischen die Arbeit auf der Zeche ab. Dort arbeiteten die „Zugelaufenen", die „Polacken" usw. Wer unter Tage „malochen" mußte, hatte „nichts im Kopf, und alles in den Armen". Selbst unter den Bergleuten galt ein Fabrikarbeitsplatz bald als Aufstieg.[36]

34 Zum Bebauungsplan des bekannten Berliner Stadtplaners Josef Stübben aus dem Jahre 1911 siehe Muth (1989), S. 167-171.
35 Vgl. Mayr (1968), S. 34.
36 Über die abwertende Einstellung der Einheimischen zur Bergarbeit geben die in Ahlen geführten Interviews übereinstimmend Auskunft, vgl. Rennspieß (1989), besonders S. 29 und 30. Daß dies keine lokale Besonderheit war, zeigt beispielsweise Croon (1955), S. 308/309.

Luftaufnahme der Ahlener Zechenkolonie, im Hintergrund die Betriebsanlagen der Zeche Westfalen. 20er Jahre.

Interessanterweise war es sogar ein Ahlener Emailleunternehmer, der um 1900 die ersten Kohlebohrungen in der näheren Umgebung anstellen ließ.[37] Wegen des hohen Kapitalbedarfs verkaufte er seine Rechte allerdings bald an finanzstarke Gesellschaften. In Ahlen sollte nicht nur die nordöstlichste, sondern auch die tiefste Zeche des Reviers entstehen, das lohnte sich nur, wenn eine große Doppelschachtanlage, mit Koksproduktion und Nebengewinnungsanlagen geplant wurde. Der Aufbau verzögerte sich immer wieder durch Arbeitskräftemangel. Die Zeche war noch nicht annähernd auf ihrer geplanten Produktionskapazität von 1 Mill. Jahrestonnen (vgl. Tab. 2), als der Erste Weltkrieg einen markanten Einbruch brachte. Rund 640 der 2100 Beschäftigten wurden eingezogen, und die grade erst eröffnete Kokerei mußte ihren Betrieb wieder einstellen.

Der eigentliche Aufschwung der Zeche Westfalen vollzog sich erst in den Anfangsjahren der Weimarer Republik. In kürzester Zeit verdreifachte sich die Belegschaft auf rund 3500 Mann (vgl. Tab. 2). Die ursprünglich geplante Förderung von 1 Mill. Tonnen im Jahr konnte allerdings erst in den 30er Jahren erreicht werden. Wenn der Bergbau in Ahlen auch zum weitaus größten Arbeitgeber wurde, erreichte er doch nie die alles überragende Dominanz wie in Kamen. Rund ein Drittel der Industriebeschäftigten entfiel auf die Stanz- und Emaillefabriken.[38]

---

37 Zur Entwicklungsgeschichte der Zeche Westfalen vor allem die Werkschronik von Jericho (1968), für die Zeit vor 1914 Muth (1989), S. 125-148.
38 Vgl. Mayr (1968), S. 66.

B. Strukturveränderungen im Zuge der Industrialisierung

1. Bevölkerungsentwicklung und Wohnungsbau

Der zeitliche Abstand der Zechengründungen und die verschieden starke Entfaltung anderer Industriezweige in den Vergleichsstädten legen nahe, daß sich dies auch im Anstieg der Einwohnerzahlen widerspiegelt (vgl. Tab. 3). Erzielte Kamen durch den frühen Einzug des Bergbaus zunächst größere Wanderungsgewinne, so setzte nach der Jahrhundertwende – als sich die Belegschaft der Zeche Monopol vorläufig nicht mehr erhöhte – der gegenläufige Trend ein. Nachdem 1901 die 10000er Grenze überschritten war, stieg die Einwohnerschaft bis zum Beginn der Nazizeit nur noch durch den relativ hohen Geburtenüberschuß um rund 2000 Menschen.

Die größten Steigerungsraten gab es in den Jahren 1885 bis 1890 mit 45,6 % und 1895 bis 1900 mit 30,8 %. In dieser Zeit zwischen 1885 und 1900 hat sich die Einwohnerzahl der Stadt insgesamt mehr als verdoppelt. Unter Berücksichtigung des Geburtenüberschusses, der 1880 bei 11 bis 12 auf 1000 Einwohner lag und bis 1898 auf 26 bis 27 anstieg,[39] ergibt sich ein Wanderungsgewinn von durchschnittlich rund 200 im Jahr.

Nach der Jahrhundertwende gab es nur noch kleinere Zuwanderungsschübe, insgesamt überwog die Abwanderung. Die weitere langsame Einwohnerzunahme beruhte lediglich auf dem Geburtenüberschuß (vgl. Tab. 4). Dieser lag in den 1920er Jahren mit einer Quote von 13,6 auf 1000 Einwohner immer noch weit über dem Reichsdurchschnitt von 7,8.[40]

Ahlen erreichte die 10000er Grenze erst 1910. Der Anstieg bis dahin war aber im wesentlichen auf die bergbauunabhängigen Industriezweige zurückzuführen und vollzog sich langsam und kontinuierlich. Der danach einsetzende Zechenbetrieb sorgte dafür, daß die Bevölkerung weiter anstieg – jetzt aber sprunghaft. Allein während der Aufbauphase der Zeche Westfalen zwischen 1908 (=9016) und 1914 verdoppelte sich die Zahl der Stadtbewohner. Kamen wurde überholt und Mitte der 20er Jahre überrundet. In Kamen hatte sich die Einwohnerzahl gegenüber der Zeit vor der Industrialisierung vervierfacht, in Ahlen sogar verachtfacht. Die Spitzenwerte des Wanderungsgewinns lagen in den Jahren unmittelbar vor und nach dem Ersten Weltkrieg (1912 = 1505, 1913 = 2135 und 1919 = 2081).[41] Im Gegensatz zu Kamen war aber auch in der dreißigprozentigen Steigerung der Einwohnerzahl zwischen 1921 und 1930 noch ein Wanderungsgewinn von 2382 Personen enthalten (bei 3402 durch Geburtenüberschuß). Mit einer Geburten-

---

39 Errechnet aus den Angaben zur Standesamtsstatistik in der Stadtchronik, Abs. 126.

40 Werte für Deutschland nach Witthauer (1958), S. 184, Tab. 154, zur Entwicklung der Geburtenraten im Ruhrgebiet, vgl. Horst (1937), S. 112 f. Allgemein sanken die Geburtenziffern gerade in protestantischen, vom Bergbau dominierten Regionen des Regierungsbezirks Arnsberg deutlich ab, vgl. Bevölkerungsentwicklung 1837-1970 (1978), S. 40.

41 Vgl. Mayr (1968), S. 25 und 37; sowie Tabellen auf S. 23, 24 und 32.

überschußquote von 15,1 auf Tausend Einwohner in den 1920er Jahren übertraf das katholische Ahlen den Reichsdurchschnitt fast um das Doppelte, den des protestantischen Kamens aber nur um 1,5.[42] Dies unterstreicht, daß der Faktor Religion beim generativen Verhalten im nördlichen Ruhrgebiet bei weitem nicht so ausschlaggebend war, wie die Zusammensetzung der Zuwanderer nach Herkunft und Altersstruktur.[43]

Die letzte große Zuwanderungswelle der Weimarer Zeit erlebte Ahlen erst 1926/27 im Zusammenhang mit einem Umsiedlungsprojekt des preußischen Wohlfahrtsministeriums, bei dem Bergarbeiterfamilien vom Süden in den Norden des Reviers verlegt wurden. In die Stadt kamen in diesem Zusammenhang annähernd 1000 Menschen.[44]

Der zeitliche Unterschied der Zuwanderungsphasen spiegelt sich auch im Vergleich des Geschlechtsverhältnisses in Kamen und Ahlen wider. Da viele Zuwanderer zunächst junge, arbeitsfähige Männer waren, die sich erst nach und nach eine Frau suchten oder ihre Familien nachholten, läßt sich grob sagen: je stärker die Einwanderung um so mehr Männerüberschuß.[45]

In den Vergleichsstädten kamen auf 1000 Männer die folgende Zahl von Frauen:[46]

	Ahlen	Kamen
1890	970	918
1910	913	967
1925	917	995

Hier zeigt sich, daß in Ahlen noch Mitte der 20er Jahre ein Männerüberschuß vorhanden war, wie er für starke Einwanderungsphasen typisch ist, während sich das Verhältnis der Geschlechter in Kamen fast ausgeglichen hatte.

Die Vermehrung der Einwohnerschaft im Zuge der Industrialisierung läßt sich außerdem an der zunehmenden Bevölkerungsdichte eindrucksvoll ablesen:

	Einwohner je qkm[47]	
	Ahlen	Kamen
1871	176	339
1905	403	947
1939	1280	1170

(Gesamtfläche Ahlens = 20,08 qkm, Kamen = 11,01 qkm)

---

42 Zur Geburtenrate in Ahlen ausführlich: Mayr (1968), S. 55-57, zu den hohen Geburtenraten im Münsterland: Bevölkerungsentwicklung 1837-1970 (1978), S. 38/39.
43 Vgl. Horst (1937), S. 109/110.
44 50 Jahre Bergbauverein Glückauf (1976), S. 15.
45 Vgl. Horst (1937), besonders S. 36 und 48.
46 StAK, Nr. 1289 und Statistisches Jahrbuch für das niederrheinisch-westfälische Industriegebiet, Jg. 1929.
47 Reekers (1956), S. 14/15 und 126/127.

Dies brachte einen erhöhten Bedarf an Wohnraum mit sich. Die Siedlungsflächen der Vergleichsstädte, welche noch bis zur Mitte des 19. Jahrhunderts ihre mittelalterliche Form bewahrt hatten, dehnten sich jetzt aus, zunächst entlang der Ausfallstraßen vor allem in Richtung des Bahnhofs, dann in die städtische Feldmark. Setzt man die auf den ersten Blick schnell wachsende Zahl der Wohnhäuser (vgl. Tab. 5) in Beziehung zur Steigerung der Einwohnerschaft, so zeigt sich, daß der Baumarkt in Zeiten eines überdurchschnittlichen Bevölkerungswachstums nur unzureichend und zu langsam auf die steigende Nachfrage reagierte.

Prozentuale Zunahme von Bevölkerung und Wohnhäusern:

Zeitraum	Zunahme der Wohnhäuser in %	Zunahme der Einwohner in %
Ahlen		
1822-1871	40,1	44,9
1871-1905	79,2	128,8
1905-1910	17,4	33,0
Kamen		
1837-1885	60,3	88,1
1885-1900	33,7	103,9

In Ahlen entwickelten sich beide Zuwachsraten bis 1871 (also vor Beginn der Industrialisierung) noch in etwa gleich. Im nächsten Zeitraum beginnt mit dem Boom der Emailleindustrie eine Bevölkerungsvermehrung, der keine entsprechende Wohnungszunahme folgt. Durch die Probebohrungen und die beginnenden Abteufarbeiten der Zeche Westfalen schnellten die Einwohnerzahlen dann noch weiter nach oben. Das Wohnungsproblem wurde durch die private Bautätigkeit nicht mehr annähernd abgefangen.

Ähnlich sahen die Verhältnisse in Kamen aus. Hier klaffte die Schere zwischen Bevölkerungswachstum und neuerbauten Wohnhäusern seit 1885 noch weit extremer auseinander.

In beiden Fällen war das erträgliche Maß durch den Bergbau an seine Grenze geführt worden. Wenn die Zechen ihre Belegschaften weiter steigern wollten, waren sie gezwungen, in den Wohnungsbau einzugreifen. Bedingt durch die jeweils besonderen städtischen Gegebenheiten und eine veränderte Gesamtsituation gingen die Zechenleitungen in den Vergleichsstädten sehr unterschiedliche Wege:

In Kamen dementierte die Direktion der Zeche Monopol noch im Februar 1886 in der Stadt kursierende Gerüchte, wonach sie beabsichtige, schon bald die Errichtung einer Bergarbeiterkolonie in Angriff zu nehmen; vielmehr wolle sie es der „Privatbauspekulation" überlassen, dem Wohnungsmangel abzuhelfen.[48] Die Zeche hatte vermutlich einen ganz aktuellen Grund für dieses Dementi: Streitigkeiten zwischen der benachbarten Zeche Courl und der Gemeinde Methler schlugen

---

48   Vgl. Volksfreund vom 19.2.1886.

gerade hohe Wellen und wurden sogar im Reichstag verhandelt. Es ging dabei um die Folgekosten bei der Errichtung von Arbeiterkolonien.[49] Seit 1876 bestimmte das sogn. „Ansiedlungsgesetz" in Westfalen, daß die Stadt- und Gemeindeverwaltungen ihre Baugenehmigungen von der genauen Regelung der anfallenden Kosten für Schul- und Kirchenbauten sowie Armenfürsorge abhängig machen konnten.[50] Die Gemeinden verlangten daraufhin die weitgehende Übernahme dieser Beträge durch die Zechenunternehmen. Da die 1880er Jahre noch immer von der großen Rezession im Gefolge des „Gründerkrachs" geprägt waren, gingen einige Bergwerksgesellschaften dazu über, aus kurzfristigen Kosteneinsparungsgründen auf den Bau einer Werkskolonie zu verzichten und statt dessen Mietskasernen im Stadtgebiet zu bauen. Dazu gehörte auch die Gewerkschaft Monopol, zumal sie erst in den 1890er Jahren mit dem finanzstarken Montankonzern der GBAG fusionierte. Auf Einzelsiedlungen innerhalb von geschlossenen Ortschaften fand das Ansiedlungsgesetz keine Anwendung.

Die ersten Wohnblocks für Bergleute wurden in Kamen im Jahre 1887 tatsächlich noch von einem Privatmann errichtet. Es war ein 1840 in der Stadt geborener zum Zeitpunkt des Baubeginns aber schon in Gelsenkirchen wohnender Kaufmann, der vier Häuser in der Südenfeldmark errichten ließ. Die dreistöckigen Gebäude enthielten jeweils 12 Wohnungen von knapp 40 qm.[51] Ungefähr ein Jahr später begann die Zeche dann selbst mit umfangreichen Baumaßnahmen. An Grundstücken hatte sie besonders die Gebiete um die ehemaligen Burgmannshöfe in der Stadt erworben. Auf den Grünflächen dieser alten Adelsgüter entstanden nun zuerst am Vogelhof und am Rungenhof 16 Bergmannshäuser nach dem gleichen Mietskasernenprinzip wie die Häuser in der Südenfeldmark.

In einem Aufsatz der Zechen-Zeitung der GBAG aus dem Jahre 1927 wird für die Entscheidung zum Bau von großen Wohnblöcken im Stadtgebiet noch ein interessanter Verbündeter genannt: der Einzelhandel. Ursprünglich wäre beabsichtigt gewesen, heißt es in dem Artikel, „im Osten der Stadt eine größere Kolonie, aus kleinen Häusern bestehend, zu errichten". Die städtischen Körperschaften hätten aber „unerschwingliche Summen" für die Armen-, Kirchen- und Schullasten verlangt. Durch den Ausweg des Mietskasernenbaus seien diesen Körperschaften dann „die Felle fortgeschwommen". Im übrigen habe das Ganze durchaus den Wünschen der Geschäftsleute entsprochen, „die glaubten, wenn die Häuser nicht mitten in der Stadt, sondern weiter in der Feldmark gebaut würden, dann würde ihnen der Gewinn entgehen, weil dort neue Geschäfte errichtet werden würden."[52] In den 1890er Jahren folgten zwei weitere größere Baumaßnahmen der Zeche:

---

49 Seit 1870 errichtete die Harpener Bergwerksgesellschaft in der Gemeinde Methler die Arbeiterkolonie „Kaiserau", die bis in die 1890er Jahre Stück für Stück erweitert wurde. Die Gemeinde fühlte sich mit den Folgekosten weitgehend allein gelassen und verlangte eine Abfindung von 80000 Mark, vgl. Volksfreund vom 6.2.1886 sowie Potthoff (1985), S. 12-14.

50 Vgl. Heinrichsbauer (1936), S. 33-34 sowie Steinberg (1978), 35-37.

51 Vgl. StAK, Bauakte Ulmenhof.

52 Zechen-Zeitung, 1927, Nr. 3, S. 5.

Anfang des Jahrzehnts entstanden 16 Häuser mit jeweils 4 Wohnungen in der Südenfeldmark. Diesmal kam die Zeche anscheinend nicht um eine Beteiligung an den Folgekosten herum. In der Stadtchronik heißt es dazu, daß „der Gewerkschaft die Pflicht auferlegt (wurde), sich dem Gesetz über Colonien zu unterwerfen und sich demgemäß wegen der Belastung der Kirchen- und Schulgemeinden zu Gegen-leistungen zu verstehen." Infolge dessen sei mit der lutherischen Gemeinde ein Vertrag geschlossen worden, wonach die Zeche ihr 4200 Mark zahlte und sich verpflichtete, in diesen Häusern nur Bergleute lutherischer Konfession wohnen zu lassen, weshalb diese Siedlung im Volksmund „das Luthertum" genannt worden sei.[53] 1893 konnte Monopol 22 % seiner Belegschaft in Werkswohnungen unter-bringen und stand damit an 4. Stelle aller Ruhrzechen. Der Durchschnitt im Bergrevier Dortmund-Süd (wozu die Kamener Zeche gehörte) lag erst bei 6,44 %.[54]

Das größte Bauprojekt verwirklichte die Zeche dann 1897 wiederum auf einem Burghof. Hier entstanden in schneller Folge 20 Blocks mit je 12 Wohnungen. Da die Häuser in der Nähe des ehemaligen Westtores der Stadt standen, wurden sie „das schwarze Tor" genannt.[55]

Zusammen mit weiteren im Stadtgebiet verstreut liegenden Häusern verfügte die Zeche nach diesen Baumaßnahmen um die Jahrhundertwende über 555 Wohnungen (davon waren allein 480 in den 40 Blocks). Insgesamt wohnten hier 712 Belegschaftsmitglieder, darunter 62 Bergmannssöhne und 71 Kostgänger.[56] Das waren über 50 % der Belegschaft. Zählt man deren Angehörige dazu,[57] läßt sich schätzen, daß rund 2800 Menschen d.h. mehr als jeder vierte Kamener in Werkswohnungen der Zeche Monopol lebte.

In der Weimarer Zeit kam noch eine Baumaßnahme der GBAG dazu. Zu Beginn der 20er Jahre, als das Bauen, bedingt durch die einsetzende Inflation, relativ billig war, ließ die Zeche in der Westenfeldmark (ganz in der Nähe des Bergwerks) die „Hindenburgsiedlung" errichten. Die 27 Reihenhäuser mit 117 Wohnungen hießen im Volksmund „Negerdorf". Es waren zweigeschossige Häuser, die unten drei Wirtschaftsräume, nämlich Kohlenkeller, Waschküche und Stall hatten. Im ersten Obergeschoß befand sich eine Küche und ein Zimmer (bei 54 Wohnungen auch zwei Zimmer), im zweiten Geschoß dann zwei weitere Dachzimmer. Insge-samt 54 bzw. 66 qm Wohnfläche. Als besonderer Vorzug gegenüber den alten Werkswohnungen besaßen sie einen Garten von 350 qm.[58]

53 Vgl. Stadtchronik, Abs. 97. Diese Darstellung wurde erst um die Jahrhundertwende geschrieben und der Chronist fügt hinzu: „Heute schon ist diese Verpflichtung nicht mehr beachtet und wohnen dort Leute aller Confessionen." Nach dem Aufsatz in der Zechen-Zeitung, 1927, Nr.3, S. 6 fielen die Abmachungen im Jahre 1900 fort, weil die Volksschulen auf den städtischen Haushaltsplan übernommen wurden.

54 Belegschaftszählung von 1893, zweiter Teil, S. VII/VIII.

55 Zechen-Zeitung, 1927, Nr. 4, S. 5.

56 Zahlen aus: Die Entwicklung des Niederrheinisch-Westfälischen Steinkohlen-Bergbaus (1904), Tab. 135.

57 Nach der Belegschaftszählung von 1893, zweiter Teil, Tab. IV, kamen 3,95 Angehörige auf einen Bergmann der Zeche Monopol.

58 Vgl. StAK, Bauakte Hindenburgsiedlung.

In Ahlen gab es zum Bau einer Bergarbeiterkolonie keine sinnvolle Alternative. Die Schächte lagen 1,5 km vom Altstadtgebiet entfernt, wo infolge der aufstrebenden Emailleindustrie schon jeder verfügbare Raum belegt war. Zwischen 1900 und 1910 stieg die Belegungsdichte eines Hauses von 7,9 auf 9,7 Personen.[59]

Außerdem wurde die Zeche Westfalen zu einer Zeit abgeteuft, als die gute Konjunktur viele neue Schachtanlagen im Norden des Reviers entstehen ließ und eine überaus starke Konkurrenz um Arbeitskräfte herrschte.[60] So weit nach Osten ins Münsterland kamen die Bergleute nur, wenn neben einem guten Verdienst auch attraktive Wohnungen lockten.

Anfang 1911 schloß die Zeche mit der Stadt einen Vertrag zum Bau einer Kolonie. Sie verpflichtete sich, für jedes Haus eine gewisse Summe an die Stadt abzuführen und den größten Teil der Kosten für eine Polizeistation und eine Schule zu übernehmen.[61]

Mit der Planung waren namhafte Architekten beauftragt, die sich an den Ideen der Gartenstadtbewegung orientierten. Es gab viel Grün, Vorgärten, zentrale Plätze. Jede Wohnung bestand aus drei oder vier Zimmern, verfügte über einen Stall, eine Waschküche und einen großen Nutzgarten hinter dem Haus. Die Mehrzahl der Gebäude waren eineinhalbstöckige Zweifamilienhäuser, die durch Nebengebäude miteinander verbunden waren. Sie lagen in einem Dreieckssystem um den Glückaufplatz als Mittelpunkt. Die Beamtenkolonie, mit größeren Wohnungen, war durch die Zechenbahn und einige Grünflächen von der Arbeiterkolonie getrennt.

Im Zeitraum 1912 bis 1924 entstanden in drei Bauabschnitten insgesamt 1094 Arbeiter- und 117 Beamtenwohnungen.[62] 1914 wohnte rund ein Drittel der 16000 Einwohner Ahlens in den Zechenhäusern. 1927 waren es 6900 von 23000.[63]

2. Herkunft der Bergleute und die sozialen und religiösen Veränderungen

Die Industrieansiedlungen und die in ihrem Gefolge einsetzende Bevölkerungsvermehrung brachte den Vergleichsstädten starke Veränderungen ihrer religiösen und sozialen Verhältnisse. Es liegt nahe, daß die Anzahl der zuziehenden Fremden und ihre Herkunft diesen Prozeß nachhaltig beeinflußten.

In den 1860er und 70er Jahren wurde die Wanderungsbewegung ins Ruhrgebiet noch ganz überwiegend durch Westfalen und Rheinländer der näheren Umgebung bestimmt. Danach nahm die Zuwanderung aus den preußischen Ostprovinzen Schritt für Schritt die erste Stelle ein. Die Zahl der Einwanderer aus Ost-und Westpreußen, Schlesien und Posen stieg zwischen 1880 und 1910 von ca. 40000 auf eine halbe Million. Die meisten kamen zwischen 1895 und 1900. Danach trat

---

59 Tabelle bei: Muth (1989), S. 166.
60 Allgemein zur Aufschwungperiode nach 1895, vgl. Steinberg (1978), S. 32 f.
61 Vgl. Muth (1989), S. 173/174.
62 Vgl. Rennspieß (1989), S. 24-27.
63 Rogalla (1979), Blatt VIII.

aus konjunkturellen Gründen eine kurze Verlangsamung ein, um dann erneut bis zum Ersten Weltkrieg anzuschwellen.[64]

Es ist schon darauf hingewiesen worden, daß die Zeche Monopol ihren Arbeitskräftebedarf zunächst aus Kamen und der näheren Umgebung decken konnte, bevor etwa ab 1887 eine Zuwanderung aus dem Osten – dabei ganz überwiegend aus Schlesien – einsetzte.

Nach einer Belegschaftszählung des Oberbergamtsbezirks Dortmund vom 16.12.1893 ergibt sich folgendes Bild über die Herkunft der Beschäftigten auf Monopol:[65]

Gesamtbelegschaft:	1236 (davon 155 Grimberg)
Geburtsländer:	1. Preußen:
Westfalen	866
Rheinprovinzen	36
Hannover	47
Hessen	21
Ost- und Westpreußen	68
Schlesien	137
Posen	0
andere	8
	2. sonstige Deutsche:
Schaumburg-Lippe	14
Bayern	4
	3. Ausländer:
Italien	31
andere	4

Danach gaben 70,06 % der Belegschaft Westfalen als Geburtsland an, 2,91 % das Rheinland und 7,61 % andere Gebiete des damaligen deutschen Reiches (ohne Ostprovinzen). Aus Ost- und Westpreußen sowie Schlesien stammten 16,59 % und 2,91 % waren Ausländer. Dabei dürfte es sich bei den 31 Italienern vornehmlich um Spezialarbeiter gehandelt haben, die mit den Abteufarbeiten an Schacht Grimberg I in Bergkamen beschäftigt waren (ab 1894 wurde mit Grimberg II begonnen). Im Vergleich zu den anderen Zechen des Oberbergamtsbezirks zeigt sich, daß diese Belegschaftszusammensetzung einem älteren und meist südlicher gelegenen Typ entsprach (d.h. an Ruhr und Hellweg[66]). Im Durchschnitt aller Bergleute lag der Anteil an Westfalen und Rheinländern zu dieser Zeit nur noch bei 62,66 %,

---

64 Vgl Murzynowska (1979), Tab. 1, S. 25, zusammenfassend zur Wanderungsbewegung nach Westfalen: Teuteberg (1984), S. 165-174.

65 Belegschaftszählung von 1893, Erster Teil, Tab. II.

66 Brepohl (1948) beschreibt den „Aufbau des Ruhrvolkes" und zeigt, daß die Einwanderung aus den Ostprovinzen im wesentlichen erst in der Emscherzone begann, vgl. S. 80-117.

während 24,87 % bereits in den Ostprovinzen geboren waren (12,69 % Ost- und Westpreußen, 6,21 % Posener und 5,97 % Schlesier.[67]) Dabei gab es ein starkes Süd-Nord-Gefälle. Der Anteil der Rheinländer und Westfalen betrug auf den südlichen Zechen noch über 80 % und verringerte sich nach Norden hin bis auf Werte unter 50 %, dementsprechend stieg der Anteil an Bergleuten aus dem Osten (z.B. Bergrevier Recklinghausen: 37,88 % Westfalen, 10,45 % Rheinländer und 41,53 % aus den Ostprovinzen).

In Kamen stellten die Schlesier mit 11,08 % der Belegschaft den höchsten Anteil der Zuwanderer. Dies deutet schon daraufhin, daß die Zeche Monopol speziell in dieser Ostprovinz werben ließ. Wie aus verschiedenen Quellen bekannt ist, konzentrierte sie sich dabei auf das niederschlesische Industrie- und Bergbaugebiet um Waldenburg.[68] Über die Gründe dafür läßt sich nur spekulieren: zum einen ist bekannt, daß der 1888 gestorbene Friedrich Grillo gemäß der eigenen Religion Arbeiter aus evangelischen Gebieten (wozu Waldenburg gehörte) bevorzugte,[69] zum zweiten gab es viele Zechenbeamte, die schon im schlesischen Revier gearbeitet hatten[70] und zum dritten bestanden seit längerem enge Verbindungen zwischen Dortmund und Waldenburg,[71] so daß auch von daher Impulse gekommen sein könnten. Besonders 1897 und 1899 zogen nochmals mehrere Hundert Schlesier nach Kamen,[72] die damit eindeutig den größten Anteil unter den Einwanderern stellten.[73]

Neben der zahlenmäßigen Stärke der Schlesier fällt an der Belegschaftszusammensetzung der Zeche Monopol das völlige Fehlen von Zuwanderern aus Posen auf. Diese Region gehörte nicht nur zu den ärmsten der Ostprovinzen (u.a. mit dem höchsten Anteil an Analphabeten), sondern von hier kamen auch die meisten Polen.[74] Damit ist bereits angedeutet, daß die Polen in Kamen nur eine sehr geringe Rolle spielten.[75] Den ersten polnischen Verein gab es zwar schon 1891, doch war seine Mitgliederzahl von 24 recht unbedeutend, zumal sie nicht weiter zunahm.

---

67 Belegschaftszählung von 1893, Zweiter Teil, S. XII.
68 Vgl. Pröbsting (1901), S. 64. In einer „Chronik der IGBE, Ortsgruppe Kamen" von Meyer (1966), S. 2, wird sogar ein Steiger Winkler als Anwerber genannt. Von den Kumpels sei er als „Seelenverkäufer" bezeichnet worden. Auch die Benennung einer 1897 durch die Bebauung mit Bergarbeiterwohnblocks entstandenen Straße nach dem Ort Gottesberg bei Waldenburg unterstreicht die Dominanz dieser Einwanderergruppe für Kamen. Vgl. außerdem die Beschwerde eines schlesischen Bergmanns, der 1894 mit einer Gruppe von 20 Mann aus Waldenburg nach Kamen geholt wurde, in: Bis vor die Stufen des Throns (1986), S. 316/317.
69 Vgl. Brepohl (1948), S. 62.
70 Vgl. Swientek (1961), S. 93.
71 Vgl. Swientek (1954), S. 120 f.
72 Dies berichtet der Kamener Bürgermeister in seinen „Wirtschaftsberichten" an den Landrat, vgl. StAK, Nr. 1912.
73 Das war nichts ungewöhnliches; überall im Ruhrgebiet finden sich regionale Schwerpunkte von Einwanderergruppen nach Herkunftsgebieten, vgl. Stefanski (1984), S. 205.
74 Vgl. Kleßmann (1978), S. 24 f.
75 Der Anteil der Polen im Landkreis Hamm insgesamt lag nach dem Stadtkreis Hamm im Vergleich zum übrigen Ruhrgebiet am niedrigsten überhaupt, ebenda, Tab. 7, S. 267.

1906 wird der Verein noch einmal erwähnt, weil er ein Fest veranstaltete an dem 10 auswärtige Gruppen teilnahmen. Es hieß, daß man sich entgegen der Satzung um „Hebung des nationalpolnischen Bewußtseins" bemühe. Die Mitgliederzahl war aber lediglich auf 29 angestiegen.[76] Immerhin soll es 1905 144 Polen in Kamen gegeben haben.[77] Es kam auch zur Ausbildung des typischen polnischen Vereinswesens: 1907 entstand eine Zahlstelle der polnischen Gewerkschaft auf der Zeche, 1911 ein Wahlverein, 1913 ein Sportverein der „Sokol"-Bewegung und 1914 ein Frauenverein.[78] Diese Gruppierungen hatten jeweils um die 20 Mitglieder, wobei es vermutlich viele Mehrfachmitgliedschaften gab. Mit dem Ausbruch des Ersten Weltkriegs müssen die meisten Polen die Stadt verlassen haben. Da es nach dem Krieg keine nennenswerte Zuwanderung mehr gab, können auch nicht mehr viele Polen gekommen sein. Sie kandidierten weder zu Betriebsrats- noch zu Stadtverordnetenwahlen. Bei den Wahlen zum Deutschen Reichstag erhielt die Polenpartei im Mai 1924 mit 70 Stimmen ihr bestes Ergebnis in der Stadt.[79]

Nach der Volkszählung von 1925 gab es insgesamt nur 115 Ausländer in Kamen, deren nationale Zusammensetzung nicht weiter aufgeschlüsselt wird.[80] 1933 waren es dann nur noch 81, darunter 27 Polen, 16 Tschechen, 11 Österreicher, 11 Ungarn, 9 Niederländer.[81]

Obwohl nach Kamen also insgesamt relativ wenig Landarbeiter aus dem Osten sowie Ausländer zogen, gibt es Hinweise für soziale Probleme, die durch das Aufeinandertreffen von Menschen unterschiedlicher kultureller Traditionen entstanden. Eine besonders anschauliche Quelle dafür liefert ein Buch der späteren Reichstagsabgeordneten der Deutschen Demokratischen Partei (DDP) und führenden Vertreterin der Frauenbewegung Gertrud Bäumer, die um 1890 für einige Zeit als Lehrerin in Kamen tätig war.[82] Sie schrieb:

„Die Daseinsform des Industriearbeiters hatte allerdings Terrain erobert. Es waren ein paar Siedlungen von Zechenhäusern da. Häßliche, kahle, rauchgeschwärzte Ziegelbauten ... Sie wurden damals wohl noch von den zugewanderten Oberschlesiern bewohnt. Man konnte beobachten, wie die Gesittung und Haltung der eingesessenen Bevölkerung, ihre Ruhe, Sauberkeit, das Schamgefühl der Frauen, durch das enge Zusammenwohnen mit Menschen einer sehr viel niedrigeren Kulturstufe aufgelöst wurden."[83]

Dieser Bericht muß allerdings sehr skeptisch aufgenommen werden. Gerade die schlesischen Zuwanderer der 1880er Jahre gehörten noch nicht zu dem oft beschrie-

---

76 Vgl. StAM, Regierung Arnsberg, Polizeiabteilung, Nr. 14113.
77 Vgl. Gemeindelexikon für 1905, Tab. S. 30/31.
78 Zu diesen Vereinen: StAM, Regierung Arnsberg, Polizeiabteilung, Nr. 14079, 14137, 14177 und 14236.
79 Bericht über die Verwaltung der Stadt Kamen, 1924-1928, S. 26.
80 Ebenda S. 28.
81 Westfälischer Anzeiger vom 13.7.1933.
82 Zum Leben dieser engagierten Pädagogin, vgl. Schulte (1963), S. 15/16. Zu ihrem Aufenthalt in Kamen, Kistner (1988), S. 132/133.
83 Bäumer (1953), S. 105.

benen Einwanderertyp aus dem Osten, der als Landarbeiter nicht an die industrielle Lebensweise gewöhnt war und sich besonders deshalb schwer anpassen konnte, weil er noch völlig in traditionellen, dörflich geprägten Anschauungen eingebunden war.[84] Die ersten Einwanderer nach Kamen kannten die moderne Lohnarbeit, viele hatten schon im Waldenburger Revier als Bergleute gearbeitet und kamen, weil ihnen auf Monopol weit höhere Löhne winkten als in ihrer Heimat und dies bei niedrigerer Arbeitszeit.[85] Es gibt genügend Hinweise, die belegen, daß ihr politisches Bewußtsein eher weiter entwickelt war als das der hiesigen Westfalen. So berichtete der Kamener Bürgermeister über den Bergarbeiterstreik von 1889, daß die Schlesier in den Häusern am Vogelhof geschlossen streikten und am längsten durchhielten.[86] Außerdem spricht die nach der Herkunft ausgewertete Zusammensetzung der ersten Mitglieder der im Gefolge des Streiks gegründeten Bergarbeitergewerkschaft eine deutliche Sprache. In der Ende 1889 von der Kamener Polizei zusammengestellten Mitgliederliste finden sich 70 Namen, bei 48 davon war der Geburtsort angegeben: 18 stammten aus Schlesien, 9 aus Kamen und Umgebung, 7 aus anderen Städten des Ruhrgebiets, 5 aus dem Raum Osnabrück-Bielefeld, 3 aus Ostpreußen, der Rest verstreut.[87]

Zu fragen ist, ob Gertrud Bäumer nicht in ihrer Erinnerung die schlechten Wohnverhältnisse in den überfüllten häßlichen Ziegelbauten auf die Lebensweise der Bewohner übertrug. Diese Vermutung wird auch durch die Schriften des evangelischen Pfarrers gestützt, der in der Stadtchronik und einem um die Jahrhundertwende geschriebenen Buch zur Stadtgeschichte eindeutig die Wohnverhältnisse und nicht die Herkunft der Bergleute für die sozialen Probleme verantwortlich machte.[88]

Wenn auch nicht auszuschließen ist, daß der Anteil berufsfremder Landarbeiter bei der zweiten Einwanderungswelle der späten 1890er Jahre größer war, so scheinen in Kamen doch die Integrationsprobleme durch Denk-, Gewohnheits- und Brauchtumsunterschiede zwischen Neubürgern und Ansässigen weit geringer gewesen zu sein als anderswo. Eine schnelle Anpassung wurde vor allem dadurch gefördert, daß die Bergleute über die gesamte Stadt verteilt wohnten (vgl. Kap. II.A1) und ihre Kinder in die gleichen Schulen und Kirchen gingen wie die Alteingesessenen. Es gab keine geschlossene Kolonie wie in Ahlen.

Auch manche konfessionellen Differenzen, „mit denen in der Industrialisierungsphase stets zu rechnen ist",[89] mochten durch die gemischtreligiöse Struktur Kamens gemildert werden. Wie sehr sich die religiösen Verhältnisse der Stadt

---

84 Zu den Anpassungsproblemen der ländlichen Zuwanderer, beispielsweise Tenfelde (1981), S. 279 f.
85 Im schlesischen Bergbau gab es im Vergleich zu anderen Industriezentren des deutschen Reiches die niedrigsten Löhne und gleichzeitig die längste Arbeitszeit, vgl. Winckler (1985), S. 188/189.
86 Vgl. StAK, Nr. 1966, Bericht vom 16. und 17.5.1889, sowie Rennspieß (1990), S. 13.
87 StAK, Nr. 1966/194/195.
88 Vgl. besonders Stadtchronik, Abs. 98 und Pröbsting (1901), S. 65.
89 Tenfelde (1981), S. 244.

veränderten, verdeutlicht Tab. 6 im Anhang. Der Anteil der Katholiken stieg vor allem in den Jahren mit den höchsten Wanderungsgewinnen, 1885-1990 und 1895-1900, insgesamt von rund 20 % auf 33 %. Daß die Veränderung besonders durch die Bergleute hervorgerufen wurde, zeigt die Belegschaftszählung von 1893: Danach betrug der Anteil katholischer Bergleute auf der Zeche Monopol 43,04 %.[90] Da die Schlesier überwiegend evangelisch waren, muß die Veränderung durch Westfalen und andere Zuwanderungsgruppen bewirkt worden sein.

Interessant ist der prozentuale Rückgang der katholischen Bevölkerung nach der Jahrhundertwende (also am Ende der Einwanderungszeit) von 33 % im Jahre 1905 auf 29 % 1925. Dies könnte darauf hindeuten, daß es vor allem katholische Zuwanderer aus dem Osten waren (wie z.b. die Polen), die während des Ersten Weltkriegs in ihre Heimat zurück gingen oder in Zeiten wirtschaftlicher Rezession Kamen wieder verließen.[91]

In Ahlen sah die Herkunft der Zuwanderer wesentlich anders aus. Es ist schon darauf hingewiesen worden, daß es eine erste Zuwanderung durch den Strontianit-bergbau der 1880er Jahre gegeben hat. Nach dem Erliegen dieser Branche wander-ten – mit Ausnahme eines größeren Teils von Arbeitern aus der Eifel – gerade die aus weiter entfernten Gebieten stammenden Bergleute wieder ab. Die übergroße Mehrheit der rund 1500 Zuwanderer in die Ahlener Emailleindustrie zwischen 1890 und 1905 stammte aus der näheren Umgebung des Münsterlandes. Es waren vor allem Heuerlinge, Tagelöhner und nachgeborene (also nicht erbende) Kötter-söhne, die zu den „Pöttkesfabriken" kamen.[92]

Viel stärker als diese Zuwanderer haben die Bergleute der Zeche Westfalen die Bevölkerungsstruktur Ahlens verändert. 1907 mit Beginn der ersten Planierarbei-ten für das spätere Bergwerk zählte der Ort 8548 Einwohner, bis einschließlich 1913, dem Jahr des Förderbeginns, war diese Zahl um 5595 angestiegen. Eine Auswertung der Belegschaftslisten nach der Herkunft aller Bergleute, die von 1909 bis 1913 auf der Zeche gearbeitet haben, ergibt folgendes Bild:[93]

Landsmannschaftliche Herkunft der Belegschaft der Zeche Westfalen 1909-1913 (Anzahl der Bergleute insgesamt: 3658)

1. Westdeutsche	1300 =	35,54 %
davon:		
Westalen	1102 =	30,13 %
Rheinland	130 =	3,55 %

---

90 Belegschaftszählung von 1893, Erster Teil, Tab. Ia.
91 1892 entließ die Zeche beispielsweise 119 Personen. Es waren durchweg ledige Zuwanderer, die zu 30 % aus Westfalen und zu 70 % aus dem Osten und dem Ausland stammten (darunter nur 14 Schlesier), vgl. StAK, Nr. 1966/329, Bürgermeisterbericht vom 16.3.1892.
92 Vgl. Mayr (1968), S. 32.
93 Die Auswertung nahm Alois Mayr Anfang der 1960er Jahre vor. Die Belegschaftslisten sind mittlerweile nicht mehr verfügbar, vgl. Mayr (1968), S. 34-36 und ausführlicher in einem Vergleich mit der Nachbarzeche Sachsen in Heessen Mayr (1965b).

2. sonst. Deutsche	577 =	15,77 %
davon:		
Sachsen	168 =	4,59 %
Hannover	98 =	2,68 %
3. Ostprovinzen	1150 =	31,43 %
davon:		
Posen	517 =	14,13 %
Schlesien	275 =	7,52 %
Ostpreußen	190 =	5,19 %
Westpreußen	115 =	3,14 %
4. Ausländer	682 =	18,64 %
davon:		
Italien	228 =	6,23 %
Balkanländer	153 =	4,18 %
Ungarn	93 =	2,54 %

Faßt man diese Zahlen zusammen, so läßt sich grob sagen, daß rund ein Drittel der Urbelegschaft aus Westdeutschland stammte, ein weiteres Drittel aus den damaligen deutschen Ostgebieten, vor allem aus Posen. Das letzte Drittel setzte sich zusammen aus Deutschen der übrigen Reichsgebiete und Ausländern. Der Anteil der Ausländer von 18,64 % war recht hoch. Dabei muß allerdings berücksichtigt werden, daß die große Gruppe der Italiener nach dem Abteufen – von Ausnahmen abgesehen – wieder abwanderte. Andererseits müßten aber eine ganze Reihe von Polen, die sich unter den Osteinwanderern befanden, dazugerechnet werden. Ihr Anteil lag gerade unter den Posenern besonders hoch.[94] Bedenkt man außerdem, daß sich hinter den 1102 Westfalen vielfach Zuwanderer aus dem inneren Ruhrgebiet verbergen (besonders aus dem Raum Dortmund, Herne, Gelsenkirchen), so kann davon ausgegangen werden, daß es sich auch hier vielfach um Söhne von Bergleuten handelte, die zwar im Ruhrgebiet geboren wurden, deren Familien aber aus Ostdeutschland zugezogen waren. Unter der gesamten Belegschaft dieser Jahre befanden sich nur 58 gebürtige Ahlener.[95]

Bei der Auswertung muß beachtet werden, daß gerade in der Anfangszeit, als es noch keine Zechenkolonie in Ahlen gab, ein ständiges Kommen und Gehen herrschte. Mancher Bergmann arbeitete nur für wenige Tage oder Wochen auf der Zeche. Im Jahresdurchschnitt waren es: 1909 = 165 Arbeiter, 1910 = 309, 1911 = 339, 1912 = 535, 1913 = 965.[96]

94 Kleßmann (1978), S. 24 schätzt ihn auf über 60 %.
95 Damit entspricht die Belegschaftszusammensetzung der Ahlener Zeche ganz dem Typus, den Brepohl (1948) für die Lippezone beschrieb. Bei seiner Charakterisierung des „Ruhrvolkes" spürt man allerdings noch vielfach die rassistischen Anschauungen der NS-Zeit, aus der seine Untersuchungen stammen. Die Osteinwanderer waren „von niederer Art" (S. 94), die „kulturell alles andere als einen Gewinn" darstellten (S. 96) und „kein Solidaritätsgefühl mit den Deutschen" kannten (S. 135).
96 Vgl. Jahresbericht der Handelskammer Münster für 1909 bis 1913.

Im September 1914 berichtet die Ahlener Volkszeitung von 1561 Mann Belegschaft auf der Zeche, davon 302 Ausländer.[97] Der Ausbruch des Ersten Weltkrieges führte zu großen Belastungen für die Ausländer, die jetzt zum Teil als „Angehörige feindlicher Staaten" angesehen wurden. Es kam zu starken Abwanderungen.[98]

Die Zeche Westfalen begann sich erst nach dem Krieg richtig zu entwicklen und erhöhte ihre Belegschaft in wenigen Jahren von rund 1000 auf 3500. In diesem Zusammenhang erlebte Ahlen erneut einen starken Zustrom von Ausländern, diesmal besonders aus der Tschechoslowakei und Ungarn.

In Ahlen gemeldete Ausländer am 5.5.1920:[99]

Nationalität:	Anzahl:
Tschechoslowakei	563
Ungarn	421
Niederländer	182
Polen	69
Österreicher	68
Russen	26
Italiener	23
Schweizer	21
Dänen	11
Engländer	5
Ausländer insgesamt	1389

Zu den Tschechen wird noch vermerkt, sie seien „sämtlich Arbeiter, unvermögend und ohne jegliche Vorbildung". Erstaunlich ist der niedrige Anteil der Polen. Aus dem gleichen Jahr existiert nämlich folgende Aufstellung polnischer Vereine und ihrer Mitglieder in Ahlen:

– Polnischer Wahlverein mit 150-200 Mitgliedern,
– St. Peter und Paul mit 100 Mitgliedern,
– Polinnenverein „Wanda" mit 70 Mitgliedern und
– Turnverein „Sokol" mit 60-70 Mitgliedern.[100]

Vermutlich handelte es sich bei den oben erwähnten 69 Polen um diejenigen, die sich bewußt als Mitglied des neuen Nationalstaates bezeichnen wollten. Die Mehrheit der Ahlener Polen war entweder schon im Ruhrgebiet geboren oder entschied sich jetzt für eine deutsche Staatsangehörigkeit. Letzteres scheint sie allerdings nicht daran gehindert zu haben, eine ganze Reihe politischer und

---

97 Ahlener Volkszeitung vom 10.9.1914.
98 Vgl. Rennspieß (1989), S. 44.
99 StAM, Kreis Beckum, Nr. 38, Bericht der Polizeiverwaltung vom 11.5.1920.
100 StAM, Kreis Beckum, Nr. 650, Bürgermeisterbericht vom 6.11.1920.

Die „Polnische Schule" der Ahlener Zechenkolonie. 20er Jahre.

kultureller Aktivitäten zu entfalten. Einige Beispiele:[101] 1919 zogen zwei Vertreter einer „Polnischen Liste" in die Stadtverordnetenversammlung ein. Sie waren in der Zechenkolonie auf 17 % der Stimmen gekommen. Anfang der 20er Jahre stellte ein polnischer Elternverein 6 der 16 Elternbeiräte in der katholischen Kolonieschule und seit 1923 gab es nachmittags Sprachunterricht in einer polnischen Privatschule. Vergleichbare Aktivitäten sind von den Tschechen und Ungarn nicht bekannt.

Die Zusammenballung des hohen Ausländeranteils in der Zechenkolonie brachte es mit sich, daß dieser Stadtteil insgesamt als „Polackenviertel" bezeichnet wurde. Zwischen der Altstadt diesseits und der Bergarbeitersiedlung jenseits der Bahn kam es zu starken sozialen Spannungen, die zeitweilig den Charakter offener Feindschaft annahmen (vgl. Kap. II.A3).

Auch in religiöser Hinsicht lagen die Verhältnisse in Ahlen anders als in Kamen. Hier hatte es vor der Industrialisierung einen homogenen zentrumsorientierten Katholizismus gegeben. Erst der Zuzug protestantischer Bergleute änderte die Religionszusammensetzung (vgl. Tab. 6 im Anhang). Der Anteil der evangelischen Bevölkerung betrug 1871 keine 3 %, stieg bis 1905 lediglich auf 8 %, um dann bis 1925 immerhin fast 24 % zu erreichen. Eine alte Bergarbeiterfrau, die 1913 aus dem Ruhrgebiet mit ihren Eltern in die Kolonie zog, erinnert sich, wie schwierig die Verhältnisse zwischen den Konfessionen waren:

---

101 Zum Folgenden ausführlich Rennspieß (1989), S. 182-190. 1926 hatte der „Bund der Polen" in Ahlen noch 90 Mitglieder.

„Als wir hierhingekommen sind, war das so eine richtige Ackerbürgerstadt, und die war'n schwarz hier, die war'n schwarz. Wir war'n ja evangelisch, und da gab es nur so eine kleine Kirche auf der Oststraße. Hier war eine unglaubliche Gehässigkeit zwischen den Glaubensrichtungen. Das war schlimm, wie die uns Evangelischen hier gehaßt haben. (...) Früher haben die sich richtig gekloppt. Karfreitag zum Abendmahl mußten wir dann zur Stadt auf die Oststraße, und da haben'se uns dann einmal so Abfall und Kot vor die Tür geschüttet, und da hat der Pastor erstmal'nen Schlauch genommen und alles bißchen weggespritzt, damit wir überhaupt aus der Kirche kamen. Und manchmal haben die Katholiken die evangelischen Kinder abgepaßt und die dann verhauen."[102]

Parallel zum Wandel der religiösen und sozialen Zusammensetzung der Bevölkerung änderten sich die politischen Verhältnisse. Das „schwarze Ahlen", in dem 1870 eine wichtige Gründungsversammlung des Zentrums stattfand und noch 1907 84,3 % hinter dieser Partei standen, war 1919 entsetzt, als plötzlich ein Drittel aller Wähler für die Sozialdemokratie stimmte (vgl. Kap. II.B2).

Gespeist durch die starke Ablehnung der Alteingesessenen entstand in der Kolonie ein „Wir-Gefühl", bei dem es bald dazu gehörte, zu zeigen, daß man mit den Städtern nichts zu tun hatte. Das verband die Bergarbeiterfamilien über alle sonstigen Unterschiede hinweg. Ein konkretes Beispiel für die Welten, die sich zwischen den Wohngebieten und der Bevölkerung diesseits und jenseits der Bahn auftaten, liefert folgender Zeitungsartikel des zentrumsorientierten Lokalblattes:

„Glücklich ist, wer im Verborgenen lebt, besonders dann, wenn gewisse Elemente, die jenseits der großen Bahnunterführung hausen, den diesseitigen Stadtteil besuchen ... Während brave Bürgersleute in einem Konzerthause unweit dieses Scheideweges bei einer Tasse Kaffee und einem Stückchen Kuchen den Klängen der Musik lauschten, ..., rückte die Ausgeburt und Hefe der Menschheit in die Stadt ein, ... Im Cafe Gretenkort spielte die Musik auf allgemeinen Wunsch ...: ,Deutschland, Deutschland über alles'. Das war den sauberen Herrschaften, ..., Wasser auf die Mühlen. Kaum war der erste Vers verklungen, als auch schon die Fensterscheiben klirrten ... Die feige Gesellschaft flatterte wie die Wiedehopfe in ihre schmutzigen Nester. Wer bringt Hilfe?"[103]

Die Angelegenheit schlug noch hohe Wellen. Es kam zu einer Protestkundgebung der Koloniebewohner, in deren Verlauf einige „unreife Burschen" (wie es in der Ahlener Volkszeitung hieß) festgenommen wurden; darunter befand sich allerdings der damalige Vorsitzende der KPD-Ortsgruppe. Die Kommunisten machten sich zum Wortführer des Protestes.[104] Sie waren es auch, die nun bald die stärkste politische Kraft unter den Bergleuten stellten (vgl. Kap. II.B).

Zum Schluß dieses Abschnittes soll noch ein Blick auf den Wandel der Berufsstruktur in den Vergleichsstädten geworfen werden. Entsprechend dem Arbeitsplatzangebot der entstehenden Industriebetriebe haben sich die beruflichen und

---

102 Interview Uwe Rennspieß mit M.G. am 8.7.1987.
103 Ahlener Volkszeitung vom 6.10.1922.
104 Genauer hierzu: Rennspieß (1989), S. 95.

sozialen Verhältnisse in wenigen Jahrzehnten entscheidend gewandelt. Wie die letzten Abschnitte gezeigt haben, wurde Kamen früher und wirtschaftlich einseitiger vom Bergbau geprägt. Die Belegschaftszählung von 1893 macht deutlich, daß schon zu diesem Zeitpunkt mehr als die Hälfte aller Einwohner vom Bergbau abhing. Auf die 905 Bergleute in Kamen entfielen im Durchschnitt 3,95 Angehörige (Frauen, Kinder, abhängige Verwandte).[105] Das ergibt 3578 Personen, bei einer Einwohnerzahl von 7063 also 50,66 %.

Für eine Festschrift des Kamener Gymnasiums aus dem Jahre 1958 hat sich ein Autor die Mühe gemacht und die Wählerlisten des Stadtarchivs nach dem Anteil der Bergleute und Fabrikarbeiter ausgewertet.[106] Die Ergebnisse beziehen sich damit natürlich nur auf die männliche Einwohnerschaft über 24 Jahre, die keine Armenunterstützung bezog und im Besitz der bürgerlichen Ehrenrechte war.

Jahr:	Anteil der Wahlberechtigten	
	Fabrikarbeiter:	Bergleute:
1873	5,24%	1,44%
1876	5,65%	7,22%
1879	5,25%	8,37%
1882	6,20%	10,60%
1885	5,25%	11,77%
1888	5,44%	22,10%
1893	5,61%	37,70%
1898	7,90%	40,35%
1903	7,04%	44,30%
1908	7,70%	46,86%

War noch 1885 lediglich jeder zehnte wahlberechtigte Arbeitnehmer Kamens im Bergbau beschäftigt, stieg der Anteil bis 1908 auf fast 47 %, d.h. nahezu jeder zweite war nun von der Zeche abhängig.[107] Die Zahl der Fabrikarbeiter stieg dagegen nur unwesentlich.

An der vom Bergbau dominierten Struktur der Arbeitsplätze änderte sich auch in der Weimarer Zeit wenig. Nach den Zahlen, die der Verwaltungsbericht der Stadt Kamen von der Volks, Berufs und Betriebszählung vom 16.6.1925 veröffentlichte, sah die Berufsstruktur folgendermaßen aus:[108]

---

105 Belegschaftszählung von 1893, Zweiter Teil, Tab. IV.
106 Vgl. Murmann (1958) S. 239-256.
107 Dabei ist noch zu berücksichtigen, daß auch Bergleute der umliegenden Zechen, vor allem Königsborn Schacht II und Courl, in Kamen wohnten.
108 Bericht über die Verwaltung der Stadt Kamen, 1924-1928, S. 29-30. Die Unterschiede im Vergleich mit der Tab. 7 im Anhang (besonders gravierend bei den landwirtschaftlich Beschäftigten!) lassen sich nur durch andere Kriterien bei der Zusammenstellung der Zahlen erklären.

Bergleute	=	1.895
Fabrikarbeiter	=	239
sonstige Arbeiter		
(Tiefbauarbeiter,		
Straßenbahner usw.)	=	196
Hausangestellte	=	272
Angestellte	=	425
Beamte, Angestellte und		
Arbeiter öffentlichrechtlicher		
Einrichtungen	=	345
Handwerker und Handlanger	=	830
Händler jeder Art und		
Unternehmer	=	234
sonstige selbständige Berufe	=	30
in der Landwirtschaft		
beschäftigt	=	155
Erwerbstätige im Hauptberuf	=	4.621
(davon: männlich 3.881, weiblich 740)		

Die Aufstellung zeigt, daß der Bergbau mit 41 % der Beschäftigten vor der Weltwirtschaftskrise der weitaus wichtigste Arbeitgeber der Stadt blieb. Läßt man zum Vergleich mit dem Anteil an den Wahlberechtigten vor dem Ersten Weltkrieg die weiblichen Erwerbstätigen weg, so zeigt sich, daß die Bergleute gegenüber 1908 noch einmal um 2 % zugenommen haben (auf 48,82 %). Der Anteil der Fabrikarbeiter ist dagegen wieder gesunken (5,17 % aller Beschäftigten, bzw. 6,16 % der männlichen).

Will man entsprechend der Belegschaftszählung von 1893 die direkt vom Bergbau abhängigen Personen an der Einwohnerschaft ausrechnen, so ergibt sich, daß sie (selbst bei Berücksichtigung zurückgehender Kinderzahlen unter den Bergleuten) auf rund 60 % angestiegen sind.[109]

In Ahlen verschob sich die Erwerbsstruktur nicht ganz so einseitig zugunsten des Bergbaus. Hier waren die Fabrikarbeiter schon um die Jahrhundertwende zur zahlenmäßig stärksten Schicht angewachsen. Nach einer Auswertung der Haushaltungen aus dem Jahre 1901 entfielen von 1254 auf:[110]

Haushalte von Fabrikarbeitern		405 = 32,30 %
„	Gewerbetreibenden	256 = 20,41 %
„	Handwerkern	232 = 18,50 %

---

109 Die Geburtenrate in Kamen hat sich zwischen 1900 = 49,45 und 1928 = 24,86 auf 1000 Einwohner so gut wie halbiert, vgl. Bericht über die Verwaltung der Stadt Kamen, 1924-1928, S. 48. Es kann aber weiterhin davon ausgegangen werden, daß die Kinderzahl unter den Bergleuten höher lag, als unter anderen Bevölkerungsgruppen in der Stadt.
110 Vgl. Mayr (1964), S. 27.

„	Kaufleuten	67 = 5,34 %
„	Tagelöhnern	147 = 11,72 %
„	Bauern und Kötter	147 = 11,72 %

Nach Beginn des Kohlenbergbaus verdoppelten sich die industriellen Arbeitsplätze von 1333 (1902) auf 3200 (1913) und die Zahl der Fabrikbetriebe von 36 auf 45.[111] Nach dem Ersten Weltkrieg ging diese Entwicklung weiter. Nach der Volkszählung von 1925 arbeiteten über 7000 Menschen im Bereich „Industrie und Handwerk", das waren 73 % (vgl. Tab. 7). Der Anteil der im Bergbau Beschäftigten nahm hiervon 41,54 % ein. (Dies Verhältnis lag in Kamen bei 59,90 %). Eine Aufschlüsselung der Arbeitsplätze in den wichtigsten Branchen des Bereichs „Industrie und Handwerk" aus dem Jahre 1929 zeigt für Ahlen und Kamen im Vergleich folgendes Bild:[112]

		Ahlen:	Kamen:
3	Bergbau	3060	2245
4	Industrie der Erde u. Steine	124	–
5	Eisen- und Metallgewinnung	16	112
6	Herstellung von Eisen- und Metallwaren	2522	29
7	Maschinen- u. Fahrzeugbau	186	–
14	Holz- und Schnitzstoffgew.	173	46
16	Nahrungs- u. Genußmittelgewerbe	136	97
17	Bekleidungsindustrie	244	91
18	Baugewerbe	192	414

Damit zeigt sich, daß in Ahlen immerhin noch rund die Hälfte der industriellen Arbeitsplätze auf andere Bereiche als den Bergbau entfielen, ganz überwiegend auf die Stanz- und Emailleindustrie. In Kamen folgte das Baugewerbe an zweiter Stelle hinter dem Bergbau, die Bedeutung der Fabriken im Metallbereich war sehr gering.

---

111 Vgl. Mayr (1968), S. 66.
112 Statistisches Jahrbuch für das niederrheinisch-westfälische Industriegebiet, Jg. 1930, Tab. II,3.

Kapitel II:
Die Arbeiterschaft

In diesem Kapitel soll in einem ersten Schritt die Lebenssituation der Arbeiter und ihrer Familien untersucht werden. Der Schwerpunkt liegt auf den Wohn- und Arbeitsverhältnissen sowie sozialen Spannungen und Integrationsfragen. In einem zweiten Schritt geht es um die politischen Handlungen der Arbeiterbewegung, die Arbeitskämpfe und das Wahlverhalten. Dabei soll nicht verkürzt aus den Strukturen auf das Bewußtsein geschlossen werden, etwa nach dem Muster: Aus schlechten Wohn- und Arbeitsverhältnissen folgt unweigerlich politisch radikales Verhalten.[1] Betrachtet man aber die unterschiedliche Lebenssituation der Arbeiter in den Vergleichsstädten, so ergeben sich zumindest einige Anhaltspunkte dafür, warum sich die Arbeiterbewegung dort so verschieden entwickelte. Dies schlüssig zu erklären ist jedoch nicht das eigentliche Anliegen – zumal dazu eine breitere Quellenbasis und genauere Untersuchungen erforderlich wären. Es geht darum, die konkreten Lebensumstände der Arbeiterschicht und ihre politischen Äußerungen gemeinsam daraufhin zu befragen, warum die Arbeiterbewegung in Ahlen weitgehend resistent gegenüber dem Nationalsozialismus blieb und in Kamen eine gewisse Aufnahmebereitschaft oder zumindest weniger Abwehrkraft zeigte.

A. Lebens- und Arbeitsbedingungen

1. Wohnverhältnisse

„Es dürfte wenige Städte von der Größe Camens geben, in denen so zahlreiche casernenartige Arbeiterhäuser sich finden, und es wird noch oft beklagt werden müssen, daß man nicht lieber im freien Felde kleinere Häuser zu je 2 oder 4 Familien gebaut hat. Dann hätte jede Familie einen kleinen Garten haben können und in ländlichem Frieden hätten groß und klein ein gesundes und sittlich wohlthätiges Heim gefunden. Jetzt sind die hygienischen Forderungen kaum zur Geltung zu bringen, und das Kasernenleben der Familien hat große sittliche Bedenken. Man macht der Zechenleitung wohl nicht mit Unrecht den Vorwurf, daß sie bei diesen Bauten in der Sorge für ihren materiellen Vortheil die ungeheuren Nachtheile, welche für ihre Arbeiter und deren Familien aus dem Kasernenleben in den großen Häusern entstehen, außer Acht gelassen hat. Die Frage: wie soll der Arbeiter wohnen?, worin heutzutage eine der wichtigsten sozialen Forderungen angedeutet liegt, hat bei uns in Camen die ungenügendste Lösung gefunden."[2]

---

1 Vgl. die Ausführungen zur Methodik in der Einleitung.
2 Stadtchronik, Abs. 98.

Eines der typischen Kamener Zechenhäuser für 12 Familien. 20er Jahre.

So urteilte der evangelische Pfarrer und Stadtchronist um die Jahrhundertwende über die Wohnverhältnisse in Kamen. Jeder verfügbare Raum der Innenstadt war mit Wohnblöcken für Bergarbeiter bebaut worden. Die Stadt platzte aus allen Nähten. Bis zu den Stadterweiterungen der 1920er Jahre läßt sich schätzen, daß fast 500 Menschen auf einem Hektar (100 mal 100 Meter) bebauter Fläche lebten.[3] Selbst 1927, als sich die Fläche für Haus, Hof und Garten auf 50 ha erweitert hatte, waren es noch 244 pro ha und damit mehr als doppelt so viele wie in Ahlen (112 pro ha).[4] 1890 wohnten in den bis dahin gebauten 20 Wohnblocks 1247 Personen, d.h. über 60 in einem Haus und 5,2 pro Wohnung.[5] Die meisten dieser grossen Häuser hatten für ihre vielen Bewohner nur einen Eingang von der Straße her und einen Ausgang zum Hof, wo sich in einem langgestreckten steinernen Flachbau für jede Wohneinheit ein Plumpsklo und ein Stall befanden. Die Wohnungen hatten knapp 40 qm, bzw. 111 cbm Luftraum in zwei Zimmern und einer Wohnküche.[6] Die Elektrifizierung erreichte einige dieser Wohnblocks erst in den 30er Jahren.

Die Kritik des evangelischen Pfarrers ließe sich aus der Aktenlage zur Genüge erweitern. So finden sich besonders in der Anfangszeit immer wieder Beschwerdebriefe darüber, daß die Wohnungen feucht waren, die Fäkaliengruben stanken und das Abwasser in unkontrollierten Wegen über die Höfe floß.[7]

Aus einem Vergleich der erhalten gebliebenen Unterlagen zu den Volkszählungen der Jahre 1890 und 1895 ergibt sich, daß 83 % der Bewohner die Häuser in diesen wenigen Jahren wieder verlassen haben.[8] Die Wohnblocks der Zeche waren eine typische Durchgangsstation für jene Zuwanderer, die hier mangels anderer Quartiere so lange blieben, bis die Suche nach besseren Wohn- oder Arbeitsmöglichkeiten Erfolg hatte.

Die gröbsten Mängel an den Werkswohnungen scheinen allerdings nach und nach beseitigt worden zu sein. Im Jahre 1923 bescheinigte eine Untersuchungskommission der Zeche Monopol, daß ihre 574 Wohnungen in 65 Häusern keine „größeren Mißstände, die die Bewohnbarkeit beeinträchtigen", aufwiesen. Lediglich an „Mängeln in der Art der Benutzung" wurden folgende festgestellt:

a) in 12 Fällen mangelhafte Geschlechtertrennung,
b) in 7 Fällen fehlende Betten,

---

3 Dabei wird eine bebaute Fläche von 20 ha zugrunde gelegt, vgl. Bericht über die Verwaltung der Stadt Kamen, 1924-1928, S. 17.
4 Zahl für Kamen: ebenda; für Ahlen: Statistisches Jahrbuch für das niederrheinisch-westfälische Industriegebiet, Jg. 1929, S. 52 (nur für Städte über 20000 Einwohner).
5 Errechnet aus der Volkszählungsakte von 1890, StAK, Nr. 1289.
6 40 qm Wohnfläche entsprach damals ungefähr dem Schnitt der Arbeiterwohnungen im Ruhrgebiet, vgl. Witt (1979), S. 387. Nach Hundt (1902), S. 14 galten schon 30 qm als ausreichend.
7 Vgl. besonders die Bauakten Nordenmauer 68, Vogelhof und Ulmenplatz im StAK (noch ungeordnet).
8 StAK, Nr. 1289 und 1290.

c) in 7 Fällen Unsauberkeit und
d) in 49 Fällen ungenügender Wohnraum.[9]

Damit lag der „schwarze Peter" also bei den Benutzern. Daß der Mangel an Wohnungen ihnen häufig keine andere Wahl ließ, als bei „mangelhafter Geschlechtertrennung" auf ungenügendem Raum zusammenzurücken, wird nicht erwähnt. Noch 1924 waren beim Kamener Wohnungsamt 200 Bergleute und 243 Nicht-Bergleute als Wohnungsuchende gemeldet.[10] Im übrigen muß bei den Berichten solcher Untersuchungskommissionen berücksichtigt werden, daß ihre Kriterien, nach denen sie eventuelle Beanstandungen aussprachen, sehr weit gesteckt waren. So lag der gesetzlich garantierte Mindestwohnraum lediglich bei 10 cbm,[11] d.h. in den 111 cbm Werkswohnungen wurde erst ab 12 Bewohnern von „ungenügendem Wohnraum" gesprochen.

In der Weimarer Zeit haben sich die Wohnverhältnisse in Kamen widersprüchlich weiterentwickelt. Einerseits stieg die Belegungsdichte des verfügbaren Wohnraums zumindest bis 1927 weiter an. Lebten Ende des Krieges noch 4,03 Personen in einer Wohnung (10,15 pro Haus), waren es 1927 4,28 (bzw. 10,44 pro Haus).[12] Andererseits aber sorgten die 1920/21 erbaute Hindenburgkolonie und vor allem der seit 1919 von der Stadt geförderte gemeinnützige Siedlungsbau für Alternativen zu den Werkswohnungen in den großen 12-Familien-Blocks. Damit gelang es einem immer größer werdenden Teil der Arbeiterschaft, in weit komfortablere Wohnungen umzuziehen, die nicht nur größer waren, sondern auch Gärten und Keller besaßen.

Eine besonders interessante Quelle aus der Zeit unmittelbar nach der Novemberrevolution zeigt, wie groß die Defizite im Wohnbereich waren.[13] Unter Zusammenarbeit des Arbeiterrates und des linksliberalen Bürgermeisters Dr. Curt Wiesner (Fortschrittspartei, dann DDP) wurden Erhebungen zur Wohnungssituation durchgeführt, unter anderem eine Umfrage an den Kamener Schulen, um zu ermitteln, unter welchen Bedingungen die Schüler schliefen. Das Ergebnis war erschreckend und zeigte, daß nur wenige Kinder über ein eigenes Bett verfügten. Da solche Quellen selten sind und auch etwas über die sozialen und religiösen Unterschiede aussagen, soll das Ergebnis hier kurz dargestellt werden:[14]

---

9   StAM, Kreis Unna, Kreisausschuß, Nr. 86, Schreiben des Magistrats vom 8.1.1923.
10 Ebenda, Schreiben des Magistrats vom 19.2.1924, vgl. auch Kamener Zeitung vom 21.3.1923.
11 Vgl. Kastorff-Viehmann (1979), S. 271 sowie Niethammer (1976), S. 78.
12 Errechnet aus den Daten der Reichswohnungszählungen von 1918 und 1927, in: Statistik des Deutschen Reichs, Bd. 287 und 362. Die durchschnittliche Belegungsdichte im Ruhrgebiet lag bei 3,81 Personen pro Wohnung, Niethammer (1976), Tab. 18.
13 Allgemein zur Erblast, die das Kaiserreich auf dem Gebiet des Wohnungswesens hinterlassen hatte, Witt (1979), besonders S. 386-392.
14 Vgl. StAK, Nr. 2130. Leider waren die Kriterien, nach denen die einzelnen Schulen die Umfrage durchführten, recht unterschiedlich. Eine der beiden evangelischen Volksschulen wurde deshalb nicht berücksichtigt.

Volksschule: kath.:	von den Kindern schliefen (in Prozent):
	16,0 im eigenen Bett,
	36,8 mit ein oder mehreren Geschwistern,
	34,9 mit den Eltern,
	12,2 mit Eltern oder Kindern des anderen Geschlechts,
ev.:	21,2 im eigenen Bett,
	69,4 mit ein oder mehreren Geschwistern,
	9,4 mit den Eltern,
Gymnasium/ Töchterschule:	81,4 im eigenen Bett,
	17,5 mit ein oder mehreren Geschwistern,
	1,1 mit den Eltern.

Der Bürgermeister startete daraufhin eine Anfrage an Unternehmen und Gesellschaften zur Beteiligung an einer Siedlungsgesellschaft, die zügig Abhilfe schaffen sollte. In dem Brief an die GBAG hieß es unter anderem:

„Gelegentlich einer Umfrage in Kamen ist festgestellt worden, daß die Nachfrage nach kleineren Wohnungen das Angebot um fast 100 % überstieg ... kurz gesagt, in Kamen besteht eine Wohnungsnot, wie sie größer kaum gedacht werden kann."[15]

Interessant war die Antwort der GBAG: Obwohl eine Beteiligung an der Baugesellschaft zugesagt wurde, riet man zur Vorsicht, da der „unausbleibliche Rückgang der Industrie ... bald zu einer erheblichen Abwanderung von Arbeitern führen muß. Es ist daher mit Sicherheit anzunehmen, daß in den nächten Jahren anstatt des Wohnungsmangels ein Wohnungsüberschuß eintreten wird."[16]

Am 9.7.1919 wurde die „Kamener Siedlungsgesellschaft mbH" gegründet. Hauptanteilseigner waren die Stadt, die GBAG und die „Kleinbahn Unna-Kamen-Werne GmbH". Die Baumaßnahmen begannen sofort, weitere Initiativen folgten durch die „Bergmannssiedlung Hamm" und eine privat gegründete „Gemeinnützige Baugenossenschaft GmbH". Bis 1927 entstanden 157 Häuser.[17]

Nach einer Auswertung des Adreßbuches von 1927 wohnten von 1372 ausgezählten Personen mit Berufsbezeichnungen, die klar auf ein Arbeitsverhältnis bei der Zeche schließen ließen (wie Bergmann, Hauer, Tages- und Kokereiarbeiter:[18]

– in Werkswohnungen insg. 725 = 53 %
(davon: in den Wohnblocks 478 = 35 %)
(in der Hindenburgkolonie 160 = 12 %)

---

15 StAK, Nr. 2130, Brief an die GBAG vom 17.2.1919.
16 Ebenda, Brief an den Magistrat vom 18.3.1919.
17 Vgl. StAK, Nr. 2124, 2126 und 2130.
18 Nur in den Werkswohnungen wurden auch die Invaliden mitgezählt, da es sich bis auf wenige Ausnahmen um pensionierte Bergleute handeln dürfte. Zu beachten ist weiterhin, daß die Berufsangaben in dem Adreßbuch sehr ungenau sind. Es muß davon ausgegangen werden, daß sich auch hinter der häufigen Bezeichnung „Arbeiter" und selbst unter vielen Handwerkern weitere Zechenangehörige befanden.

– in Siedlungswohnungen	169 = 12 %
– privat zur Untermiete	375 = 28 %
– im eigenen Haus	93 = 7 %

Danach muß man bei der Beurteilung der Wohnsituation der bergbauverbundenen Bevölkerung in Kamen von drei sehr unterschiedlichen Gruppen ausgehen: 1. 35 % wohnten weiterhin in den großen Blöcken der GBAG, 2. 31 % in der Hindenburgkolonie, den neugebauten Siedlungshäusern oder in den „eigenen vier Wänden" und 3. 28 % bei privaten Vermietern. (Die übrigen 6 % lebten in verstreut liegenden Werkswohnungen).

Zur ersten Gruppe:

Trotz der geschilderten Mängel kann man es sich mit einer durchweg negativen Bewertung der Wohnverhältnisse in den 12-Familien-Blocks nicht so leicht machen, wie folgende Erzählung eines 86-jährigen Berginvaliden zeigt, der in den 20er Jahren lange in einem dieser Kasernenbauten wohnte:

„Ich darf gar nicht daran denken, wie schön das auf dem Vogelhof war. Das war eine Gemeinschaft in unserm Block – einmalig. Ich war im Mandolinenclub ‚Gut Klang', wenn wir abends etwas übten, kam das ganze Volk zusammen. Sonntags morgens wurde immer Fußball gespielt. Selbst bei den miserablen Wohnverhältnissen war das das schönste Wohnen damals, das ich je erlebt habe."[19]

Hier wird sicherlich ein gutes Stück sehnsüchtige Erinnerung an Jugend und Gemeinschaft mitgespielt haben. Trotzdem macht die Erzählung deutlich, daß die miserablen äußeren Verhältnisse durch eine Solidarität gemildert werden konnten, die aus gemeinsamer beruflicher und sozialer Situation herrührte. Andererseits ist unverkennbar, daß es ein Ziel der meisten Bergarbeiterfamilien in diesen Blöcken war, eine bessere Wohnung zu finden. Ein Vergleich der Adreßbücher von 1923 und 1927 belegt, daß immerhin 51 % der Bewohner in dieser Zeit gewechselt haben. Rund 70 % der umgezogenen Personen blieben in der Stadt, 30 % verzogen ganz.

Für eine Zeit, in der die meisten Zechen keinen Bedarf an Arbeitskräften mehr hatten, ist der Anteil derjenigen, die die Stadt verließen, relativ groß. In den 12-Familien-Blocks herrschte also weiterhin eine große Fluktuation und das Suchen nach Alternativen.

Zur zweiten Gruppe:

Rund ein Viertel der Bergleute war mittlerweile in der Hindenburgkolonie oder den noch größeren Siedlungshäusern untergekommen. Die ersteren hatten rund 54 bis 66 qm Wohnfläche, die Siedlungshäuser sogar 70 qm. Beide verfügten über große Gärten, und die Toiletten lagen im Haus. Wer eine solche Wohnung hatte, war zweifellos privilegiert. Der erwähnte Adreßbuchvergleich zeigt hier, daß es nur noch ganz wenige Wechsel gab.

---

19 Interview Uwe Rennspieß mit E.B. vom 28.11.1989.

Über den größeren Wohnkomfort hinaus sollten die Bergmannssiedlungen eine andere Form des nachbarschaftlichen Zusammenlebens, eine mehr die Privatsphäre betonende Vergemeinschaftung ermöglichen.[20] Hier wohnte eine Stammarbeiterschaft, die den „Aufstieg" zur vollen Integration in die lokale Gesellschaft geschafft hatte.[21] Dies wird auch dadurch unterstrichen, daß der Anteil der eigentlichen Bergleute unter Tage in den Siedlungshäusern weit geringer war als in den Wohnblocks. Dagegen finden sich viele Bergarbeitersöhne mit Facharbeiterberufen. Sie hatten einen damals als Aufstieg empfundenen Schritt weg vom Bergbau vollzogen. Das Mietverhältnis in den Siedlungshäusern war nicht mehr an den Arbeitsvertrag gebunden, und in vielen Fällen konnten die Bewohner nach und nach Besitzer der Häuser werden.[22] Tatsächlich waren 1927 rund 7 % der Belegschaft Hausbesitzer. Dies erscheint angesichts der Tatsache, daß es 1893 noch 19,9 % waren, als nicht besonders viel.[23] Allerdings darf nicht vergessen werden, daß es sich vor der Jahrhundertwende hauptsächlich um den ererbten Besitz der Kötterbergleute handelte, von denen sehr viele in den umliegenden Gemeinden wohnten (wie Oberaden 73 und Bergkamen 59).[24] In den 1920er Jahren handelte es sich aber zum größten Teil um Bergleute, die die anfangs sehr günstigen Bedingungen zum Erwerb eines Siedlungshauses nutzten oder billige Grundstücke an den Ausfallstraßen in Eigenleistung bebauten.[25]

Die dritte Gruppe:
Die privat wohnenden Bergleute waren über die gesamte Stadt verteilt. Die Wohnverhältnisse selbst konnten sehr unterschiedlich sein. Wie die starke Frequentierung der 1 bis 3 Zimmerwohnungen zeigt (vgl. Tab. 8), lag die Regel aber vermutlich bei sehr kleinen Wohnungen, wofür zum Teil eine erheblich höhere Miete gezahlt werden mußte als in den Werkswohnungen. Nach einer Erhebung von 1901 lagen die Preise auf dem privaten Wohnungsmarkt in Kamen um 80-100 % höher.[26] 1925 kostete eine neue Wohnung in der Hindenburgkolonie monatlich

---

20 Nach von Saldern (1986), S. 54 spielte die Politik in den Siedlungen keine Rolle, da man Konflikte zwischen Bewohnern und Verwaltung vermeiden wollte.

21 Der Kamener Arbeiterrat hatte die Gründung von Siedlungsgesellschaften seinerzeit mit dem Argument unterstützt: „Gerade hierdurch würde man die arbeitende Klasse zu guten Staatsbürgern heranziehen.", vgl. StAK, Nr. 2130, Brief an Dr. Wiesner vom 8.2.1919.

22 Bei der Kamener Siedlungsgesellschaft nach 36 und bei der Bergmannssiedlung Hamm nach 20 Jahren; allerdings war dies häufig daran gebunden, daß man im Bergbau beschäftigt blieb, vgl. Treuhandstelle für Bergmannswohnstätten (1970), S. 17, wo es wörtlich heißt: „Diese Bedingung war keine Bürde. Treue zum Arbeitsplatz war dem Bergmann angeboren."

23 Belegschaftszählung von 1893, Erster Teil, Tab. I,b.

24 Ebenda: Zweiter Teil, Tab. V. Vgl. auch den außergewöhnlich hohen Rindviehbesitz unter den Belegschaftsmitgliedern von Monopol, Erster Teil, Tab. Ib. Um die Jahrhundertwende gab die Zeche Monopol sehr großzügige Prämien und Darlehen, um die Arbeiter zum Erwerb eines Hauses zu bewegen, hatte damit aber sehr wenig Erfolg, vgl. Hundt (1902), S. 5 und Rektor Siegler in der Zechen-Zeitung, 1927, Nr. 4 sowie Lange-Kothe (1950), S. 17.

25 Bis 1930 waren rund 13 % der Häuser der Bergmannssiedlung Hamm als Eigenheime abgegeben, vgl. 30 Jahre Treuhandstelle (1950), Tab. Anlage 3.

26 Die Entwicklung des niederrheinisch-westfälischen Steinkohlenbergbaus (1904), Tab. 136.

22 Mark, die alten Werkswohnungen in den Blöcken dagegen 15 Mark.[27] Die Mieten in den Siedlungshäusern lagen bei rund 28 Mark.[28]

Wie die Adreßbuchanalyse zeigt, waren die privat wohnenden Bergleute als Untermieter bei allen anderen Berufsgruppen zu finden; hier scheint es keine Berührungsängste mehr gegeben zu haben.

Bei diesen Wohnverhältnissen in Kamen ist es nicht weiter verwunderlich, daß das Kostgängerwesen relativ wenig verbreitet war. In den 555 Werkswohnungen von 1901 wurden nur 71 „Einlieger" gezählt. 1927 gab es in allen Kamener Wohnungen nur 3,2 % mit „aufgenommenen Einzelpersonen" und 9,4 % mit „aufgenommenen Familien oder Haushaltungen".[29]

Zum Abschluß dieser Beschreibung der Kamener Wohnverhältnisse muß noch darauf hingewiesen werden, daß bis zum Beginn der NS-Zeit nochmals nahezu 150 Häuser durch die Ruhrbau AG sowie durch die Bergmannssiedlung Hamm gebaut wurden.[30] Damit erhöhte sich der Anteil der Bergleute in den Siedlungswohnungen weiter. Die relativ große Bautätigkeit trotz der heraufziehenden Weltwirtschaftskrise ist ungewöhnlich. Der Grund lag darin, daß die starke Kamener SPD-Ortsgruppe in der Förderung des Wohnungsbaus einen ihrer Schwerpunkte sah. Die Stadtverwaltung war durch besondere kommunalpolitische Umstände (vgl. Kap. III.B2) gezwungen, weitgehend darauf einzugehen. Man kann sogar davon ausgehen, daß sich die Verhältnisse auf dem Wohnungssektor trotz der Weltwirtschaftskrise verbesserten und den sozialen Auseinandersetzungen damit zumindest eine Spitze nahmen.

Einige Überlegungen sollen die möglichen politischen Konsequenzen der beschriebenen Wohnverhältnisse ins Blickfeld rücken:

In seinem Aufsatz „Wie wohnten die Arbeiter im Kaiserreich?" unterscheidet Lutz Niethammer zwischen den „Mobilen, insbesondere den Neuzugewanderten, und den „Arrivierten" unter den Arbeitern, die „einen Schrebergarten bebauen" und im „Ortsverein ihrer Organisationen tätig" waren. Zu den letzteren zählt er auch die Funktionäre der Arbeiterbewegung und sieht hier zumindest ein erklärendes Moment dafür, „weshalb das Ziel einer Änderung der Produktionsverhältnisse in der Praxis zunehmend von Sozialpolitik und Bündnisfragen verdrängt wurde".[31] Diese Überlegungen lassen sich durch die Kamener Verhältnisse untermauern. Einer breiten Schicht mobiler Bergleute stand eine sehr bodenständige Gruppe gegenüber, die entweder schon am Ort bzw. in der näheren Umgebung geboren war oder sich durch den Erwerb guter Wohnungen langfristig einrichtete. Zu den letzteren gehörten auch die gewerkschaftlichen und sozialdemokratischen Funktionäre, die zum großen Teil jahrzehntelang aktiv waren.

---

27 Zechen-Zeitung, 1925, Nr. 10.
28 Tabelle dazu, in: 30 Jahre Treuhandstelle (1950), S. 48.
29 Die Entwicklung des niederrheinisch-westfälischen Steinkohlenbergbaus (1904), Tab. 135 und Statistik des Deutschen Reichs, Bd. 362.
30 Kamener Zeitung vom 22.7. und 24.10.1930. Die Wohnungen der Ruhrbau AG waren allerdings weit teurer als die üblichen Siedlungshäuser, vgl. Zechen-Zeitung, 1930, Nr. 24.
31 Niethammer (1976), S. 134.

So zeigt beispielsweise eine Analyse der Kandidaten zur Stadtverordnetenwahl vom 12.3.1933, daß von 12 Personen im Wahlvorschlag der SPD mit der Berufsbezeichnung Bergmann 11 in Häusern der Bergmannssiedlung Hamm oder der Kamener Siedlungsgesellschaft wohnten. Der zwölfte gab als Wohnung das Haus seines Vaters an. Von den drei Bergarbeitern im Wahlvorschlag des Zentrums lebten zwei in Siedlungshäusern und einer in einer Werkswohnung der GBAG. Die sieben Bergarbeiter im Wahlvorschlag der KPD dagegen wohnten ausnahmslos in Werkswohnungen (sechs) oder im Haus eines privaten Vermieters (einer). Die fünf Bergarbeiter im Wahlvorschlag der NSDAP gaben als Adresse die Häuser privater Vermieter an (viermal) und eine Werkswohnung der GBAG (einmal).[32]

In Ahlen stellten sich die Wohnverhältnisse der Bergleute ganz anders dar.[33] Wie erwähnt, errichtete die Zeche Westfalen eine attraktive Werkskolonie. Für die damaligen Verhältnisse zeichneten sich die Wohnungen hier durch einen relativ hohen Wohnkomfort aus. Sie waren im Schnitt 55 qm groß und hatten 4 Zimmer. Dazu gehörte ein Stall, eine Waschküche und ein großer Nutzgarten hinter dem Haus. Die eineinhalbstöckigen Zweifamilienhäuser waren durch Nebengebäude miteinander verbunden. Darin befand sich ein Tunnel, durch den man in die Gärten und zur Rückseite der Häuser gelangte. Ein Verbindungsweg sorgte für nachbarschaftliche Kontakte. Bis zum Beginn des Ersten Weltkrieges entstanden 853 Arbeiter- und 69 Beamtenwohnungen. Insgesamt konnten darin rund 65 % der Belegschaft untergebracht werden.

Da der weitere Wohnungsbau durch den Krieg unterbrochen wurde und die Zeche die Belegschaft in den Jahren danach sprunghaft aufstockte, kam es – ähnlich wie in Kamen – zu einer dramatischen Verschlechterung der Wohnungssituation.[34] Der Bürgermeister schrieb im September 1919, daß die Zeche sofort 3000 Mann einstellen könnte, wenn deren Unterbringung nicht „an der großen Wohnungsnot scheitern" würde.[35] Zu dieser Zeit waren 800 Familien als wohnungssuchend registriert.[36]

In ihrem Geschäftsbericht für das Jahr 1922 schätzte die Zechenleitung die Lage so ein, daß die Schaffung von Arbeiterwohnungen die wichtigste Voraussetzung für die weitere wirtschaftliche Entwicklung sei.[37] Dabei hatte sie seit 1919 wieder einiges im Wohnungsbereich investiert und die Werkskolonie in zwei Bauabschnitten erweitern lassen. Bis 1924 entstanden 241 neue Arbeiter- und 48 neue Beamtenwohnungen.

---

32 Diese Auswertung machte Wolfgang Jäger für ein bisher unverwirklichtes Dissertationsprojekt zu „Sozialräumlichen Aspekten des Wahlverhaltens der Ruhrbergarbeiterschaft". Die Ergebnisse lassen sich auch auf die Kandidaten von 1929 und auf die Betriebsratswahllisten übertragen.
33 Das folgende orientiert sich, wenn nicht anders angegeben, an Mayr (1968), S. 76-79 und Rogalla (1979).
34 Das war im gesamten Ruhrgebiet ähnlich und ein Grund dafür war, mit gezielten Maßnahmen, wie die Einrichtung der Treuhandstelle für Bergarbeiterwohnstätten, zu reagieren, vgl. 30 Jahre Treuhandstelle (1950), S. 13/14.
35 StAM, Kreis Beckum, Nr. 334, Schreiben an den Landrat vom 1.9.1919.
36 Ahlener Volkszeitung vom 20.12.1919.
37 Ahlener Volkszeitung vom 4.7.1923.

Postkarte aus den 20er Jahren.

Bei der starken Belegschaftsaufstockung der ersten Nachkriegsjahre (vgl. Tab. 2) reichte dies aber bei weitem nicht aus. Obwohl die Belegungsdichte anstieg, sank der Anteil der Bergarbeiter, der in Werkswohnungen wohnte, auf 60 %. 1927 lebten in einer Wohnung 5,7 Personen, darunter 1,75 Arbeiter der Zeche.

Im Gegensatz zu Kamen war das Kostgängerwesen weit verbreitet. Stadtweit wiesen die insgesamt 4422 Wohnungen zu 14 % „aufgenommene Einzelpersonen" und zu 13,8 % „aufgenommene Haushalte und Familien" auf.[38] Eine Auswertung des Adreßbuches von 1928 zeigt, daß ein großer Anteil dieser Untermieter auf die Bergarbeiterkolonie entfiel. Hier wiesen 62 % der Wohnungen mehrere Berufstätige mit unterschiedlichem Namen auf. Da die Wohnungen bevorzugt an Familien mit Kindern vergeben wurden, muß es sich hierbei in erster Linie um Kostgänger handeln.[39] Ein Vergleich der Adreßbücher von 1925 und 1928 zeigt weiterhin, daß diese Kostgänger in ständiger Bewegung blieben. Kaum jemand war nach diesem Zeitraum noch unter der alten Adresse zu finden. Dagegen blieben die Bergarbeiterfamilien zu 90 % wohnen.

Neben den Erweiterungen der Werkskolonie verstärkte die Zeche bereits 1920 ihre Bemühungen um einen werksverbundenen Siedlungsbau durch Wohnungsgesellschaften. Der Grund lag vor allem in gesetzlich geschaffenen Erleichterungen der Finanzierung und dem Kampf der Gewerkschaften gegen eine weitere Verquickung von Arbeits- und Mietverhältnissen in den direkten Werkswohnungen.[40] Anfang der 20er Jahre begann ein öffentlich geförderter Wohnungsbau durch die Bergmannssiedlung Hamm und andere Gesellschaften. Durch diese Bauträger entstanden unmittelbar westlich und östlich der Kolonie Siedlungshäuser, die sich weder äußerlich noch von der Bewohnerstruktur her von den anderen Teilen der Kolonie abhoben. Wenn hier auch eigenheimbildende Maßnahmen eine Rolle spielten und die Bewohner durch Abzahlung nach und nach Besitzer werden konnten, so blieb doch – anders als in Kamen – ein enger Bezug zum Leben der Kolonie gewahrt, wo der Konsum, die Kneipen, die Kirchen und Schulen lagen.

Am 28.4.1926 wurde der Bauverein Glückauf GmbH zu Ahlen gegründet. Anteilseigner waren die Zeche, die Stadt und eine „Wohnungsfürsorgegesellschaft" als Vertreter des preußischen Staates. Der Bauverein errichtete in der Südenfeldmark eine gesonderte kleine Kolonie mit 150 Wohnungen für erwerbslose Bergleute, die aus dem Süden des Reviers kamen und auf der Zeche Westfalen noch Arbeit fanden. Daneben entstanden bis 1933 noch einige kleinere punkthafte Siedlungen.[41]

---

38 Statistik des Deutschen Reichs, Bd. 362.
39 Dabei wurden 5 typische Koloniestraßen ausgewertet. Bei den Berufstätigen unterschiedlichen Namens kann es sich natürlich auch um aufgenommene Verwandte handeln. Vor dem Ersten Weltkrieg sollen in 30 % der Koloniewohnungen Kostgänger gelebt haben, vgl. StAM, Oberbergamt Dortmund, Nr. 1838, Mitteilung des Bergrevierbeamten von Hamm vom 13.3.1920. Allgemein zum Kostgängerwesen, Brüggemeier (1984), bes. S. 52-74.
40 Zum Rückzug des Bergbaus aus dem Werkswohnungsbau, vgl. 30 Jahre Treuhandstelle (1950), bes. S. 14.
41 Vgl. 50 Jahre Bauverein Glückauf (1976) und Schulte (1970).

Wesentlich ist, daß alle diese Wohnviertel von der Altstadt aus gesehen „jenseits der Bahn" lagen und die Bergleute dort in einem weitgehend selbständigen Stadtteil lebten. Die Segregationserscheinungen wurden daher weit langsamer abgebaut als in Kamen. Der Kontakt zwischen Stadt- und Koloniebewohnern war äußerst gering. Es ist kaum zu glauben, aber noch 1928 lassen sich im Ahlener Adreßbuch lediglich 14 Bergleute in den 15 wichtigsten Straßen der Altstadt finden. Typisch ist die folgende Passage aus einem Interview mit einer alteingesessenen Ahlenerin, geb. 1895:

„Ich wohnte damals auf der Weststraße. Meine Eltern hatten dort eine Schmiede. Für mich war die Stadt eigentlich an der Bahn zu Ende. Ich kriegte von der Kolonie nicht viel mit. Das war ja weit weg, da kam man gar nicht hin."[42]

Die Ausgrenzung der zugewanderten Bergleute verstärkte die Solidarität im Innern der Kolonie. Die Abwehrhaltung gegen Anfeindungen der Paohlbürger ließ die dort vorhandenen Unterschiede durch Herkunft und Religion in den Hintergrund treten.[43] Die politisch-ideologische Intention, die von der Unternehmerseite gemeinhin mit dem Koloniebau verbunden wurde, wie größere Kontrolle über die Arbeiter, Kultivierung, sittlich-moralische Hebung usw. griff nicht in ihrem Sinne.[44] Im Gegenteil – in der Werkssiedlung entstand ein Milieu, daß durch besonders starken Zusammenhalt der Bewohner, radikales Eintreten für die eigenen Interessen und Ausgrenzung jeder Art von „abweichendem Verhalten" gekennzeichnet war. Die KPD wurde zur führenden Kraft und konnte nicht nur die politische Atmosphäre, sondern auch das Vereinswesen und den Alltag beeinflussen. Wie dies in der Praxis aussehen konnte, zeigt das Beispiel eines Arbeitersportlers, geb. 1911, der 1928 in einen bürgerlichen Verein der Altstadt wechselte, da im Arbeitersport „zu viel über Politik geredet wurde":

„Da war ich in der Kolonie ein toter Vogel. ‚Den S., den dürft ihr nicht mehr grüßen, der ist ein Arbeiterverräter, ein Kapitalist'. Aber das war Quatsch. Ich bin in einen bürgerlichen Sportverein gegangen, nicht in einen kapitalistischen. Wir hatten dort die Fahrten frei, bekamen die Trikots umsonst usw. Ich hab gesagt: ‚Die sollen mich am Hintern lecken, wenn ich vom Pütt komm, zieh ich mich an und geh in die Stadt'. ... Die Leute, die auf uns rumgehackt haben, die sind nachher auch alle ins KZ gekommen."[45]

Neben dem engen Lebens- und Arbeitszusammenhang in der Kolonie waren für das kommunistisch beeinflußte Milieu eine Reihe kollektiver Erfahrungen ausschlaggebend, die weiter unten noch geschildert werden.

---

42 Interview Uwe Rennspieß mit B. S. vom 5.5.1987.
43 „Abgrenzung nach außen war für den Zusammenhalt nach innen wichtig", vgl. Brüggemeier (1984), S. 73.
44 Niethammer (1976), S. 109 schreibt hierzu: „Es gehört zu den kollektiven Leistungen der Arbeiterklasse, sich gegenüber diesen Schwierigkeiten (mangelnde soziale und kulturelle Investitionen, betriebliche Disziplinierung etc. U.R.) behauptet, die Kolonien den Absichten ihrer Erbauer entfremdet und durch die Ausbildung einer kommunikativen Subkultur zu Inseln der Solidarität statt zu Brutstätten der Hörigkeit entwickelt zu haben."
45 Interview Uwe Rennspieß mit S.T. vom 10.10.1987.

Die Fabrikarbeiterschaft lebte vornehmlich im Osten der Stadt, wo auch die meisten Stanz- und Emaillefabriken standen. Die nach den Berufsangaben des Adreßbuchs von 1928 vorgenommene Stimmbezirksanalyse (vgl. Tab. 15) zeigt allerdings, daß sie darüberhinaus – im Gegensatz zu den Bergleuten – bereits in allen Stadtvierteln zu finden waren. Es ist darauf hingewiesen worden (vgl. Kap. I.B2), daß es sich bei ihnen hauptsächlich um Einheimische oder Nahzuwanderer aus dem Münsterland handelte. Die Adreßbuchanalyse zeigt aber auch, daß 1928 schon mancher Bergarbeitersohn in den Fabriken untergekommen war. Es beruht auf einem Mythos, zu glauben, die Bergarbeiter seien über Generationen freiwillig immer wieder in den Bergbau gegangen. Auch hier bemühte man sich, die Kinder „etwas besseres werden zu lassen". Es galt als besonderes Privileg, wenn man dem Sohn eine Lehrstelle in einer Fabrik vermitteln konnte.[46] Damit wurden Ende der 20er Jahre zumindest die sozialen Grenzen zu den Fabrikarbeitern offener.

2. Arbeitsplatz, Betriebsratswahlen und Belegschaftsstruktur

Am Arbeitsplatz ist der Mensch einer Vielzahl von Einflüssen ausgesetzt. Seine Stellung im Produktionsprozeß, die betriebliche Hierarchie, die Mitbestimmungsmöglichkeiten und die Arbeitskollegen bestimmen seine Befindlichkeit. Fühlt er sich wohl oder ist die Arbeit zu hart und das Eingreifen der Vorgesetzten zu rigide? Besitzt er eine gewisse Selbständigkeit oder macht er rein mechanische Arbeit unter ständiger Kontrolle? Herrscht Konkurrenz oder Solidarität unter den Kollegen? Neigen diese zur Unterordnung und Anpassung oder zur konsequenten Interessenvertretung, die auch vor Arbeitskämpfen nicht zurückschreckt?

Es ist vielfach beschrieben worden, daß die spezifischen Arbeitsbedingungen im Bergbau in mancherlei Hinsicht eine Sonderstellung einnehmen.[47] Hier arbeiteten die Bergleute einerseits unter extremen Bedingungen, wie Hitze, Staub, hohe Unfallgefahr und früher Verschleiß durch harte körperliche Arbeit und schleichende Berufskrankheiten. Dazu kam in vielen Fällen eine „straff bis brutal hierarchischautoritäre Betriebsstruktur".[48] Andererseits war die Arbeitsorganisation (bei der kleine Gruppen von Bergleuten die Kohle weitgehend selbständig abbauten), die Entlohnungsform (Gruppengedinge) und die geringe innere Differenzierung unter den Arbeitern (Hauer, Lehrhauer und Schlepper) in besonderer Weise geeignet, solidarisches Verhalten zu fördern.

---

46 Vgl. Rennspieß (1989), S. 139.
47 In einer Untersuchung über die betriebliche Sozialpolitik im Ruhrkohlenbergbau von 1932 heißt es beispielsweise: „Der Kampf des Menschen gegen die Naturgewalten läßt die Menschen rauher und härter werden. Das Angewiesensein auf enges Zusammenwirken sowohl bei der Arbeit wie auch bei Gefahren macht sie kameradschaftlicher und schafft eine innigere Verbundenheit als in den uns sonst bekannten Industriebetrieben.", vgl. Schwenger (1932), S. 32/33. Allgemein zum Arbeitsplatz des Bergmanns: Weber (1975), S. 89-113, Unverferth/Kroker (1981).
48 Lucas (1976) S. 254 am Beispiel des Bergbaus in Hamborn.

Zumindest für die Zeit des Kaiserreichs hat Franz-Josef Brüggemeier einsichtig nachgewiesen, daß es einen engen Zusammenhang zwischen diesen spezifischen Berufserfahrungen des Bergmanns und ihrer überdurchschnittlichen Neigung zum Protestverhalten gab.[49]

In der Zeit der Weimarer Republik haben sich unter Tage allerdings tiefgreifende Veränderungen vollzogen. Die Einführung von Schüttelrutschen machte es möglich, die vielen Betriebspunkte mit kleinen weitgehend selbständig arbeitenden Gruppen von Bergleuten zugunsten weniger übersichtlicher Reviere aufzugeben. Hier standen 30 bis 40 Hauer nebeneinander vor dem Kohlenstoß. Sie arbeiteten seit der Mitte der 20er Jahre in der Regel mit einem preßluftbetriebenen Abbauhammer und hatten einen Schlepper hinter sich, der die Kohlen in die Rutschen schaufelte. Das früher vorherrschende Gruppengedinge wurde durch einen Einzelakkord abgelöst. Die Arbeiter standen den ganzen Tag unter der Aufsicht eines Reviersteigers.

Detlev Peukert stellte im Anschluß an Brüggemeier die weiterführende Frage, ob sich durch diese Veränderungen am Arbeitsplatz das politische Verhalten der Bergleute änderte.[50] Wenn er auch gewisse Einschränkungen macht und betont, daß die Arbeitserfahrungen nicht isoliert von den gesamten Lebenszusammenhängen der Menschen gesehen werden dürfen, so bejaht er die Frage letztendlich vor allem mit Blick auf die individuelle Akkordentlohnung.[51]

Unter diesen Gesichtspunkten könnte eine Berücksichtigung der konkreten Arbeitsbedingungen in den Zechen der Vergleichsstädte interessant sein:

In der Tat stellt man auf der Schachtanlage Grillo in Kamen fest, daß seit den umfänglichen Modernisierungs- und Rationalisierungsmaßnahmen Mitte der 20er Jahre keine Streiks und radikalen Proteste der Belegschaft mehr vorgekommen sind. In diese Zeit fallen die Einführung der Schüttelrutschen, des Preßlufthammers und des Einzelgedinges. Der Vergleich mit den Verhältnissen auf der Zeche Westfalen in Ahlen zeigt jedoch, daß es vorschnell wäre, solch direkte Beziehungen zwischen den Umstrukturierungen am Arbeitsplatz und dem nachlassenden Protestverhalten der Bergleute ziehen zu wollen. Auf Westfalen wurde nämlich von Anfang an in Revieren nach der Abbaumethode des „zweiflügligen Strebbaus" mit Schüttelrutschen gearbeitet. Die Anlage war in den Augen der Zechendirektoren eine der modernsten überhaupt.[52]

Die Einschätzung der Bergleute sah allerdings anders aus. Die Grube galt als „Kilometerpütt", da hier erstmals in Tiefen von über 1000 m vorgedrungen wurde. Das hatte eine weit höhere Temperatur am Arbeitsplatz zur Folge, als auf anderen Zechen üblich. Außerdem war die Staubentwicklung in den langen Streben, wo 30

---

49 Vgl. Brüggemeier (1984), S. 138-141 und 233-240.
50 Peukert (1986), S. 96, auch Tenfelde (1979), gibt den Umstrukturierungen durch die Schüttelrutsche eine sehr große Bedeutung, S. 305 und 313 f.
51 Ebenda, S. 102. Er betont allerdings, daß für den vollen Durchbruch einer neuen Arbeitseinstellung im Bergbau erst die Umwälzung der Belegschaft nach 1945 ausschlaggebend war.
52 Dazu ausführlich: Jericho (1963), besonders S. 41 f.

bis 40 Mann gleichzeitig arbeiteten, größer, und die ständige Aufsicht durch einen Reviersteiger war als „Antreibersystem" verschrieen.[53] Trotz der modernen Abbaumethoden scheinen die Arbeitsverhältnisse auf Westfalen damit weit härter gewesen zu sein als auf der Schachtanlage Grillo.

In den 20er Jahren glichen sie sich mehr und mehr an. Zum Schüttelrutschenbetrieb kamen die Abbauhämmer, eine geregelte Ausbildung und das Einzelgedinge wurden zumindest für die Bergleute im Streb obligatorisch.[54] Trotzdem hielt sich auf Westfalen im Gegensatz zu Monopol eine radikale Belegschaft, die auch weiterhin durch Streiks und Protestdemonstrationen von sich reden machte.

Falls ein Einfluß der Arbeitsbedingungen auf das politische Verhalten der Bergleute also überhaupt eine Rolle spielte, müssen die Weichenstellungen vor der Mitte der 20er Jahre erfolgt sein. Einmal entstandene „Bewußtseinslagen" oder kollektive Einstellungen der Belegschaft haben sich dann über weitere Veränderungen des Arbeitsplatzes hinweg als relativ konstant erwiesen.

Wie ein Vergleich der Betriebsratswahlergebnisse auf beiden Schachtanlagen zeigt, fällt die Zeche Westfalen schon 1920 durch einen sehr hohen Wähleranteil für eine Liste auf, die links vom SPD-orientierten „Alten Verband" stand (über 80 %, vgl. Tab. 9 im Anhang). Nach dem Zusammenschluß der USPD und der KPD Ende 1920 geriet diese Liste unter den Einfluß der Kommunisten und erhielt trotz der massiven Rückschläge der KPD-Politik auf Reichsebene noch 1923 über 60 %. Nach dem Verbot der KPD, zwischen Dezember 1923 und März 1924, und dem „Untertauchen" ihrer Gewerkschaftsfunktionäre im „Alten Verband" standen rund 80 % der Westfalenbelegschaft hinter der Liste der freien Gewerkschaft. Daß die KPD-Anhänger aber weiterhin die Mehrheit behielten, wurde sehr deutlich, als 1930 eine Liste der Roten-Gewerkschafts-Opposition (RGO) kandidierte und auf Anhieb mit 63,3 % der Stimmen abschnitt. Trotz der dann einsetzenden Entlassungswellen und den damit einhergehenden „Säuberungen" des Betriebes, trotz gescheitertem Generalstreikversuch der Kommunisten im Januar 1931 und trotz des Machtantritts der Nationalsozialisten behielt die RGO bis zum endgültigen Verbot die Mehrheit im Betriebsrat. Mit dem Ergebnis von 809 Stimmen = 50,7 % für eine kommunistische Liste, lag die Zeche Westfalen im März 1933 an der Spitze aller Ruhrgebietszechen.[55]

Auf der Kamener Schachtanlage Grillo sahen die politischen Verhältnisse ganz anders aus. Selbst nach den Erfahrungen der Novemberrevolution, der gescheiterten Sozialisierungsbewegung und des Kapp-Putsches wählten „nur" 24 % der Belegschaft eine USPD-Liste. Die Linke konnte ihren Einfluß zwar bis 1924 auf 32 % steigern, doch lag sie damit immer noch weit unterhalb des Durchschnitts

---

53 Vgl. Rennspieß (1989), S. 34-36, hier ist auch der Inhalt einiger Beschwerdebriefe wiedergegeben, die in der „Bergarbeiter-Zeitung" des alten Verbandes veröffentlicht wurden. Während drei bis viermal im Jahr die Mißstände in Ahlen beschrieben wurden, wird die Zeche Monopol nur 1915 einmal erwähnt.
54 Ebenda, S. 142-145.
55 Veröffentlichung aller Ergebnisse, in: Die Bergbau-Industrie vom 22.4.1933.

im Ruhrgebiet.[56] Außerdem – und das ist besonders interessant, ging das Wachstum der Linken ausschließlich auf Kosten des Christlichen Gewerkvereins. Völlig entgegen dem Trend auf anderen Schachtanlagen konnte der „Alte Verband" seinen Stimmenanteil in Kamen von 38 auf 48 % erhöhen.[57] Dieser Befund unterstützt die Vermutung, daß es hauptsächlich die katholischen Zuwanderer waren, die aus der gewerkschaftlichen „Disziplin" ausscherten und Organisationsformen unterstützten, die einen radikaleren Protest verwirklichten.

Nach dem KPD-Verbot stand der „Alte Verband" dann noch mächtiger da als in Ahlen. Er behielt seine führende Position bis zum Machtantritt Hitlers. Eine linke Abspaltung gab es nicht mehr; statt dessen entstand eine rechte unter der Bezeichnung „Deutsche Arbeiter/Nationale Bewegung", die aber nicht über 8,4 % kam. Um so überraschender ist es, daß die Nationalsozialistische Betriebszellen-Organisation (NSBO) bei der letzten Betriebsratswahl im März 1933 auf Anhieb mehr Stimmen als der „Alte Verband" bekam. So gut schnitten die Nationalsozialisten ansonsten nur auf ganz wenigen Anlagen des Ruhrgebiets ab.[58]

Wie dargestellt, war die unterschiedliche politische Ausrichtung der beiden Zechenbelegschaften schon bei der ersten Betriebsratswahl von 1920 deutlich sichtbar. Die entscheidenden Ursachen müssen also noch vor diesem Zeitpunkt gesucht werden. Die nächsten Abschnitte werden deutlich machen, welche Rolle die Arbeitskämpfe und die Erfahrungen während des Ersten Weltkriegs bzw. der turbulenten Ereignisse in seinem Gefolge dabei spielten.

Vorher sollen noch einige Aspekte aufgezeigt werden, die mit der unterschiedlichen Belegschaftszusammensetzung auf den Zechen Monopol und Westfalen zu tun haben:

In Kamen entstand aus verarmten einheimischen Handwerkern, Köttern und Tagelöhnern früh eine bodenständige Stammarbeiterschaft. 1893 waren fast 70 % verheiratet, 20 % Hausbesitzer, und 12,5 % besaßen Rindvieh. 35 % der Belegschaft waren schon über 10 Jahre auf der Zeche beschäftigt. Mit all diesen Werten lag Monopol weit über dem Durchschnitt vergleichbarer Schachtanlagen.[59]

Natürlich änderte sich dies mit dem weiteren Zuzug fremder Arbeitskräfte um die Jahrhundertwende, doch es ist bereits gezeigt worden, daß dieser Prozeß nicht so ausgeprägt war wie anderswo und sich nur wenige Ausländer und ländliche Arbeiter aus den preußischen Ostprovinzen darunter befanden.

In diesem Zusammenhang ist auch ein Hinweis auf die betriebliche Sozialpolitik der Kamener Zeche interessant. Mit der Finanzkraft der GBAG im Hintergrund[60]

---

56 1920 hatten die Listen links der SPD bei den Betriebsratswahlen im Ruhrbergbau durchschnittlich 27 % und 1924 41,6 %, vgl. Abelshauser (1988), S. XXXIII, Tab. 6.
57 Im Ruhrgebietsdurchschnitt sank der Stimmenanteil des „Alten Verbandes" in dieser Zeit von 45,7 auf 32,2 %, vgl. ebenda.
58 Wie z.B. der „Schwester"-Schachtanlage Grimberg!, vgl. Die Bergbau-Industrie vom 22.4.1933.
59 Vgl. hierzu die verschiedenen Tabellen in der Belegschaftszählung von 1893.
60 Dieser Montankonzern war in vielen Bereichen der Sozialpolitik führend, vgl. Schwenger (1932), S. 35, 69 und 94.

war es schon kurz nach der Jahrhundertwende möglich, ein großes Wohlfahrtsgebäude zu errichten. Hier begann ein reichhaltiges Kursangebot, mit dem auch die Familienmitglieder der Bergleute erreicht wurden. Die enge Zusammenarbeit mit der evangelischen Kirche zeigte sich daran, daß hier auch Veranstaltungen evangelischer Vereine stattfanden. Umgekehrt stellte die Kirche Räume für eine Bergvorschule zur Verfügung, an der unter Mitarbeit evanglischer Schulrektoren auch einfache Bergleute auf die Steigerlaufbahn vorbereitet wurden.[61] Weitere Wohlfahrtseinrichtungen entstanden darüberhinaus in Bergkamen, wo es Filmvorführungen gab und die Bergarbeiterkinder beispielsweise zu Solebadekuren hingebracht wurden.

Denkt man an die Herausbildung einer Stammarbeiterschaft, Bindung der Arbeiter an den Betrieb und eine gewisse politische Einflußnahme auf die Belegschaft, so darf auch die seit 1925 erscheinende „Zechen-Zeitung" nicht unerwähnt bleiben. Neben Berichten aus der Arbeitswelt, über Kurse im Wohlfahrtsgebäude und Familienangelegenheiten der Bergleute gab es hier auch Artikel mit ausgesprochen politisch nationalistischer Tendenz.[62]

In Ahlen war die Zeche Westfalen nach dem Ersten Weltkrieg noch immer in der Aufbauphase. Die Wahrnehmung sozialer Aufgaben wurde lange Zeit den Kirchen überlassen. Erst Mitte der 1920er Jahre gab es Anfänge einer betrieblichen „Fürsorgearbeit". Seit 1927 wurde beispielsweise auch eine Werkszeitung mit Namen „Der Westfale" herausgegeben. Der Einbruch der Weltwirtschaftskrise sorgte dafür, daß diese Einrichungen nicht über erste Ansätze hinaus kamen.[63] Bei der Belegschaftszusammensetzung der Ahlener Schachtanlage wäre eine gezielte betriebliche Sozialpolitik für die Heranbildung einer politisch gemäßigten Stammbelegschaft sicher noch wichtiger gewesen als in Kamen (vgl. Kap. I.B2).

Wenn es stimmt, daß die Landarbeiter aus dem Osten „die dort gemachten Lebenserfahrungen in eine mentale Disposition tradierten, die in Krisenzeiten eher zum ‚rabiaten Rebellentum' neigte, denn zu taktischer Disziplin",[64] so ist auch hier eine der Ursachen für die Ablehnung der sozialdemokratisch geprägten Gewerkschaftsrichtung in Ahlen zu suchen.

Vor dem Ersten Weltkrieg war die Fluktuation der Ahlener Bergleute sehr groß. Obwohl dies in den 20er Jahren aufgrund der relativ guten Wohnverhältnisse in der Kolonie abflaute, (natürlich auch, weil der Arbeitskräftebedarf anderer Zechen mittlerweile gedeckt war) dauerte es bis zur Herausbildung einer Stammarbeiterschaft weit länger als in Kamen. Außerdem konnte in der Nachkriegszeit im Gegensatz zu Kamen nicht auf ein sozialdemokratisches Vereinswesen zurückgegriffen werden, und es gab keine Tradition gewerkschaftlicher Disziplin.

---

61 Vgl. den Artikel zum 25jährigen Jubiläum der Bergvorschule in der Kamener Zeitung vom 18.4.1923.
62 Vgl. die Neujahrsartikel der Betriebsführer oder beispielsweise über Albert Leo Schlageter, in: Zechen-Zeitung, 1932, Nr. 11.
63 Die Werkszeitung mußte beispielsweise von 1931 bis 1933 eingestellt werden. Erst in der zweite Hälfte der 30er Jahre wurden unter NS-Regie die früheren Ansätze reaktiviert, vgl. Rennspieß (1989), S. 330-338.
64 Abelshauser (1988), S. XXX.

Dazu trug sicherlich auch der hohe Anteil von Jugendlichen unter der Westfalenbelegschaft bei. Von den 1800 Bergleuten des Jahres 1920 waren 600 unter 21 Jahre.[65] Diese Jugendlichen wohnten meist als Kostgänger in der Kolonie und waren hoch mobil. Ohne auf eine Familie und die Kündigung einer Werkswohnung Rücksicht nehmen zu müssen, waren sie in der Regel schnell für Proteste zu haben.[66] Geprägt durch die harte Arbeit unter Tage und die ständige Gefahr, zeigten sie auch auf politischem Gebiet eine hohe Risikobereitschaft und folgten weit schneller den radikalen Parolen der KPD als dem sorgfältigen Taktieren der Sozialdemokratie.[67] Ähnliches muß auch für die Ausländer und die aus dem Osten stammenden Landarbeiter angenommen werden. Wenn sie ihre traditionellen Wertorientierungen und Bindungen zur katholischen Kirche verloren, neigten sie eher zur KPD als zur SPD.[68]

Unter der Ahlener Belegschaft herrschte eine scharfe Frontstellung gegenüber den höheren Angestellten der Zeche. Ein „stockreaktionärer schwarz-weiß-roter Verwaltungsapparat" sei es gewesen, der dem Arbeiter gegenüberstand.[69] Ob die Schikanen durch die Vorgesetzten und die betriebliche Hierarchie wirklich schlimmer waren als anderswo oder nur aus kommunistischer Perspektive so erschienen, kann nur noch schwer beurteilt werden. Jedenfalls fällt auf, daß in den Belegschaftsversammlungen vor 1918 immer wieder Klagen über schlechte Behandlung laut wurden und man nach dem Auftauchen der Sozialisierungsperspektive als erstes Listen mit den verhaßtesten Steigern zusammenstellte, denen sofort gekündigt werden sollte.[70]

Schon Anfang der 20er Jahre stößt man unter der Belegschaft der Zeche Westfalen auf Kommunisten, die später wichtige überregionale Parteiämter übernahmen. Die bekanntesten Beispiele sind sicherlich Albert Funk, Josef Ledwohn und Max Reimann.[71] Dies gab Anlaß zu folgender Erklärung für den großen Einfluß der KPD:

„Unter der Zechenbelegschaft, ..., konnte es deshalb zu einer so starken Radikalisierung kommen, weil das Ahlener Bergwerk am äußersten Rand des Ruhrreviers und zeitlich zuletzt entstand; so sammelten sich hier viele Radikale, die von anderen Bergwerken als unerwünscht abgeschoben worden waren."[72]

---

65 StAM, Kreis Beckum, Nr. 74, Bericht vom 5.6.1920.
66 Aus den Streiknachweisungen in: StAM, Landratsamt Beckum, Nr. 73, ergibt sich eindeutig, daß der Anteil der unter 21-Jährigen an den Streiks immer besonders hoch war, vgl. auch Zimmer (1987), Tab. 4 und 5.
67 Vgl. Lucas (1976), S. 250/251 und Brüggemeier (1984), S. 157 und 234.
68 Dies hat auch Plum (1972) für den katholischen Regierungsbezirk Aachen nachgewiesen, S. 31 f.
69 So beschreibt es ein Ahlener KPD-Funktionär, in: Ahrens (1968), S. 68.
70 Vgl. Rennspieß (1989), S. 60. Außerdem behaupteten auch neuangelegte Bergleute auf den Belegschaftsversammlungen, daß es auf Westfalen besonders schlimm sei, vgl. StAM, Regierung Münster, Nr. VII-17, Bd. 2, 3.8.1918.
71 Albert Funk wurde am Ende der Weimarer Zeit Reichstagsabgeordneter und Leiter des kommunistischen Einheitsverbandes der Bergarbeiter (EVBD). Auch Josef Ledwohn und Max Reimann waren schon zur Weimarer Zeit hohe KPD-Funktionäre und wurden nach 1945 Vorsitzende auf Landes- bzw Reichsebene. Kurze Biographien bei Rennspieß (1989), S. 93, 282/283 und 292, auch Goehrke/Klein (1983) und Ahrens (1968).
72 Mayr (1968), S. 72.

Für diese Begründung würde sprechen, daß die Ahlener Zeche länger als andere unter Arbeitermangel litt und bei Neueinstellungen sicher nicht lange nachforschte. Dagegen spricht allerdings, wie sich durch Namensvergleiche und einzelne Biographien zeigen läßt, daß viele erst hier von der SPD über die USPD zur KPD wechselten. Die Erfahrungen in Ahlen und auf der Zeche selbst müssen ausschlaggebend gewesen sein.[73]

Über die Verhältnisse in den anderen Fabriken und kleineren Betrieben ist naturgemäß weit weniger bekannt als über die Zechen. Besonders in Kamen scheinen sich hier noch bis in die 20er Jahre patriarchalische Strukturen gehalten zu haben. Die Maurer, Schuster und Dachdecker haben zwar 1905 erste Zahlstellen der freien Gewerkschaft gegründet, doch die behördlichen Listen mit „sozialdemokratischen Führern" aus den Jahren 1906 und 1910 enthalten durchweg Bergleute. Erst 1911 befinden sich unter den 70 Namen mit Berufsangaben auch 3 Fabrikarbeiter, 1 Schlosser und 1 Maurer.[74] Obwohl die Sozialdemokraten bei Reichstagswahlen in Kamen schon 1903 über 40 % der Stimmen erhielten, konnten sie unter den Bedingungen des preußischen Dreiklassenwahlrechts keinen Abgeordneten fürs Stadtparlament durchbringen. Der Wähler mußte vor einen Ausschuß treten und laut den Namen seines Kandidaten nennen. Dabei einen Sozialdemokraten zu wählen, das konnten sich nur Bergleute leisten. Andere Arbeiter mußten mit nachteiligen Folgen rechnen.

Selbst nachdem das Betriebsrätegesetz von 1919 es möglich machte, eine Interessenvertretung am Arbeitsplatz zu wählen, haben nur wenige Fabrikbelegschaften davon Gebrauch gemacht. Bekannt ist dies lediglich für eine Schuhfabrik und einen größeren Betrieb der Metallverarbeitung. Aber schon 1924 heißt es in einem Polizeibericht, daß sich die Interessenvertretung auf der Schuhfabrik aufgelöst habe. In der Metallfabrik sei auch nicht wieder gewählt worden, der alte Betriebsrat bestehe aber weiter und setze sich aus drei Mitgliedern der Hirsch-Dunckerschen Richtung zusammen.[75] Von den Betriebsratswahlen im März 1933 ist noch erwähnenswert, daß die Arbeiter am Betriebsbahnhof der Kleinbahn Unna-Kamen-Werne mehrheitlich die Nationalsozialistische Betriebszellenorganisation (NSBO) wählten. Hier hatte die SPD noch 1932 alle 5 Betriebsratssitze belegt und mußte nun 4 davon abgeben. Ähnliches ist noch von einer Eisengießerei bekannt, wo beide Sitze an die NSBO fielen.[76]

In Ahlen spielten Arbeiterschichten, die nicht im Bergbau beschäftigt waren, wie erwähnt, eine weit bedeutendere Rolle als in Kamen. Rund ein Drittel der Arbeitnehmer war hier in der Stanz- und Emailleindustrie beschäftigt. Ihre politischen Orientierungen und die soziale Zusammensetzung unterschieden sich allerdings ganz wesentlich von den Strukturen unter den Bergleuten.

---

73 Vgl. Rennspieß (1989), S. 93-97.
74 Vgl. StAK, Nr. 1570 sowie StAM, Kreis Unna, Landratsamt, Nr. 794.
75 Vgl. StAK, Nr. 1968, 26.4.1924.
76 Vgl. Westfälischer Anzeiger vom 28. und 29.3.1933.

Da sich das Wachstum der Emaille-, Blechverarbeitungs- und Maschinenfabriken seit den 1870er Jahren relativ langsam und kontinuierlich vollzog, hatte es keine plötzlichen Masseneinwanderungsschübe gegeben. Wie dargestellt, stammten die meisten Metallarbeiter aus Ahlen oder der näheren Umgebung. Nur wenige Facharbeiter wurden aus weiter entfernt liegenden Gegenden angeworben; Ausländer waren fast gar nicht darunter. Nationale Gegensätze, sprachliche und kulturelle Barrieren bestanden nicht. Die geringe Absonderung in speziellen Wohnbereichen, das Aufgehen in den bereits vorhandenen Schulen und Vereinen sorgte frühzeitig für eine weitgehende Integration in die örtliche Gesellschaft. Dies gilt auch für den politischen Bereich. Die große Mehrheit wählte das Zentrum und war im Christlichen Metallarbeiterverband organisiert. Im Mai 1922 meldete dieser beispielsweise 1525 Mitglieder.[77]

Der Druck der Unternehmer sorgte dafür, daß – ähnlich wie in Kamen – längst nicht in allen Fabriken Betriebsräte gewählt wurden. Viele Arbeiter wollten sich aus Angst vor Entlassung nicht aufstellen lassen.[78]

Einen Eindruck über das politische Kräfteverhältnis in den Betrieben geben die Wahlen zum Gewerbegericht im März 1922, an denen alle Betriebe der Metallindustrie teilnahmen. Dabei erhielt der Gewerkverein Deutscher Metallarbeiter (H.D.) 10,3 %, das sozialdemokratisch orientierte Ortskartell Deutscher Metallarbeiter 39,7 % und das Ortskartell der Christlichen Gewerkschaften 50,0 %.[79] Diese Mehrheitsverhältnisse änderten sich auch im weiteren Verlauf der Weimarer Zeit wenig. Bei den Betriebsratswahlen auf vier großen Emaillewerken im Jahre 1930 hatten die Christlichen Gewerkschaften 17 Sitze, die Freien 6 und der Gewerkverein 3. Bis zum März 1933 verschob sich das Verhältnis zu Gunsten des Christlichen Listen auf 19 zu 4 zu 3.[80] Ein Einbruch der Nationalsozialisten bei freien Betriebsratswahlen ist aus keinem Ahlener Betrieb des Metallgewerbes bekannt.

Blickt man auf die Arbeitsverhältnisse, so lassen sich einige wesentliche Unterschiede zum Bergbau festellen, die nicht ohne Auswirkungen auf die gemäßigte politische Ausrichtung der Fabrikarbeiter gewesen sein dürften:

1) Die Beschäftigten der Emaille-, Blechverarbeitungs- und sonstigen Industriezweige waren auf eine Vielzahl von Betrieben verteilt. Bis auf zwei Ausnahmen dominierten Klein- und Mittelbetriebe.

2) Die Arbeiterschaft einer Fabrik war durch ihre Stellung im Produktionsprozeß weit weniger homogen als die Bergarbeiterschaft. Neben Meistern und Vorarbeitern gab es die meist aus dem Handwerk stammenden Facharbeiter (Schlosser, Klempner, Emaillemaler usw.). Es folgten die angelernten Kräfte mit jahrelanger

---

77 Ahlener Volkszeitung vom 5.5.1922. Der Stimmbezirk 14 (Nordenschule), wo nach der Auszählung des Adreßbuches von 1928 über 30 % Fabrikarbeiter wohnten, war eine Hochburg des Zentrums, vgl. Tab. 15 im Anhang.
78 Vgl. StAM, Regierung Münster, Nr. 4100, Jahresbericht der Regierung Münster für 1923/1924.
79 Ahlener Volkszeitung vom 13.3.1922
80 Vgl. Ahlener Volkszeitung vom 27.3.1930 und 27.3.1933.

Berufserfahrung (Maschinenarbeiter, Aufträger, Brenner usw.) und am unteren Ende der Hierarchie die Hilfsarbeiter, worunter sich auch viele Frauen befanden. Diese innere Differenzierung machte sich nicht zuletzt durch sehr unterschiedliche Löhne bemerkbar.[81]

3) In vielen Bereichen der Ahlener Metallindustrie dominierte die Akkordarbeit (besonders in den Stanzwerken und überall dort, wo Massenwaren hergestellt wurden). Verbunden mit innerbetrieblichen Aufstiegsmöglichkeiten sorgte dies für eine individuelle Leistungsorientierung unter den Arbeitern.

Wie die nächsten Abschnitte zeigen werden, gab es nur wenige gemeinsame Aktionen zwischen den Bergleuten und den Fabrikarbeitern. Die Bewohner der Zechenkolonie sahen zwar in einem Arbeitsplatz in der Ahlener Metall- oder auch Schuhindustrie einen sozialen Aufstieg und versuchten, ihren Kindern hier Arbeitsmöglichkeiten zu verschaffen, im politischen Bereich hielten sich jedoch starke Spannungen. Immer wieder kam es vor, daß die Bergleute die anderen Ahlener Arbeiterschichten erst durch Druck zur Beteiligung an politischen Aktionen veranlaßten.

3. Integration oder Ausgrenzung

Es ist bereits an mehreren Stellen darauf hingewiesen worden, daß es in Ahlen starke soziale, politische und kulturelle Spannungen zwischen der Bergarbeiterschaft und der alteingesessenen Bevölkerung gab, während in Kamen schon früh Tendenzen zu beobachten sind, die auf eine Integration großer Teile der Zechenbelegschaft hindeuten. Da vorausgesetzt werden muß, daß dieser Aspekt von großer Bedeutung für die unterschiedliche politische Ausrichtung der Bergarbeiterschaft gewesen ist, sollen hier noch einmal einige Gesichtspunkte zusammengefaßt werden. Verschiedene Beobachtungen, die bisher noch nicht angeklungen sind, sollen die wesentlichen Aussagen untermauern.

Der Aufbau der Zeche Monopol in Kamen erfolgte vergleichsweise langsam. Die Aufstockung der Belegschaft wurde durch den Gründerkrach gebremst, so daß sich die einheimische Bevölkerung nach und nach an die neuen Verhältnisse gewöhnen konnte. Außerdem fand im gleichen Zeitraum ein Absterben alter Handwerkstraditionen (besonders der Schuster und Weber) statt. Die freiwerdenden Arbeitskräfte konnten als Bergleute anlegen, was von den Alteingesessenen als positiv registriert wurde.

Seit der zweiten Hälfte der 1880er Jahre erfolgten dann einige Einwanderungsschübe ortsfremder Arbeiter, und es gibt Hinweise auf soziale Spannungen. Da der Anteil an Ausländern oder Zuwanderern aus Gegenden völlig anderer kultureller Tradition aber relativ gering blieb, hielt sich die sonst übliche Diffamierung oder

---

81 Tabelle dazu, in: Muth (1987), S. 37.

Ausgrenzung der Ortsfremden in Grenzen. Dagegen ist von Anfang an zu beobachten, daß ein größerer Teil der schlesischen Zuwanderer Erfahrungen in Bezug auf moderne Lohnarbeit, industrielle Lebensweise und Arbeitskämpfe mitbrachte, die über das hinausgingen, was ein Großteil der einheimischen Bergleute, die aus der Landwirtschaft und dem Handwerk stammten, gewohnt war. Ein hoher Prozentsatz der ersten Mitglieder des Alten Verbandes stammte aus Schlesien – sogar der Vorsitzende war ein Waldenburger – und das gleiche gilt für die ersten Sozialdemokraten (vgl. Kap. II.B1). Natürlich führte auch dies zu Spannungen, doch verlagerten sie sich unter diesen Bedingungen frühzeitig in den politischen Bereich. Aus sozialer Diskriminierung wurde ein Kampf gegen Unruhestifter, Steikhetzer und Vaterlandsverräter.

Als Mittel dienten einerseits drakonische Unterdrükungsmaßnahmen gegen die sozialdemokratisch orientierte Arbeiterbewegung, andererseits Immunisierung durch vermeintliche Aufklärung.[82] Hierbei spielte der im Januar 1889 gründete evangelische Arbeiterverein eine wichtige Rolle. Den Vorsitz führte neben dem Pfarrer ein Steiger der Zeche Monopol. Schon im Gründungsjahr hatte der Verein 165 Mitglieder. Es scheint sich dabei ausschließlich um Bergleute gehandelt zu haben, denn die Lokalzeitung mußte mehrmals betonen, daß auch Handwerker und Fabrikarbeiter beitreten könnten.[83] Der evangelische Arbeiterverein nahm einen ungeheuren Aufschwung und hatte 1911 465 Mitglieder, bevor er nach Gründung eines nationalen Werkvereins auf der Schachtanlage Grillo etwas zurückging. Für die Weimarer Zeit sind im Schnitt 300 Mitglieder belegt.[84] Der Verein unterhielt enge Kontakte zum rechtsliberalen Bürgertum. Die Vorsitzenden der DVP referierten regelmäßig vor den Mitgliedern, es gab „Vaterländische Feiern", und immer wieder spielte auch das Motto „Kampf dem Marxismus" eine Rolle.[85]

Das katholische Pendent, der St.-Josephs-Arbeiterverein, war schon 1886 gegründet worden, doch hatte er keinen vergleichbar starken Zulauf und kam nicht über 80 Mitglieder hinaus. 1896 trat allerdings der katholische St. Barbara-Knappenverein hinzu. Er hatte rund 100 Mitglieder.[86] Über die konfessionellen Arbeitervereine hieß es im Bürgermeisterbericht von 1911:

„Beide Vereine halten gemeinnützige Vorträge und Versammlungen ab. Sie haben sich hauptsächlich die Unterstützung ihrer Mitglieder in Notfällen und die Fernhaltung derselben von der Sozialdemokratie zur Aufgabe gestellt."[87]

---

82 In den Schulen wurden beispielsweise Kalender des „Reichsverbandes gegen die Sozialdemokratie" verteilt, wobei man in Kamen darauf achtete, daß sie besonders an die Kinder sozialdemokratischer Eltern gingen, vgl. StAM, Kreis Unna, Landratsamt, Nr. 794, Schreiben der Kamener Polizei vom 21.12.1911 (ebenso für die Jahre 1912 und 1913).
83 Vgl. Märkische Zeitung vom 1., 5. und 26.2.1889.
84 Vgl. Jahresberichte des Bezirksverbandes evangelischer Arbeitervereine in der Akte des Pfarrarchivs Kamen, Nr. 1437.
85 Vgl. Kamener Zeitung vom 17.3.1924, 11.4. und 28.10.1929.
86 Vgl. 100 Jahre KAB (1986).
87 StAM, Kreis Unna, Landratsamt, Nr. 794, Bericht vom 2.8.1911. Allgemein zu den evangelischen Arbeitervereinen, vgl. Korn (1989).

Die Sozialdemokratie versuchte sich gegen das nationalliberale kaisertreue Bürgertum abzugrenzen und baute in den Wohngebieten mit den großen Bergarbeiterhäusern ein weitverzweigtes Vereinsnetz auf.[88] Nach von Saldern liefen solche Bestrebungen allerdings Gefahr, „durch Gegenkräfte, die von der ‚bürgerlichen Öffentlichkeit‘ ausgehen, paralysiert zu werden. Andererseits können solche Bestrebungen zu abgeschlossenen ‚Lager‘-Organisationen führen, wodurch die notwendige Verbindung mit der bürgerlichen Gesellschaft und den im Lager nicht organisierten Arbeitern bedroht sein würde".[89]

Beides scheint in Kamen eine Rolle gespielt zu haben: Von den sozialdemokratischen „Vorfeldorganisationen" wurde immer nur ein Teil der Belegschaft erfaßt, und dies war vornehmlich der in den Wohnblocks der GBAG wohnende zugewanderte hoch mobile Teil, der die Stadt nicht selten nach kurzer Zeit wieder verließ. Während des Ersten Weltkriegs, und dann nach einem gewissen Rückschlag durch die starken politischen Spannungen während der Novemberrevolution und dem Kapp-Putsch, löste sich die politische Absonderung mehr und mehr auf. Rektor Siegler schrieb 1926 rückblickend, nachdem er die Ausgrenzung der Fremden geschildert hatte:

„In der Zeit des großen Krieges war das anders. Bei dem allgemeinen Leid ... herrschte eine große Einigkeit ... Man fühlte sich ganz als ein Volk ... In Kamen wurde auf Anregung des Herrn Bergrat Funcke ein Hauptausschuß für Kriegsfürsorge und eine Anzahl Nebenausschüsse aus allen Ständen, ohne Rücksichtnahme auf religiöse und politische Einstellung gebildet, die im Interesse der Allgemeinheit und zur Hebung der eintretenden Not treu zusammen wirkten."[90]

Die sozialdemokratischen Führer – in der Regel identisch mit den Betriebsräten der Zeche – wurden in die Kommunalpolitik eingebunden. Die Kinder der ersten Bergarbeitergeneration gingen in die gleichen Schulen wie die Kinder anderer sozialer Schichten. Durch den Siedlungsbau der 20er Jahre vollzog sich auch im Wohnbereich eine weitere Durchmischung der Bevölkerung. Oral-History-Befragungen haben gezeigt, daß Bergleute, die in den 20er Jahren auf der Zeche Monopol anfingen, die Frage nach sozialen Spannungen zu alteingesessenen Kamenern gar nicht mehr verstanden. Aus den Polizeiakten, die zwischen 1930 und 1933 im Zusammenhang von Auseinandersetzungen mit der SA entstanden, läßt sich entnehmen, daß rund 60 % der verhörten Mitglieder der Arbeiterbewegung schon in Kamen geboren wurden.[91]

Neben Schule und Kirche dürfte auch das Vereinsleben eine besonders integrative Kraft gewesen sein. In den Tauben- und Kaninchenzuchtvereinen, den Sport- und Musikvereinen finden sich viele Bergleute. Daneben kann davon ausgegangen werden, daß auch solche Institutionen wie die nach der Novemberrevolution

---

88 Auflistung aller Vereine, in: Rennspieß (1992), S. 46/47
89 Von Saldern (1977), S. 469/470
90 Zechen-Zeitung, 1926, Nr. 23, S. 6.
91 Ausgewertet wurden 26 Vernehmungsprotokolle mit Angabe des Geburtsortes, in: StAK, Nr. 2236-2241.

eingerichtete Volkshochschule und Volksbücherei im Sinne der Verbreitung einer klassenübergreifenden Kultur wirkten.

Völlig seperate Vereine der Arbeiterbewegung machten in der Weimarer Zeit nur noch wenig von sich reden. Viele gingen Anfang der 20er Jahre ein und wurden nur zum Teil unter den schärfer werdenden sozialen Spannungen zur Zeit der Weltwirtschaftskrise wieder reorganisiert.[92]

Ein interessanter Beleg für die unterschiedliche Ausrichtung der Belegschaften in den Vergleichsstädten ist auch folgender Befund: Während Knappenvereine in Ahlen überhaupt keine Rolle mehr spielten, gab es in Kamen gleich drei. Der älteste wurde schon 1874 gegründet („Gute Hoffnung"), später kam ein katholisch orientierter dazu („St. Barbara") und ein weiterer („Kameradschaftliche Eintracht Kamen 1888"), der häufig einfach „schlesischer Knappenverein" genannt wurde. Obwohl in dem ältesten dieser Vereine eine ganze Reihe bekannter Sozialdemokraten zu finden sind,[93] war die Beschäftigung mit politischen Fragen ausgeschlossen.[94] Statt dessen bemühte man sich um die Aufrechterhaltung einer überkommenen „ständischen Symbol- und Wertewelt, die sich in der Uniformierung, der Festkultur und der Formelhaftigkeit des Sprachgebrauchs äußerte".[95] Diese Vereine, die ein gewisses Traditions- und Standesbewußtsein zum Ausdruck brachten, entstanden besonders dort, wo eine ortsansässige Belegschaft dominierte.[96]

Die für Kamen geschilderten Integrationserscheinungen lassen sich in Ahlen lediglich bei den bergbauunabhängigen Arbeiterschichten finden, während die Entwicklung bei den Bergleuten völlig anders verlief: Durch die vergleichsweise späte Abteufung der Zeche Westfalen und den Bau einer geschlossenen Wohnsiedlung für die Belegschaft in den Jahren 1911 bis 1924 kamen die Gegensätze erst in der Weimarer Zeit richtig zum Durchbruch. Nach dem Ersten Weltkrieg wurde die Belegschaft in wenigen Jahren verdreifacht. Sie bestand hier so gut wie vollständig aus Ortsfremden, und der Anteil an ehemaligen Landarbeitern aus dem Osten sowie Ausländern war relativ groß. In der Kolonie bildeten sich völlig separate Vereine, was nicht nur die typischen Organisationen der Arbeiterbewegung betraf, sondern alle Lebensbereiche wie Tierzucht, Musik, Schützenfest usw. Selbst Markt und Kirmes fanden getrennt statt.

---

92 Beispiele dafür sind der Arbeiterradfahrerverein „Solidarität" und der „Arbeiter-Turnverein", vgl. Kamener Zeitung vom 22.5.1929. Aus dem Arbeitergesangverein „Einigkeit" war ein „Volkschor" geworden.

93 So z.B. die Betriebsratsvorsitzenden Christoph und Schürhoff, vgl. Kamener Zeitung vom 6.7.1920 und 17.6.1929.

94 Vor 1914 beteiligten sich die Knappenvereine ganz selbstverständlich an den Kaisergeburtstagsfeiern, ihre Feste wurden von der Zechenleitung unterstützt und die „nationale Aufgabe zur Stärkung des deutschen Vaterlandes" betont, vgl. z.B. Volksfreund vom 16.6.1914. Die Knappenvereine existieren noch heute, Festschriften, Artikel und vom Verfasser gesammelte Zeitungsmeldungen befinden sich in einer Sammelmappe des Stadtarchivs.

95 Kroker/Kroker (1991), S. 76.

96 Vgl. ebenda, S. 76/77.

Auch Kirchen und Schulen konnten dieser Entwicklung nicht entgegenwirken: Nachdem in den 20er Jahren eigene Koloniekirchen entstanden, spalteten sich auch sofort die Gemeinden und das Vereinswesen. Selbst in diesem Bereich wurden scharfe Kämpfe mit den Alteingesessenen ausgetragen.[97] So z.B. als Anfang der 20er Jahre ein junger katholischer Kaplan aus der Kolonie seinem Vorgesetzten von der St. Michael-Pfarre in der Altstadt auf einer Veranstaltung der KAB öffentlich widersprach, da dieser die Koloniebewohner angegriffen und beleidigt hatte. Der Kaplan wurde daraufhin versetzt. Für die katholischen Bergleute stand fest, daß dies eine Strafaktion war. Sie reagierten mit massiven Protesten, die über Delegationen zum Bischof und Unterschriftensammlungen bis hin zum Boykott des Gottesdienstes gingen. Die weitreichendste Folge war aber die Gründung eines separaten Arbeitervereins der Kolonie. Die Mitgliederzahl der KAB-St. Michael sank daraufhin in kurzer Zeit von rund 1000 auf 559.[98]

Zu starken religiösen und politischen Konflikten kam es auch im schulischen Bereich. Gleich nach der Novemberrevolution gab es in der Ahlener Kolonie eine Bewegung für die Gründung einer „freien weltlichen Schule", damit die Kinder „nicht länger unter der Fuchtel der Pfaffen stehen müssen".[99] Gegen die Hinhaltetaktik der Behörden und den schärfsten Widerstand der Zentrumspartei setzte sich der Trägerverein – eine „Arbeitsgemeinschaft freigeistiger Verbände" – letztendlich durch.[100] Im Jahre 1923 organisierte man einen Schulstreik, bei dem die Kinder der engagierten Eltern so lange unter freiem Himmel unterrichtet wurden, bis die Stadtverwaltung ihnen Räume zur Verfügung stellte. Nachdem die katholischen Schüler aus der alten Kolonieschule in ein eigenes Schulgebäude umzogen, konnte sich die Weltliche Schule Ostern 1924 zum 8-klassigen System ausweiten. Damit war eine große Schülergruppe der Ahlener Kolonie in einem wichtigen Sozialisationsbereich weitgehend den kirchlichen und bürgerlichen Einflüssen entzogen.

Diese Beispiele zeigen nicht nur, in wie vielen Bereichen Spannungen und Gegensätze zur Altstadt bestanden, sondern auch das gestiegene Selbstbewußtsein und die Kampfbereitschaft der Koloniebewohner. In einem Buch über die „Sozialgeschichte des Fußballs im Ruhrgebiet" gehen die Autoren an einer Stelle auch auf die besonderen Bedingungen in Bergarbeitersiedlungen ein und schreiben, „daß sich dort ein genuin proletarischer Lebenszusammenhang herausbilden konnte, genuin deshalb weil in ihm Arbeiten, Wohnen und Freizeit eine kulturelle Einheit bildeten und sich die in der Produktionspsähre herausbildenden sozialen Beziehungen bruchlos in die Reproduktionspsähre verlängern konnten". Weiter heißt es:

„Die Kultur der Arbeiterklasse äußert sich nicht nur in der Nachbarschaftshilfe, in der Unterstützung in Notlagen, sondern auch in den Verkehrsformen, im hohen Kommunikationsgrad, im unverfälschten Interesse am anderen, in der aktiven und

---

97 Vgl. Rennspieß (1989), S. 169-181, zum folgenden Beispiel insbesondere S. 174.
98 Vgl. Röschenbleck (1983), S. 143.
99 StAM, Kreis Beckum, Nr. 73, Bericht über eine USPD-Veranstaltung vom 29.2.1920. Allgemein zu dieser Schulform, vgl. Behrens-Cobet (1986) und Grau (1992).
100 Dazu ausführlich: 75-jähriges Jubiläum der Diesterwegschule (1988), Kap. II, sowie Rennspieß (1989), S. 159-164.

symbolischen Aneignung des Viertels mit seinen Straßen, Gärten, Wiesen, Kneipen, Sportplätzen und nicht zuletzt in der Herausbildung einer kollektiven Geschichte, deren Tradierung die Siedlung zum Ort sozialen Lernens macht."[101]

Wenn sich hier auch leicht eine gewisse Idealisierung herauslesen läßt,[102] so können die wesentlichen Aussagen am Ahlener Beispiel doch bestätigt werden. Welche Bedeutung der Wohn- und Freizeitbereich für die Herausbildung des KPD-orientierten Milieus gehabt haben muß, zeigt eindurcksvoll ein Stimmbezirksvergleich der Kolonie mit der erst 1926 durch den Bauverein „Glückauf" errichteten Siedlung „Ulmenhof" (vgl. Tab 15 im Anhang). Obwohl der Bergarbeiteranteil in der neuen Siedlung (Stimmbezirk 9) noch höher war als in der Kolonie (Simmbezirke 6 und 7), unterschieden sich die Wahlergebnisse der KPD um ca. 25 %. Dafür war der „Ulmenhof" die Hochburg der Sozialdemokratie.

Daß es in der Ahlener Zechenkolonie so etwas wie ein „kollektives Gedächnis" gibt, haben dortige Oral-History-Projekte und Geschichtsgesprächskreise eindrucksvoll bestätigt.[103] Die Wirkung alter Traditionen zeigt sich nicht zuletzt darin, daß die Kommunisten bei Wahlen in diesem Wohnviertel bis heute an die 20 % bekommen und drei Vertreter der DKP im Stadtparlament sitzen.

Im Zusammenhang der Auswertung des Adreßbuches von 1928 ist bereits auf das weitgehende Fehlen der Bergleute im Innenstadtbereich hingewiesen worden. Wie stark die soziale Abgrenzung damals war, geht darüber hinaus aus einer Untersuchung des Heiratsverhaltens der Koloniebewohner nach den Standesamtsakten für die Jahre 1923 und 1938 hervor.[104]

	1923	1938
Beide Ehepartner wohnen in der Kolonie:	83 %	64 %
Mann – Kolonie, Frau aus der Altstadt:	5 %	6 %
Frau – Kolonie, Mann aus der Altstadt:	3 %	12 %
Mann – Kolonie, Frau aus der näheren Umgebung:	7 %	11 %
Frau – Kolonie, Mann aus der näheren Umgebung:	3 %	7 %

Wenn auch mit abnehmender Tendenz, so fanden sich die Mehrzahl der Ehepartner noch lange in ihrer unmittelbaren räumlichen und sozialen Umgebung. Eine Liebesbeziehung über die Bahngrenze hinweg war die Ausnahme. Auf die Frage, warum er sich 1939 freiwillig zum Militär gemeldet habe, antwortete ein Bergmann:

„In der Stadt wurden wir ja als Menschen 2. Klasse angesehen, und wer auf der Zeche war, den guckten die Mädchen dort überhaupt nicht an. Das war für mich so deprimierend, daß ich zum Militär gegangen bin. Die Uniform macht sie alle gleich, und dann hattest Du auch Chanchen bei den Mädchen."[105]

---

101 Lindner/Breuer (1978), S. 43 und 45.
102 Bei genauerem Hinsehen zeigt sich z.B., daß die viel gepriesene Nachbarschaft nicht nur eine Idylle war, vgl. Rennspieß (1989), S. 116-119.
103 Zur Geschichtsarbeit in Ahlen, vgl. Huhn/Rennspieß (1991).
104 Vgl. dazu genauer: Rennspieß (1989), S. 338-340.
105 Interview Uwe Rennspieß mit L. K. vom 13.19.1986.

Vorführung der Arbeitersportler auf dem Glückaufplatz, dem Zentrum der Ahlener Zechenkolonie. 20er Jahre.

Zum Abschluß dieses Kapitels soll noch kurz auf einen Indikator für den unterschiedlichen Grad der Integration in Ahlen und Kamen hingewiesen werden, der sich aus einem Vergleich von Kriminalstatistiken ergibt. Es läßt sich z.B. annehmen, daß eine soziale Gruppe, die sich noch im Stadium der Anpassung an das industrielle Milieu und die jeweilige lokale Gesellschaft befindet, häufiger Eigentums- und Rohheitsdelikte begeht als eine Gruppe, die sich bereits daran gewöhnt hat.[106] Wenn auch die Zahlen für die Vergleichsstädte aus unterschiedlichen Jahren stammen und beachtet werden muß, daß Ahlen ungefähr doppelt so viele Einwohner wie Kamen hatte, so bleiben die großen Unterschiede doch aussagekräftig:[107]

	Kamen (1925)	Ahlen (1928)
Diebstähle:	165	505
Betrug:	20	85
Hehlerei:	1	40
Körperverletzung:	81	180
Sittlichkeitsverbrechen:	9	23

106 Vgl. Lucas (1976), S. 109 f.
107 StAM, Regierung Münster, IV-11-41, Verwaltungsbericht der Stadt Ahlen für den Zeitraum 1.4.1924-31.3.1925 sowie Bericht über die Verwaltung der Stadt Kamen, 1924-1928, S. 64.

B. Politische Orientierungen

1. Entstehung und Entwicklung der Arbeiterbewegung vor 1914

Die Anfänge der Arbeiterbewegung in den Vergleichsstädten verliefen in mehrfacher Hinsicht typisch für die politischen Verhältnisse im nordöstlichen Ruhrgebiet:

Die Sozialdemokratie hatte es in den kleineren Städten dieser ländlichen Region besonders schwer. Die Überschaubarkeit der lokalen Gesellschaft legte der Arbeiterbewegung über die reichsweit verordneten Überwachungen und Repressalien hinaus weitere Steine in den Weg. So war es ihren politischen und gewerkschaftlichen Organisationen beispielsweise lange Zeit unmöglich, ein Vereinslokal zu finden. Außerdem wurde der SPD trotz steigenden Wähleranhangs bis in den Ersten Weltkrieg hinein jede Mitwirkung an der Kommunalpolitik verweigert. Erst vor dem Hintergrund der Masseneinwanderung im Zuge des Bergbaus wurde die Integrationskraft der lokalen Milieus gesprengt und der plötzliche Durchbruch der SPD möglich.[108]

Für die Entstehung der Arbeiterbewegung in Kamen bedurfte es eines äußeren Anstoßes. Es war der große überregionale Bergarbeiterstreik von 1889, der – von spontanen Arbeitsniederlegungen in Bochum und Essen ausgelöst – fast jede Zeche des Ruhrgebiets erfaßte.[109] Die einwöchige Beteiligung der Kamener Bergarbeiter (vom 10. bis zum 17. Mai) brachte der Stadt den ersten modernen Arbeitskampf überhaupt.

Eine ganze Reihe von Beobachtungen zeigt allerdings, daß abgesehen von der relativ geschlossenen Arbeitsniederlegung noch kein weitergehendes politisches Bewußtsein (im Sinne von geschlossenem solidarischen Verhalten zur Durchsetzung von gemeinsamen Interessen), unter den Bergleuten zu beobachten war:[110]

1. Schon bei den ersten Verhandlungen mit der Werksleitung wich die Belegschaftsvertretung von den Forderungen ab, auf die sich die in Dortmund konstituierte zentrale Streikleitung geeinigt hatte.
2. In den Versammlungen ließ es die Belegschaft zu, daß der nationalliberal gesinnte Bürgermeister (ehemaliger Berufsoffizier) die Diskussionsleitung übernahm.
3. Als die Bergleute der Zentrumszeitung „Tremonia" die Nachricht vom Empfang der Bergarbeiterdelegation beim Kaiser entnahmen, „herrschte gewaltige Freude und Aufregung", man sah den Streik als gewonnen an, die Mehrheit fuhr wieder an, nur die „Schlesier" verharrten noch einige Tage im Ausstand.
4. Als nach dem Streik einige Bergleute unter dem Verdacht, „Verbindung zur Sozialdemokratie" zu unterhalten, gemaßregelt wurden, regte sich unter der Belegschaft ebenso wenig Widerstand wie nach dem Bericht einer Untersu-

---

108 Vgl. Rohe (1984), S. 18 und Bajohr (1988), S. 39/40.
109 Allgemein zum Streikverlauf: Ditt/Kift (1989).
110 StAK, Nr. 1966, ausführlich hierzu: Rennspieß (1990).

chungskommission, die im Juli 1889 die Verhältnisse auf der Zeche untersuchte und „keine Mißstände von Bedeutung" feststellen konnte.

Nach mehrmaligem Auftreten der bekannten Kaiserdelegierten in Kamen gelang es, trotz aller Hindernisse bereits Ende Oktober 1889 eine Zahlstelle des am 18.8.1889 in Dortmund-Dorstfeld gegründeten „Verbandes zur Wahrung der Bergmännischen Interessen in Rheinland und Westfalen" (später kurz „Alter Verband" genannt) zu gründen. Dieser erste Zusammenschluß von Gewerkschaftern in Kamen löste sich schon nach wenigen Monaten wieder auf und konstituierte sich dann am 10.3.1891 erneut. Er führte zunächst ein wechselhaftes und relativ unbedeutendes Dasein. Die große Fluktuation unter den Bergleuten, besonders unter den zugewanderten „Schlesiern", die anfangs nachweislich die Mehrheit der Mitglieder stellten, sowie die feindliche Haltung der lokalen Gesellschaft, nicht zuletzt auch innere Streitigkeiten,[111] dürften die Hauptgründe dafür sein.[112]

Im März und April 1891 kam es auf den umliegenden Schachtanlagen erneut zu Arbeitskämpfen. Als 15 Delegierte der Zeche „Minister Stein" in Dortmund-Eving die Kamener zum Mitstreiken bewegen wollten, wurde dies auf einer abermals vom Bürgermeister geleiteten Belegschaftsversammlung einstimmig abgelehnt.[113]

Einen Monat später zeigte sich dann das weiterhin bestehende sozialistenfeindliche Klima in der Stadt besonders drastisch: Der gerade wiedergegründete „Alte Verband" versuchte im Schützenhof eine Veranstaltung durchzuführen, die dann aber in letzter Minute verboten wurde. Einige auswärtige Sozialdemokraten hatten dies nicht mehr früh genug erfahren. Sie wurden von etwa 1000 Berg- und Fabrikarbeitern im Schützenhof empfangen. Die aufgebrachte Menge warf die „Streikhetzer" aus dem Fenster, „prügelte" sie zum Bahnhof und „steckte" sie in den Mittagszug; Kommentar des Bürgermeisters:

„Wenn ich auch die vorgefallenen Ereignisse nur bedauern kann, so ist es m.E. doch mit Freuden zu begrüßen, daß hier endlich mal die gut gesinnten und arbeitsamen Arbeiter entschieden Front gemacht haben gegen die Hetzer."[114]

Bei dieser strikten Ablehnung der sozialdemokratisch orientierten Arbeiterbewegung und ihren organisatorischen Defiziten ist es erstaunlich, das schnelle Anwachsen der Stimmenzahlen für die SPD bei Reichstagswahlen zu sehen:[115]

---

111 Einen Eindruck davon vermitteln die Polizeiprotokolle einiger Versammlungen des „Alten Verbandes" in der Akte StAK, Nr. 1966.
112 Der „Alte Verband" war vor der Jahrhundertwende stark parteipolitisch auf die Sozialdemokratie ausgerichtet, vgl. Schrumpf (1958), S. 14.
113 Vgl. StAM, Nr. 1966/265 und 276.
114 StAK, Nr. 1966/284/285, vgl. auch Märkische Zeitung vom 6.5.1891 und Volksfreund vom 7.5.1891 sowie StAM, Kreis Unna, Landratsamt, Nr. 792.
115 Zahlen zu Kamen nach Görges/Volkhausen (1975), Zahlen der Region nach Schönbach (1991), S. 117/118, Reichsdurchschnitt nach Lexikon zur Geschichte der Parteien (1981), S. 124/125.

Kamen:
1890 – 55 Stimmen = 5,8 %
1893 – 233 Stimmen = 21,6 %
1898 – 402 Stimmen = 27,3 %
1903 – 792 Stimmen = 41,3 %
1907 – 792 Stimmen = 42,4 %
1912 – 796 Stimmen = 41,9 %

Vergleichsdaten:

	Hamm:	Kreis Hamm:	Wahlkreis Hamm-Soest:	Reichsdurch- schnitt:
1890	3,3 %	2,3 %	1,7 %	19,7 %
1893	10,7 %	11,7 %	8,0 %	23,3 %
1898	9,3 %	11,0 %	7,9 %	27,2 %
1903	17,8 %	?	19,2 %	31,7 %
1907	19,6 %	?	20,8 %	28,9 %
1912	20,6 %	37,1 %	23,7 %	34,8 %

Die Tabellen zeigen, daß der Anteil der SPD-Wähler in Kamen schon 1893 den Reichsdurchschnitt erreichte und im Vergleich zu den Nachbarorten rund doppelt so hoch lag. Spätestens seit 1903 ist die Stadt dann als sozialdemokratische Hochburg anzusehen. Dem stand allerdings – vom „Alten Verband" einmal abgesehen – immer noch kein Organisationsnetz gegenüber.

Dies änderte sich erst im Jahre 1905. Auslöser war wiederum ein Generalstreik der Bergarbeiter, an dem sich rund 83 % der Kamener Zechenbelegschaft vom 18.1. bis 9.2.1905 beteiligte. Die zahlreich erhaltenen Versammlungsprotokolle belegen allerdings weiterhin gehörige Schwächen der örtlichen Arbeiterbewegung:[116]

1. Schon der Eintritt in die Streikbewegung erfolgte relativ spät und erst nachdem die vorher bremsende Gewerkschaft offiziell den Generalstreik ausgerufen hatte.[117]
2. Die Treffen des „Alten Verbandes" besuchten trotz des Arbeitskampfes lediglich 100 bis 120 Bergleute.
3. Eine besonders drastische Trennung zwischen Unter-Tage- und Über-Tage-Belegschaft ist festzustellen (letztere beteiligten sich nur zu einem Drittel am Arbeitskampf).
4. In der Endphase des Streiks gab es erbitterte Auseinandersetzungen um eine angeblich nicht gerecht erfolgte Verteilung von Streikgeldern. Außerdem entzweite die ablehnende Stellungnahme des „Alten Verbandes" zu einer von der GBAG eingerichteten Volksküche die Belegschaft.

---

116 Vgl. StAK, Nr. 1969.
117 Die Belegschaft der Zeche Bruchstraße in Bochum streikte bereits seit dem 9.1. und bis zum Generalstreikbeschluß der Gewerkschaften am 16.1. waren bereits 100000 Bergleute im Ausstand, vgl. Brüggemeier (1984), S. 212 oder Gladen (1974), S. 137.

Trotz dieser Querelen ist nach dem Streik von einer „riesenhaften Zunahme der Mitgliederzahl" in den Reihen des „Alten Verbandes" die Rede.[118] Dabei dürfte die Erfahrung, daß die Gewerkschaft durch Streikgelder hilft, eine große Rolle gespielt haben. Vor allen Dingen aber wurde während des Streiks endlich die Zusage eines Wirtes erreicht, seine Räume als Vereinslokal zur Verfügung zu stellen.[119] Erst jetzt konnten sich die Mitglieder des „Alten Verbandes" regelmäßig treffen. Für 1906 wurden bereits 560 Mitglieder gemeldet; 1907 waren es 827.[120]

Eine Ortsgruppe des Gewerkvereins Christlicher Bergarbeiter Deutschlands hatte sich im November 1903 konstituiert.[121] Trotz erheblicher Spannungen zum „Alten Verband" arbeitete der Gewerkverein beim Streik von 1905 mit diesem zusammen. Seine Mitgliederzahl wurde nach dem Streik mit 200 angegeben, was gemessen am Anteil der katholischen Bergleute (rund 43 %) relativ wenig war. Daneben blieben der Hirsch-Dunckersche Gewerkverein und die polnische Gewerkschaftsbewegung mit jeweils rund 30 Mitgliedern bedeutungslos.[122]

Rechnet man die Gewerkschaftsmitglieder zusammen und vergleicht sie mit der Zechenbelegschaft (Tab. 1 im Anhang), so läßt sich davon ausgehen, daß fast alle Bergleute unter Tage organisiert waren. Im Ruhrgebietsdurchschnitt lag der Organisationsgrad vor dem Ersten Weltkrieg erst bei rund 66 %.[123]

Nach dem Streik entwickelten sich auch die anderen Zweige der Arbeiterbewegung mit großer Schnelligkeit. Durch den Vorsitzenden des Alten Verbandes wurde während oder unmittelbar nach dem Streik ein sozialdemokratischer Verein gegründet, der sich mit der Konstituierung des Wahlkreisvereins Hamm-Soest im November 1905 offiziell eintragen ließ.[124] Daneben entstanden die typischen Vereine der sozialdemokratischen Arbeiterbewegung, jene „Welt von Organisationen und Institutionen", in der die Mitglieder praktisch von der „Wiege bis zur Bahre" leben konnten.[125] Auffällig ist jedoch, daß bergbauunabhängige Arbeiterschichten kaum erfaßt werden konnten. So kam es zwar zu kleinen Zahlstellen der Freien Gewerkschaften für die Kamener Maurer, für die Schuhmacher und die Dachdecker,[126] nicht jedoch für die Metallarbeiter. In diesem Bereich gab es lediglich einen Gewerkverein Hirsch-Duncker, der 25 Mitglieder aufzuweisen hatte. Den christlichen Gewerkschaften gelang vor dem Ersten Weltkrieg nur noch eine Zahlstellengründung unter den Bauhandwerkern und Bauhilfsarbeitern mit 25 Mitgliedern.

---

118 StAK, Nr. 1969, Bericht über eine Versammlung des „Alten Verbandes" vom 27.2.1905.
119 Vgl. ebenda.
120 Vgl. StAM, Regierung Arnsberg, Nr. 14235 und 14236.
121 Vgl. StAK, Nr. 1570/102.
122 Ausführliche Berichte zum Stand der Gewerkschaftsbewegung finden sich in: StAM, Regierung Arnsberg, Nr. 14235-14240 sowie Kreis Unna, Landratsamt, Nr. 794.
123 Vgl. Kirchhoff (1958), S. 168.
124 Hierzu ausführlich: Rennspieß (1992), S. 40 f.
125 Wunderer (1980), S. 30. Eine Aufstellung aller Vereine in Kamen findet sich in Rennspieß (1992), S. 46/47.
126 „Sie stimmen bei Wahlen geschlossen für die Sozialdemokratie", heißt es in den Berichten des Bürgermeisters, in: StAM, Kreis Unna, Landratsamt, Nr. 794.

Im Vergleich zu den umliegenden Ortschaften läßt sich feststellen, daß die sozialdemokratische Bewegung in Kamen zwischen 1905 und 1912 führend im Kreisgebiet war. Die Mitgliederzahlen des SPD-Ortsvereins waren bis 1913 höher als in Unna und diejenigen des „Alten Verbandes" sogar fast doppelt so hoch. Sowohl der Vorsitzende des Wahlkreisvereins wie auch der Arbeitersekretär der Gewerkschaft wohnten in Kamen. So ist es nicht verwunderlich, daß auf dem Höhepunkt der sozialdemokratischen Wahlrechtsbewegung die auch damals schon berühmte Rednerin Rosa Luxemburg in Kamen sprach (am 10.4.1910).[127]

Mitgliederentwicklung des SPD-Ortsvereins Kamen:[128]

1905	145
1908	198
1910	250
1912	250
1913	200
1914	170

Die Stagnation des Mitgliederzuwachses seit 1910 fällt zeitlich mit dem Höhepunkt der Belegschaftsentwicklung auf der Zeche Monopol zusammen (vgl. Tab. 1). Der Rückgang seit 1912 kann auf den Bergarbeiterstreik vom März des Jahres zurückgeführt werden.[129] Das Scheitern dieses Arbeitskampfes, den der „Alte Verband" (im „Dreibund" mit den Hirsch-Dunckerschen und polnischen Organisationen) gegen den Beschluß des christlichen Gewerkvereins planmäßig herbeigeführt hatte, brachte allen Gewerkschaften enorme Mitgliederverluste.

Trotz der überdurchschnittlichen Stärke des „Alten Verbandes" auf der Schachtanlage Grillo lag die Streikbeteiligung hier auf ihrem Höhepunkt lediglich bei 63,8 %, d.h. rund 6 % unter dem Ruhrgebietsschnitt.[130] Vom ersten Streiktag an (dem 11.3.) ging die Beteiligung in Kamen zurück auf zuletzt 47,8 % (am 20.3.).[131] Die schon 1905 zu beobachtende scharfe Grenze zu den Arbeitern über Tage hatte sich weiter verschärft. Sie beteiligten sich so gut wie gar nicht!

War noch vor dem Streik von 800 Mitgliedern der Zahlstelle des „Alten Verbandes" die Rede, sank diese Zahl – glaubt man den Schätzungen des Bürgermeisters – 1913 auf 500 und 1914 sogar auf 350 ab. Auch für den Gewerkverein Christlicher Bergarbeiter wurden nur noch 150 Mitglieder angegeben. Dafür hatte ein sogenannter „Nationaler Werkverein", der am 18.7.1912 gegründet wurde, einen geradezu kometenhaften Aufstieg (1912 = 330, 1913 = 760 Mitglieder). Der

---

127 Ausführlich dokumentiert durch Hensel (1987), S. 243-245.
128 Vgl. StAM, Regierung Arnsberg, Nr. 14234-14239, Kreis Unna, Landratsamt, Nr. 794. Hier findet man auch die Vergleichszahlen für den Kreis. Es handelt sich um Schätzungen der Bürgermeister, wobei sie selbst betonen, daß die SPD die Mitgliederzahlen streng geheim halte.
129 Koszyk (1974), S. 169 betont dies in Bezug auf das gesamte Ruhrgebiet.
130 Brüggemeier (1984), S. 230 gibt die Streikbeteiligung der Untertagearbeiter mit 69,9 % an.
131 Vgl. StAK, Nr. 1970.

von einem Steiger geleitete Verein bezweckte, „ein gutes Einvernehmen zwischen der Zechenverwaltung und der Arbeiterschaft" herzustellen und „der sozialdemokratischen Flut einen Damm entgegenzusetzen".[132]

Damit nahm die Arbeiterbewegung in Kamen eine widersprüchliche, schwer zu ordnende Entwicklung:

Bedenkt man die Gesamtsituation der Sozialdemokratie im Ruhrgebiet, so gehörte Kamen, was den Wähleranhang betrifft, zu den relativ frühen Hochburgen. Dagegen entwickelte sich das Organisationsnetz vergleichsweise spät.

Die Mitgliederentwicklung in den seit 1905 entstehenden Vereinen bewegte sich bis 1910 aufwärts, stagnierte dann und war nach dem verlorenen Streik von 1912 rückläufig. Die Parteimitglieder rekrutierten sich fast ausschließlich aus Bergleuten. Diese traten nur nach Anstößen von außen in den Streik, wobei es schnell zu Problemen mit politisch anders orientierten Zechenarbeitern kam. Das gewerkschaftliche Bewußtsein der Mitglieder im „Alten Verband" war wenig gefestigt, wie besonders die Massenaustritte nach 1912 und der gleichzeitige Aufstieg des „gelben" Werkvereins zeigt.

Als Interpretationshilfe bieten sich einige Ergebnisse der überregionalen Wahlforschung an, die unter Federführung von Karl Rohe aus umfangreichen Materialsammlungen über Reichstagswahlen und Sozialstrukturdaten von Ruhrgebietsstädten hervorgegangen sind.[133] Als ausschlaggebende Faktoren für die Stärke der Sozialdemokratie stellten sich hier vor allem die Masseneinwanderung und die Konfessionsverhältnisse heraus. Nach Rohe deutet vieles darauf hin, daß die Ruhrgebietssozialdemokratie vor 1914 „im hohen Maße den Charakter einer politischen Sammlungsbewegung besaß, die ... politisch ‚herrenloses' Protestpotential einsammelte, das milieumäßig gar nicht mehr oder noch nicht gebunden war."[134]

Daß es gerade die Zuwanderer waren, die zunächst sozialdemokratisch wählten, wird in Kamen durch die Korrelation der Haupteinwanderungsphasen mit dem Anstieg der SPD-Stimmen bei den Reichstagswahlen deutlich. Außerdem bestätigt die Auswertung der behördlichen Listen über die bekannten Sozialdemokraten Kamens den hohen Anteil Auswärtiger. Für das Jahr 1896 gibt es eine Liste von 18 Personen mit Angabe des Geburtsortes.[135] Nur ein einziger stammte aus Kamen, 15 aus Schlesien, einer aus dem Rheinland und einer aus Bayern. Die nächste Liste mit Geburtsangaben stammt erst aus dem Jahre 1906. Sie führt nur noch die „Führer und Agitatoren" auf.[136] Es sind 24 Personen: 8 stammten aus Kamen, 4 aus der näheren Umgebung bzw. dem Ruhrgebiet, 10 waren aus Schlesien, einer aus Sachsen und einer aus Holland.

---

132 StAM, Kreis Unna, Landratsamt, Nr. 794, Bericht über den Stand der sozialdemokratischen Bewegung vom 29.7.1913. Allgemein zu den Werkvereinen: Mattheier (1974), S. 173-204.
133 Die wichtigsten Aussagen der an verschiedenen Stellen veröffentlichten Studien finden sich in Rohe (1986), und Rohe/Jäger/Dorow (1990) und neuerdings auch in Rohe (1992).
134 Rohe (1986), S. 57.
135 StAK, Nr. 1568/325.
136 StAK, Nr. 1579/177.

Die These, daß die SPD zum großen Teil „herrenloses Protestpotential einsammelte", läßt sich ebenfalls bestätigen, da die Sozialdemokraten in Kamen schon vor dem Aufbau eigener Organisationen große Wahlerfolge erzielten. Seit 1905 schwollen dann die Mitgliederzahlen an, um bei dem ersten Mißerfolg gleich wieder zurückzugehen. Dies gilt insbesondere für den „Alten Verband". Zu vermuten ist, daß es zwei unterschiedliche Gruppen innerhalb der Zahlstelle gab: Auf der einen Seite läßt sich ein sogenannter harter Kern erkennen, der mit großer Disziplin nach den Vorgaben der Verbandsspitze vorging und gleichzeitig in den Organisationen der SPD zu finden war (zumindest für die Führer kann dies anhand von Namensvergleichen belegt werden). Das relativ dichte Netz von Vereinen, das besonders in den Wohngebieten der Bergarbeiter aufgebaut wurde, schuf zumindest Ansätze eines sozialdemokratischen Milieus.[137]

Auf der anderen Seite stand aber eine große Zahl von hoch mobilen Zuwanderern, die zwar dem „Alten Verband" beitraten und die SPD wählten, aber nicht bereit waren, sich längerfristig zu engagieren. Bei Mißerfolgen verließen sie die Stadt oder wechselten die Organisation, vor allem wenn eine andere Gewerkschaft (wie die „Gelben") mehr soziale Sicherheit versprach und durch vermeintlich gute Kontakte zur Zechenleitung erfolgversprechender zu sein schien.[138]

Bei der Überprüfung der „etablierten" Erkenntnis, daß die Sozialdemokratie des Kaiserreiches ganz überwiegend ein „evangelisches" Fundament hatte,[139] fügen sich die Kamener Verhältnisse zunächst nicht so klar ins Bild.

In vielen Orten verstand es die katholische Kirche im Unterschied zur evangelischen weit besser, den steigenden Arbeiteranteil der entstehenden Industriestädte an sich zu binden. Dies geschah in der Regel durch ein dichtes Vereinsnetz, in das auch katholische Zuwanderer aus dem Osten integriert wurden. Der an bürgerlichen Mustern orientierte Protestantismus war dagegen weit weniger bereit zu klassenübergreifender sozialer Gemeinschaftsbildung.

Eine Auswertung der Konfessionszugehörigkeit von 197 „Führern und Agitatoren" der Kamener SPD aus den Jahren 1906, 1910, 1911 und 1913 ergibt, daß 98 evangelisch, 27 katholisch und 72 Dissidenten waren.[140] Zumindest unter den Funktionären befanden sich damit relativ wenig Katholiken (13,7 %). Auf der anderen Seite erfaßte die katholische Arbeiterbewegung aber nur einen geringen Prozentsatz der Bergleute dieser Konfession. Immerhin machten die Katholiken rund 43 % der Belegschaft aus, absolut ca. 700 Personen. Der katholische Arbeiterverein hatte lediglich 50 bis 80 Mitglieder, der christliche Gewerkverein zwischen 150 und 200, und die Mitgliederzahlen des katholischen Knappenvereins lagen um

---

137 Ausführlich zur Milieutheorie: Smula (1987), S. 6 f.
138 Bajohr (1988) zeigt, daß es sich bei den Sozialdemokraten vor 1914 im wesentlichen um junge hochmobile Arbeiter handelte (Tabelle zur Altersstruktur auf S. 91). Dies läßt sich für Kamen nicht bestätigen; das Durchschnittsalter der Mitglieder von 1896 lag bei 29,9 Jahre, vgl. StAK, Nr. 1568/325. Später wurden nur noch die „Führer" behördlich registriert, bei ihnen handelte es sich vornehmlich um Familienväter um die 35 Jahre.
139 Vgl. Rohe (1986), S. 43.
140 Vgl. StAK, Nr. 1570/177 und StAM, Kreis Unna, Landratsamt, Nr. 794.

100. Im städtischen Durchschnitt stieg der Anteil der Katholiken zwischen 1893 und 1912 von 29 % auf 33 % der Bevölkerung, während der Wähleranteil des Zentrums zur gleichen Zeit von 20 % auf 13,2 % sank. Im Vergleich zum Ruhrgebiet, wo das Zentrum im Schnitt über 66 % der katholischen Wähler mobilisieren konnte, zeigt sich hier eine auffallende Abweichung. Es gelang dem Kamener Katholizismus anscheinend nicht, sich „hinreichend milieumäßig auszudifferenzieren und ein entsprechendes Netzwerk von Vereinen und Organisationen aufzubauen", um die katholischen Zuwanderer zu integrieren.[141]

Abweichend vom Trend war der Protestantismus in Kamen in dieser Beziehung erfolgreicher, wie die hohen Mitgliederzahlen des evangelischen Arbeitervereins und des nationalen Werkvereins zeigen. Es spricht einiges dafür, daß es der evangelischen Kirche auch nach dem Ersten Weltkrieg gelang, einen Teil der Bergarbeiterschaft gegen den „sozialdemokrtischen Virus" zu immunisieren.

Zum Abschluß noch eine Beobachtung: Schon in den Streikbewegungen von 1905 und 1912 fallen Persönlichkeiten auf, die auch während der Weimarer Zeit in den Partei- und Gewerkschaftsspitzen blieben. Sie konnten in der Novemberrevolution an die alten Ansätze anknüpfen und die Organisationen schnell wieder aufbauen. Sie genossen große Autorität, zeichneten sich ansonsten aber durch den im Ruhrgebiet typischen „gewerkschaftlichen Pragmatismus" aus.[142] Sie hatten keine Probleme mit der Burgfriedenspolitik während des Ersten Weltkrieges. Im August 1914 schrieb der Kamener Bürgermeister:

„Mit dem Ausbruch des Krieges auch die Existenz der Sozialdemokratischen Partei aufgehört. Die Genossen leisteten der Einberufung zu den Fahnen durchweg mit derselben einmütigen Begeisterung Folge, wie die Anhänger der nationalen Parteien."[143]

In Ahlen sahen die Anfänge der Arbeiterbewegung entsprechend der unterschiedlichen wirtschaftlichen und konfessionellen Struktur völlig anders aus. Soweit es die lückenhaftere Quellenbasis erlaubt, ist dies gut erforscht und an mehreren Stellen dargelegt worden, deshalb reicht hier eine Zusammenfassung.[144] Mit Blick auf die unterschiedliche Entwicklung zur Arbeiterbewegung in Kamen sind vor allem folgende Aspekte interessant:

1. Einmal abgesehen von den Bergleuten verstand es der Katholizismus in Ahlen, die Arbeiterschaft der klein- und mittelständischen Industrie dauerhaft an sich zu binden.

2. Die Sozialdemokratie brauchte weit länger als in Kamen, um Fuß zu fassen. Der eigentliche Durchbruch kam erst mit dem Zuzug ortsfremder Bergleute aus dem Ruhrgebiet.

---

141 Rohe (1986), S. 56.
142 Koszyk (1974), S. 169 und 172, Bajohr (1988), S. 100 schränkt dies auf den protestantisch geprägten Osten des Reviers ein
143 StAM, Kreis Unna, Landratsamt, Nr. 794, Bericht vom 8.8.1914.
144 Vgl. Muth (1987), S. 185 f. und Rennspieß (1989), S. 31 f.

3. Die Belegschaft der Zeche Westfalen fällt von Anfang an als „Unruhefaktor" auf. Auch ohne starke Gewerkschaftsorganisationen kam es zu Protestverhalten, Massenkündigungen und Streiks.

Zu 1: Die Gründung des katholischen Arbeitervereins im Jahre 1883 stand im Zusammenhang mit dem ersten Arbeitskampf der Stadt. Ein Ahlener Emailleunternehmer versuchte, die Arbeitszeit von 12 auf 14 Stunden zu verlängern. Dagegen setzten sich die Arbeiter zur Wehr und erhofften sich die Unterstützung der Kirche. Wie groß das Bedürfnis nach einem Zusammenschluß auch in der Arbeiterschaft anderer Betriebe gewesen sein muß, zeigt sich daran, daß 42 Gründungsmitglieder dem Verein beitraten, während die bestreikte Firma nur 17 Beschäftigte hatte. Die Mitgliederzahl stieg in den folgenden Jahren steil an und erreichte 1912 die Zahl von 634 (darunter waren nur 11 Bergleute[145]). Ein evangelischer Arbeiterverein entstand erst 1909 und war ebenfalls relativ erfolgreich (rund 100 Mitglieder vor dem Ersten Weltkrieg).

Der Streik von 1883 blieb vorläufig eine Ausnahmeerscheinung. Die Gegensätze zwischen Arbeitgebern und Arbeitnehmern ließen sich vor der Jahrhundertwende meist glimpflicher lösen. Im Konfliktfall setzte der katholische Arbeiterverein die Fabrikbesitzer moralisch unter Druck, indem er an ihr soziales Gewissen appellierte. Dabei stand auch die Lokalzeitung nicht selten auf Seiten der Arbeiter.

Erst als 1898 die ersten freigewerkschaftlichen und hirsch-dunckerschen Zahlstellen entstanden, änderte sich das Klima. Das Erstarken dieser Verbände und die häufiger werdenden Arbeitskämpfe ließen aus dem katholischen Arbeiterverein heraus die Initiative zur Gründung eines christlichen Gewerkvereins entstehen. Laut dem ersten Vorsitzenden dieses Vereins war dies nötig, „um vor allem dem weiteren Vordringen der sozialdemokratischen Gewerkschaften einen Damm entgegenzusetzen". An der Gründungsversammlung vom 18.10.1903 nahmen an die 500 Personen teil. Abgesehen von den Bergleuten hatten die christlichen Gewerkschaften in Ahlen immer die Mehrheit der Arbeiter hinter sich (vgl. Kap. II.A2)

Zu 2: Die sozialdemokratische Bewegung entwickelte sich in Ahlen weit langsamer als in Kamen.

Ergebnisse der Sozialdemokraten bei den Reichstagswahlen in Ahlen:

1890 = ca. 30 Stimmen,
1893 = 63 Stimmen,
1898 = 78 Stimmen,
1903 = 9,5 % der Stimmen,
1907 = 9,4 % der Stimmen,
1912 = 31,1 % der Stimmen.

---

145 Angaben zur Berufsstruktur der Mitglieder bei Röschenbleck (1983), S. 71-72.

Der geringe Zuspruch vor der Jahrhundertwende, bei gleichzeitig steigendem Arbeiteranteil in der Stadt ist auffällig. Der Landrat kommentierte die Wahlen von 1893 beispielsweise folgendermaßen:

„Die katholische Kirche zieht hier alle diejenigen Bevölkerungsschichten, in denen anderwärts die Angehörigen der Sozialdemokratie zu finden sind, in Arbeiter-, Gesellen- und sonstigen Vereinigungen fest an sich und sorgt dort durch Vorträge, Belehrungen, durch Verbreitung von geeigneten Druckschriften und auf sonstige Weise auch dafür, daß die Beteiligten selbst eintretendenfalls jegliche sozialdemokratische Agitation von sich und den Ihrigen aus religiöser Überzeugung mit Entschiedenheit abwehren werden. Zwischen Arbeitgebern und Arbeitnehmern besteht ferner – wenn von den wenigen größeren Etablissements abgesehen wird – hierorts durchweg noch ein ziemlich patriarchalisches Verhältnis."[146]

Erst bei den letzten Reichstagswahlen vor dem Ersten Weltkrieg trat ein sprunghafter Anstieg der Stimmenanteile für die Sozialdemokratie auf. Dabei war die Zunahme allein auf die Stadt Ahlen beschränkt, denn im Durchschnitt des Wahlkreises Beckum-Lüdinghausen-Warendorf blieb die SPD mit einem Stimmenanteil von 9,8 % nur im bisher erzielten Ramen. Daraus wird deutlich, daß sich erst durch die Abteufung der Zeche und die Wahlbeteiligung der Bergleute die politischen Verhältnisse grundlegend veränderten.

Unter diesen Bedingungen konnte sich die SPD auch organisatorisch erst später entwickeln als in Kamen. Obwohl schon wenige Monate, nachdem die Abteufarbeiten der Zeche (am 1.2.1909) begonnen hatten, in der Bielefelder Volkswacht davon die Rede war, daß die Mitgliederzahl der Ahlener Sozialdemokratie von 65 auf 140 gestiegen sei, war der Verein noch nicht offiziell angemeldet. Dazu mußte er erst im Jahre 1911 durch eine Klage beim Amtsgericht gezwungen werden.[147] Die geschlossene Abwehrfront des Ahlener Katholizismus bestand auch nach der Ortsgruppengründung weiter. Die erste Generalversammlung der Ahlener Sozialdemokraten im September 1912 konnte immer noch nicht in Ahlen stattfinden, da kein Wirt einen Raum zur Verfügung stellte. Am 1.5.1913 erlebte die Ahlener Bevölkerung dann aber die erste sozialdemokratische Maidemonstration. Kommentar der Ahlener Volkszeitung:

„Rund 700, genau 732 Personen, Männlein und Weiblein, hatten die Sozen auf die Beine gebracht, davon allein 250 aus Radbod. Zieht man die zahlreichen Genossen aus der Umgegend, insbesondere aus Hamm, noch ab, dann bleibt für Ahlen noch ein Rest, mit dem man wahrhaftig keinen Staat, keine Reklame hätte machen können."[148]

Der Sozialdemokratie in Ahlen gelang es vor dem Ersten Weltkrieg zwar, einen Wähleranteil von nahezu einem Drittel der Stadtbewohner zu gewinnen, organisatorisch blieb sie aber weit hinter der Entwicklung in Kamen zurück. Mit Ausnahme

---

146 StAM, Regierung Münster, Nr. 1030, Landrat Beckum an den Regierungspräsidenten über den Stand der sozialdemokratischen Bewegung vom 4.7.1893.
147 Dazu auch: Koszyk (1974), S. 170.
148 Ahlener Volkszeitung vom 2.5.1913.

eines Arbeitergesang- und eines Arbeiterturnvereins, die 1904 bzw. 1909 von Fabrikarbeitern gegründet wurden, und des Arbeiterradsportvereins „Solidarität", der im Oktober 1913 in der Bergarbeiterkolonie entstand, konnten keine weiteren „Vorfeldorganisationen" aufgebaut werden.[149] Die geringe Beteiligung an der Maidemonstration von 1913 und das fehlende Organisationsnetz deuten darauf hin, daß die meisten der sozialdemokratischen Reichstagsstimmen von 1912 lediglich ein Protestverhalten der Bergleute ausdrückten, dem keine weitergehende Bindung an die Sozialdemokratie entsprach.

Zu 3: Schon bei den Abteufarbeiten an der Zeche kam es zu verschiedenen Auseinandersetzungen. Ganze Arbeiterkolonnen zogen wieder ab, wenn bestimmte Bedingungen nicht erfüllt wurden. Der „Alte Verband" konnte zwar schon 1909 eine Zahlstelle einrichten, blieb aber vorläufig relativ klein und bedeutungslos. (1910 ca. 60 Mitglieder, 1917 = 126). Die Gründungsversuche des christlichen Gewerkvereins aus den Jahren 1910 und 1912 hatten vor dem Ersten Weltkrieg keinen Erfolg. Dagegen gab es seit 1910 eine polnische Berufsvereinigung (20 Mitglieder).

Beim Streik von 1912 (der als erstes einen direkten Vergleich mit Kamen zuläßt) fällt auf, daß die Streikbeteiligung einerseits unter dem Durchschnitt lag (auf dem Höhepunkt 58 % der Belegschaft), andererseits aber der zentrale Aufruf der Gewerkschaften zum Streikabbruch nicht beachtet wurde und der Arbeitskampf noch einige Tage darüberhinaus (bis zum 24.3.1912) andauerte. Das war ein deutliches Zeichen mangelnder gewerkschaftlicher Disziplin.

Ähnlich wie in Kamen entstand nach dem gescheiterten Streik ein „gelber" Werkverein. Interessanterweise war er aber nicht annähernd so erfolgreich wie dort. Es ist lediglich von rund 100 Mitgliedern die Rede, und sein Einfluß ging schon vor dem Ersten Weltkrieg wieder zurück. Neben dem Religionsfaktor (mehr katholische Bergleute als in Kamen) dürfte auch die Altersstruktur eine Rolle gespielt haben. Vor 1914 kamen vornehmlich junge, hoch mobile Arbeiter nach Ahlen, die auf Grund ihrer Wanderschaft durchs Ruhrgebiet schon einige politische Erfahrungen mitbrachten. Die „gelben" Vereine erreichten eher ortsansässige ältere Arbeiter, die an einem Ausgleich mit den Direktoren interessiert waren.[150]

Zusammenfassend kann festgehalten werden, daß der Entwicklungsstand der Arbeiterbewegung in den Vergleichsstädten am Vorabend des Ersten Weltkriegs sehr unterschiedlich war. Während die Sozialdemokratie in Ahlen noch in den Kinderschuhen steckte, verfügte sie in Kamen bereits über eine breite Anhängerschaft, ein dichtes Organisationsnetz und erfahrene Führer. Damit waren die Ausgangsbedingungen gut, um unter den veränderten Rahmenbedingungen der Nachkriegszeit zumindest die Anhänger des „gelben" Werkvereins zurückzugewinnen.

---

149 Vgl. Muth (1989), S. 234 f.
150 Darauf hat besonders Bajohr (1988) aufmerksam gemacht, vgl. S. 82 und 90/91.

In Ahlen gab es eine gefestigte christliche Arbeiterbewegung in den bergbauunabhängigen Industriezweigen, die auch in der Weimarer Zeit resistent gegen „Angriffe von links" blieb. Dem Katholizismus gelang es jedoch nicht, die Bergarbeiter an sich zu binden. Einen Teil dazu trug allein schon die räumliche Entfernung zwischen Kolonie und Kirche in der Altstadt bei. Der dortige Kirchenvorstand schrieb 1914 einen Brief an den Oberpräsidenten, um Geld für einen baldigen Kirchenbau in der Kolonie zu erhalten. Darin hieß es: die Zahl der Katholiken in der Bergarbeitersiedlung betrage bereits 3000 und diese „zusammengewürfelten" Menschen hätten „vielfach jeglichen religiösen Halt verloren ... Die Gefahren für alle diese Leute, namentlich in die Netze der Sozialdemokratie zu geraten, ist außerordenlich groß."[151] Der Erste Weltkrieg verhinderte das Kirchenbauprojekt noch bis 1923.

Entgegen der kirchlichen Vorstellung hatten aber auch die Sozialdemokraten nur begrenzte Erfolge. Es gab weder ein ausreichendes Organisationsnetz noch bekannte Führer, die eine Grundlage für Anknüpfungspunkte nach dem Krieg schufen. Die enttäuschenden Ergebnissen der Novemberrevolution ließen die Bergleute massenhaft zu radikaleren Bewegungen abwandern.

2. Erster Weltkrieg und Novemberrevolution

Hatte das Bürgertum es vor 1914 verstanden, die Vertreter der Arbeiterbewegung von jeglicher Mitwirkung auf kommunaler Ebene fernzuhalten, so änderte sich dies im Laufe des Krieges. Schritt für Schritt erlangten nun auch Arbeitervertreter Einfluß. Die Ausschüsse zur Regelung der Lebensmittelverteilung und Preiskontrolle wurden mit zunehmender Verschlechterung der Ernährungssituation durch Vertreter der einzelnen Berufsstände erweitert. Das „Vaterländische Hilfsdienstgesetz" vom 5.12.1916 sollte alle Reserven für die Kriegswirtschaft mobilisieren, brachte aber auch erste lohnpolitische Kompetenzen der Arbeiterausschüsse und ein öffentlich-rechtliches Schlichtungswesen. Um den wachsenden Protest gegen Krieg und Entbehrungen abzufedern, versprach der Kaiser sogar die Abschaffung des Dreiklassenwahlrechts. Die Unternehmer mußten – trotz hartnäckiger Versuche am „Herr-im-Haus-Standpunkt" festzuhalten – mit den Gewerkschaften verhandeln.

Jahrelange Forderungen der Arbeiterbewegung schienen in Erfüllung zu gehen. Die desolate Kriegssituation, die wachsende Unruhe und der Friedenswille der Bevölkerung führten Anfang Oktober 1918 zu einer Regierungsumbildung unter Beteiligung der Sozialdemokratie.

Die SPD „hatte ihre revolutionäre Ideologie weitgehend abgestreift und war im Weltkrieg schließlich in die Funktion einer ‚staatstragenden' Partei hineingewachsen".[152] Die Burgfriedenspolitik wurde von ihr „gewissenhafter und ausdauernder

---

151 Zitiert nach: 60 Jahre St. Josef (1983), S. 14 f.
152 Kalmer (1971), S. 323.

akzeptiert als von jeder anderen Partei".[153] Die Gewerkschaftsführung und besonders der „Alte Verband" verlangten Streikverzicht, um das Erreichte nicht zu gefährden und die Vaterlandsverteidigung nicht zu schwächen.[154] Doch das immer stärkere Auseinanderklaffen der Preise und Löhne, Verteilungsprobleme der ständig knapper werdenden Lebensmittel, Schleichhandel und Erschöpfung durch Antreiberei am Arbeitsplatz ließen schon seit Ende 1915 Protestaktionen ausbrechen. Mitte 1916 häuften sich kurze wilde Streiks, im sogenannten Steckrübenwinter 1916/1917 folgten Hungerunruhen und seit Anfang 1918 überregionale Aktionen mit Friedensforderungen.[155]

Die Belegschaft der Zeche Westfalen in Ahlen eilte dieser Entwicklung sogar noch voraus. Mit ultimativen Resolutionen, Protestveranstaltungen und der Drohung mit Massenkündigungen machte sie schon im Juni 1915 auf sich aufmerksam.[156] Die Zechenleitung schrieb an das Oberbergamt: Lohnforderungen würden ja vielfach erhoben, aber nirgendwo „derart zäh und nachdrücklich".[157] In ihren Augen war es vor allem der „Alte Verband", der hier „wühle wie noch nie".[158]

Diese Einschätzung traf sicher nicht zu, denn die Gewerkschaftsführer versuchten eher, den wachsenden Unmut der Belegschaft zu schlichten, die Notlagen des Krieges zu begründen und die Handlungen der Behörden zu rechtfertigen. Dabei hörte man nicht selten sehr nationalistische Töne, die ein bezeichnendes Bild auf die politische Einstellung der Funktionäre warfen. Ein Arbeiterausschußmitglied des „Alten Verbandes" beispielsweise beruhigte im April 1917 Proteste gegen eine Kürzung der Brotrationen mit den Worten:

„Das Beutegetreide Rumäniens konnte wegen der zugefrorenen Donau nicht nach hier gelangen ... Unser Bürgermeister sorgt schon für uns ... Wenn ich früher internationaler Sozialist war, heute bin ich nationaler."[159]

Ende Juni 1917 kam es dann zu einem ersten Streik und zur Plünderung von Lebensmittelläden. Im Regierungsbezirk Münster war dies zu diesem Zeitpunkt noch ein einmaliger Vorgang und wurde sogar dem Kaiser gemeldet.[160] Die Bewegung war von den Bergarbeiterfrauen der Kolonie ausgelöst worden.[161] Sie hatten das Zechengelände besetzt und ihre Männer an der Einfahrt gehindert. Unmittelbarer Anlaß war eine Herabsetzung der Katoffelzuteilungen. Am folgen-

---

153   Miller (1974), S. 240.
154   Bieber (1981), S. 445 f., zur Rolle des „Alten Verbandes", vgl. Lucas (1971), S. 27 f.
155   Zusammenfassend dazu der Aufsatz von Reulecke (1990b).
156   Zu den Aktionen der Ahlener Bergleute während des Krieges ausführlich Rennspieß (1989), S.47-52.
157   StAM, Oberbergamt Dortmund, Nr. 1814, Brief der Gewerkschaft Westfalen an das Königliche Oberbergamt Dortmund vom 3.7.1915.
158   So in einer Meldung an das Generalkommando in Münster vom 17.4.1917, in: StAM, Regierung Münster Nr. VII-58, Bd. 1.
159   Ebenda, Bericht über die Belegschaftsversammlung vom 9.4.1917.
160   Vgl. StAM, Oberpräsidium Münster, Nr. 1408, 28.10.1917. Zu diesem Vorfall in Ahlen auch Spethmann (1928), Bd. 1, S. 40/41.
161   Durchaus typisch für ähnliche Vorgänge in anderen Zechenkolonien, vgl. Miller (1974), S. 290/291.

den Tag wuchs die Unruhe so weit an, daß die Koloniebewohner in größeren Trupps durch die Straßen zogen und Lebensmittelläden ausräumten.

Auf einer Belegschaftsversammlung am Nachmittag konnten die Gewerkschaftsführer die erregten Gemüter beruhigen. Mit dem Gelöbnis, „nicht wieder über den Kopf der Bergarbeiterorganisation und ohne deren Wissen und Beteiligung zur Arbeitseinstellung zu schreiten"[162], beschloß man, am nächsten Tag wieder anzufahren. Der örtliche Vorsitzende des „Alten Verbandes" beschrieb die Rolle der Gewerkschaften in dieser Auseinandersetzung auf einer späteren Mitgliederversammlung folgendermaßen:

„Unter den Opfern des Auftritts finden sich auch noch vielleicht Unschuldige, während einige Rädelsführer noch frei herumlaufen. Von unseren Mitgliedern befinden sich wenige unter den Eingesperrten. Wir dürfen so etwas nicht mitmachen. Wenn die Organisation ruft, sind wir dabei. Die Zeit ist aber jetzt nicht dafür da. Der Feind würde uns ins Land rücken und so ganz egal ist es uns doch nicht. Zu bewundern ist, daß wir die Gesellschaft so lange (meint schnell? U.R.) herumgekriegt haben. Was Gendarmen und Polizei nicht fertiggebracht hatten, ist uns gelungen. Wir haben bewiesen, daß wir die Massen in der Hand haben."[163]

Entgegen der Einschätzung, die aus dem letzten Satz spricht, verlor die Gewerkschaft in den Augen der Ahlener Bergleute mehr und mehr die Funktion, Ansprechpartner und Interessenvertreter für ihre Wünsche und Nöte zu sein.

Der einflußreiche Gewerkschaftssekretär Nikolaus Osterroth aus Hamm, der später in die Nationalversammlung gewählt werden sollte, reiste zu dieser Zeit von Zeche zu Zeche, um die Belegschaft zu beruhigen.[164] Als er am 3.8.1918 zum wiederholten Mal auf einer Belegschaftsversammlung in Ahlen sprach, um einen weiteren spontanen Streik zu schlichten, hörte er gleich beim Betreten des Saales:

„Wenn der heute wieder bremst, dann werfen wir ihn vor die Tür."[165]

Diese Beipiele sollen genügen, um die zunehmende „Entfremdung" zwischen den Gewerkschaftsspitzen und den Ahlener Bergleuten aufzuzeigen. Unbeeindruckt von Disziplinfragen und Burgfriedenspolitik ließen sie ihrem Unmut immer häufiger freien Lauf.

Es ist ein eindrucksvoller Beleg für die unterschiedliche politische Ausrichtung der Belegschaften in den Vergleichsstädten, daß von der Zeche Monopol in Kamen nichts Vergleichbares bekannt ist. Weder in den Akten der Verwaltungsbehörden noch des Oberbergamtes haben sich irgendwelche Aktionen aus Kamen niedergeschlagen. Hier scheinen die Bergleute die gewerkschaftliche Linie nicht verlassen zu haben. Der Einfluß ihrer Funktionäre blieb erhalten. Der „Alte Verband" und die Mehrheitssozialdemokratie bestimmten die politische Richtung. Sie wurden

---

162 StAM, Regierung Münster, Nr. VII-58, Bd. 1, Entschließung der Belegschaft vom 29.6.1917.
163 StAM, Oberbergamt Dortmund, Nr. 1791, Versammlungsbericht vom 9.7.1917.
164 Zur Politik des mehrheitssozialdemokratischen Bergarbeitersekretärs in Hamm, Witt (1991), S. 223 f.
165 StAM, Regierung Münster, Nr. VII-17, Bd. 2, Bericht über die Belegschaftsversammlung vom 3.8.1918.

dabei allenfalls durch die revolutionären Ereignisse im Reich und in der Umgebung getrieben, weniger von der Arbeiterschaft vor Ort.

Am Sonntag, den 3.11.1918, dem Tag des Matrosenaufstandes in Kiel, fand in Kamen eine von der SPD einberufene Volksversammlung statt. Redner war Nikolaus Osterroth, der den Anwesenden im überfüllten Saal, darunter vielen Vertretern anderer Parteien, die Gründe für den Zusammenbruch erklärte. Laut Zeitungsbericht fand er „warme Worte" für den neuen Reichkanzler Prinz Max von Baden. Der Heldenmut des deutschen Heeres habe der gewaltigen Übermacht nicht standhalten können. Schuld seien vor allem die Gegner eines Verständigungsfriedens. Jetzt könne das Bürgertum froh sein, daß die Arbeiterschaft politisch erzogen sei, sonst gebe es russische Zustände. Das wolle die SPD aber nicht und wende sich entschieden gegen jeden Putschversuch von rechts und links. Nur einige Tage Streik „brächten das größte Unglück über unser Volk". Am Schluß der Veranstaltung wurde eine „Friedensentschließung" zur Unterstützung der Reichsregierung verabschiedet, unterschrieben von den Führern der SPD, der Fortschrittspartei und des Zentrums.[166]

Aus der Notlage geboren fand sich hier − parallel zur Reichsebene − eine Koalition zusammen, die darauf bedacht war, die Unruhe der Bevölkerung zu schlichten. Das liberale Bürgertum war sich dabei bewußt, daß es in der Folgezeit unumgänglich war, die Führungsrolle der Sozialdemokratie zu akzeptieren.

Die Sozialdemokraten mahnten denn auch immer wieder zur Besonnenheit.[167] Sie sahen sich erst am 12.11.1918, nach einer Aufforderung revolutionärer Soldaten aus Unna, die auf dem Kamener Rathaus eine rote Fahne gehißt hatten, überhaupt veranlaßt, einen Arbeiter- und Soldatenrat zu bilden.[168] Dieser stellte sogleich klar, daß er nicht in die Geschäfte der Verwaltung eingreifen würde. Es gehe ihm nur um eine geordnete Verteilung der Lebensmittel und darum, die Arbeiter in den Betrieben zu halten. Als das Bürgertum dann trotzdem aus Furcht vor Revolution und Enteignung sein Geld von den Banken abhob, versicherte der Arbeiterrat, das bürgerliche Recht bestehe weiter und das Eigentum werde nicht angetastet.[169]

Der Rat bestand ausschließlich aus Mehrheitssozialdemokraten und Funktionären des „Alten Verbandes".[170] Sie arbeiteten mit den alten Kommunalpolitikern Hand in Hand.[171] Vor allem der linksliberale Bürgermeister war nach seiner

---

166 Bericht über die Veranstaltung in der Kamener Zeitung vom 5.11.1918.

167 Z.B. durch eine Flugblattaktion, vgl. Kamener Zeitung vom 6.11.1918.

168 Vgl. Kamener Zeitung vom 13. und 14.11.1918. Der Soldatenrat wurde wenige Tage später wieder aufgelöst, da man glaubte, daß die militärischen Angelegenheiten von Unna aus geregelt werden könnten, vgl. ebenda vom 16.11.1918.

169 Vgl. Kamener Zeitung vom 16.11.1918.

170 Erst Ende März 1919 gab es auf einer dafür angesetzten Versammlung eine Neuwahl, nach der drei USPD-Mitglieder und jeweils ein Vertreter des Christlichen Bergarbeiterverbandes und der Bergbauangestellten in das zehnköpfige Gremium eintraten, vgl. Kamener Zeitung vom 27.3.1919.

171 Beispiele in den Akten StAK, Nr. 1080 und 1081. Eine Sicherheitswehr wurde erst auf Vorschlag der Polizei gebildet. Sie bestand aus 80 Mann, sechs davon wurden zu „Hilfs-Exekutivbeamten" ernannt.

Rückkehr aus der Kriegsgefangenschaft (Ende Januar 1919) zu weitestgehender Kooperation bereit. Im Gegenzug sorgte der Arbeiterrat beispielsweise dafür, daß der Bürgermeister eine angemessene Wohnung erhielt.[172] Es fällt auf, daß der Arbeiterrat gerade die unpopulären Aufgaben ausführte. Er ging dabei sehr selbstbewußt vor und setzte sich auch schon mal über die Anweisungen des Regierungspräsidenten hinweg. Sein Augenmerk blieb aber ausschließlich auf lokale Probleme gerichtet. So sorgte er beispielsweise für die Entlassung von 24 auswärtigen Mädchen an der Zünderfabrik, um „einheimische" unterzubringen. Die politische Orientierung des Arbeiterrates zeigte sich, als Ende März die zur Koordinierung der geplanten Sozialisierungsmaßnahmen gebildete Neunerkommission in Essen „Aufwandsgelder" in Höhe von 200 Mark forderte. Die MSPD hatte das Gremium inzwischen verlassen, und so lehnte man das Geld mit der Begründung ab, daß „Kamen keine Konferenz in Essen besucht".[173]

Ein Teil des Bürgertums hatte sich bereits am Sonntag, den 30.11.1918, zur Wahl eines Bürgerausschusses zusammengefunden, denn man „könne nicht damit einverstanden sein, ganz ausgeschaltet zu werden". Auf der Veranstaltung wurde allerdings betont:

„In den Revolutionstagen habe sich die Sozialdemokratie als die einzig festgefügte disziplinierte Masse erwiesen. Man müsse es ihr zum Ruhme nachsagen, daß sie den Bruderkrieg verhütete und Zucht und Ordnung aufrecht erhielt."[174]

Symptomatisch für das bestehende relativ harmonische Verhältnis zur Sozialdemokratie war, daß Nikolaus Osterroth als einer der beiden Hauptredner dieser Veranstaltung eingeladen war. Gewählt wurden 40 Bürger, die sich „ganz auf den Boden wahrer Demokratie stellten". Der engere Ausschuß bestand vollständig aus dem Vorstand der sich bald darauf konstituierenden DVP. Nur unter den Beisitzern befanden sich auch DDP- und Zentrumsmitglieder. In der Einleitung zur Berichterstattung über diese Veranstaltung war darauf hingewiesen worden, daß viele Bürger nicht da waren, „die allen Anlaß gehabt hätten zu erscheinen". Hier deutet sich an, daß es neben den kooperierenden und sich schnell auf die neue Situation einstellenden Bürgern auch Kräfte gab, die den neuen Verhältnissen ablehnend gegenüber standen und sich in dieser Phase vom öffentlichen Leben fernhielten.

Erste anonyme Leserbriefe, die eine Kampfansage an die Sozialdemokratie bedeuteten, tauchten nach den Wahlen zur Nationalversammlung auf, als die SPD in Kamen mit 56,6 % der Stimmen abschnitt. Jetzt verspürte man die Angst, daß auch bei den Kommunalwahlen eine absolute Mehrheit der Sozialdemokratie möglich war. Die Leserbriefschreiber behaupteten nun: Die Arbeitervertreter werden den Beamten die Pension nehmen und die Steuern so hoch treiben, daß die Hausbesitzer bankrott gehen. Das gesamte Bürgertum müsse sich gegen die Sozialdemokratie zusammenschließen. Nur so sei das Schlimmste zu verhindern. Die

---

172 Vgl. Kamener Zeitung vom 29.3.1919.
173 Bericht über die Sitzung des Arbeiterrates in der Kamener Zeitung vom 29.3.1919.
174 Kamener Zeitung vom 3.12.1918.

SPD-Kandidaten würden im übrigen nur den Bergbau repräsentieren und brächten nicht die erforderlichen Fähigkeiten mit, um die Kommunalpolitik zu leiten.[175] Allem Anschein nach hatten die Angriffe Erfolg. Bei den Kommunalwahlen am 8.3.1919 erhielt die SPD nur noch 46,8 % und damit 14 der 30 Stadtverordnetensitze (vgl. Tab. 10 im Anhang).

Die bürgerlichen Parteien hatten bis auf den ehemaligen Stadtverordnetenvorsteher, der nun zur DVP gehörte, durchweg neue Kandidaten aufgestellt. Diese waren auf der konstituierenden Sitzung des neuen Kommunalparlaments bereit, einen sozialdemokratischen Amtsgerichtsrat und damit den einzigen SPD-Kandidaten, der nicht aus Arbeiterkreisen stammte, zum Stadtverordnetenvorsteher zu wählen. Für den alten Amtsinhaber, der auch gleichzeitig Betriebsdirektor der Zeche Monopol war, gab es nur zwei Stimmen.[176]

Mit der Abgabe des Vorsteherpostens hatte das Bürgertum aber bereits die Grenze seiner Zugeständnisse an die Sozialdemokratie erreicht. Stadträte aus dem Kreis der Arbeiter wollte man nicht mehr kampflos hinnehmen. Als es Ende April um die Wahl des Beigeordneten und verschiedener Magistratsmitglieder ging, gab es Kampfabstimmungen, die jeweils mit 14 zu 14 Stimmen endeten (zwei DDP-Abgeordnete waren der brisanten Sitzung ferngeblieben!). Lediglich durch mehrmaligen glücklichen Losentscheid, gelang es der SPD, ihre Kandidaten durchzubringen. Damit war der Vorsitzende des Arbeiterrates nun gleichzeitig stellvertretender Bürgermeister, und die SPD stellte drei der acht Magistratsmitglieder.[177]

Dieses Kräfteverhältnis blieb rund ein Jahr bestehen. Die Sozialdemokratie ließ sich mit ganzer Kraft auf die kommunale Reformpolitik ein und akzeptierte, daß die revolutionären Einrichtungen der Novemberrevolution nun schnell entmachtet wurden. Beispielhaft zeigt dies ein Vorgang aus den Etatberatungen Anfang Mai 1919. Als Kritik an den eingesetzten 12000 Mark für die beiden hauptamtlichen Mitarbeiter des Arbeiterrates laut wurde (beide SPD), schied einer freiwillig aus, um die Summe zu verringern.[178] Dazu paßt auch, daß es der Arbeiterrat selber war, der Anfang Juni 1919 beschloß, seine Kontrolltätigkeiten endgültig aufzugeben und sich nur noch auf ehrenamtlicher Basis um sozialpolitische Angelegenheiten zu kümmern.[179]

Daß nicht alle Teile der Arbeiterschaft mit dieser Politik einverstanden waren, zeigte sich, als es am 3.7.1919 auch in Kamen zu Lebensmittelunruhen kam, in deren Verlauf ein Geschäft geplündert wurde.[180] Der Vorsitzende des Arbeiterrates – gleichzeitig Fraktionssprecher der SPD – behauptete in der Stadtverordnetenver-

---

175 Vgl. die Leserbriefwechsel in der Kamener Zeitung vom 25.1., 7., 12. 22., 27.2. und 3.3.1919.
176 Vgl. Kamener Zeitung vom 17.3.1919.
177 Vgl. Kamener Zeitung vom 29.4.1919.
178 Vgl. Kamener Zeitung vom 7.5.1919.
179 Vgl. StAK, Nr. 1083, Brief des Arbeiterrates an den Magistrat vom 18.6.1919.
180 Vgl. StAM, Kreis Unna, Landratsamt, Nr. 802, Schreiben der Polizeiverwaltung an den Landrat vom 12.8.1919.

sammlung, „Auswärtige" seien die Urheber der Aktion gewesen.[181] Als es dann allerdings auch noch zu Unregelmäßigkeiten in der städtischen Molkerei kam, forderte eine von 1400 Personen besuchte Volksversammlung die Wiedereinsetzung des Arbeiterrates, was nunmehr vom Magistrat abgelehnt wurde.[182] Die Lebensmittelunruhen und die stark besuchte Volksversammlung deuten darauf hin, daß die Spannungen und Auseinandersetzungen innerhalb der Arbeiterschaft zunahmen und nicht alle mit dem vollständigen Aufgehen der Sozialdemokratie in der Kommunalpolitik einverstanden waren.

In Zusammenarbeit mit dem linksliberalen Bürgermeister gelangen den Arbeitervertretern im Stadtparlament allerdings wichtige Anstöße im Wohnungsbau (vgl. Kap. II.A1). Außerdem setzten sie sich relativ erfolgreich für die Belange der Arbeiterschaft in der Sozialpolitik ein und konnten auch im kulturellen Bereich durch Einrichtungen wie Volkshochschule und Volksbibliothek auf Erfolge verweisen.

Durch die Ereignisse im Gefolge des Kapp-Putsches änderte sich zwar das politische Kräfteverhältnis wieder zu Gunsten des Bürgertums, nicht aber das grundsätzliche Festhalten der Kamener Sozialdemokratie am Kurs der kommunalen Reformpolitik. Selbst nachdem sie fast aus allen Spitzenfunktionen verdrängt worden war, arbeiteten ihre Vertreter im Stadtparlament und im Magistrat weiterhin als verläßliche Partner mit.

Die Kamener Bergarbeiterschaft behielt die Ruhe, die sie schon während des Ersten Weltkriegs gezeigt hatte, auch während der Novemberrevolution bei. Die Stadt erweckte fast den Anschein „einer verträumten Insel in brausender See". Selbst zu Beginn des Jahres 1919, als auf den Zechen rund um Kamen Streiks ausbrachen und die Belegschaften in den Bauerschaften Lebensmittel requirierten, beteiligte sich die Monopolbelegschaft nicht.[183] Der verschärfte Belagerungszustand wurde über die gesamte Umgebung von Kamen verhängt, nicht jedoch über die Stadt. Hier wollte sich das Corps Bergmann, das zur Unterdrükung der Unruhen abgesandt worden war, denn auch einquartieren. Bürgermeister, Polizei und Arbeiterrat baten allerdings erfolgreich darum, den Einzug des Militärs in die Stadt zu verhindern, da andernfalls „die bisherige Ruhe und Sicherheit gestört wird".[184]

Bezeichnend für die politische Einstellung der Belegschaft und ihr Festhalten am Kurs der Mehrheitssozialdemokratie war eine Versammlung Ende März 1919. Hier wurde die schlechte Versorgungslage beklagt, Arbeitskämpfe aber als „vollkommen zwecklos" eingestuft. Statt dessen schickten die Kamener Bergleute eine Entschließung an die Nationalversammlung z.Hd. des Herrn Abgeordneten Osterroth. Der letzte Satz lautete:

---

181 Vgl. Kamener Zeitung vom 8.7.1919.
182 Vgl. Kamener Zeitung vom 12.8.1919.
183 Vgl. StAM, Kreis Unna, Landratsamt, Nr. 803 und 804.
184 StAM, Kreis Unna, Landratsamt, Nr. 803, Telegramm an den Landrat vom 30.3.1919, vgl. dazu auch Kamener Zeitung vom 23. und 28.5.1919.

„Wir bitten und hoffen, daß die Nationalversammlung mit aller Energie dafür eintreten wird, die große Notlage der Industriearbeiter zu lindern, damit wieder geordnete Verhältnisse eintreten können."[185]

Nach dieser Entschließung ist es schon fast eine Überraschung, daß diese Bergleute wenige Tage später, am 1.4.1919, dann doch in den von einer Essener Delegiertenkonferenz ausgerufenen Generalstreik eintraten. Zu diesem größten Streik der Weimarer Zeit war es nach dem scharfen Vorgehen von Freikorpssoldaten im Ruhrgebiet gekommen. Auslöser war vor allem ein tragisches Blutbad in Witten.[186] Die Bergarbeiter forderten die Auflösung dieser rechtslastigen Truppen, eine 25-prozentige Lohnerhöhung und vor allem die Sechs-Stunden-Schicht.

Leider gibt es keine Quellen, die über die internen Vorgänge in Kamen Auskunft geben. Es fällt auf, daß nicht nur die Bergarbeiter in den Streik traten, sondern die komplette Arbeiterschaft der größeren Industriebetriebe, d.h. 1679 Bergleute und 490 weitere Arbeiter.[187] Dies deutet darauf hin, daß zumindest die örtlichen Arbeiterführer die Bewegung unterstützt und koordiniert haben müssen.[188] Die Angelegenheit blieb in Kamen eine kurze Episode und fand keinen Niederschlag in den kommunalpolitischen Auseinandersetzungen. Am 12.4.1919 – einen Tag nachdem der „Alte Verband" einen Aufruf zur Wiederaufnahme der Arbeit erlassen hatte[189] – wurde der Ausstand beendet.[190]

Auf der Zeche Monopol kam es bis zum Kapp-Putsch zu keinen weiteren Arbeitskämpfen.[191]

Auch in Ahlen entwickelte sich die Novemberrevolution nicht gerade zu einer gründlichen Abrechnung mit der Monarchie und den alten gesellschaftlichen Strukturen.[192] Am Morgen des 10. November fanden Veranstaltungen der in Ahlen weilenden Soldaten und der Arbeiter statt, auf denen ein Arbeiter- und Soldatenrat gewählt wurde. Am späten Nachmittag marschierte eine 1500- bis 2000-köpfige Menge zum Rathaus und verlangte, den seit 20 Jahren amtierenden Zentrums-Bürgermeister zu sprechen. Nachdem dieser dann erklärte, „bei der neuen Regierung mitarbeiten zu wollen", ging die Menge unter „lautem Hurra" ruhig nach Hause und am folgenden Tag auch wieder zur Arbeit.[193]

---

185 Kamener Zeitung vom 29.3.1919.
186 Zum Hintergrund: Tampke (1979), S. 245 f.
187 Vgl. StAM, Kreis Unna, Landratsamt, Nr. 801, Brief der Polizeiverwaltung an den Landrat vom 1.4.1919.
188 Marßoleck (1975), S. 292 weist darauf hin, daß der Aprilstreik im gesamten Dortmunder Raum fast vollständig befolgt wurde.
189 Vgl. Winkler (1985), S. 174 und Bieber (1981), S. 683.
190 Vgl. Kamener Zeitung vom 12.4.1919.
191 Am 14.6.1919 gab es allerdings einen eintägigen Solidaritätsstreik der Steiger, und in den kleineren Betrieben der Stadt wurden mehrmals kurze Streiks um Lohnerhöhungen geführt., vgl. StAK, Nr. 1968.
192 Zu den Verlaufstypen der Revolution in unterschiedlichen Städten, zusammenfassend: Winkler (1985), S. 59-67, zum ruhigen Verlauf des Machtwechsels im Ruhrgebiet: Rürup (1983), besonders S. 23.
193 Vgl. KAW, Stadt Ahlen, B 270, Bericht des Bürgermeisters an das Bezirkskommando Münster vom 6.1.1919. Genauer dazu: Rennspieß (1989), S. 53 f.

Trotz der „Entfremdung" zwischen Belegschaft und „Altem Verband", die sich im Gefolge der geschilderten Arbeitskämpfe während des Ersten Weltkrieges angebahnt hatte, bestand der Arbeiterrat aus den alten Funktionären. Fünf der sieben Mitglieder waren Bergleute, von denen schon vier im Arbeiterausschuß der Zeche aktiv gewesen waren. Es gab noch keine Alternative, da weiter links stehende Organisationen bis dahin keine Rolle spielten. Genau wie in Kamen war die Politik des Arbeiterrates in erster Linie darauf ausgerichtet, die Ruhe und Ordnung aufrechtzuerhalten und mit den Behörden „in loyaler Weise" zusammenzuarbeiten.[194]

Im Unterschied zu Kamen zeigten sich aber bald zwei Probleme, die kennzeichnend für die andersartige politische Situation in Ahlen waren: 1. stieß der Arbeiterrat auf mehr Widerstand und Ablehnung in Kreisen des alteingesessenen Bürgertums, denen die plötzliche Machtstellung der Arbeiterschaft auch aus sozialen Gründen ein Dorn im Auge war und 2. verlor der Arbeiterrat immer mehr den Bezug zur Bergarbeiterbewegung, die schon bald so weit nach links rückte, daß die alten Funktionäre der MSPD und des „Alten Verbandes" hier kaum noch Rückhalt fanden.

Die Phase einer ruhigen Zusammenarbeit zwischen Arbeiterrat und Bürgertum währte keine 14 Tage. Danach entzündete sich an der Frage einer Erweiterung des Arbeiterrates um fünf bürgerliche Mitglieder ein erbitterter Streit. Jetzt zeigte sich, daß die Ahlener Zentrumspartei nur mühsam zwei unterschiedliche Flügel zusammenhielt. Neben den auf Ausgleich und Zusammenarbeit mit dem Arbeiterrat gerichteten Teil, der vom Bürgermeister angeführt wurde, trat eine Opposition, die den „diktatorischen Charakter" im Vorgehen des Arbeiterrates entschieden ablehnte. Diese Richtung wurde vom alten Stadtverordnetenvorsteher angeführt. Er hatte dem Arbeiterrat schon am 15.11.1918 geschrieben, daß „noch alle städtischen Korporationen zu vollem Recht bestehen" und verlangte nun, daß die alten Stadtverordneten auch die Ergänzung des Arbeiterrates bestimmen müßten.[195] Als er sich damit nicht durchsetzen konnte und der Arbeiterrat sich das letzte Wort bei der Kandidatenauswahl vorenthielt, setzte der Stadtverordnetenvorsteher zu heftigen Angriffen an. Dabei ging er so weit, auch gegen den Bürgermeister schwere Vorwürfe zu erheben und eine Beschwerde beim Regierungspräsidenten einzureichen.[196] Darüberhinaus weigerte sich der alte Vorsteher, eine Stadtverordnetensitzung einzuberufen. Erst nach einer Verfügung des Regierungspräsidenten kam dann am 11.2.1919 eine Sitzung zustande. Aus Protest trat der alte Vorsteher zurück und erschien nicht.[197]

Wichtig für die öffentliche Meinungsbildung war in diesem Streit, daß die Ahlener Volkszeitung, seit zwei Jahrzehnten das Sprachrohr des Zentrums, in das

---

194 Ausführlich dazu: Zimmer (1987), S. 52-59.
195 Ausführliche Wiedergabe seines Briefwechsels mit dem Arbeiterrat in: Ahlener Volkszeitung vom 25.11.1918.
196 Vgl. StAM, Regierung Münster, Nr. 517, Schreiben vom 20. und 21.12.1918.
197 Vgl. Ahlener Volkszeitung vom 12.2.1919.

Lager der Gegner des Arbeiterrates überlief. Unter einem Artikel mit der Überschrift „Wild-West in Ahlen" erklärte sie den Rat für „gemeingefährlich" und schrieb: „Jetzt ist's genug des blöden Spiels, und die Bürgerschaft hat keine Lust, sich eine solche widerliche Gewalt-Diktatur fernerhin gefallen zu lassen."[198]

Das Ergebnis dieser Streitigkeiten war widersprüchlich: Einerseits wurden die Beschwerden des alten Stadtverordnetenvorstehers vom Regierungspräsidenten zurückgewiesen und dem Arbeiterrat sowie dem Bürgermeister versichert, daß sie vorbildlich und korrekt gearbeitet hätten.[199] Andererseits aber setzten sich gerade die Vertreter der harten Linie gegen den Arbeiterrat innerhalb des Zentrums durch. Der Chefredakteur der Ahlener Volkszeitung wurde Ende November 1918 – auf dem Höhepunkt des Streits – zum Vorsitzenden der Partei gewählt, und der alte Stadtverordnetenvorsteher konnte seine Position auch nach der Neuwahl des Kommunalparlaments wiedererringen.

Die Sozialdemokraten hatten bei den Kommunalwahlen vom 8.3.1919 zwar 32,8 % der Stimmen erhalten, das bedeutete 10 der 30 Sitze; sie waren damit aber nicht in der Lage, die Wiederwahl des alten Stadtverordnetenvorstehers zu verhindern und die Kommunalpolitik zu beeinflussen, zumal das Zentrum mit 16 Sitzen über die absolute Mehrheit verfügte (vgl. Tab. 10). In weit stärkerem Maße als in Kamen hielt sich in Ahlen eine personelle Kontinuität von der Monarchie zur Weimarer Zeit.

In der Stadtverordnetensitzung vom 26.6.1919 wurde aufgrund eines Antrages der Christlichen Gewerkschaften beschlossen, den Arbeiterrat aufzulösen und statt dessen eine Kontrollkommission zur Überwachung der Lebensmittelverteilung einzurichten.[200]

Wie wenig sich viele Koloniebewohner für die Bemühungen der Sozialdemokratie interessierten, die Demokratisierung des Wahlrechts dafür zu nutzen, Einfluß auf die Kommunalpolitik zu bekommen, wurde bei den Wahlen zur Stadtverordnetenversammlung, am 8.3.1919, deutlich sichtbar. In einem der beiden Stimmbezirke der Bergarbeitersiedlung lag die Wahlbeteiligung mit 60,7 % fast 10 % unter dem Altstadtdurchschnitt von 70,6 %.[201] Ein großer Teil der Bergleute setzte auf andere Kampfmethoden:

Genau eine Woche gab die Belegschaft der Zeche Westfalen der Revolution Zeit, um spürbare Verbesserungen herbeizuführen. Danach trat sie, am Samstag, den 16.11.1918, in den Streik und verlangte umgehend eine Verkürzung der Arbeitszeit. Interessanterweise soll schon zu diesem Zeitpunkt eine Sechs-Stunden-Schicht gefordert worden sein.[202]

198 Ahlener Volkszeitung vom 23.12.1918.
199 Vgl. KAW, Stadt Ahlen, C 7, Stellungnahme des Regierungspräsidenten vom 4.5.1919.
200 Vgl. Ahlener Volkszeitung vom 27.6.1919.
201 In dem anderen Stimmbezirk der Kolonie lag er allerdings im städtischen Durchschnitt, vgl. Ahlener Volkszeitung vom 9.3.1919.
202 Vgl. StAM, Kreis Beckum, Nr. 73, Polizeibericht über den Streik vom 18.11.1918.

Der Arbeiterrat schaltete sich sofort vermittelnd ein. Nachdem die Zechenleitung die zentral getroffene Vereinbarung zwischen dem Zechenverband und den Gewerkschaften bekanntgab, wonach die achtstündige Schicht jetzt auch die Ein- und Ausfahrt einschließen sollte, fuhr die Belegschaft am Montag, den 18.11.1918, wieder an und wartete weitere Verhandlungen des Arbeiterrates mit der Zechenleitung ab. Für die Belegschaft kam das genaue Gegenteil ihrer Erwartungen dabei heraus: Unklarheiten über die Arbeitszeitregelung der neuen Tarifpartner waren die Ursache. Die Ahlener Zechenverwaltung hatte das Abkommen zwischen Zechenverband und Gewerkschaften breiter ausgelegt, als es gemeint war. Die Gewerkschaften betonten jetzt, daß in der Acht-Stunden-Schicht einschließlich Ein- und Ausfahrt nur die Zeit „von Bank zu Bank" gemeint war, nicht auch noch die Zeit im Förderkorb.[203]

Am 27.11.1918 traten die Westfalenkumpel abermals in den Streik. Überraschenderweise zeigte sich die Zechenleitung diesmal schnell kompromißbereit. Schon am nächsten Tag war in der Zeitung zu lesen, daß nunmehr die 7 1/2-stündige Schicht einschließlich Ein- und Ausfahrt gelte.[204]

Die Zeche Westfalen spielte mit der frühen Einführung dieser Arbeitszeitverkürzung eine Vorreiterrolle im Ruhrgebiet. Vermutlich war es nur ihrer abseits gelegenen Lage zu verdanken, daß diese von der Praxis anderer Zechen abweichende Vergünstigung keine überregionalen Auswirkungen hatte, wie dies von Hamborn bekannt ist.[205] Auf der Zeche Westfalen blieb es nach diesen Zugeständnissen der Direktion den ganzen Dezember über ruhig, während im westlichen Ruhrgebiet erbitterte Arbeitskämpfe geführt wurden. Anfang Januar 1919 rückte die Frage von Teuerungszulagen in den Vordergrund der Auseinandersetzungen.[206] Mitte Januar schloß sich die Westfalenbelegschaft an und trat geschlossen in den Streik. Um die täglich weiter um sich greifende Bewegung zu kanalisieren, bildete der Arbeiter- und Soldatenrat von Essen – trotz der Widerstände des „Alten Verbandes" – am 10.1.1919 eine aus Vertretern der SPD, USPD und KPD bestehende „Neunerkommission" zur Vorbereitung der Sozialisierung im Bergbau.[207]

Welche Wirkung die nunmehr erwartete baldige Sozialisierung auf die Bergleute ausübte – so unklar die Vorstellungen hierüber auch gewesen sein mögen[208] –, kann auf den Belegschaftsversammlungen der Zeche Westfalen geradezu beispielhaft beobachtet werden. In der Hoffnung, daß nun bald alle Mißstände beseitigt würden, und „eine neue bessere und menschenwürdige Zukunft anbricht", beruhigte sich die Belegschaft und fuhr wieder an.[209]

---

203 In Hamborn verlief dieser Prozeß ganz ähnlich, vgl. Lucas (1971), S. 35 f.
204 Vgl. Ahlener Volkszeitung vom 28.11.1918.
205 Vgl. Lucas (1971), S. 36 f.
206 Vgl. ebenda, S. 100 f.
207 Vgl. Bergarbeiter, Ausstellungskatalog (1969), Kap. 18, zum Verhältnis der Freien Gewerkschaften zur Sozialisierungsfrage, vgl. Bieber (1981), S. 657 f.
208 Vgl. Mommsen (1974), S. 292.
209 Vgl. Bericht über die Belegschaftsversammlung der Zeche Westfalen in: Ahlener Volkszeitung vom 18.1.1919, vgl. auch Ahlener Volkszeitung vom 20.1.1919 und Zimmer (1987), S. 78 f.

Während die Regierung in Berlin politisch hinhaltend auf die Sozialisierungspläne reagierte, ließ sie den eben erst an die Spitze des VII. Armeekorps in Münster berufenen Generalleutnant von Watter militärisch gegen die Bewegung im Ruhrgebiet vorgehen. Die MSPD zog sich aus der Bewegung zurück, und die verbliebenen Linken riefen den Generalstreik aus.[210] Es wirft ein bezeichnendes Licht auf die Ahlener Bergleute, daß sie hierauf nicht reagierten. Der politische Kampf zwischen den verschiedenen Richtungen der Arbeiterbewegung und die Solidarität mit bedrängten Zechenbelegschaften anderer Orte spielte keine durchschlagende Rolle. Es mußte schon um die eigenen konkreten Interessen gehen, damit die Belegschaft aktiv wurde.

Dies war im April 1919 der Fall, als es neben der Forderung nach Truppenrückzug und Sozialisierung auch um eine 25-prozentige Lohnerhöhung und die Einführung der Sechs-Stunden-Schicht ging. Jetzt beteiligte sich die Westfalenbelegschaft mit ganzer Kraft. Fast vier Wochen lang wurde gestreikt, obwohl schon am 14.4. Militär in die Stadt marschierte und scharf gegen die Streikenden vorging.[211]

Wie weit das Mißtrauen gegen den „Alten Verband" angestiegen war, zeigte sich daran, daß seine Mitglieder verdächtigt wurden, dem Militär in die Hand gearbeitet zu haben. Der Vorsitzende des „Alten Verbandes" bestritt diesen Vorwurf auch gar nicht, sondern rechtfertigte die „vorgenommenen Verhaftungen der Leute, die sich heute als Volksmärtyrer aufspielen möchten" mit dem Hinweis darauf, daß diese die „Diktatur des Proletariats" angestrebt hätten und dies schlimmer sei als die „Militärdiktatur" des Kaiserreichs.[212]

Auf einer am 30.3.1919 in Essen tagenden Schachtdelegiertenkonferenz beschlossen die anwesenden Bergarbeiter mit 475 gegen 8 Stimmen den Austritt aus dem „Alten Verband" und den Zusammenschluß unter dem Namen „Allgemeine Bergarbeiter-Union". An solche syndikalistische Traditionen aufnehmende Zusammenschlüsse verloren die alten Gewerkschaften allein in den nächsten drei Monaten rund ein Viertel ihrer Mitglieder.[213] Auf einer Konferenz der „Freien Vereinigung deutscher Gewerkschaften" im Dezember 1919 behauptete ein Delegierter aus Ahlen, 700 syndikalistische Bergleute der Zeche Westfalen zu vertreten.[214] Bei den ersten Betriebsratswahlen im März 1920 erhielt der „Alte Verband" hier nur noch 123 Stimmen (etwas mehr als der Christliche Gewerkverein mit 108). Die Liste der „Union" erreichte mit 1024 Stimmen 81,6 % (vgl. Tab. 9).

Nach dem Zusammenbruch des Aprilstreiks kam eine einheitliche Bewegung für die Sozialisierung und die Sechs-Stunden-Schicht nicht mehr zustande. Die Ahlener Bergleute blieben jedoch weiterhin äußerst unruhig. Im Juli 1919 kam es zur

---

210 Vgl. Dörnemann (1966), S. 44 f.
211 Dazu genauer: Rennspieß (1989), S. 61 f.
212 Ahlener Volkszeitung vom 30.7.1919, vgl. auch die Leserbriefe vom 24., 25., 29.7. und 1.8.1919.
213 Vgl. Bock (1967), S. 127 und 133.
214 Vgl. Protokoll über die Verhandlungen vom 12. Kongreß der Freien Vereinigung deutscher Gewerkschaften, 27. bis 30. Dezember 1919, S. 97.

Plünderungen von Lebensmittelläden und einem Streik gegen die Teuerung.[215] Im August streikte man für die Entlassung eines unbeliebten Steigers.[216] Es gab Protestveranstaltungen gegen den weiterhin bestehenden Belagerungszustand und eine Weigerung, Überstunden zu verfahren.[217] Im Gefolge des Kapp-Putsches sollte die Unzufriedenheit der Bergleute erneut explodieren.

3. Der Kapp-Putsch und die weitere Entwicklung bis zur Weltwirtschaftskrise

Die Rolle der Kamener Arbeiterbewegung während der Ereignisse im Gefolge des Kapp-Putsches hat vielfach Anlaß zu Mißverständnissen gegeben. In der Stadt fand gleich zu Beginn des überall einsetzenden Generalstreiks eines der ersten Gefechte mit den ins Ruhrgebiet einrückenden Reichswehreinheiten statt, und in der Endphase lag in Kamen eine Kampfzentrale der Roten Armee.

Um diese Ereignisse gab es eine Mythenbildung von rechts wie auch von links. Die NSDAP verbreitete später eine Version, wonach der Vorsitzende des Arbeiterrates von 1918/19, Bernhard Strelinski, die Macht in der Stadt übernommen habe und dafür sorgte, daß sich die hiesigen Arbeiter der Roten Armee anschlossen. Später sei von ihnen sogar versucht worden, die Zeche Monopol in die Luft zu sprengen.[218] Teile dieser Behauptungen findet man noch in einer Examensarbeit aus dem Jahre 1950.[219]

Die linke Mythenbildung zeigt sich in einer 1978 erschienenen Broschüre des „Pelkum-Komitees unter Koordinierung der Vereinigung Verfolgter des Naziregimes Kreis Unna-Hamm" sowie in einer Erzählung aus dem „Werkkreis Literatur der Arbeitswelt".[220] Nach der Darstellung in der Broschüre hat der Bürgermeister nach Bekanntwerden des Putsches Stadtverordnete und Magistratsmitglieder „zu einer Aussprache über die neu geschaffene Lage" versammelt. Als ob das Bürgertum eine Stellungnahme zur Putschregierung vermeiden wollte, heißt es „Beschlüsse sind nicht bekannt". Dann fährt der Autor fort:

„Da geht die Arbeiterschaft abends im Schützensaal doch ganz anders zur Sache. Sie verurteilt den Putsch auf das entschiedenste und beschließt die konsequente Durchführung des Generalstreiks."

Man habe eine Arbeiterwehr gebildet, einen Aktionsausschuß gewählt, Waffen beschlagnahmt, und der Vorsitzende des Aktionsausschusses, Bernhard Strelinski,

---

215 Vgl. Ahlener Volkszeitung vom 5. und 9.7.1919, dazu auch Spethmann (1928), Bd. 2, S. 20 f.

216 Vgl. StAM, Oberbergamt Dortmund, Nr. 1795, Bericht über die Streiklage auf Westfalen vom 15.8.1919.

217 Vgl. Ahlener Volkszeitung vom 20.12.1919 und StAM, Kreis Beckum, Nr. 73, Polizeibericht über eine Belegschaftsversammlung der Zeche Westfalen vom 1.1.1920.

218 Vgl. Kamener Zeitung vom 9.12.1931 und 18.2.1932. Die Behauptung, die Rote Armee habe die Zeche in die Luft sprengen wollen und die Stadt zu plündern versucht, wurde schon kurz nach dem Einmarsch der Freikorpssoldaten des Ritter von Epp verbreitet, vgl. Kamener Zeitung vom 6.4.1920.

219 Hellkötter (1950), hier fehlen die Quellenangaben.

220 Vgl. Goehrke (1978) und (1985).

hätte „an der Seite des Bürgermeisters Platz (genommen), um seine Arbeit zu kontrollieren".[221] Beide Versionen verbreiten den Eindruck, als hätte man es in Kamen mit einer besonders revolutionären Arbeiterschaft zu tun gehabt, die nunmehr die neue Lage dazu ausnutzte, die Versäumnisse der Novemberrevolution nachzuholen.

Schaut man etwas genauer in die vorhandenen Quellen, so ergibt sich ein ganz anderes Bild. Zunächst zeigt sich eine ungewöhnlich weitgehende Eintracht zwischen den Vertretern der Arbeiterschaft und den im Stadtrat vertretenen Fraktionen (SPD, DDP, Zentrum und selbst DVP). Der Generalstreikaufruf der vor den Putschisten geflohenen Regierung wurde überall befolgt wie auch die „Anweisung der Führer, Ruhe und Ordnung zu halten".[222] Unruhe entstand erst, als bekannt wurde, daß Paderborner Husaren durch Kamen nach Lünen ziehen wollten. In Unna war ihnen der Weg versperrt worden. Die Fahrzeugkolonne hatte daraufhin die Stadt umgangen und näherte sich nun Kamen.[223] Zwischen dem Vortrupp (sechs Soldaten und ein Offizier in einem Auto) und der Arbeiterwehr kam es an der Stadtgrenze zu einer Schießerei, bei der ein Soldat und ein Arbeiter tödlich verletzt wurden. Die Arbeiterwehr beschlagnahmte das Auto und nahm die Insassen fest.

Einige Stunden später folgte nun der Haupttrupp (rund 200 Mann in mehreren Militärfahrzeugen). Als sie von dem Vorfall erfuhren, nahmen sie drei Arbeiter als Geiseln gefangen, die als lebender Schutzschild vor ein Auto gebunden wurden. Nun versuchten der Kamener Polizeikommissar und zwei Mitglieder des Aktionsausschusses, darunter Bernhard Strelinski, zu verhandeln. Die Arbeitervertreter wurden aber sogleich festgenommen, schwer mißhandelt und zu den anderen Geiseln gebracht. Nach zähen Verhandlungen durch den Polizeikommissar – als weiterer Unterhändler schaltete sich der Postdirektor ein – konnte ein Gefangenenaustausch erreicht werden. Die Reichswehreinheit zog nun aber nicht ab. Sie wollte in einem besetzten Haus übernachten und am folgenden Tag weiter nach Lünen marschieren.

Während dieser Ereignisse und im Laufe der Nacht trafen immer mehr Arbeiterwehren der umliegenden Ortschaften ein. Sie waren zum Teil weit radikaler gesinnt als die Kamener und ließen sich von den sozialdemokratischen Funktionären in ihrer Empörung über das Vorgefallene nicht von einem Angriff in den frühen Morgenstunden des 16.3.1920 zurückhalten. Vier Soldaten starben, die anderen nahm man gefangen und transportierte sie nach Unna. Hier wurden die Mannschaften entlassen, und die Offiziere nach der Zusicherung, daß sie bestraft würden, einem von Severing geschickten Bevollmächtigten übergeben.

Zwei Dinge sind wichtig, wenn man die Stellung der Kamener Arbeiter in dieser Auseinandersetzung beurteilen will. Zum einen waren sie überzeugt, ganz im Sinne der Regierung putschistische Truppen zu bekämpfen.[224] Zum zweiten versuchten

---

221 Goehrke (1978), S. 5.
222 Vgl. Kamener Zeitung vom 16.3.1920.
223 Die ganze Begebenheit ist ausführlich geschildert bei Lucas (1974), Bd. 1, S. 175-180.
224 Selbst der bei den Auseinandersetzungen anwesende Lehrer Lehnemann aus Bergkamen,

die gewählten Führer des Vollzugsausschusses – selbst unter diesen Bedingungen – mit allen Mitteln, einen Kampf zu verhindern.[225] Der Kamener Bürgermeister sowie die Fraktionsvorsitzenden der im Stadtverordnetenkollegium vertretenen Parteien ließen übereinstimmend erkennen, daß sie die Schuld an den Vorgängen vor allem in der starrköpfigen Haltung des Truppenkommandeurs sahen und gaben im Übrigen unmißverständlich bekannt, hinter der alten Regierung zu stehen. Strelinski bedankte sich beim Postdirektor und dem Polizeikommissar für ihren Einsatz als Unterhändler, „denen er es verdanke, daß er jetzt noch hier reden könne".[226]

Nachdem der Bürgermeister in Verhandlungen mit General von Watter, Severing und dem Landrat erreichte, daß kein Militär mehr durch Kamen zog, blieb es in der Stadt bis Ende März vollkommen ruhig.

Selbst das leidige Thema der Bezahlung der Sicherheitswehr konnte einigermaßen einvernehmlich geklärt werden.[227] Nach Vorstellungen des Aktionsausschusses sollte die Zeche 75 Mann bezahlen und jeder Gewerbetreibende 1000 Mark spenden. Dies wurde von der Zechendirektion abgelehnt, da sie schon durch den Arbeitsausfall der vielen Bergleute in der Wehr Verluste hätte, und die Mittelstandsvertreter wiesen die von ihnen geforderte Summe als untragbar zurück. Sie verlangten statt dessen die Übernahme der Kosten durch die Stadtkasse. Dies lehnte die SPD in Übereinstimmung mit dem Bürgermeister ab. Nachdem Strelinski darauf hingewiesen hatte, daß die Wehr vermutlich nur noch wenige Tage zu bestehen brauche, jetzt aber die Gefahr eines Linksputsches(!) gegeben sei, einigte man sich schließlich auf den Kompromiß, daß die Beteiligung an den Kosten je nach Höhe der Einkommensteuer berechnet werden sollte. In der Zeitung hieß es:

„Wenn auch über die Art der Kostendeckung die Meinungen auseinandergingen, so klang doch aus allen Reden manch warmer Ton für die Wachtmänner heraus."[228]

Die Erwartung auf ein baldiges Ende der Krise war verfrüht. Nachdem das Militär unter Bruch des Bielefelder Abkommens kompromißlos vorging, wurde Kamen Aufmarschgebiet der Roten Armee, die von hier aus operierte. In Pelkum kreisten die gut ausgerüsteten Bayrischen Freikorpssoldaten eine Einheit der Roten Armee ein und richteten ein fürchterliches Blutbad an. Die Reste der kämpfenden Arbeiter flohen über Kamen nach Dortmund.[229] Es spricht einiges dafür, daß sich

---

ein gemäßigter Mehrheitssozialist, der später Kreisleiter des Reichsbanners wurde, war zu der festen Überzeugung gelangt, es mit putschistischen Truppen zu tun zu haben und für die verfassungsmäßige Regierung einzutreten, vgl. Lucas (1978), Bd. 3, S. 65.

225 Dies behauptet Strelinski selbst, vgl. StAK, Nr. 1079, Protokoll über die gemeinschaftliche Sitzung des Magistrats und der Stadtverordneten vom 16.3.1920, wie auch der Polizeikommissar in seiner Darstellung der Dinge, vgl. StAK, Nr. 1582, Bericht der Polizeiverwaltung vom 17.5.1920.

226 Kamener Zeitung vom 17.3.1920.

227 Zu den Problemen in vielen anderen Städten, vgl. Lucas (1983), Bd. 2, S. 10 f.

228 Kamener Zeitung vom 26.3.1920. Nach diesem Bericht sagte Strelinski am Schluß: „Er habe gefunden, daß man ein Herz für Arbeiter habe."

229 Zum Hintergrund der Bielefelder Konferenz: Lucas (1978), Bd. 3, S. 60 f., zum Kampf in

die Kamener Sicherheitswehr an diesen letzten Aktionen so gut wie gar nicht beteiligte. Die Kamener Zeitung war sogar der Meinung, daß es nur „unserer besonnenen Arbeiterschaft" zu verdanken war, daß „das auswärtige Raubgesindel" nicht die Stadt plünderte. „Geschlossen mit allen anderen Kreisen der Bürgerschaft" habe sie „mit allen Mitteln (dagegen) Front gemacht".[230]

Auch Bernhard Strelinski behauptete später im Stadtparlament, daß es nur der Kamener Arbeiterwehr zu verdanken sei, daß „die Räuberbanden aus Dortmund" nicht noch die ganze Stadt geplündert hätten. Er sei mit „Handgranaten und Revolvern" zu Unterschriften gezwungen worden.[231]

Dies mag genügen, um deutlich zu machen, daß die Ereignisse im Gefolge des Kapp-Putsches keineswegs dem Eindruck widersprechen, daß sich in Kamen eine sehr gemäßigte Arbeiterbewegung herausgebildet hatte. Die alten Führer aus den Reihen der MSPD und des „Alten Verbandes" behielten ihre Autorität. Es gab auch nach diesen Ereignissen keine tiefergehenden Radikalisierungserscheinungen. Völlig entgegen dem Trend in anderen Städten ging die Mehrheit der USPD-Mitglieder nach und nach zurück in die MSPD. Als sich im Dezember 1919 die Vereinigung der USPD mit der KPD abzeichnete,[232] schrieb der Kamener Bürgermeister:

„Die Mitgliederzahl der USPD ist hier nicht sehr hoch; sie beträgt zwischen 150 und 200. Nach zuverlässigen Nachrichten sind von dieser Zahl etwa 15-20 Personen zu den Kommunisten und etwa 30 Mitglieder zur SPD übergetreten. Eine völlige Verschmelzung mit den Kommunisten hat also nicht stattgefunden. Es steht vielmehr zu erwarten, daß weitere Mitglieder der USPD zu den Mehrheitssozialdemokraten überwechseln werden."[233]

Noch aufschlußreicher für das Ausbleiben einer Radikalisierung der Kamener Arbeiterschaft ist eine Analyse der Wählerbewegungen dieser Zeit; so z.B. ein Vergleich der Reichstagswahl vom 6.6.1920 mit der Wahl zum preußischen Landtag am 20.2.1921 (vgl. Tab. 11 im Anhang).

Auch unter Berücksichtigung der höheren Wahlbeteiligung bei der Landtagswahl ist der MSPD-Zuwachs von 4,4 % auffällig. Von dem achtprozentigen Verlust der USPD konnte die KPD nur 3,7 % erhalten haben. Der Stimmenanteil der Arbeiterparteien insgesamt blieb gleich groß.

Bei den Wahlen im Februar 1921 fanden in Kamen gleichzeitig Kreis- und Provinziallandtagswahlen statt, deren Ergebnisse (die nur unwesentlich von den Landtagswahlergebnissen abwichen) auch auf Stimmbezirksebene vorliegen.[234] Besonders interessant daran ist, daß die KPD ausgerechnet im Stimmbezirk 5, wo die meisten Wohnblocks der Zeche lagen, mit 18 Stimmen den niedrigsten Anteil in der Stadt erreichte. Über 50 % der Bewohner wählten hier weiterhin die SPD,

Pelkum, S. 279 f.
230 Kamener Zeitung vom 6.4.1920.
231 Vgl. Kamener Zeitung vom 19.4.1920.
232 Zum Hintergrund dieser Vereinigung zusammenfassend Winkler (1985), S. 250-257.
233 StAK, Nr. 1571, Bürgermeisterbericht an den Landrat vom 14.1.1921.
234 Vgl. StAM, Kreis Unna, Kreisausschuß, Nr. 35.

was dafür spricht, daß die festen Bindungen in den sozialdemokratischen Vorfeldorganisationen die Bergleute von einer Abwanderung nach links abhielten.[235]
    Bei den Betriebsratswahlen auf der Schachtanlage Grillo gab es zwischen 1920
und 1921 lediglich ein ganz geringes Wachstum der links vom „Alten Verband"
stehenden Liste, während dieser selbst gleichzeitig um über 15 % zulegen konnte.
1922 kandidierte keine solche Liste, und 1923 fielen die Wahlen wegen der
Ruhrbesetzung aus.
    Auffällig an den Betriebsratswahlen ist auch, daß sich unter den „linken"
Gewerkschaftern nicht – wie in Ahlen – die kommunistisch orientierte „Union der
Hand- und Kopfarbeiter" durchsetzen konnte.[236] Statt dessen kandidierte im März
1924 die syndikalistische „Freie Arbeiter-Union" und erhielt fast ein Drittel der
Stimmen.[237] Dieses Wachstum der Linken war allerdings kaum zu Lasten des
„Alten Verbandes" gegangen (vgl. Tab. 9).
    Wie geschlossen die Belegschaft hinter den Führern der sozialdemokratischen
Gewerkschaft stand, zeigte sich im Jahre 1922 bei einer Auseinandersetzung um die
Anerkennung des 1. Mai als Feiertag. Unter Führung von Bernhard Strelinski zogen
die Anhänger der „sozialistischen Parteien" (wie es im Polizeibericht heißt) in einem
Demonstrationszug durch die Stadt und veranlaßten auch die Arbeiter der anderen
Fabriken zur Arbeitseinstellung. Mit arbeitswilligen Bergleuten kam es aber zu
Tätlichkeiten. Dies nahm die Zechenleitung zum Anlaß, Bernhard Strelinski und
fünf andere Arbeiterführer (sämtlich MSPD!) zu entlassen. Daraufhin traten rund
80 % der Unter-Tage-Belegschaft und 50 % der Über-Tage-Arbeiter in den Streik.
Der Christliche Gewerkverein beteiligte sich nicht. Die Aktion hatte Parallelen auf
anderen Schachtanlagen und fand mit Zustimmung des „Alten Verbandes" statt,
wobei man allerdings die Übergriffe gegen Arbeitswillige scharf verurteilte. Der
Streik wurde nach einer Woche abgebrochen und die Verhandlungen der Gewerkschaftsspitzen abgewartet.[238]
    Sieht man von der von den Bergwerksunternehmern verhängten Aussperrung
im Mai 1924 ab, hat es auf der Schachtanlage Grillo keine weiteren Arbeitskämpfe
mehr gegeben. Selbst die Massenentlassungen und die Lohnkürzungen der Weltwirtschaftskrise wurden später ohne Streiks hingenommen. Während der Aussperrung im Mai 1924 fand gemeinsam mit der Reichstagswahl am 4.5.1924 auch zum
zweiten Mal eine Wahl zur Stadtverordnetenversammlung statt. Dabei sank der
Anteil der Sozialdemokraten von 46,8 % auf 28,6 % (vgl. Tab. 10). Mit sieben der

---

235 Nach Rohe/Jäger/Dorow (1990), S. 482 blieb die SPD im Ruhrgebiet überall dort die
     dominierende Partei im sozialistischen Lager, wo schon in der Kaiserzeit ein
     sozialdemokratisches Milieu entstanden war.
236 Beim Verbot der KPD und ihrer Vorfeldorganisationen fand man in Kamen 250
     Mitgliedsbücher der „Union der Hand und Kopfarbeiter", vgl. StAK, Nr. 1574,
     Polizeibericht vom 5.1.1924.
237 Inwieweit die 1924 auf der Schachtanlage beginnenden Entlassungen und die drohende
     Zechenstillegung eine Rolle spielten (vgl. Kap. I.A2), läßt sich nicht mehr ermitteln.
238 Vgl. StAK, 1968 mit verschiedenen Berichten über den Streik, außerdem Kamener Zeitung
     vom 2. bis 10.5.1922.

Bergjungleute vor der Zeche Monopol. Anfang der 30er Jahre.

jetzt auf 22 reduzierten Sitze behielt die SPD zwar die stärkste Fraktion im Rathaus, wurde aber bei allen entscheidenden Fragen von den bürgerlichen Parteien dominiert. Bei der Entscheidung über den Stadtverordnetenvorsteher und dem Beigeordneten des Bürgermeisters unterlag sie, zumal ihre Personalvorschläge auch von den beiden KPD-Abgeordneten nicht unterstützt wurden.

Die Kommunisten hatten 8,5 % der Stimmen bekommen und damit lediglich ein Drittel der SPD-Verluste aufgefangen. Daraus läßt sich schließen, daß der weitaus größte Teil der ehemaligen SPD-Wähler zu anderen Parteien abgewandert sein muß. Bei der Stimmbezirksanalyse fällt auf, daß in dem neuen Bezirk 6 mit den Häusern der Kamener Siedlungsgesellschaft und der Hindenburgkolonie das Zentrum über dem städtischen Durchschnitt lag (21,8 %) und die DVP ihn fast erreichte (15,4 %). Die SPD selbst kam nur auf 34,2 %, während sie im Bezirk 5 mit den alten Bergarbeiterwohnblocks immer noch 51,8 % erreichte; das Zentrum hatte hier 18,7 % und die DVP 6,8 %.

Ein guter Gradmesser für die Stärke der linkseingestellten Wählerschaft über die Parteigrenzen hinweg war die Volksabstimmung gegen die Fürstenabfindung am 20.6.1926.[239] Die Forderung einer entschädigungslosen Enteignung der früheren Landesherren des Kaiserreiches traf nicht nur bei den Anhängern der Arbeiterpar-

---

239 Allgemein dazu: Schüren (1978).

teien auf offene Ohren, sondern auch im linken Flügel von Zentrum und DDP. In Kamen stimmten 42,9 % für das Enteignungsgesetz;[240] damit lag man nur knapp über dem Reichsdurchschnitt von 39,3 %. Verglichen mit Ahlen, wo 58,2 % der Stimmberechtigten für eine entschädigungslose Enteignung der Fürsten eintraten,[241] zeigt sich, daß ein nicht unwesentlicher Teil der Kamener Arbeiterschaft von der ablehnenden Haltung der bürgerlichen Parteien beeinflußt gewesen sein muß.

In Ahlen wurden die Ereignisse im Gefolge des Kapp-Putsches zum Katalysator zweier Entwicklungsstränge, die sich seit längerem angedeutet hatten:

1. Die Radikalisierung der Bergarbeiter erreichte einen Punkt, an dem sich endgültig zeigte, daß die gemäßigte sozialdemokratische Politik ihren Einfluß verlor.

2. Die Gegensätze zwischen den Bewohnern der Kolonie einerseits und denen der Altstadt sowie den Landwirten der umliegenden Bauerschaften andererseits vergrößerten sich. Das Bürgertum schloß sich gegen die „rote Gefahr" von „jenseits der Bahn" zusammen.

Die erste Reaktion auf den Kapp-Putsch in Ahlen erfolgte noch unter der Regie der MSPD.[242] Sie rief am Abend des 13. März zu einer Veranstaltung auf. Die Anwesenden beschlossen, alle zentralen Stellen der Stadt zu besetzen und schickten eine Abordnung zum Bürgermeister, um dessen Position zu erkunden. Als dieser versicherte, voll und ganz hinter der alten Regierung zu stehen, sah die Abordnung von den geplanten Maßnahmen ab und sandte lediglich einen Kontrolleur zur Post, da Anweisungen der Putschregierung erwartet wurden.

Wie sehr sich das politische Klima in der Stadt im Vergleich zur Novemberrevolution verändert hatte, zeigte sich am nächsten Tag, als gleich morgens eine stark besuchte Volksversammlung stattfand und ein zehnköpfiger Arbeiterrat gewählt wurde, in dem die Anhänger der USPD gegenüber der MSPD und dem Zentrum in der Mehrheit war. Nach der Wahl zog ein Demonstrationszug von 2500 bis 3000 Menschen zum Rathaus, verlangte vom Bürgermeister abermals eine öffentliche Loyalitätserklärung und außerdem das Hissen der roten Fahne. „Der Gewalt nachgebend" kam der Bürgermeister den Aufforderungen nach.[243]

Am Montag, den 15.3.1920, begann der Generalstreik, wobei der Arbeiterrat allerdings bei einigen kleineren Firmen etwas „nachhelfen" mußte. Erste Unruhe entstand, als gegen 13 Uhr bekannt wurde, daß ein Truppentransport des Freikorps Lichtschlag den Bahnhof passieren würde. Die durch Hornsignale herbeigerufenen Koloniebewohner stoppten den Zug, ließen ihn nach unklaren Zusicherungen des Kommandeurs dann aber weiter ins Ruhrgebiet fahren.[244] Nach diesem Ereignis verbreitete sich unter den Ahlener Arbeitern die Meinung, daß es notwendig sei,

---

240 Vgl. StAK, Nr. 1261 und 1262.
241 Vgl. Bericht des Magistrats der Stadt Ahlen, Rechnungsjahr 1926, S. 19.
242 Der Verlauf der Ereignisse ist ausführlich dargestellt bei Zimmer (1987), S. 113-127 und Rennspieß (1989), S. 67-77.
243 Vgl. StAM, Kreis Beckum, Nr. 73, Bericht des Bürgermeisters vom 15.4.1920.
244 Dazu auch: Lucas (1974), Bd. 1, S. 173.

sich Waffen zu beschaffen. Einzelne Gruppen taten sich zusammen und durchsuchten Rathaus, Gefängnis und Geschäftshäuser. Bei dem Versuch, der Bauernwehr ihre Waffen abzunehmen, kam es am Nachmittag zu einer Schießerei, in deren Verlauf ein Landwirt starb. Dieses Ereignis hat das Verhältnis zwischen den Bauern und den Bergleuten nachhaltig belastet.[245]

In Ahlen bildete sich eine Arbeiterwehr, die „vollständig unter USPD Einfluß stand".[246] Ihre Bewaffnung erhielt sie aus Hamm und Umgebung, von wo man, einem Bericht des Bürgermeisters zufolge, 200 Gewehre herbeischaffte. Überhaupt sei „ein militärischer Zug" durch die Reihen der Wehr gegangen. Sie sei in Kompanien und Korporalschaften aufgeteilt gewesen und habe in enger Fühlungnahme mit den in Heessen aufgestellten Arbeitertruppen nächtliche Übungsmärsche veranstaltet.[247]

Zwar hatten sich schon gewisse Spannungen zwischen dem Arbeiterrat und dem Bürgertum angekündigt,[248] doch ein wirkliches Aufbrechen der politischen Gegensätze in der Stadt erfolgte erst nach dem Scheitern des Putsches und dem Aufruf der Gewerkschaften zur Beendigung des Generalstreiks. Am Freitag, den 19.3.1920, gingen die Arbeiter der Fabriken wieder an die Arbeit, die Bergleute blieben im Streik und weigerten sich, die Waffen abzugeben. Am 20.3.1920 sorgte der Arbeiterrat dafür, daß die Arbeit überall wieder eingestellt wurde und gab folgendes bekannt:

„Kundgabe!
Mit dem heutigen Tag übernimmt der Arbeiterrat die öffentliche Gewalt. Seinen Anordnungen ist unbedingt Folge zu leisten ... Der Arbeiterrat i.A. Funk."[249]

Unterzeichner war jener Albert Funk, der schon bald zur KPD übertreten sollte, dort leitender Funktionär wurde und später Vorsitzender des Einheitsverbandes der Bergarbeiter Deutschlands (EVBD). Er wurde 1933 eines der ersten prominenten Opfer des nationalsozialistischen Terrors (vgl. Kap. VI.A2).

Über die Vorgänge im Arbeiterrat, die zu dem radikalen Schritt führten, liegen keine Informationen vor. Dem Vermittlungsgeschick des Bürgermeisters war es zu verdanken, daß es am Montag, den 22.3., dann doch zur allgemeinen Arbeitsaufnahme kam und am 25.3.1920 sogar zu einer teilweisen Abänderung des Aufrufs vom 20.3.1920. Nun hieß es, der Arbeiterrat behält die Macht nach außen, arbeitet aber im Innern mit den Behörden Hand in Hand.[250]

---

245 Bis heute ist es den Ahlener Landwirten in lebhafter Erinnerung und macht immer mal wieder Schlagzeilen, vgl. Landwirtschftliches Wochenblatt vom 5.1.1989 oder auch Strotdrees (1991), S. 76/77.
246 StAM, Kreis Beckum, Nr. 73, Polizeibericht vom 27.5.1920.
247 Vgl. ebenda, Bericht des Bürgermeisters vom 15.4.1920.
248 Der Ahlener Volkszeitung wurde am 15.3.1920 beispielsweise das Erscheinen untersagt, da Gerüchte veröffentlicht werden sollten, wonach es Verhandlungen zwischen alter und neuer Regierung gäbe. Die Art und Weise, wie die Zeitung diese Meldung dann doch veröffentlichte, läßt darauf schließen, daß die Redaktion solch einer Lösung nicht abgeneigt gewesen wäre, vgl. Ahlener Volkszeitung vom 16.3.1920.
249 Ahlener Volkszeitung vom 20.3.1920.
250 Vgl. Ahlener Volkszeitung vom 25.3.1920.

Eine Verschärfung der Situation trat erst wieder ein, als am 28.3.1920 (entgegen dem wenige Tage vorher in Bielefeld vereinbarten Waffenstillstand), die Stadt Ahlen generalstabsmäßig von den Truppen des Freikorps Epp besetzt wurde. Es gab Hausdurchsuchungen und Verhaftungen. Die Mehrzahl der Arbeiterwehrmitglieder war allerdings geflohen und legte ihre Waffen auf einer Kegelbahn in Heessen ab. Nach einiger Zeit kehrten sie heimlich in die Kolonie zurück.[251]

Die Bergleute waren aus Protest gegen den Einmarsch der Truppen sofort wieder in den Streik getreten, brachen diesen aber nach einer Woche erfolglos ab. Das Militär verließ die Stadt am 12. April.

Insgesamt verlief die Besetzung der Stadt damit relativ harmlos. Es gab keine traumatischen Erlebnisse wie in manchen Arbeitersiedlungen, wo standrechtliche Erschießungen stattfanden und selbst Frauen und Kinder Opfer von Kampfhandlungen wurden. Vielleicht liegt hier einer der Gründe dafür, daß Ahlen in der Folgezeit als besonders unruhig hervortrat.[252]

Schon im August 1920 brach ein neuer Arbeitskampf aus. Die Bergleute demonstrierten gegen Lebensmittelknappheit und Teuerung. Interessant ist, daß wieder ein Arbeiterrat gewählt wurde. Der Landesschutzbeamte der Provinz Westfalen, Graf von Galen, schrieb an den Oberpräsidenten in Münster:

„In den Industrieorten ist es jetzt im allgemeinen ruhig, nur Ahlen kann nicht zur Ruhe kommen, wenn auch der kürzlich gebildete Zechenrat wieder aufgelöst ist, so wird doch unter der Arbeiterschaft immer wieder weiter gewühlt und gehetzt."[253]

Am 14.11.1920 kam es infolge eines Seilrisses auf der Zeche Westfalen zu einem schweren Unfall, wobei 14 Bergleute im abstürzenden Förderkorb den Tod fanden. Sofort trat die Belegschaft bis zur Klärung der Ursachen in den Streik.[254] Insgesamt erlebte Ahlen zwischen November 1918 und Oktober 1923 27 Streiks; allein 19 davon fanden auf der Zeche Westfalen statt.[255]

Als es im März 1921 zu einem längeren Solidaritätsstreik mit den Bewegungen in Mitteldeutschland kam, wo versucht wurde, eine Räterepublik einzurichten, schrieb der Bürgermeister, der sich während der Novemberrevolution und des Kapp-Putsches noch als Vermittler bewährt hatte, daß „man es hier mit den radikalsten Elementen wohl des gesamten Industriegebietes zu tun" habe, und nur rücksichtslose Unterdrückung helfe, bis hin zur „schärfsten Anwendung von Waffengewalt".[256]

---

251 Vgl. Ahlener Volkszeitung vom 30.3.1920.
252 Ende März 1920 hieß es in der Zeitung, daß die Bergleute die SPD „scharenweise" verließen, vgl. Ahlener Volkszeitung vom 30.3.1920. Im Mai 1920 berichtete die Ahlener Polizei: die Mitgliederzahlen der USPD und KPD „sind in ständigem Wachsen begriffen", vgl. StAM, Kreis Beckum, Nr. 73, Polizeibericht vom 27.5.1920.
253 StAM, Kreis Beckum, Nr. 98, Schreiben vom 31.8.1920.
254 Vgl. Ahlener Volkszeitung vom 20.11.1920.
255 Zusammenstellung bei Zimmer (1987), Tab. 6.
256 Vgl. StAM, Kreis Beckum, Nr. 74, Bericht des Bürgermeisters vom 15.4.1921.

Das Ahlener Bürgertum versuchte in dieser Zeit, alles intern Trennende beiseite zu lassen, um „ein Bündnis der Vernunft" gegen den Kommunismus aufzubauen, in das man nun sogar die SPD aufzunehmen bereit war.[257] Ein Mitglied der christlichen Gewerkschaften schrieb:

„Wir Nichtkommunisten, die wir Anspruch darauf erheben, über einen gesunden Menschenverstand zu verfügen, werden uns niemals in die kommunstische Zwangsjacke zwängen lassen; tun wir es, dann sind wir verloren."[258]

Ahlen galt in dieser Zeit als so gefährlich, daß der Regierungspräsident im Oktober 1922 sogar zu einer besonderen Konferenz einlud, „um zu den in Ahlen fortwährend stattfindenden Demonstrationen und ewigen öffentlichen Unruhen Stellung zu nehmen".[259] Teilnehmer waren ein Vertreter des Oberpräsidenten, der Landrat, sowie Vertreter der Regierung Münster, der Stadtverwaltung Ahlen, der örtlichen und der Schutzpolizei, des Arbeitgeberverbandes, des Bergbaus, der Bürgerschaft, des Zentrums und der Gewerkschaften. Die AV schrieb dazu:

„Ahlen fängt allmählich an, unter den Städten Westfalens eine Berühmtheit zu werden. Wenn irgendwo in der Welt ein Kommunistenhäuptling hustet, dann gibt es in Ahlen einen Demonstrationszug mit erzwungener Arbeitseinstellung gewerblicher Betriebe."[260]

Schon bei den Wahlen zum Reichstag, Mitte 1920, hatte die USPD mit 19,3 % die MSPD mit 12,5 % hinter sich gelassen (vgl. Tab. 12). Schaut man sich diese Wahl auf der Stimmbezirksebene an (vgl. Tab. 16), so zeigt sich, daß in der Kolonie 41,4 % der Wähler für die USPD votierten. Die MSPD kam hier noch auf 17,6 % und die KPD bereits auf 9,8 % (ortsweit hatte sie erst 2,5 %). Anders als in Kamen gingen am Jahresende rund drei Viertel der Ahlener USPD-Mitglieder in der KPD auf.[261] Bei den Landtagswahlen im Februar 1921 wird dann deutlich, daß auch die Mehrzahl der Wähler den Schwenk zur KPD nachvollzog. In den beiden Stimmbezirken der Zechenkolonie kamen die Kommunisten im Februar 1921 auf 41,5 %. In der Folgezeit wurden sie zur dominierenden politischen Kraft der Bergarbeitersiedlung und gewannen darüberhinaus auch eine führende Stellung im gesamten KPD-Unterbezirk Hamm. Sie versorgten die Region mit Funktionären und führten die Mitgliederlisten der kommunistischen Vorfeldorganisationen an.[262]

---

257 So betonte der Bürgermeister in seinen Berichten an die Aufsichtsbehörden beispielsweise, daß die SPD „niemals ihre Hand zu dem verbrecherischen Treiben der Kommunisten" auf der Zeche gegeben habe, vgl. StAM, Regierung Münster, VII-2, Bd. 2, Bericht des Bürgermeisters vom 15.4.1921.
258 Ahlener Volkszeitung, Leserbrief vom 2.4.1921.
259 Ahlener Volkszeitung vom 10.10.1922.
260 Ebenda.
261 So schätzte die Ahlener Polizei, vgl. StAM, Kreis Beckum, Nr. 74, Schreiben der Polizeiverwaltung vom 6.12.1920.
262 1923 stellte die KPD beispielsweise sogenannte „Kommunistische Hundertschaften" auf, die in Ahlen 900 Mitglieder hatten, Rünthe als nächststärkster Ort hatte 360. StAM, Kreis Unna, Landratsamt, Nr. 814, Aufstellung über die kommunistischen Hundertschaften vom 5.11.1923.

Rückgrat der KPD war nicht nur die Betriebsratsarbeit auf der Zeche, sondern auch der Einfluß in den vielen Vereinen.[263] Vor allem dieser Tatsache ist es wohl zu verdanken, daß auch solche Phasen wie das KPD-Verbot vom Dezember 1923 bis März 1924 unbeschadet überstanden wurden. Bei den Reichstagswahlen im Mai 1924 bekamen die Kommunisten stadtweit 24,5 %. In den drei Koloniewahlkreisen zusammen waren es 58,1 % (vgl. Tab. 16) und im Stimmbezirk 9 mit dem höchsten Bergarbeiteranteil sogar 71,1 %.

Läßt man die bisher angesprochenen Aspekte noch einmal Revue passieren, so kann etwas idealtypisch zusammengefaßt gesagt werden, daß sich in der Bergarbeiterbewegung der Vergleichsstädte zwei unterschiedliche Politikmodelle entwickelt haben:

In Kamen, wo der frühe Einzug des Bergbaus zu einer wirtschaftlichen Monostruktur führte, wohnte eine gemäßigte Bergarbeiterschaft. Ihre Lebensbedingungen, Herkunft, Altersstruktur und Religion ließen sie früh zur Sozialdemokratie finden. Schon vor dem Ersten Weltkrieg entstand ein festes sozialdemokratisches Vereinsnetz, mit hohem gewerkschaftlichem und parteipolitischem Organisationsniveau. Unter den extremen Bedingungen des Ersten Weltkriegs wuchs die Bergarbeiterschaft in die lokale Gesellschaft hinein. Die sozial und politisch motivierte Abwehrhaltung des Bürgertums gegenüber einer Arbeiterschicht, die mittlerweile rund 60 % der Einwohnerschaft ausmachte, ließ sich nicht mehr aufrechterhalten. Während der revolutionären Nachkriegszeit mußte der Führungsanspruch der Sozialdemokratie zeitweilig auch vom Bürgertum akzeptiert werden, und diese nutzte die Kommunalpolitik zur Umsetzung ihrer Interessen. Natürlich waren die Verteilungsspielräume gering, aber mit Hilfe des gemeinnützigen Bergarbeiterwohnungsbaus, der Wohnungszwangswirtschaft und anderer sozialpolitischer Hebel gelangen durchaus Erfolge, die diesen Weg für die Mehrheit der Kamener Arbeiterschaft akzeptabel erscheinen ließ. Flankiert durch Wohnverhältnisse, die die Bergarbeiterschaft über die gesamte Stadt verteilte und sie in die gleichen Schulen, Vereine und Kirchen gehen ließ wie andere Schichten der Stadt auch, kam es zu einer weitgehenden Integration. Eine Radikalisierung durch die gescheiterte Sozialisierungsbewegung und die Ereignisse im Gefolge des Kapp-Putsches blieb aus. Im Gegenteil zeigen sich Tendenzen, die darauf schließen lassen, daß Wählerabwanderungen eher nach rechts als nach links erfolgten. Die KPD spielte nur eine untergeordnete Rolle und blieb auch von ihrer Organisationsstruktur her schwach. Die SPD setzte trotz ihres Einflußverlustes im Stadtparlament auch während der ruhigeren Jahre der Weimarer Republik auf die Mitarbeit in der Kommunalpolitik.

In Ahlen lassen sich Tendenzen einer Integration nur unter den Arbeiterschichten bergbauunabhängiger Industriezweige finden, während die Bergleute einen vollkommen anderen Weg einschlugen. Der späte Einzug des Bergbaus hatte dafür gesorgt, daß vor dem Ersten Weltkrieg kaum ein sozialdemokratisches Vereinswesen entstand. Die fehlende Bindung an die SPD und der Mangel an gewerkschaftlicher

---

263 Besonders am Beispiel der Arbeitersportbewegung nachzuweisen, vgl. Rennspieß (1989), S. 207-231.

Der „Schlesier Verein" bei einem Umzug durch die Ahlener Zechenkolonie. 20er Jahre.

Disziplin zeigten sich unter der Zechenbelegschaft schon während des Ersten Weltkriegs. Nach dem Ausbleiben einer grundlegenden Verbesserung ihrer Lage durch die Novemberrevolution, nach dem Scheitern der Sozialisierungsbewegung und der militärischen Unterdrükung ihrer Proteste wandten sich die Ahlener Bergleute radikaleren politischen Alternativen zu. Der hohe Anteil von Jugendlichen und Ausländern unter der Zechenbelegschaft sorgte für eine unruhige, spontane und radikale Kampfeinstellung. Der KPD gelang es, sich als eine Kraft darzustellen, die der weit verbreiteten Empörung und Unzufriedenheit unter den Bergleuten am besten Ausdruck verlieh. In der Kolonie entstand ein politisches Klima des Klassenkampfes gegen die „schwarz-weiß-rote" Zechenleitung auf der einen Seite und das „schwarze" Paohlbürgertum auf der anderen.

Flankiert wurde die zunehmende Radikalisierung der Ahlener Bergarbeiterschaft durch die soziale, politische und kulturelle Ausgrenzung der Kolonie. Die Bergleute und ihre Familien waren sämtlich „Zugewanderte" und lebten nahezu in einem Ghetto. Zwar existierten landsmannschaftliche und religiöse Unterschiede, doch sorgte der Druck von außen für einen hohen Grad an Solidarität und gemeinschaftlicher politischer Ausrichtung im Innern.

Es liegt auf der Hand, daß die unterschiedlichen Wege der Bergarbeiterschaft in den Vergleichsstädten auch zu verschiedenartigen Reaktionen auf die Herausforderungen der Weltwirtschaftskrise und des Nationalsozialismus führten.

Kapitel III:
Mittelstand und Oberschicht

In einem kleinen Aufsatz aus dem Jahre 1955 charakterisiert Helmut Croon die Oberschicht der Ruhrgebietsstädte an der Schwelle zur Industrialisierung folgendermaßen:

„Die Zahl der Wohlhabenden, der Vermögenden war klein. Es gab nur wenige angesehene Familien, die vornehmlich durch Handel und Kaufmannschaft zu größerem Vermögen gekommen waren ... Mit den wenigen Beamten, Advokaten und Ärzten bildeten sie eine kleine Oberschicht, wenn man diesen modernen Ausdruck auf diese im Grunde ebenfalls noch kleinbürgerliche Gruppe anwenden will."[1]

Diese Beschreibung läßt sich in ihrer Allgemeinheit ohne weiteres auf die Vergleichsstädte übertragen. Während sich die sozialen Schichten in den Städten an Ruhr und Hellweg aber schon Mitte des 19. Jahrhunderts durch den Einzug der Montanindustrie und den Massenzuzug auswärtiger Arbeitskräfte deutlich zu verändern begannen,[2] dauerte dies im nördlicher gelegenen Kamen weit länger, im münsterländischen Ahlen sogar bis nach der Jahrhundertwende.

Hier gab es nur eine handvoll Bildungsbürger (Ärzte, Rechtsanwälte, hohe Beamte etc.) die sich mit den wenigen alteingesessenen, aus ständischen Traditionen stammenden, wohlhabenden Kaufleuten, Handwerksmeistern und Ackerbürgern verbanden. Im Verlauf der Industrialisierung trat nun in zunehmendem Maße ein neues fabrikmäßig produzierendes, an Wohlstand, Ansehen und Einfluß orientiertes Besitzbürgertum hervor. Es versuchte die Schaltstellen des örtlichen Lebens zu besetzen und seine ökonomischen Interessen durchzusetzen. Dadurch entstanden neue Abhängigkeiten, Ungleichheiten und Konfliktpotentiale nicht nur in Bezug auf die Arbeiterschaft, sondern auch mit der alten Oberschicht. Die Träger der „frühneuzeitlichen ständischen Kategorie 'Stadtbürger'" fielen an Einfluß und Ansehen zurück. Handwerksmeister, Kaufleute und Gastwirte wurden „immer häufiger als 'Kleinbürgertum' oder 'alter Mittelstand' zusammengefaßt, damit vom eigentlichen Bürgertum abgegrenzt und an den Rand des Bedeutungsfeldes von 'Bürger' und 'Bürgertum' gerückt".[3]

Im folgenden Kapitel soll es darum gehen, diesen Prozeß etwas näher zu beschreiben. Wie sah der Wandel innerhalb der Oberschichten aus? Welche Interessen und politischen Anschauungen vertraten sie? Wo verliefen die großen Gräben, Spannungen und Fronten in der örtlichen Gesellschaft?

Die Mittelstandsproblematik, die Schwächen demokratischer Traditionen, obrigkeitsstaatliches Denken, Militarismus und antipluralistische Wertvorstellun-

---

1 Croon (1955), S. 302.
2 Vgl. Tenfelde (1990), S. 128 f.
3 Kocka (1987), S. 31.

gen des Bürgertums gehören seit langem zum Ursachenkatalog für die Durchsetzung des Nationalsozialismus.[4] Es ist davon auszugehen, daß örtliche Unterschiede in diesem Bereich von maßgeblichem Einfluß für den Aufschwung des Nationalsozialismus in den Vergleichsstädten waren.

Aufgrund der Quellenlage wird es nicht möglich sein, die einzelnen Schichten trennscharf voneinander abzugrenzen. Schon die Begrifflichkeiten sind in der Forschung sehr umstritten. Wird das Bürgertum gewöhnlich außer von der Arbeiterschaft insbesondere vom Adel, den Geistlichen und den Bauern abgegrenzt,[5] so erweist sich dies im kleinstädtischen Bereich kaum als sinnvoll. In Kamen befanden sich adelige Bürgermeister, Großgrundbesitzer und städtisch orientierte Großbauern, in Ahlen katholische Geistliche in den Reihen der Oberschicht. Sie gehörten sowohl vom eigenen Selbstverständnis her, wie auch aufgrund ihrer Lebensführung, ihrer Anschauungen und ihrer Rolle im städtischen Leben zum Bürgertum.[6]

Im folgenden geht es zum einen um die Personengruppen, die aufgrund von Bildung, Ansehen, Einkommen und sozialer Stellung eine führende Rolle in der Stadt spielten, d.h. um die dominierenden Kommunalpolitiker, die Vereinsvorsitzenden und Sprecher der Interessengruppen, die Eliten und Honoratioren mit normsetzendem Vorbildcharakter. Zum zweiten soll herausgestellt werden, welcher Personenkreis aufgrund der Industrialisierung und den gesellschaftlichen Veränderungen im Gefolge des Ersten Weltkriegs von den kommunalpolitischen Schaltstellen verdrängt wurde. Dabei geht es insbesondere um den alten Mittelstand, der den ständischen Traditionen nachtrauerte und seine Interessen nicht mehr genügend berücksichtigt glaubte.

A. Die Honoratioren und kommunalen Eliten

1. Der Wandel in den Reihen der Oberschicht

In Kamen setzte sich die Stadtverordnetenversammlung 1873, als die Abteufarbeiten an der Zeche gerade begannen, aus drei Gastwirten, zwei Kaufleuten, zwei Ärzten, einem Handwerksmeister und einem adeligen Gutsbesitzer zusammen. Im sechsköpfigen Magistrat saßen neben dem Bürgermeister und drei Kaufleuten ein Brauereibesitzer und ein Papierfabrikant.[7] Auch die beiden letzteren entstammten alteingesessenen Familien.[8] Sie sind noch nicht als Beispiele eines neuen Besitzbür-

---

4 Vgl. beispielsweise Bracher (1978), S. 135 f., Kocka (1980), S. 12.
5 Vgl. Kocka (1988), S. 11.
6 Zu dem Versuch, das Bürgertum nicht als „Stand" oder „Klasse", sondern von seiner „Kultur" her zu definieren, vgl. Kocka (1987), S. 42 f.
7 StAK, Nr. 1026, die Stadtverordnetenversammlung bestand bis 1890 aus 9, danach aus 12 und ab 1902 aus 18 Vertretern.
8 Sie befinden sich unter den mehr als 70 alteingesessenen Familien, die Pröbsting (1901), S. 73 f. aufzählt. Zur Einleitung heißt es dort: „Bei der heutigen Freizügigkeit und bei der

gertums anzusprechen, oder gar als Unternehmer, die sich „mit wenig Skrupel über Traditionen und stillschweigend akzeptierte Normen hinwegzusetzen vermochten".[9]

Ein erster Vertreter neuer Produktionsweisen und Techniken kam 1875 in das Stadtverordnetengremium. Es war ein Fabrikant, der ein Patent für Bohranlagen besaß und für den Bedarf der Berg- und Hüttenwerke der Umgebung produzierte. Er galt als Anhänger der Fortschrittspartei und besaß zudem noch den „Makel", nicht aus Kamen zu stammen. Ironisch hieß es in einem Leserbrief der Lokalzeitung:

„Wie die alten Stadtknechte des Mittelalters rückten unsere Camschen nach den morschen Mauern, um einen heranrückenden Fortschrittler mit ihren Nachtwächterspießen aufzuhalten."[10]

Überraschenderweise wurde der zugezogene Fabrikant, „dessen Hirn schreckliche Neuerungen, wie Kranken- und Armenhäuser, gute Wege und Promenaden ausgebrütet hatte", mit 14 gegen 8 Stimmen in der Ersten Abteilung gewählt.[11] Dies könnte als ein Hinweis darauf interpretiert werden, daß unternehmerischer Erfolg, Besitz und Bildung sich gegenüber ständisch orientierten Kriterien, wie Herkunft und Traditionsbewußtsein langsam durchzusetzen begannen. Die Wahl dieses Fabrikanten blieb jedoch bis zum Ende der 1880er Jahre ein Einzelfall. Zwar gab es weitere kleine Fabrikgründungen um den Bahnhof herum, hohe Bergwerksangestellte ließen sich in Kamen nieder und alteingesessene Kaufleute betätigten sich als Bauunternehmer und Ziegeleibesitzer, doch sorgte die langanhaltende Wirtschaftskrise im Gefolge des „Gründerkrachs" für eine Stagnation dieses Prozesses.[12] Der Aufbau der Zeche ging äußerst langsam vor sich (vgl. Kap. I.A2).

Als Beispiel für den vorläufigen Sieg der traditionell denkenden Kamener Honoratiorenschicht läßt sich die Bürgermeisterwahl von 1876 ansehen. Der oben erwähnte Fabrikant machte sich – unterstützt von drei weiteren „Fortschrittlern" – dafür stark, die durch den Tod des alten Bürgermeisters vakant gewordene Stelle öffentlich auszuschreiben. Damit sollte verhindert werden, daß der Sohn des Verstorbenen „ohne Zulassung der Conkurrenz" quasi in Erbfolge „im Geheimen einfach eingesetzt wird".[13]

Dieser Vorschlag fand kein Gehör. Das Ansehen des verstorbenen Bürgermeisters, Julius von Basse, der dreißig Jahre amtiert hatte und als geistiger Vater zahlreicher bürgerlicher Vereine, wie des Krieger-, Schützen-, Gesellen-, Turn- und

---

rasch hin- und herflutenden Bevölkerung ... ist es nicht ohne Bedeutung, daß sich hier trotzdem noch eine zahlreiche alteingesessene Bevölkerung findet, deren Familiengeschichte bis in die alte Vorzeit der Stadt hinausreicht."

9   Borscheid (1983), S. 159.
10 Volksfreund vom 3.1.1876.
11 Ebenda.
12 Noch Mitte der 1880er Jahre setzten sich die 30 Wähler der ersten Abteilung in Kamen folgendermaßen zusammen: 10 Kaufleute, 6 Großgrundbesitzer und Bauern, 5 Vieh- und Lederhändler, 3 Ärzte bzw. Apotheker, 3 Wirte, 2 Handwerksmeister und 1 Fabrikant, vgl. StAK, Nr. 1044.
13 Volksfreund vom 19.4.1877.

Gesangvereins galt,[14] war so groß, daß für die Mehrheit der Stadtverordneten kein Weg an dem Sohn dieser adeligen Familie vorbeiging. Adolf von Basse war ein nationalliberal gesinnter preußischer Offizier und trat in jeder Beziehung in die Fußstapfen des Vaters. Er führte die Amtsgeschäfte bis 1912. Bei der zögernden Einführung kommunaler Versorgungseinrichtungen (Kanalisation und Elektrifizierung kamen erst in der Weimarer Zeit) orientierte er sich ganz an den Sparsamkeitsvorstellungen des Mittelstandes, der sich fast immer gegen ein „Schuldenmachen" aussprach.[15]

Der Umschichtungsprozeß in den Reihen der Oberschicht beschleunigte sich erst Ende der 1880er Jahre mit dem Auftauchen eines weiteren Fabrikanten und des ersten Vertreters der Zeche Monopol unter den Stadtverordneten. Letzterer war ein Bergwerksdirektor, der aufgrund seines hohen Gehalts in die erste Wählerklasse aufstieg und vorerst mehr oder weniger als Privatmann kommunalpolitisch aktiv wurde. Der evangelische Pfarrer schrieb um die Jahrhundertwende:

„Schon seit Jahren macht sich der Einfluß der Zechenverwaltung auf die Wahlen zu den städtischen Vertretungen im Magistrat und Stadtverordneten-Collegium fühlbar, und wird dies nach den Erfahrungen an anderern Orten immer kräftiger hervortreten. Die Zeche hält darauf, daß ihre Leiter und Beamten an den Vertretungen der Gemeinde immer größeren Antheil bekommen. Es ist dies auch natürlich, denn 'wer mit thatet – der auch mit rathet' – und umgekehrt."[16]

1897 bekam die Zeche Monopol als „juristische Person" das Wahlrecht zugesprochen.[17] Danach reduzierte sich die Zahl der Wahlberechtigten in der ersten Abteilung auf drei Wähler.

	Zahl der Wahlberechtigten[18] Wählerabteilung		
Jahr:	I	II	III
1873	29	110	388
1889	25	102	459
1897	3	87	701
1913	3	259	1845

Mit den anderen beiden Wählern in der ersten Abteilung, die sich wechselweise aus einem Gutsbesitzer, einem wohlhabenden Kaufmann, einem Apotheker mit Häuserbesitz und einem Fabrikanten zusammensetzte, arrangierte sich die Zechenver-

---

14 Vgl. den Nekrolog im Volksfreund vom 8.2.1877.
15 Vgl. z.B. Stadtchronik, Abs. 23. In der Weimarer Zeit machte der Spruch vom damaligen „Dornröschenschlaf" Kamens die Runde, vgl. Kamener Zeitung vom 26.9.1924 (vgl. auch Kap. I.A1).
16 Stadtchronik, Abs. 100.
17 Die Zeche hatte schon 1891 einen Rechtsstreit um die Aufnahme in die Wählerliste geführt, war aber mit dem Hinweis auf Paragraph 8 der Westfälischen Städteordnung abgewiesen worden. Danach hing die Wahlberechtigung einer juristischen Person davon ab, ob sie sowohl an direkten Staatssteuern wie auch an Kommunalsteuern mehr zahlte, als einer der drei höchstbesteuerten Einwohner, vgl. StAK, Nr. 1037.
18 Zusammengestellt aus: StAK, Nr. 1026, 1044, 1045 und 1046.

waltung offensichtlich problemlos. Die Kandidatenwahl wurde vorher abgesprochen und erfolgte einstimmig.

Es fällt auf, daß der kommunalpolitische Führungsanspruch der Verwaltungsspitze des Bergwerks innerhalb der Kamener Oberschicht voll und ganz akzeptiert wurde. Dafür war zum einen die ökonomische Abhängigkeit von der Zeche als alles überragendem Arbeitgeber der Stadt verantwortlich, (von dem seit der Jahrhundertwende mehr als jeder zweite Kamener direkt abhing, vgl. Kap. I.B3). Zum zweiten spielte das hohe Sozialprestige der leitenden Zechenbeamten eine ausschlaggebende Rolle.[19] Es gab die Betriebsführer einzelner Produktionsbereiche (Unter-Tage, Über-Tage und auch für die einzelnen Schachtanlagen) und die Generaldirektoren der Gesamtzeche. Vor allem letztere waren in der Regel Bergassessoren (Bergräte), die aus dem preußischen Staatsdienst kamen und eine akademische Ausbildung genossen hatten.[20]

Das protestantische Kamener Bürgertum war mehrheitlich nationalliberal gesinnt. Kaiser und Vaterland, preußische Beamtentugenden und Militarismus standen hoch im Kurs (vgl. den nächsten Abschnitt). Einem Bergwerk mit seinen Hunderten von Arbeitern vorzustehen war so etwas, wie eine Truppe zu kommandieren; zudem besaßen die Bergassessoren das Prestige des preußischen Beamten. In Kamen wurden sie in den Vorstand der angesehensten Vereine gewählt und nahmen als Magistratsmitglieder maßgeblichen Einfluß auf die Entscheidungen innerhalb der städtischen Verwaltung.[21]

Bergrat Dr. Friedrich Funcke, der im Zusammenhang mit der Übernahme der Gewerkschaft Monopol durch die GBAG die Bergwerksleitung übernahm, wurde schon 1899 in den Magistrat gewählt. Er überdauerte hier den Krieg und die Novemberrevolution bis zu seiner Pensionierung und dem Fortzug aus Kamen im Jahre 1921. Er residierte in einer großen Villa (auch „Funckenburg" genannt) und stiftete ein Denkmal für die Opfer des Ersten Weltkriegs. Als „kerndeutscher Mann und leuchtendes Vorbild für echte deutsche Art und Pflichttreue" wurde er 1925 der erste Ehrenbürger der Stadt.[22]

Sein Nachfolger Bergassessor Ernst Fromme gehörte von 1924 bis 1945 zum Magistrat und füllte zeitweilig (1932 und 1944) sogar die Funktion des Bürgermeisters aus. Im Ersten Weltkrieg war er mehrere Male ausgezeichnet worden und hatte in den turbulenten Nachkriegsjahren beim VII. Armeekorps in Münster als „Verbindungsoffizier" für das Ruhrgebiet gedient.[23] Fromme veranstaltete große Jagdgesellschaften in Kamen. Berühmt waren auch seine Kegelabende mit führenden

---

19 Welches Ansehen die Zechenunternehmer in einer Kleinstadt wie Kamen besaßen, zeigte sich erstmals 1876, als die Einwohner fast außer Rand und Band gerieten, da der Großindustrielle Friedrich Grillo seinen Besuch angekündigt hatte. Vgl. Volksfreund vom 15. und 26.1.1876.

20 Dazu ausführlich: Faulenbach (1982).

21 Beispiele dafür bei Siegler, Zechen-Zeitung, 1927, Nr. 2, S. 5 und Nr. 6, S. 6.

22 Zitiert nach der Widmung aus Anlaß der Verleihung des Ehrenbürgerbriefes, in: Kamener Zeitung vom 26.1.1926.

23 Kurzbiographie in: Rennspieß (1992), S. 82/83.

Vertretern der Montanindustrie des Ruhrgebietes und der oberen Bergbehörden. Neben dem „feucht-fröhlichen Verlauf" boten solche Treffen „willkommene Gelegenheit, den ganzen Ruhrbergbau betreffende Probleme in einer leichteren und angenehmeren Form ihrer Lösung näher zu bringen".[24]

Seit 1931 war außerdem der Bergassessor Wilhelm Tengelmann in der Verwaltungsspitze der Kamener Zeche. Er war mit Hermann Göring befreundet und wurde einer der prominentesten Förderer der Kamener NSDAP-Ortsgruppe (vgl. Kap. V.A1). Neben diesen Assessoren ist der Betriebsführer Alexander Hußmann zu nennen, der über die Steigerlaufbahn zum Direktor aufstieg. 1904 wurde er ins Kommunalparlament gewählt und fungierte seit 1906 als Stadtverordnetenvorsteher. Er blieb es mit kurzer Unterbrechung nach der Novemberrevolution bis 1931.[25]

Die Führungskräfte des Bergbaus bildeten zweifellos den Kern einer neuen Oberschicht in Kamen. Sie wurden gewissermaßen die Leitfiguren der wenigen höheren Beamten und Akademiker, der wohlhabenden Kaufleute, Großgrundbesitzer, Viehhändler und Fabrikanten.

Der große kommunalpolitische Einfluß der Zeche vor 1918 basierte aber nicht allein auf der Akzeptanz dieser Kreise. Ihre Vertreter zogen nicht nur über die erste sondern auch über die dritte Wählerabteilung in das Stadtparlament ein.[26]

Seit der Jahrhundertwende traten bei den Kommunalwahlen in der Regel drei unterschiedliche Kandidatengruppen an. Sie wurden in der Lokalzeitung als „Zechenpartei", „Handwerkerpartei" (später auch „Bürgerpartei") und die „Partei der Sozialdemokratie" bezeichnet. Letztere fiel meist gleich heraus. In der Stichwahl siegten die Kandidaten der „Zechenpartei", deren Vertreter gleichzeitig Repräsentanten des Nationalliberalismus waren.[27] Dabei lag die Wahlbeteiligung in den letzten Jahren vor dem Ersten Weltkrieg bei 80 %, während es noch in den 1870er Jahren lediglich 10 % waren.[28] Am Desinteresse der Arbeiterschaft kann der Sieg der „Zechenpartei" also nicht gelegen haben.[29] Vielmehr scheinen sich selbst Bergleute, die bei Reichstagswahlen für die SPD stimmten, nicht getraut zu haben, ein Votum gegen ihre Vorgesetzten und Arbeitgeber abzugeben, zumal man den Namen seines Kandidaten laut vor dem Wahlgremium aussprechen mußte.

---

24 Zitiert nach einer eigenhändig verfaßten Familienchronik, die sich im Stadtarchiv Soest befindet. Sie trägt den Titel: „Die Verwandtschaft der Familie Ernst Fromme". (Zitat auf S. 83).

25 Biographie in der Zechen-Zeitung, Nr. 22, 1931, Ehrungen von Seiten der Stadt, in: StAK, Nr. 2301.

26 Wobei es passieren konnte, daß ein bestimmter Kandidat einmal über die III. Abteilung gewählt wurde und einige Jahre später über die I. Abteilung, so beim Betriebsdirektor Hußmann, vgl. StAK, Nr. 1045 und 1046.

27 Vgl. Kamener Zeitung vom 22.4. und 15.5.1909 sowie 2.12.1911.

28 Vgl. ebenda sowie Volksfreund vom 16.11.1879.

29 Im allgemeinen sorgten die Wahlbeschränkungen des Dreiklassenwahlrechts (Mindestverdienst, einjährige Ortsansässigkeit usw.) und die geringen Einflußmöglichkeiten von Arbeitervertretern in der Stadtverordnetenversammlung für geringe Wahlbeteiligung der Bergleute, vgl. Brüggemeier (1984), S. 39.

Ahlener Marktplatz, während eines Schützenfestes.

Im letzten Stadtparlament vor dem Krieg gehörten acht von 16 Mandatsträgern zur „Zechenpartei", darunter zwei Betriebsführer. Von den drei Kamener Delegierten im Kreistag waren zwei Vertreter der Zeche.[30]

Damit stand der alte Mittelstand am Ende der Industrialisierung „arg gerupft" da.[31] Handwerker, Händler, Kaufleute und Landwirte wurden mehr und mehr aus ihren angestammten Einflußbereichen der Kommunalpolitik verdrängt. Vertreter dieser Schicht konnten nach der Jahrhundertwende nur noch über die zweite Wählerabteilung in das Stadtverordnetenkollegium einziehen. Wie sich schon bald nach der Novemberrevolution zeigen sollte, nahm der Mittelstand seinen Einflußverlust nicht kampflos hin.

In Ahlen verliefen die Veränderungen in den Reihen der Oberschicht unter ganz anderen Rahmenbedingungen als in Kamen. Hier hat die „Zechenpartei" nie eine vergleichbar dominierende Rolle im kommunalpolitischen Leben der Stadt gespielt. Zum einen befand sich die Zeche Westfalen zum Zeitpunkt der letzten Stadtverordnetenwahl der Kaiserzeit immer noch in der Aufbauphase und die komplizierten Eigentumsverhältnisse wechselten häufig.[32] Zum zweiten blieb die Schachtanlage in mehrfacher Hinsicht „vor den Toren" der Stadt. Sie lag jenseits der Bahn in rund zwei Kilometer Entfernung von der Altstadt. Hier entstand nicht

---

30 Vgl. Adreßbuch der Stadt Kamen von 1914.
31 Vgl. Tenfelde (1990), S. 143.
32 Bevor die Bergwerksgesellschaft Georg von Giesches Erben mit Sitz in Dessau die Mehrheit der Anteile übernahm, gab es zum Teil 60 verschiedene Gesellschafter, vgl. Jericho (1963), S. 16 f.

nur eine Arbeiterkolonie, sondern auch eine besondere Siedlung für die höheren Angestellten. Damit war der Alltag der Zechenbeamten schon allein in räumlicher Hinsicht vom Leben der Ahlener Oberschicht getrennt. Dazu traten religiöse und soziale Unterschiede: Mit Ausnahme des aus Dortmund stammenden Generaldirektors Morsbach (1910 bis 1924 in der Zechenleitung) war die gesamte Verwaltungsspitze evangelisch.[33] Ihrer nationalliberalen Gesinnung dürfte der münsterländische Katholizismus ausgesprochen fremd gewesen sein.[34] Selbst in der Weimarer Zeit läßt sich nur ein einziger höherer Angestellter der Zeche in den Reihen der Zentrumskandidaten für das Stadtverordnetenkollegium finden. Manche Steiger und Direktoren kamen aus Hamm und behielten hier ihren Wohnsitz. Deutlicher läßt sich kaum ausdrücken, wie fremd ihnen das katholische Ahlen blieb.

Trotz dieser geringen kommunalpolitischen Ambitionen der protestantischen Zechenführung war die Angst vor einer eventuellen kommunalpolitischen Einflußnahme von Vertretern der neuen Großindustrie im alteingesessenen Bürgertum weit verbreitet. Dies zeigte sich beispielsweise in der Begründung für die Wiedereinführung der Magistratsverfassung in den letzten Jahren vor dem Ersten Weltkrieg.[35]

In Ahlen hatte man sich 1878 der Bürgermeisterverfassung nach rheinischem Vorbild angeschlossen,[36] da die Stadtverordneten dies für billiger und einfacher hielten. Als 1910 die Einwohnerzahl die 10000er Grenze überschritt, erhielt die Stadt vermehrte Verwaltungsbefugnisse übertragen, so daß der Bürgermeister nun durch einen Magistrat entlastet werden sollte. Zur weiteren Begründung hieß es im Antrag der Stadtverordneten an den Bezirksausschuß:

„Wir haben uns aber auch, belehrt durch die Erfahrungen anderer Gemeinden ..., der Auffassung nicht verschließen können, daß mit dem Einziehen der Groß-Industrie in unsere Stadt der Einfluß derselben in unserer Stadtverwaltung sich sehr bald in plutokratischem Sinne fühlbar machen wird ... und wir erblicken in der Einführung der Kollegialverwaltung ... ein geeignetes Palliativmittel gegen einseitige Interessenvertretung der Großindustrie.“[37]

Waren sich die Stadtverordneten bei der Beantragung der Verfassungsänderung und der Frontstellung gegen die mögliche Einflußnahme der Zechenvertreter noch einig, so führte die konkrete Wahl der Magistratsmitglieder Anfang 1913 zu erheblichen Konflikten.

Vertreter der zweiten und dritten Abteilung der Stadtverordnetenversammlung hatten sich, unterstützt vom örtlichen Vorstand der Zentrumspartei, um die

33 Vgl. Mayr (1968), S. 70.
34 Von der „schwarz-weiß-roten“ Gesinnung der Zechenbeamten und ihrem autoritären Auftreten gegenüber den Bergleuten war bereits die Rede (vgl. Kap. II.B2). In der Weimarer Zeit wählten sie mehrheitlich DVP und DNVP, wie sich aus den Stimmbezirksanalysen ermitteln läßt.
35 Zum folgenden: Muth (1989), S. 273-284.
36 Allgemein zu den beiden Verfassungstypen: Krabbe (1984).
37 StAM, Regierung Münster, Nr. 2103, Begründung des Antrages auf Einführung der Magistratsverfassung (ohne Datum).

116

Aufstellung von Personen bemüht, die alle sozialen Schichten repräsentierten. Gegen diese Kandidaten regte sich allerdings eine Opposition in der ersten und zweiten Abteilung, die vor allem in dem einflußreichsten Emaillefabrikanten der Stadt und in einem Buchdruckereibesitzer ihre Sprecher fand. Als sich abzeichnete, daß die vom Zentrumsvorstand nominierten Kandidaten eine Mehrheit finden würden, votierte diese Gruppe, unterstützt vom Bürgermeister, für einen Aufschub der gesamten Wahl bis 1916. Sechs Stadtverordnete traten daraufhin aus Protest zurück. Kaum war dies bekannt, änderte die oppositionelle Gruppe ihre Meinung und ließ nun doch über Magistratskandidaten abstimmen. Mit diesem parlamentarischen Trick waren die vom Zentrumsvorstand nominierten Personen an die Wand gespielt. Die Gruppe um den größten Emaillefabrikanten konnte die Magistratszusammensetzung nach ihren Vorstellungen bestimmen. Zum neuen Stadtverordnetenvorsteher wurde eben jener Buchdruckereibesitzer gewählt, der schon vorher Sprecher der Opposition gewesen war.

Die gesamte Auseinandersetzung macht deutlich, daß innerhalb der bisher das städtische Leben bestimmenden homogenen Schicht von Kaufleuten, Handwerksmeistern und Ackerbürgern eine Gruppe von Fabrikanten aufgestiegen war, die es unter Einbeziehung bestimmter Kreise des Bildungsbürgertums mehr und mehr verstand, ihre Interessen durchzusetzen.

Noch vor Einzug des Bergbaus hatte in Ahlen eine erste Industrialisierungsphase stattgefunden, in deren Verlauf sich ein breites Sprektrum mittelständischer Betriebe gebildet hatte (vgl. Kap. I.A2). Zum Zeitpunkt des Abteufbeginns der Zeche, im Jahr 1909, gab es immerhin bereits 342 Gewerbebetriebe in der Stadt, darunter 49 Fabriken mit 2652 Industriearbeitern.[38] Das größte Werk hatte sich 1898 in eine AG verwandelt und wurde auch als „Juristische Person" wahlberechtigt. Diese moderne Betriebsform war allerdings die Ausnahme. Die meisten Fabriken blieben kleinere patriarchalisch geführte Betriebe, deren Besitzer nicht aus dem Rahmen althergebrachter Sitten und Anschauungen fielen. Aus mancher alten Kaufmannsfamilie war ein Unternehmer hervorgegangen, und Handwerksmeister hatten sich auf fabrikmäßiges Arbeiten umgestellt. Viele Gründer von Emaillierwerken entstammten auch den Reihen ehemaliger Facharbeiter, die sich selbständig gemacht hatten.[39] Ein Beispiel für die engen verwandschaftlichen Beziehungen, die zwischen verschiedenen sozialen Gruppen bestehen konnten, ist die in Ahlen sehr bekannte Familie des Dr. Antonius John.[40] Sein Vater war ein typischer Vertreter des Bildungsbürgertums, Zentrumspolitiker und Vorsitzender des Ahlener Lehrerverbandes. Seine überaus religiöse Mutter stammte von einem Bauernhof der näheren Umgebung. Sein Onkel war ein Pionier der Emailleindustrie.[41]

Unter den Fabrikanten kam eine nicht geringe Zahl zu Wohlstand und Ansehen. Indem sie ihr aktives und passives Wahlrecht wahrnahmen, stiegen immer mehr

---

38 Vgl. Mayr (1968), S. 66.
39 Vgl. Meßollen (1957), S. 15.
40 Ein Ahlener Ehrenbürger mit dem Bundesverdienstkreuz 1. Klasse, der jetzt in Bonn lebt.
41 Vgl. John (1990), S. 633.

von ihnen in die kommunalpolitische Führungsschicht auf. Im Gegensatz zu Kamen erhöhte sich die Zahl der Wähler in der ersten Abteilung (natürlich nur absolut gesehen und nicht in Relation zu den anderen beiden Abteilungen):

	Zahl der Wahlberechtigten[42]		
Jahr:	I	II	III
1877	25	91	397
1889	27	112	659
1903	25	113	1005
1913	50	437	1922

Schaut man sich die Berufe der Wähler in den einzelnen Klassen am Beispiel der Stadtverordnetenwahl vom November 1905 an, so wird deutlich, aus welcher Schicht sie stammten:[43] In der Ersten Abteilung wählten die Besitzer der großen Fabriken, die wohlhabendsten Kaufleute, Akademiker und Hotelbesitzer, in der Zweiten die Inhaber der kleinen Fabriken, Handwerksmeister, Kaufleute, Bauern, Wirte und Beamte, in der dritten Abteilung die angestellten Handwerker, kleinen Händler und Arbeiter.

Die Emaillefabrikanten fanden sich 1905 zu einem „Arbeitgeberverband für Ahlen und Umgebung" zusammen.[44] 1907 folgten die Schuhfabrikanten diesem Beispiel. Neben der Vermeidung von Konkurrenz untereinander und gegenseitiger Unterstützung im Falle von Streiks ging es dabei auch um eine bessere Interessenvertretung in der Kommunalpolitik.[45]

In den folgenden Arbeitskämpfen gerieten die Unternehmer in immer schärfere Gegensätze zur lokalen Arbeiterschaft. Wie kompromißlos die katholischen Fabrikanten ihre Interessen auch gegen die offizielle Zentrumspolitik durchsetzten, zeigte sich bei einem kommunalpolitischen Streit um die Einführung eines Gewerbegerichts in Ahlen.[46] Dies war eine Forderung der christlichen Gewerkschaften, die schon 1908 zum ersten Mal von den Stadtverordneten abgelehnt worden war. Als aber 1912 der Antrag erneuert wurde, stellten sich auch der örtliche Zentrumsvorstand und die Ahlener Volkszeitung dahinter. Eine Gruppe um den Vorsitzenden des Ahlener Arbeitgeberverbandes lehnte solch eine Schlichtungsstelle trotzdem kategorisch ab. Genau wie in der Frage der Magistratsbesetzung konnten sich die einflußreichsten Fabrikanten letztendlich durchsetzen. In einer zweiten Lokalzeitung mit dem Namen „Stadt- und Landbote" fanden sie ein Publikationsorgan, das ihre Erklärungen – im Gegensatz zur Ahlener Volkszeitung – vorbehaltlos abdruckte. Hier warnten sie vor allem immer wieder vor den Kosten eines Gewerbegerichts. Der Vorsitzende des Arbeitgeberverbandes behauptete außerdem, daß diese

---

42 Vgl. Muth (1989), S. 259.
43 Vgl. ebenda.
44 1910 gehörten ihm 14 Betriebe an, vgl. Schütter (1989), S. 88/89.
45 Vgl. Muth (1989), S. 200/201.
46 Zum folgenden: ebenda S. 220-227.

Schlichtungsstellen parteilich seien. Protestveranstaltungen und die Mahnung des Zentrumsvorstandes zur Parteidisziplin blieben erfolglos. Eine Mehrheit der Stadtverordneten aus der ersten und zweiten Abteilung stimmte gegen die Einrichtung eines Gewerbegerichts. In einem Zeitungsbericht wurde die Stellungnahme des christlichen Gewerkschaftssekretärs aus Hamm folgendermaßen widergegeben:

„Oft, wenn wir Gewerkschaftssekretäre die Schmerzensschreie unserer Kollegen aus den einzelnen Ahlener Betrieben hören, dann kocht uns das Blut! (Rufe: Pfui! Schändlich! Ausbeuter! Specksäcke!) Wenn unter solchen Umständen in Ahlen die Fahne des Umsturzes noch nicht dominiert, so ist das allein der christlich-nationalen Arbeiterbewegung zu danken. (Lebhafter Beifall.) Der Stadtverordnetenbeschluß in der Gewerbegerichtsfrage hat einen dicken Strich gezogen zwischen uns und den Arbeitgebern."[47]

Interessanterweise wurde bei dieser Auseinandersetzung deutlich, daß sich viele Mittelstandsvertreter und auch der Bürgermeister auf die Seite der Fabrikanten stellten. Zeigten sich bei „internen" Auseinandersetzungen, wie der Magistratsbesetzung, auch innerhalb der führenden Schichten erhebliche Interessengegensätze, so standen diese Fraktionen bei sozialen Auseinandersetzungen mit der Arbeiterschaft doch Schulter an Schulter. Im gemeinsamen Abwehrkampf gegen die Emanzipationsbestrebungen der örtlichen Arbeiterbewegung rückten alte und neue Führungsschichten wieder zusammen.

Ein gutes Bild vom sozialen Klima in der Stadt und den neuen Fronten geben die letzten Kommunalwahlen vor dem Ersten Weltkrieg.[48] Der Vorstand der örtlichen Zentrumspartei stellte für alle drei Wählerklassen Kandidaten auf, die für Sozialpolitik und „gerechten Interessenausgleich" stehen sollten. Sie wurden auf einer großen Versammlung gewählt. Ein katholischer Geistlicher betonte, daß die Kandidaten mehr als in der Vergangenheit auf dem Boden des Zentrums stehen müßten. Es wurde vereinbart, daß sie vier Forderungen des Parteiprogramms unterschreiben sollten. Dabei ging es im wesentlichen um die „Erhaltung eines echt christlichen Gemeinwesens" und die „Verfolgung einer vielseitigen sozialen Politik, besonders im Interesse des Mittelstandes und der Arbeiter".[49]

Schon bald darauf fand eine Protestveranstaltung der zweiten Wählerabteilung statt. Die Ahlener Volkszeitung hatte Veranstaltungshinweise abgelehnt, da nicht jeder sich schon als „Zentrumsmann" bezeichnen dürfe, nur weil er „einen Taufschein in der Tasche" habe. Trotzdem war die Veranstaltung gut besucht. Man betonte, daß es nicht darum gehe, sich gegen das Zentrum zu stellen, es sei aber auch nicht nur der ein guter Zentrumsmann, „der willenlos den Anordnungen des Vorstandes gehorche". Weiter hieß es:

„Es sei undenkbar, daß eine Partei, welche sich öffentlich der dritten Klasse gegenüber als Hüterin der Arbeiterpartei bezeichnet, auch gleichzeitig die Interessen des Mittelstandes und die Interessen der ersten Wählerklasse (Industrie) vertreten

---

47 Stadt- und Landbote vom 16.12.1912.
48 Zum folgenden: Muth (1989), S. 264-270.
49 Stadt- und Landbote vom 5.11.1913.

könne. Dies sei wohl möglich in religiöser, aber nicht in finanzieller und sozialer Hinsicht. Die Vorteile der einen Gruppe müßten notgedrungen die Nachteile einer anderen Gruppe bringen."[50]

Der Parteivorstand wurde also nur noch als Vertreter der dritten Wählerabteilung angesehen. Die Besucher dieser Protestveranstaltung, wie auch eine Gruppe unter den Wählern der ersten Klasse, stellten Gegenkandidaten auf. Im Wahlkampf schlossen sich die Oppositionsgruppen eng zusammen. Sprecher waren wiederum der oben schon erwähnte Vorsitzende des Arbeitgeberverbandes und der Druckereibesitzer, der mittlerweile auch Stadtverordnetenvorsteher war. Es zeigte sich abermals eine Aktionseinheit großer Teile des Mittelstandes mit dem neuen Wirtschaftsbürgertum. Anders als in Kamen waren diese Fabrikanten zum größten Teil aus den eigenen Reihen hervorgegangen, und es gab weder religiöse noch parteipolitische Gegensätze.

Bei den Wahlen am 13. und 14. November 1913 wurden nur in der dritten Abteilung die Kandidaten des Parteivorstandes mit großer Mehrheit gewählt. In der zweiten und ersten Abteilung setzten sich, bis auf zwei Ausnahmen, Vertreter der Opposition durch. Der Zentrumsvorstand konnte nur noch versuchen, die aufgebrochenen Gegensätze zu überbrücken und betonte, daß es ja letztendlich nur um Kämpfe zwischen Gleichgesinnten gegangen sei. Wörtlich hieß es:

„Wenn der Arbeiter und Fabrikant, der Handwerker und Akademiker gemeinsam den Ausschußsitzungen, vor allem auch den großen Zentrumskundgebungen, den Parteiversammlungen beiwohnen, so werden da Saatfelder gegenseitigen Vertrauens bestellt, deren Früchte unser ganzes bürgerliches Gemeinschaftsleben ernten wird. Dann wird es keine Wahlkämpfe zwischen Gleichgesinnten mehr geben."[51]

2. Die politische Einstellung des Bürgertums

„Deutsche Gesinnung und Königstreue" seien „als Erbteil der Väter" stets die Grundeinstellung der Kamener Bürger gewesen, schrieb der evangelische Pfarrer Pröbsting um die Jahrhundertwende.[52] In seinem Buch über die Stadtgeschichte wird deutlich, daß autoritäre Ordnungsvorstellungen und die Verherrlichung des preußischen Militarismus zum Alltag gehörten.[53] Diese politischen Traditionslinien fanden im Nationalliberalismus der Kaiserzeit ihren prägnantesten Ausdruck.

Kamen war die „Perle in der Krone" des rechtsliberalen Wahlkreises Hamm-Soest (Arnsberg 6).[54] Hier kandidierte der Gutsbesitzer Florens Heinrich von Bockum-Dollfs.[55] Er gehörte keiner Reichstagsfraktion an und einigte die Liberalen aller

---

50 Stadt- und Landbote vom 11.11.1913.
51 Ahlener Volkszeitung vom 18.12.1913.
52 Vgl. Pröbsting (1901), S. 56.
53 Dazu auch: Görges/Volkhausen (1975), S. 31 f.
54 Volksfreund vom 25.6.1878.
55 Zur Person Bockum-Dolffs und den Reichstagswahlen auf Wahlkreisebene, vgl. Schönbach (1991), S. 105 f.

Schattierungen vor allem in Frontstellung zum Katholizismus.[56] Die „Ultramontanen" wurden als „Todfeinde" des Staates bezeichnet und für ebenso gefährlich wie die Sozialdemokratie erklärt.[57] Nachdem Bockum-Dollfs 1884 einem Wahlbündnis aus Konservativen und Zentrum unterlag zog sich der 82-jährige aus der Politik zurück.[58]

Konservative und Zentrum spielten in Kamen nur eine untergeordnete Rolle. Von der Sozialdemokratie abgesehen, wurde die Mehrheit der Nationalliberalen seit den 1890er Jahren nur durch linksliberale Abspaltungen gefährdet.

Hier einige Beispiele für die Verschiebungen im Wählerspektrum:[59]

Reichstagswahl	National-liberale	Links-liberale	Zentrum	SPD
1877	92,6%	7,4%		
1881	78,7%	21,3%		
1893	40,0%	18,4%	20,0%	21,6%
1903	20,8%	23,4%	14,5%	41,3%
1912	21,0%	23,3%	13,2%	41,9%

Erstaunlich ist die anfänglich hohe Homogenität des nationalliberalen Milieus. Selbst die Mehrzahl der Katholiken, deren Anteil rund 20 % betrug (vgl. Tab. 6), muß davon erfaßt worden sein. Der Zustrom katholischer Arbeiter in den Wahlkreis, insbesondere nach Hamm, ließ es aber Anfang der 1880er Jahre möglich erscheinen, einen Zentrumskandidaten durchzubringen.[60] Von der Polarisierung im Gefolge des Kulturkampfes und den erhöhten Aktivitäten des Katholizismus im Wahlkreis wurde auch Kamen erfaßt. 1881 hatte das Zentrum sein bestes Wahlergebnis in der Stadt. Vom weiteren Anstieg des katholischen Bevölkerungsanteils konnte die Partei aber nicht profitieren. Nur ein relativ geringer Anteil der zuwandernden Bergleute ließ sich in das katholische Vereinssystem integrieren, viele schlossen sich offensichtlich frühzeitig der Sozialdemokratie an (vgl. Kap. II.B1). Eine Ortsgruppe des Zentrums entstand in Kamen erst 1909, nachdem die Sozialdemokraten (1905) und die Nationalliberalen (1908) vorangegangen waren.[61]

Die Nationalliberalen, die 1890 mit Bismarcks Abschied eine wichtige Identifikationsfigur verloren, vertraten im Wahlkreis weitgehend die Interessen der aufstrebenden Fabrikanten und der Montanindustrie und setzten auf das „freie Spiel der

---

56 Eine Auflistung der parteipolitischen Ausrichtung der Kamener Honoratioren existiert aus dem Jahre 1882, in: StAK, Nr. 1567/193.
57 Vgl. Volksfreund vom 11.8.1878. Allgemein dazu: Becker (1986), S. 11-14.
58 Der Wahlkreis wurde schon 1887 von den Nationalliberalen zurückgewonnen. Nur 1907 siegte noch einmal ein Zentrumskandidat, vgl. Schönbach (1991), S. 108.
59 Zahlen nach: Görges/Volkhausen (1975).
60 Vgl. Schönbach (1991), S. 114 f.
61 Vgl. StAK, Nr. 1604, Vereinsregister.

Kräfte". Bauern, Handwerker und kleine Gewerbetreibende neigten auf wirtschaftlichem Gebiet eher zur Konservierung traditioneller Zustände. Das Anschwellen des Linksliberalismus in Kamen, zuerst als Freisinnige- dann als Fortschrittliche Volkspartei, kann als ein Hinweis darauf interpretiert werden, daß mittelständische Wählerschichten, die auf der kommunalen Ebene die Dominanz der „Zechenpartei" hinnehmen mußten, bei Reichstagswahlen von der herrschenden nationalliberalen politischen Linie abwichen. Der Anstieg linksliberaler Wählergruppen verlief parallel zum Aufstieg der führenden Zechenbeamten und Fabrikbesitzer im kommunalpolitischen Leben der Stadt. Hier deutete sich ein Konfliktpotential an, das während der Weimarer Zeit in aller Schärfe zum Ausbruch kommen sollte.

Zunächst verdeckten Weltkrieg und Novemberrevolution die sich andeutende Frontstellung zwischen den Rechtsliberalen und dem alten Mittelstand. Der lange Kriegsverlauf und die im Gefolge der Friedensnote des amerikanischen Präsidenten Wilson ausbrechenden Diskussionen um die Kriegsziele verunsicherten das Kamener Bürgertum. Über alle Interessengegensätze hinweg fand sich ein großer Teil von ihnen noch im Januar 1918 in der „Deutschen Vaterlandspartei" zusammen. Unter Leitung eines evangelischen Pastors wurden Kundgebungen mit über tausend Teilnehmern abgehalten, auf denen die Anwesenden Hindenburg „tiefste Dankbarkeit" und „unerschütterliches Vertrauen" aussprachen und nachdrücklich für einen „Siegfrieden" plädierten.[62]

Das Ausmaß der Niederlage stand in krassem Gegensatz zu diesen „bis zuletzt genährten Hoffnungen auf den glorreichen Sieg der Deutschen Waffen".[63] Der bald nach der Novemberrevolution einsetzende Wahlkampf für die Nationalversammlung zwang das Bürgertum jedoch zu schnellem Handeln. Schon im Dezember 1918 entstanden Ortsgruppen der DVP und der DDP. Die neuen liberalen Parteien gaben sich wenig Mühe, die Kontinuität zu ihren kaisertreuen Vorläufern zu verschleiern. In der Lokalzeitung hieß es ganz einfach, daß „zwei alte politische Parteien in neuem Gewande unter neuem Namen" auftraten. Die DVP sei „hervorgegengen aus dem Nationalliberalen Verein Kamen" und die „Freisinnige Volkspartei Kamen" habe ihre Auflösung und Neukonstitution als DDP „vorgenommen".[64]

Anhand der Mitgliederstruktur und der Wählerhochburgen läßt sich zeigen, daß die DDP zunächst den größten Teil des Kamener Mittelstandes und bestimmte Intellektuellenkreise repräsentierte.[65] Im Vorstand und unter den Stadtverordneten fallen Handwerksmeister, Lehrer und Beamte ins Auge. Der beste Stimmbezirk lag um den Alten Markt, wo die meisten Geschäftsleute, Handwerker und kleinen Gewerbetreibenden wohnten.

---

62 Bericht über die Veranstaltung und vollständiger Abdruck der Resolutionen in der Kamener Zeitung vom 22.1.1918.
63 Nowak (1987), S. 225.
64 Kamener Zeitung vom 17.12.1918.
65 Zur DDP-Ortsgruppe, vgl. Rennspieß (1992), S. 76-80.

Die Stimmung nach der Novemberrevolution brachte es mit sich, daß große Teile des alten Mittelstandes zunächst auf die Linksliberalen setzten. Nur sie schienen in der Lage, mäßigend auf die Sozialdemokratie zu wirken, Sozialisierungsexperimente zu vermeiden und einer weiteren Radikalisierung der Arbeiterschaft entgegenzuwirken.

Diese Stimmung hielt aber nur kurze Zeit an.[66] Schon 1920 wanderte die Mehrheit der mittelständischen Wählerschichten nach rechts ab (vgl. den nächsten Abschnitt).

Nur bei den Wahlen des Jahres 1919 blieb die DVP hinter den Linksliberalen zurück.[67] Dies ist ein Ausdruck der tiefen Verunsicherung des alten nationalliberalen Lagers. Obwohl sich die DVP von Anfang an nach rechts öffnete und auf der kommunalpolitischen Ebene ein Bündnis mit der DNVP einging, überwog selbst in ihren Reihen zunächst eine Stimmung, die eine gewisse Kompromißbereitschaft gegenüber der Sozialdemokratie zeigte. Bezeichnend für die politische Einstellung bekannter Zechenvertreter ist allerdings, daß gerade sie nicht zu dieser gemäßigten Richtung gehörten. Wie gezeigt, hat der alte Stadtverordnetenvorsteher, Betriebsdirektor Alexander Hußmann, entgegen aller Erfolgsaussichten im neuen Kommunalparlament direkt wieder zur Vorsteherwahl kandidiert, obwohl er dabei nicht einmal von der eigenen Partei unterstützt wurde (vgl. Kap. II.B2).[68]

Der Einflußverlust der alten nationalliberalen Führungsschicht währte nur sehr kurz. Schon im sogenannten „Bürgerrat", der im Dezember 1918 gebildet wurde, dominierten die altbekannten Honoratioren der Kaiserzeit. Im April 1919 ging aus dem „Bürgerrat" ein „Bürgerverein" hervor, der für jeden zugänglich sein sollte und sich zum Ziel setzte, „parteiübergreifend" die wichtigsten kommunalpolitischen Probleme zu besprechen.[69] Der Vorstand bestand fast vollständig aus den Spitzenfunktionären der Rechtsliberalen.

Die DVP war schon 1920 wieder die unbestrittene Führerin der Kamener Oberschicht. Bei der Reichstagswahl im Juni dieses Jahres erreichte sie mit 27,1 % ihr bestes Ergebnis im Kamen der Weimarer Zeit (vgl. Tab. 11).

Über die Stellung der Rechtsliberalen in der örtlichen Gesellschaft läßt sich als Faustregel sagen: Je höher die Position im Betrieb, in Schulen, Behörden oder anderen Einrichtungen, um so sicherer ist diese Person in den Reihen der DVP zu finden. Ihre Vorstandsmitglieder saßen in den Leitungen der Krieger-, Schützen-, Gesangs- und Verkehrsvereine. Sie stellten die höchsten Beamten und die Leiter der protestantischen Schulen. Von großer Bedeutung war darüber hinaus, daß sie das evangelische Vereinswesen beherrschten und hierdurch immer wieder bestimmte Arbeiterkreise erreichten.[70]

---

66 Allgemein zum schnellen Verfall des Linksliberalismus, vgl. Stephan (1973).
67 Zur DVP-Ortsgruppe, vgl. Rennspieß (1992), S. 80-87
68 Allgemein zur DVP in Rheinland und Westfalen, vgl. Romeyk (1975), speziell zum Einfluß der Großindustrie, Döhn (1977).
69 Vgl. Kamener Zeitung vom 11.4. und 5.5.1919.
70 Eine ausführliche Untersuchung der personellen Verbindungen, in: Rennspieß (1992), S. 100 f.

Wie die Stimmbezirksanalyse (vgl. Tab. 13) zeigt, lagen die Hochburgen der DVP zunächst im Bezirk I, ab 1928 aber auch im Bezirk VI. Im ersten Fall handelt es sich um ein Wohngebiet um den Kamener Bahnhof, wo einerseits die meisten Beamten wohnten, andererseits die kleinen Fabriken mit den großen Bürgerhäusern ihrer Besitzer zu finden waren. Im Stimmbezirk VI lag die Hindenburgsiedlung. Hier wohnten die höheren Angestellten der Zeche, aber auch die besser situierten Bergleute.

Seit der Bürgermeisterwahl des Jahres 1924 konnte die DVP auch auf ein Parteimitglied an der Spitze der kommunalen Selbstverwaltung verweisen. Damit zog sie die Angriffe des zunehmend unzufrieden werdenden Mittelstandes in besonderer Weise auf sich, denn der neue Bürgermeister Gustav Adolf Berensmann geriet in harte kommunalpolitische Auseinandersetzungen. Die Kritik an seiner Person traf die gesamte Partei (vgl. Kap. III.B2).

Jenseits aller Parteigrenzen und kommunalpolitischen Streitpunkte fällt insgesamt auf, daß die eingangs beschriebenen Traditionslinien des Militarismus und Preußentums weiterhin dominant blieben. Breite Kreise des Kamener Bürgertums vollzogen keine innere Abkehr vom autoritären Denken der Kaiserzeit. Die Verbreitung der Dolchstoßlegende beispielsweise, läßt sich schon auf den Gründungsveranstaltungen der DVP-Ortsgruppe nachweisen, wo man sich um eine Ehrenrettung der „jetzt als Bluthunde bezeichneten deutschen Heerführer" bemühte. Immerhin seien diese im Gegensatz zu Deutschlands Feinden „äußerst sparsam und vorsichtig mit dem Menschenmaterial umgegangen".[71]

Die Behauptung, daß es gerade die Streiks der Arbeiterbewegung waren, die den erhofften Sieg unterminierten, war unter Protestanten weit verbreitet. Der Keim für die spätere Dolchstoßlegende findet sich schon in der Predigtliteratur des Jahres 1916.[72] Die evangelische Kirchenleitung brachte nach dem Zusammenbruch „namenlose Trauer" über das Ende des Kaiserreiches zum Ausdruck.[73] Der Monarch war nicht nur Landesherr, sondern als summus episcopus auch weltliches Oberhaupt der Kirche gewesen. Nach der Unterzeichnung des Versailler Vertrages (28.6.1919) erklärte die Kirchenleitung den 6. Juli 1919 zum „Trauertag der evangelischen Christenheit". In Kamen beteiligte man sich daran und verlas von der Kanzel eine Ansprache der preußischen Generalsuperintendenten. Darin wandten diese sich „in der Stunde tiefster Demütigung" vor allem gegen eine Kriegsschuldzuweisung. Über Wilhelm II. hieß es wörtlich:

„Fest steht die Reinheit seines Wollens, die Makellosigkeit seines Wandels, der Ernst seines persönlichen Christentums und seines darin tief begründeten Verantwortlichkeitsgefühls."[74]

---

71 Kamener Zeitung vom 28.12.1918, zur Dolchstoßthese vgl. Kamener Zeitung vom 17.12.1918.
72 Vgl. Nowak (1981), S. 53.
73 Ebenda, S. 17/18.
74 Kamener Zeitung vom 8.7.1919.

Die „forsch-blutrünstigen Reden" des Kaisers und sein schwacher, wenig vorbildhafter Charakter schienen vergessen, wenn es darum ging „das Neue gegen das Alte, die Republik gegen die Monarchie abzuwerten".[75] Trauergottesdienste und Trauergeläut wurden an den Jahrestagen der Unterzeichnung des Friedensvertrages auch später wiederholt.[76]

Die Aversionen gegen die „Schmach von Versailles" wurden auf die Parteien der Weimarer Koalition übertragen, ohne zu sehen, daß auch diese den Vertrag keineswegs billigten. Gerade in Kamen läßt sich zeigen, daß die Empörung über die harten Bedingungen der Siegermächte bis in die Reihen der Sozialdemokratie hineinreichte. Ihre Maifeier von 1919 beispielsweise wurde zu einer „nationalen Kundgebung an die Feinde" umstilisiert. Nikolaus Osterroth bezeichnete den beabsichtigten „Gewaltfrieden" bei dieser Gelegenheit, als „Vergewaltigung" und „Mord" des deutschen Volkes.[77]

Dies hinderte den konservativen Protestantismus nicht, gerade die SPD zum „Prügelknaben" zu machen. Hier schätzte man die DNVP als Bollwerk gegen Marxismus und Liberalismus sowie als Gegengewicht zum politischen Katholizismus. Führende Repräsentanten der evangelischen Kirche Kamens waren in den rechtsstehenden Parteien aktiv.[78] Neben dem früheren Vorsitzenden der „Vaterlandspartei" fällt vor allem ein weiterer Geistlicher auf, der schon auf den ersten Veranstaltungen der DVP „schärfer die Betonung des Nationalen" forderte.[79] Konsequenterweise schloß er sich der DNVP an und ließ sich sogar in den Vorstand wählen.[80]

Wie einig sich die zahlreichen vaterländischen Verbände auf Ortsebene mit der evangelischen Kirche wußten, wird beispielsweise deutlich, wenn im Falle des Verbots öffentlicher Kundgebungen, wie im März 1930, von den Vorständen zu einem gemeinsamen Kirchgang aufgerufen wurde.[81] Mit Fahnen, Verbandsabzeichen und Uniformen standen die ehemaligen Soldaten dann im Kirchenraum und hörten sich statt der Reden ihrer Vorsitzenden die Predigt des Geistlichen an, die in den seltensten Fällen ihrer nationalen Gesinnung widersprach.

Das Vereinsregister der Stadt enthielt in den 20er Jahren nicht weniger als 15 Zusammenschlüsse ehemaliger Soldaten.[82] Der Krieger- und Landwehrverein mit seinen rund 400 Mitgliedern fungierte als Dachorganisation. Er feierte auch in der Weimarer Zeit sein Stiftungsfest am 27. Januar, dem „Geburtstag Seiner Majestät". Genauso gehörten Sedantag und Bismarckgeburtstag weiterhin zu den Höhepunkten des Vereinsjahres.

---

75 Dahm (1965), S. 169 und 170, vgl. auch Gaertinger (1985).
76 Vgl. z.B. Kamener Zeitung vom 17.6.1929.
77 Vgl. Kamener Zeitung vom 3.5.1919.
78 Dahm (1965), S. 9 schätzt, daß reichsweit bis zu 80 % der evangelischen Pfarrer „konservativ-national" eingestellt waren.
79 Kamener Zeitung vom 17.12. und 18.12.1918.
80 Vgl. Kamener Zeitung vom 15.2.1919.
81 Vgl. z.B. Kamener Zeitung vom 15.3.1930.
82 StAK, Nr. 1604.

Auf Initiative des Jungdeutschen Ordens wurde in Kamen bereits am 2. Todestag Albert Leo Schlageters ein Gedenkstein eingeweiht. Mit der Aufschrift: „fiel im Ruhrkamp für Deutschlands Ehre – 20. Mai 1923".

Mit der Reichspräsidentschaft Paul von Hindenburgs trat ab 1925 ein neuer Festtag hinzu. Im Kult um diesen alten Kriegshelden, der mit seiner antirepublikanischen Staatsauffassung im Grunde einen „gigantischen Fremdkörper" in der parlamentarischen Demokratie darstellte,[83] bauten sich die rechten bürgerlichen Kreise eine Art „Ersatzkaiser" auf.[84]

Neben den Kriegervereinen spielten in Kamen auch die sogenannten Vaterländischen Verbände eine große Rolle.[85] Der „Kolonial-Frauenbund", der „Verein für das Deutschtum im Ausland", der „Stahlhelm" und der „Jungdeutsche Orden" pflegten eine national-konservative Gesinnung. Die Sehnsucht nach Rückkehr zur einstigen Größe Deutschlands lagerte sich im Verbandswesen fest ein. „Das ,heilige nationale Interesse' wurde stets im Munde geführt, auch wenn es nur um verbands- oder standespolitische Interessen ging."[86]

Ein Beispiel für das damalige Klima in Kamen ist die frühe Verehrung des von den Nazis zum Helden hochstilisierten Albert Leo Schlageter.[87] Bereits 1925, an

83 Bracher (1978), S. 49.
84 Er wurde in Kamen auch als „Führer des deutschen Volkes" bezeichnet, Kamener Zeitung vom 6.10.1930.
85 Allgemein dazu: Diehl (1985).
86 Heinemann (1987), S. 385.
87 Das NSDAP-Mitglied Schlageter führte während des Ruhrkampfes Anschläge auf die Verbindungswege der Besatzungstruppen durch. Er wurde von einem französischen Kriegsgericht zum Tode verurteilt und am 26.5.1923 standrechtlich erschossen.

seinem zweiten Todestag, wurde ihm als Märtyrer im Kampf gegen die französische Ruhrbesetzung ein Gedenkstein gesetzt.[88] 1933 brüstete man sich damit, daß dies das erste Monument dieser Art in Deutschland gewesen sei. Als es daraufhin auswärtige Proteste gab, räumte man ein, daß in Berlin schon an seinem ersten Todestag eine Gedenkstätte eingeweiht worden war, man in Kamen „aber vermutlich die erste in Westdeutschland habe".[89]

1928 fand in Kamen eine sogenannte „Ballei Grafschaft Mark" statt. Dabei handelte es sich um eine Führer-Bezirkstagung des Jungdeutschen Ordens. Ausführlich zitierte die Kamener Zeitung die dort gehaltenen Reden gegen „Parteiismus" und das „bankrotte System". Bei solchen Gelegenheiten fanden „Gedächtnisfeiern" am Schlageter-Denkmal statt, an denen auch hohe städtische Beamte teilnahmen.[90]

Die Arbeit in den militaristischen Vereinen und in anderen rechtsstehenden vaterländischen Verbänden war eine wichtige Basis für die Zusammenarbeit der Rechtsliberalen und Deutsch-Nationalen. In vielen Vorständen saß man einträchtig nebeneinander. In dem Anfang März 1928 gegründeten „Verein für das Deutschtum im Ausland" stand der ehemalige erste Vorsitzende der DNVP an der Spitze. Neben ihm saßen der Bergassessor Fromme, ein Maschinenfabrikant und der Stadtbaurat, außerdem ein weiterer Zechenbeamter und die Frau des Betriebsdirektors.[91] Zur Erinnerung an den 14. Jahrestag des „schmachvollen Diktats von Versailles" ließ diese Gruppe auf der Schachtanlage „Grillo" eine übergroße Plakattafel mit dem Deutschen Reich in den alten Grenzen anfertigen, die dann am Marktplatz aufgestellt wurde.[92]

Korporatives Mitglied dieses Vereins war der „Jungdeutsche Orden". Dessen „Großmeister" hatte 1924 auf Platz 2 einer Liste „Sozialistisch Völkische Gemeinschaft" kandidiert. Er war gleichzeitig Leiter des Kreiskriegerverbandes und des hoch angesehenen Kamener Gardevereins. In Zusammenarbeit mit dem Stahlhelm und dem „Verein für das Deutschtum im Ausland" veranstaltete die „Deutsche Vereinigung" als Zusammenschluß des „deutschbewußten und nationalen Beamtentums" von Zeit zu Zeit sogenannte „vaterländische Abende".[93] Bei solchen Gelegenheiten fand sich das rechtsstehende Bürgertum in einem Hotel am Marktplatz zusammen, um im schwarzweiß-rot geschmückten Saal seine „Einheitsfront gegen Versailles" zu demonstrieren. Der „Kampf um Deutschlands Ehre" bildete eine Art „emotionale Klammer". Dabei konnte man sogar mit den Führern der Wirtschaftspartei Schulter an Schulter stehen, obwohl man sich in kommunalpolitischen Fragen schärfste Auseinandersetzungen lieferte.

---

88 Zur Wiederentdeckung des Ehrenmals, vgl. Hellweger Anzeiger vom 27.7.1990.
89 Westfälischer Anzeiger vom 31.5.1933.
90 Vgl. Kamener Zeitung vom 21.3.1928.
91 Vgl. Kamener Zeitung vom 3.3.1928 und Westfälischer Anzeiger vom 7.2.1933.
92 Vgl. Westfälischer Anzeiger vom 27.6.1933.
93 Vgl. z.B. Westfälischer Anzeiger vom 11.8. und 22.9.1932 sowie 14.3.1933.

Monarchistische Traditionspflege, der Kampf gegen Versailles und antirepublikanische Stimmungen des Bürgertums gab es auch in anderen Städten.[94] In der Kleinstadt Kamen traten diese Erscheinungen aber in so auffällig geballter Form zu Tage, daß von einer besonderen Relevanz für die Durchsetzungskraft des Nationalsozialismus ausgegangen werden kann. Die angeführten Beispiele, die hohe Anzahl der Kriegervereine und vaterländischen Verbände, die enge Verflechtung der Vorstandsmitglieder mit den Honoratioren der Stadt, mit der evangelischen Kirche und den Repräsentanten der Montanindustrie, dies alles schuf ein Klima, in dem Auffassungen gediehen, die sich für die NSDAP als besonders fruchtbar erweisen sollten. Dazu zählten vor allem Führerkult und Deutschtum, Scham über Versailles und Revangegelüste, Militarismus und antidemokratische Ablehnung der Weimarer Verfassung. Auch wenn eine NSDAP-Ortsgruppe in Kamen erst 1930 gegründet wurde und das rechtsstehende Bürgertum zunächst wenig Sympathien für ihr revolutionäres Profil zeigte, so wirkte die Ideologie des Kamener Bürgertums doch maßgeblich an der Verbreitung von politischen Einstellungen mit, als deren konsequenteste Repräsentanten sich die Nationalsozialisten darstellen konnten. Als die NS-Bewegung durch einflußreiche Fürsprecher „hoffähig" geworden war, ließen sich auch die bürgerlichen Honoratioren von der nationalen Euphorie in ihrem Umfeld anstecken (vgl. Kap. VI.B).

In Ahlen blieben die politischen Einstellungen, die Denktraditionen und die Vorstellungswelten breiter Kreise des Bürgertums bis 1933 maßgeblich vom Zentrum bestimmt. Zwar sank der Wähleranteil dieser Partei von 67 % bei den letzten Reichstagswahlen der Kaiserzeit auf 51 % im Jahre 1919, um sich dann ab 1924 auf ca. 37 % einzupendeln, doch wurden die Wohnbezirke der Altstadt von dieser Entwicklung kaum erfaßt. Hier erreichte das Zentrum noch am Ende der Weimarer Zeit Wähleranteile von über 50 % (vgl. Tab. 15). Es gab ein überaus dichtgespanntes katholisches Vereinswesen. Neben den üblichen kirchlichen Organisationen für Arbeiter, Gesellen, Mütter, „Jungfrauen" und Jugendliche fallen bei Durchsicht der Ahlener Volkszeitung auch weniger bekannte Vereine auf. So gab es ein katholisches Kreuzbündnis, das sich besonders der heimkehrenden Soldaten annahm, einen karitativ arbeitenden Vinzenzverein und eine katholische Akademikervereinigung, die Vortragsreihen abhielt. Es gab katholische Gesangs- und Sportvereine, und im christlichen „Arbeiterhaus", das 1924 nach großzügigen Erweiterungsbauten in Kettelerhaus umbenannt wurde,[95] führte der „Dramatische Klub ‚Schillerkranz'" Theaterstücke auf.

Fast jeder Paohlbürger fand unter dem Dach der Kirche ein Betätigungsfeld. Die Vereinsvorsitzenden und die katholischen Geistlichen waren Repräsentanten des Zentrums und die Unterstützung dieser Partei war eine Selbstverständlichkeit. Seine Wahlplicht erfüllte man in der Regel kollektiv nach dem sonntäglichen Gottesdienst.[96]

---

94 Goch beschreibt dies beispielsweise anschaulich für Gelsenkirchen (1991) und für Bochum (1992).
95 Vgl. Ahlener Volkszeitung vom 16.4.1924.
96 Vgl. John (1990), S. 649. Zur Beschreibung des katholischen Milieus in Ahlen, ebenda

Trotz der beschriebenen starken Spannungen bei den letzten Stadtverordnetenwahlen vor dem Ersten Weltkrieg und den im nächsten Abschnitt zu schildernden
nicht unerheblichen Abspaltungstendenzen verschiedener Berufsgruppen auf kommunalpolitischer Ebene, verstand es das Zentrum letztendlich doch, die auseinan-
derstrebenden Parteiflügel zusammenzuhalten. Neben dem Verweis auf die verbin-
dende Kraft der christlichen Weltanschauung geschah dies vor allen Dingen durch
Abwehr und Ausgrenzung der radikalen Bergarbeiterbewegung. War in Kamen
Antirepublikanismus, Kampf gegen Versailles und militaristische Traditionspflege
das vereinigende Band des Bürgertums, so war es in Ahlen der Antikommunismus.

Zwar hatte auch das Zentrum der Monarchie bis zuletzt die Treue gehalten – die
Ahlener Volkszeitung als Sprachrohr dieser Partei wetterte noch am 8.11.1918
gegen die beginnenden revolutionären Bewegungen[97] – doch ist der schnelle
Schwenk nach der Ausrufung der Republik unübersehbar. Schon am 12.11.1918
hieß es:

„Wir leben nun einmal in veränderten Verhältnissen und müssen uns damit
abfinden."[98]

Die Ahlener Zentrumspartei stellte sich „auf den Boden der gegebenen Verhältnisse" und forderte das Bürgertum nunmehr auf, „seinen Platz in dem neuen
Volksstaat ... zu behaupten, den ihm kein Vorrecht und keine hergebrachte Ordnung sonst mehr sichert".[99]

Im Gegensatz zu der tiefen Verunsicherung, die das Ende der Monarchie im
evangelischen Bürgertum hervorrief, sahen die Zentrumsanhänger das alte Reich
„durch das klägliche Versagen des Kaisers diskreditiert" und stellten sich auf den
Boden der Republik.[100] Nach dem Zusammentritt der Nationalversammlung 1919
beteiligte sich das Zentrum an der von Sozialdemokraten und Linksliberalen
gebildeten Reichsregierung, weshalb die katholische Volkspartei von Rechtsliberal-
len und Deutschnationalen für den „Schmachfrieden" von Versailles mitverant-
wortlich gemacht wurde.

In Ahlen zeigte die auf Reichsebene praktizierte Zusammenarbeit mit der SPD
zunächst wenig Wirkung. Es ist bereits beschrieben worden, daß es während der
Novemberrevolution zwei Strömungen im katholischen Bürgertum gab (Kap.
II.B2). Die kompromißbereite Richtung – angeführt vom Bürgermeister – versuch-
te mit dem Arbeiterrat zusammenzuarbeiten, während eine Gruppe um den
Stadtverordnetenvorsteher und den Schriftführer der Ahlener Volkszeitung auf
Konfrontationskurs ging. Die härtere Gangart setzte sich durch. Das Ahlener
Zentrum suchte die Zusammenarbeit mit dem rechtsstehenden Bürgertum und

---

S. 644. Unter den Zentrumspolitikern und Vereinsvorsitzenden fällt ein besonders hoher
Anteil von Bildungsbürgern – vor allem Lehrern – ins Auge. Vgl. auch die Parallelen zum
idealtypisch beschriebenen katholischen Milieu im Saarland bei Paul (1987), S. 22-25.
97 Dazu genauer: Zimmer (1987), S. 60.
98 Ahlener Volkszeitung vom 12.11.1918.
99 Ahlener Volkszeitung vom 20.11.1918, vgl. auch ebenda 23.11.1918.
100 Hehl (1987), S. 244, vgl. auch Ruppert (1986), S. 84 f.

betrieb eine rigorose Ausgrenzung der sozialdemokratischen Arbeiterbewegung.[101] Erst nachdem die KPD unter den Bergarbeitern zur führenden Kraft geworden war, lassen sich Tendenzen erkennen, die SPD in ein Bündnis der Vernunft gegen den Kommunismus einzubeziehen. Wie gezeigt (Kap. II.B2), veranlaßten die Ereignisse nach dem Kapp-Putsch auch den Ahlener Bürgermeister dazu, in das Lager der kompromißlosen Gegner der radikalen Bergarbeiterbewegung überzuwechseln.

Dr. Antonius John, der 1922 in Ahlen als Sohn eines katholischen Rektors und Zentrumspolitikers geboren wurde, ist ein guter Zeitzeuge für die politische Stimmung im Bürgertum. Durch seine an mehreren Stellen veröffentlichten Erinnerungen zieht sich wie ein roter Faden das damals vorherrschende Gefühl der „Angst vor dem kommunistischen Terror".[102] Schon als Kind hörte er wilde Geschichten über angebliche Greueltaten Ahlener Rotarmisten auf dem Bauernhof seiner Großeltern.[103] Als dann später eigene Erlebnisse mit demonstrierenden Bergarbeitern dazukamen, konnte sich die Angst vor dem Kommunismus „nachts zu panischem Entsetzen verdichten – an Schlaf war dann nicht mehr zu denken".[104] Antonius John ging damals auf das Ahlener Gymnasium und beschreibt die Simmung in seiner Klasse folgendermaßen:

„Wir empfanden den Friedensschluß von Versailles als eine Schande, und wir schämten uns des verlorenen Krieges und erst recht des Staates, der daraus hervorgegangen war."[105]

Während der Vater diesen Stimmungen als überzeugter Republikaner widersprach und die Weimarer Verfassung verteidigte, teilte er den Antikommunismus des Sohnes. In Briefen an seinen Bruder in Amerika beschrieb er um die Jahreswende 1932/33, daß die meisten Ahlener Bürger die Kommunisten für gefährlicher als die Nationalsozialisten hielten und die Frage stellten, „ob wir den Kampf gegen die Kommunisten führen können ohne die Hilfe Hitlers".[106] Interessant ist auch, in welcher Weise sich A. John an die SPD erinnert (auch hier widersprach der Vater!):

„Für viele war die Sozialdemokratie jedoch eine Art Vorstadium zum Kommunismus. Das hing wohl damit zusammen, daß es unter den Sozialdemokraten zahlreiche Freidenker und kämpferische Atheisten gab."[107]

Religiöse Auseinandersetzungen und die Frage des Verhältnisses von Kirche und Staat haben im Ahlen der Weimarer Zeit eine außerordentlich große Rolle gespielt, und es ist durchaus naheliegend, daß dies ein wesentlicher Grund dafür war, daß lange keine Zusammenarbeit zwischen Zentrum und SPD zustandekam.

---

101 Nach Hehl (1984), S. 65 war das westfälische Zentrum insgesamt besonders konservativ ausgerichtet und durch „zähes Festhalten an überkommenen Traditionen gekennzeichnet".
102 John (1990), S. 632.
103 Besonders: John (1983), S. 13 f. Wie unbeirrt der Autor an den hier verbreiteten Legenden festhällt zeigt sich daran, daß er sie trotz der ihm zur Kenntnis gebrachten wissenschaftlich gesicherten Korrekturen in alter Version wiederholt, vgl. John (1990), S. 642/643.
104 John (1990), S. 643.
105 Ebenda, S. 638.
106 Die Briefe sind abgedruckt im Dokumentenanhang bei John (1983).
107 John (1990), S. 645.

Im Mittelpunkt aller kulturpolitischen Auseinandersetzungen stand von Anfang an der zur Existenzfrage des Katholizismus hochstilisierte Schulkampf.[108] Nach den ursprünglichen Vorstellungen des Rates der Volksbeauftragten sollte eine strikte Trennung von Kirche und Staat durchgesetzt werden, was den kirchlichen Einfluß auf die Schulen ausschloß. Das Ahlener Zentrum machte den Kampf gegen diese Bestrebungen sofort zum Wahlkampfthema Nummer eins. Wegen der beschriebenen Auseinandersetzungen um die Weltliche Schule in der Kolonie blieb die Forderung nach konfessionell orientierter Bildungspolitik auch nach dem Rücktritt der USPD aus der Regierung und der Kompromißlösung in der Weimarer Verfassung ein kommunalpolitischer Dauerbrenner in Ahlen. Immer wieder gab es Kundgebungen gegen die „Entchristlichung der Schule" und Unterschriftensammlungen, in denen das Zentrum über 7000 Eltern gegen die konfessionslose Schule in der Kolonie mobilisierte.[109]

Nach der Konsolidierung der Weltlichen Schule und nicht konfessionsgebundener Vereine unter den Bergleuten häuften sich die Kirchenaustritte. Während noch 1913 lediglich 14 Personen ohne Religionszugehörigkeit aufgeführt wurden, waren es 1930 1609 und 1932 sogar 1953.[110] Die Zentrumsanhänger liefen dagegen Sturm. Unter dem Motto „Die große Gefahr der Gottlosenbewegung" organisierte man Veranstaltungen, auf denen beispielsweise ausgeführt wurde:

„Das deutsche Volk steht vor einer unheilvollen Schicksalsfrage. Es muß wählen zwischen dem Kreuz Christi oder dem Sowjetstern ... Wir müssen uns wehren in diesem gefährlichsten aller Kulturkämpfe, müssen uns aufrichten zu einem riesigen Wall, müssen die Verteidigung aufnehmen."[111]

Der Katholizismus und die Frage des Verhältnisses von Religion und Staat war auch der Maßstab, mit dem andere Parteien gemessen wurden. Der DDP unterstellte man beispielsweise als „Partei der Kriegsgewinnler und der Börsen- und Bankjobber" die gleiche antichristliche Grundhaltung wie den Sozialdemokraten.[112] Der DNVP, die selbst protestantische Pfarrer nach Ahlen einlud, um sie gegen die geplante Trennung von Kirche und Staat referieren zu lassen,[113] wurde vorgehalten, daß Bismarck ihre Symbolfigur gewesen sei und sich die früheren Nationalliberalen in ihren Reihen „als Kulturkämpfer von niemandem übertreffen" ließen. Bei dieser Partei seien die „katholischen Belange nicht gewahrt" und statt dessen „die schärfsten Vertreter der protestantischen Orthodoxie" zu finden.[114]

Wie die Ahlener Wahlergebnisse zeigen (vgl. Tab. 12), spielten die klassischen bürgerlichen Parteien wie DDP, DVP und DNVP kaum eine Rolle. Auf kommunalpolitischer Ebene taten sich ihre Anhänger mit „Evangelischen Listen" oder

---

108 Zur Schulpolitik des Zentrums, vgl. Küppers (1982).
109 Vgl. vor allem Ahlener Volkszeitung vom 5.5.1919 und 13.3.1923.
110 Ahlener Volkszeitung vom 12.11.1930 und Bericht des Magistrats der Stadt Ahlen, Rechnungsjahr 1932, S. 5.
111 Ahlener Volkszeitung vom 17.11.1931.
112 Ahlener Volkszeitung vom 25.1.1919.
113 Vgl. Ahlener Volkszeitung vom 8.1.1919.
114 Ahlener Volkszeitung vom 1.5.1924.

Mittelstandsverbänden zusammen. Auf diese Weise kam es bei jeder Stadtverordnetenwahl zu neuen Listenverbindungen, die sich zu keiner gemeinsamen Linie
gegenüber der richtungsbestimmenden Mehrheit des Zentrums zusammenfanden.
Bei der Integration evangelischer Wählerkreise hatte das Zentrum keinen Erfolg.
Es wurde zwar immer wieder betont, daß im Reichstag auch evangelische Abgeordnete in den Reihen des Zentrums säßen, daß man eine „christliche Volksgemeinschaft" anstrebe und als „Partei des Ausgleichs", die als einzige wirklich „national"
sei, auch für Protestanten wählbar wäre, doch verhinderte die enge Bindung an die
katholischen Kirche eine Öffnung für evangelische Wähler.[115]

Die militärische Traditionsplege als verbindendes Element des Bürgertums spielte nur eine untergeordnete Rolle. Es lassen sich lediglich fünf Kriegervereine
nachweisen, und im Unterschied zu Kamen fanden diese bis auf kurze Veranstaltungshinweise in der Lokalzeitung keine weitere Publizität. Dies traf selbst auf den
Bürgerschützenverein oder den Vaterländischen Frauenverein zu, obwohl diese
Verbände eindeutig von Zentrumsmitgliedern beherrscht wurden.

Auf die Betonung des Katholizismus und des Antikommunismus konnte mit
Blick auf die innerparteilichen Interessengegensätze nicht verzichtet werden. Dies
waren emotionale Klammern, die selbst noch Berufsgruppen erfaßten, die sich auf
kommunalpolitischer Ebene vom Zentrum lösten und mit gesonderten Wahlvor-
schlägen auftraten. Wie sich zeigen wird, waren diese Klammern stark genug, um
ein größeres Abgleiten katholischer Wähler ins nationalsozialistische Lager zu
verhindern.

---

115 Vgl. Ahlener Volkszeitung vom 2.5.1924, vgl. auch die Kritik an der christlich-sozialen
Volkspartei vom 3.5.1924.

B. Die Mittelstandsbewegung

Der Mittelstand ist oft als eine äußerst unruhige, unzufriedene, von Krisenstimmung und Protestverhalten bestimmte soziale Gruppe der Weimarer Zeit beschrieben worden.[116] Der schon angedeutete Verdrängungsprozeß aus traditionellen Einflußbereichen der Kommunalpolitik durch Fabrikanten und Vertreter der Montanindustrie auf der einen und die Arbeiterbewegung auf der anderen Seite verstärkte sich nach der Abschaffung des Dreiklassenwahlrechts. Die materiellen Folgelasten des Weltkriegs und der Inflation brachten finanzielle Einbußen. Die Zwangsbewirtschaftung des Wohnraums und die offensive Grundstücks- und Baumarktpolitik der Gemeinden bedrohten ständische Interessen und die Erzbergersche Finanzreform von 1920 machte den kommunalen Haushalt von einer stärkeren Inanspruchnahme der Grund-, Gebäude- und Gewerbesteuer abhängig.

„All‘ diese Entwicklungsmomente wurden der neuen Republik angekreidet und bestärkten den alten Besitzmittelstand in seiner Krisenstimmung, die sich bald in kulturpessimistischen Untergangsgefühlen, bald in radikalem Protest oder einer harmonisch verklärenden Rückerinnerung an die einstige ‚Bürgergemeinde‘ ausdrückte."[117]

Heinrich August Winkler betont, daß der gewerbliche Mittelstand „über das Ende des Kaiserreiches hinaus von der sozialprotektionistischen Politik des Obrigkeitsstaates" geprägt blieb und jeweils diejenige Partei favorisierte, „von der er sich in der konkreten Situation ein Höchstmaß an Schutz vor den Ansprüchen der Arbeitnehmer und den sozialen Folgen einer Wettbewerbsgesellschaft versprach".[118] Seine politische Entwicklung galt „als kontinuierlicher Rechtsschwenk", an dessen Ende die Unterstützung der Nationalsozialisten gestanden habe.[119] Die Zerstörung der Weimarer Republik wurde geradezu zum „Werk des Mittelstandes" erklärt.[120]

Nun haben neuere Veröffentlichungen Zweifel an dieser Alleinschuldthese angemeldet. Zum einen deckten Untersuchungen über die Wählerbewegungen in der Weimarer Republik auf, daß neben mittelständischen Gruppen auch erhebliche Teile der Arbeiterschaft und der Oberschichten zu den NSDAP-Wählern gehörten (dazu genauer Kap. V.C). Zum zweiten haben vor allem neuere Lokalstudien gezeigt, daß große regionale, konfessionelle und soziale Unterschiede zwischen den einzelnen mittelständischen Gruppierungen bestanden. Danach ist es kaum noch

---

116 Zur Problematik des Begriffs, vgl. Schumacher (1972), S. 24 f. Er betont, daß die Zugehörigkeit zum Mittelstand bei den Betroffenen oft eine Bewußtseinsfrage war. Winkler (1972), S. 25 schreibt, daß sich unter der Decke des ausgeweiteten Mittelstandsbegriffs vor allem bei Handwerkern und Kleinhändlern das Gefühl hielt, „der eigentliche Mittelstand zu sein".
117 Holtmann (1989), S. 92.
118 Winkler (1977), S. 778/779.
119 Schumacher (1972), S. 115.
120 Ausführlich hierzu mit vielen Belegen: Lenger (1989). Das Zitat bezieht sich auf eine Formulierung von Ralf Dahrendorf, ebenda S. 173.

möglich, pauschale Aussagen über die politische Ausrichtung des Mittelstandes insgesamt aufzustellen.[121]

Unter dieser Voraussetzung haben die folgenden Ausführungen nur einen begrenzten Aussagewert, da die Quellenbasis keine klare Abgrenzung einzelner mittelständischer Gruppierungen und ihrer politischen Ziele erlaubt. In den folgenden Abschnitten kann es nur darum gehen, graduelle Unterschiede im Protestverhalten der Mittelschichten in den Vergleichsstädten herauszustellen und die unterschiedliche politische Ausrichtung und Eingebundenheit im lokalen Parteienspektrum in den Blick zu bekommen.

1. Soziale Basis, politische Ziele und wechselnde Listenverbindungen

Die Situation mittelständischer Gruppen hat in die Heimatliteratur beider Städte Eingang gefunden. In Kamen schrieb Rektor Siegler 1927, daß der starke Zuzug von Bergleuten viele Ackerbürger dazu veranlaßt hätte, Läden in ihrer Dehle einzurichten. Außerdem seien Gewerbetreibende von auswärts gekommen, und man habe gedacht, die aufstrebende Entwicklung der Stadt gehe immer so weiter. Die Folge sei gewesen, daß sich die Zahl der Käufer immer weiter aufteilte:

„Da war es kein Wunder, daß bald die Klage laut wurde, die Geschäfte hätten nicht genügend Absatz. Einige, die glaubten, ohne kaufmännische Kenntnisse ein solches Geschäft führen zu können, mußten bald ihren Irrtum einsehen und ... schließen. Nun wurden Schuldige gesucht."[122]

Auch im Ahlener Heimatbuch von 1929 gibt es einen Artikel zur Entwicklung von Handel und Gewerbe. Dort wurde behauptet, daß der Beschäftigungsgrad in diesen Bereichen gegenüber der Vorkriegszeit beträchtlich gesunken sei. Demobilmachung, Inflation und Arbeitsmangel für Hilfskräfte hätten viele dazu verleitet, sich selbständig zu machen. Das habe zu einer starken Überbesetzung und Einkommenseinbußen geführt.[123]

„Klagen sind der Gruß des Mittelstandes" heißt ein altes Sprichwort. Wieviel davon der Wirklichkeit entspricht, ist schwer zu entscheiden. Überregionale Untersuchungen lassen erkennen, daß es den unabhängigen Handwerkern und Kaufleuten zumindest in der Prosperitätsphase der Weimarer Zeit (1924-1929) im Vergleich zu anderen sozialen Gruppen wie den Arbeitnehmern und den Bauern relativ gut ging. Sie verdienten rund 24 % mehr als der Bevölkerungsdurchschnitt. Erst mit Beginn der Weltwirtschaftskrise begann ein schneller Abstieg: allein 1932 um mehr als 50 %, obwohl auch in dieser Zeit das Pro-Kopf-Einkommen im Mittelstand noch um zwei Punkte höher lag als der Volksdurchschnitt.[124]

---

121 Vgl. ebenda, besonders S. 191.
122 Zechen-Zeitung, 1927, Nr. 4, S. 6.
123 Vgl. Kohlmann (1929), S. 194/195.
124 Vgl. Castellan (1977), bes. S. 110. Hamilton (1981), S. 370, behauptet sogar, „daß viele Mitglieder der Mittelschichten in der Weltwirtschaftskrise ihr Realeinkommen vergrößern konnten".

Für die Vergleichsstädte gibt es keine Quellen mehr, die Auskunft über Gewinne und Umsätze des mittelständischen Gewerbes geben. Einen Hinweis auf die Unterschiede im Bereich des Kundenpotentials verschafft aber eine Auswertung der Volks- und Berufszählungen von 1925 und 1933:[125]

	1925		1933	
	Kamen	Ahlen	Kamen	Ahlen
Einwohner	11.686	22.357	12.390	25.153
Selbständige insg.	617	789	561	917
	= 12,4%	= 8,1%	= 12,1%	= 9,3%
davon				
Handel u. Gewerbe	216	247	247	343
Kunden im Schnitt*	= 54	= 91	= 50	= 73
Industrie u. Handwerk	278	380	210	393
Kunden im Schnitt*	= 42	= 59	= 59	= 64

(* Einwohner geteilt durch die Zahl der Betriebe)

Gemessen an der Einwohnerzahl mußten die selbständigen Kaufleute und Handwerker in Kamen also mit einem niedrigeren Kundendurchschnitt auskommen als in Ahlen. Aufgrund der andersartigen wirtschaftlichen und demographischen Entwicklung gab es in Kamen während der Weimarer Zeit kaum noch Entlastung durch Einwohnerzunahme. Daß hier schon 1925 eine Überbesetzung mit Selbständigen bestanden haben muß, verdeutlicht das Sinken ihrer Anzahl von 617 auf 561 bis 1933, obwohl sich während der Weltwirtschaftskrise viele Arbeitslose als Händler und Handwerker versuchten. In Ahlen gab es demgegenüber noch Spielräume für 123 Existenzgründungen. Trotz nachlassender Kaufkraft und Verringerung des Käuferdurchschnitts erhöhte sich die Zahl der Selbständigen zwischen 1925 und 1933 von 8,1 % auf 9,3 % der Einwohner.

In diesem Zusammenhang ist außerdem zu berücksichtigen, daß die umliegenden Großstädte für die Kamener Gewerbetreibenden eine große Konkurrenz darstellten. Ihre Interessenvertreter behaupteten sogar, daß 50 % der Einwohner auswärts einkauften.[126] Aufgrund des ländlichen Umfeldes läßt sich für Ahlen eher vermuten, daß Käufer der umliegenden Dörfer einpendelten.

Ohne den Lebensstandard des Mittelstandes in den Vergleichsstädten genauer quantifizieren zu können, läßt sich damit zumindest begründet vermuten, daß seine wirtschaftliche Situation in Kamen schwieriger war als in Ahlen.

Ob dies jedoch ausreicht, um die machtvolle und radikale Kamener Mittelstandsbewegung zu erklären, muß bezweifelt werden. Die materiellen Aspekte scheinen gegenüber den ideologischen nur eine untergeordnete Rolle gespielt zu haben. Dies wird schon daran deutlich, daß die erfolgreiche Ortsgruppe der

---

125 Statistik des Deutschen Reiches, Bd. 404 und 455.
126 Vgl. Kamener Zeitung vom 8.3.1928.

„Reichspartei des deutschen Mittelstandes" (Wirtschaftspartei) ausgerechnet Ende 1927 gegründet wurde, in einer Zeit mit den höchsten Wachstumsraten der Weimarer Republik.[127] In Kamen erreichten die Bautätigkeit, der Beschäftigungsgrad in Handwerk und Industrie sowie der Umbau, Neubau und die Modernisierung zahlreicher Geschäfte einen Höhepunkt.[128] Der Aufschwung einer separaten Mittelstandspartei, die kommunalpolitisch auf einen kompromißlosen Konfrontationskurs setzte, ist demnach ein Phänomen, daß gerade in der Prosperitätsphase auftrat und noch vor dem Durchbruch der Weltwirtschaftskrise lag.

Nach der kurzen Unterstützung der DDP zu Beginn der Weimarer Zeit wechselten die mittelständischen Wählerschichten zunächst zu den Rechtsparteien. Dies läßt sich in Kamen sowohl anhand der Stimmbezirksanalysen (vgl. Tab. 13/14), wie auch an personellen Verflechtungen nachweisen. Noch im Mai 1924 kandidierten auf der zwölfköpfigen DVP-Liste für die Stadtverordnetenwahl zwei Kaufleute, zwei Handwerksmeister und ein Gastwirt.[129] An erster Stelle stand – noch vor dem Betriebsdirektor der Zeche – der Vorsitzende des 100 Mitglieder starken „Vereins für Handel und Gewerbe". Auch den „Handwerkerverein" führte zu dieser Zeit der stellvertretende DVP-Vorsitzende.

Es war der Haus- und Grundbesitzerverein, der bei der Kommunalwahl vom 4.5.1924 zum ersten Mal eine separate Kandidatenliste einreichte. Er forderte eine Herabsetzung der Hauszinssteuern und die Aufhebung der Wohnungszwangswirtschaft. Unter den Bewerbern befanden sich sechs Kaufleute, zwei Uhrmacher, ein Bauunternehmer, aber auch zwei Bergleute. Das Abschneiden dieser Liste mit 13,3 % und drei Mandaten macht deutlich, daß sich ein beachtlicher Teil der Haus- und Grundbesitzer von einer eigenen Interessenvertretung im Stadtparlament mehr versprach als von den etablierten Parteien.

Die Kamener Wirtschaftspartei griff die politischen Ziele der Haus- und Grundbesitzer auf. Doch das Verhältnis zu ihrer Organisation war nicht unproblematisch, man denke nur an die gegensätzlichen Interessen gewerblicher Mieter und Hausbesitzer in der Stellung zum Mieterschutz durch die Wohnungszwangswirtschaft. Außerdem hatten sich die Abgeordneten des Haus- und Grundbesitzervereins nach Ansicht der Wirtschaftspartei vom Bürgermeister „einwickeln" lassen und durch Mitarbeit an vielen umstrittenen Projekten diskreditiert. Als Bedingung für die Aufstellung einer gemeinsamen Liste zur Stadtverordnetenwahl vom 17.11.1929 verlangte die Wirtschaftspartei vom Haus- und Grundbesitzerverein, daß keiner der alten Mandatsträger erneut nominiert würde. Da dies auch den Vorsitzenden des Vereins betraf, kam es zu harten Auseinandersetzungen. Letztendlich siegten die Befürworter der Listenverbindung in einer knappen Kampfabstimmung.[130]

Hier zeigt sich beispielhaft, daß es der Wirtschaftspartei in Kamen gelang, die Interessengegensätze unterschiedlicher Mittelstandsgruppen zu überwinden und

---

127 Vgl. Castellan (1977), S. 105.
128 Vgl. Bericht über die Verwaltung der Stadt Kamen, 1924-1928, S. 15.
129 Die Kandidatenlisten befinden sich in: StAK, Nr. 1036.
130 Vgl. Kamener Zeitung vom 18., 22. und 28.10.1929.

eine einheitliche politische Willensbildung zu erreichen. Am Personenkreis der Gründungsmitglieder, der einzelnen Vorstände und der Beiräte fällt auf, daß es von Anfang an eine enge Zusammenarbeit von Handwerkern und Kaufleuten gab. Außerdem gelang es neben dem Haus- und Grundbesitzerverein auch die Organisation der Kamener Gastwirte anzusprechen, und darüberhinaus unselbständige Gesellen, kaufmännische Angestellte, zum Teil sogar Beamte und Landwirte einzubeziehen.[131]

Der Forderungskatalog der Kamener Ortsgruppe beinhaltete zunächst einmal Themen, die von der Reichspartei vorgegeben wurden und Mitte der 20er Jahre in vielen Städten und Mittelstandsorganisationen breiten Widerhall fanden. Hierzu gehörten die Herabsetzung der Hauszins- und Gewerbesteuer, die Abschaffung der Wohnungszwangswirtschaft, der Schutz vor wachsender Konkurrenz durch Warenhausketten und Konsumvereine und die Einschränkung der städtischen Regiebetriebe. Man behauptete, die Gemeinden betrieben eine „kalte Sozialisierung" und bereicherten sich auf Kosten des Mittelstandes. Unter den Bürgermeistern grassiere eine „Großmannssucht" und die „Verluderung öffentlicher Mittel" sei ins Maßlose gestiegen. In den Stadtparlamenten habe Parteipolitik die unpolitische Sacharbeit verdrängt.[132]

Trotz der weiten Verbreitung solcher Behauptungen ist die geballte Form, mit der sie in der Kleinstadt Kamen zu Tage traten, eine ungewöhnliche lokale Besonderheit.

Immer wieder gab es Großveranstaltungen, auf denen bekannte Redner der Wirtschaftspartei – darunter sogar der Vorsitzende der Reichspartei, Hermann Drewitz – verkündeten, daß es um „Sein oder Nichtsein des Mittelstandes" gehe, um einen „Existenzkampf auf Leben und Tod". Man werde „zwischen den großen Mächten Kapitalismus und Sozialismus zerrieben". Deutschland sei „ein Wohlfahrtsstaat auf tönernen Füßen" geworden, und die Selbständigen werden durch „Sondersteuern und kalte Sozialisierung erdrosselt".[133] Bei überregionalen Fragen betonten die Redner gerne ihren „unpolitischen Charakter" und hielten am Grundkonsens mit der bürgerlichen Rechten fest. Viele Mitglieder der Wirtschaftspartei in Kamen waren beispielsweise in den beschriebenen militärischen Vereinen und nationalen Verbänden aktiv. Sie traten für die „Wehrhaftmachung des deutschen Volkes" ein und forderten eine Stärkung der „nationalen Gesinnung". Auf der zweiten großen Veranstaltung der Wirtschaftspartei in Kamen im Januar 1928 brachte ein Redner seine Einstellung auf folgende Versform:

---

131 Unter den 17 Kandidaten für das Stadtparlament und dem Kreistag für die Wahlen vom 17.11.1929 befanden sich neben sieben Handwerksmeistern und vier Kaufleuten auch zwei Angestellte und jeweils ein Beamter, Landwirt, Wäschereibesitzer und Gastwirt, vgl. Kamener Zeitung vom 19. und 21.10.1929.
132 Vgl. Böhret (1966) S. 75, Winkler (1972), S. 100 f. und Holtmann (1989), S. 65 f. Zur Entstehung und Geschichte der Wirtschaftspartei allgemein: Schumacher (1972).
133 Vgl. Kamener Zeitung vom 4.2. und 18.3.1929. Darüberhinaus finden sich zahlreiche Beispiele bei: Rennspieß (1992), S. 115 f. und 299 f.

„Ich bin geboren, deutsch zu fühlen, bin ganz auf deutsches Denken eingestellt. Erst kommt mein Volk, dann die andern vielen, erst meine Heimat, dann die Welt!"[134] Auf welch fruchtbaren Boden die Vorstellungen der Wirtschaftspartei in Kamen fielen, zeigte sich erstmals bei der Reichstagswahl im Mai 1928. 22,1 % der Wähler machten sie zur zweitstärksten politischen Kraft in der Stadt.

Als Erklärung reicht es nicht aus, auf die weite Verbreitung allgemeiner Aussagen aus dem Programm der Reichspartei zu verweisen und die berufsübergreifende Einigung mittelständischer Organisationen durch die Ortsgruppe hervorzuheben. Das eigentliche Erfolgsrezept lag im Aufgreifen konkreter kommunalpolitischer Streitpunkte, an denen man die angedeuteten ideologischen Phrasen konkretisierte.

Hierzu gehörte beispielsweise die Vergabe städtischer Aufträge an auswärtige Firmen. Die Empörung über eine solche Auftragsvergabe stand schon bei der Gründung der Kamener Wirtschaftspartei Pate, und es wurden immer wieder einzelne Fälle „aufgedeckt", die die Gemüter ungeheur erregten.[135] Zu einem weiteren „Dauerbrenner" der Wirtschaftspartei entwickelte sich die Belastung des Mittelstandes durch Abgaben für die Kanalisation. Verzögerungen und Unklarheiten bei der Aufstellung der Gebührenordnung führten dazu, daß die Stadt im April 1929 einen einmaligen Pauschalbetrag für rückständige Raten von neun Monaten verlangte. „Das könne keiner aufbringen", hieß es auf einer Protestveranstaltung des Mittelstandes. Im übrigen fand man „juristische Fehler" in den Zustellungsbescheiden und forderte die Anwesenden zum Boykott auf.[136] Noch wenige Tage vor der Stadtverordnetenwahl im November 1929 reichte die Wirtschaftspartei eine gerichtliche Klage ein.[137] Auch dieses Thema der als zu hoch empfundenen Kanalgebühren blieb bis 1933 aktuell. Weitere kommunalpolitische Projekte, die Anlaß zu besonderer Empörung gaben, waren:

- ein als viel zu umfangreich empfundener Stadionbau,
- der Neubau einer „luxuriösen und pompösen" Bürgermeisterwohnung,
- die Anschaffung eines Autos, womit städtische Bedienstete zu Tagungen und Konferenzen fuhren, die allgemein als unnötig empfunden wurden (über das Auto kursierte beispielsweise ein Gerücht, wonach der Wagen 20000 Mark an Reparaturen verschlungen hätte.)[138]

Daß es zu all diesen Problemen überhaupt gekommen war, lag nach Ansicht der Wirtschaftspartei an der Person des Bürgermeisters Gustav Adolf Berensmann. Er

---

134 Kamener Zeitung vom 24.1.1928. Allgemein zum „vordemokratisch-autoritären Bewußsein" großer Teile des Mittelstandes, vgl. Winkler (1972), S. 40 und S. 117 f.
135 Beispiele dazu bei Rennspieß (1992), S. 119.
136 Vgl. Kamener Zeitung vom 30.4.1929.
137 Vgl. Kamener Zeitung vom 11.11.1929.
138 Diese Themen spielten bei fast allen kommunalpolitischen Veranstaltungen der Wirtschaftspartei und in den Diskussionen der Stadtverordnetenversammlung eine Rolle. Zu dem Gerücht über das Auto, vgl. Kamener Zeitung vom 4.2.1930.

Der Kamener Bürgermeister Berensmann (3. v. links) bei einem Fest des Kriegervereins. Mitte der 20er Jahre.

wurde geradezu zur Verkörperung all ihrer Kritikpunkte: Verschwendung städtischer Finanzen, Mißwirtschaft, Förderung der städtischen Regiebetriebe, Schuldenlasten, übertriebene Wohlfahrtspflege, Etatverschleierung, Förderung des Parteibuchbeamtentums etc.[139]

Der Bürgermeister war ein ungewöhnlich tatkräftiger Verwaltungsfachmann und neigte auch nach Ansicht des Arnsberger Regierungspräsidenten in der Tat „zu einer eigenmächtigen Amtsführung".[140] Er ließ sich den Vorsitz in keinem Ausschuß entgehen und dominierte den Magistrat in einer Weise, die ihn nach außen hin als Hauptverantwortlichen aller Beschlüsse erscheinen ließ. Da er als Mitglied der DVP besonders gute Kontakte zu den „Führern der hiesigen Privatwirtschaft" pflegte (wie er selbst betonte[141]) und es darüber hinaus verstand, die Sozialdemokraten in die politischen Entscheidungen einzubeziehen, sahen sich die mittelständischen Interessenvertreter übergangen. Everhard Holtmann drückt dies so aus:

„Die altbürgerliche ‚Mitte' sah sich von einer industriepolitischen Interessenkoalition, in welcher Arbeit und Kapital zusammenwirkten, wie mit einer kommunalen Zangenbewegung umfangen und kommunalpolitisch eingeschnürt."[142]

---

139 Beispielhaft für diese Aufzählung ist die Rede auf einer Veranstaltung der Wirtschaftspartei Mitte Oktober 1929, vgl. Kamener Zeitung vom 22.10.1929.
140 StAM, Regierung Arnsberg, Kommunalaufsicht, Nr. 19838, Brief an den Oberpräsidenten von Münster vom 28.10.1932.
141 Kamener Zeitung vom 18.11.1929.
142 Vgl. die Zusammenfassung zur Kamener Wirtschaftspartei, in: Holtmann (1989), S.

Der große Gegenspieler des Bürgermeisters wurde der Steuer und Finanzberater (Syndikus) des Vereins für Handel und Gewerbe. Er war erst Anfang 1929 nach Kamen gekommen, referierte in allen Mittelstandsvereinen und verstand es, mit rastloser Energie die Ideen der Wirtschaftspartei zu verbreiten. Er war als mitreißender Redner gefragt, lieferte sich Leserbriefduelle mit dem Konsumverein[143] und städtischen Beamten[144] und schrieb über die „Kamener Verhältnisse" für eine Zeitung der Wirtschaftspartei, die unter dem Namen „Der Bürger" erschien. Als erster Vorsitzender des kommunalpolitischen Ausschusses des Bezirksverbandes der Partei war er für deren Wahlkampfstrategie verantwortlich.[145]

Der Kommunalwahlkampf stand unter dem Motto „Krieg der Korruption"[146] und sollte die Wirtschaftspartei als „konsequente Opposition" darstellen, die nach der Wahl alles ändern werde.[147] Selbstverständlich lehnte sie in dieser Situation den Vorschlag der DVP, eine gemeinsame Bürgerliste aufzustellen, ab.[148]

Die Kamener Wirtschaftspartei erhielt bei der Stadtverordnetenwahl vom 17.11.1929 35 % der Stimmen. Sie schaffte es, zur stärksten politischen Gruppierung der Stadt zu werden und nach eigener Einschätzung „einen Rekord in Deutschland aufzustellen".[149] Offensichtlich hatte sie es fertiggebracht, nicht nur den Mittelstand anzusprechen. Ihre oft sehr allgemein gehaltene Kritik ermöglichte es auch Unzufriedenen anderer Schichten, sich hier wiederzufinden. Die Partei wurde für kurze Zeit zu einem Sammelbecken all derer, die sich durch die Stadtverwaltung gekränkt oder verletzt fühlten.[150]

Zu diesem Erfolg dürfte das Verhalten der Kamener Presse nicht unwesentlich beigetragen haben. Die Referate, die auf Veranstaltungen der Wirtschaftspartei gehalten wurden, konnten in den Berichten der Lokalzeitung am folgenden Tag ausführlich nachgelesen werden. Dabei scheute man sich auch nicht, unbewiesene Behauptungen, Gerüchte und persönliche Angriffe auf den Bürgermeister wiederzugeben. Zwischen 1928 und 1931 fand keine andere Partei eine vergleichbare Publizität in der Stadt. Unverkennbar ist, daß Herausgeber und Redakteure der Kamener Zeitung zumindest zeitweilig mit der großen lokalen Oppositionspartei sympathisierten. Etwa ab 1931 wechselt der Schwerpunkt der Berichterstattung dann zu NS-Veranstaltungen (vgl. Kap. V. B).

Der sensationelle Wahlausgang änderte die politischen Kräfteverhältnisse in der Stadt grundlegend. Acht der 22 Stadtverordneten und drei der sieben Magistrats-

---

109-113. Das Zitat findet sich auf S. 110.

143 Vgl. den Leserbriefwechsel in der Kamener Zeitung vom 23. und 29.4. sowie 10.5.1929.

144 Zum Leserbriefwechsel mit dem Stadtrentmeister über Steuerschulden der Selbständigen, vgl. Kamener Zeitung vom 17., 19., 24. und 28.7.1930.

145 Vgl. Kamener Zeitung vom 23.4.1929.

146 Vgl. Kamener Zeitung vom 11.11.1929.

147 Kamener Zeitung vom 10.9.1929.

148 Resolution zu dieser Angelegenheit in der Kamener Zeitung vom 22.10.1929.

149 Dies wurde auf der Jahreshauptversammlung der Partei behauptet, vgl. Kamener Zeitung vom 7.2.1930

150 Bei der gleichzeitig stattfindenden Kreistagswahl bekam die Wirtschaftspartei rund 350 Stimmen weniger, vgl. Kamener Zeitung vom 18.11.1929.

mitglieder gehörten nun zur Wirtschaftspartei. Außerdem besetzte ein Mitglied dieser Partei die besoldete Beigeordnetenfunktion und war damit Stellvertreter des Bürgermeisters.[151]

Dies hat laut Everhard Holtmann „das Ordnungsprinzip kommunaler demokratischer Parteienherrschaft in Kamen ... nachhaltig destabilisiert."[152]

Während der Wähleranhang der Wirtschaftspartei bei den Reichstagswahlen bis zur nationalsozialistischen Machtübernahme auf 0,8 % zusammenfiel, blieb die Mittelstandsbewegung auf kommunalpolitischem Gebiet weiterhin bedeutsam. Die Sprecher ihrer Organisationen kandidierten bei der letzten „halbfreien" Kommunalwahl am 12.3.1933 unter der Listenbezeichnung „Bürgerliche Vereinigung" und erreichten 19,1 %. Wie noch gezeigt wird, bedeutete dies allerdings keine Opposition gegen die neue nationalsozialistische Regie in der Stadt (vgl. Kap. V.A3).

Bevor ein Versuch unternommen werden kann, Stärke und politische Ausrichtung der Mittelstandsbewegung in Ahlen einzuschätzen, muß das örtliche Parteienspektrum etwas genauer vorgestellt werden. Es war bei weitem komplizierter als in Kamen. Das lag zum einen daran, daß die bürgerlichen Parteien nicht unter ihrem Namen kandidierten, sondern verschiedene Listenverbindungen eingingen, und zum anderen an den scharfen sozialen Gegensätzen zur Bergarbeiterkolonie. Zum besseren Verständnis soll dies an den Kommunalwahlen der Weimarer Zeit kurz dargestellt werden (vgl. auch Tab. 10 im Anhang):

Bei der Stadtverordnetenwahl vom 2.3.1919 hoffte das Zentrum noch zuversichtlich darauf, alle sozialen Gruppen – auch den evangelischen Bevölkerungsteil – in Frontstellung zur Sozialdemokratie einigen zu können.[153] Man versprach den Linksliberalen, die bei den Wahlen zur Nationalversammlung als einzige bürgerliche Partei nennenswerte Stimmenanteile erreicht hatten, drei Plätze auf der eigenen Liste. Doch die Erwartung, daß es daraufhin nur zwei Wahlvorschläge geben würde, erfüllte sich nicht. Neben den Polen der Zechenkolonie traten schon bei diesen Wahlen zwei Vertreter mittelständischer Gruppen gesondert an. Ihre Listen wurden einfach nach den jeweiligen Spitzenkandidaten benannt: „B. Rötering" und „A. Rötering". Der erste war ein evangelischer Bauunternehmer und der zweite ein Landwirt und Ziegeleibesitzer, der versprach, die Interessen der Feldmarken zu vertreten.[154]

Insgesamt blieben diese Listen relativ erfolglos. Die Polen konnten zwei Vertreter, die Landwirte und der protestantische Mittelstand jeweils einen Abgeordneten ins Stadtparlament entsenden. Das Zentrum hatte das katholische Bürgertum und den Arbeitnehmerflügel zusammenhalten können und erreichte 16 der 30 Sitze. Die Partei bestimmte die Kommunalpolitik der Nachkriegszeit in allen Bereichen.

---

151 Zu diesen Wahlen und den Angaben über die neuen Stadtverordneten, vgl. StAK, Nr. 2271.
152 Holtmann (1989), S. 111.
153 Vgl. vor allem Ahlener Volkszeitung vom 6.2.1919 und die Wahlauswertung vom 3.3.1919.
154 Dieser Landwirt saß vor 1914 als Zentrumskandidat im Stadtparlament, fiel aber schon hier durch mehrere Alleingänge auf. So stimmte er z.B. als einziger gegen die Einführung der Magistratsverfassung, vgl. Muth (1989), S. 275

Damit zog sie aber auch die wachsende Unzufriedenheit vieler Bevölkerungsgruppen auf sich. Bei der nächsten Stadtverordnetenwahl am 4.5.1924 sollte es weitere Abspaltungen geben.

Trotz Überwindung der Inflation waren gerade die letzten Monate vor der neuen Kommunalwahl, die diesmal in Koppelung mit der Reichstagswahl stattfand, voll von sozialem Sprengstoff. Die grassierende Not konnte durch Volksküchen und Kinderspeisungen kaum gelindert werden, und die Wohnungsprobleme erreichten einen Höhepunkt. In der westfälischen Metallindustrie gab es Ende März/Anfang April 1924 einen erbitterten Arbeitskampf, an dem sich die Ahlener Betriebe vollständig beteiligten.[155] Außerdem zeichnete sich im Bergbau eine Kraftprobe zwischen den Arbeitgebern und den Gewerkschaften um die Wahrung revolutionärer Errungenschaften ab. Anfang Mai 1924 begann eine vierwöchige Aussperrung.[156] In dieser politischen Atmosphäre reichten gleich neun Gruppierungen eine eigene Kommunalwahlliste ein, wobei die Polenliste allerdings wegen formaler Fehler zurückgewiesen wurde.[157]

Das Ahlener Zentrum bemühte sich um „Schadensbegrenzung" und beschwor die Wähler, nicht die alten Stadtverordneten zum Sündenbock für die zeitbedingten Probleme zu machen. In vielen Fällen seien „die Verhältnisse stärker als die Personen" gewesen.[158] Bei der neuen Kandidatenliste wollte man das „Ständeprinzip" unbedingt durchhalten und setzte einen Kaufmann und einen Handwerksmeister an die Spitze des Wahlvorschlags.[159] Wer aus „persönlichem Ehrgeiz sein eignes Süppchen kocht" riskiere ein „bürgerliches Trümmerfeld" und die „ungeheure Gefahr" einer sozialistischen Mehrheit. Außerdem verwies man darauf, daß nicht jede Berufsgruppe nur auf ihren wirtschaftlichen Vorteil sehen dürfe und die kulturellen Ideale (wie z.B. die Bekämpfung der Weltlichen Schule) ebenso wichtig seien.[160] Man wollte einen Wahlkampf führen, der sich gleichermaßen gegen links wie gegen rechts richtete und lehnte eine bürgerliche Einheitsliste gegen die Sozialdemokratie ab, denn dies würde „von unseren Arbeitnehmern" leicht mit einer Ablehnung der Arbeiterschaft überhaupt verwechselt.[161]

Das Bürgertum und der gewerbliche Mittelstand sahen in dieser Politik des Parteivorstandes – ähnlich wie schon vor dem Ersten Weltkrieg – eine einseitige Stellungnahme zugunsten der christlichen Arbeiterbewegung. Sie reichten eigene Kandidatenvorschläge ein:

155 Vgl. Ahlener Volkszeitung vom 31.3.1924 (Position der Arbeitgeber), vom 1.4.1924 (Antwort der Gewerkschaften), vom 12.4.1924 (Ausgang des Streiks).
156 Dazu ausführlich: Rennspieß (1989), S. 91 f.
157 Der Vorsitzende hatte die erforderlichen zehn Unterschriften unter die eingereichte Liste kurzerhand selbst geschrieben, vgl. Ahlener Volkszeitung vom 27.4.1924.
158 Ahlener Volkszeitung vom 25.4.1924.
159 Nach Ruppert (1984), S. 77 war dies in der gesamten rheinisch-westfälischen Zentrumspartei üblich.
160 Vgl. Ahlener Volkszeitung vom 23.4.1924.
161 Vgl. Ahlener Volkszeitung vom 3. und 6.4.1924.

Zunächst gab es eine Liste unter dem Namen „Verein zur Wahrung bürgerlicher Interessen". Angeführt wurde sie von jenem Buchdruckereibesitzer, der schon vor 1914 durch seine Anlehnung an die Emaillefabrikanten aufgefallen war und während der Novemberrevolution als Stadtverordnetenvorsteher ständig eine schärfere Gangart gegenüber der Arbeiterbewegung gefordert hatte (vgl. Kap. II.B2). Auf dieser Liste kandidierten neben sechs größeren Kaufleuten drei Fabrikanten und mehrere kleinere Unternehmer.[162]

Darunter befanden sich bekannte Namen der Zentrumsabgeordneten des ersten Kommunalparlaments von 1919 bis 1924. Die Liste erreichte 6,5 % und zwei Sitze. Auffallend sind die 17,4 % im Stimmbezirk 6, wo die alten Ahlener Geschäftsstraßen lagen. Das nächst beste Ergebnis in einem Wahlbezirk waren 8,3 %.[163]

Während die größeren Kaufleute bei dieser Wahl also noch zu einem Bündnis mit den Fabrikanten und Unternehmern neigten, versuchten die Handwerksmeister, Gastwirte, kleinen Händler und Angestellten eine breite Sammlung auf einer „Mittelstandsliste". Mit 11 % und drei Sitzen hatte diese Liste nach den Arbeiterparteien und dem Zentrum den größten Erfolg. In den Altstadtbezirken schwankte ihr Stimmenanteil zwischen 16 und 18,5 %.

Bei dieser Wahl wurde die evangelische Bevölkerung mit zwei separaten Vorschlägen aktiv. Da war zunächst eine Liste mit der Bezeichnung „Bürgervereinigung". Sie erreichte 3,7 % und einen Sitz, den abermals der schon 1919 kandidierende evangelische Bauunternehmer einnahm. Auf dieser Liste fallen weitere Kandidaten mit Berufen der Baubranche auf, außerdem drei Angestellte der Eisenbahn, ein Gutsbesitzer und ein Kaufmann.

Der zweite Zusammenschluß von Protestanten hatte seinen Schwerpunkt eindeutig in der Kolonie. Dieser Wahlvorschlag nannte sich „Evangelische unpolitische Liste" und wurde von einem Bergmann und dem Rektor der evangelischen Kolonieschule angeführt. Die Liste erhielt 6,7 % und zwei Sitze. In den Stimmbezirken 7 und 8 der Kolonie wurden 10,2 und 14,7 % erreicht.

Trotz der offenkundigen Bemühungen des Zentrums, dem Arbeitnehmerflügel entgegenzukommen, kam es auch von dieser Seite zu einer Abspaltung, die mit den zunehmenden Spannungen zwischen Altstadt und Kolonie zusammenhing. So kandidierte eine Liste unter der Bezeichnung „Christlich Soziale Volksgemeinschaft". Von den 14 Kandidaten waren vier Facharbeiter und jeweils drei Bergleute, Handwerker und Ehefrauen sowie ein Steiger. Zehn der Bewerber wohnten in der Kolonie. An erster Stelle kandidierte der Vorsitzende des katholischen Arbeitervereins St. Josef. Wie erwähnt hatte sich dieser Verein einige Zeit vorher von der Mutterpfarre getrennt, nachdem es zu harten Auseinandersetzungen wegen der Versetzung eines Kolonieseelsorgers gekommen war (vgl. Kap. II.A3). Die „Volksgemeinschaft" erreichte 8,3 % und 3 Sitze. Ihr Anteil im Koloniestimmbezirk 7 lag

---

162 Die Kandidatenaufstellungen sind abgedruckt in der Ahlener Volkszeitung vom 29.4.1924.
163 Die Wahlresultate aus den Stimmbezirken finden sich in der Ahlener Volkszeitung vom 5.5.1924.

bei 19,8 %. Das Zentrum bekämpfte diesen Wahlvorschlag vor allem mit dem Hinweis auf die angebliche Nähe zur Sozialdemokratie.[164]

Trotz aller Warnungen des Zentrums vor den Folgen der Zersplitterung, trotz der Betonung christlicher Grundsätze und der Notwendigkeit eines gemeinsamen Kampfes gegen die Weltliche Schule in der Kolonie und die sozialistische Gefahr erreichte die Partei bei dieser Kommunalwahl nur noch 27,3 % (über 10 % weniger als bei der gleichzeitig stattfindenden Reichstagswahl) und verlor damit die Hälfte ihrer Sitze. Aufgrund der Uneinigkeit unter den oppositionellen Gruppen behielt das Zentrum allerdings weiterhin seine dominierende Position in der Kommunalpolitik. Interessanterweise fanden sich nach der Wahl Fraktionspartner zusammen, deren gemeinsame Standesinteressen die religiösen Unterschiede in den Hintergrund drängten. So tat sich die „Evangelische unpolitische Liste" mit der „Mittelstandsliste" zusammen und der „Verein zur Wahrung bürgerlicher Interessen" mit der „Bürgervereinigung" des evangelischen Bauunternehmers.[165]

Bei der Kommunalwahl vom 17.11.1929 veränderte sich die lokalpolitische Landschaft vor allem in zweierlei Hinsicht: Zum einen trennte sich der Arbeitnehmerflügel von der Zentrumspartei und trat unter der Listenbezeichnung „Arbeiterzentrum" gesondert an. Hier fanden sich vor allem Anhänger der „Christlich Sozialen Volksgemeinschaft" (die nicht wieder antrat) und der Christlichen Gewerkschaftsbewegung zusammen. Sie erreichten 15 % und fünf Sitze.

Zum zweiten zerfiel der „Verein zur Wahrung bürgerlicher Interessen". Ein Teil der alten Kandidaten tat sich mit den Landwirten der näheren Umgebung unter der Listenbezeichnung „Bürger- und Landvolk" zusammen. Unter den 16 Bewerbern befanden sich fünf Kaufleute, vier Landwirte und drei Fabrikanten, außerdem je ein Arzt, Beamter, Rechtsanwalt und Handwerksmeister.[166] Die Liste konnte mit 5,9 % zwei Vertreter ins Stadtparlament entsenden. Die Hochburgen lagen in den Stimmbezirken 17 (18,7 %), 8 (17,1 %) und 13 (13,6 %). Im ersten dieser Bezirke lag der Anteil der Kaufleute weit über dem Durchschnitt und in den beiden letzteren der Anteil der Landwirte.[167]

Eine zweite Gruppe des „Vereins", ein Zimmermann, ein Geschäftsführer und ein Bauunternehmer, schlossen sich nunmehr der „Mittelstandsvereinigung" an. Diese Liste kam unter Führung des Innungsausschusses und des Handwerker- und Gewerbevereins zustande und setzte die Tradition der Mittelstandsliste von 1924

---

164 So wurde beispielsweise behauptet, daß sich ein Sozialdemokrat für die Christlich Soziale Volksgemeinschaft „ins Zeug" gelegt hätte. „Das dürfte diese genügend charakterisieren.". Ahlener Volkszeitung vom 30.4.1924. Anfang 1925 wechselte ein Mitglied der SPD-Fraktion zur „Volksgemeinschaft", vgl. Ahlener Volkszeitung vom 28.1.1925.

165 Vgl. Bericht des Magistrats der Stadt Ahlen, Rechnungsjahr 1926, S. 16.

166 Zu den Kandidatenaufstellungen, vgl. Ahlener Volkszeitung vom 12.11.1929.

167 Die Wahlergebnisse auf Stimmbezirksebene finden sich in der Ahlener Volkszeitung vom 18.11.1929. Es hatte kurz vorher eine Neuaufteilung der Stimmbezirke gegeben, wobei ihre Zahl von 8 auf 18 angestiegen war. Im Anhang (Tab. 15) findet sich ein soziales Profil der Stimmbezirke, das anhand des Adreßbuches von 1928 erstellt wurde. Auf die Problematik der Berufsangaben in dieser Quelle wird später noch eingegangen (vgl. Kap. V.C).

fort.[168] Hier dominierten ganz eindeutig die Handwerksmeister, obwohl sich auch der Vorsitzende des Wirtevereins und Vertreter der Haus- und Grundbesitzerorganisation unter den Kandidaten finden lassen. Außerdem war dafür gesorgt, daß auch ein Repräsentant des evangelischen Mittelstands auf der Liste stand.[169] Trotzdem bekam dieses Bündnis nur 8 % der Stimmen und damit 3 % weniger als die „Mittelstandsliste" von 1924.

Daran war vor allem die Konkurrenz der Wirtschaftspartei Schuld, die zum ersten Mal antrat. Sie übernahm vor allem die Anhänger der „Bürgervereinigung" von 1924. Als Spitzenkandidat fungierte auch wieder der evangelische Bauunternehmer. Hier ließen sich der Vorsitzende und der Schriftführer des Haus- und Grundbesitzervereins aufstellen. Von der beruflichen Zusammensetzung her, fallen unter den Kandidaten eher Angestellte, Vorarbeiter, Lehrer und Steiger auf als selbständige Gewerbetreibende. Hier scheint die Konfession und die weit rechts stehende politische Einstellung verbindender als der Berufsstand gewesen zu sein.[170] Man erreichte 7,3 % und damit eine Verdoppelung der Stimmenanteile von 1924. Der beste Stimmbezirk war die Nr. 18, wo die evangelische Volksschule lag, während die „Mittelstandsvereinigung" im Bezirk 11 um das katholische Ketteler-haus ihre Hochburg fand.

Es gab übrigens auch weiterhin die „Evangelische Liste", mit ähnlichem Kandi-datenprofil wie 1924. Die Ahlener Volkszeitung vergaß nicht nachzuweisen, daß diese Liste eine reine Angelegenheit der Bergarbeiterkolonie darstelle.[171] Trotzdem erhielt sie mit 7,3 % sogar etwas mehr Stimmen als 1924. Dabei kam ihr vor allem zugute, daß sich die Bergarbeitersiedlung „Ulmenhof", die erst Mitte der 20er Jahre für Bergleute aus dem südlichen Ruhrgebiet erbaut worden war, als neue Hochburg herausstellte.

Bei der letzten Kommunalwahl am 12.3.1933 hatten sich die politischen Ver-hältnisse durch die nationalsozialistische Machtübernahme grundlegend verändert. Dies fand zwar in der Zersplitterung des Mittelstandes und der Anzahl der eingereichten Wahlvorschläge kaum einen Ausdruck, doch bekamen die berufstän-disch orientierten Listen nur noch wenig Stimmen. Der Arbeitnehmerflügel des Zentrums fand zur „Mutterpartei" zurück. Es gab zwar noch eine Liste „Christliche Arbeiterschaft", die aber mit 1,8 % unbedeutend blieb. Interessant ist, daß sich das „Großbürgertum" abermals spaltete und neue Listen hervorbrachte. Da gab es einen „Bürgerblock", dessen Kandidaten sich fast vollständig aus Fabrikanten und Kaufleuten rekrutierten, und eine Liste „Kommunale Vereinigung der Arbeiter, Bürger und Landwirte", die zwar von einem Fabrikanten angeführt wurde (der auch Vorsitzender des Kriegervereins Ahlen war), ansonsten aber eindeutig von Bauern

---

168 Zu den Wahlaussagen des Gewerbevereins und des Innungsausschusses, vgl. Ahlener Volkszeitung vom 15., 29. und 31.10.1929
169 Vgl. Ahlener Volkszeitung vom 17.11.1929.
170 Auf Kreisebene tat man sich mit einer „Christlich-Nationalen Bauernpartei" zusammen, vgl. Ahlener Volkszeitung vom 18.11.1929.
171 Vgl. Ahlener Volkszeitung vom 31.10.1929.

dominiert wurde.[172] Während der „Bürgerblock" mit 3,5 % immerhin noch einen Sitz erreichen konnte, blieb die „Kommunale Vereinigung" mit 1,5 % bedeutungslos.

Die Liste des protestantischen Bürgertums mit dem Bauunternehmer an der Spitze (vorher Wirtschaftspartei) nannte sich diesmal „Bürgerliche Mitte" und erreichte nur noch 0,6 %. Jeweils einen Sitz erhielten die „Mittelstandsvereinigung" und die „Evangelische Liste".

Will man diesen Listenwirrwar mit Blick auf die sozialen Gruppen, die sie repräsentierten, etwas ordnen, so läßt sich grob sagen: Vom Zentrum spaltete sich zunächst eine Gruppe von Landwirten ab. 1924 kamen zwei mittelständische Interessengruppen dazu, wobei sich die eine vornehmlich aus kleineren Händlern und Handwerksmeistern zusammensetzte, während die andere durch wohlhabende Kaufleute und Fabrikanten gekennzeichnet war.

Die evangelischen Einwohner fanden sich seit 1924 durchgehend von zwei Listen umworben. Eine war im kirchlichen Vereinswesen der Bergarbeiter verankert und konnte nur punktuell evangelische Arbeiter und Angestellte der Altstadt erreichen. Die zweite – durchgehend von dem Bauunternehmer angeführt – zielte auf den protestantischen Mittelstand.

Damit liefen mindestens drei Gräben durch den Ahlener Mittelstand: der Gegensatz Altstadt – Kolonie, die Spannungen zwischen Protestanten und Katholiken und die unterschiedlichen Interessen der Kaufleute und Fabrikanten auf der einen Seite und der kleineren Händler und Handwerksmeister auf der anderen.

Keine der Gruppierungen schaffte es auch nur annähernd, zum gemeinsamen Sprachrohr einer einheitlichen Mittelstandsbewegung zu werden. Am stärksten waren noch die vom Handwerkerverein und den Innungen ausgehenden Listenverbindungen. Sie kritisierten das Zentrum als „Schulmännerpartei", welche die Handwerker nicht genügend berücksichtige.[173] Hier lassen sich auch am ehesten jene ideologischen Elemente finden, wie sie für die Kamener Wirtschaftspartei beschrieben wurden. Beispiele dafür sind die Forderungen nach „Sauberkeit der öffentlichen Hand", „Vermeidung jeglicher Futterkrippenpolitik" und die Behauptung, weder Marxismus noch Kapitalismus bringe dem Mittelstand etwas Gutes.[174] All dies wirkte aber im Vergleich zu Kamen bei weitem moderater, eher wie eine Übernahme zeitbedingter Phrasen, die vor Ort wenig konkretisiert werden konnten.

Das Zentrum wurde von den mittelständischen Abspaltungen zwar hart getroffen, verlor aber nie seine kommunalpolitische Führungsrolle. Es wurde mehr und mehr von Akademikern geprägt, die aber – zusammen mit den Geistlichen – starken Einfluß auf den Arbeitnehmerflügel behielten. Die separate Kandidatur des „Arbeiterzentrums" wirkte sich im Stadtparlament kaum aus, da ihre Vertreter bei allen wichtigen Fragen mit der Mutterpartei stimmten.[175]

---

172   Zur Kandidatenliste, vgl. Die Glocke vom 7.3.1933.
173   Vgl. Ahlener Volkszeitung vom 17.11.1929.
174   Vgl. Ahlener Volkszeitung vom 10., 15. und 16.11.1929.
175   Vermutlich spielte bei der Spaltung auch das Vorbild der Zentrumspartei in Münster eine

Neben den Arbeitern konnte das Zentrum aber auch einen nicht unerheblichen Teil des Mittelstandes weiter an sich binden. Dafür sorgten schon allein solche Organisationen wie der 1905 gegründete Verein „Katholische Kaufleute und Beamte ‚Hansa' Ahlen", in dem 1930 rund 70 Kaufleute und kaufmännische Angestellte organisiert waren. Zu dem Verein gehörten Kegel- und Gesangsabteilungen sowie ein „Junghansabund" mit 40 Mitgliedern. Im Vorstand saßen bekannte Zentrumsvertreter und Geistliche.[176] In diesen Zusammenhang gehört auch der Kolpingverein. Er feierte 1931 bereits sein 75-jähriges Gründungsjubiläum in der Stadt und besaß allein 200 Ehrenmitglieder, darunter viele Handwerksmeister und einige Fabrikanten.[177] Auch in den Innungen und im Handwerkerverein war das Zentrum gut vertreten. Wenn hier manches Mitglied zu separaten Mittelstandslisten auf der kommunalpolitischen Ebene abwanderte, so wählte es bei den Reichstagswahlen doch weiterhin die Zentrumspartei. Wie der nächste Abschnitt zeigt, verstand es das Zentrum durchaus, sich als Vertreter mittelständischer Interessen darzustellen und damit manchem kommunalpolitischen Streitpunkt die Spitze zu nehmen.

2. Kommunalpolitische Konfliktlinien

Der Kamener Bürgermeister Gustav Adolf Berensmann war im Juli 1924 von den Stadtverordneten einstimmig gewählt worden. Er stammte aus einem Vorort von Dortmund, hatte eine Verwaltungslaufbahn beim Regierungspräsidenten in Arnsberg hinter sich und war seit 1916 Bürgermeister im sauerländischen Laasphe gewesen. Dem 38jährigen eilte der Ruf voraus, „ein kenntnisreicher, bei aller Toleranz willensstarker und bei aller Liberalität über den Parteien stehender Mann" zu sein.[178]

Der zuletzt genannte Aspekt der Überparteilichkeit spielte in Kamen eine besonders große Rolle und kam bei der Amtseinführung des neuen Bürgermeisters im September 1924 prägnant zum Ausdruck. Der Stadtverordnetenvorsteher und Betriebsdirektor der Zeche Monopol betonte, daß er seinen Willkommensgruß „nicht im Namen einer Mehrheit, sondern aller Parteien und Körperschaften entrichtet". Man sei nämlich zu der Überzeugung gekommen, daß dem neuen Amtsanwärter „das Gemeinwohl über der Partei steht". Vor diesem Hintergrund kam dann die Kritik des Redners am „Parteihader, der unser Vaterland immer tiefer zu Grunde richtet" um so wirkungsvoller zur Geltung.[179]

Rolle, wo sich ebenfalls eine „Arbeiterzentrumsliste" gebildet hatte, vgl. Kaufmann (1984), S. 121.

176 Vgl. Ahlener Volkszeitung vom 8.11.1930 mit einem Bericht über das 25-jährige Jubiläum der KKB „Hansa" Ahlen.

177 Vgl. Berichte zum dreitägigen Jubiläumsfest und zur Geschichte des Vereins in der Ahlener Volkszeitung vom 20. und 23.6.1931.

178 Kamener Zeitung vom 25.9.1925.

179 Vgl. Kamener Zeitung vom 26.9.1924.

Nach Einschätzung der Kamener Zeitung gab es eine breite Zustimmung der gesamten Einwohnerschaft, die sich „zu dem ‚Griff' beglückwünschen" dürfe, außerdem herrsche eine große Erwartungshaltung in Bezug auf ein „kräftiges Zupacken" für den Aufschwung der Stadt.[180]

Wie schon angedeutet, ging das neue Stadtoberhaupt mit großer Energie und Ehrgeiz an die Arbeit. Unter seiner Regie wurde die Verwaltung zu einer Art Initiativzentrum für eine ganze Palette kostspieliger Projekte. Große Um- und Erweiterungsbauten an fast allen zentralen Gebäuden, wie Rathaus, Krankenhaus, Milchhof etc., lassen sich beobachten. Dazu kam das Aufkaufen neuer Gebäude für die Verlegung des Bergreviers von Unna nach Kamen und die Einrichtung eines Bezirksarbeitsamtes. Viel Geld floß in neue Grünanlagen, die Sesekeregulierung und die Kanalisation. Außerdem wurden ein Schwimmbad und ausgedehnte Sportanlagen errichtet. Der städtische Grundbesitz verdoppelte sich in den Jahren von 1924 bis 1928, der Wohnungsbesitz verfünfachte sich sogar. Die Stadt förderte den Siedlungswohnungsbau und erhöhte ihre Anteile an der Kamener Siedlungsgesellschaft.[181]

Im Hinblick auf die nach und nach immer lauter werdende Kritik aus den Reihen mittelständischer Gruppen, die zum Teil soweit ging, daß der Bürgermeister nur noch unter Polizeischutz durch die empörten Zuschauermassen zu den Stadtverordnetensitzungen gebracht werden konnte,[182] ist es wichtig festzustellen, daß die beschriebenen Projekte zunächst auf breiten Konsens im Stadtparlament trafen. Wie eine Durchsicht der Sitzungsprotokolle in der Amtszeit zwischen 1924 und 1929 ergibt, kam nicht einmal von den drei Abgeordneten der Haus- und Grundbesitzerliste erkennbarer Widerstand. Später hieß es, die Abgeordneten seien allesamt „Ja-Brüder" gewesen, die „alles einstimmig bewilligten", und der Bürgermeister habe dies für seine „großspurigen" und „selbstsüchtigen" Pläne ausgenutzt.[183]

Dies scheint nicht nur die Ansicht der Wirtschaftspartei gewesen zu sein, die sich weigerte, mit den alten Mandatsträgern des Haus- und Grundbesitzervereins zusammenzuarbeiten, sondern auch der Sozialdemokraten, die keinen ihrer alten Abgeordneten erneut aufstellten.

Offensichtlich verfügte der rechtsliberale Bürgermeister über persöhnliche Eigenschaften, die es ihm ermöglichten, die verschiedenen Fraktionen mitzureißen. Als guter Redner nutzte er seinen amtsbedingten Vorsprung an Sachkenntnis und ließ die geplanten Vorhaben in einem Glanz erscheinen, dem sich kaum jemand entziehen konnte. Seinen Ausführungen zufolge waren sie in aller Regel leicht finanzierbar, zum Wohle der Stadt unbedingt erforderlich und im Vergleich zu anderen Städten längst überfällig. Als geschickter Taktiker verstand er es darüber-

---

180 Vgl. ebenda.
181 Vgl. Verwaltungsbericht der Stadt Kamen, 1924-1928, S. 40. Zahlreiche Fotos zu den erwähnten Projekten, in: Rennspieß (1992).
182 Vgl. Otto Birkefeld: Erinnerungen aus vier Jahrzehnten (undatierte Kopie einer Artikelserie aus dem Hellweger Anzeiger im Stadtarchiv).
183 Vgl. Stimmungsbild zur Stadtverordnetensitzung in der Kamener Zeitung vom 26.2.1930 und Leserbrief der DVP, ebenda vom 23.5.1930.

hinaus, den Eindruck zu erwecken, als habe er ein offenes Ohr für jede Interessengruppe und werde ihre Wünsche berücksichtigen. Selbst den beiden KPD-Abgeordneten, die Ende 1928 wegen ihrer allzu kompromißbereiten Mitarbeit im „bürgerlichen" Stadtparlament von ihrer Partei ausgeschlossen wurden, bescheinigte Berensmann, „als Stadtverordnete stets ihre Pflicht getan zu haben".[184]

Der SPD kam er bei ihren Hauptthemen, Wohnungsbau und Schulpolitik, entgegen und konnte im Gegenzug bei anderen Projekten auf ihre Zustimmung rechnen. Zwar gab es im ideologischen Bereich einige ernste Auseinandersetzungen, so z.B. wenn bei einem Fest des Gardevereins die Straßen beflaggt wurden, nicht aber beim Kreistreffen des Reichsbanners, doch tangierte dies nicht die eigentlichen Anliegen der Kommunalpolitik.[185]

Als Hintergrund für die breite Zustimmung der Stadtverordneten zu den investitionsfreudigen Projekten muß auch berücksichtigt werden, daß nach der Entscheidung der GBAG, die örtliche Schachtanlage zu modernisieren und ihre Produktion zu erweitern (vgl. Kap. I.A2), noch optimistisch mit steigenden Steuereinnahmen und anhaltendem Aufschwung gerechnet wurde. Magistrat und Stadtverordnete genehmigten großzügige Kreditaufnahmen. Manches Finanzierungsproblem verstand der Bürgermeister aber auch so zu tarnen, daß kaum jemand nachvollziehen konnte, welche Auswirkungen damit verbunden waren. Noch Jahre später stritten die Experten darüber, wo eigentlich die Gelder für bestimmte Projekte hergekommen waren.[186]

Wie beschrieben, waren die ersten Anlässe für mittelständische Proteste vermeintliche „Kleinigkeiten" wie die Vergabe städtischer Aufträge nach außerhalb und die Gebühren für die Kanalisation. Nachdem die Unzufriedenen durch die Wirtschaftspartei ein gruppenübergreifendes Sprachrohr gefunden hatten, expandierte ihr Widerstand wie eine Lawine:

Aus der „geschickten Kreditwirtschaft" wurde „katastrophale Verschuldung". Aus Sportplatz-, Stadtpark- und Badeanlagen zur Hebung der Freizeitkultur wurden Paradebeispiele für die „Verluderung öffentlicher Mittel" und die „überall grassierende Großmannssucht". Die städtischen Regiebetriebe, wie der Schlachthof und die Molkerei, deren Überschüsse Lücken im Haushalt deckten, symbolisierten die „kalte Sozialisierung".

Nachdem Ende 1929 eine achtköpfige Fraktion der Wirtschaftspartei in das Stadtverordnetenkollegium eingezogen war, verkündete ihr Sprecher, daß nunmehr mit einer Reihe alter Traditionen gebrochen würde. Man lehne es ab, an den bisher üblichen Vorbesprechungen schwieriger Angelegenheiten im „zwanglosen Kreis" der Stadtverordneten und der Magistratsmitglieder teilzunehmen. Es gebe jetzt grundsätzlich keine Zustimmung für weitere Kredite mehr, vor allen Dingen nicht

---

184 StAK, Nr. 2271/4, Flugblatt der KPD.
185 Vgl. Rennspieß (1992), S. 31 f.
186 Da die immer wieder eingesetzten städtischen Kommissionen nicht mehr weiterkamen, beauftragte man Ende 1932 eine Hagener Wirtschaftsprüfungsgesellschaft, vgl. StAK, Nr. 3033

für Gelder, die vorher schon ausgegeben worden waren. Jetzt solle alles öffentlich diskutiert werden und man verlange Einsicht in die Unterlagen der Verwaltung, insbesondere die Finanzierung der umstrittensten Projekte.[187] Die ersten Stadtverordnetensitzungen nach der Wahl vom 17.11.1929 gestalteten sich zu einer Art „Kesseltreiben" gegen den Bürgermeister.[188] Immer mehr Zuschauer drängten sich in Erwartung neuer Sensationen in den Saal. Der traurige Höhepunkt der neuen Legislaturperiode war am 13.5.1930 erreicht. Die 16 Abgeordneten der Wirtschaftspartei und der SPD sprachen dem Bürgermeister das „schärfste Mißtrauen" aus und betonten: Wenn er nicht „seine Konsequenzen ziehe", wolle man „jegliche Mitarbeit ablehnen".[189] Parallel zu dieser öffentlichen Aktion schickten sie umfangreiches Beschwerdematerial an den Regierungspräsidenten in Arnsberg und versuchte, ein Disziplinarverfahren in Gang zu setzen.[190]

Zur Rolle der Sozialdemokratie in diesem Zusammenhang muß nachgetragen werden, daß diese nach dem vollständigen Austausch ihrer Stadtverordneten eine Hundertachtziggradwendung zur kompromißlosen Opposition gegen den Bürgermeister vollzog. Man hat sogar den Eindruck, als versuchten die neuen sozialdemokratischen Stadtverordneten – quasi als Ausgleich für die „Verstrickungen" ihrer Vorgänger in die Bewilligung der umstrittenen Projekte – die Kritik der Wirtschaftspartei noch zu übertreffen. Von ihrer Seite wurde vorgebracht, daß Berensmann zur Durchsetzung einer erhöhten Geldzuweisung für den Bau des Bürgermeisterhauses die Tagesordnung manipulierte, außerdem noch kurz vor Ende der letzten Wahlperiode den „ihm treuen und in allen Dingen ergebenen" örtlichen Zentrumsvorsitzenden zum Rektor der katholischen Volksschule einsetzen ließ.[191]

Im neuen Stadtparlament kam es zu einer Art Negativkoalition mit der Wirtschaftspartei. Während bei personalpolitischen Fragen oder gar der Entwicklung einer neuen Kommunalpolitik keinerlei Übereinstimmung herrschte, stand man zunächst, was die Kritik und die Blockade vieler Projekte betraf, Schulter an Schulter. Daß die neue Konfrontationspolitik der SPD zu heftigen innerparteilichen Auseinandersetzungen geführt haben muß, zeigt ein Brief der alten Stadtverordneten an den Bürgermeister, den dieser zu seiner Verteidigung nutzte.[192]

Im Unterschied zur SPD standen die Fraktionen der „Bürgerliste" (ein Zusammenschluß aus DVP, DDP und DNVP) und des Zentrums weiterhin zum Bürgermeister. Besonders die DVP trat für ihren Parteifreund ein und warnte die „Mehr-

---

187 Vgl. den Bericht über die erste Stadtverordnetenversammlung nach der Wahl, in: Kamener Zeitung vom 6.12.1929 sowie den Leserbrief der DVP, ebenda vom 23.5.1930.

188 Vgl. die Auswertung der ersten fünf Sitzungen bei Rennspieß (1992), S. 126.

189 Kamener Zeitung vom 13.5.1930.

190 Vgl. StAM, Regierung Arnsberg, Kommunalaufsicht, Nr. 19838, Brief der Magistratsmitglieder der Wirtschaftspartei und der SPD vom 31.5.1930 sowie Brief ihrer Stadtverordnetenfraktionen vom 12.6.1930.

191 Ausführlich dazu: Rennspieß (1992), S. 70 f., vgl. auch den bei Holtmann (1989), S. 112 zitierten Leserbrief unter der Überschrift: „Die Parteifutterkrippe".

192 Berensmann verlas ihn auf einer Stadtverordnetensitzung, vgl. Kamener Zeitung vom 4.2.1930.

heitsparteien" davor, ihre Kritik auf das „persönliche Gebiet" zu übertragen. Dadurch verfalle alles „der Lächerlichkeit" und schade dem „Gemeinwesen".[193] Im Sommer 1930 überstürzten sich die Ereignisse. Zunächst einmal kam es zu umfangreichen Untersuchungen von Beauftragten des Regierungspräsidenten, außerdem begann sich der Bürgermeister offensiv gegen die Vorwürfe zu wehren. Dabei zog er nun seinerseits die Konflikte auf eine persöhnliche Ebene. Seinen Hauptfeind glaubte er in dem Fraktionssprecher der Wirtschaftspartei erkannt zu haben. Erst nach dessen Auftauchen sei er

„in der rücksichtslosesten, schmählichsten und unsachlichsten Weise ... Gegenstand persönlicher Angriffe gewesen, mit dem Ziel, mich um meine Ehre, mein Amt und mein Familienglück zu bringen".

Ziel dieses Mannes sei lediglich die „Erringung des Bürgermeisterpostens" für sich selbst.[194]

Berensmann begann umfangreiche Nachforschungen über den Werdegang seines politischen Gegners anzustellen, die so weit gingen, daß er persönlich nach Köln fuhr, um sich über dessen Ausbildung zu erkundigen. Es stellte sich heraus, daß der Fraktionssprecher der Wirtschaftspartei einige Male zu Unrecht den Titel Diplom-Kaufmann geführt hatte und außerdem niemals Reserveoffizier gewesen war, wie er behauptet hatte. Weitere Details wiesen ihm darüber hinaus insgesamt, „einen moralisch ungesunden Lebenswandel" nach.[195]

Beweise für diese Vorwürfe gelangten nun interessanterweise ausgerechnet in die Hände der gerade erst gegründeten NSDAP-Ortsgruppe. Diese nutzte die Gelegenheit, sich mit einem Schlag bekannt zu machen. Am 14. August 1930 veranstalteten die Nationalsozialisten eine Kundgebung, auf der die Enthüllung des Materials im Mittelpunkt stand. Nur wenige Stunden später nahm sich der Fraktionsvorsitzende der Wirtschaftpartei das Leben.[196]

Der Vater des Verstorbenen, ein Reichsbahn-Oberinspektor aus Hamm, reichte gegen Berensmann eine Dienstaufsichtsbeschwerde ein. Er hatte mit den Kamener Nationalsozialisten Kontakt aufgenommen und sie im nachhinein von der „Ehrenhaftigkeit" seines Sohnes überzeugen können. „Diese anständigen Menschen" bestätigten ihm daraufhin, daß sie ihr Material von Berensmann zugespielt bekommen hätten. Infolgedessen sei dieser der „moralische Mörder" seines Sohnes.[197]

Der Kamener Bürgermeister ging trotz aller Vorwürfe formalrechtlich als Sieger aus den Auseinandersetzungen hervor. Weder die Untersuchung durch Sachbearbeiter des Regierungspräsidenten (die 19 Beschwerdepunkte der Wirtschaftpartei und der SPD überprüften und einen 18seitigen Bericht verfaßten), noch die Überprüfung der Zusammenhänge, die zum Tod des Fraktionsvorsitzenden führ-

---

193 Leserbrief der DVP in der Kamener Zeitung vom 23.5.1930.
194 StAM, Regierung Arnsberg, Kommunalaufsicht, Nr. 19838, Schreiben des Bürgermeisters an den Regierungspräsidenten vom 6.1.1931.
195 Ebenda.
196 Vgl. Bericht über die NSDAP-Veranstaltung und den Nachrufe in der Kamener Zeitung vom 14. und 15.8.1930.
197 StAM, Regierung Arnsberg, Kommunalaufsicht, Nr. 19838, Anzeige vom 12.10.1930.

ten, ergaben dienstrechtlich verwertbare Amtspflichtverletzungen.[198] So war nicht beweiskräftig zu belegen, daß der Bürgermeister den Nationalsozialisten das Material gezielt in die Hände gespielt hatte. In dieser Angelegenheit rettete ihn anscheinend vor allem der Nachweis, „als Privatmann gehandelt zu haben" und nicht als „Amtsperson".[199]

Aus den Stellungnahmen des Regierungspräsidenten läßt sich allerdings durchaus entnehmen, daß dieser längst nicht mit allem einverstanden war. In einem Fall wurde eine symbolische Geldstrafe von 30 RM verhängt.[200]

Die Wirtschaftspartei gab sich mit dem Urteil der Aufsichtsbehörden nicht zufrieden. Sie forderte weitere Untersuchungen und wiederholte ihre Vorwürfe auf zahlreichen Veranstaltungen. Auf einer Kundgebung mit dem Vorsitzenden der Reichspartei, im März 1931, wurde den 1200 Zuhörern sogar die gesamte zwölfseitige „Anklageschrift" des Reichsbahnoberinspektors aus Hamm vorgelesen.[201]

Daß sich der Bürgermeister mit seiner Einschätzung, nach dem Ableben des Fraktionssprechers der Wirtschaftspartei werde wieder Ruhe einkehren, geirrt hatte,[202] zeigte sich spätestens im April 1931. Mit der Behauptung, daß jede weitere Mitarbeit im Stadtparlament zwecklos sei, da die bürgerlichen Parteien das „verwerfliche Verhalten" des Bürgermeisters deckten und das gesamte Kollegium völlig unter seinem Einfluß stünde, verließen die Mandatsträger der Wirtschaftspartei die Stadtverordnetenversammlung und blieben dem Gremium fast sechs Monate fern.[203]

Wenn die kommunalpolitische Arbeit in dieser Zeit nicht zusammenbrach, so lag das vor allem am Verhalten der Sozialdemokratie. Nachdem die Untersuchungen gegen den Bürgermeister keine Anzeichen auf ungesetzliche Manipulationen zutage brachten, sagte ihr Fraktionsvorsitzender:

„Ziehen wir einen dicken roten Strich und beginnen wir mit neuer Arbeit."[204]

Die sozialdemokratischen Magistratsmitglieder schrieben dem Regierungspräsidenten, daß man „die uns von der Wirtschaftspartei zur Mitunterzeichnung vorgelegte Beschwerdeschrift vom 31.5.1930" zurückziehe.[205] Berensmann hatte bereits durch interne Gespräche sondiert, auf welcher Grundlage eine weitere Zusammenarbeit am ehesten möglich erschien.[206]

---

198 Vgl. StAM, Regierung Arnsberg, Kommunalaufsicht, Nr. 19383, Bericht der Sachbearbeiter vom 19.8.1930 und Brief des Regierungspräsidenten vom 27.6.1931.
199 Darauf beruhte die gesamte Verteidigung, vgl. ebenda, Brief vom 6.1.1931.
200 Vgl. StAM, Regierung Arnsberg, Kommunalaufsicht, Nr. 19839, Brief des Regierungspräsidenten vom 21.8.1931.
201 Vgl. Kamener Zeitung vom 20.3.1931.
202 Das geht aus dem Schreiben des Bürgermeisters vom 6.1.1931 hervor, vgl. StAM, Rerierung Arnsberg, Kommunalaufsicht, Nr. 19838.
203 Vgl. Kamener Zeitung vom 6.4.1931.
204 Bericht über die Stadtverordnetensitzung in der Kamener Zeitung vom 16.8.1930.
205 StAM, Regierung Arnsberg, Kommunalaufsicht, Nr. 19838, Brief an den Regierungspräsidenten vom 8.9.1930.
206 Das Protokoll über solch ein Gespräch mit Datum vom 9.4.1930 befindet sich in: ebenda Nr. 19838.

Die abermalige Kurskorrektur der Sozialdemokratie war mit einer scharfen Kampfansage an die Adresse der Wirtschaftspartei verbunden. Diesem „Interessenklub" müsse die Arbeiterklasse „den Hals brechen", hieß es beispielsweise in der Etatdebatte im Februar 1931.[207] Im Schlagabtausch zwischen diesen beiden Parteien wurden die von den gemeinsamen Angriffen gegen Berensmann überdeckten Interessengegesätze wieder deutlich sichtbar.

Das durch die wiedererreichte Mitarbeit der Sozialdemokratie entstandene labile Gleichgewicht in der Kommunalpolitik hielt bis zum April 1932. Zu diesem Zeitpunkt brachte ein erneutes Beschwerdepaket der Wirtschaftspartei den Bürgermeister doch noch zu Fall. Der Haß auf ihn steigerte sich letztendlich soweit, daß es den Nationalsozialisten kurz nach der Machtergreifung möglich war, den alten Bürgermeister regelrecht aus der Stadt zu treiben (vgl. Kap. VI.C).

Gerade im Jahre 1927, als in Kamen mit Gründung der Wirtschaftspartei die große Oppositionsbewegung gegen den Bürgermeister entstand, bestätigten die Ahlener Kommunalpolitiker ihr Stadtoberhaupt mit überraschend großer Mehrheit.

Der aus Essen stammende Jurist Dr. Georg Rasche war schon 1922 als 2. Bürgermeister eingestellt worden. Zu dieser Zeit war man der Auffassung, die gestiegenen Aufgaben infolge des schnellen Wachstums der Stadt erforderten zwei besoldete Verwaltungsspitzen. Die Verwirklichung dieser Auffassung blieb nur wenige Monate Realität, denn 1923 ging der 1. Bürgermeister nach 25-jähriger Amtszeit in Pension.[208] Die Ausschreibung seiner Stelle wurde – obwohl man die Mittel Jahr für Jahr in den Etat einsetzte – bis 1927 verschoben. Der 2. Bürgermeister Dr. Rasche führte die Geschäfte allein. Seine Wahl zum 1. Bürgermeister änderte nichts daran, denn danach blieb die 2. Bürgermeisterstelle vakant.[209]

Mit Blick auf Kamen ist es interessant, die Wahl Dr. Rasches vom 13.5.1927 etwas näher zu betrachten. Es fallen einige Aspekte ins Auge, die die Unterschiede im politischen Klima der beiden Städte deutlich hervortreten lassen:

In Ahlen wurde über einen Mann abgestimmt, der als Zentrumsmitglied bekannt war und seit fünf Jahren die Amtsgeschäfte führte. Damit beinhaltete die Entscheidung von vornherein eine parteipolitische Stellungnahme und eine Bewertung seiner bisherigen Tätigkeit. Dagegen stand in Kamen ein Unbekannter zur Wahl, dessen politische Orientierung höchstens ein paar Eingeweihte kannten. Der Öffentlichkeit gegenüber wurde er als ein „über den Parteien stehender Fachmann" präsentiert.

---

207 Kamener Zeitung vom 3.2.1931.
208 Das Ausscheiden des gerade erst zum 3. Mal auf 12 Jahre wiedergewählten Eduard Corneli war mit erheblichen Spannungen zum Magistrat verbunden, vgl. KAW, Stadt Ahlen, C7, Sitzung des Magistrats vom 8.9.1922. Trotzdem wurde das Andenken an den 1. Bürgermeister hochgehalten. 1928 wurde er anläßlich seines 70. Geburtstages zum Ehrenbürger ernannt.
209 Vgl. Ahlener Volkszeitung vom 14.5.1927 und die Berichte des Magistrats der Stadt Ahlen, jeweils unter der Rubrik „Die Stadtverwaltung", außerdem: KAW, Stadt Ahlen, C7.

Ein weiterer Unterschied betraf den Wahlvorgang selbst. In Kamen hatten sich die verschiedenen Fraktionen auf einen Kandidaten geeinigt, der dann in der Stadtverordnetenversammlung einstimmig bestätigt wurde. Eine öffentliche Diskussion der Vor- und Nachteile einzelner Anwärter fand nicht statt. In Ahlen hatte es Dr. Rasche dagegen mit drei Konkurrenten zu tun, die aus 111 Bewerbungen ausgewählt worden waren. Die drei Mitbewerber mußten sich vor dem Magistrat und der Stadtverordnetenversammlung vorstellen. Es handelte sich um einen weiteren Zentrumskandidaten aus Münster, einen Rechtsliberalen aus Recklinghausen und einen Sozialdemokraten aus dem sächsischen Oelsnitz. Es gab eine breite öffentliche Diskussion über die Fähigkeiten aller Kandidaten und die Bedeutung ihrer parteipolitischen Bindungen, die sich in 30 Leserbriefen der Ahlener Volkszeitung niederschlug. Bei dieser Bürgermeisterwahl blieb kein Platz für die Fiktion eines über den Parteien stehenden Mannes, der nur „unpolitische Sachpolitik" betrieb.

Der hier beschriebene Unterschied bei der Besetzung der Bürgermeisterstellen lag nicht nur an Verfahrensfragen. Er drückt tiefergehende Differenzen in der Grundeinstellung zur Kommunalpolitik aus. Während in Kamen bei jeder Gelegenheit auf den „Parteihader" geschimpft wurde, von dem das Rathaus unbedingt frei sein sollte, erscheinen die parteipolitischen Auseinandersetzungen in Ahlen als selbstverständlicher Bestandteil der Kommunalpolitik. Interessengegensätze verschiedener sozialer Gruppen wurden vom Zentrum nie geleugnet oder verdrängt. Im Unterschied zu den Rechtsliberalen in Kamen gab man die Existenz und Legitimität unterschiedlicher Interessen von vornherein zu.

Dies ist keine lokale Besonderheit der Ahlener Zentrumspartei, sondern eine Tendenz, die sich aus dem Charakter als „katholische Volkspartei" ergab. Dem diente die Betonung des „ständischen Proporz" bei der Kandidatenaufstellung ebenso wie die Forderung nach sozialem Ausgleich auf dem Boden einer christlichen Gesellschaft. Das Zentrum erweckte den Anschein, eines „Dachverbandes gegensätzlicher Interessen und Richtungen", die nur durch das einigende Band der Religion zusammengehalten werden.[210]

Die Ahlener Volkszeitung resümierte über die Leserbriefe zur Bürgermeisterwahl:

„Die einzelnen Berufszweige und Parteiorganisationen suchten ihre Rechte geltend zu machen ... Es konnte natürlich nicht ausbleiben, daß die Ansichten hier teils hart aufeinanderstießen und daß zuweilen ein Ton angeschlagen wurde, der über das Maß des Notwendigen wohl hinausging."

Wenn etwas allzu sehr ins Persönliche ging, hätte die Redaktion das Ganze etwas „gedämpft" oder vom Schreiber eine Streichung verlangt. Somit habe man sich immer bemüht, „der Sache am vorteilhaftesten zu dienen".[211]

Wenn der bisherige 2. Bürgermeister nach drei geheimen Wahlgängen der Stadtverordneten mit 19 gegen 3 Stimmen (vermutlich der SPD-Fraktion) und 6

---

210 Hehl (1987), S. 251, ähnlich: Becker (1986), S. 37.
211 Ahlener Volkszeitung vom 13.5.1927.

Enthaltungen (vermutlich der KPD-Fraktion) gewählt wurde, so zeigt dies, daß die mittelständischen und protestantischen Abgeordneten die bisherige Amtsführung und die kommunalpolitische Dominanz des Zentrums nicht prinzipiell ablehnten und die beschriebenen Listenverbindungen nicht annähernd die in Kamen zu findende Radikalität erreichten.

Auch in den Sitzungen der Stadtverordnetenversammlung läßt sich keine durchgehende Opposition mittelständischer Fraktionen erkennen. Die verschiedenen Listenverbindungen wechselten bei jeder Sachfrage ihre Lager. Das Zentrum profilierte sich selbst häufig als konsequenter Vertreter mittelständischer Interessen und war kein politischer Gegner, den man leicht mit einzelnen Maßnahmen der Verwaltung identifizieren konnte. Der Bürgermeister galt zwar als Repräsentant dieser Partei, trat aber immer als Magistratssprecher auf. In Konfliktsituationen war es diese Körperschaft als Ganzes, auf die sich der Unmut des Ahlener Mittelstandes richtete. So z.B., wenn sich die Stadtverordneten übergangen oder schlecht informiert fühlten.[212] Die KPD behauptete bei solchen Anlässen: „der Magistrat handelt wie Mussolini".[213]

Ganz ähnlich wie in Kamen, ging es Mitte der 20er Jahre auch in Ahlen um Flußregulierung, Schwimmbadbau und Bürgermeisterwohnung. Dabei fällt allerdings auf, daß Sparsammkeitsgesichtspunkte eine größere Rolle spielten und vorsichtiger vorgegangen wurde. Das Schwimmbad beispielsweise, dessen Notwendigkeit von mittelständischen Sprechern ganz allgemein bestritten und mit Hinweis auf die schlechte Finanzlage abgelehnt wurde, während die Sozialdemokraten für das Geld lieber mehr Wohnungen gebaut hätten, wurde mit knapper Mehrheit gebilligt, nachdem ein Kompromißvorschlag des Zentrums vorsah, erstmal ein „primitives" kleines Schwimmbecken zu bauen, das dann später bei besserer Finanzlage erweiterbar sein sollte.[214] Bei solchen Angelegenheiten ging es immer um „Magistratsvorlagen" und nicht um Projekte des Bürgermeisters.

Interessanterweise gab es in Ahlen lange Zeit keinerlei Kanalisationsgebühren. Diese wurden Steuerrücküberweisungen entnommen, die das Reich nur Städten zukommen ließ, die gegenüber dem Stichjahr 1910 überdurchschnittlich gewachsen waren. Diese Regelung mußte Ende 1930 auf Anordnung des Regierungspräsidenten geändert werden. Hier zeigt sich ein weiteres Charakteristikum der Ahlener Kommunalpolitik: Die Durchsetzung unpopulärer Maßnahmen überließ man höheren Regierungsstellen. Wie noch gezeigt wird, stimmten die Stadtverordneten auch einstimmig gegen die Einführung der Bürgersteuer und nahmen lieber die Entsendung eines Staatskommissars in Kauf (vgl. Kap. IV.B).

Wie weit das Zentrum bereit war, auf Forderungen des Mittelstandes einzugehen und Kompromisse in brenzligen Fragen zu erzielen, zeigte sich besonders eindringlich in der Frage einer Gehaltserhöhung für städtische Beamte. Der Magistrat hatte

212 Vgl. Ahlener Volkszeitung vom 18.10.1929.
213 Ahlener Volkszeitung vom 17.10.1930.
214 Zur Schwimmbaddiskussion, vgl. Ahlener Volkszeitung vom 30.3.1924, zur Bürgermeisterwohnung, ebenda vom 28.1.1925.

im Februar 1928 beschlossen, sich einer in Essen verabschiedeten neuen Besoldungsordnung für das rheinisch-westfälische Industriegebiet anzuschließen. Mittelständische Interessenvertreter reagierten mit einem „Notschrei der Steuerzahler", da man durch diese Beschlüsse gerade den Beamten, „die von des Bürgers Taschen leben, Extrawürste bewillige".[215] Auch das Zentrum wandte sich daraufhin gegen den Magistratsbeschluß, da die Erhöhung momentan „unmoralisch" sei. Man verlange „Rücksichtnahme und soziales Denken". Die Vorlage müsse sich an dem Grundsatz messen lassen:

„Jedem das Seine unter Beachtung der wirtschaftlichen und allgemeinen Verhältnisse."[216]

Interessanterweise hatten sich die KPD- und SPD-Abgeordneten mit dem Vorsitzenden des Beamtenausschusses aus der Mittelstandsfraktion auf eine Befürwortung des Magistratsbeschlusses geeinigt. Ihre Argumente waren, daß ja auch den unteren städichen Angestellten eine Verbesserung zukomme und die Essener Beschlüsse „ein gewerkschaftliches Gebilde" seien. Mit knapper Mehrheit siegte letztendlich ein Zentrumsantrag, der den Magistratsbeschluß ablehnte und einen eigenen städtischen Besoldungsausschuß einsetzte.[217]

Im Unterschied zu Kamen ist weiterhin interessant, daß die Ahlener Stadtverwaltung in weit geringerem Maße auf eine aktive Wohnungs- und Grundstückspolitik setzte.

Während in Ahlen nur 7,5 ha im Besitz der Stadt waren, konnte man in Kamen mit 124 ha Grundbesitz operieren.[218]

Außerdem lag der Anteil am städtischen Haushalt, der für „Regiebetriebe" Verwendung fand, in Kamen mehr als doppelt so hoch wie in Ahlen (vgl. Tab. 22).

Die entscheidende Frontstellung im Ahlener Stadtverordnetenkollegium verlief trotz der zahlreichen protestantischen und mittelständischen Fraktionen durchgehend zwischen dem Zentrum und den Arbeiterparteien. Zunächst waren die Sozialdemokraten der Hauptfeind, gegen den sich die anderen Fraktionen zusammenschlossen. Neben dem Kampf für oder gegen die Weltliche Schule beherrschte die Diskussion um den Arbeiterwohnungsbau die erste Periode der Ahlener Kommunalpolitik. Der Bürgermeister wollte keine Arbeiterhäuser in der Stadt, denn sie „verunzieren" das Stadtbild. Der Stadtverordnetenvorsteher behauptete sogar: „Je mehr Häuser wir bauen, desto größer wird die Wohnungsnot", denn „je mehr wir bauen, desto größer wird der Zuzug, den wir einzudämmen versuchen müssen". Während die SPD einen Fünfmillionenkredit für den Wohnungsbau forderte (die abgespaltene USPD-Fraktion gar 15 Mill.), genehmigte man letztendlich 500.000 Mark für vier Doppelhäuser an der Stadtgrenze.[219]

---

215 Leserbrief in der Ahlener Volkszeitung vom 27.3.1928.
216 Ahlener Volkszeitung vom 28.3.1928.
217 Vgl. ebenda.
218 Vgl. Bericht über die Verwaltung der Stadt Kamen, 1924-1928, S. 7 und Bericht des Magistrats der Stadt Ahlen, Rechnungsjahr 1928, S. 88.
219 Vgl. Ahlener Volkszeitung vom 20.1.1921 mit einem Bericht über die „Große Wohnungsdebatte".

Im Mai 1924 zogen sechs KPD-Abgeordnete in das Kommunalparlament ein, die nach den acht Zentrumsmitgliedern die stärkste Fraktion stellten. Die drei sozialdemokratischen Mandatsträger wechselten jetzt immer häufiger das Lager. Während sie bei sozialen Belangen der Arbeiterschaft, Wohnungsbau und Schulpolitik mit der KPD stimmten, ließen sie diese besonders bei Personalvorschlägen allein. Gemeinsam mit dem „Arbeitnehmerflügel" des Zentrums lavierte man sozusagen zwischen links und rechts. Nachdem die KPD im November 1929 mit acht Sitzen zur stärksten Fraktion im Stadtparlament wurde, glitt die SPD endgültig in eine offene „Arbeitsgemeinschaft" mit dem Zentrum. Obwohl die großen kommunalpolitischen Themen von nun an vorbesprochen und als Kompromißvorlagen eingebracht wurden, zeigten sich die weiterhin bestehenden tiefsitzenden Gegensätze bei vermeintlichen „Kleinigkeiten". So z.B., wenn die SPD für ein „gemischtes Baden" in der städtischen Badeanstalt eintrat und das Zentrum mit moralischer Empörung reagierte oder wenn der Umzug des städtischen Theaters vom katholischen Vereinshaus in ein Kinogebäude vom SPD-Fraktionssprecher mit den Worten begrüßt wurde, daß dadurch endlich „die übel empfundene Zensur in Wegfall komme".[220]

Solche Auseinandersetzungen wurden allerdings durch die gemeinsame Abwehrfront gegen die KPD schnell wieder überdeckt. Diese gebärdeten sich um so radikaler und veranlaßten die übrigen Fraktionen, immer enger zusammenzurücken. In der letzten Amtsperiode kristallisierte sich ein stereotyper Verlauf der Sitzungen heraus. Zunächst standen vor dem Eintritt in die Tagesordnung zahlreiche Dringlichkeitsanträge der Kommunisten zur Diskussion. Sie reichten von kleinen Erleichterungen für die Arbeitslosen bis zur Forderung nach Protestschreiben an die Regierung und wurden immer schneller und rigider abgelehnt. Kam es im Verlauf der Debatten zu Auseinandersetzungen über Forderungen einzelner Interessengruppen, so setzte die KPD regelmäßig noch eins drauf, so daß die vorhergehenden Kontrahenten sich dann doch auf einen Minimalkonsens gegenüber dem kommunistischen Antrag zusammenschlossen.

Die KPD-Anhänger im Saal quitierten ein solches Verhalten mit Empörungsbekundungen und zum Teil sogar mit Stinkbomben.[221] Anfang 1930 beantragte der Fraktionssprecher der KPD die Absetzung das Bürgermeisters, was dieser in höchster Erregung mit „Dummer, dämlicher Junge" quittierte. Danach beschäftigte diese Angelegenheit noch lange die Gerichte. Während Dr. Rasche zunächst wegen Beleidigung zu einer Geldstrafe verurteilt wurde, endete der Berufungsprozeß mit einer Verurteilung des KPD-Fraktionssprechers zu drei Monaten Gefängnis wegen übler Nachrede.[222]

Der Graben zwischen der kommunistisch orientierten Bergarbeiterschaft „jenseits der Bahn" und den Anhängern der katholischen Volkspartei „diesseits der Bahn" war so tief, daß dahinter die Gegensätze anderer sozialer und politischer Gruppierungen zurücktraten.

---

220 Vgl. Ahlener Volkszeitung vom 18.10.1929 und 17.7.1931.
221 Vgl. beispielsweise den Sitzungsbericht in der Ahlener Volkszeitung vom 18.12.1929.
222 Vgl. die Berichte in der Ahlener Volkszeitung vom 13.3., 20.3., 10.12.1931 und 24.2.1932.

Betrachtet man die wesentlichen Aspekte dieses Kapitels noch einmal im Zusammenhang, so werden die Unterschiede zwischen den mittelständischen Gruppen und den kommunalen Eliten der Vergleichsstädte deutlich. Bei den Ahlener Katholiken verhinderte die Konfessionszugehörigkeit offenbar einige in Kamen offen zu Tage tretende Momente:[223]

1. Die starke emotionale Bindung des Bürgertums an autoritäre Ordnungsvorstellungen der Zeit vor 1918, den vermeintlich überparteilichen Staat des kaiserlichen Deutschlands. Dies zeigte sich quantitativ in der großen Anzahl militärischer Vereine und vaterländischer Verbände und qualitativ in der Verbreitung politischer Ideen, in denen der Kampf gegen den „Versailler Schandfrieden" und die Kriegsschuldzuweisung, die Betonung des Nationalismus und des Militarismus, sowie die Ablehnung des „Parteienhaders" und die Sehnsucht nach autoritären Ordnungen durchweg eine große Rolle spielten.

2. Die Zechendirektoren, „als leuchtende Vorbilder für echt deutsche Art", dominierten die rechtsliberale Ortsgruppe. Ihr überaus starker wirtschaftlicher und politischer Einfluß und die Unterstützung eines Bürgermeisters, der die Arbeiterbewegung zur Mitarbeit gewann, ließen die alteingesessenen Kaufleute und Handwerksmeister um ihre Interessen fürchten. Sie glaubten Opfer kostspieliger Projekte zu werden, die von Seiten der Industrie inspiriert waren.

3. Die unterschiedlichsten mittelständischen Gruppen fanden im engen Kommunikationszusammenhang der Kleinstadt Kamen unter Führung der Wirtschaftspartei zu einer einheitlichen Willensbildung. In Frontstellung zum Bürgermeister entstand eine radikale, die politischen Verhältnisse vor Ort destabilisierende Mittelstandsbewegung. Sie war überaus aufnahmebereit für die verbreitete Ideologie, die den Mittelstand als „Rammbock" zwischen Sozialismus und Kapitalismus erscheinen ließ und sich als Opfer der politischen und wirtschaftlichen Entwicklungen der Weimarer Republik sah.

In Ahlen wurden diese Tendenzen durch die „klassenübergreifende Integrationskraft der katholischen Volkspartei" kompensiert, die von einem umfassend organisierten Milieu getragen wurde. Auf der Grundlage der christlichen Weltanschauung und der Abwehrhaltung gegen die radikale Bergarbeiterbewegung konnte das Zentrum trotz kommunalpolitischer Gegensätze und gesonderter Listenverbindungen den Mittelstand und die Oberschicht an sich binden.

Die Herausforderungen der Weltwirtschaftskrise und des Nationalsozialismus trafen damit auf sehr unterschiedliche Voraussetzungen. Das Ausmaß an kommunalpolitischer Destabilisierung, Spannung in den Selbstverwaltungsorganen, Vertrauensverlust und Unzufriedenheit der Bevölkerung wirkte auf die Abwehr der Krisenerscheinungen und auf die Durchsetzungskraft des Nationalsozialismus ebenso wie die ideologischen Grundeinstellungen der örtlichen Eliten und Mittelstandsgruppen.

---

223 Zur Bedeutung des religiösen Faktors im Zusammenhang der Mittelstandsproblematik, vgl. auch Lepsius (1966), S. 31 f.

Kapitel IV:
Auswirkungen der Weltwirtschaftskrise

Das Ausmaß der Not im Gefolge der Weltwirtschaftskrise steht bei vielen Historikern an vorderster Stelle des Ursachenkatalogs für den Erfolg des Nationalsozialismus. Arbeitslosigkeit, soziale Deklassierung und politische Destabilisierung gingen
eine gefährliche Verbindung ein, bildeten den „Nährboden, auf dem die Saat des
Radikalismus von links wie von rechts gedeihen konnte".[1] Nach Rudolf Vierhaus
lassen sich „die Auswirkungen der Krise auf das politische Bewußtsein der Menschen und damit auf ihre politische Haltung und Stellungnahme kaum überschät-
zen".[2] Es liegt daher nahe, den mehr oder weniger starken Auswirkungen der
Krisenerscheinungen in den Vergleichsstädten nachzugehen. Wie entwickelte sich
die Arbeitslosigkeit? Welche sozialen Gruppen waren am härtesten betroffen? Was
bedeuteten die steigenden Wohlfahrtsausgaben und fallenden Steuereinnahmen für
die städtischen Finanzen? Gab es noch Spielräume, um den sozialen Folgen der
Krise etwas entgegenzusetzen und den Betroffenen zu zeigen, daß alles getan wird,
um zu helfen?

A. Wirtschaftliche Entwicklung und soziale Folgen

1. Krisenverlauf und Struktur der Arbeitslosigkeit

In den Vergleichsstädten war die Montanindustrie der entscheidende Wirtschafts-
faktor. Die Förder- und Absatzmöglichkeiten der örtlichen Schachtanlagen bildeten
die Schrittmacher für die Auswirkungen der Krisenerscheinungen. Dabei gab es
jedoch Unterschiede, die nicht ohne Folgen für die jeweilige Struktur der Arbeitslosigkeit bleiben konnten: Zum einen wich der Konjunkturzyklus der Zechen
erheblich voneinander ab, zum anderen besaß der Bergbau in Ahlen nicht die
gleiche Dominanz wie in Kamen. Die GBAG hatte die Schachtanlage Grillo
zwischen 1926 und 1928 grundlegend modernisiert und deren Produktion durch
die Übertragung von Verkaufsanteilen stillgelegter Zechen erheblich gesteigert.
Damit ging der Kamener Bergbau vergleichsweise gut gerüstet in die Krise. Erst
Ende 1929 begannen die Feierschichten. Die ersten Entlassungen folgten Anfang
1930. Jetzt kam der Einbruch relativ abrupt und mit hoher Intensität.[3] Bis Ende

---

1 Kolb (1988), S. 107, vgl. auch Winkler (1983), S. 3.
2 Vierhaus (1967), S. 158. Auch Benneke (1970) sieht in der Weltwirtschaftskrise die
   „entscheidende Voraussetzung" für die Zerstörung der Demokratie, vgl. besonders S. 79,
   92 und 291. Auf die Fragwürdigkeit dieser „Überbetonung" der Krise wird noch eingegangen, vgl. Kap. VI.B.
3 Dieser Verlauf entsprach in etwa der Gesamtentwicklung der Montanindustrie, die 1929 –

1932 wurde die Förderung fast halbiert und 42 % der Belegschaft entlassen (vgl. die Übersicht weiter unten).

Die Ahlener Zeche war in den 20er Jahren noch immer in der Aufbauphase und hatte über die Zwischenkrise von 1925/26 hinaus Belegschaft und Förderung kontinuierlich gesteigert. Hier begannen die Krisenerscheinungen schon 1927. Die Förderquote des Kohlensyndikats war ausgeschöpft und der Absatz stockte. Im November 1927 wurden 330 Bergleute entlassen. 1928 folgten weitere 150. 1929 konnte das Niveau gehalten werden, bevor 1930 gleich über 800 Stellen abgebaut wurden.[4] Mitte 1931 deutete sich aber dann eine Wende an. Die Deutsche Continental-Gas-Gesellschaft in Dessau, die schon seit 1927 die Anteilsmehrheit der Ahlener Zeche besaß, nahm eine Großgaserei in Betrieb. Ab dem 1.9.1931 konnten täglich 1000 Tonnen Kohle dorthin geschickt werden. Damit war der Absatz von mehr als einem Drittel der Förderung gesichert. Das galt als Eigenverbrauch und wurde nicht in die Absatzquote des Kohlensyndikats eingerechnet.[5] Entgegen dem Trend stellte die Zeche Westfalen zu diesem Zeitpunkt 100 neue Arbeitskräfte ein. Insgesamt blieben die Beschäftigtenzahlen zwar noch einige Zeit rückläufig, es gab aber keine Massenentlassungen von mehr als 50 Bergleuten mehr. 1932 stieg die Förderung wieder merklich an. Im Vergleich zur Kamener Schachtanlage war sie damit weit weniger zurückgegangen. Auffallend ist nun, daß der Personalabbau trotzdem höher lag. Hier die Unterschiede im Überblick (vgl. Tab. 1 und 2 im Anhang):

		Ahlen	Kamen
Förderung:	Höhepunkt	1927=834.903	1929=797.806
(in Tonnen)	Tiefpunkt	1931=596.178	1932=432.730
	Abbau um	29 %	46 %
Belegschaft:	Höhepunkt	1927=3.664	1929=2.424
	Tiefpunkt	1933=1.970	1932=1.404
	Abbau um	46 %	42 %

Der höhere Personalabbau bei geringerem Rückgang der Förderung lag zum ersten an Rationalisierungsmöglichkeiten, die man auf der Zeche Westfalen – im Gegensatz zu Kamen – erst jetzt ausschöpfte,[6] und zum zweiten an einer anderen Personalpolitik. Während in Kamen versucht wurde, einen möglichst hohen Arbeiterstamm zu behalten und mehr das Instrument der Feierschichten einzusetzen, schritt die Ahlener Zechenleitung schneller zur Entlassung und ließ weniger

---

entgegen dem Trend anderer Wirtschaftszweige – nochmal einen Anstieg erlebt hatte, bevor der Abstieg dann um so heftiger einsetzte, vgl. zusammenfassend dazu: Abelshauser (1990), Kap. 7, besonders S. 479.

4 Vgl. die detaillierte Graphik zu den Entlassungswellen auf der Zeche Westfalen, in: Rennspieß (1989), S. 241.

5 Vgl. Jericho (1963), S. 69.

6 Vgl. ebenda, S. 70.

„feiern". Auf der Schachtanlage Grillo gab es 1930 = 43, 1931 = 61, 1932 = 111 und 1933 = 86 Feierschichten.[7] In Ahlen lassen sich 1930 = 19, 1931 = 42, 1932 = 29 und 1933 nur noch 7 Feierschichten ermitteln.[8] Die rigide Entlassungspraxis in Ahlen sollte sich in der zweiten Hälfte der 30er Jahre als Nachteil erweisen, als im Zeichen der Rüstungskonjunktur nicht mehr genug Arbeitskräfte zu finden waren.[9]

Neben dem andersartigen Krisenverlauf und der unterschiedlichen Personalpolitik der Zechen ist auf die Folgen der extremeren Monostruktur der Kamener Wirtschaft zu verweisen. Hier war die Dominanz des Bergbaus noch ausgeprägter als in Ahlen, wo es weit mehr Klein- und Mittelbetriebe gab. In Kamen entfielen ca. 60 % der Arbeitsplätze im Bereich „Industrie und Handel" auf den Bergbau. In Ahlen waren es dagegen nur 40 %. Während in Kamen nur noch die Baubranche von einiger Bedeutung war und die wenigen kleinen Schuh- und Metallfabriken kaum ins Gewicht fielen, gab es in Ahlen eine Stanz-, Emaille- und Blechwarenindustrie, die fast 2000 Arbeitsplätze bot (vgl. Kap. I.B3 sowie Tab. 7 und 19 im Anhang).

Dies mußte sich auf die Anzahl und die soziale Zusammensetzung der Arbeitslosen auswirken sowie auf den gesamten Konjunkturverlauf und die Steuereinnahmen der Kommunen.

Tab. 20 im Anhang zeigt die Entwicklung der Arbeitslosenrate und die Verteilung der Erwerbslosen nach ihrer Unterstützungsart. Leider wird der Vergleich durch die Unvollständigkeit der Zahlenreihen etwas erschwert. Das liegt daran, daß die in den Lokalzeitungen wiedergegebenen Berichte der Arbeitsämter unterschiedliche Zahlen enthielten. Beide Vergleichsstädte waren Sitz eines Bezirksarbeitsamtes, so daß manchmal nur die Arbeitslosenrate des Bezirks aufgeführt wurde, ohne sie auf die Städte und Gemeinden aufzugliedern. Darüberhinaus wurde nicht immer nach Arbeitslosen-, Krisen- und Wohlfahrtsunterstützten unterschieden.[10] Das trotz dieser Schwierigkeit ermittelte Zahlenmaterial reicht aber aus, um deutlich werden zu lassen, daß die einseitigere Wirtschaftsstruktur Kamens seit dem Herbst 1931 zu einer höheren Arbeitslosenquote führte. Außerdem wurde der Höhepunkt der Arbeitslosigkeit in Ahlen früher erreicht. Im März 1932 waren es 2170, d.h. 21,9 % aller Erwerbspersonen. In Kamen wurde der höchste Stand erst im Juni 1932 mit 1293 Personen oder 27,9 % erreicht. Das waren immerhin 6 % mehr. Eine Auswertung der Volks- und Berufszählung vom 16.6.1933 (vgl. Tab. 21) bestätigt diesen Unterschied in etwas geringerem Umfang. Zu dieser Zeit

---

7 Vgl. Rennspieß (1992), S. 159.
8 Vgl. Jahresrückblick der Ahlener Volkszeitung vom 10.1.1931, Bericht des Magistrats der Stadt Ahlen, Rechnungsjahr 1931, S. 10, Jericho (1963), S. 65 und Jahresrückblick der Ahlener Volkszeitung vom 28.12.1933.
9 Vgl. Rennspieß (1989), S. 325.
10 Zu berücksichtigen ist außerdem, daß die Arbeitsämter für ihre Zählungen sehr enggefaßte Richtlinien hatten. Der Unterschied zwischen den amtlich anerkannten und von den Kommunen tatsächlich unterstützten Erwerbslosen war vermutlich immer beträchtlich, vgl. Rebentisch (1977), S. 116.

nannten sich in Kamen 27,9 % der Erwerbspersonen „arbeitslos", während es in Ahlen 25,2 % waren. (Hier sind auch Personen einbezogen, die nicht unterstützt wurden und somit auch nicht in den Statistiken der Arbeits- und Wohlfahrtsämter auftauchten.) Ahlen lag damit etwas unter, Kamen etwas über dem Ruhrgebietsdurchschnitt von 25,6 %.[11]

Was die gemischtere ökonomische Basis in Ahlen für den Konjunkturverlauf und die soziale Zusammensetzung der Arbeitslosen bedeutete, zeigt eine Auswertung der Magistratsberichte der Stadt Ahlen. Sie vermitteln einen guten Eindruck über den unterschiedlichen Verlauf der wirtschaftlichen Rückschläge einzelner örtlicher Industriezweige.[12] Neben den Krisenerscheinungen im Bergbau begannen demnach in den Jahren 1928 und 1929 zunächst Schwierigkeiten in der Schuh- und Maschinenbauindustrie. Einige kleinere Fabriken mußten schließen. 1930, 1931 und die erste Hälfte des Jahres 1932 waren dann durch massive Entlassungen und Betriebsstillegungen im Bereich der Stanz- und Emailleindustrie gekennzeichnet.[13] Die großen Exportfirmen hatten unter blockierten Auslandsmärkten zu leiden. Sie warfen ihre Produkte zusätzlich auf den Inlandsmarkt. Nachlassende Kaufkraft und wachsende Konkurrenz ließen die Preise um mehr als ein Drittel fallen.[14] Nach Tab. 19 im Anhang wurden rund 900 Arbeitsplätze abgebaut. Diese Aufstellung zeigt allerdings nicht, daß es kurzzeitige Höhepunkte gab, die weit extremer waren. Nach den Magistratsberichten suchten im März 1930 zunächst 290 Metallarbeiter eine Stelle, im März 1931 dann 1014 und im März 1932 sogar 1541. Dagegen fallen die dort genannten Zahlen der arbeitsuchenden Bergleute weit geringer aus: Im Dezember 1930 waren es 434 und im März 1932 dann 643.

Im Ergebnis bedeutet dies, daß nur rund ein Drittel der Arbeitslosen aus dem Bergbau stammte, und ein überraschend großer Teil der rund 1700 entlassenen Bergleute die Stadt verlassen haben muß. Hier wirkte sich die soziale Zusammensetzung der Belegschaft aus. Die häufig erst zu Beginn der Weimarer Zeit zugewanderten Bergleute und ihre Familien waren noch nicht in dem Maße mit der Stadt verwurzelt, um auch in Krisenzeiten zu bleiben. Viele gingen zurück in ihre Heimatregionen, verdingten sich als Knechte auf dem Land oder schlossen sich großen Auswanderungswellen an. 77 Ahlener Bergleute wurden beispielsweise von sowjetischen Werbern für die Kohleförderung im Donezbeken gewonnen. Im Juli 1930 verließen rund 200 Personen die Kolonie. Sie wurden in der Sowjetunion von einem Ahlener Kommunisten betreut, der sich kurz vorher wegen einer drohenden Haftstrafe abgesetzt hatte.[15]

---

11 Vgl. Wiel (1970), S. 90 f. Der Reichsdurchschnitt lag bei 15,4 %, vgl. ebenda, S. 90.

12 Berichte des Magistrats der Stadt Ahlen, Rechnungsjahre 1926-1932, Rubrik „Wirtschftliche Verhältnisse".

13 Die Betriebsstillegungen und Entlassungen im Einzelnen lassen sich den Jahresrückblicken der Ahlener Volkszeitung vom 10.1. und 31.12.1931 und der Glocke vom 10.1.1933 entnehmen.

14 Vgl. Seifert (1951), S. 87.

15 Ausführlich dazu: Rennspieß (1989), S. 247-251.

Aus Kamen ist nichts Vergleichbares bekannt. Die Bergleute der zweiten oder dritten Generation blieben während der Weltwirtschaftskrise in der Stadt. Da über 1000 entlassen worden waren, muß davon ausgegangen werden, daß sie die übergroße Mehrheit der Arbeitslosen stellten.

Während die Bergleute fast durchweg von Langzeitarbeitslosigkeit betroffen waren, fanden zumindest Teile der Metallarbeiter schneller wieder Arbeit. Das lag zum einen daran, daß die Bergleute schwerer in andere Beschäftigungsbereiche vermittelt werden konnten, da die Mehrheit keine formale Ausbildung besaß. Zum anderen lag es an der Schwerfälligkeit der Grundstoffindustrie. Während sich der Bergbau sehr langsam erholte, fand die mittelständische Industrie schneller Marktnischen und Absatzchancen. Dies betraf zum Beispiel einige Ahlener Verzinkereien, die schon Anfang 1932 wieder eine gute Auftragslage verzeichneten. Ihr Preiskartell war zusammengebrochen, und sie warfen einige Produkte zu Niedrigstpreisen auf den Markt.[16] Außerdem blieb, im Gegensatz zu den emaillierten Haus- und Küchengeräten, der Absatz verzinnter Molkerei- und Milchwirtschaftsgeräte während der Krise durchaus zufriedenstellend.[17] Im Winter 1932/33 ging es dann auch mit der Ahlener Stanz- und Emailleindustrie wieder bergauf. Spürbare Erleichterungen für den Arbeitsmarkt brachte die Wiedereröffnung eines Zweigwerks im November, wodurch auf einen Schlag 165 Arbeiter eingestellt werden konnten.[18] Im gleichen Monat kam es darüberhinaus auch in anderen Fabriken zu rund 200 Neueinstellungen. Im Januar 1933 nahm das zweitgrößte Emaillierwerk seinen vorübergehend stillgelegten Betrieb wieder auf und stellte in mehreren Schüben über 340 Arbeiter wieder ein.[19]

Damit war die Talsohle zu einem Zeitpunkt durchschritten, zu dem sich die Krisenerscheinungen im Bergbau – trotz der beruhigenden Tendenzen im Sommer 1932 – noch einmal zuspitzten. Der Ruhrbergbau blieb lange Zeit hinter dem sonst zu beobachtenden Wirtschaftsaufschwung zurück.[20] Dies wirkte sich in Kamen stärker aus als in Ahlen.

Der höhere Anteil der arbeitslosen Bergarbeiter in Kamen bedeutete in der Konsequenz mehr Langzeitarbeitslose.

Wie Tab. 20 zeigt, sah die prozentuale Verteilung der Erwerbslosen auf die Arbeitslosen-, Krisen- und Wohlfahrtsunterstützung (Alu, Kru und Wohlu) in Ahlen etwas günstiger als in Kamen aus. Ab November 1931 war der Prozentsatz der Arbeitslosen, die noch vom Arbeitsamt unterstützt wurden, durchweg größer, umgekehrt war der Anteil der Wohlfahrtsempfänger bis auf die Monate Februar und Mai 1932 niedriger. Vor allem am Ende des Untersuchungszeitraums lag die Wohlfahrtserwerbslosenquote in Kamen deutlich höher als in Ahlen.

16 Vgl. Bericht des Magistrats der Stadt Ahlen, Rechnungsjahr 1932, S. 10.
17 Vgl. Seifert (1951), S. 87.
18 Vgl. Ahlener Volkszeitung vom 20.11.1932.
19 Vgl. Jahresrückblicke in der Glocke vom 10.1.1933 und in der Ahlener Volkszeitung vom 28.12.1933.
20 Allgemein zum Krisenverlauf: Werner (1984).

Nimmt man die Familienangehörigen dazu, so wird der Unterschied noch deutlicher: Ende 1932 gab es in Kamen 2240 „Wohlfahrtserwerbslose" und Familienangehörige.[21] Gemessen an der Einwohnerzahl waren dies rund 17 %. Die Vergleichszahlen für Ahlen sehen mit 2525 und 10 % der Einwohner weit günstiger aus.[22] Natürlich wurden noch mehr Personen vom kommunalen Wohlfahrtsamt unterstützt. Unter Berücksichtigung der Sozial- und Kleinrentner, der Kriegsopfer und anderer Zuschlagsempfänger kommt man in Kamen Ende 1932 auf eine Personenzahl von 2962 oder 23 % der Einwohner. In Ahlen lag diese Zahl bei 5435 oder 20 %.[23]

Die Besonderheiten des Krisenverlaufs in den Vergleichsstädten lassen sich demnach folgendermaßen zusammenfassen: In Kamen setzte die Krise später ein, ging dann aber abrupter vor sich und erreichte eine – durch die montanindustrielle Monostruktur bedingte – größere Intensität und langsamere Rekonstruktion. Der größte Anteil der Arbeitslosen bestand aus Bergleuten, die trotz fehlender Vermittlungschancen in der Stadt blieben und der kommunalen Wohlfahrt „zur Last fielen".

In Ahlen setzte die Talfahrt des örtlichen Bergbaus und anderer Industriezweige früher ein. Aufgrund der zusätzlichen Absatzmöglichkeit der Zeche für die Großgaserei in Mitteldeutschland und der Produktvielfalt der Blechwarenindustrie, die gewisse Absatznischen finden konnte, wurde der Tiefpunkt früher erreicht und noch vor der nationalsozialistischen Machtübernahme spürbar überwunden. Da viele Bergleute die Stadt verließen, bestand das Heer der Arbeitslosen zu einem Großteil aus Metallarbeitern der verschiedensten Bereiche.

2. Das Ausmaß der Not und die Reaktionen der Betroffenen

Keine andere Folge der Krise griff tiefer in das Leben der Menschen ein als die Massenarbeitslosigkeit. Das Unterstützungssystem der Weimarer Zeit brachte eine „willkürliche und unerträgliche Dreiteilung der arbeitsfähigen Arbeitslosen" mit sich.[24] Umfang und Dauer der versicherungsmäßigen Arbeitslosenunterstützung (Alu) sowie der Kreis der Anspruchsberechtigten wurden im Verlauf der Krise mehrfach beschnitten. Wer seinen Anspruch verlor, fiel in die Krisenunterstützung (Kru). Hier fand bereits eine „Bedürftigkeitsprüfung" statt. Ein Fünftel der Kosten mußten die Gemeinden tragen. Auch die Kru wurde in Höhe, Zeitraum und Personenkreis mehrfach eingeschränkt. Seit Oktober 1930 durften Alu und Kru zusammen nicht länger als 58 Wochen (für über 40jährige 71 Wochen) ausgezahlt werden.[25] Nach Ablauf dieser Frist blieb nur noch der Weg zum örtlichen Wohl-

---

21 In Kamen sind detaillierte Berichte des Wohlfahrtsamtes vorhanden, vgl. StAK, Nr. 1663.
22 Vgl. Ahlener Volkszeitung vom 18.12.1932.
23 Vgl. Westfälischer Anzeiger vom 8.1.1933 und Ahlener Volkszeitung vom 28.12.1933.
24 Homburg (1985), S. 271/272.
25 Erst am 28.11.1932 wurde die Befristung der Kru aufgehoben, vgl. ebenda, S. 273.

fahrtsamt, wo sich nach alter, vorurteilsgeladener Vorstellung eigentlich nur die „Arbeitsscheuen" und „Asozialen" befanden. Trotz aller materiellen Nivellierung unter den verschiedenen arbeitslosen Gruppen waren die Wohlfahrtsempfänger bei weitem am schlechtesten gestellt. Hinsichtlich der Höhe und der Art der Unterstützung, die in Geld oder Sachmitteln bestehen konnte, waren sie weitgehend rechtlos und von der Fürsorgepraxis in den einzelnen Gemeinden abhängig. Grundsätzlich bestand Rückzahlungspflicht, die erst durch die Nationalsozialisten Ende 1936 aufgehoben wurde. Für die Wohlfahrtsunterstützten zahlte niemand Kranken- und Rentenversicherung. Außerdem unterlagen sie einer besonderen, gesetzlich verankerten Arbeitspflicht.[26]

Bis zum Sommer 1932 sanken reichsweit rund 40 % der amtlich registrierten Arbeitslosen in die Endkategorie „Wohlfahrtserwerbsloser". Im Dezember des Jahres war mit 41,7 % der Höhepunkt erreicht.[27] In den Vergleichsstädten lag dieser Anteil mit 71 % in Ahlen und mit 80 % in Kamen bei weitem höher. Es läßt sich leicht ausmalen, was dies für die sozialen Verhältnisse bedeutete. Die Wohlfahrtsunterstützten lebten am Rande des Existenzminimums. Anfang 1932 bekam eine erwachsene Person in Kamen 32 Mark im Monat, Eheleute 48 Mark und für jedes Kind zusätzlich 12 Mark.[28] Ein Großteil des Geldes wurde von der Miete verschlungen. In der Hindenburgsiedlung zahlte man 20 bis 30 Mark Miete, in den großen Wohnblöken der GBAG rund 15 Mark. Eine neue Zweieinhalb-Zimmer-Wohnung, wie sie die Ruhrbau AG 1930 in Kamen baute, war mit 43 Mark unerschwinglich.[29]

Nach dem Sturz Brünings wurden die Unterstützungssätze in Alu, Kru und Wohlu um durchschnittlich 20 % gesenkt. Der Tiefpunkt des Sozialabbaus war erreicht. Auf einer Versammlung der Christlichen Gewerkschaften in Ahlen hieß es zu dieser „Elendsnotverordnung":

„Ein Hauch von Grauen und Verzweiflung liegt über den mehr als 2000 arbeitslosen Arbeiterfamilien der Stadt Ahlen. Die Stimmung unter diesen Bedrängten wird immer bedrückter und erregter ... Was jetzt schon kaum tragbare Härte ist, wird in wenigen Wochen unmenschliche Grausamkeit sein ... Unsere 1500 christlichen Gewerkschafter fordern wir in diesen Stunden, da die sozialen Schutzrechte aufs äußerste gefährdet sind, auf, trotz aller Empörung sich nach bestem Vermögen für Ruhe und Ordnung einzusetzen."[30]

Trotz sinkender Preise konnte man von den Unterstützungssätzen der Wohlfahrt unmöglich längere Zeit existieren, ohne mit legalen oder illegalen Mitteln noch „etwas dazu zu organisieren".

Überblickt man dementsprechende Hinweise der Lokalzeitungen, so fallen besonders drastische Meldungen aus Kamen auf: Die Bergleute gingen in Gruppen

---

26 Vgl. Winkler (1987) unter der Überschrift: „Drei Stufen des Abstiegs", S. 22 f.
27 Vgl. Homburg (1985), S. 269 und Tab. 6, S. 270.
28 Vgl. Kamener Zeitung vom 13.2.1932.
29 Vgl. Zechen-Zeitung, Nr. 10, 1925, Nr. 11 und 1927, Nr. 24, 1930.
30 Ahlener Volkszeitung vom 6.8.1932.

von 15 bis 20 Personen zum „Kohlenklau" auf die Zechenhalden oder mit Säcken und Küchenmessern „bewaffnet" auf die Felder.[31] Die Polizei hetzte von einer Razzia zur anderen und blieb im Grunde hilflos. Täglich finden sich Berichte über Holz- und Kohlendiebstähle, über Felder-, Garten- und Kaninchenstallausplünderungen; Tiere wurden auf der Weide abgeschlachtet, Baumaterial entwendet und sogar der Kupferdraht der Straßenbahnoberleitungen gestohlen. Dazu kamen Delikte, wie falsche Angaben beim Wohlfahrtsamt oder Sammlungen, die sich im nachhinein als Schwindel entpuppten. Das Angebot der Kamener Zechenleitung an die Erwerbslosen, den hinter der Halde lagernden Kohlenschlamm unentgeltlich als Brennmaterial abzuholen, führte zu chaotischen Zuständen. Hunderte von Menschen stürmten den Lagerplatz und verursachten einen derartigen Tumult, daß die Polizei das Gelände wieder gewaltsam räumen mußte.

Natürlich spiegelte auch die Ahlener Volkszeitung das hohe Maß an materiellen Problemen und die Steigerung der Kleinkriminalität wider.[32] So wird z.b. berichtet, daß es allein in den ersten drei Monaten des Jahres 1932 150 Zwangsräumungen von Wohnungen gab, deren Bewohner die Miete nicht mehr aufbringen konnten.[33]f Auch die Warteschlangen vor den Arbeitsämtern und die Not der Fürsorgeempfänger wird mit farbigen Worten beschrieben.[34] Vorkommnisse, wie das zuletzt erwähnte Beispiel aus Kamen sucht man allerdings vergebens.

Die meisten Bergleute der Ahlener Zechenkolonie verfügten – im Unterschied zu den Kamenern in den Wohnblocks der GBAG – über große Nutzgärten. Sie intensivierten die Kleintierhaltung und den Gemüseanbau als Ausgleich für die geringer werdende Kaufkraft. Die ländliche Umgebung des Münsterlandes erhöhte die Chance, zusätzliche Ländereien als Pachtland zu erwerben oder zumindest für kurze Zeit als Aushilfskräfte bei Bauern unterzukommen. Außerdem gab es mehr Möglichkeiten für „Hamstertouren".

Ob es in Kamen aber wirklich ein höheres Maß an Not und Verzweiflung gegeben hat, wie es die vergleichende Zeitungsanalyse nahelegt, wird sich aus Mangel an anderen Quellen und objektiven Vergleichsmöglichkeiten kaum klären lassen. Bei der hohen Erwerbslosenquote und dem überdurchschnittlichen Anteil der Wohlfahrtsempfänger in beiden Städten erscheint es kaum wahrscheinlich, daß die geringen Unterschiede bei diesen Zahlen und die fehlenden Gärten in Kamen sich derart auswirkten. Vermutlich war die andersartige politische Ausrichtung der jeweiligen Lokalpresse ausschlaggebender für diesen Eindruck.

Wie erwähnt, stand die Kamener Zeitung zumindest zeitweilig der Wirtschaftspartei nahe und gab ihren Artikeln gerne einen pessimistischen Unterton nach dem Motto „Alles wird schlechter; wir brauchen schnellstens radikale Veränderungen". Schon im Frühjahr 1931 unterstützte die Zeitung in kaum verhohlener

---

31 Vgl. hierzu und zum folgenden: Rennspieß (1992), S. 140 f.
32 Vgl. Rennspieß (1989), S. 241.
33 Vgl. Ahlener Volkszeitung vom 9.4.1932.
34 So z.B. in dem Artikel „Stempeltag" in der Ahlener Volkszeitung vom 15.6.1932.

Parteilichkeit das Stahlhelmvolksbegehren zur vorzeitigen Auflösung des preußischen Landtages (vgl. Kap. V.B).

Demgegenüber schlug das Zentrumsblatt in Ahlen eher einen moderaten Ton an und versuchte die Sparmaßnahmen des Staates zu rechtfertigen, bzw. die dahinterstehenden Zwangslagen zu erklären. Reichskanzler Brüning habe „ein warmes Herz für die Armen und Notleidenden", hieß es noch im November 1930.[35] Nach der massiven Kürzung der Unterstützungssätze durch die Notverordnung vom 5.7.1931 wurde die Stimmung der Arbeiterschaft zwar als „Notschrei aus tiefster Seele" beschrieben, gleich darauf aber auf die „schwierige Lage", die „entschlossenes Handeln der Reichsregierung notwendig macht" verwiesen. Als einzige Kritik blieb, daß die Lasten besser verteilt werden müßten.[36] Als nach der Zahlungseinstellung der Darmstädter- und Nationalbank Mitte Juli 1931 große Aufregung in der Stadt herrschte und die Bergleute befürchteten, die Zeche könne ihre Löhne nicht mehr zahlen, erschien gleich ein Artikel mit der Überschrift „Ruhig Blut!", in dem gegen die „Gerüchte- und Miesmacher" Stellung bezogen und zur Besonnenheit aufgerufen wurde.[37] Typisch sind solche Formulierungen:

„Wie die Dinge nun auch heute noch liegen: die ganze Schwarzmalerei und Graumalerei ist übertrieben. Fortschritte haben die bis jetzt aufgewandten Mühen und angewandten Notverordnungen gehabt, und die in allen Bevölkerungskreisen des Vaterlandes erfolgte Umstellung hat sich schon bewährt, wenn wir auch noch nicht von einer Fülle von sichtbaren Erfolgen reden können. Die Tatsache ist aber vorhanden. Und das sollte uns neue Hoffnung geben."[38]

„Glaube, Hoffnung, Opfersinn und christliche Nächstenliebe" wurden beschworen und jedes kleinste Anzeichen einer Besserung zu einer optimistischen Meldung genutzt. „Wir haben den Tiefpunkt der Depression überwunden", hieß es im April 1931.[39]f Im Jahresrückblick wurde dann zwar anerkannt, daß diese Meldung verfrüht war. Nun hätten aber selbst „berufene Wirtschaftsführer" gesagt, daß man den tiefsten Punkt der Krise erreicht habe und das Jahr 1932 die Wende bringe.[40]

Die Arbeitslosigkeit hatte nicht nur materielle Folgen, sondern brachte auch psychologische Probleme für die Betoffenen mit sich: Verlust des Selbstwertgefühls, Apathie, Reizbarkeit, planlose Geschäftigkeit auf der einen Seite, politische Radikalisierung, Wut auf die bestehenden Verhältnisse, Verbitterung und Ohnmacht auf der anderen. Kaschuba schreibt:

„In den Wohnverhältnissen, Familienformen und Gruppenkulturen einer Lebenswelt, die ganz auf die Arbeit und eine entsprechende familiäre Zeit- und Rollenorganisation ausgerichtet ist, kann Arbeitslosigkeit die Wohnenge zur Tortur, die Familie zum Ballast, die Kollegen zu Konkurrenten werden lassen."[41]

---

35 Ahlener Volkszeitung vom 13.11.1930.
36 Ahlener Volkszeitung vom 8.7.1931.
37 Ahlener Volkszeitung vom 15.7.1931.
38 Ahlener Volkszeitung vom 24.10.1931.
39 Ahlener Volkszeitung vom 12.4.1931.
40 Vgl. Ahlener Volkszeitung vom 3.1.1932.
41 Kaschuba (1990), S. 44, dazu auch Vierhaus (1967), S. 159.

Nach dem oben Gesagten ist es nicht verwunderlich, daß die Kamener Zeitung auch in diesem Bereich mehr Beispiele bietet.[42] Ehemänner, die ihre Frauen verprügeln, Familiensparbücher plündern und dem Alkoholismus verfallen. Väter, die sich vom Dach ihres Hauses stürzen, ganze Familien, die sich durch Aufdrehen des Gashahns vergiften und perspektivlose Jugendliche, die sich in sinnloser Zerstörungswut abreagieren. In diesen Zusammenhang gehören auch Beobachtungen, die auf eine zunehmende Flucht aus der Wirklichkeit hinweisen. Da führte beispielsweise der Hypnotiseur Kniep vor ausverkauftem Saal seine scheinbar übersinnlichen Fähigkeiten vor, und ein „Henry, der weiße Fakir" hielt den ganzen Winter 1931/32 die Stadt in Atem.

Es liegt nahe, daß es für die psychologischen und politischen Auswirkungen der Arbeitslosigkeit auf die Betroffenen wichtig war, einen starken organisatorischen Rückhalt zu haben, das Gefühl nicht allein gelassen zu werden, Akzeptanz, Verständnis und Hilfe zu finden.

In Ahlen war die milieumäßige Eingebundenheit der Arbeitslosen größer. Die Bergleute der Kolonie erlebten den Massencharakter der Arbeitslosigkeit überall in der unmittelbaren Nachbarschaft. Die kommunistisch orientierte Arbeiterbewegung war hier so stark, daß ihre Deutung der Krise als ein Versagen des Kapitalismus weite Verbreitung fand. Gerade unter den Arbeitslosen entfaltete die KPD einen ungeheuren Aktivismus. Erwerbslosenstaffeln wurden aufgebaut, zahlreiche Protestkundgebungen abgehalten, Hungerumzüge und Demonstrationen organisiert. Den Hoffnungslosen wurde angeboten sich in die Dynamik der kommunistischen Bewegung einzureihen. Organisationsdisziplin ersetzte die Arbeitsdisziplin. Nach polizeilichen Beobachtungen gehörte es dabei zur Taktik der KPD, „nicht nur die Erwerbslosen, sondern auch die im Produktionsprozeß stehende Arbeiterschaft zu beteiligen" und hier keinen Gegensatz aufkommen zu lassen.[43] Reichsweit organisierten die Kommunisten schon am 6. März 1930 einen „Internationalen Kampftag der Erwerbslosen". Die Ahlener Ortsgruppe veranstaltete bereits in der Vorbereitungsphase einem Umzug durch die Kolonie und rief gleich zu fünf Versammlungen auf, die jeweils eine andere soziale Gruppe ansprechen sollten. Die Teilnehmer der verschiedenen Veranstaltungen versuchten sich gegen Abend – trotz eines vorsorglichen Verbotes der Polizei – zu einem Demonstrationszug zu vereinigen. Dieses Ereignis ist nicht nur ein Beispiel für die Stärke und Radikalität der Ahlener Kommunisten, sondern auch für die zunehmend härter werdende Reaktion der Behörden. Die Polizei trieb die Demonstranten mit dem Gummiknüppel auseinander. Als sich diese durch Steinwürfe wehrten, wurde von der Schußwaffe Gebrauch gemacht, wobei ein Bergmann einen Oberschenkeldurchschuß erhielt. Die „Rädelsführer" wurden festgenommen und zu mehrmonatigen Gefängnisstrafen verurteilt.[44] Unter den Festgenommenen befand sich auch ein gerade erst in den

---

42 Vgl. Rennspieß (1992), S. 145 f., ergänzend dazu noch: Kamener Zeitung vom 30.5.1932.
43 StAM, Polizeipräsidium Bochum (Nachrichtensammelstelle), Nr. 58, Brief vom 27.2.1930.
44 Vgl. StAM, Regierung Münster, Nr. VII-66, Bd. 1, Bericht des Bürgermeisters vom 7.3.1930 und Brief des Polizeipräsidenten vom 5.6.1930.

Die Arbeitslosen in Kamen trafen sich am „Löchten-Pohl", einer der wenigen Laternenmasten in der Bergarbeitersiedlung am Vogelhof. Um 1931.

Magistrat gewählter Kommunist, dem daraufhin das Mandat aberkannt wurde. Der Regierungspräsident von Münster weigerte sich in der Folgezeit grundsätzlich, Kandidaten der Ahlener KPD-Ortsgruppe, die immerhin die stärkste Rathausfraktion stellte, als Magistratsmitglieder zu bestätigen.[45]

Trotz Demonstrationsverboten und zunehmender Verfolgungsmaßnahmen gegen die Kommunisten riß die Kette der Protestaktionen, Streiks und Hungermärsche nicht ab. Ein neuer Höhepunkt wurde nach der Kürzung der Unterstützungssätze im Juni 1932 erreicht. Während sich Demonstrationszüge aus der Bergarbeiterkolonie der Innenstadt näherten, genügte die Aufforderung einer kommunistischen Stadtverordneten, um die wartende Menge vor den Auszahlungsschaltern des Wohlfahrtsamtes zu einer spontanen Kundgebung zu veranlassen. Es handelte sich vorwiegend um Frauen, die in äußerster Erregung vor das Haus des Bürgermeisters zogen. Hier wurden sie brutal auseinandergetrieben. Zwei Frauen, die „wie Furien auf die Polizei losgegangen" sein sollen, erlitten „erhebliche Verletzungen" und mußten ins Krankenhaus.[46] Da sich unter den später vor Gericht gestellten Frauen kaum „alte Bekannte" befanden, vermutete die Ahlener Volkszeitung, „daß diese Angeklagten in erster Linie das Opfer politischer Verhetzung geworden waren".[47]

Im Unterschied zu vielen Städten, wo die KPD zur reinen Arbeitslosenpartei wurde, behielt sie in Ahlen auch unter den noch in Arbeit stehenden Bergleuten die Mehrheit. Trotz der Massenentlassungen auf der Zeche, die besonders nach einem Streik im Januar 1931 rund 350 ihrer Anhänger trafen (vgl. Kap. VI.A1), bekam die RGO-Liste noch im März 1933 bei den letzten freien Betriebsratswahlen

---

45 Vgl. die Berichte des Magistrats der Stadt Ahlen, Rechnungsjahre 1929-1932.
46 Ahlener Volkzeitung vom 9.7.1932, vgl. auch das KPD-Flugblatt und die Polizeiberichte in: StAM, Polizeipräsidium Bochum (Nachrichtensammelstelle), Nr. 57.
47 Ahlener Volkszeitung vom 25.8.1932.

über 50 %. Der Einfluß der KPD blieb jedoch weitgehend auf die Kolonie beschränkt.

Im Gegensatz zu den Bergleuten waren die meisten Metallarbeiter in den christlichen Gewerkschaften organisiert. Auch wenn sie ihre Mitglieder zu „Ruhe und Ordnung" aufriefen und Streiks und Demonstrationen als ungeeignete Kampfmittel ablehnten, entfalteten sie doch rege Aktivitäten. Es wurden caritative Unterstützungsfonds und Erwerbslosenausschüsse gebildet. Zweimal die Woche fanden Veranstaltungen statt. Jede Notverordnung wurde kommentiert, Anträge an den Magistrat formuliert und Protestnoten verfaßt.[48] Man versuchte, ein wirksames Gegenmittel zum individuellen Rückzug aufzubauen. Die katholischen Arbeitervereine führten spezielle Schulungskurse für Betreuer der Arbeitslosen durch, die Jugendarbeit wurde intensiviert und besondere „Einkehrtage" für Erwerbslose veranstaltet.[49] Die Mitgliederzahlen im Christlichen Metallarbeiterverband stiegen trotz der Krise von 2000 am 1.1.1930 auf 2200 am 1.1.1931.[50] Es kam zu einer Straffung der Organisationen aller katholischen Arbeitervereine und enger Zusammenarbeit. Im Oktober 1931 wurde ein örtliches Kartell gegründet und die Koordinierung sämtlicher Initiativen vereinbart.[51] Außerdem fällt eine erstaunlich intensive überregionale Verflechtung der Organisationen im gesamten Kreis Beckum auf.[52] Vor der Reichspräsidentenwahl im Frühjahr 1932 wurde eine „Volksfront" gegründet, die eine 300 Mann starke Wehr unterhielt, um „im Notfall gegen radikale Ausfälle von rechts oder links gesichert zu sein".[53]

In Kamen standen die politischen Aktivitäten der Arbeitslosen unter ganz anderen Vorzeichen. Die katholische Arbeiterbewegung und die KPD spielten nur eine untergeordnete Rolle. Hier kam es im März 1931 zu einem breiten Zusammenschluß der Arbeitslosen unter der Bezeichnung „Erwerbslosen-Vereinigung Kamen".[54]

Diese Organisation beanspruchte für sich, überparteilich und neutral zu sein. Im zehnköpfigen Vorstand lassen sich vier KPD-Anhänger identifizieren, daneben aber auch bekannte Sozialdemokraten und Mitglieder der christlichen Gewerkschaften. Die Leitung lag in den Händen von Bernhard Strelinski, dem ehemaligen

48 Vgl. z.B. die Resolution gegen eine zehnprozentige Lohnkürzung, in: Ahlener Volkszeitung vom 6.4.1931; den Antrag auf Niederschlagung der Bürgersteuer für Kurzarbeiter, ebenda vom 23.7.1931, oder die Entschließung gegen die Notverordnung, ebenda vom 16.12.1931.

49 Vgl. Ahlener Volkszeitung vom 1.5.1931.

50 Vgl. Ahlener Volkszeitung vom 13.1.1931.

51 Die Ahlener Volkszeitung vom 24.10.1931 listet 26 Vereine auf, die dem Ortskartell angehörten. Darüberhinaus wurde ein besonderes Jugendkartell gegründet, vgl. ebenda vom 3.5.1932.

52 Neben regelmäßigen Bezirkskonferenzen organisierte man auch Aktivitäten wie den „Sturmtag in Ahlen" als „Kundgebung der katholischen Jugend des Kreises", vgl. Ahlener Volkszeitung vom 5. und 7.7.1932.

53 Ahlener Volkszeitung vom 15.7.1932, zur Gründung der Wehr, ebenda vom 5.3.1932.

54 Kamener Zeitung vom 27.3.1931, vgl. zum Folgenden sofern nicht anders angegeben: Rennspieß (1992), S. 149.

Vorsitzenden der SPD und Führer des Arbeiterrates. Er war schon 1922 als Streikführer von der Zeche entlassen worden und galt mittlerweile als „arbeitsloser Bauarbeiter". Er hatte die SPD verlassen und warb für eine Aktionseinheit unter den Arbeiterparteien. Strelinski scheint das Prinzip parteipolitischer Neutralität einige Zeit aufrecht erhalten zu haben. Dies ist ein ungewöhnliches Beispiel punktueller Zusammenarbeit der ansonsten verfeindeten Arbeiterparteien.

Die Arbeitslosen-Vereinigung schwoll bis Ende 1931 auf über 1000 Mitglieder an und trat mit einem Forderungskatalog an die Öffentlichkeit. Es ging um Winterbeihilfe, Schulspeisung, Mietminderung und kostenlose Kartoffelverteilung an notleidende Familien. Besondere Aktivitäten wurden gegen die verhaßte Pflichtarbeit für Wohlfahrtsempfänger entfaltet. Es hieß, im Winter seien die meisten Erwerbslosen „nicht in der Lage, sich so zu bekleiden, daß sie ohne Gefahr im Freien arbeiten können".[55]

Ein weiteres Betätigungsfeld der Erwerbslosenvereinigung war die Organisation umfangreicher Selbsthilfemaßnahmen. Besonders Brot und Fleisch wurde en Gros eingekauft und entsprechend billig an die Mitglieder vergeben. Außerdem sorgte man für preiswertes Schuhebesohlen und Haareschneiden.

Durch diese Maßnahmen kam es zu harten Auseinandersetzungen mit dem örtlichen Mittelstand. Dessen Organisationen kritisierten, daß die Waren von außerhalb bezogen würden und ihm Käuferschichten verloren gingen. Hier liegt auch einer der Hintergründe für die zunehmenden Gegensätze zwischen der SPD und der Wirtschaftspartei. Bei den gegenseitigen Angriffen im Stadtparlament wurde immer wieder auf die Selbsthilfemaßnahmen der Arbeitslosen Bezug genommen. Interessanterweise stellten sich die Kamener Nationalsozialisten hinter den Mittelstand, zogen sich aus der anfänglichen Mitarbeit in der Erwerbslosenvereinigung zurück und bezichtigten diese einer „marxistischen Tendenz". Gleichzeitig traten sie mit „Enthüllungen" zu Strelinskis Vergangenheit hervor und stilisierten ihn zum Prototyp des „roten Volksverräters".[56] Etwa seit Anfang 1932 begann auch die KPD mit massiver Kritik an der Erwebslosenvereinigung. Das Anträgestellen und die Selbstversorgung war den Kommunisten zu wenig. Sie meinten, daß nichts Wesentliches erreicht worden sei, und forderten jetzt „schärfere Mittel". Von ihrer Seite wurde Strelinski als „Sozialfaschist" bezeichnet.

Auf die Angriffe von links reagierte der Vorstand zunächst durch eine Steigerung der Antragsflut an die Stadtverwaltung. Allein im Februar 1932 wurden 42 Anträge gestellt und 82 Fälle vor den sogenannten Spruchausschuß gebracht, der zur Schlichtung von Konflikten zwischen Wohlfahrtserwerbslosen und Stadtverwaltung gebildet worden war. Doch die Not ließ die Radikalisierung unter den Arbeitern steigen. Die Unzufriedenheit der Mitglieder nahm zu. Schwere Angriffe gegen Strelinski führten mehrere Male zu dessen Rücktritt. Er wurde letztendlich aber immer wieder gewählt.

---

55 Kamener Zeitung vom 19.11.1931.
56 Vgl. Kamener Zeitung vom 9.12.1931 und 18.2.1932. Dagegen stand die positive Verehrung des Ritter von Epp als „Befreier" Kamens, Westfälischer Anzeiger vom 17.4.1933. Zur positiven Erinnerung an Strelinski, Goehrke (1985).

Wie sehr der „mäßigende" Einfluß der SPD nachließ, zeigte sich am Beispiel einer Auseinandersetzung um die verhaßte Pflichtarbeit. Für die körperlich schwere, oft berufsfremde Tätigkeit bekamen die Wohlfahrtsempfänger in Kamen einen Richtsatz von 90 Pfennig pro Tag angerechnet.[57] Nachdem es im Dezember 1931 schon eine Demonstration gegen diese Arbeitseinsätze gegeben hatte, wurde im März eine Versammlung durchgeführt, auf der eine „geharnischte Eingabe an die Regierung in Berlin" verabschiedet wurde. Ziel war es zu erreichen, daß der Stadtverwaltung die Weiterführung der Pflichtarbeit untersagt werde. Trotz der Warnung des SPD-Vorsitzenden gegen diese Eingabe wurde sie mit 218 gegen 28 Stimmen (bei 10 Enthaltungen) angenommen.

Im Oktober 1932 war die Spaltung der Erwerbslosenvereinigung dann perfekt. Die Kommunisten scheinen soweit an Einfluß gewonnen zu haben, daß sich die Sozialdemokraten zurückzogen. In der KPD-Zeitung „Der Kämpfer" hieß es Anfang Oktober 1932 nach einem Bericht über den „glänzenden Verlauf" der Versammlung eines „provisorischen Erwerbslosenausschusses", daß die Eiserne Front eine eigene Versammlung einberief, dort aber nur 27 Mann erschienen seien.[58] Auch die NSDAP gründete in dieser Zeit eine sogenannte „Erwerbslosen-Notgemeinschaft", die Saalmiete für ihre Veranstaltungen zahlte Bergassessor Tengelmann von der Zeche Monopol.[59]

Interessanterweise lassen sich in Kamen erst nach dem Zerfall der parteiübergreifenden Erwerbslosenvereinigung stärker ausgeprägte Demonstrationstätigkeiten der Kommunsten finden. Aufgrund der relativen Schwäche hatte man sich offensichtlich bis dahin zurückgehalten und mehr auf ein unterschwelliges Arbeiten innerhalb der Vereinigung verlassen, jetzt trat man dagegen offener hervor. Noch im Oktober gab es einen Erwerbslosenaufmarsch vor dem Rathaus, im November folgte ein Hungermarsch zum Landratsamt, zu Weihnachten ein Frauenprotestzug und im Januar 1933 dann noch einmal eine Demonstration „gegen Hunger und Frost".[60]

Nicht unerwähnt bleiben darf, daß sich Ende 1931 in Kamen auch eine Vereinigung erwerbsloser Angestellter und Gewerbetreibender zusammenfand. (Der Anteil arbeitsloser Angestellter lag etwas höher als in Ahlen, vgl. Tab.21). Man traf sich jeden zweiten Dienstag im Evangelischen Gemeindehaus. Im Vorstand saßen zwei Nationalsozialisten, die aber im März 1932 zurücktraten, um den überparteilichen Charakter der Organisation nicht zu gefährden. Mit Forderungen wie „rücksichtslose Beseitigung des Doppelverdienertums" und Angriffen auf die „Kompromißwirtschaft der Volksvertreter" stand man der Ideologie der Nationalsozialisten allerdings nicht fern.[61]

---

57 Die SPD-Fraktion forderte Ende 1931 eine Anhebung auf 2,50 RM, was angesichts der leeren Kassen abgelehnt wurde, vgl. Kamener Zeitung vom 1.12.1931.
58 Vgl. Der Kämpfer vom 1.10.1932.
59 Vgl. Westfälischer Anzeiger vom 26.1.1933.
60 Berichte dazu im Westfälischen Anzeiger vom 20.10., 5.11.1932 und 21.1.1933 sowie in: Der Kämpfer vom 24.12.1932.
61 Vgl. Kamener Zeitung vom 8. und 10.12.1931 sowie 20.1. und 14.3.1932.

Entsprechend dem politischen Klima der Stadt, in dem die über den Parteien stehende Sacharbeit in hohem Ansehen stand, versuchten die Arbeitslosen lange Zeit den Anspruch auf Neutralität zu wahren. Vermutlich führte dies in der Konsequenz aber eher dazu, eine Sondergruppe zu schaffen, die leicht auszumachen war und damit auch der Gefahr unterlag, sich von anderen sozialen Gruppen zu isolieren. Beim Zerfall der Erwerbslosenvereinigung auf dem Höhepunkt der Krise zeigte sich umso deutlicher, daß die vermeintlich politisch unabhängige Sacharbeit eine Fiktion war. Die nun aufbrechenden Querelen und gegenseitigen Angriffe führten zur Frustration und dem Rückzug vieler Mitglieder.

In Ahlen dominierte statt dessen die gewerkschaftliche, politische und milieumäßige Eingebundenheit. Von Anfang an wurden die Arbeitslosen fest in die jeweilige Organisation eingespannt. Trotz Ermüdungserscheinungen durch politiche Rückschläge, immer neue Notverordnungen und zunehmende Verelendung lassen sich vor der nationalsozialistischen Machtergreifung keine vergleichbaren Verfallserscheinungen wie in Kamen beobachten.

Nur ein starker Rückhalt in Vereinen, in der Nachbarschaft und in den politischen Gruppen konnte verhindern, daß die Arbeitslosen an den Rand des gesellschaftlichen Geschehens gedrängt wurden und eine zunehmende Konkurrenz zu den noch Beschäftigten entstand. Die Dreiteilung der Arbeitslosen wirkte darüberhinaus dahingehend, daß sich selbst die Betroffenen nicht zusammenfanden. Homburg schreibt:

„Schließlich wurden Junge gegen Alte, Familien gegen Alleinstehende, Männer gegen Frauen ausgespielt, nicht nur in öffentlichen, oft unerträglich moralisierenden Diskussionen um die angemessene Politik, sondern auch durch die Notstandsmaßnahmen".[62]

Die stärker ausgeprägten Milieus waren vermutlich auch verantwortlich für den auffallend hohen Grad der Hilfstätigkeit in Ahlen. Hierbei sind die Unterschiede zu Kamen vermutlich nicht allein auf die politische Ausrichtung der Lokalzeitungen zurückzuführen.

In Kamen begann man im Winter 1930/31 mit Sammlungen für Hilfsbedürftige.[63] Ein Jahr später – nach dem reichsweiten Aufruf der Deutschen Liga für freie Wohlfahrtspflege – schlossen sich verschiedene caritative Organisationen zu einer „Arbeitsgemeinschaft der Winterhilfe Kamen" zusammen.[64] Im Winter 1932/33 soll die AG 4000 Notleidende unterstützt haben, d.h. ungefähr ein Drittel der Einwohner.[65] Daneben lassen sich aber nur noch wenige Meldungen über konkrete Hilfstägigkeiten finden. Der Verein für Handel und Gewerbe empfahl seinen Mitgliedern, den Arbeitslosen 6 % Rabatt zu gewähren. Die Zeche Monopol stellte verbilligte Kohle zur Verfügung. Die Stadt eröffnete zwei Wärmehallen und ließ Pachtland und Kleingartenparzellen von Pflichtarbeitern anlegen, um sie an Ar-

---

62 Homburg (1985), S. 297.
63 Vgl. Kamener Zeitung vom 22.12.1930.
64 Vgl. Kamener Zeitung vom 14.12.1931.
65 Vgl. Westfälischer Anzeiger vom 20.10.1932.

beitslose zu vergeben, damit „ihre brachliegende Arbeitskraft wenigstens teilweise zweckmäßig ausgenutzt ist".[66]

In Ahlen wurde schon im April 1930 eine Volksküche eröffnet, in der die Wohlfahrtsempfänger für 20 Pfennig beköstigt wurden.[67] Im Herbst des Jahres begann eine umfangreiche Spendenaktion, bei der im Unterschied zu Kamen eine viel breitere Beteiligung wichtiger Organisationen auffällt. Neben der Stadt, den Kirchen und Gewerkschaften sind dies vor allem der Landwirtschaftliche Ortsverein, der Ärzteverband und alle wichtigen Mittelstandsvereinigungen.[68] Bei der Winterhilfe von 1931/32 ist es bemerkenswert, daß die Stadt neben der üblichen Spendenverteilung einen Fonds eingerichtet hatte, der aus Mitteln bestand, die durch die Senkung der Fürsorgerichtsätze im Gemeindeanteil eingespart worden waren. Hieraus erhielten Ledige zusätzlich 2 RM und Familien 4 bis 4,50 RM monatlich. Ein Jahr später wurde die Winterhilfe noch weiter durchorganisiert. 25 % der Einwohner mußten erreicht werden. Die Stadt wurde in vier Bezirke aufgeteilt, für die verschiedene Organisationen zuständig waren. Auffällig ist, daß sogar die „Rote Hilfe" der KPD integriert war. Es gab täglich kostenlose Kinderspeisungen in den Schulen, wovon 700 bis 800 Kinder erfaßt wurden. Das ganze Jahr über fanden Wohltätigkeitsveranstaltungen statt. Die Organisationen des selbständigen Mittelstandes gewährten Preisnachlässe. Landwirte und bekannte Fabrikanten traten mit größeren Spendenaktionen in Erscheinung.[69] Nicht vergessen werden darf in diesem Zusammenhang die erwähnte Hilfstätigkeit innerhalb der einzelnen Organisationen. Der Christliche Metallarbeiterverband behauptete Mitte 1932 beispielsweise, über 3000 Arbeiter unterstützt zu haben.[70] Zum propagierten Gebot der Nächstenliebe gehörte auch die persönliche Hilfe. So gab es Patenschaften wohlhabender Familien für Notleidende in der Nachbarschaft.[71]

Natürlich konnten all diese Aktivitäten keine strukturellen Verbesserungen bringen, aber sie halfen in besonders gravierenden Fällen sicher über die allerschlimmsten Momente hinweg. Wichtiger war vielleicht noch, daß sie zumindest einigen Betroffenen den Eindruck vermittelten, daß alles Menschenmögliche zur Linderung der Not versucht wurde. Für manche lag hier vielleicht ein kleiner Ausgleich für das „offenkundige Versagen an der sozialen Front", mit dem sich die Republik mehr und mehr delegitimierte.[72]

Mit Blick auf die religiösen Unterschiede in den Vergleichsstädten sei abschließend noch auf einen Gedanken Gerhard Pauls verwiesen, der in Anlehnung an Max Webers Untersuchungen zur identitätsstiftenden Kathegorie der Arbeit im Leben der Protestanten schreibt:

---

66 Westfälischer Anzeiger vom 1.7.1932, zu den anderen Beispielen: Rennspieß (1992), S. 146.
67 Vgl. Ahlener Volkszeitung vom 26.4.1930. Viele Beispiele für die Hilfstägigkeit in Ahlen finden sich bei Grevelhörster (1987), S. 54 f.
68 Vgl. Ahlener Volkszeitung vom 14.12.1930.
69 Vgl. Ahlener Volkszeitung vom 10.11.1931.
70 Vgl. Ahlener Volkszeitung vom 28.5.1932.
71 Dazu auch: John (1990), S. 634.
72 Vgl. Peukert (1987), S. 248.

„Zu vermuten ist, daß gerade die Weltwirtschaftskrise bei den von ihr betroffenen Protestanten dieses prägende Identitätsmuster der protestantischen Ethik in Frage stellte und die Krise daher im protestantisch-bürgerlichen Sozialmilieu in viel stärkerem Maße als Sinn- und Lebenskrise perzipiert wurde als im katholischen Milieu. Der subjektive Handlungsdruck nach Veränderung der sozialen Lage und das Bedürfnis nach persönlichkeitsstiftenden Ersatzmustern – z.B. nach nationaler Größe und Ehre – dürfte hier ungleich größer gewesen sein."[73]

---

73 Paul (1987), S. 28.

B. Kommunale Finanzsituation und Lähmung der demokratischen Selbstverwaltung

Die städtischen Haushalte wurden unter dem Druck der Weltwirtschaftskrise in erster Linie von zwei Entwicklungen belastet: das immense Anwachsen der Sozialleistungen und die gleichzeitige Minderung der Einnahmen. Hauptursache war auf der einen Seite die ständig wachsende Zahl der Wohlfahrtserwerbslosen, auf der anderen das Sinken an Steuerrücküberweisungen durch das Reich. Die Priorität des Reichsetats vor den Länderhaushalten und deren Vorrang vor den kommunalen Etats verwies „die Gemeinden bei der Verteilung der ohnehin knappen Finanzmasse an die letzte und schwächste Stelle".[74]

Dies hatte zur Folge, daß die von den Gemeinden direkt erhobenen Zuschläge auf die Besteuerung von Grundstüken, Gewerbeerträgen und Kapital im Laufe der Krise ein immer größeres Gewicht erhielten. Da diese Abgaben in erster Linie den Mittelstand und die Privatwirtschaft belasteten, kam aus deren Reihen der schärfste Widerstand gegen die Versuche, die Deckungslücken der kommunalen Haushalte durch Erhöhung dieser Steuern auszugleichen. Auf der Basis einer Notverordnung vom 26.7.1930 war den Gemeinden außerdem die Möglichkeit gegeben, rückwirkend ab 1.4.1930 eine Bürgersteuer einzuführen, die alle selbständigen Einwohner über 20 Jahre mit einer zusätzlichen Abgabe erfaßte. Daneben sollten kommunale Bier- und Getränkesteuern einen gewissen Ausgleich für den Rückgang der Steuerüberweisungen durch das Reich schaffen. Diese Abgaben wurden wiederum von den Arbeiterparteien als besonders unsozial bekämpft, da sie arm und reich gleichermaßen belasteten. Da die Gemeinden trotz zunehmender Vorgaben durch die Aufsichtsbehörden einen gewissen Gestaltungsspielraum in Bezug auf den Umfang und den Zeitpunkt der Einführung einzelner Steuern hatten, entzündeten sich an dieser Problematik die schärfsten Auseinandersetzungen zwischen den einzelnen politischen und sozialen Gruppen.[75]

Ahlen und Kamen gehörten schon vor der Weltwirtschaftskrise ohne Zweifel zur Kathegorie der „ärmeren Industriestädte".[76] Der geringe Anteil von Selbständigen und wohlhabenden Bürgern sowie die niedrige Erwerbsquote (durch geringe Frauenerwerbstätigkeit) sorgten dafür, daß die Steuerkraft weit unter dem Reichsdurchschnitt lag.[77] Der Versuch, den Nachholbedarf an Infrastrukturmaßnahmen und kommunalen Leistungen auszugleichen, bedurfte größerer Anstrengungen als anderswo und war nur durch umfangreiche Kredite zu bewältigen. In dieser Hinsicht war man in Kamen weit forscher als in Ahlen vorgegangen. Dementsprechend schleppte die Stadt einen Schuldenberg von rund 6 Millionen RM in die

---

74 Rebentisch (1977), S. 107/108.
75 Vgl. Petzina (1986), besonders S. 247.
76 Vgl. ebenda S. 231.
77 In Ahlen verdienten im Januar 1930 51 % aller Steuerzahler weniger als 125 RM im Monat, nur 6,8 % kamen über einen Verdienst von 250 RM hinaus, vgl. Ahlener Volkszeitung vom 14.1.1930.

Wirtschaftskrise, der sich bis 1934 auf 7,2 Millionen oder 552 RM pro Einwohner erhöhte.[78] In Ahlen, wo vorsichtiger investiert worden war, lagen die Schulden 1932 bei 3,8 Millionen, d.h. 152 RM pro Einwohner.[79]

Neben dem geringen Aufkommen an Personalsteuern und der hohen Verschuldung sorgte vor allem die überdurchschnittliche Zahl der Wohlfahrtserwerbslosen dafür, daß man die Situation in den Vergleichsstädten als besonders dramatisch ansehen kann.

Schon für das Rechnungsjahr 1929 schrieb das Kamener Wohlfahrtsamt, daß die „Ausgesteuertenfürsorge" ein „Verhängnis für den ferneren Betrieb" zu werden drohe.[80] Zu dieser Zeit unterstützte das Amt gerade mal 55 Erwerbslose, was knapp 3860 Mark im Monat kostete. Am Ende des nächsten Berichtszeitraums im März 1931 mußten dann bereits 247 vom Arbeitsamt Ausgesteuerte mit ihren Familien unterstützt werden. Jetzt lagen die Ausgaben schon bei rund 20000 RM im Monat. Die Wohlfahrtserwerbslosenfürsorge erfordere „in einem solchen Ausmaß Geldmittel", hieß es diesmal im Bericht, „daß alle bisherigen Schätzungen und Berechnungen völlig überholt wurden".[81]

Doch der Höhepunkt war noch lange nicht erreicht. 1932 mußte die Stadt zeitweilig über 50000 RM im Monat allein für die Wohlfahrtserwerbslosenfürsorge aufbringen. Dazu kamen weitere Kosten im Bereich der allgemeinen Fürsorge, der Unterstützung für Sozial- und Kleinrentner, Kriegsopfer usw. Trotz der mehrmaligen Kürzung der Fürsorgesätze und einiger Ausgleichszahlungen des Reiches erhöhten sich die Kosten in einem untragbaren Ausmaß.

In Ahlen sah die Entwicklung ganz ähnlich aus. Hier kam noch erschwerend hinzu, daß das Bezirksfürsorgeamt, welches sieben Zehntel der Wohlfahrtserwerbslosensätze zahlen mußte, seinen Verpflichtungen nicht nachkam. Während die Kreisumlage von Jahr zu Jahr anstieg (1929=61223 RM und dann 1932=220035 RM[82]), flossen kaum noch Gelder zurück. Im Oktober 1932 verabschiedete das Stadtparlament einen „Notruf an Berlin", damit das Bezirksfürsorgeamt „endlich veranlaßt wird, rückständige Schulden von 200000 RM zu zahlen".[83]

Wie sich aus Tab. 22 im Anhang ergibt, wurden alle anderen Haushaltsposten drastisch beschnitten, während sich die Ausgaben für die Wohlfahrtspflege mehr als verdoppelten und die Schuldenverwaltung anstieg. Der Umfang der gesamten Sparmaßnahmen ging in Ahlen noch weiter als in Kamen und betraf vor allem die Bereiche Schule/Kultur und Personal. Die Ausgaben für Schule und Kultur sanken

---

78 Vgl. StAK, Nr. 1666, Verwaltungsbericht der Stadt Kamen für das Rechnungsjahr 1934.
79 Petzina (1986), S. 242 schreibt, daß Bochum 1928 mit einer Pro-Kopf-Verschuldung von 113,6 RM zur Spitzengruppe im Ruhrgebiet gehörte. Außerhalb des Reviers wären aber deutlich höhere Verschuldungsquoten üblich gewesen.
80 StAK, Nr. 1663, Verwaltungsbericht des Wohlfahrts- und Jugendamtes (1.4.1929-31.3.1930). Zu den folgenden Angaben siehe die weiteren Verwaltungsberichte in dieser Akte.
81 Ebenda, Verwaltungsbericht (1.4.1930-31.3.1931).
82 Vgl. Berichte des Magistrats der Stadt Ahlen, Rechnungsjahre 1929-1932.
83 Ahlener Volkszeitung vom 27.10.1932.

Notstandsarbeiten in Kamen. Anfang der 30er Jahre.

von 1930 bis 1932 um 42,3 % (in Kamen um 38,6 %). Lehrerstellen wurden gestrichen[84] und ganze Schulzweige stillgelegt. Dies betraf in Ahlen die „Hilfsschule" für lernschwache Kinder und in Kamen die höhere Mädchenschule.

Die Ausgaben für allgemeine Verwaltung sanken in Ahlen um 23,8 % (in Kamen um 14,4 %). Hier machte sich besonders die Senkung der Beamtengehälter[85] und die Entlassung städtischer Arbeiter bemerkbar. Für letztere wurde in Ahlen außerdem die Fünftagewoche eingeführt und die Vorarbeiterzulage gekürzt.[86]

Der Ahlener Magistrat machte von dem „wirtschaftstheoretisch kaum hinterfragten hausväterlichen Grundsatz, Notzeiten durch Einschränkungen zu beantworten",[87] noch rigider Gebrauch als der Kamener. Hier spielte die politische Nähe des Zentrums zum Reichskanzler Brüning und seiner Deflationspolitik eine Rolle, wie auch die insgesamt traditionellere Spar- und Ausgabenpolitik. Daß die drastischen Sparmaßnahmen und Lohnkürzungen zu einer weiteren Schrumpfung der Massenkaufkraft führten und dies wiederum krisenverschärfend wirkte, wurde

---

84 In den Ahlener Volksschulen stieg die duchschnittliche Schülerzahl innerhalb des Jahres 1931 pro Klasse von 45 auf 54 und die Unterrichtsstunden der Lehrer von 24 auf 30, vgl. Ahlener Volkszeitung vom 13.10., 20.12.1931 und 20.4.1932.

85 In Ahlen gab es 1932 2,42 Beamte auf 1000 Einwohner, vgl. Bericht des Magistrats der Stadt Ahlen, Rechnungsjahr 1932. In Kamen hielt man mit 2,92 ein höheres Niveau, vgl. StAK, Nr. 1666, Verwaltungsbericht der Stadt Kamen für das Rechnungsjahr 1934. Es lag aber auch weit hinter anderen Städten, wie z.B. Bochum, wo diese Zahl bei 3,38 lag, vgl. Petzina (1986), S. 250.

86 Vgl. Ahlener Volkszeitung vom 15.9.1932.

87 Rebentisch (1977), S. 132.

kaum gesehen.[88] Dazu paßt auch, daß man im Unterschied zu Kamen weniger Initiativen zur Konjunkturbelebung ergriff. Arbeitsbeschaffungsmaßnahmen wurden immer wieder zurückgestellt und der Wohnungsbau drastisch reduziert.[89] Zunächst hatte man sich um Zuschüsse für Notstandsarbeiten zur Errichtung einer Kläranlage bemüht.[90] Trotz Zusagen des Landesarbeitsamtes wurde das Projekt dann zurückgestellt, da keine billigen Kredite zu bekommen waren.[91] Der Freiwillige Arbeitsdienst (FAD) stieß bei der Ahlener Verwaltung schon deshalb auf Skepsis, weil zwar die Personalkosten erstattet wurden, nicht aber die Sachkosten. Über vage Vorüberlegungen kamen Projekte des FAD vor der Machtergreifung nicht mehr hinaus.[92]

Unter der dominanten Führung des Bürgermeisters Berensmann lassen sich in Kamen weit mehr Initiativen zur Arbeitsbeschaffung und Ankurbelung des Baumarktes beobachten. Durch Notstandsarbeiten wurden Grünanlagen angelegt, Straßen gebaut und Bauland erschlossen. Im August 1932 war davon die Rede, daß 72000 Tagewerke durchgeführt worden seien.[93] Seit 1929 gab es außerdem Verhandlungen mit der Ruhrbau AG und der Bergmannssiedlung Hamm, die zu umfangreichen Wohnungsbaumaßnahmen verpflichtet werden sollten. Die turbulenten Ereignisse nach den Stadtverordnetenwahlen vom November 1929 hatten die Verhandlungen zwar zum Erliegen gebracht, aber der Bürgermeister verstand es, die Hindernisse zu beseitigen und die Projekte im Herbst 1930 anlaufen zu lassen. Wie geschildert, war dies für die Wiederannäherung zwischen Berensmann und der SPD von großer Bedeutung. Im Juli 1932 hieß es sogar, daß Kamen nunmehr eine „Stadt ohne Wohnungsnot" sei.[94] Erstaunlicherweise verstand es Berensmann immer wieder, Gelder für die Fortsetzung der Projekte freizumachen, wobei ihm vor allem Überschüsse der weiterhin im Kreuzfeuer der mittelständischen Kritik stehenden Regiebetriebe halfen. Bei den gegebenen gesamtwirtschaftlichen Verhältnissen blieben die Auswirkungen solcher konjunkturbelebender Maßnahmen natürlich gering. Immerhin sorgten sie zumindest zeitweilig für ein gewisses Wohlverhalten der sozialdemokratischen Kommunalpolitiker. Der Mittelstand sah in den Arbeitsbeschaffungsmaßnahmen allerdings eher eine lästige Konkurrenz für reguläre städtische Aufträge. Außerdem wurde man nicht müde, die zunehmende Verschuldung der Stadt und die finanztechnischen Tricks des Bürgermeisters zu kritisieren.

Zum politischen Klima der Stadt paßt es, daß die FAD-Pläne im Sommer 1932 begeistert aufgenommen wurden. Der Arbeitsamtsdirektor beispielsweise lobte den

---

88 Vgl. ebenda, S. 135.
89 Vgl. Grevelhörster (1987), S. 56-58. Im Rechnungsjahr 1931 wurden in Ahlen lediglich 24 Wohnungen gebaut. Dem standen 551 wohnungssuchende Familien gegenüber, vgl. Ahlener Volkszeitung vom 28.9.1932.
90 Vgl. Ahlener Volkszeitung vom 25.9.1930.
91 Vgl. Ahlener Volkszeitung vom 16.5.1931.
92 Vgl. Die Glocke vom 19.1.1933.
93 Vgl. Westfälischer Anzeiger vom 23.8.1932.
94 Vgl. Westfälischer Anzeiger vom 7.7.1932.

hohen erzieherischen Wert für die Jugend und forderte ihre vollständige Kasernie-rung.[95] Der Jungdeutsche Orden und der Stahlhelm begannen mit Projekten in eigener Trägerschaft.[96]

Im folgenden soll anhand der Diskussionen um die Aufstellung der Haushalts-pläne in den Vergleichsstädten gezeigt werden, wie die Handlungsspielräume in Bezug auf die Steuerpolitik ausgenutzt wurden, in welchem Ausmaß sich die sozialen und politischen Gegensätze steigerten und die Mechanismen der kommu-nalen Selbstverwaltung gefährdeten.

In Kamen wurde der Haushaltsplan für das Rechnungsjahr 1930 (1.4.1930-31.3.1931) am 30.6.1930 verabschiedet.[97] In seiner Etatrede hob der Bürgermeis-ter hervor, daß die Kreisumlage gegenüber dem Vorjahr um 28000 Mark und die Wohlfahrtsausgaben um 60000 Mark gestiegen seien. Außerdem mache die laufen-de Sesekeregulierung weitere 25000 RM erforderlich. Zur Deckung seien Steuer-erhöhungen unumgänglich. Folgende Sätze standen zur Abstimmung:

300 % zur Grundvermögenssteuer (bisher 250 %),
700 % zur Gewerbeertragssteuer (bisher 600 %),
2400 % zur Gewerbekapitalsteuer (bisher 2200 %).

Zum Hintergrund muß festgehalten werden, daß die Höhe der kommunalen Steuerzuschläge seit Jahren für Spannungen mit den Mittelstandsvertretern sorgte. Obwohl die Stadtverwaltung durch Erhebungen in den umliegenden Städten nachwies, daß diese Sätze überall ähnlich aussahen,[98] behauptete die Wirt-schaftspartei, Kamen liege damit an der Spitze aller Städte. Die Stellungnahme ihres Sprechers zum Haushaltsplan war demnach vorprogrammiert:

„Wir würden ein Verbrechen begehen, wenn wir hier zustimmen wollten, um Mithelfer zu werden am Zusammenbruch des Mittelstandes."

Die Etatrede des Fraktionssprechers der Wirtschaftspartei, der sechs Wochen später Selbstmord begehen sollte, kann als Musterbeispiel glänzender Rhetorik und Bündelung aller Vorwürfe gegen den Bürgermeister gelesen werden. (Die Rede wurde entgegen sonstiger Geflogenheiten übrigens in voller Länge von der Kamener Zeitung wiedergegeben.) Nicht die Erhöhung der Kreisumlage und der Wohlfahrts-ausgaben seien für die Situation verantwortlich, sondern die „Großmannssucht wie Stadionbau, Bürgermeistervilla usw.", außerdem die „großzügige Pumpwirtschaft". Auf diese Art und Weise sei „unser schönes Geld zum Fenster hinausgeworfen worden". Jetzt käme der „Knalleffekt". „Nur blutenden Herzens" habe man eigene Sparvorschläge eingereicht (darunter z.B. die Streichung der Kinderspeisungen in den Schulen). „Wir leben aber in einer ungeheuren Notzeit, die von uns allen Opfer verlangt." Die Wirtschaftslage sei in Kamen um mindestens 40 bis 50 % schlechter geworden. Der Fraktionssprecher endete mit dem Appell, jeder solle noch einmal

---

95 Vgl. StAK, Nr. 1941, Protokoll einer Beratung des Jugendausschusses vom 13.1.1933.
96 Vgl. Tremonia vom 6.10.1932 und Westfälischer Anzeiger vom 25.11.1932.
97 Die folgenden Zitate und Einzelheiten sind dem Bericht über die Stadtverordnetensitzung in der Kamener Zeitung vom 1.7.1930 entnommen.
98 Vgl. StAK, Nr. 2339.

„sorgfältig prüfen und wägen und dann abstimmen nach bestem Wissen und Gewissen".

Es nützte wenig: die Wirtschaftspartei blieb mit ihrer Ablehnung allein. Immerhin enthielten sich der Abgeordnete der DNVP ebenso wie der Mittelstandsvertreter der DVP. Dagegen stimmte Stadtverordnetenvorsteher Alexander Hußmann mit den Worten zu:

„Auch wir von der Zeche haben den Etat durchgesehen und stimmen ihm, obschon er uns mit 30000 Mark Mehrausgaben belastet, zu."

Mit dem Abstimmungsergebnis gab sich die Wirtschaftspartei nicht zufrieden. Schon wenige Tage später organisierte man eine Protestveranstaltung gegen die „Katastrophenpolitik" und den „Diktat-Etat des Bürgermeisters".[99] Nachdem ein Reichstagsabgeordneter, der in aller Schnelle angereist war, verkündete, daß die „Lammesgeduld des Mittelstandes" jetzt zu Ende gehe, und man als ersten Schritt gegen die Arbeitslosigkeit die Arbeitsdienstpflicht fordere, wobei auch am besten „alle Standesunterschiede verwischt" würden, kam der Fraktionssprecher der Wirtschaftspartei auf die Kommunalpolitik zu sprechen. Um die Situation des Mittelstandes plastisch vor Augen zu führen, brachte er das Beispiel eines Handwerkers, der weinend zu ihm gekommen sei, weil ihm die Stadt wegen Steuerschulden das Haus pfänden wolle. Minutenlanger Lärm und Pfui-Rufe zeigten die Empörung der 1200 Menschen im Saal. Daß sich gerade dieses Beispiel wenige Tage später als übertrieben und verdreht herausstellte, hat die Stimmung sicher nur wenig beeinflußt.[100]

Trotz des massiven Widerstandes mittelständischer Kreise war das Drehen an der Steuerschraube noch lange nicht beendet. Im Herbst 1930 zeichnete sich ab, daß die Ausgaben für die Wohlfahrt um 38000 RM überschritten würden, und außerdem 12000 RM für die Winterhilfe aufzubringen seien.[101]

Eine neue Notverordnung gab den Städten nunmehr die Möglichkeit, kommunale Bier- und Getränkesteuern zu erheben und die Bürgersteuer einzuführen. Diesmal waren die Sozialdemokraten die entschiedensten Gegner. In scharfen Auseinandersetzungen stritt man mit der Wirtschaftspartei darum, wer die meisten Steuern zahle, und in welcher Bevölkerungsschicht die Not am größten sei. Der Wirtschaftspartei warf die SPD vor, nunmehr ihr wahres Gesicht zu zeigen und mit den Nationalsozialisten zu paktieren. Während die Bier- und Getränkesteuern dann einstimmig abgelehnt wurden, fand die Bürgersteuer gegen die Stimmen der SPD ihre Annahme.[102]

Das Votum der Stadtverordneten gegen die Bier- und Getränkesteuer nutzte wenig, denn schon bald sollte die Verdopplung der Biersteuer (1.5.1931) und die Einführung einer Getränkesteuer (1.6.1931) verordnet werden.[103]

---

99   Vgl. den Veranstaltungsbericht in der Kamener Zeitung vom 11.7.1930 und ein Flugblatt dazu, in: StAM, Regierung Arnsberg, Nr. 19838.
100   Hierzu Leserbriefwechsel in der Kamener Zeitung vom 17., 19., 24. und 28.7.1930.
101   Vgl. Kamener Zeitung vom 30.9.1930.
102   Vgl. vor allem die Berichte über die Stadtverordnetensitzungen in der Kamener Zeitung vom 30.9. und 25.11.1930.
103   Vgl. die Angaben der Kamener Zeitung vom 15.7.1931.

Die neue Bürgersteuer wurde immer weiter heraufgesetzt und schließlich bis 1932 verzehnfacht.[104]

Nach dem Selbstmord des Sprechers der Wirtschaftspartei und den ergebnislos verlaufenen Untersuchungen des Regierungspräsidenten in Arnsberg gegen den Bürgermeister, zogen sich die Mittelstandsvertreter – wie berichtet – Anfang April 1931 ganz aus dem Kommunalparlament zurück. Damit fanden die nächsten Haushaltsplanberatungen ohne die stärkste Oppositionspartei statt.

Es wurde ein Rechnungsfehlbetrag von rund 400000 Mark übernommen. Allein der Wohlfahrtsetat war um 80000 Mark überschritten worden. Da die Realsteuern (Gewerbesteuer etc.) per Notverordnung um durchschnittlich 20 % gesenkt werden mußten, blieb neben äußersten Einsparungen nur ein weiteres Heraufsetzen der indirekten Steuern übrig. Ihr Anteil an den städtischen Einnahmen erreichte 13,3 %, gegenüber 7,8 % im Vorjahr.[105]

Mit der Zeche Monopol wurden die Steuern durch gesonderte Verträge ausgehandelt. 1930 hatte sie mit 185900 RM 50 % des gesamten Steueraufkommens getragen. 1931 zahlte die GBAG noch 175000 RM, also 5,86 % weniger. Trotzdem erhöhte sich ihr Anteil auf 57,1 % (1932 zahlte die Zeche 170000 RM = 70,5 %[106]).

Die Stadt mußte 1931 erneut umfangreiche Kredite aufnehmen, erreichte allerdings, daß die Tilgungsrate auf 1 % der Gesamtsumme herabgesetzt wurde. Damit erhöhte sich natürlich der Schuldenberg, was der Wirtschaftspartei Anlaß für neue Angriffe bot.[107]

Angesichts der angespannten Finanzlage stellten die Sozialdemokraten den Antrag, die Höhere Mädchenschule zum 1.4.1932 zu schließen und dem Reformgymnasium anzugliedern.[108] Vor dem Hintergrund ihrer eigenen Bemühungen um die Einführung einer Weltlichen Schule sorgten sie damit für einen neuen Höhepunkt im Schulstreit dieser Jahre.[109]

Die Stadtverwaltung stand von allen Seiten unter Druck. Sie wurde mit Eingaben regelrecht bombardiert. Jede Interessengruppe verlangte sofortige Hilfe bei ihrem Anliegen. Es verging keine Stadtverordnetensitzung mehr ohne Anträge der Erwerbslosenvereinigung, wobei die Arbeitslosen ihre Forderungen durch massenhaftes Erscheinen zu unterstützen suchten. Teilweise war der Andrang so stark, „daß der Zugang von der Polizei gesperrt werden mußte".[110] Mit der Mangelverwaltung der Stadt war keine Bevölkerungsgruppe mehr zufrieden. Es wurde nach Schuldigen

---

104 Der Zuschlag zum Landessatz stieg von anfänglichen 50 auf 500 %, vgl. Westfälischer Anzeiger vom 30.11.1932.
105 Zu diesen und den folgenden Angaben, vgl. die Erläuterungen zum Haushaltsplan in der Kamener Zeitung vom 15. und 16.7.1931.
106 Vgl. Kamener Zeitung vom 19.1.1933.
107 Das Thema „Verschuldung der Stadt" war ein Dauerbrenner der Wirtschaftspartei. Sie behauptete, daß die Stadt täglich 1000 RM Tilgung bezahlen müsse, vgl. Kamener Zeitung vom 1.7.1930.
108 Vgl. Kamener Zeitung vom 3.7.1931.
109 Vgl. Rennspieß (1992), S. 284/285.
110 Kamener Zeitung vom 1.12.1931.

gesucht. Wer kam dafür besser in Frage als der seit Jahren unter Beschuß stehende Bürgermeister?

Die Abgeordneten der Wirtschaftspartei verlangten nach ihrem Wiedereinzug ins Stadtparlament am 30.11.1931 ultimativ klare Auskünfte über die Höhe der Verschuldung. Als Kompromiß schlug die SPD daraufhin die Bildung einer Kommission zur Klärung der im Raum stehenden Fragen vor.[111] Da man sich aber nicht über den Vorsitz einigen konnte, tagte das Gremium dann nicht ein einziges Mal. Daraufhin stellte die Wirtschaftspartei einen Fragenkatalog zusammen, den die städtischen Beamten ausfüllen sollten. Dieses Vorgehen wurde nur mit einer Stimme Mehrheit abgelehnt und die Stadtverordnetensitzung ging in „häßlichen Szenen" und „entwürdigenden Auseinandersetzungen" unter. Fast wäre „die schönste Schlägerei im Gange gewesen".[112]

Die Wirtschaftspartei stellte nun im Alleingang umfangreiches Beschwerdematerial zusammen und reichte es am 14.4.1932 beim Regierungspräsidenten ein. Nach längeren örtlichen Prüfungen leitete dieser am 18.7.1932 das förmliche Dienststrafverfahren gegen den Bürgermeister ein. Eine Welle von Prozessen, Skandalen und weiteren Dienstaufsichtsbeschwerden waren die Folge (vgl. Kap. VI.B). Wie stark die Funktionsfähigkeit der Verwaltung in Mitleidenschaft gezogen wurde, zeigt sich unter anderem daran, daß es schon seit Monaten eine Art Stellungskrieg zwischen dem Magistrat und dem Leiter der Stadtkasse gab. Dieser Beamte verweigerte zahlreiche Zahlungsanweisungen, da er sie für ungesetzlich hielt, und reagierte mit einer Flut von Beschwerden an die Aufsichtsbehörden. Die gegenseitigen Beschuldigungen zwischen ihm und Berensmann erreichten einen kaum noch zu überbietenden Höhepunkt, als der Antrag gestellt wurde, den Geisteszustand des Kontrahenten zu überprüfen.[113]

Die Beurlaubung von Berensmann und das danach einsetzende Gerangel um einen kommissarischen Nachfolger sorgten dafür, daß der Etat für das Rechnungsjahr 1932 erst im Januar des folgenden Jahres verabschiedet werden konnte. Wie weit sich die finanziellen Gegebenheiten bis dahin verändert hatten, wird daran deutlich, daß der ursprüngliche Plan gar nicht mehr zur Beratung kam, sondern ein gänzlich neuer Etat, „der den wirklichen Verhältnissen mehr Rechnung trägt".[114] Neu war, daß man jetzt gar nicht mehr versuchte, die Einnahmen und Ausgaben zur Deckung zu bringen. Dazwischen klaffte eine Lücke von 950836 Mark.[115]

Nachdem der „Hauptübeltäter" Berensmann ausgeschaltet war, trug die Wirtschaftspartei die größte Verantwortung. Sie stellte den kommissarischen Bürgermeister und den Stadtverordnetenvorsteher. Offensichtlich fand man sich aber – trotz aller kommunalpolitischen Spannungen – zu einer Art „Solidargemeinschaft

---

111 Vgl. ebenda.
112 Bericht über die Stadtverordnetensitzung in der Kamener Zeitung vom 12.3.1932.
113 Zu diesen Vorgängen: StAK, Nr. 2819 und Westfälischer Anzeiger vom 5.11.1932.
114 Westfälischer Anzeiger vom 7.1.1933.
115 Zum Haushaltsplan von 1932, vgl. Westfälischer Anzeiger vom 17. und 18.1.1933.

der Schadensbegrenzung" zusammen. Immerhin tagten die Gremien noch und hielten eine Art Notbetrieb aufrecht. Es kamen allerdings kaum noch Zuschauer. Im Mittelpunkt der Sitzungen stand eher das Nachvollziehen finanztechnischer Notwendigkeiten, die allerhöchstens durch Berichte über „Machenschaften" des beurlaubten Bürgermeisters aufgelokert wurden, als ernsthafte Etatberatungen. Ein SPD-Antrag zum Abbau des städtischen Gymnasiums wurde ohne Diskussion zur Prüfung an den Magistrat weitergereicht. Selbst die unvermeidlichen Steuererhöhungen nahm man einstimmig an. Die Etatberatung im Januar 1933 machte fast den Eindruck, als habe sich alle Kampfkraft der Vergangenheit erschöpft. Der Westfälische Anzeiger kommentierte:

„Mit einer für unsere Begriffe geradezu unheimlichen Ruhe ging das große Aufwaschen, andere nennen es Etatberatung, am letzten Mittwoch vor sich. Es kamen wieder allerhand Delikatessen zum Vorschein, aber die Kamener haben schon eine derartig dicke Zunge von den ihnen im Laufe der letzten Jahre aus der städtischen Küche gereichten Tunken, ..., daß ihnen diese kleinen Nachtische, die ihnen am Schluß der Etatberatung gereicht wurden, schon gar nicht mehr sonderlich auffallen."[116]

In Ahlen ging man bei den Haushaltsplanberatungen für das Rechnungsjahr 1930 noch relativ optimistisch davon aus, den Etat allein durch Sparmaßnahmen und vorsichtiges Anheben der Vermögenssteuer von 240 auf 250 % zur Deckung bringen zu können. Die Zuschläge zur Gewerbeertrags- und Gewerbekapitalsteuer beließ man bei 600 bzw. 2400 %.[117]

Damit blieb man unterhalb der Kamener Sätze. Das war ein Beleg für die größere Rücksichtnahme des Zentrums auf die Interessen des Mittelstandes. Ein Zusammengehen mit der SPD – wie es der DVP-Bürgermeister in Kamen praktizierte, um Steuererhöhungen gegen die geschlossene Mittelstandsfront durchzusetzen – wäre in Ahlen undenkbar gewesen.

Schon wenige Monate nach Verabschiedung des Haushaltsplans für den Zeitraum vom 1.4.1930 bis 31.3.1931 expandierten die Ausgaben für die Wohlfahrtserwerbslosen dermaßen, daß besondere Maßnahmen zur Deckung des immer größer werdenden Fehlbetrages erforderlich wurden. Im Oktober 1930 schätzte man die bis zum 1.4.1931 entstehende Deckungslücke im Etat auf 91500 Mark. Am 12.11.1930 wurde in der Stadtverordnetenversammlung eine Magistratsvorlage diskutiert, die vorsah, die neue Bürgersteuer einzuführen und die Biersteuer zu erhöhen. Über den Verlauf der Diskussion nach Vorstellung der Magistratsvorlage hieß es in der Zeitung:

„Ein dramatisches Ringen zwischen den Stadtverordneten, die contra eingestellt waren, und der Verwaltung als der Verteidigerin der Vorlage setzte ein."[118]

---

116 „Kamener Wochenendbrief" im Westfälischer Anzeiger vom 20.1.1933.
117 Zu den Haushaltsplanberatungen, vgl. Ahlener Volkszeitung vom 1.6.1930, außerdem Bericht des Magistrats der Stadt Ahlen, Rechnungsjahr 1930.
118 Ahlener Volkszeitung vom 13.11.1930.

Keine Fraktion wollte die unpopulären Steuern tragen. Die Stadtverordneten lehnten einstimmig ab. Das Zentrum meinte:

„Diese neuen Steuern seien unsozial bis dort hinaus ... Die Steuerschraube sei schon überdreht."

Die SPD forderte, lieber eine Erhöhung der Gewerbe- und Kapitalsteuer vorzunehmen, aber auch dies wurde von der Mehrheit abgelehnt.

In der Sitzung zeigte sich eine starke Spannung zwischen dem Magistrat und den Stadtverordneten, die sich bei einigen Entscheidungen von der Verwaltung übergangen fühlten. Vor allem in der Anschaffung einer neuen Telefonanlage für das Rathaus sahen viele einen Beweis für mangelnden Sparwillen. Erst nach Ausschöpfung aller Sparmöglichkeiten wollte man über Steuererhöhungen reden.

Schon 14 Tage später wurden die Stadtverordneten zu einer weiteren Sitzung geladen. Der Magistrat stellte eine neue Berechnung der zu erwartenden Mehrausgaben vor, die nunmehr auf 185000 Mark geschätzt wurden. Nunmehr sollte nicht nur die Bürgersteuer eingeführt und die Biersteuer erhöht werden, sondern auch die Zuschläge auf die Realsteuern heraufgesetzt werden. Der Sitzungsverlauf spiegelte die Hilflosigkeit der Kommunalvertreter deutlich wider. Jeder machte andere Kürzungsvorschläge je nach der Interessengruppe, die er vertrat, und der er am wenigsten schaden wollte. Das Zentrum forderte, die Fonds der Betriebswerke abzuschöpfen. Die KPD wollte die Zuschüsse für die höheren Schulen und das Krankenhaus streichen. Die Mittelstandsvertreter verlangten, die Nebenbezüge der Beamten einzubehalten, und keine Gelder mehr für die VHS und das Theater zu zahlen. Der Magistrat drohte massiv mit dem Staatskommissar, der dem Parlament die Selbstverwaltung endgültig aus der Hand nehmen werde. Außerdem mußte befürchtet werden, daß Zuweisungen des Reiches versiegten, wenn die neuen Steuern nicht ausgeschöpft würden.

Über die Steuererhöhungen wurde dann einzeln abgestimmt. Wechselnde Mehrheiten sorgten jeweils für eine knappe Zustimmung. Der Sprung über den eigenen Schatten nützte nichts mehr. Formale Fehler sorgten dafür, daß sich die Drohungen des Magistrats bewahrheiteten. Anfang 1931 kamen zwei Staatskommissare nach Ahlen, um die finanziellen Verhältnisse zu prüfen und die Steuersätze in eigener Regie festzusetzen. Sie führten nun auch noch die bisher ausgesparte Getränkesteuer ein. Die Stadtverordneten waren empört. Mit den Stimmen der Arbeiterparteien und vorsichtiger Enthaltung der meisten bürgerlichen Vertreter wurde eine Protestnote verabschiedet und eine Kommission zum Regierungspräsidenten nach Münster entsandt.[119]

Bei den Beratungen über den Haushaltsplan für das Rechnungsjahr 1931 wurde gleich einleitend betont, daß „der Rotstift immer von neuem angesetzt worden sei", und man hielt sich zugute, daß überhaupt eine Deckung des Etats erreicht worden sei. Damit stehe Ahlen „wohl weit und breit als einzige Stadt da", behauptete die Ahlener Volkszeitung.[120] Zum Ausgleich der per Notverordnung gesenkten Real-

---

119 Vgl. Ahlener Volkszeitung vom 22.1.1931.
120 Ahlener Volkszeitung vom 28.4.1931.

steuern wurden die Sätze der Bürgersteuer verdoppelt und die Bier- und Getränkesteuer erhöht.

Die Stadtverordneten brachten dann allerdings das „Kunststück" fertig, dem Etat als solchem zuzustimmen, die Steuererhöhungen zur Deckung aber abzulehnen.[121] Damit wäre praktisch ein Fehlbetrag von rund 380000 Mark stehen geblieben. Wie schon im Jahr zuvor wurde der Etat daraufhin durch die Aufsichtsbehörden ausgeglichen.[122]

Vorsorglich ging der Magistrat nunmehr dazu über, die Stadtverordneten weitgehend auszuschalten. Im Juli und August fand zwar noch je eine kurze Stadtverordnetensitzung statt. Es ging aber nur um wenige formale Punkte, wie der Wahl von Vertretern für den Bezirksfürsorgeverband etc. Die Dringlichkeitsanträge der Arbeiterparteien ließ man fast gänzlich unter den Tisch fallen. Die Ahlener Volkszeitung kommentierte:

„Eigentlich besorgt die Notverordnung ja alles, so daß sich ein Raten und Taten in der Kommunalpolitik erübrigt."[123]

Die Preußische Sparnotverordnung vom 12.9.1931 gab dem Magistrat gegenüber dem Kommunalparlament weitgehende Befugnisse. Es wurde neben einer Kürzung der Beamtengehälter verfügt, daß die Finanzhoheit auf den Magistrat übergehen und dieser selbständig über außerordentliche Maßnahmen zum Ausgleich des Etats entscheiden könne. Davon machte die Ahlener Verwaltungsspitze ausgiebig Gebrauch. Die Zahl der Stadtverordnetensitzungen sank von 1930 = 11 auf 1931 = 4 und 1932 = 5.[124] Im Alleingang sperrte der Magistrat alle außerordentlichen Ausgaben, entließ städtische Arbeiter und Angestellte, strich die Schulzuschüsse zusammen und führte nun erstmals Kanalgebühren und Berufschulbeiträge ein. Zum Ausgleich für Mindereinnahmen von über 250000 Mark wurden die Steuern schrittweise erhöht. Dabei gab man den schwarzen Peter an den Regierungspräsidenten weiter. Dieser würde beanstanden, hieß es in der Ahlener Volkszeitung, daß die Wohlfahrtsrichtsätze in Ahlen immer noch zu hoch seien, und weitere Stellen an den Schulen abgebaut werden könnten.[125]

Um den letzten Haushalt der Weimarer Zeit abzunehmen, traten die Stadtverordneten im Mai 1932 nach über acht Monaten Pause das erste Mal wieder zusammen. Genau wie in Kamen wurde diesmal von vornherein davon Abstand genommen, den Etat noch zur Deckung bringen zu wollen. Im Einnahmebereich waren katastrophale Einbrüche zu verzeichnen. Die Steuerrücküberweisungen des Reiches waren von 550000 auf 315000 Mark, die Gewerbesteuereinnahmen von 162000 auf 54000 geschrumpft. Weitere Steuererhöhungen wurden als unzumut-

---

121 Bericht über die Etatberatung in der Ahlener Volkszeitung vom 16.5.1931.
122 Dies geht aus dem Bericht über die Stadtverordnetenversammlung vom 7.5.1932 hervor.
123 Ahlener Volkszeitung vom 14.7.1931.
124 Vgl. Berichte des Magistrats der Stadt Ahlen, Rechnungsjahre 1930-1932.
125 Rückblick des Bürgermeisters in der Stadtverordnetensitzung, vgl. Ahlener Volkszeitung vom 7.5.1932.

bar ausgeschlossen und der neue Haushalt mit einem Fehlbetrag von rund 400000 RM angenommen. Bis auf die KPD, die bei dieser Sitzung 68 Dringlichkeitsanträge vorlegte, gab sich niemand mehr die Mühe, den Haushalt ernsthaft zu kritisieren.[126] Die Kommunisten sprachen von „Notverordnungsdiktatur" und davon, daß die Stadtverordneten „klar in zwei Lager geschieden waren". Die Arbeitsgemeinschaft (alle anderen außer den Kommunisten) habe sich schon vorher darauf verständigt, den „Hungeretat durchzupeitschen".[127]

Faßt man die Entwicklung mit Blick auf die Unterschiede in den Vergleichsstädten zusammen, so fallen vor allem zwei Aspekte ins Auge:

Trotz des geringer werdenden Handlungsspielraums der Kommunen in Bezug auf Steuerpolitik und Arbeitsbeschaffungsmaßnahmen läßt sich zumindest in Ansätzen erkennen, daß die Maßnahmen zur Krisenbewältigung in Kamen stärker den Mittelstand belasteten als in Ahlen. Die Realsteuersätze lagen höher. Die Kreditwirtschaft, der Verschuldungsgrad sowie die Arbeitsbeschaffungsmaßnahmen wurden von vielen Handwerkern und Kaufleuten zumindest subjektiv als Angriff auf ihre Interessen empfunden.

Die rigide Rotstiftpolitik in Ahlen und das frühere Einschwenken auf die neuen direkten Steuern gingen letztendlich mehr zu Lasten der Arbeiterschaft und schonten den Mittelstand. Der Aktivismus der KPD und die Forderungen der SPD auf Heraufsetzung der Realsteuern konnten den Mittelstand nur darin bestärken, den Zusammenhalt mit dem Zentrum nicht aufzugeben.

Der zweite Unterschied betrifft die Funktionsfähigkeit der Selbstverwaltung. In Ahlen neigte das Zentrum dazu, die unsozialen Maßnahmen auf den Magistrat abzuwälzen, der wiederrum auf die Zwänge durch die Aufsichtsbehörden verwies. Das Zentrum konnte es sich weder leisten, den Mittelstand noch weiter zur Kasse zu bitten, noch die christliche Arbeiterbewegung zu verprellen. So nahm man die weitgehende Ausschaltung der Mitbestimmungsmöglichkeiten als kleineres Übel in Kauf.

In Kamen fanden zwar weiterhin Sitzungen statt, sie litten aber dermaßen unter dem Kesseltreiben gegen den Bürgermeister, daß von einer ordentlichen Selbstverwaltungstätigkeit nicht mehr die Rede sein konnte.

Die katastrophale Entwicklung der städtischen Finanzen stellt sich in Kamen nicht unbedingt dramatischer dar als in Ahlen. Die besondere Brisanz der Kamener Entwicklung lag eher in der kompromißlosen Ausnutzung der finanziellen Misere und ihrer Folgen durch die Wirtschaftspartei. Auf dem Höhepunkt der Krise gelang ihr der Vernichtungsschlag gegen den Bürgermeister. In diesem Klima der gegenseitigen Beschuldigungen, des Mißtrauens und der Katastrophenprophezeiungen konnte der Nationalsozialismus in kürzester Zeit gedeihen.

---

126 Zu den Etatberatungen: Ahlener Volkszeitung vom 7.5.1932. Ausführungen zum Etat: Ahlener Volkszeitung vom 18.3. und 17.4.1932, zu den Steuermindereinnahmen: Ahlener Volkszeitung vom 19.4.1932.
127 Der Kämpfer vom 12.5.1932.

Angesichts des Ausmaßes der Not waren die Wähler überfordert, wenn sie nur aus Sorge um die Erhaltung des demokratischen Rechtsstaates Parteien wählen sollten, die für die unmittelbar dringendsten wirtschaftlichen Probleme keine Lösung wußten, und sich statt dessen in den öffentlichen Sitzungen des Stadtparlamentes gegenseitig zerfleischten.[128]

128   Vgl. Büttner (1982), S. 503 in Bezug auf Hamburg.

Kapitel V:
Die NS-Bewegung

In diesem Kapitel wird die Entstehung und Entwicklung der NS-Bewegung in den Vergleichsstädten dargestellt. Neben der Mitgliederentwicklung und der organisatorischen Aufgliederung ihrer Ortsgruppen dienen besonders die Wahlergebnisse dazu, den steigenden Anhang und die zunehmende Akzeptanz in der jeweiligen Einwohnerschaft nachzuzeichnen. Die historische Wahlforschung hat den Erkenntnisstand über die strukturellen Bedingungen der nationalsozialistischen Wahlerfolge auf eine sichere Basis gestellt. Vor allem die Unterschiede zwischen den katholischen, sozialistischen und bürgerlich-protestantischen Milieus gehören zu den am besten fundierten Befunden.[1] Gleichwohl zeigen die großräumigen Analysen von Datensätzen, die in der Regel das gesamte deutsche Reich berücksichtigen, noch Spielräume für zusätzliche Aspekte, die sich aus den jeweiligen lokalen Besonderheiten ergeben. Man denke etwa an die politische Färbung der Presse, das propagandistische und personelle Profil der NSDAP, das Verhalten der lokalen Eliten und der Polizei oder an die Auswirkungen kommunalpolitischer Konflikte. Im folgenden wird zunächst ein Überblick über die Entwicklung der NS-Bewegungen vor Ort bis in das Jahr 1933 hinein gegeben, wobei vor allem die Aspekte berücksichtigt werden, die den Aufstieg und den Machtergreifungsprozeß umittelbar beeinflußten. In einem zweiten Schritt soll dann systematisch nach der NS-Propaganda und der Reaktion der Bevölkerung, der Presse und der Polizei gefragt werden. Zum Schluß soll anhand von Stimmbezirksanalysen auf den Wähleranhang und die Wahlbewegungen geschlossen werden, um sie mit einigen Ergebnissen der historischen Wahlforschung zu vergleichen.

A. Die Entwicklung der Ortsgruppen in den Vergleichsstädten

1. Gründung und Aufstieg bis Ende 1931

Die NSDAP-Ortsgruppengründungen in den Vergleichsstädten fielen in sehr unterschiedliche Zeiträume. Während die Ahlener Gruppe schon im Januar 1926 entstand, dauerte es in Kamen bis zum Sommer 1930.

1926 war der Gau Westfalen noch in den Versuch Gregor Strassers einbezogen, „die nordwestdeutsche NSDAP als Gegengewicht gegen die Münchner Parteileitung mit einem stärkeren Akzent auf einem nationalen Sozialismus zu organisieren".[2] Zu diesem Akzent paßte es, daß die NSDAP-Ortsgruppe in Ahlen als erste

---

1 Zuletzt ausführlich dargelegt von Falter (1991) und Rohe (1992).
2 Hey (1983), S. 212, vgl. auch: Böhnke (1974), S. 105 f.

im Kreise Beckum entstand.[3] Im Vergleich zum ländlich-katholisch strukturierten Umland war die Industrialisierung hier am weitesten fortgeschritten, und es gab den größten Arbeiteranteil unter den Erwerbstätigen. Die ersten Nationalsozialisten in Ahlen gaben sich betont antikapitalistisch und sahen ihre bevorzugte Zielgruppe in der Arbeiterschaft.[4] Der Gründerkreis von 15 – 20 Personen bestand überwiegend aus jungen Arbeitern. Der Ortsgruppenleiter war ein Bergmann.

Wenn die behördlichen Beobachtungen wirklich zutreffen, daß die Gruppe Ende 1926 bereits auf 40 Mitglieder gewachsen war, so wird die danach einsetzende Stagnation schon daran deutlich, daß Mitte 1931 immer noch der gleiche Mitgliederstand genannt wurde.[5] In den Jahren 1927 und 1928 teilte die junge Ortsgruppe das Schicksal fast aller Gruppen im Ruhrgebiet: Rückschläge, Erfolglosigkeit und zähes Ringen ums Überleben.[6] Dies drückte sich im Abschneiden bei der Reichstagswahl vom Mai 1928 aus, als die NSDAP in Ahlen ganze 70 Stimmen (= 0,7 %) erreichen konnte. Aber auch im folgenden Jahr änderte sich noch nicht viel. Zur Stadtverordnetenwahl im November 1929 versuchten die Nationalsozialisten zwar eine Liste einzureichen. Diese wurde aber „aus juristischen Gründen" abgelehnt.[7] Bei der gleichzeitig stattfindenden Provinziallandtagswahl bekamen die Nationalsozialisten 145 Stimmen (= 1,5 %).

Über die „Aufbauzeit" in Ahlen heißt es in einer Chronik der NSDAP-Ortsgruppe, die 1936 aus Anlaß ihres 10jährigen Bestehens entstand:

„Neben Terror von links und dem unerschütterlichen Zentrumsblock standen Gleichgültigkeit und Unverständnis als schier unüberwindliche Hindernisse."[8]

Seit Anfang 1930 – mit Beginn der Weltwirtschaftskrise also – lassen sich zwei Veränderungen feststellen: Zum einen wurden die Ahlener Nationalsozialisten bedeutend reger, und zum zweiten verlagerten sie den Schwerpunkt ihrer Tätigkeit von der Bergarbeiterkolonie in die Altstadt. Letzteres bedeutete vor allem eine Änderung in Bezug auf die bevorzugte Zielgruppe.[9] Der Ahlener Bürgermeister machte im Februar 1930 folgende Beobachtung:

„Wenn die NSDAP bis vor kurzem ihre Haupttätigkeit im östlichen Stadtviertel hatte, das ist das Wohnviertel der Arbeiter der Gewerkschaft Westfalen, so hat sie in der letzten Zeit ihr Arbeitsfeld mehr in die ältere Stadt verlegt. Es werden Versammlungen ... anberaumt, zu welchen Geschäftsleute, ehemalige Angehörige des Stahlhelms und des Jungdeutschen Ordens schriftlich, ich möchte fast sagen, in unauffälliger Weise, eingeladen werden. Der Jungdeutsche Orden und der

---

3 Vgl. die Darstellung „Aus der Kampfzeit der NSDAP", in: KAW, Datierung: etwa 1937. Danach erfolgte die nächste Ortsgruppengründung erst 1929 in Ennigerloh.
4 Vgl. Grevelhörster (1987), S. 12.
5 Ebenda, S. 11 und S. 17.
6 Vgl. Böhnke (1974), S. 121.
7 Ahlener Volkszeitung vom 8.9.1929.
8 Die Glocke vom 18.1.1936.
9 Von der Münchner Parteizentrale der NSDAP wurde diese Änderung in der Zielgruppenarbeit schon seit dem schlechten Abschneiden bei der Reichstagswahl vom Mai 1928 eingeleitet, vgl. Stachura (1978).

Stahlhelm sind hier, man kann ruhig sagen, eingegangen. Die Beobachtungen haben ergeben, daß die NSDAP an Boden und Mitgliedern immer mehr gewinnt."[10]

Im Unterschied zu Kamen, wo Organisationen wie der Stahlhelm und der Jungdeutsche Orden noch lange einen gewissen Abstand zur NSDAP bewahrten, scheinen die Nationalsozialisten in Ahlen früh die Erbschaft der Vaterländischen Verbände angetreten zu haben. Dies wird auch in ihrer Jubiläumsschrift deutlich, wo darauf hingewiesen wird, daß die „nationalen Bünde" mitgeholfen hätten, „weite Kreise des Volkes aus dem politischen Schlaf aufzurütteln und damit für die Aufnahme des nationalsozialistischen Gedankengutes vorzubereiten".[11] Wie bereits angedeutet, wurden diese Organisationen vorwiegend vom evangelischen Bürgertum geprägt. Ihre zahlenmäßige Unterlegenheit gegenüber der katholischen Mehrheit hat sie offensichtlich früher als in Kamen zu einer engen Zusammenarbeit mit den Nationalsozialisten veranlaßt. Wie noch gezeigt wird (vgl. Kap. V.C), lag die Wählerhochburg der NSDAP im Wohngebiet um die evangelische Stadtschule, wo auch die meisten Protestanten wohnten.

Das berufliche Profil von 55 bekannt gewordenen Ahlener Nationalsozialisten aus der Zeit des Sommers 1930 macht deutlich, daß es einen starken Zulauf bestimmter mittelständischer Schichten gab.[12] Die größte Gruppe stellten Beamte und Angestellte mit 23, danach kamen 22 Arbeiter (darunter aber nur 4 Facharbeiter) und dann 10 Handwerker und Kaufleute, bzw. ein Unternehmer. Vor dem Hintergrund der gesamtstädtischen Berufsstruktur (vgl. Tab. 7), ist der Anteil der Beamten und Angestellten ungewöhnlich hoch. Gerade hier sind wiederum die meisten Protestanten zu vermuten. Nach einer Berufstabelle der Mitglieder der evangelischen Gemeinde in Ahlen aus dem Jahre 1925 stellten Angestellte und Beamte vor allem bei Post und Bahn die stärkste Gruppe nach den Arbeitern.[13]

Bei der Reichstagswahl vom September 1930 erhielt die NSDAP 864 Stimmen oder 7,4 %. Das war zu diesem Zeitpunkt, und vor dem Hintergrund der bis dahin andauernden Erfolgslosigkeit, ein respektables Ergebnis. Darüber kann nicht hinwegtäuschen, daß der Reichsdurchschnitt von 18,3 % nicht annähernd erreicht wurde. Verglichen mit dem Schnitt im Regierungsbezirk Münster (ebenfalls 7,4 %) lag man genau im Trend. Die Ergebnisse im Kreis wurden aber weit übertroffen. Hier lag der Durchschnitt bei 5,6 %, in der Kreisstadt Beckum nur bei 4,7 %.[14]

In Ahlen war die NSDAP zur stärksten Partei auf dem rechten Flügel geworden. Die Wahlbezirksanalyse (vgl. Tab. 15) unterstützt die Vermutung, daß es vor allem die erwähnte Umorientierung auf neue Zielgruppen in der Altstadt war, die zum Erfolg führte. Während in den Wohngebieten mit den höchsten Bergarbeiterantei-

---

10 StAM, Regierung Münster, Nr. VII-67, Bd. 1., Schreiben vom 21.2.1930.
11 Die Glocke vom 18.1.1936.
12 Vgl. Grevelhörster (1987), S. 22.
13 Vgl. Gemeindebericht von 1925 im ungeordneten Archiv der evangelischen Gemeinde Ahlen.
14 Vgl. Statistik des deutschen Reiches, Bd. 283.

len nur ganz wenig Stimmen für die NSDAP abgegeben wurden (z.B. im Stimmbezirk 8 nur 12 Stimmen), gab es in den Altstadtbezirken schon zweistellige Prozentzahlen. Als Wählerhochburg kristallisierte sich der Stimmbezirk 17 um die evangelische Stadtschule heraus.

Im Gegensatz zu den Anstrengungen, die vor der Septemberwahl durch Versammlungen, Flugblätter und Propagandamärsche unternommen wurden, verschwand die NSDAP danach wieder aus dem öffentlichen Blickfeld. Diese Beobachtung muß allerdings mit einer gewissen Vorsicht behandelt werden, da die Ahlener Volkszeitung nicht über routinemäßig ablaufende Veranstaltungen der Nationalsozialisten berichtete. Es mußten schon Besonderheiten, wie bekannte Redner oder Saalschlachten, dazu kommen, bevor ein Artikel erschien. Aber auch in dieser Hinsicht ist außer den weiter unten beschriebenen Vorfällen wenig zu finden. In Ermangelung erwähnenswerter Einzelheiten wurde das Jahr 1931 auch in der Rückschau der NSDAP-Ortsgruppe als Zeit der „inneren Sammlung, der Umorganisation, des Aufbaus und der Schulung" bezeichnet.[15]

Das vom Stahlhelm initiierte Volksbegehren für eine vorzeitige Auflösung des Preußischen Landtages führte am 9. August 1931 zu einem Volksentscheid. Er ist allerdings kein guter Gradmesser für die Stärke der NSDAP, da sich neben DNVP und DVP auch die KPD für eine Unterstützung aussprach. Diese auf Druck der Kommunistischen Internationale zustande gekommene Entscheidung wurde später als „folgenschwere Fehleinschätzung" bezeichnet.[16] Sie hat offensichtlich schon damals nicht die ungeteilte Zustimmung der KPD-Mitglieder gefunden, sonst hätte es in Ahlen weit mehr als 3070 Ja-Stimmen (= 21,9 %) geben müssen.[17] Bei der Reichstagswahl vom September 1930 hatten die Kommunisten allein 3248 Stimmen bekommen. Rechnet man die Wähler der NSDAP (864), der DVP (281) und der DNVP (173) dazu, so wird deutlich, daß die Unterstützung des Volksentscheids weit unter dem Wählerpotential dieser Parteien lag.

Obwohl die KPD in Kamen nur eine untergeordnete Rolle spielte, stimmten hier immerhin 42 % der Wahlberechtigten für eine Auflösung des preußischen Landtages. Der Landesdurchschnitt lag bei 37 %.

In der Ahlener Zechenkolonie blieben die Nationalsozialisten nach der Verlagerung ihres Schwerpunktes in die Altstadt erst recht ohne Chancen. Daran änderte auch der Einbruch der Weltwirtschaftskrise und die Massenarbeitslosigkeit wenig. Hier konnte es sich kein Gastwirt erlauben, der NSDAP Räume zur Verfügung zu stellen. Wer einmal als „Nazi" bekannt war, wurde aus dem sozialen Netz der Bewohner ausgeschlossen. Der Rot-Frontkämpfer-Bund und nach dessen Verbot im Mai 1929 die „Antifaschistische Arbeiterwehr", später „Kampfbund gegen den Faschismus", störten jede nationalsozialistische Propagandatätigkeit empfindlich. Ende 1929 tauchte sogar ein Flugblatt mit den Namen bekannter Hitleranhänger auf. Es wurde dazu aufgefordert, sich deren Adressen und Gesichter gut zu merken.

---

15 Die Glocke vom 18.1.1936.
16 Winkler (1987), S. 385 f.
17 Vgl. Bericht des Magistrats der Stadt Ahlen, Rechnungsjahr 1931, S. 15.

Ahlener Kommunisten nehmen einen vermeintlichen Nazischläger „fest". Mai 1929.

Aus dem alten Teil der Kolonie befanden sich sechs Personen auf der Liste. Sie hatten mit Belästigungen und Aggressionen zu rechnen.[18]

Wenn es doch einmal zu Aktionen der NSDAP in der Bergarbeiterkolonie kam, waren diese so gut wie immer von erheblichen Gewalttaten begleitet. Hierzu zwei Beispiele:

Am 17.10.1929 kam es zu einer Auseinandersetzung zwischen Kommunisten und Nationalsozialisten. Letztere waren zahlenmäßig weit unterlegen und verteidigten sich mit Messern. Zwei Mitglieder der „Antifaschistischen Arbeiterwehr" mußten mit Stichwunden ins Krankenhaus. Am folgenden Tag rief die KPD zu einer Protestdemonstration auf. Dabei wurde eine Abordnung zu einer nahen Baustelle geschickt, um von dort einen Hilfsarbeiter zu holen, der nun als „Messerstecher" vorgeführt wurde. Wie sehr man sich dabei im Recht fühlte, zeigt schon die Merkwürdigkeit, daß die Beteiligten sich mit dem „Festgenommenen" in ihrer Mitte selbst fotografierten.[19] Als die Demonstranten dann mit dem vermeintlichen „Nazischläger" zum Rathaus zogen, wo gerade eine Stadtverordnetensitzung tagte, wurden sie von der Polizei mit Gummiknüppeln auseinandergetrieben. Später mußten zehn Kommunisten wegen dieser Angelegenheit vor Gericht und bekamen mehrmonatige Haftstrafen.

Das Eingreifen der Polizei reichte den Nationalsozialisten nicht. Sie reagierten mit einem regelrechten „Rachefeldzug". Zur Verstärkung der Ahlener SA rückten

---

18 Vgl. Rennspieß (1989), S. 261.
19 Zum Foto und den näheren Einzelheiten, ebenda, S. 263/264.

zehn Lastwagen mit rund 300 Personen aus Bochum an. Sie trugen Uniformen und marschierten mit großen Hakenkreuzfahnen in die Zechenkolonie, um auf dem Glückaufplatz eine Kundgebung abzuhalten. Der Platz wurde allerdings in kurzer Zeit vollständig von den dortigen Bewohnern besetzt. Natürlich ließen Auseinandersetzungen nicht lange auf sich warten. Ein zehnjähriges Mädchen und eine Hausfrau wurden schwer verletzt. Die Polizei schrieb:

„Die Tätlichkeiten, über deren Beginn nichts Bestimmtes gesagt werden kann, müssen entstanden sein durch Beschimpfungen und Steinwürfe seitens der Kommunisten."[20]

Obwohl man also „nichts Bestimmtes" wußte, wurde den Kommunisten die Schuld gegeben. Die Polizei leitete den Zug der Nationalsozialisten „nach einigem Sträuben der Führer" zum Marktplatz um, wo sie eine Kundgebung abhielten.

Diese Angelegenheit macht die starke Abwehrfront der Koloniebewohner deutlich, die es den Nationalsozialisten selbst bei massiver Unterstützung von außerhalb unmöglich machte, in der Kolonie eine Kundgebung abzuhalten. Gleichzeitig wirft sie ein bezeichnendes Licht auf die zwielichtige Rolle der Polizei, die sich auch von den Aufsichtsbehörden fragen lassen mußte, warum sie den Aufmarsch nicht verboten hatte.[21]

Das zweite Beispiel für den Versuch einer nationalsozialistischen Einflußnahme auf die Bergarbeiterschaft stellte die Kandidatur einer NSBO-Liste bei der Betriebsratswahl auf der Zeche Westfalen im März 1931 dar.[22] Zum Auftakt des Wahlkampfes veranstaltete die NSDAP-Ortsgruppe eine Kundgebung in einem Hotel der Innenstadt. Anscheinend hatte man in der Kolonie keinen Raum bekommen können. Der Redner des Abends war der Gauleiter des gerade gegründeten neuen Gaus Westfalen-Nord, Dr. Meyer aus Gelsenkirchen.[23] Der Vorsitzende der KPD-Ortsgruppe hatte am Tag zuvor bei einer der vielen Hungerdemonstrationen zum Besuch dieser Veranstaltung aufgerufen. Natürlich kam es daraufhin zu einer wilden Saalschlacht, wobei die 100 anwesenden SA-Leute aus dem Ruhrgebiet offensichtlich die Oberhand behielten, denn sie konnten „die Ruhestörer mit blutigen Köpfen" hinauswerfen, wie es in der „Chronik des Gaus Westfalen-Nord" heißt.[24] Obwohl vier Kommunisten schwerverletzt ins Krankenhaus mußten, ließ die Polizei die Veranstaltung weiterlaufen. Die Ahlener Volkszeitung nannte das Vorgehen der SA „Gegenangriff". Im Polizeibericht hieß es:

„Die Versammlung hat daraufhin in aller Ruhe ihren Fortgang genommen. Hieraus dürfte zu ersehen sein, daß die Mitglieder der KPD die Ruhestörer waren."[25]

20 StAM, Regierung Münster, VII-66, Bd. 1, Polizeibericht vom 3.11.1929.
21 Vgl. StAM, Regierung Münster, Nr. VII-66, Bd. 1, Schreiben des Oberpräsidenten vom 16.11.1929.
22 Damit versuchte man einen Beschluß der NSBO-Reichsleitung umzusetzen, vgl. Mai (1983), S. 582.
23 Kurzbiographie, in: Hey (1983), S. 213.
24 Vgl. Schröder (1940), S. 305.
25 StAM, Regierung Münster, Nr. VII-67, Bd. 2, Polizeibericht vom 28.2.1931.

Totenwache für den durch politische Auseinandersetzungen umgekommenen Ahlener Kommunisten Karl Gruber. März 1931. Im Hintergrund sieht man die Brüder der bekannten KPD-Funktionäre Josef Ledwohn und Max Reimann. Aufschrift der Fahne: „Durch Klassenkampf zur Freiheit".

Beerdigungszug für ein Opfer der politischen Auseinandersetzungen in Ahlen. 1931.
Auf dem Spruchband steht: „Jungwerktätige! Beantwortet den Meuchelmord an dem
Jungarbeiter Karl Gruber durch den Eintritt in den KJVD".

Ganz so einfach kann es aber nicht gewesen sein. Immerhin wurden zwei Nationalsozialisten verhaftet, und aus einem Schriftstück in den Akten geht hervor, daß die Ortspolizei sich den Aufsichtsbehörden gegenüber dafür rechtfertigen mußte, warum sie nicht eingriff und die Veranstaltung im weiteren nicht wenigstens verbot.[26]

Dieser harte Auftakt des Betriebsratswahlkampfes bestimmte den weiteren Verlauf der Dinge. Die Kommunisten empfanden die Kandidatur der Nationalsozialisten an sich schon als Provokation und versuchten, jede Propaganda im Keim zu ersticken. Dabei kam es wiederholt zu ernsten Auseinandersetzungen, die am Wahlabend selbst ihren Höhepunkt erreichten, als ein Jungkommunist nach einer Schießerei tödlich getroffen wurde.[27]

Im ersten Bericht der Polizei wurde ein SA-Mann als Täter beschrieben. Die NSDAP stellte das Ganze allerdings als wohlorganisierte Aktion der RGO dar. Von über 60 Mann seien sie überfallen und auf der Flucht beschossen worden, wobei die Angreifer ihren eigenen Mann trafen.[28] Das Gericht schloß sich dieser Darstellung an und verurteilte 15 Ahlener Kommunisten wegen Aufruhrs.[29] (Die Parallelen zu einem ähnlichen Fall aus Kamen sind äußerst auffällig, vgl. Kap. V.A2)

Die NSBO-Liste erhielt bei den Betriebsratswahlen ganze 73 Stimmen (3,8 %). Damit konnten sie kein Mandat im 12-köpfigen Betriebsrat erringen.[30] Die Niederlage war so total, daß die offizielle Gründung einer Betriebsgruppe bis zum November 1931 verschoben wurde.[31] Abgesehen von der Einrichtung einer SA-Abteilung, die man in der Regel unmittelbar mit der Ortsgruppengründung vornahm,[32] war die NSBO die erste Untergliederung der NSDAP. Die Leitung übernahm der ehemalige Ortsvorsitzende. An seine Stelle trat nunmehr Otto Mey, ein Buchhalter und Hausbesitzer aus der Stadtmitte, der gleichzeitig Räume für eine NSDAP-Geschäftsstelle zur Verfügung stellte. 1933 wurde er Kreisleiter der NSDAP und ging Anfang 1934 als Gauinspektor nach Münster.[33] Dieser Wechsel in der Ortsgruppenleitung symbolisiert den Schwerpunktverlagerung von der anfangs betriebenen Ausrichtung auf die Arbeiterschaft hin zu einer Bewegung, die sich verstärkt dem Mittelstand und dem Bürgertum anzubieten versuchte.

Zusammengefaßt läßt sich sagen, daß die NSDAP erst mit der Verlagerung ihrer Tätigkeit in den Innenstadtbereich und dem Suchen nach Ansprechpartnern in den Vaterländischen Verbänden langsam aus ihrem Ghettodasein herausfand. Das rechtsgerichtete protestantische Bürgertum machte sie bei der Septemberwahl von 1930 zur stärksten Partei auf dem rechten Flügel. Die Wählerunterstützung drückte

---

26 Ebenda, Schreiben des Regierungspräsidenten vom 2.3.1931.
27 Ausführlich dazu: Rennspieß (1989), S. 265.
28 Vgl. Ahlener Volkszeitung vom 31.3.1931.
29 Vgl. Ahlener Volkszeitung vom 11. und 12.11.1931.
30 Reichsweit erhielt die NSBO in den Betrieben, in denen sie kandidierte, durchschnittlich 12 % der Arbeiter- und 25 % der Angestelltenstimmen, vgl. Mai (1983), S. 597.
31 Vgl. Die Glocke vom 18.1.1936.
32 Vgl. Böhnke (1974), S. 124.
33 Vgl. Grevelhörster (1987), S. 176, Anmerkung Nr. 59.

sich allerdings nicht in einer organisatorischen Stärkung der NSDAP-Ortsgruppe aus. Im Sommer 1931 war immer noch – wie schon 1926 – von 40 Mitgliedern die Rede. Bis auf die SA und die NSBO gab es keine Untergliederungen, und die Partei trat wenig an die Öffentlichkeit. Wie im nächsten Abschnitt gezeigt wird, gab es nach Ausschöpfung des Wählerpotentials, das schon im September 1930 erreicht worden war, vor 1933 nur noch geringe Entwicklungschancen.

In Anbetracht der Tatsache, daß Kamen im Jahre 1932 zu einer Hochburg der NSDAP in Westfalen werden sollte, erscheint die Gründung ihrer dortigen Ortsgruppe im Sommer 1930 als ungewöhnlich spät. Unterstrichen wird dieser erstaunliche Befund noch durch den Gegensatz zu den umliegenden Städten. In Unna, Dortmund und Hamm lassen sich die lokalen NS-Bewegungen bis in die erste Hälfte der 20er Jahre zurückverfolgen.[34]

Die Hauptursache der späten Gründung ist aller Voraussicht nach in der Stärke der Wirtschaftspartei zu suchen, die lange Zeit als Sammelbecken aller Unzufriedenen wirkte. „Die Empfindung ungenügender Repräsentanz durch die bisherigen Parteien und Interessenorganisationen, von der die NSDAP so sehr profitierte,"[35] konnte sich unter diesen Umständen nicht einstellen. Solange die Wirtschaftspartei erfolgreich als radikale Opposition auftrat und die Nationalsozialisten noch keine Massenbasis aufweisen konnten, setzten die Unzufriedenen auf diese Alternative.

Die weiter rechtsstehenden Einwohner wurden zudem von den zahlreichen und äußerst aktiven Vaterländischen Verbänden aufgefangen. Wie erwähnt (vgl. Kap. III.A2), gab es zwischen 1924 und 1929 eine „Sozial-Völkische Gemeinschaft" im Stadtparlament, die einen Stimmenanteil von 7,5 % vertrat. Sprecher der „Gemeinschaft" waren der „Großmeister" des Jungdeutschen Ordens und der Vorsitzende des Kamener Gardevereins. Deutschnationale und völkische Anhänger konnten durch Unterstützung dieser Gruppe ihre Ablehnung des örtlich praktizierten engen Zusammenwirkens der DNVP mit der DVP demonstrieren. Vor der Weltwirtschaftskrise zeigten diese Kreise keine Sympathie für das radikale jugendliche und sozialrevolutionäre Profil der NSDAP. Das „antibürgerliche Motiv" der meisten frühen NS-Aktivisten hatte im festgefügten kleinstädtischen Milieu wenig Chancen, sich zu entfalten. Die Mitte der 20er Jahre mehrmals vorgekommenen „Hakenkreuzschmierereien" in der Stadt wurden als Aktionen „verhetzter Jugendlicher" abgetan.[36]

Denkt man an die anfängliche Orientierung der Nationalsozialisten auf die Arbeiterschaft, so spielte als Hemmnis ihrer Ortsgruppengründung sicher auch eine Rolle, daß Kamener Bergleute, die unter dem Einfluß des evangelischen Vereinswesens und der Deutschnationalen standen, bei den Betriebsratswahlen Ende der 20er Jahre die Möglichkeit hatten, ihre Ablehnung der alten Gewerkschaftsvertreter durch die Stimmabgabe für eine Liste „Deutscher Arbeiter/Nationale Bewegung"

---

34 In Dortmund gab es die erste Ortsgruppe im Ruhrgebiet überhaupt, vgl. Böhnke (1974), S. 43; zu Unna, Timm (1983), S. 5 und zu Hamm, Witt (1991), S. 296.

35 Broszat (1983), S. 65.

36 Vgl. zu den Vorläufern der NSDAP in Kamen: Rennspieß (1992), S. 189 f.

auszudrüken (vgl. Tab. 9). Außerdem ist der in allen NS-Darstellungen zur Gründung der Partei auftauchende Hinweis auf das „vollkommen rot verseuchte Kamen" vermutlich nicht nur ein rhetorisches Mittel, um die heroische Tat der Parteigründer um so greller leuchten zu lassen.

„Wie ein Blitz aus heiterem Himmel fiel in diese rote Hochburg – Kamen die Gründung unserer Ortsgruppe. Mein erster Versuch, im Jahre 1929 schon in Kamen eine Ortsgruppe zu gründen, scheiterte an der Ängstlichkeit vor den alles beherrschenden und sich so sicher fühlenden SPDisten. Aber im nächsten Jahre, in den Monaten Juni und Juli 1930, konnte ich doch mit noch fünf Gleichgesinnten die Ortsgruppe ins Leben rufen, trotz Drohungen und Verfolgungen des roten Terrors."[37]

So beschreibt der erste Ortsgruppenleiter der Kamener NSDAP – ein Schachtmeister der Zeche Monopol – den Gründungsprozeß. Es handelt sich hier um den Bericht eines verbitterten „Alten Kämpfers", der im August 1931, nach eigener Darstellung, aus Gründen, die ihm nicht bekannt seien, „ganz unerwartet" abgesetzt wurde. Der „offizielle" Chronist des Gaus Westfalen-Süd, Friedrich Beck, betont dagegen die Rolle des bekannten Bauernführers Wilhelm Meinberg.[38] Dieser stammte aus der Bauerschaft Wasserkurl und war dort lange Zeit die „Säule der Deutschnationalen" und Führer der „klapprigen Stahlhelmortsgruppe" gewesen.[39] Im Oktober 1929 trat er nach dem kurzzeitigen Stahlhelmverbot in Rheinland und Westfalen zur NSDAP über.[40] Meinberg wurde bald ein gefragter Redner und einflußreicher NS-Funktionär. Seit April 1932 war er Mitglied des preußischen Landtages. Nach der Machtübernahme wechselte er in den Reichstag und stieg zum Reichslandbundpräsidenten auf. Im Juni 1933 ernannte Landwirtschaftsminister Walter Darré ihn zum „Reichsobmann für die bäuerliche Selbstverwaltung".[41]

Das erste Auftreten der NSDAP-Ortsgruppe, die durch die Veröffentlichung des Materials gegen den Sprecher der Wirtschaftspartei schlagartig bekannt wurde, war mit erheblichen Störungen und dementsprechenden Schlägereien verbunden. Nach parteiamtlicher Darstellung erscheint die Veranstaltung vom 13.9.1930 – einen Tag vor den Reichstagswahlen – als „Durchbruch" in Kamen. „Wir 22 Mann kannten kein Weichen und kein Pardongeben."[42] In kurzer Zeit sei der große Saal von den zahlreichen Gegnern aus den Reihen der Arbeiterbewegung geräumt worden. Ein „Tumult, wie ihn Kamen seit der Novemberrevolution nicht mehr gesehen hatte", sei daraufhin ausgebrochen. Von nun an sei man in Kamen „bekannt, gehaßt und

---

37 Bericht über die Gründung der NSDAP-Ortsgruppe, in: StAK, Nr. 2241.
38 Beck (1938), S. 345, zum Quellenwert der Gauchronik, vgl. Böhnke (1974), S. 14/15.
39 Leserbrief im „Hammer" vom 13.12.1929, der als Reaktion auf eine der ersten von Meinberg organisierten NS-Veranstaltungen in Wasserkurl geschrieben wurde, als Ausschnitt im Stadtarchiv Hamm, Sammlung Stadtgeschichte BI/19.
40 Vgl. dazu: Böhnke (1974), S. 152.
41 Zur Biographie siehe: Strotdrees (1991), S. 128, ergänzend dazu: Westfälischer Anzeiger vom 24.6.1933.
42 Bericht des ersten Ortsgruppenleiters, in: StAK, Nr. 2241.

gefürchtet" gewesen, heißt es dazu bei Beck.[43] Dies schlug sich aber noch nicht in Wahlerfolgen nieder.

Bei der Reichstagswahl, die einen Tag nach dieser Saalschlacht stattfand, erhielten die Nationalsozialisten in Kamen 362 Stimmen oder 5,6 %. Damit lag die Partei zu diesem Zeitpunkt noch hinter dem Ergebnis in Ahlen (7,4 %). Das erstaunlich schlechte Abschneiden der Nationalsozialisten in Kamen tritt noch deutlicher hervor, wenn man es mit den Ergebnissen in der Region vergleicht. In Unna war die NSDAP mit 19,1 % und in Hamm mit 15,5 % bereits zur zweitstärksten Partei avanciert. Im Kreisgebiet erreichte sie 11,5 % und im Regierungsbezirk 13,9 %.[44]

Neben den organisatorischen Defiziten der erst wenige Monate vor dieser Wahl gegründeten NSDAP-Ortsgruppe, dürften die Gründe für den vergleichsweise geringen Wahlerfolg vor allem in der Konfrontation mit der Wirtschaftspartei (man denke nur an den Selbstmord ihres Fraktionssprechers) zu suchen sein. Dies mußte den Mittelstand abschrecken. Darüberhinaus traten die Kamener Nationalsozialisten äußerst aggressiv auf, was wiederum das national gesinnte Bürgertum abstieß. Die Wirtschaftspartei lag mit 16,3 % und die DVP mit 7,5 % immer noch weit vor den Nationalsozialisten.

Trotz des schlechten Wahlergebnisses ist in der Gauchronik die Rede davon, daß die Parteigenossen sich „zu einem neuen Vorstoß ermutigt" fühlten.[45] Am 17.10.1930 sprach der Gauleiter Josef Wagner im Schützenhof vor vollbesetztem Saal. Diesmal legte man sich nicht nur mit der Arbeiterbewegung an, sondern auch mit der örtlichen Polizei, die versuchte, das kurz vorher vom preußischen Innenminister Severing erlassene Uniformverbot durchzusetzen. Gegenüber der Septemberveranstaltung fallen einige bezeichnende Unterschiede auf: Die Kamener Zeitung gibt die Anzahl der Zuhörer mit 1500 Personen an und läßt durchblicken, daß ein großer Teil auf Seiten der Nationalsozialisten stand.[46] Selbst unter Berücksichtigung der wohlwollenden Berichterstattung des Lokalblattes (vgl. Kap. V.B) erscheinen die NS-Anhänger längst nicht mehr als kleine Sekte politischer Außenseiter. Die „schlafende Bürgerschaft" begann, sich „für unseren reinen Kampf gegen Bolschewismus und Marxismus zu interessieren. Unsere Mitgliederzahl wuchs und erreichte bis zum Frühjahr des Jahres 1931 die stattliche Zahl von 120", heißt es im bereits zitierten Gründungsbericht.[47]

Im Gegensatz zu Ahlen setzte nach der Septemberwahl also keine Stagnation ein. Es gab einen starken Mitgliederzuwachs und eine unglaubliche Steigerung der Aktivitäten. Es begann eine Flut von Veranstaltungen mit spektakulären Rednern, die zahlreiche Zuhörer anlockten.[48] Als ein erster Höhepunkt fällt die Abhaltung eines nationalsozialistischen Bezirkstages Anfang März 1931 auf. Dabei stand die

---

43 Beck (1938), S. 345, genaueres dazu: Rennspieß (1992), S. 230.
44 Vgl. Statistik des Deutschen Reiches, Bd. 382.
45 Beck (1938), S. 345.
46 Vgl. Kamener Zeitung vom 18.10.1930.
47 StAK, Nr. 2241.
48 Eine Chronik aller bekanntgewordenen NS-Veranstaltungen befindet sich in: Rennspieß (1992), S. 199 f.

Stadt ein ganzes Wochenende „im Zeichen des Hakenkreuzes".[49] Gauleiter Wagner war 1931 allein drei Mal in der Stadt, dazu kamen zwei weitere Reichstagsabgeordnete und skandalumwitterte Personen, wie der Polizeispitzel Voß und der Pfarrer Münchmeyer. Zusammenstöße mit politischen Gegnern, Propagandamärsche und Flugblätter gehörten bald zum täglichen Erscheinungsbild.

Während der Kampf um die Straße der SA überlassen wurde und die im Herbst 1931 gegründete NSBO mit gesonderten Veranstalungen unter der Arbeiterschaft warb, konzentrierte sich die eigentliche Parteigruppe auf den Mittelstand und das Bürgertum. Ähnlich wie in Ahlen drückte sich dies auch im Wechsel der Ortgruppenleitung aus. Der erwähnte Schachthauer wurde abberufen. An seine Stelle trat der Verwalter des Kamener Milchhofes, Alfred Franzke, ein Betriebsinspektor mit dem hohen Ansehen des Beamtenstandes.[50] Er verfügte über gute Verbindungen zum Rathaus, betonte die Gewaltlosigkeit und machte dem Mittelstand Versprechungen. Im Mai 1933 wurde er als Direktor des Westfälischen Molkerei- und Meiereiverbandes nach Münster abberufen. Neben ihm stieg vor allem ein Diplomingenieur der Zeche auf, der dort Leiter der Anlernwerkstatt war. Er wurde Kreiskommunalfachberater der NSDAP und nach 1933 Beigeordneter der Stadt und damit stellvertretender Bürgermeister.

Ähnlich wie in Ahlen fallen unter den namentlich bekannten Nationalsozialisten Angestellte der Bahn und Post auf, außerdem ein promovierter Studienrat, der Vorträge zur deutschen Geschichte und Rassentheorie abhielt.

Wilhelm Meinberg ist schon erwähnt worden. Er war selbst im deutschnationalen Lager verankert gewesen. Seine Popularität unter den Landwirten der näheren Umgebung zeigte sich bei der Landwirtschaftskammerwahl vom 11.10.1931, als die „Liste Meinberg" mit 23 gegen 2 Stimmen gewählt wurde. Nach dieser Wahl kam Meinberg sogar in den 11-köpfigen Vorstand der Kammer.[51]

Nicht vergessen werden darf in diesem Zusammenhang, daß am 1.11.1931 Bergassessor Wilhelm Tengelmann Direktionsmitglied der Zeche Monopol wurde. Er war schon zwischen 1919 und 1921 Mitglied verschiedener Freicorps gewesen und gehörte seit dem 1.10.1930 zur Partei. Tengelmann war für seine guten Verbindungen zu Göring und Himmler bekannt. Am 28.3.1933 sorgte Göring für seine Ernennung zum kommissarischen Landrat des Kreises Unna und holte ihn dann Ende August ins Staatsministerium nach Berlin.[52] Obwohl Tengelmann in Kamen wohnte und bei der dortigen Ortsgruppe gemeldet war, nahm er hier keine Funktionen wahr. Dafür

---

49 Kamener Zeitung vom 9.3.1931.
50 In Preußen war es den Beamten noch bis zum „Preußenschlag" verboten, Mitglied der NSDAP zu sein. In einem Brief des Landrates vom 6.5.1932 an den Regierungspräsidenten hieß es: „Allgemein glauben die Angehörigen der NSDAP-Gegner in Kamen, der Inspektor Franzke sei städtischer Beamter. Dies trifft aber nicht zu, da die Stadt Kamen, wenn ich nicht irre, nur mit 50 % an dem Milchhof beteiligt ist." StAM, Kreis Unna, Politische Polizei, Nr. 63.
51 Kamener Zeitung vom 12.10.1931, sowie Strotdrees (1991), S. 130.
52 Vgl. Berlin Document Center, Akte Tengelmann, Turner (1985), S. 289 ist allerdings der Meinung, daß Wilhelm Tengelmann weder in der Wirtschaft noch in der Partei „größeres Gewicht besaß".

„Bauernführer" Wilhelm Meinberg.

konnten die Stadtbewohner aber noch vor der Machtergreifung offen in der Zeitung lesen, daß er der NS-Erwerbslosenorganisation die Saalmiete zahlte.[53] Seine wichtige Rolle während und nach der Machtübernahme in Kamen wird noch geschildert (vgl. Kap. V.A3).

Noch vor dem Wahlmarathon des Jahres 1932 stellte sich die NSDAP in Kamen als breitgefächerte Bewegung dar, die bereits alle wesentlichen Gliederungen hervorgebracht hatte: SA, SA-Reserve, NSBO, NS-Frauenschaft, HJ, BDM, Jungvolk. Mitte 1932 folgte die Gründung einer NS-Schülergruppe am Gymnasium, einer SS-Abteilung und spezielle Zusammenschlüsse verschiedener Berufe.[54] Damit hatte die NS-Bewegung jenes Gesicht, das prädestiniert dafür war, „recht leicht und schnell" zusammenzufassen, „was – zersplittert aber in großer Breite – als ideologisch-politisches und interessenpolitisches Potential schon längst vorgeformt war".[55]

2. Die fünf Wahlgänge des Jahres 1932

Nach der Septemberwahl des Jahres 1930 bot erst die Kandidatur Hitlers zur Reichspräsidentenwahl im März 1932 wieder eine Möglichkeit, der NS-Bewegung seine Stimme zu geben. Das Ergebnis zeigt, wie stark der nationalsozialistische Wähleranteil in den Vergleichsstädten mittlerweile voneinander abwich. Während Hitler in Kamen 32 % erhielt, kam er in Ahlen auf 13,9 %. Gegenüber der Stimmenzahl für die NSDAP bei der letzten Reichstagswahl war dies im ersten Fall mehr als eine Versechsfachung und im zweiten eine Verdoppelung.

Trotz der späten Ortsgruppengründung und dem schlechten Abschneiden bei der Reichstagswahl von 1930 setzte sich die NS-Bewegung in Kamen mit diesem Wahlerfolg an die Spitze der gesamten Region. Wie Tab. 23 im Überblick zeigt, gilt dies auch für die folgenden Wahlen bis zum März 1933. Einen ersten Höhepunkt erreichte der nationalsozialistische Wähleranteil in Kamen bei der preußischen Landtagswahl vom 24.4.1932 mit 2672 Stimmen oder 37,3 %. Das waren 5,6 %

53 Westfälischer Anzeiger vom 26.1.1933.
54 Vgl. Rennspieß (1992), S. 195 f.
55 Broszat (1983), S. 63.

mehr als im Durchschnitt des Kreisgebietes. Bis zur Reichstagswahl im November 1932 sank der Wähleranteil wieder auf 33,6 %, doch war die absolute Stimmenzahl immer noch höher als beim ersten Durchgang zur Reichspräsidentenwahl. Bei der letzten „halbfreien" Wahl im März 1933 lag die NSDAP in Kamen bei 42 % und übertraf den Kreisdurchschnitt um 3,5 %.

In drei der fünf Wahlgänge des Jahres 1932 erreichte der nationalsozialistische Wähleranteil in Kamen sogar Werte, die über den Reichs- bzw. Landesdurchschnitt hinausgingen (beim ersten Durchgang der Reichspräsidentenwahl um 1,9 %, bei der preußischen Landtagswahl um 1 % und bei der Reichstagswahl im November 1932 um 0,5 %). Für eine Bergarbeiterstadt des Ruhrgebietes ist dies ein ganz erstaunlicher Befund. Böhnke, der in seiner Untersuchung über die NSDAP im Ruhrgebiet offensichtlich nur die größeren Städte berücksichtigte, betont – unter Verweis auf den hohen Arbeiteranteil und die starke klassenbewußte Arbeiterbewegung der Region – mehrmals, daß die reichsweiten Wahlerfolge der Partei hier nirgends erreicht worden seien.[56] In der Arbeit eines weiteren Autors, der sich nur auf die Peripherie des nördlichen Ruhrgebiets und damit unmittelbar auf die Kamener Region beschränkt, wird behauptet, daß „die Auswertung der regionalen Wahlergebnisse" Anlaß dazu gebe, „von einer Niederlage der Nationalsozialisten zu sprechen". Die antifaschistischen Kräfte hätten „den Machtergreifungsprozeß auf der Wahlebene" zurückgedrängt.[57]

Mit Blick auf Kamen müssen diese Aussagen in ihrer Pauschalität korrigiert werden, da paßt Ahlen schon eher ins Bild. Hier lagen die Wahlergebnisse der NSDAP sogar noch unter dem Durchschnitt vieler Ruhrgebietsstädte.

Betrachtet man die absolute Stimmenzahl, so hatte die NSDAP in Ahlen schon beim zweiten Durchgang zur Reichspräsidentenwahl ihren Höhepunkt erreicht. Nur die extrem niedrige Beteiligung bei der Landtagswahl ließ ihren prozentualen Anteil noch einmal steigen.

Der Schnitt im Kreisgebiet wurde allerdings zunächst leicht überboten. Immerhin hob sich Ahlen, im Unterschied zu Kamen, von seiner Struktur her weit mehr vom Umland ab. Der höhere Anteil an Protestanten und die organisierte Arbeiterbewegung hatten die alleinige politische Führerschaft des Zentrums weit mehr als in anderen Ortschaften des ländlich-katholischen Kreises in Frage gestellt. Besonders interessant ist es nun, daß der nationalsozialistische Wähleranteil bei der letzten „halbfreien" Wahl plötzlich unter den Kreisdurchschnitt rutschte. Mit 24,4 % stellte man einen Negativrekord auf, der nur noch in wenigen Orten des Münsterlandes unterboten wurde. Dies könnte ein Hinweis darauf sein, daß die katholischen Resistenzbarrieren im ländlich strukturierten Münsterland schneller als die der Arbeiterbewegung schmolzen.

Tabelle 23 zeigt also im direkten Vergleich der beiden Städte und vor dem Spiegel der jeweiligen Region, daß die NS-Bewegung in Ahlen – ähnlich wie der Kreis

---

56 Vgl. Böhnke (1974) S. 183, S. 186 und S. 192.
57 Vgl. Klein (1979), S. 33, ähnlich urteilt auch Peukert (1976), S.13.

Beckum insgesamt – weit hinter der reichsweiten Entwicklung zurückblieb, während Kamen zu einer Wählerhochburg der NSDAP wurde.

Deutliche Anzeichen für den Umschwung im politischen Kräfteverhältnis der Stadt Kamen waren schon seit der zweiten Hälfte des Jahres 1931 sichtbar. Hier ist vor allem an die erwähnten Abstimmungen zur Landtagsauflösung und die Landwirtschaftskammerwahl mit dem Sieg der Liste Meinberg zu erinnern. Für den Volksentscheid zur Landtagsauflösung am 9.8.1931 hatten sich die Nationalsozialisten mit zwei großen Kundgebungen eingesetzt, und die Vermutung liegt nahe, daß die 42 % Ja-Stimmen schon zum überwiegenden Teil von ihren Anhängern stammten.

Der Veranstaltungsmarathon, der sich im Laufe des Jahres 1931 immer weiter steigerte und im Frühjahr 1932 einen ersten Höhepunkt erreichte, ist ein deutliches Zeichen für die zunehmende organisatorische Kraft der NS-Bewegung in der Stadt. Allein in den ersten drei Monaten des Jahres 1932 fanden 20 größere Veranstaltungen statt.[58] Darunter fallen bereits gezielte Angebote für bestimmte Berufsgruppen sowie für Jugendliche und Frauen auf. Am 20.1.1932 wurde auf einem „Deutschen Abend" mit Sprechchören, Musikstüken und Theateraufführungen erstmals die NS-Kultur vorgestellt. Bereits jetzt verbreiteten viele Redner Siegesstimmung und betonten, daß die Machtübernahme der Bewegung unmittelbar bevorstehe.[59]

Die Veranstaltungen fanden in der Regel im Schützenhofsaal statt, der als größter Veranstaltungsraum der Stadt über 1000 Plätze aufwies und fast immer voll besetzt war. Diesen Saal konnte die NSDAP-Ortsgruppe in der letzten Woche vor der Reichspräsidentenwahl durchgehend mieten.[60]

Die organisatorische Entwicklung der Ortsgruppe war weit fortgeschritten. Wie erwähnt, hatte man bereits alle wesentlichen Untergliederungen hervorgebracht. Neben einer Geschäftsstelle, die eine unentgeltliche Rechtsschutzabteilung unterhielt, gab es ein SA-Heim mit Lese- und Unterrichtszimmer. Im Frühjahr 1932 wurde das Stadtgebiet in vier Sektionen aufgeteilt, mit separaten Vereinslokalen und Sektionsleitern.[61]

Die Mitgliederzahl der NSDAP-Ortsgruppe ist nicht bekannt, doch kann man davon ausgehen, daß sie gegenüber den erwähnten 120 im Frühjahr 1931 ganz enorm zugelegt hat. Am 8.3.1932 kamen allein bei einem „Generalappell" der SA-Abteilung und der Reservestürme aller Sektionen 300 Personen zusammen.[62]

Rein zahlenmäßig war die SA dem Reichsbanner zwar noch lange unterlegen. Doch wie die zahlreichen und immer heftiger werdenden Auseinandersetzungen zeigen, ließ man sich davon nicht abschrecken. Für große Propagandamärsche und Kundgebungen wurde auswärtige Verstärkung – besonders aus Hamm und Dort-

---

58 Vgl. die Veranstaltungschronik, in: Rennspieß (1992), S. 199-213.
59 Vgl. z.B. den Veranstaltungsbericht in der Kamener Zeitung vom 14.2.1932.
60 Kamener Zeitung vom 4.3.1932.
61 Vgl. StAK, Nr. 2241/32, Veranstaltungskalender der NSDAP mit Versammlungen der Sektionen.
62 Kamener Zeitung vom 10.3.1932.

mund – herbeigeholt. In den letzten zehn Wochen vor dem ersten Durchgang zur Reichspräsidentenwahl kam es allein zwölfmal zu gewaltsamen Zusammenstößen. In der Nacht vor der Wahl fanden die Gefühlsaufwallungen in einem Sturm des Reichsbanners auf das SA-Heim am Markt ihren Höhepunkt.[63]

Wie noch gezeigt wird, wirkte gerade die zahlenmäßige Unterlegenheit der SA vor dem scheinbar übermächtigen Reichsbanner in den Augen vieler im Sinne einer Parteinahme für die Nationalsozialisten. So ist nicht auszuschließen, daß mancher Bürger den Angriff auf das SA-Heim als Beweis für die Gefährlichkeit des Marxismus deutete und der NSDAP als konsequentester Abwehrkraft erst recht seine Stimme gab.

Gleich nach dem sensationellen Ergebnis der Reichspräsidentenwahl vom 13.3.1932 eilte der Gauleiter Wagner nach Kamen. Der Erfolg der dortigen Bewegung war nur allzu deutlich geworden. Wer Hindenburg gewählt habe, sei dafür, daß alles so bleibe wie es ist, führte er aus und eröffnete die Kampagne für den zweiten Wahlgang. Der Ortsgruppenleiter Franzke kritisierte bei dieser Gelegenheit die Terrormaßnahmen des Reichsbanners und wies außerdem darauf hin, daß in der katholischen Kirche noch am Wahlsonntag gegen die Nationalsozialisten agitiert worden sei.[64] Bis zum zweiten Wahlgang lassen sich noch vier weitere NS-Veranstaltungen ausmachen. Für die Zeitspanne von fast vier Wochen war dies nicht viel. Im Vergleich zur Zeit vor dem ersten Wahlgang stellten sich gewisse Ermüdungserscheinungen ein. Am 10. April vermehrten sich die Stimmen für Hitler nur leicht um 274 Stimmen, was bei der gesunkenen Wahlbeteiligung allerdings eine Steigerung um 4,6 % ausmachte. Damit blieb man ungefähr im Schnitt der Region, aber unterhalb des Reichsdurchschnitts, wo Hitler ein Plus von 6,7 % verzeichnete. Da auch Hindenburg in Kamen nur noch 87 Stimmen dazu gewann, ist es naheliegend anzunehmen, daß ein Großteil der ehemaligen Wähler des Stahlhelmführers Duesterberg (253 Stimmen beim ersten Wahlgang) Wahlenthaltung übte oder Hitler unterstützte. Thälmann verlor 285 Stimmen. Da nur 187 Wähler weniger teilnahmen, müssen auch Anhänger der KPD nach rechts abgeschwenkt sein.

Bis zur Landtagswahl am 24.4.1932 blieben nur zwei Wochen. In dieser kurzen Zeit steigerten die Nationalsozialisten ihre Veranstaltungszahl wieder auf ein Höchstmaß. Es lassen sich allein sechs größere Wahlversammlungen nachweisen.[65] Unter anderem gab es wieder einen groß aufgemachten „Deutschen Abend", der von 1400 Personen besucht wurde, eine Veranstaltung der NSBO, auf der das „wahre Gesicht Sowjet-Rußlands" enthüllt wurde, und der Reichsleiter der NSDAP für Rasse und Kultur machte deutlich, „wie das dritte Reich aussehen werde".[66]

---

63 Vgl. die „Chronik der politischen Konfrontationen", in: Rennspieß (1992), S. 240-246.
64 Vgl. Kamener Zeitung vom 17.3.1932.
65 Ab April 1932 weist die Veranstaltungschronik, in: Rennspieß (1992), S. 199-213 erheblische Lücken auf, da zum Zeitpunkt der Zusammenstellung die Lokalzeitung vom 1.4.1932 bis 31.3.1933 fehlte. Sie ist erst nach Veröffentlichung des Buches wieder aufgetaucht.
66 Kamener Zeitung vom 16.4.1932.

Das SA- und SS-Verbot vom 12.4.1932 scheint die nationalsozialistische Agitation vor Ort nur wenig behindert zu haben. Im Gegenteil: wirkungsvoll führte man bei Kundgebungen „zum Zeichen der Trauer" ein Meer von schwarzen Fahnen mit sich.[67] Entgegen dem Trend, der bei dieser Wahl fast überall eine geringe Wahlbeteiligung aufwies, gingen in Kamen 90,7 % zur Wahl und machten die NSDAP zur stärksten politischen Kraft der Stadt. Mit 2672 Stimmen und 37,3 % erreichte der Wähleranhang seinen Höhepunkt vor der Machtübernahme. Die Wählerschaft der Wirtschaftspartei habe sich „fast restlos zu den Nationalsozialisten gewandt" kommentierte die Kamener Zeitung.[68] Doch allein mit dem Verlust der 843 Stimmen für die Wirtschaftspartei und ihrem prozentualen Rückgang von 16,3 auf 3,1 %, war der Stimmengewinn der Nationalsozialisten nicht zu erklären. Bis auf das Zentrum und die Deutschnationalen hatten alle Parteien verloren, besonders nachhaltig die Links- und Rechtsliberalen (vgl. Tab. 11).

Nach der Landtagswahl blieb es bis Mitte Juni relativ ruhig; das hieß für Kamen im Schnitt eine größere NS-Veranstaltung und ein bis zwei politische Schlägereien pro Woche. Nach Aufhebung des SA- und SS-Verbots durch den neuen Reichskanzler von Papen wurde es allerdings schlagartig wieder lebhafter. Unter der Parole „Uns gehört die Straße" marschierten die SA und die erstmals erwähnte SS durch die Stadt. Am 21. Juni veranstaltete man eine „Sonnenwendfeier", an der 2000 Menschen teilnahmen. Es wurden „Feuerreden" gehalten, und ein Kommunist verbrannte sein „Schwarzhemd". Da Demonstrationsverbot herrschte, ging man „in geschlossener Marschkolonne" zum Veranstaltungsort. In einer Rede wurde der neue Reichskanzler als „ehrlicher Kämpfer" mit „mannhaftem Charakter" bezeichnet.[69]

Ganz offensichtlich standen die Kamener Nationalsozialisten noch unter dem Eindruck des Arrangements zwischen Hitler, Hindenburg und von Papen, in dem der Führer der NSDAP die Tolerierung eines weiter nach rechts verschobenen Präsidialkabinetts unter den Bedingungen zugesagt hatte, daß Neuwahlen ausgeschrieben und das SA- und SS-Verbot aufgehoben würden. Obwohl jedem klar sein mußte, daß die NSDAP bei Neuwahlen die bei weitem stärkste Partei werden würde, ließen sich Hindenburg und von Papen auf beide Bedingungen ein.[70]

Die Wahl vom 31.7.1932 erklärten die Nationalsozialisten zum letzten großen Angriff auf das „System". Die Ortsgruppen wurden angewiesen, die Roten und Schwarzen „mit solcher Wucht und Energie anzugreifen, daß sich ihnen keine Gelegenheit mehr bietet, selbst zu Wort zu kommen".[71] Die Reichspropagandaleitung führte ihren „Kämpfern vor Ort" die unmittelbar bevorstehende Apokalypse und das drohende Szenario eines kommunistischen Bürgerkrieges vor Augen. Es ginge um „Sein oder Nichtsein", um „Leben und Tod der deutschen Nation".[72] Vor

---

67 Vgl. Kamener Zeitung vom 19.4.1932.
68 Kamener Zeitung vom 26.4.1932.
69 Kamener Zeitung vom 22.6.1932.
70 Vgl. Winkler (1987), S. 611 f.
71 Böhnke (1974), S. 188.
72 Vgl. Paul (1990), S. 100 f.

Ehrenwache des Kamener Reichsbanners für ein Opfer der Kämpfe mit den National-sozialisten. 1932.

diesem Hintergrund wird es verständlich, daß auch die Kamener Nationalsozialisten glauben mußten, in einer Entscheidungsschlacht zu stehen.

Auf der anderen Seite bäumte sich die Arbeiterbewegung noch einmal auf. Franz von Papen setzte am 20.7.1932 unter offenem Bruch der Verfassung mit dem sogenannten Preußenschlag die letzte sozialdemokratisch geführte Landesregierung ab. Während die KPD zum Generalstreik aufrief, glaubte die SPD-Führung, das deutsche Volk würde den Rechten mit dem Stimmzettel die Quittung geben. Gegenmaßnahmen in größerem Stil blieben aus.

Vor Ort sah die Situation im allgemeinen anders aus. Nicht nur Kommunisten, sondern auch Sozialdemokraten befanden sich nach dem Preußenschlag in äußerster Erregung und warteten kampfbereit auf ein Zeichen der Führung.[73] Aus Kamen ist zumindestens eine Kundgebung der KPD bekannt. Glaubt man der kommunistischen Presse, so waren auch Reichsbannerleute in Uniform anwesend und erklärten ihre Bereitschaft zu gemeinsamen Kampfmaßnahmen. Nachdem Redner allerdings mehrmals zum Generalstreik aufgerufen hatten, wurde die Versammlung von der Polizei aufgelöst.[74]

---

73 Vgl. allgemein dazu: Winkler (1987), S. 646 f., zu Dortmund: Högl (1988), S. 118, zu Bochum: Wagner (1988), S. 110.
74 Der Kämpfer vom 22.7.1932.

Die Beerdigung eines Opfers der politischen Auseinandersetzungen in Kamen. Reichsbannerleute tragen den Sarg. 2.8.1932.

Vor diesem Hintergrund läßt sich leicht ausmalen, welche Gefühlsbewegungen auf beiden Seiten den Wahlkampf bestimmten. Nachdem es schon zwischen dem 4. und 10.7.1932 praktisch durchgehend zu gewalttätigen Auseinandersetzungen gekommen war, wurde die örtliche Polizei im Rathaus kaserniert und von einem Einsatzkommando aus Dortmund verstärkt. Diese Maßnahmen konnten aber nicht verhindern, daß die immer härteren Zusammenstöße drei Tage vor der Wahl ein Menschenleben forderten.[75]

Ein rund 100 Mann starker Trupp des Kamener Reichsbanners befand sich am 28.7.1932 auf dem Weg zu einer Veranstaltung in Unna. Als ihnen 10 SA- und SS-Leute auf Fahrrädern begegneten, kam es zu einer Auseinandersetzung, in deren Verlauf auf beiden Seiten geschossen wurde. Einen 18jährigen Reichsbannermann traf eine Kugel in den Rücken; er starb wenig später.

Der genaue Tathergang konnte trotz mehrfacher Gerichtsverhandlungen nie eindeutig geklärt werden. Zunächst schien es klar, daß ein SA-Mann aus Unna der Täter war. Bald nach seiner Verhaftung erschien jedoch ein Flugblatt der NSDAP mit der Überschrift „Die Wahrheit". Die Nationalsozialisten drehten den Spieß um und behaupteten nunmehr, das Opfer sei von den eigenen Leuten versehentlich erschossen worden. Geschickt nutzten sie in ihrer Darstellung das Argument der

---

75 Vgl. zum Folgenden die ausführliche Darstellung, in: Rennspieß (1992), S. 249-259.

erdrückenden Übermacht des Reichsbanners.[76] In der Kamener Zeitung gingen sie kurz darauf noch einen Schritt weiter, indem sie demjenigen 500 Mark Belohnung versprach, der ihnen den Mörder nannte.

Die ganze Angelegenheit läßt auffallende Parallelen zu dem Ahlener Todesfall während des Betriebsratswahlkampfes vom März 1931 erkennen. Genau wie dort schloß sich die Justiz auch in diesem Fall ganz der nationalsozialistischen Sichtweise an. Der mutmaßliche Täter wurde freigesprochen und sein Schußwaffengebrauch als „berechtigte Notwehr" bezeichnet. Sieben Reichsbannerleute verurteilte man dagegen in einem weiteren Verfahren „wegen Landfriedensbruch mit schwerem Raufhandel, in dessen Verlauf ein Mensch zu Tode kam", zu hohen Gefängnisstrafen.[77]

Für die Beurteilung der Reichstagswahl vom 31.7.1932 ist festzuhalten, daß die Nationalsozialisten bis dahin als Täter galten. Sie verloren gegenüber der Landtagswahl 196 Stimmen. Da die Wahlbeteiligung um 6 % hochschnellte gab es eine prozentuale Einbuße von 3,9 %. Zwar muß berücksichtigt werden, daß die NSDAP entgegen dem Reichstrend schon in vielen Ruhrgebietsstädten Verluste zu verzeichnen hatte,[78] doch gingen die Einbußen in Kamen noch darüber hinaus. Dies läßt vermuten, daß einige Wähler durch den blutigen Vorgang vom 28. Juli abgeschreckt wurden. Mancher schwenkte vielleicht zu den Deutschnationalen ab, die über hundert Stimmen gewannen. Diesmal scheinen die Sozialdemokraten am meisten von der hohen Wahlbeteiligung profitiert zu haben. Sie verbesserten ihr Ergebnis gegenüber der Preußenwahl um 586 Stimmen, d.h. von 32,6 auf 39,4 % und wurden damit wieder stärkste Partei der Stadt. KPD und Zentrum blieben in etwa auf dem gleichen Niveau, während die Wirtschaftspartei und die Rechts- und Linksliberalen weiter verloren. Das Erstarken der SPD ging über den reichsweiten und regionalen Trend hinaus. Dies geht sicher zum Teil auf die Empörung über den vermeintlich von der SA ermordeten Reichsbannermann zurück.

Nach der „Wahlschlacht" vom 31.7.1932 zeigten sich bei den Nationalsozialisten in Kamen – wie fast überall – Ermüdungserscheinungen. Offenbar gab es stark enttäuschte Mitglieder, die sich nun ganz zurückzogen. Es mußten sogar Gerüchte über „Austritte von führenden Persönlichkeiten der NSDAP-Kamen" dementiert werden.[79] Bergassessor Tengelmann machte sich in dieser Zeit zum Wortführer einer Gruppe innerhalb der Partei, die Mißstände im Gau Westfalen-Süd anprangerte und die Absetzung Josef Wagners betrieb.[80] Die inneren Auseinandersetzungen und Abnutzungserscheinungen sorgten nach außen hin für Ruhe. Den ganzen September über gab es keine spektakulären Veranstaltungen und keine politischen

---

76 StAK, Nr. 2235. Daß die zahlenmäßige Überlegenheit des Reichsbanners bei dieser Auseinandersetzung als besonders unfair empfunden wurde, lassen auch die Zeugenaussagen erkennen, die sich in dieser Akte befinden.
77 Abschrift des Urteils, in: StAK, Nr. 2235.
78 Vgl. Böhnke (1974), S. 189. Im Kreis Unna verlor die NSDAP aber nur 0,5 % (Böhnke spricht fälschlich von 1,1 %), in Hamm legte sie sogar um 0,6 % zu.
79 Kamener Zeitung vom 22.9.1932.
80 Berlin Document Center, Akte Tengelmann, Brief vom 8.8.1932.

Schlägereien. Erst im Oktober und November nahmen die NS-Aktivitäten wieder zu, erreichten aber nicht mehr annähernd die Intensität wie vor dem 31. Juli.

Unterhalb der Ebene öffentlichkeitswirksamer Auftritte ist allerdings zu beobachten, daß sämtliche Nebenorganisationen sich auf ihre Vereinsaufgaben konzentrierten. Die NSBO kümmerte sich um die Erwerbslosen und veranstaltete Wohltätigkeitskonzerte und Familienausflüge. Eine selbständige NS-Frauenbewegung trat in Erscheinung. Die HJ warb mit Veranstaltungen, Ausflügen und Flugblättern und die SA inzenierte Standartenaufmärsche, bei denen örtliche Pfarrer „Feldgottesdienste" abhielten.[81]

Auffallend ist weiterhin, daß die Ortsgruppe sich stärker in die Kommunalpolitik einmischte. Hier gab es Entwicklungen, die die Nationalsozialisten gut nutzen konnten. Am 18.7.1932 begann das zweite Dienststrafverfahren gegen Bügermeister Berensmann, der dann am 10.10. – zunächst freiwillig – beurlaubt wurde. Im Streit um dessen Vertretung setzte sich die NSDAP interessanterweise für den vom Regierungspräsidenten wegen seiner Mitgliedschaft in der Wirtschaftspartei zunächst übergangenen Beigeordneten Müller ein. Mit Empörung wandte man sich außerdem gegen die Beurlaubung von zwei örtlichen Beamten, gegen die auf Betreiben Berensmanns ebenfalls Dienststrafverfahren eingeleitet worden waren (dazu Kap. VI.B). Skandale und Prozesse beherrschten die Szene. Wie noch gezeigt wird, lösten sich die lokalen Ortsgruppen der Wirtschaftspartei und der DVP von ihren Reichsorganisationen. Ein Rechtstrend war zu spüren, der bei der DVP zur völligen Verschmelzung mit der DNVP führte.

So ist es nicht verwunderlich, daß die NSDAP bei der Novemberwahl entgegen dem Trend zumindest prozentual wieder zulegen konnte (absolut verlor sie 71 Stimmen). Jetzt lag ihr örtliches Abschneiden wieder über dem Reichsdurchschnitt, und die Nationalsozialisten konnten die SPD als stärkste Kraft im Ort abermals überflügeln. Auf dieser Grundlage ließ sich nach dem 30.1.1933 selbstbewußt die Übernahme der politischen Macht beanspruchen. Wie noch gezeigt wird, gelang dies auch weit schneller als anderswo.

In der Jubiläumsschrift der Ahlener NSDAP-Ortsgruppe des Jahres 1936 heißt es in der Rückschau:

„Eine besonders hohe Belastungsprobe für die dauernde, nie erlahmende Einsatzbereitschaft der Parteimitglieder stellte das Jahr 1932 ... dar. Noch nie sind die Kräfte der SA so ausgepumpt worden, noch nie leerten sich die Kassen der NSDAP so katastrophal wie in diesem Schicksalsjahr 1932."[82]

Wie wenig ist hier doch zu spüren von der Kraft und Siegesgewißheit der Kamener NS-Bewegung. Die Geschichte der NSDAP-Ortsgruppe in Ahlen vermittelt zu dieser Zeit alles andere als das Bild einer unaufhaltsamen, dynamischen Bewegung. In der Jubiläumsschrift konnte man keine glanzvollen Veranstaltungen herausstellen und mußte statt dessen auf überregionale Kundgebungen, wie die Auftritte Hitlers und Goebbels in Münster, verweisen. Ansonsten geht es den

---

81 Vgl. Kamener Zeitung vom 10.10.1932.
82 Die Glocke vom 18.1.1933.

Chronisten hauptsächlich um den „Kampf auf der Straße". Hier sei der Beweis erbracht worden,

„daß die Ahlener SA in der festen Hand ihres Führers in der Lage war, einen an Zahl weit überlegenen Haufen der Gegenseite niederzukämpfen".[83]

Die Mitgliederzahl des Ahlener SA-Sturms 14 schätzte die Polizei im April 1932 auf 95.[84] Wenn auch zu vermuten ist, daß der Einzugsbereich dieser Truppe über das engere Stadtgebiet hinausging, so zeigt diese Zahl doch, daß die Mitgliederbasis der lokalen NS-Bewegung im Winter 1931/32 erheblich zugenommen haben muß. Die SA zehrte dabei sicher auch vom Image ihres Sturmführers Karl Jackstien. Er war als Busfahrer stadtbekannt und eine Art „Galionsfigur" der nationalen Rechten, da er als aktiver Kämpfer des Ruhrwiderstandes von 1923 galt.[85]

Trotz der offensichtlichen Zunahme der Mitglieder brachte es die NSDAP-Ortsgruppe im Frühjahr 1932 nur auf eine einzige Wahlkampfveranstaltung. Sie fand am 7. Februar 1932 mit rund 250 Besuchern statt.[86] Im Gegensatz zu dieser schwachen Veranstaltungstätigkeit standen aber zahlreiche „Schmieraktionen", Auseinandersetzungen mit Plakatklebetrupps der Arbeiterparteien und Flugblattwerbung.[87]

Dem Wahlkampf der NSDAP standen besonders rege Aktivitäten der „Hindenburgfront" gegenüber. Die Ahlener Volkszeitung sprach von einem „erbitterten Stellungskrieg".[88] Die sozialdemokratisch orientierte Arbeiterbewegung fand sich im Februar zur „Eisernen Front" zusammen, und die christliche Arbeiterbewegung gründete am 1.3.1932 eine „Volksfront", die mit ihren 2000 Mitgliedern „alle illegalen, verfassungswidrigen Angriffe auf Volk und Staat" abzuwehren gedachte.[89] Beide Organisationen stellten sich kämpferisch als Verteidiger der Republik dar und veranstalteten große Kundgebungen, auf denen so bekannte Redner wie Heinrich Imbusch und Carl Severing sprachen. Hindenburg wurde in der Ahlener Volkszeitung als „edler germanischer Recke" bezeichnet, und „als Fels der Treue und Pflicht" zum „letzten Bollwerk" der Republik gegen das „Zerstörungswerk" des Radikalismus hochstilisiert.[90]

Der protestantische Feldmarschall, der noch 1925 von Zentrum und SPD als Kandidat der Rechten bekämpft worden war und in Ahlen lediglich 13,9 % der Stimmen erhalten hatte (vgl. Tab.18), bekam am 13.3.1932 nunmehr 58,3 %. Hitler blieb mit seinen 13,9 % noch weit hinter dem Abschneiden Thälmanns zurück, der auf 26,8 % kam. Die Wahlbeteiligung lag mit 90,2 % deutlich über

---

83 Ebenda.
84 Vgl. StAM, Regierung Münster, Nr. VII-67, Bd. 3, Schreiben des Polizeipräsidenten von Recklinghausen an den Regierungspräsidenten vom 5.4.1932.
85 Vgl. Grevelhörster (1987), S. 18.
86 Schröder (1940), S. 322, sowie Versammlungsbericht, in: StAM, Regierung Münster, Nr. VII-67, Bd. 2.
87 Vgl. Grevelhörster (1987), S. 76.
88 Ahlener Volkszeitung vom 13.3.1932.
89 Ahlener Volkszeitung vom 11.3.1932.
90 Ahlener Volkszeitung vom 3.3.1932.

dem Ahlener Normalniveau, und die Lokalzeitung behauptete, „daß die Nazis von der Partei der bisherigen Nichtwähler den größten Reibach gemacht haben".[91]

Im zweiten Wahlgang verlor Thälmann 813 Stimmen und rutschte auf 21,5 %. Da insgesamt nur 680 Stimmen weniger abgegeben wurden, müssen – ähnlich wie in Kamen – etliche kommunistische Wähler nach rechts abgewandert sein. Hindenburg gewann 136 Stimmen, was einem Anstieg auf 62,7 % entsprach. Hitler legte um 149 Stimmen zu und kam auf 15,9 %. Mit der absoluten Stimmenzahl von 1896 Hitlerwählern hatte die NS-Bewegung in Ahlen damit bereits das beste Ergebnis des Jahres 1932 erreicht. Bei der Landtagswahl vom 24.4.1932 verlor sie bereits 81 Stimmen. Nur die rapide gesunkene Wahlbeteiligung (auf 78,8 %) sorgte für den prozentualen Anstieg auf 16,7 %.

Weder vor dem zweiten Durchgang der Reichspräsidentenwahl noch vor der Landtagswahl lassen sich Hinweise auf NS-Veranstaltungen finden. Wenn auch – wie erwähnt – davon auszugehen ist, daß die zentrumsnahe Lokalzeitung kleinere Versammlungen der NSDAP nicht erwähnte, so hätte sie mit einiger Sicherheit zumindest bei Veranstaltungen mit interessanten Rednern oder hohen Besucherzahlen reagiert. Es ist aber lediglich davon die Rede, daß die SA nunmehr über vollmotorisierte Plakatklebetrupps verfügte, und es in der Nacht vor der Wahl zwischen ihnen und dem Reichsbanner zu einer blutigen Auseinandersetzung kam, wobei ein Jugendlicher durch Messerstiche eines Nationalsozialisten verletzt wurde.[92]

Ähnlich wie in Kamen brachte die Juliwahl des Jahres 1932 den Höhepunkt der politischen Auseinandersetzungen und der gewaltsamen Zusammenstöße. Zunächst sorgte der Sturz Brünings am 30.5.1932 für höchste Erregung unter den Volksfront-Anhängern. Als gebürtiger Münsteraner genoß er auch in Ahlen besondere Sympathien. Mit seiner Entlassung habe Hindenburg seine Wähler „grausam enttäuscht", hieß es jetzt. Unter Treuebekenntnissen zu Brüning wurde ein leidenschaftlicher Wahlkampf und bedingungslose Opposition zum „Herrenclub" der Papenregierung angekündigt. Das neue Kabinett würde „von Hitler getragen" und sei „ein Unglück für das deutsche Volk ... für die deutsche Arbeiterklasse steht alles auf dem Spiel."[93]

Neben den gesteigerten Aktivitäten der Volksfront wurde auch die „Christusjugend an die Front" gerufen und am 2.7.1932 ein „Sturmtag" in Ahlen abgehalten.[94] Unter den Großveranstaltungen des Zentrums in Stadt und Region ragte der Besuch Brünings in Beckum heraus. Aus Ahlen fuhren zahlreiche Sonderbusse dorthin. 3000 Zuhörer begrüßten den abberufenen Kanzler „mit stürmischen Heil-Rufen, tosendem, nichtendenwollendem Beifall".[95]

---

91 Ahlener Volkszeitung vom 14.3.1932.
92 Vgl. Ahlener Volkszeitung vom 26.4.1932.
93 Ahlener Volkszeitung vom 17.7.1932, vgl. auch ebenda vom 25. und 28.6.1932.
94 Vgl. Ahlener Volkszeitung vom 1. und 2.7.1932.
95 Ahlener Volkszeitung vom 28.7.1932.

Nach der Notverordnung des neuen Kanzlers von Papen vom 14.6.1932, mit der die Unterstützungssätze für die Arbeitslosen um durchschnittlich 20 % gesenkt wurden, erreichte die politische Spannung in der Stadt ihren nächsten Höhepunkt. Während die christliche Arbeiterbewegung Protestveranstaltungen organisierte, entlud sich der Mißmut der weiter links stehenden Arbeitslosen in „Hungerunruhen" (vgl. Kap. IV.B). Die Kommunisten befanden sich in höchster Alarmbereitschaft und versuchten, jegliche NS-Propaganda im Keim zu ersticken.

Als die NSDAP am 13. Juli eine Kundgebung im benachbarten Heessen durchführen wollte, kam es zum größten Zusammenstoß dieser Zeit. Nachdem der vorgesehene Platz von den Bergleuten der Zeche Sachsen vollständig besetzt worden war, verbot die Polizei die Veranstaltung. Die SA befand sich schon auf dem Rückweg, als rund 300 Ahlener Kommunisten anrückten. Zunächst seien „beide Parteien etwas bestürzt gewesen", dann kam es zu einer wilden Schießerei.[96] Da die Kommunisten schließlich in die Flucht geschlagen wurden, ging dieser Zusammenstoß als großer Sieg in die NS-Annalen ein:

„Der 13. Juli bildete einen der wichtigsten Marksteine in der Geschichte der Entwicklung der NSDAP in Ahlen ... Es gelang, zwei von den Kommunisten zu erwischen, die als Geiseln vorhergeführt wurden. Gegen 2 Uhr nachts kam die Truppe in der Kolonie an. Die Straßen waren dicht von Neugierigen besetzt. Förmlich von Gegnern umzingelt, mußte sich die SA den Weg mit Gewalt frei machen. Mehr als 20 Fahrräder war die Beute. Mit der 'Schlacht am Heessener Busch' war in der Hauptsache der rote Terror in Ahlen gebrochen."[97]

Obwohl nicht einwandfrei festzustellen war, welche Seite die Auseinandersetzungen begann, wurden mehrere Kommunisten verhaftet. Ihre zahlenmäßige Überlegenheit und zwei angeschossene Nationalsozialisten schienen Beweis genug: neun KPD-Mitglieder wurden von einem Sondergericht in Münster zu hohen Gefängnisstrafen verurteilt.[98]

Solche Gerichtsurteile bestätigten die Meinung vieler Bürger, daß die eigentliche Gefahr für die Republik von den Kommunisten ausging. Die kleine Schar der Nationalsozialisten in Ahlen erschien dagegen weit weniger gefährlich und darüber hinaus als eine Kraft, die sich von der kommunistischen Übermacht nicht einschüchtern ließ. Auf diese Weise machten die Nationalsozialisten sich einen Namen und gewannen Wählerstimmen verängstigter Antikommunisten. Saalveranstaltungen der Nationalsozialisten sind dagegen, trotz der politischen Hochspannung in der Stadt, kaum überliefert. Eine der wenigen Ausnahmen bildet eine Veranstaltung vom 16.6.1932, auf der eine Ortsgruppe der NS-Beamtenschaft gegründet wurde.[99]

Der „Preußenschlag" vom 20. Juli sorgte für den letzten Höhepunkt des Wahlkampfes. Ähnlich wie in Kamen war dieser offenkundige Verfassungsbruch Anlaß

96 Ahlener Volkszeitung vom 16.7.1932.
97 Die Glocke vom 18.1.1936.
98 Vgl. Rennspieß (1989), S. 268/269.
99 Vgl. Die Glocke vom 18.1.1936.

für eine kurzzeitige Annäherung der Arbeiterparteien. In der Kolonie fand eine Versammlung statt, auf der die Anwesenden über alle Parteigrenzen hinweg der Meinung waren, daß jetzt etwas geschehen müsse.[100] Das Bremsen der sozialdemokratischen Gewerkschafts- und Parteispitzen in den folgenden Tagen äußerte sich bei der kommenden Wahl vermutlich durch ein Abwandern mancher Anhänger zu den konsequenter wirkenden Kommunisten. Jedenfalls waren sie die großen Wahlgewinner in Ahlen und legten gegenüber der Landtagswahl um 816 Stimmen zu (prozentual von 22,9 auf 27,7 %). Die SPD konnte dagegen nur 186 Stimmen gewinnen. Damit war der Einbruch bei der Landtagswahl, der sie 320 Stimmen gekostet hatte, nicht mehr aufzufangen.

Der zweite Wahlgewinner war das Zentrum, das immerhin um 513 Stimmen zulegen konnte. Mit 38,8 % erreichte die Partei ihr bestes Ergebnis seit 1921. Auch die DNVP konnte entgegen dem Reichstrend einen Gewinn von 111 Stimmen verzeichnen, was laut Kommentar der Ahlener Volkszeitung aber „bürgerlicherseits leichter zu ertragen war, als das Wiederanwachsen der KPD-Ziffern". Da die NSDAP 194 Stimmen verloren hatte, sprach die Zeitung von einem „Fiasko der Nationalsozialisten" und betonte, daß „christliche Sitte und christliche Kultur weiter ungeschmälert bestehen bleiben".[101]

Vor der letzten Wahl des Jahres 1932 hieß es, daß man seit Jahren keinen so ruhigen Wahlkampf mehr erlebt habe.[102] Die Nationalsozialisten konnten ihre Organisation zwar ausbauen, denn im September 1932 wurde der Nationalsozialistische Lehrerbund (NSLB) ins Leben gerufen, und die im November 1931 gegründete NSBO brachte ihren Mitgliederbestand auf 155 Mann, doch die Parteikasse war leer und in der NS-Chronik hieß es: „Was aber das Schlimmste war, ein Teil der Parteimitglieder war mißmutig geworden".[103]

Erst am Morgen des Wahlsonntags gab es noch einmal große Aufregung in der Stadt, als eine Klebekolonne der SPD von Nationalsozialisten überfallen und sieben Personen verletzt wurden. Bemerkenswert für das Verhältnis der Arbeiterparteien ist an diesem Vorfall, daß unter Sozialdemokraten das Gerücht umging, man sei von den Kommunisten an die SA verraten worden.[104]

Bei dieser Wahl verloren die Nationalsozialisten noch einmal 175 Stimmen. Mit 12,3 % erreichte die Partei den Tiefpunkt des Jahres 1932. Interessant ist, daß die DNVP 115 Stimmen und die DVP 63 Stimmen gewann, was als Hinweis darauf gedeutet werden könnte, daß mancher nationalgesinnte Bürger den Stern der NSDAP sinken sah und sich wieder den alten Rechtsparteien zuwandte.

Hitler hatte allen Versuchen widerstanden, sich in eine Regierung einbinden zu lassen. Selbst zwischen Zentrum und NSDAP war es zu Verhandlungen gekommen.

100 Vgl. Rennspieß (1989), S. 274.
101 Ahlener Volkszeitung vom 1.8.1932.
102 Ahlener Volkszeitung vom 7.11.1932.
103 Die Glocke vom 18.1.1936.
104 Vgl. Grevelhörster (1987), S. 85.

Wie noch gezeigt wird, sorgte dies für erhebliche Irritationen unter den Ahlener Katholiken. Das Zentrum verlor am 6. November 314 Stimmen. Da die Wahlbeteiligung gesunken war, machte dies prozentual aber nur 1,8 % aus. Wie schon bei der Juliwahl waren die Kommunisten die eigentlichen Gewinner und legten nochmal um 391 Stimmen zu. Mit 31,4 % erreichten sie fast das Doppelte des Reichsdurchschnitts. Das Ergebnis täuschte allerdings eine Stärke vor, die real kaum noch vorhanden war. Die KPD war von der Kommunalpolitik ausgeschlossen, in den Betrieben geschwächt und durch den Kampf gegen die Sozialdemokratie abgelenkt.

Das Zentrum rückte unterdessen kontinuierlich nach rechts. Immer mehr katholische Wähler waren bereit, die NSDAP als Bündnispartner im Kampf gegen die Kommunisten zu akzeptieren. Die Berufung Hitlers zum Reichskanzler gab nur noch den letzten Anstoß für diesen Weg.

3. Der Sieg im Jahr 1933

Im Streit um die Frage, wann das Ende der Weimarer Republik zu datieren ist,[105] sind die Lokalhistoriker meist in den Reihen derer zu finden, die den 30.1.1933 nicht zum alles entscheidenden Wendepunkt erklären. Sie betonen, daß der Bruch mit Weimar schon viel früher begann und die neugebildete „Regierung der nationalen Konzentration" unter der Kanzlerschaft Hitlers den meisten Menschen zunächst lediglich als ein weiter nach rechts verschobenes Präsidialkabinett erschien.[106]

Mit Blick auf die Entwicklung in Ahlen, ist diese Sichtweise nur zu bestätigen. Die NS-Bewegung führte vor 1933 ein Außenseiterdasein und ihr Wähleranhang befand sich seit dem zweiten Durchgang zur Reichspräsidentenwahl im Abwärtstrend. Erst im Frühjahr 1933, im Sog der reichsweiten Entwicklung, fand die NSDAP jene Anerkennung, die zum politischen Durchbruch in der Stadt führte. Immerhin war sie jetzt mit der Seriosität staatlicher Autorität versehen, und die traditionellen Machteliten im Reich kooperierten mit der neuen Regierungspartei.

In Kamen war der 30.1.1933 von ungleich größerer Bedeutung. Im Unterschied zu Ahlener Zeitzeugen erinnern sich die Kamener noch genau an diesen Tag. Er leitete den Machtergreifungsprozeß vor Ort spürbar ein. Die Kamener SA fuhr mit Lastwagen durch die Stadt und gab die gegen 14 Uhr erfolgte Ernennung Hitlers zum Reichskanzler bekannt. Am Abend zog ein Fackelzug durch die Straßen. Anschließend fand eine Siegesfeier im Schützenhofsaal statt, an der über 1200 Personen teilnahmen.[107]

---

105 Vgl. Falter (1991), S. 18 f.
106 Vgl. beispielsweise Goch (1991), S. 215/216 und Timm (1983), S. 26, zur Interpretierbarkeit aller Datierungen: Peukert (1987), S. 15.
107 Zu den folgenden Ereignissen, wenn nicht anders angegeben: Rennspieß (1992), S. 319-332.

Diese schnelle Reaktion auf die Ereignisse in Berlin kann durchaus als Ausdruck besonderer Stärke und großen Selbstbewußtseins der Kamener NS-Bewegung interpretiert werden. Spontane Siegesfeiern blieben ansonsten eher auf die Großstädte beschränkt. In den Orten der Umgebung dauerte es in der Regel einige Tage, bis Umzüge stattfanden.[108]

Die Kamener Arbeiterparteien rüsteten sich in der Nacht zu einer letzten Gegenwehr. Besprechungen fanden statt, Häuser und Mauern wurden mit Antihitlerparolen bemalt und ein kommunistisches Flugblatt erschien, in dem zu einer „Massenkundgebung" am Morgen des 31. Januar um 10 Uhr auf dem Marktplatz aufgerufen wurde.

Etwa 300 Zuhörer fanden sich ein. Die KPD forderte durch ihre Redner und ein weiteres Flugblatt zum Generalstreik auf. Die Polizei ging gegen die Demonstranten vor. Im Bericht eines Beamten hieß es später, daß die flüchtenden Kommunisten zwischen den Reichsbannerleuten Schutz suchten, die vor ihrem Heim am Markt standen. Von nun an habe es „eine Vermischung der beiden marxistischen Richtungen" gegeben.[109]

Dem Reichsbannerheim gegenüber, etwa 100 Meter Luftlinie entfernt, lag das „Braune Haus", wo sich mehr und mehr Nationalsozialisten versammelten. Erste kleine Reibereien steigerten sich gegen 11 Uhr zu einer größeren Schlägerei. Als dann sämtliche Polizisten auf dem Platz reichlich zu tun hatten, schlich ein SA-Mann ins Rathaus (ebenfalls am Markt gelegen) und hißte auf dem Dach die Hakenkreuzfahne. Sie wurde kurze Zeit später wieder entfernt, doch diese Episode verdeutlicht, daß viele NS-Anhänger vor Ort glaubten, nun unmittelbar Anspruch auf die Macht zu haben. Dies wurde im weiteren Verlauf des Tages noch deutlicher.

In der Stadt herrschte eine ungeheure Erregung. Obwohl die örtliche Polizei durch 38 Dortmunder Schutzpolizisten verstärkt wurde, weiteten sich die Auseinandersetzungen zwischen den politischen Gegnern bis in die entlegensten Wohngebiete aus. Mitglieder der Arbeiterbewegung, die sich einzeln auf die Straße trauten, wurden sofort angegriffen. Außerdem versuchte die SA das Reichsbannerheim zu stürmen. Die Auseinandersetzungen hielten bis spät in die Nacht an. Die Bilanz: 20 Verletzte (acht Nationalsozialisten und 12 Reichsbannerleute); 11 Strafverfahren wurden eingeleitet.

Fast alle Berichte über den Unruhetag erwähnen, daß die Führer der Kamener NSDAP sich im Rathaus aufhielten und dabei versuchten, der Polizei Vorschriften zu machten. Der Leiter der Dortmunder Schutzpolizei betonte insbesondere die Rolle des Bergassessors Tengelmann, der sich aufgespielt habe, als übte die NSDAP bereits die Polizeigewalt aus. Ständig habe er mit Meldungen beim Herrn Minister gedroht.

Dies war keine leere Drohung. So unwahrscheinlich es klingt, daß der gerade eingesetzte kommissarische Innenminister für Preußen, Hermann Göring, sich in einer so turbulenten Zeit um eine Kleinstadt wie Kamen kümmern konnte, gibt es

---

108 Vgl. Klein (1980), S. 84-89 und Böhnke (1974), S. 223.
109 StAM, Kreis Unna, Politische Polizei, Nr. 18, Bericht vom 17.4.1933.

doch genügend Hinweise zur Bestätigung dieser Version. Aller Voraussicht nach hat die persönliche Bekanntschaft zwischen Tengelmann und Göring dazu geführt, daß dieser den neuen Innenminister in zwei Telefongesprächen davon überzeugen konnte, daß die Dortmunder Schutzpolizei (die bei den Nationalsozialisten sowieso in dem Ruf stand, „sozialdemokratisch verseucht" zu sein[110]) in Kamen völlig einseitig vorgehe und sofort eingegriffen werden müsse. Göring veranlaßte den Regierungspräsidenten in Arnsberg daraufhin, einen Sonderbevollmächtigten in die Stadt zu senden. Dieser kam in Person des Regierungsassessors Klosterkemper[111] gegen neun Uhr in Kamen an. Laut Darstellung der Lokalzeitung führte er sofort eine Besprechung zwischen den Führern der NSDAP und dem Leiter der Schutz-

Bergassessor Wilhelm Tengelmann verfügte über gute Verbindungen zu Hermann Göring.

polizei herbei. Daraufhin seien die 40 bis dahin verhafteten Nationalsozialisten wieder auf freien Fuß gesetzt und die gesamte Abteilung der Dortmunder Schutzpolizei durch eine andere ausgetauscht worden. Der Einsatzleiter der neuen Abteilung, ein Hauptmann Drape,[112] sei dann auf direkte Anordnung Görings zum Führer der Kamener Polizei ernannt worden.[113]

Wenn auch die relativ zahlreich vorhandenen Quellen[114] in einigen Details recht widersprüchlich sind, so kann doch an der Hauptsache, nämlich dem direkten Eingreifen Görings und der Weiterführung der Polizeiaufgaben durch Drape, kein Zweifel bestehen. Göring wurde auf der ersten Stadtverordnetensitzung nach der Machtübernahme die Ehrenbürgerschaft Kamens angetragen. In der Begründung hieß es insbesondere, daß ihm das Verdienst zukomme, so schnell und erfolgreich in die Kamener Polizeiverhältnisse eingegriffen zu habe.

---

110 Vgl. Widerstand und Verfolgung in Dortmund (1981), S. 12.

111 Heinz Klosterkemper war vor 1933 als Anhänger des Zentrums bekannt, wurde aber am 27.9.1933 Nachfolger des Ende März 1933 unmittelbar von Göring kommissarisch zum Landrat in Unna eingesetzten Tengelmann, vgl. Berlin Document Center, Akte Klosterkemper, sowie Stehlbrink (Dissertationsmanuskript).

112 Drape machte später noch Karriere und war vermutlich schon zu dieser Zeit NS-Anhänger, vgl. Westfälischer Anzeiger vom 18.9.1933.

113 Offiziell hat Göring erst am 6.2.1933 beim sogenannten zweiten Preußenschlag die Befehlsgewalt über die Landespolizei übernommen.

114 Vor allem in: StAK, Nr. 2241 und StAM, Kreis Unna, Politische Polizei, Nr. 18.

Drape war am 3. Februar ein weiterer auswärtiger Polizeibeamter aus Castrop-Rauxel zur Seite gestellt worden, der die Stelle des seit längerem beurlaubten Kamener Polizeikommissars übernehmen sollte.[115] Beide verließen allerdings die Stadt am 18. Februar wieder, nachdem Polizeimeister Landmann nach Kamen versetzt worden war. Dieser nahm wenige Tage später 30 Kamener SA-Leute als sogenannte Hilfspolizisten in Dienst und ließ durch sein gesamtes Auftreten keinen Zweifel daran, daß er strammer Nationalsozialist war.

Nicht nur zur sofortigen Gleichschaltung der Polizei, sondern auch zum Angriff auf den kommissarischen Bürgermeister, den Beigeordneten und Mitglied der Wirtschaftspartei Kuno Müller, wurden die Ereignisse vom 31.1.1933 genutzt. Die NS-Zeitung Rote Erde schrieb, sein Verhalten sei „skandalös" gewesen, „unsere Forderung heißt deshalb zuerst: Hinweg mit dem Beigeordneten Müller".[116]

Die NSDAP-Ortsgruppe organisierte am 3. Februar eine „Protestveranstaltung", auf der behauptet wurde, Müller habe ein schärferes Vorgehen der Polizei verhindert und unter Hinweis auf seine Objektivität behauptet, er könne die KPD nicht anders behandeln als die NSDAP. Damit habe er „die Kräfte des jungen und neuen Deutschlands" mit den Kommunisten auf eine Stufe gestellt. Gleichzeitig wurde in Bezug auf den beurlaubten Bürgermeister Berensmann versichert, daß man seine Rückkehr „im neuen Deutschland" niemals dulden werde.[117]

Parallel zur sofortigen Forderung Hitlers nach neuen Reichstagswahlen am 5.3.1933 setzte Göring Anfang Februar auf einer Sitzung der kommissarischen preußischen Regierung die Durchführung von Kommunalwahlen am 12.3.1933 durch. Mit Wirkung vom 8.2.1933 wurden die örtlichen Vertretungskörperschaften aufgelöst. Damit gingen die wichtigsten Funktionen in der Zwischenzeit allein auf den Bürgermeister über.[118] Das stärkte Müllers Position für kurze Zeit. Obwohl ihm formal weiterhin die Oberhoheit über die örtliche Polizei zustand, ließ er es auf keine Machtprobe ankommen. Er duldete beispielsweise die polizeilich angeordnete und mit den Unruhen vom 31. Januar begründete Verlegung des Reichsbannerheims vom Markt an den nördlichen Rand der Stadt.

Entgegen den ersten Versuchen, den stellvertretenden Bürgermeister sofort zu Fall zu bringen, akzeptierten die Kamener Nationalsozialisten nach einigen Tagen offenbar, daß eine unmittelbare Machtübernahme im Rathaus nicht möglich war. Sie verfügten weder über das geeignete Personal, noch über die Unterstützung der überregionalen Parteispitzen. Der neue Wahlkampf gab ihrem Aktionsdrang zunächst ein anderes Ziel und bremste eine „unkontrollierte Revolution von un-

---

115   Vgl. Westfälischer Anzeiger vom 4.2.1933. Gegen den Kamener Polizeimeister lief seit dem November 1932 ein Dienststrafverfahren. Es wurde im Juli 1933 u.a. mit dem Hinweis darauf, daß der Polizeimeister „immer rechts eingestellt" gewesen sei, niedergeschlagen. 1935 gab es allerdings ein erneutes Dienststrafverfahren gegen ihn, das diesmal mit seiner Entlassung und dem Verlust seines Ruhegehaltes endete, vgl. Rennspieß (1992), S. 258, Anmerkung 12.
116   Rote Erde vom 2.2.1933.
117   Vgl. Westfälischer Anzeiger vom 5.2.1933.
118   Vgl. hierzu: Matzerath (1970), S. 62/63.

ten".[119] Allerdings verstand man es in Kamen schon vor den Wahlen vom 5. und 12.3.1933, in mancherlei Hinsicht vollendete Tatsachen zu schaffen. Dies betraf vor allem drei Bereiche: die Ausschaltung der Arbeiterbewegung, die Verbrüderung mit den kommunalen Eliten und die symbolische Darstellung eines neuen Deutschlands.

In Kamen war den Arbeiterparteien kein Wahlkampf mehr möglich. Während die KPD zu keiner einzigen öffentlichen Veranstaltung mehr kam, gab es auf seiten der sozialdemokratisch orientierten Arbeiterschaft noch zwei Versuche: Der erste fand am 26.2.1933 statt. Nach einer Demonstration des Reichsbanners, an der nach polizeilichen Angaben 650 bis 700 Personen teilnahmen, sprach der Redakteur Poller aus Hamm auf dem Marktplatz. Bereits nach acht Minuten schritt die Polizei ein. In ihrer Begründung hieß es unter Bezug auf die Notverordnung vom 4.2.1933, daß man den Herrn Vizekanzler von Papen lächerlich gemacht habe. Verstärkt durch 20 Schutzpolizisten, die diesmal aus Bochum kamen, räumte man den Platz, beschlagnahmte ein Flugblatt und nahm acht Verteiler fest. Interessant ist, daß die anfängliche Gegenwehr der Kundgebungsteilnehmer von den örtlichen Funktionären der SPD beschwichtigt wurde. Sie wollten jede Auseinandersetzung vermeiden.[120]

Der letzte öffentliche Auftritt der Kamener Arbeiterbewegung fand am 2.3.1933 statt. Es war eine Kundgebung der Eisernen Front, bei der sich das Zusammenspiel von NSDAP und Polizei noch deutlicher zeigte. Laut Zeitungsbericht waren 450 Personen anwesend, darunter 50 Nationalsozialisten. Diese verlangten gleich nach Eröffnung der Veranstaltung die Zusicherung, in der Diskussion ausreichend zu Wort kommen zu können. Als sie keine klare Auskunft erhielten, gab es einen Tumult. Nun war nach Ansicht der Polizei zu befürchten, daß die Versammlung unfriedlich verlief, deshalb wurde sie kurzerhand aufgelöst.[121]

Unmittelbar nach der Notverordnung vom 28.2.1933 liefen in Kamen umfangreiche Verhaftungsaktionen an, die bereits 31 Personen trafen. Davon waren, im Unterschied zu anderen Orten, nicht nur die Kommunisten betroffen, sondern auch der Führer der Schutzformation des Reichsbanners und der parteilose Bernhard Strelinski. Die Verhaftung des letzteren wurde mit seinem Vorsitz im Arbeiterrat der Novemberrevolution begründet und sollte ein Symbol für die Beendigung des damit entstandenen „Systems" darstellen.[122] Auf keiner Veranstaltung vergaß die NSDAP darauf hinzuweisen, daß man nunmehr den Marxismus mit Stumpf und Stil ausrotten werde. Unmittelbar vor den Kommunalwahlen sorgte die Partei noch einmal für eine groß aufgemachte Erfolgsmeldung, die in der „Aushebung einer kommunistischen Geheimveranstaltung" bestand.[123]

---

119 Broszat (1976), S. 246 f.
120 Vgl. StAM, Kreis Unna, Politische Polizei, Nr. 18, mit Berichten der Kamener Polizei, des Landrates und Anfrage an die Staatsanwaltschaft, außerdem Griziwotz (1983), S. 72.
121 Vgl. Westfälischer Anzeiger vom 3.3.1933.
122 Vgl. den „Kamener Wochenendbrief" im Westfälischen Anzeiger vom 4.3.1933, eine Woche später, am 11.3. hieß es: „Besagter Bernhard soll sich übrigens schon auf das Konzentrationslager freuen."
123 Vgl. Westfälischer Anzeiger vom 11.3.1933.

Parallel dazu versuchten die Nationalsozialisten mit gezielt ausgestreuten Gerüchten, Angst und Schrecken vor Anschlägen der Kommunisten zu verbreiten. In den letzten Tagen vor der Reichstagswahl wurde unter diesem Vorwand rund um die Uhr der Gaskessel der städtischen Betriebswerke bewacht. Die Zechenleitung ging noch einen Schritt weiter und alarmierte mitten in der Nacht mit Sirenengeheul, das in der ganzen Stadt zu hören war, die Zechenfeuerwehr, da das Gerücht umging, auswärtige Kommunisten wollten die Zechenanlagen sprengen.[124]

Wie noch gezeigt wird, sollte nicht die Ausschaltung der Arbeiterbewegung, sondern die Integration der im jahrelangen kommunalpolitischen Kampf gegen Bürgermeister Berensmann radikal politisierten Mittelschichten zum Knackpunkt der nationalsozialistischen Machtergreifung in Kamen werden.

Am Sonntag, dem 19.2.1933, veranstaltete die NSDAP einen Aufmasch ihrer verschiedenen Formationen und eine anschließende Kundgebung auf dem Marktplatz. Gauleiter Wagner nahm dabei laut Zeitungsbericht den Vorbeimarsch von 1000 Nationalsozialisten und Stahlhelmern ab. Es wurde die Fahne für einen weiteren Kamener SA-Sturm 28/98 eingeweiht. Ortsgruppenleiter Franzke erklärte der „ungewöhnlich großen Zahl von Zuhörern":

„Wer sich uns entgegenstellt, wird niedergerungen, auch wenn es sich um bürgerliche Kreise handelt".[125]

Abends fand dann noch die Übertragung einer Rede Hitlers aus der Kölner Messehalle statt, wobei der Markt durch Scheinwerfer erleuchtet wurde.

Diese Veranstaltung hielt sich in den Grenzen des Üblichen. Wirkungsvoller waren vermutlich die Umzüge und Kundgebungen, die unmittelbar vor beiden Wahlen, also jeweils samstags am 4. und 11.3.1933, stattfanden. Beide Male verstanden es die Nationalsozialisten bereits, eine Art „Volksgemeinschaft" zu demonstrieren. Da marschierten nicht mehr allein die NS-Formationen, sondern auch Abteilungen der Polizei, der Stadtverwaltung, verschiedener Berufe und Vereine.[126]

Auf dem Rathaus prangten mittlerweile die alte schwarz-weiß-rote- und die Hakenkreuzfahne. Wie in fast allen Städten provozierte man auf diese Weise eine Art Machtprobe.[127] Nach dem bisher Geschilderten kann es kaum überraschen, daß die Zeichen der neuen Machthaber in Kamen schon vor dem Votum der Wähler hängen blieben. Auf dem Bahnhof prangte die Hakenkreuzfahne bereits seit dem 24.2.1933.[128] Mehr als man sich heute vorstellen kann, hatten solche Dinge für die Menschen damals eine hohe Symbolkraft. Die Duldung der Hakenkreuzfahne bedeutete die Kapitulation oder zumindest Resignation der alten Eliten.

Unter diesen Bedingungen ist es eigentlich überraschend, daß die Parteien der neuen „Regierung der nationalen Konzentration" in Kamen nicht den Reichs-

---

124 Vgl. Westfälischer Anzeiger vom 2. und 3.3.1933.
125 Kamener Zeitung vom 20.2.1933.
126 Ausführlich beschrieben, in: Rennspieß (1992), S. 340 f.
127 Vgl. Matzerath (1970), S. 66.
128 Vgl. Hellweger Anzeiger vom 27.2.1933.

Noch vor den Wahlen am 5.3.1933 prangte die Hakenkreuzfahne auf dem Kamener Rathaus.

durchschnitt erreichten, obwohl sie, wie in der Vergangenheit, weit über den Ergebnissen in der näheren Umgebung lagen. Der Grund dürfte hauptsächlich darin liegen, daß die Bergarbeiterschaft noch einigermaßen resistent blieb. Im Stimmbezirk 7, wo die meisten Wohnblöcke der GBAG standen, kam die NSDAP nur auf rund 25 %, während sie im Stadtinneren über die absolute Mehrheit verfügte (vgl. Tab 14). Insgesamt standen jetzt 3146 Wähler hinter den Nationalsozialisten. Gegenüber der Landtagswahl vom Vorjahr, bei der die NSDAP das beste Ergebnis vor dem Machtwechsel erreichte, hatten sie sich um 474 Stimmen verbessert. Die DNVP, die in Kamen und anderswo mit der DVP und dem Stahlhelm zur sogenannten „Kampffront Schwarz-Weiß-Rot" verbunden war, steigerte die Anzahl ihrer Stimmen gegenüber der Wahl vom November 1932 um 220. Zusammen hatten die neuen Machthaber in Kamen jetzt 49,3 %, verfehlten also (selbst wenn man die 0,4 % der reichsweit noch immer separat kandidierenden Volkspartei dazu rechnet) knapp die absolute Mehrheit.

Die Kommunalwahl eine Woche später stand natürlich ganz im Sog der Reichstagswahl. Die „Kampffront Schwarz-Weiß-Rot" trat nicht mehr gesondert an. Jeweils ein Vertreter der DNVP und der früheren DVP kandidierten auf der nationalsozialistischen Liste.

Schwieriger gestaltete sich der Umgang mit den Vertretern der ehemaligen Wirtschaftspartei. Sie hatten sich nicht einschüchtern lassen und eine Liste unter der Bezeichnung „Bürgerliche Vereinigung" gebildet (vgl. Kap. VI.B2). Obwohl man betonte, daß es nur darum ginge, die Linke besser zu bekämpfen, trat hier eine ernste Konkurrenz für die neuen Machthaber auf. Die Mehrheit der alten Mittelstandsvertreter, hinter denen einst 35 % der Wähler gestanden hatten, formierte sich neu, um auch weiterhin im Stadtparlament ihre Interessen durchzusetzen.[129] Noch stand ihr Parteimitglied Kuno Müller als stellvertretender Bürgermeister an der Spitze der Stadtverwaltung. Bis zum 12.3.1933 hatte er für die Umsetzung zweier Maßnahmen gesorgt, die eine Erfüllung klassischer Forderungen der Wirtschaftspartei bedeuteten: zum einen war dies eine Senkung der Kanalgebühren, womit ein langer Kampf der Hausbesitzer mit der Stadtverwaltung „zu einem glücklichen Ende gelangte",[130] und zum anderen wurden „umfangreiche Sparmaßnahmen in der Stadtverwaltung" bekanntgegeben.[131]

Die Nationalsozialisten bemühten sich nachzuweisen, daß die Interessen des Mittelstandes in der neuen „Volksgemeinschaft" ausreichend berücksichtigt würden. Deshalb behaupteten sie, ein Weiterbestehen der ehemaligen Mittelstandspartei sei vollkommen überflüssig. Darin wurden sie voll und ganz von den alten kommunalen Eliten unterstützt. Bergassessor Fromme hielt „den Herrn von der Wirtschaftspartei" z.B. vor, daß sie „das Gebot der Stunde nicht erkannt haben", und man nicht nur den „marxistischen, sondern auch den bürgerlichen Interessenhaufen" beseitigen wolle.[132]

Obwohl es auf dem ersten Blick nicht so aussieht, setzte sich der Erfolgskurs der Nationalsozialisten bei der Kommunalwahl weiter fort. Mit 43,4 % und 10 Sitzen für die gemeinsame Liste aus NSDAP und Kampffront blieb man eindeutig unterhalb der absoluten Mehrheit. Die „Bürgerliche Vereinigung" erreichte mit 19,1 % und 4 Sitzen ein überrachend gutes Ergebnis. Große Teile des Mittelstandes verlangten also weiterhin nach einer separaten Interessenvertretung vor Ort. Gemeinsam mit dem Zentrum (10,3 % = 2 Sitze) und der SPD (22,4 % = 5 Sitze) wäre eine oppositionelle Mehrheit möglich gewesen (das mit 4,7 % erreichte Mandat der KPD wurde unmittelbar nach der Wahl gestrichen). Doch ein Bündnis mit der Sozialdemokratie lag völlig außerhalb der politischen Vorstellungswelt der Mittelstandsvertreter. Sie bewegten sich statt dessen unter dem Druck der weiteren Entwicklung so weit auf die Nationalsozialisten zu, daß sie noch vor der ersten Stadtverordnetensitzung restlos zur NSDAP-Fraktion übertraten (vgl. Kap. VI.B2).

Bei genauer Betrachtung des Abstimmungsverhaltens am 12.3.1933 läßt sich schon am Wahltag selbst erkennen, daß die Anhänger der „Bürgerlichen Vereinigung" keine wirkliche Opposition zur NSDAP ausdrücken wollten. Dies wird bei einem Vergleich mit dem Ergebnis der gleichzeitig stattgefundenen Kreistagswahl deutlich, wo die „Bürgerliche Vereinigung" nicht kandidiert hatte:

---

129 Vgl. hierzu auch Holtmann (1989), S. 113-117, der zu der Einschätzung kommt, „lokale Kerne der 'unpolitischen' Kommunalgesinnung der 'Mitte' (seien) gegenüber der NSDAP vorläufig noch resistent geblieben".
130 Westfälischer Anzeiger vom 15.2.1933.
131 Vgl. Westfälischer Anzeiger vom 8.3.1933.
132 Vgl. den ganzseitigen gemeinsamen Wahlaufruf der NSDAP und der DNVP in der Kamener Zeitung vom 8.3.1933.

Kreistagswahlen vom 12.3.1933:[133]

NSDAP	3264 =	47,0 %
„Kampffront"	566 =	8,1 %
Zentrum	910 =	13,1 %
SPD	1734 =	25,0 %
KPD	346 =	5,0 %
andere	128 =	1,8 %

Hier zeigt sich, daß die Bündnispartner der NSDAP-Liste insgesammt 860 Stimmen mehr als bei der Wahl zum Stadtparlament bekamen. Dies kann im Grunde nur so interpretiert werden, daß rund zwei Drittel der Wähler, die bei der Stadtverordnetenwahl für die „Bürgerliche Vereinigung" gestimmt hatten, bei der Kreistagswahl gleichzeitig ihre Stimme für die Nationalsozialisten abgaben.

Insgesamt konnten die Nationalsozialisten mit dem Ergebnis zufrieden sein. Bei der Wahl zum Kreistag hatten sie gegenüber der Reichstagswahl eine Woche vorher um 118 Stimmen zugelegt. Außerdem deutete sich an, daß die Ablehnung der Bergarbeiter deutlich nachließ. Im Stimmbezirk 7 stieg der Anteil der NSDAP von 25,2 auf 30,6 %. Die Arbeiterparteien hatten gegenüber der Wahl vom November 1932 die stärksten Einbußen erlitten. Ihr Wähleranhang hatte sich fast halbiert. Wenn auch noch viele Bergarbeiter der SPD die Treue hielten, so ist doch unverkennbar, daß ein größer werdender Teil in den Nationalsozialisten die Sieger im Kampf um die Macht zu sehen begann. Diese Tendenz machte sich bei der Betriebsratswahl auf der Zeche, am 28.3.1933, weiter bemerkbar. Die NSBO trat zum ersten Mal an und erreichte auf Anhieb mit 45,7 % die meisten Stimmen.

Schon Ende März war offensichtlich zu beobachten, daß sich mehr Veranstaltungsteilnehmer mit NS-Abzeichen „schmückten", als die Mitgliederlisten hergaben. Die NSDAP ließ in der Zeitung bekanntgeben, daß dies nur anerkannten Mitgliedern erlaubt sei und man jetzt „scharfe Kontrollen" durchführen werde.[134] Bei jeder Gelegenheit war nun von einem enormen Anschwellen der NS-Organisationen die Rede. Die NSBO soll im April bereits 1000 Mitglieder gehabt haben.[135] Die SA schwoll angeblich bis Mitte Mai auf 1700 Mitglieder an (darunter 500 sogenannte „Reserveleute")[136] Der Andrang bei der NSDAP war so groß, daß am 13.4.1933 eine vorläufige Mitgliedersperre verkündet wurde.[137] Trotz dieser Maßnahme und der Überprüfung jedes Aufnahmeantrages konnte die NSDAP auf einer großen feierlichen Mitgliederversammlung am 7.5.1933 600 Neuaufnahmen vornehmen.[138]

---

133 Vgl. Westfälischer Anzeiger vom 13.3.1933.
134 Westfälischer Anzeiger vom 28.3.1933.
135 Dies wurde aus Anlaß eines Umzuges am Tag von Hitlers Geburtstag behauptet, vgl. Westfälischer Anzeiger vom 21.4.1933.
136 Diese Zahl wurde auf der Abschiedsfeier für den Ortsgruppenleiter Franzke bekanntgegeben, vgl. Westfälischer Anzeiger vom 16.5.1933.
137 Westfälischer Anzeiger vom 11.4.1933.
138 Vgl. Westfälischer Anzeiger vom 8.5.1933.

Die NSDAP feierte das Ergebnis der Kommunalwahl als unmittelbare Aufforderung der Wähler, nun die gesamte Macht zu übernehmen. In Zukunft werde
„weder bürgerlich, noch zentrümlich, noch sozialdemokratisch regiert werden,
sondern ausschließlich nationalsozialistisch", hieß es in der Stellungnahme der
NSDAP-Ortsgruppe zur Wahl, und dann weiter:

„Wir werden den Herren von der 'Bürgerlichen Vereinigung' genügend Gelegenheit geben, in den städtischen Körperschaften unter Beweis zu stellen, daß ihr
Bruch mit den regierungsfeindlichen Parteien ein endgültiger und ihre so oft
gerühmte nationale Einstellung eine hundertprozentige ist."[139]

Mit unglaublicher Geschwindigkeit überstürzten sich die Ereignisse: Absetzung
des kommissarischen Bürgermeisters, „Säuberung" des Beamtenapparates, Einrichtung einer NS-Nachrichtenstelle und NS-Beratungsstelle im Rathaus etc. Die erste
Stadtverordnetenversammlung nach der Wahl fand am 20.4.1933, am Tag des
Hitlergeburtstages, statt und wurde zum Symbol der vollzogenen Machtergreifung
in der Stadt (vgl. Kap. VI.C).

Im Gegensatz dazu wurden die Stufen der Machtergreifung in Ahlen eher mit
einiger Verzögerung nachvollzogen. Besondere lokale Ereignisse aus Anlaß der
Machteinsetzung Hitlers am 30.1.1933 und in den Tagen danach sind nicht
bekannt. An dieser Stelle muß allerdings noch einmal darauf hingewiesen werden,
daß die Quellenlage, zumindest für die ersten drei Monate des Jahres 1933, äußerst
lückenhaft ist. Die Ahlener Volkszeitung fehlt für das ganze Jahr, und der Lokalteil
der in Oelde erscheinenden Glocke unterhielt nur eine kleine Rubrik für Vorkommnisse in Ahlen. Da diese Zeitung, genau wie die Ahlener Volkszeitung, zentrumsorientiert war, muß davon ausgegangen werden, daß noch mehr NS-Aktivitäten
als für die Zeit vor 1933 durch die Maschen der Berichterstattung fielen. Erst im
Laufe des Monats April wurde die Glocke in einer Art vorweggenommener Gleichschaltung zum „amtlichen" Organ der NSDAP.[140] Trotz dieser schwierigen Quellenlage kann aber davon ausgegangen werden, daß die wichtigsten öffentlichen
Aktivitäten und Ereignisse ermittelt werden konnten, da auch die in Essen heraus-
gegebene National-Zeitung als Gauorgan der NSDAP und der in Hamm erscheinende rechtsliberale Westfälische Anzeiger ausgewertet wurden. Darüberhinaus hat
sich eine Privatsammlung wichtiger Artikel der Ahlener Volkszeitung erhalten.[141]

Das rigidere Vorgehen der Polizei dürfte auch in Ahlen der erste Hinweis auf die
veränderten Machtverhältnisse im Reich gewesen sein. Die KPD versuchte zunächst, genau wie vor dem 30. Januar, jedes selbständige Auftreten der Nationalsozialisten zu verhindern. Die NSDAP-Ortsgruppe beschwerte sich bei der Polizei,
daß die „Moskau-Söldlinge" in der Kolonie „unsere Leute vom Rad reißen, ebenso
schlägt man mit uns Sympathisierende einfach zusammen".[142] Die Kommunisten
verteilten Flugblätter und propagierten den Generalstreik. Mit dieser Begründung

---

139 Kamener Zeitung vom 15.3.1933.
140 Vgl. Grevelhörster (1987), S. 120.
141 Sie sind im Anhang der Veröffentlichung von John (1983) zu finden.
142 National-Zeitung vom 10.2.1933.

schloß die Polizei denn auch am 9.2.1933 das Geschäftslokal der KPD und beschlagnahmte das Propagandamaterial.[143] Außerdem wurden zwei Bergleute festgenommen, die bewaffnet waren. Bei der Vernehmung gaben sie angeblich zu, sich auf eine Auseinandersetzung mit den Nationalsozialisten vorbereitet zu haben.[144]

Bis zum Reichstagsbrand und der daraufhin erlassenen „Notverordnung zum Schutz von Volk und Staat" scheint dann nicht mehr viel geschehen zu sein. Offensichtlich konnten die Nationalsozialisten bis zu diesem Zeitpunkt wenig unternehmen. Aber auch danach begannen die Verhaftungen noch nicht in dem aus Kamen beschriebenen Ausmaß. Hier wurde vor der Reichstagswahl zunächst „nur" der engere Führungskreis der KPD verhaftet, vermutlich insgesamt 16 Personen.[145]

Während es auch in Ahlen für die KPD keinen legalen Wahlkampf mehr gab, konnte die SPD noch eine gut besuchte Veranstaltung mit dem bekannten Reichstagsabgeordneten Carl Schreck aus Bielefeld durchführen. Allerdings hatte es am 1.3.1933 auch eine Durchsuchung des „Eisernen Heims" gegeben.[146]

Der Wahlkampf der Zentrumspartei konnte noch relativ ungestört ablaufen.[147] Ihre Flugblätter und Veranstaltungsinhalte verdeutlichen einen spürbaren Rechtsruck. Scharfe Angriffe richteten sich nur noch nach links. Was den Nationalsozialismus anging, mobilisierte man relativ vorsichtig die Ängste vor einer Ausschaltung des Katholizismus aus dem Staatsleben. Wie noch gezeigt wird, gab es zu dieser Zeit in der Ortsgruppe scharfe innerparteiliche Auseinandersetzungen zwischen einem auf Zusammenarbeit mit der NSDAP setzenden Flügel und den entschiedenen NS-Gegnern (vgl. Kap. VI.B).

Von der NSDAP sind überraschenderweise keine größeren Wahlveranstaltungen bekannt, nicht einmal der sogenannte „Tag der erwachenden Nation" am 4. März, der nach der Regieanweisung der Reichspropagandaleitung die rechte Stimmung für die Wahl schaffen sollte, hat in Ahlen einen Niederschlag gefunden, den eine der beschriebenen überregional erscheinenden Zeitungen erwähnenswert fand.

Unter diesen Umständen ist es nicht verwunderlich, daß die Reichstagswahl vom 5.3.1933 noch keinen entscheidenden Durchbruch in der Stadt brachte. Immerhin erreichte die NSDAP nun 3153 Stimmen. Gegenüber der Novemberwahl von 1932 hatte sich die Zahl ihrer Wähler mehr als verdoppelt. Prozentual bedeutete dies einen Anstieg von 12,1 % auf jetzt 24,4 %. Die Wahlbeteiligung war um 6,6 % auf einen in Ahlen noch nie erreichten Höhepunkt von 90,8 % geklettert. Dadurch verloren die SPD und das Zentrum einige Prozente, obwohl sie absolut gesehen ihre Stimmenzahlen in etwa halten konnten. Das Zentrum war aber weiterhin mit 33,2 % die stärkste Partei.

---

143 National-Zeitung vom 10.2.1933.
144 Vgl. Die Glocke vom 11.2.1933 (zu diesem Zeitpunkt durchaus noch glaubhaft!).
145 Vgl. Westfälischer Anzeiger vom 4.3.1933, Die Glocke vom 2.3.; 4.3. und 8.3. 1933. Am 28.3.1933 hieß es in der Glocke, daß insgesamt 11 Mitglieder der KPD im Gefängnis säßen.
146 Vgl. Grevelhörster (1987), S. 92.
147 Im Münsterland ließ Göring allerdings verschiedene Zentrumszeitungen bis zur Wahl verbieten und enthob den Oberpräsidenten seines Amtes, vgl. Kaufmann (1984), S. 162.

Die großen Verlierer stellten die kleinen Splitterparteien, die rund 200 Stimmen abgaben, und vor allem die Kommunisten mit nahezu 600 Stimmen. Sie büßten gegenüber dem November 1932 7,4 % ein. Wie noch genauer gezeigt wird (vgl. Kap.V.C), wäre es allerdings verfehlt, hieraus vorschnell den Schluß zu ziehen, die kommunistischen Wähler seien mit fliegenden Fahnen zur NSDAP gewechselt.[148] Das Ergebnis der KPD war immer noch besser als bei der Landtagswahl vom April 1932. Die Stimmbezirksanalyse legt den Schluß nahe, daß die KPD im wesentlichen die Protestwähler wieder verlor, die im November 1932 zu ihr gestoßen waren. Im Kernbereich der alten Kolonie, Stimmbezirk 6, verlor sie nur 6,2 % und lag immer noch bei 60,7 %.

Bei der Zentrumspartei zeigt sich der interessante Trend, daß sie in Stimmbezirken mit hohem Anteil an Bürgertum und Mittelstand stark verlor, während sie in Arbeiterwohngebieten zum Teil sogar Stimmen gewann.

Eine erstaunliche Veränderung des politischen Gefüges erfaßte die Stadt unmittelbar nach der Reichstagswahl. Offensichtlich war der reichsweite Wahlerfolg der Nationalsozialisten für ihre Gegner so niederschmetternd, daß ihre Front nunmehr merklich schrumpfte. Dies sollte sich bei der Kommunalwahl eine Woche später zeigen.

Als Symbol des Sieges der NS-Bewegung flatterte auch auf dem Ahlener Rathaus nunmehr die Hakenkreuzfahne. Schon am 6.März platzte eine NS-Delegation in die Magistratssitzung und verlangte das Hissen der Flagge. Immerhin holte man sich noch eine Bestätigung durch den Regierungspräsidenten. Innenminister Göring verlangte, daß man dieser „verständlichen Volksstimmung" doch bitte Rechnung tragen solle. Im Sitzungsprotokoll wurde festgehalten:

„Der Magistrat beschließt, der Anregung des Herrn Ministers Folge zu leisten."[149]

Weiterhin dürfte die Wähler beeinflußt haben, daß die Nationalsozialisten einen äußerst aggressiven Kommunalwahlkampf führten und alte Skandale und Unregelmäßigkeiten der Behörden zum Anlaß nahmen, das Gefühl zu wecken, es müsse nun unbedingt ein Neuanfang gemacht werden. Nach ihrer Darstellung seien bei der Ahlener Volksbank „Schiebungen im großen Stil" vorgekommen und außerdem „Hinterziehungsfälle" beim Arbeitsamt und den städtischen Betriebswerken.[150]

Das Zentrum bemühte sich um die Bildung einer geschlossenen Bürgerfront, konnte aber nicht verhindern, daß die lokalpolitischen Abspaltungen evangelischer und mittelständischer Listen bestehen blieben (vgl. Kap. III.B1).

Der Trend der Reichstagswahl setzte sich fort. Die kleineren kommunalpolitischen Zusammenschlüsse und die Kommunisten verloren am meisten. Fast 16 % der letzten Reichstagswähler gingen nicht mehr zur Wahl. Dadurch verlor die NSDAP wieder rund 200 Stimmen, stieg aber prozentual auf 27,2 %. Immerhin

---

148 Vgl. Grevelhörster (1987), S. 95.
149 KAW, Stadt Ahlen, P 11, Magistratsprotokoll vom 6.3.1933. Zum Hissen der Fahne, vgl. Ahlener Volkszeitung vom 9.3.1933, in: John (1983), S. 7.
150 Vgl. Grevelhörster (1987), S. 135.

wurde sie abermals vom Zentrum geschlagen, das 3062 Stimmen erreichte und damit bei 28,7 % lag. Verglichen mit der letzten Kommunalwahl von 1929, als Zentrums- und Arbeiterzentrumsliste 30,4 % erreichten, hielt sich der Verlust in Grenzen. Im Vergleich mit dem Ergebnis vom 5.3.1933 hatte man allerdings 1236 Stimmen verloren. Es war nicht mehr zu übersehen, daß, ebenso wie bei den Wählern der Arbeiterparteien, starke Einbrüche in die Zentrumshochburgen zu verzeichnen waren.

Beim Vergleich der Stadtverordneten- und Kreistagswahl zeigt sich ein interessanter Unterschied zu Kamen. Während mittelständische Wählerlisten in der Stadt zusammengenommen 13,1 % erreichten, lagen sie auf der Kreisebene bei 4,6 %.[151] Nur 2,7 % dieser Differenz kam allerdings den Nationalsozialisten zugute, dem Zentrum dagegen 3,4 %. Damit zeigt sich, daß die mittelständischen Wähler, die bei der Stadtverordnetenwahl für eine gesonderte Listenverbindung eintraten, nicht alle Bindungen zum Zentrum verloren hatten und im Gegensatz zu Kamen bei der Kreistagswahl noch nicht mehrheitlich für die NSDAP votierten.

Im Stadtparlament sah die Sitzverteilung nunmehr jeweils neun Mandate für die NSDAP und das Zentrum vor, sechs für die KPD, drei für die SPD und jeweils ein Mandat für die Evangelische Liste, die Mittelstandspartei und die Bürger- und Landvolkpartei. Das Zentrum bot eine „starke, geschlossene Mehrheitsfront des Bürgertums unter Einschluß der NSDAP" an. Obwohl es stärkste Partei geblieben war, überließ man der NS-Fraktion fortan, die Regie und fügte sich ihren personellen wie kommunalpolitischen Forderungen (vgl. Kap. VI.C).

In den nächsten Wochen setzte auch in Ahlen die übliche nationale Euphorie ein. Am 21.3.1933, dem „Tag von Potsdam", wurde die neue „Volksgemeinschaft" erstmals zur Schau gestellt. Die Lokalzeitung schrieb:

„Ganz Ahlen schien auf den Beinen zu sein ... Kopf an Kopf harrte die Menge auf den Bürgersteigen und stand Spalier, als der Fackelzug vorbeimaschierte".[152]

In diesem Fackelzug marschierten neben den üblichen NS-Formationen vor allem die Vaterländischen Verbände und eine Abordnung des Gymnasiums. Die symbolische Darstellung der neuen Machtverhältnisse fand bei der feierlichen Eröffnung des neuen Stadtparlaments am 12.4. seinen Fortgang und erreichte dann am 1. Mai den vorläufigen Höhepunkt.

Wenn auch keine Zahlen bekannt sind, so ist in diesen Monaten – ähnlich wie in Kamen – von einer Mitgliederexplosion der NSDAP auszugehen. Jetzt endlich konnten sich alle Parteiuntergliederungen herausbilden. Am 19. April wurde nach einem konfessionsübergreifenden Gottesdienst ein SA-Heim eingeweiht. Wenig später erhielt auch die HJ Räume zugewiesen. Ein Kampfbund für den gewerblichen Mittelstand wurde gegründet, eine „braune Messe" und ein „Handwerkertag" vorbereitet.[153]

---

151 Vgl. Die Glocke vom 13.3.1933.
152 Westfälischer Anzeiger vom 22.3.1933.
153 Vgl. Grevelhörster (1987), S. 119 f.

B. Propaganda und Gewalteinsatz

Die vielfach behauptete Omnipotenz und Effizienz der NS-Propaganda ist eine Legende. Gerhard Paul hat nachgewiesen, daß unser gängiges Bild von der alles überragenden Bedeutung der Propaganda für den Aufstieg der NSDAP nicht zutrifft und eher einem Verdrängungs- und Entlastungsbedürfnis entspricht. Abgelenkt wird von der unangenehmen Tatsache, daß es „genügend Deutsche (gab), die gar nicht erst überzeugt, verführt, manipuliert zu werden brauchten, sondern die sich eine Partei wie die NSDAP geradezu herbeisehnten".[154] Nach Paul war die Werbung und Agitation der Partei vor 1932 schlecht organisiert und chronisch unterfinanziert. Die frühen Wahlerfolge fielen ihr weitgehend unabhängig von der Propaganda in den Schoß.

Das Ahlener Beispiel bestätigt dies. Hier zeigte sich, wie weit die NSDAP auch ohne größere propagandistische Aktivitäten vor Ort kommen konnte. Es gab nur ganz wenige Saalveranstaltungen, bei denen die Besucherzahlen zudem gering blieben und sich zum großen Teil aus politischen Gegnern zusammensetzten. Die Zusammenkünfte, von denen Bürgermeister Dr. Rasche dem Landrat berichtete, erreichten nur einen kleinen Kreis von Sympathisanten, die persönliche Einladungen erhielten. Von den vielfach beschriebenen und in Kamen oft praktizierten Kundgebungen, die schon rein optisch imposant inszeniert wurden und die Zuschauer durch Aufmärsche, Symbole und donnernde Reden beeindruckten, ist in Ahlen vor 1933 gar nichts zu finden. Nur die wenigsten Ahlener konnten die „Zauberkraft" der Agitationsrede (nach Hitler „die gefährlichste Propagandawaffe"[155]) bis dahin persönlich kennengelernt haben. Trotzdem wurde die Partei schon im September 1930 zur stärksten Kraft auf dem rechten Flügel.

Die neue politische Bewegung, die in einigen Regionen bereits sensationelle Wahlerfolge zu verzeichnen hatte, profitierte offensichtlich in der Hauptsache von ihrem überregional vermittelten Image. Erst 1932 lassen sich in Ahlen gezielte Plakat- und Flugblattwerbung nachweisen. Die SA war nun auch stark genug, um den „Kampf um die Straße" aufzunehmen und das Bürgertum durch die Ordnung und Disziplin ihrer Aufmärsche zu beeindrucken.

Es war typisch für die NS-Bewegung, sich durch bestimmte Schwerpunkte auf die örtlichen Besonderheiten und jeweiligen Zielgruppen einzustellen. In Ahlen fallen in diesem Zusammenhang die erwähnte Ansprache von Mitgliedern der Vaterländischen Verbände auf. Daneben spielte auch die Betonung christlicher Werte eine Rolle. In einem Flugblatt, das vor der Reichspräsidentenwahl 1932 verteilt wurde, hieß es beispielsweise:

„Christentum und christliche Denkungsart sind ja gerade die Eckpfeiler nationalsozialistischer Weltanschauung!"[156]

---

154 Paul (1990), S. 14. Allgemein zur NS-Propaganda zuletzt Longerich (1992).
155 Paul (1990), S. 42.
156 KAW, Plakatsammlung, Nr. S 3/109.

Interessant – aber nicht untypisch – ist, daß der Zusatz „Juden haben keinen Zutritt" unter den Veranstaltungshinweisen schon frühzeitig weggelassen wurde und vor 1933 so gut wie keine antisemitischen Aussagen nachweisbar sind.[157] Die sozialistischen Elemente der NS-Propaganda standen zwar nach der Schwerpunktverlagerung der Parteiarbeit von der Kolonie in die Altstadt nicht mehr im Vordergrund, lebten aber mit Gründung der NSBO wieder auf. Das Ziel, den deutschen Arbeiter vom Marxismus zu befreien und einem „nationalen Sozialismus" zuzuführen, blieb erhalten.

Die Hauptaussagen der NS-Propaganda dürften sich kaum von denen in Kamen unterschieden haben. Hier lassen sie sich anhand der detaillierten Veranstaltungsberichte in der Lokalzeitung und den relativ zahlreich erhaltenen Flugblättern genau nachzeichnen.[158] Es traten geschulte Redner auf, die von Ort zu Ort zogen und trotz unterschiedlicher thematischer Schwerpunkte im wesentlichen immer das gleiche Bild vor ihren Zuhörern ausbreiteten. Die Gauleiter Wagner und Meyer sprachen z.B. sowohl in Kamen, wie auch in Ahlen. Das allgemein gehaltene Parteiprogramm erlaubte es, den Arbeitern einen Sozialismus ohne Klassenschranken zu versprechen, den Selbständigen einen Ständestaat ohne lästige Konkurrenz und dem Großbürgertum bessere Profitmöglichkeiten durch Ausschaltung der Gewerkschaften und Rückkehr zur deutschen Weltmachtstellung. Es ist oft darüber spekuliert worden, wieso diese vagen Versprechungen und das damit einhergehende Gemisch aus Haß, Polemik und Agitation gegen das „System", die Menschen damals ansprach. Bracher kommt zu dem Urteil, daß angesichts der verzweifelten Stimmung während der Weltwirtschaftskrise gerade die Verschwommenheit der Aussagen wirkte, denn in den nie näher präzisierten Kritikpunkten konnte „‚irgendwo' jeder zweite Bürger die Wurzel seines Mißgefühls oder seiner Schwierigkeiten erblicken".[159] Paul weist darauf hin, daß die NSDAP ihren Aufstieg zur Massenbewegung nicht primär den von ihr propagierten Zielen verdankte, „zumal diese den Interessen ihres proletarischen Wählerklientels vielfach diametral entgegenliefen", sondern „vor allem dem emotionalen Element" ihrer Propaganda.[160] Jaschke betont darüberhinaus, daß der Nationalsozialismus inhaltlich kaum etwas Neues brachte:

„Er schafft nicht Bedürfnisse, Interessen und Orientierungen, sondern greift bereits vorhandene auf, bündelt sie und verleiht ihnen eine politische Zielsetzung."[161]

Nimmt man diese Überlegungen ernst, so wird deutlich, daß es einen engen Zusammenhang zwischen der „Sender"- und „Empfänger"-Seite der NS-Propaganda gab. Ihre Wirksamkeit hing von der Aufnahmebereitschaft der Menschen ab, von politischen Orientierungen und Grundeinstellungen, von Ängsten und Be-

---

157 Dies war in Kamen ganz ähnlich und wird von Goch (1991) S. 208 auch für Gelsenkirchen bestätigt.
158 Vgl. Rennspieß (1992), S. 218-221.
159 Bracher (1978), S. 99.
160 Paul (1990), S. 13.
161 Jaschke (1991), S. 35/36.

Propaganda am Bergamt in Kamen.

dürfnissen, von unausgesprochenen Wünschen und Sehnsüchten. Vor diesem Hintergrund ist der Veranstaltungsmarathon, die Vitalität und die organisatorische Kraft der Kamener NSDAP keine ausreichende Erklärung für ihren Erfolg, sondern unterstreicht nur noch einmal die Frage, warum die dortigen Einwohner den Nationalsozialismus so bereitwillig aufnahmen.

Schon die allerersten NS-Veranstaltungen, die im Frühjahr und Sommer 1930 – noch vor Gründung der NSDAP-Ortsgruppe – stattfanden, wurden von über 1000 Kamenern besucht. Auch wenn sich diese hohen Besucherzahlen im September 1930 noch nicht unmittelbar in Wahlerfolge vor Ort ausdrückten, so sind sie doch ein unverkennbares Zeichen für das vorhandene Interesse an der neuen Bewegung. Schon 1931 wurde Kamen dann mit besonders publikumswirksamen Rednern versorgt. Skandalumwitterte Personen wie der Bochumer Polizeispitzel Voß oder der Pfarrer a.D. Münchmeyer[162] traten gerade in einer Zeit auf, in der die Gauleitung, mit der wachsenden Zahl von Ortsgruppen konfrontiert, anderswo nicht in der Lage war, bekannte Redner zu stellen.[163] Denkbar wäre, daß die guten Verbindungen der örtlichen NS-Prominenz, insbesondere des Bauernführers Meinberg und des Bergassessors Tengelmann, hierbei eine Rolle spielten. Im Gegensatz zu der aus Ahlen erwähnten Klage über die „leeren Kassen" der Ortsgruppe fällt auch die Finanzkraft der Kamener NSDAP auf. Sie konnte den größten Saal der

---

162 Vgl. Rennspieß (1992), S. 218.
163 Vgl. Böhnke (1974), S. 145/146, Anmerkung 13.

Stadt zum Teil durchgehend für eine ganze Woche mieten, besaß einen Wagen und mehrere Geschäftsstellen.[164] Vermutlich ist dies sowohl auf Spenden finanzstarker Mitglieder zurückzuführen, als auch auf gute Einnahmen durch Eintrittsgelder, die zum Teil höher waren, als bei den anderen Parteien üblich.[165]

Die Stärke der Kamener NSDAP ließ frühzeitig eine differenzierte Zielgruppenarbeit zu. Schon im Oktober 1930 umwarb man die „Hausbesitzer-, Handwerker- und Kaufleute" mit einem speziellen Flugblatt. Während die Wirtschaftspartei darin als „Judas des nationalen Deutschlands" verunglimpft wurde, empfahl man sich selbst durch radikale Parolen gegen Steuererhöhungen und die „Luxuswirtschaft der Kommunen", durch die Betonung von Sparsamkeit und Einfachheit und vor allem durch die Forderung: „Kauft am Platze!". Außerdem versprach man dem Mittelstand die Abschaffung der „jüdischen Kaufhäuser" und „marxistischen Konsumanstalten".[166]

Im Herbst 1931 war die NS-Bewegung in Kamen dann stark genug, um in besonderen Veranstaltungen weitere Bevölkerungsgruppen gezielt anzusprechen. Um die Bauern ging es bei der Landwirtschaftskammerwahl im Oktober 1931. Es folgten die Beamten und dann immer häufiger die Arbeiterschaft. Daneben gab es Angebote für Frauen, Jugendliche und Erwerbslose. Besonders wirkungsvoll war es vermutlich, wenn Überläufer aus SPD und KPD ihre vermeintliche Verblendung in der Vergangenheit bekannten.[167]

Trotz ihres revolutionären Habitus ging die Kamener NSDAP erstaunlich weit auf die rückwärts gerichtete Gedankenwelt des national gesinnten Bürgertums ein. Im Januar 1932 versprach ein NS-Redner, daß man sich am „alten Reich" orientiere und für ein Deutschland sei, „wie es einmal unter Bismarck bestand".[168] Vor der Landtagswahl im April 1932 hieß es, man wolle ein Preußen, „wie es unter Friedrich dem Großen bestand, in dem Sauberkeit, Disziplin und Unbestechlichkeit Haupttugenden waren."[169]

Zu dieser Zeit fand auch eine Kundgebung der NSBO statt, die als Beispiel für das wirkungsvolle Eingehen der NS-Bewegung auf die lokalen Gegebenheiten besonders interessant ist. Hier setzte man sich mit einer Äußerung des SPD-Fraktionsspechers im Stadtparlament auseinander. Dieser hatte sich gegen eine angeblich offenkundige Sympathie verschiedener Kamener Pfarrer für die NSDAP gewandt und dabei sinngemäß gesagt, daß niemand „das Geschwafel dieser Herren" mehr hören wolle. Der Vorfall hatte die Gemüter der Stadt ungeheuer erregt, und das Presbyterium der evangelischen Kirche reagierte mit mehreren Protestschrei-

---

164 Der Landrat schrieb an den Regierungspräsidenten, daß das „Mehrbietenkönnen" der Kamener NSDAP „auf die Eiserne Front und das Reichsbanner provozierend wirken", vgl. StAM, Kreis Unna, Politische Polizei, Nr. 63, Brief vom 6.5.1932.
165 Bei bekannten Rednern wurden 40 (Erwerbslose 20) Pfennig Eintritt verlangt, vgl. Kamener Zeitung vom 18.2.1931. Bei den anderen Parteien lag die Höchstgrenze bei 30 Pfennig.
166 StAK, Nr. 2236/55.
167 Beispiele, in: Rennspieß (1992), S. 223.
168 Kamener Zeitung vom 21.1.1932.
169 Kamener Zeitung vom 14.4.1932.

ben.[170] Diese Stimmung nutzte die NSBO geschickt, um sich entschieden dagegen zu verwahren, daß „die Verkündigung von Gottes Wort als Geschwafel bezeichnet werde". Nach der gleichen Methode, wie sie schon beim Vorsitzenden der Erwerbslosenvereinigung, Strelinski, angewandt worden war, wurden im weiteren Verlauf der Veranstaltung „dunkle Punkte" in der Vergangenheit des SPD-Fraktionssprechers aufgedeckt.[171]

Spätestens seit Ende 1931 verfügte die Kamener Ortsgruppe über genügend eigene Führungskräfte, um ohne auswärtige Unterstützung Sprechabende, Schulungen und Mitgliederversammlungen in dichter Folge abhalten zu können. Redegewandte Lehrer, Beamte mit hohem Prestige und leitende Angestellte des Bergbaus waren in ihren Reihen zu finden. Besonders der Ortsgruppenleiter Franzke war eine Persönlichkeit, die als Inspektor des Kamener Milchhofes über Ansehen sowie politisches und taktisches Geschick verfügte. Er war prädestiniert dafür, seinen Reden einen Ton zu geben, der auch „wohlanständige bürgerliche Honoratioren und Fachleute, gebildete Akademiker und fromme evangelische Christen anzusprechen in der Lage war".[172]

Mit Bauernführer Meinberg und Bergassessor Tengelmann gab es außerdem zwei überregional bekannte „Gallionsfiguren" in den Reihen der Kamener NSDAP. Über welchen Einfluß Meinberg unter der Landbevölkerung verfügte, zeigte sein Sieg bei der Landwirtschaftskammerwahl vom Oktober 1931. Wie es auf die Bergarbeiter gewirkt hat, daß einer ihrer obersten „Chefs" zur NS-Bewegung gehörte, ist schwer abzuschätzen. Für die einen war es sicher eine Bestätigung des „Klassencharakters" der NSDAP. Bei anderen mag es aber auch den Wunsch erzeugt haben, einer Partei beizutreten, die die betriebliche Macht repräsentierte oder zumindest das Bestreben, es sich mit diesen Leuten, die über Arbeit und Brot entschieden, nicht ganz zu verderben.[173]

Im Hinblick auf das Bürgertum kann dagegen mit Sicherheit davon ausgegangen werden, daß das Prestige des Bergassessors erheblich dazu beigetragen hat, den Nationalsozialismus nicht mehr als „Radausache" abzutun.

Ein auffälliges Kennzeichen der Kamener NS-Bewegung ist das durchgängige Bemühen, sich als friedfertig bzw. ungerechtfertigt verfolgt und unterdrückt darzustellen. Der Ortsgruppenleiter nutzte jede Gelegenheit, um die Verteidigungsposition der SA von der Aggressivität der Arbeiterbewegung abzuheben und behauptete beispielsweise, daß die sozialdemokratischen Führer „zum Bürgerkrieg het-

---

170 Vgl. die Leserbriefe in der Kamener Zeitung vom 22.3.; 5.4. und 8.4.1932.
171 Kamener Zeitung vom 20.4.1932.
172 Broszat (1983), S. 61.
173 In einem Brief vom 8.8.1932, in dem sich Tengelmann für die Absetzung Wagners einsetzte, da diesem „der Schneid dazu fehlt, den Saustall Westfalen-Süd auszumisten", schrieb er in Bezug auf „meine Leute", die „aus dem Berufsleben heraus für unsere Sache kämpfen", daß sie ihm „leid" täten, denn „bei ihrer primitiven Art zu glauben" könnten sie „unser Wissen um die Dinge" (gemeint sind die Mißstände im Gau, U.R.) nur schwerlich verdauen", vgl. Berlin Document Center, Akte Tengelmann.

zen".[174] Wilhelm Meinberg stellte im September 1932 sogar eine „kleine Anfrage"
im preußischen Landtag, da der Reichsbannervorsitzende des Kreises durch „ver-
hetzende Redeweisen" regelrecht zu Angriffen auf die SA anstifte.[175] Das markan-
teste Beispiel der NS-Demagogie in diesem Zusammenhang stellt aber sicher der
Auftritt des Bochumer Stadtverordneten Otto Voß in Kamen dar. Dieser hatte sich
der Polizei als Spitzel angeboten, blieb aber in Wirklichkeit überzeugter Nationalsozialist. Wenn er nunmehr über seine diesbezüglichen Erfahrungen berichten
wollte, schritt die Polizei regelmäßig ein. Voß nutzte dies, um zu zeigen, wie
schlimm „seine Partei, die grundsätzlich gegen jede Gewaltmaßnahme ist", doch
verfolgt werde. In der Berichterstattung der Kamener Zeitung konnte man lesen,
daß dem Redner in dem Augenblick, als er darlegte, „daß wir in der freiesten
Republik der Welt leben", das Wort entzogen wurde.[176] Diese paradoxe Formulierung unterstützte genau die Intention der Veranstaltung. Außerdem hieß es:
„Oft von langanhaltendem Beifall unterbrochen, zeigte Voß die Artikel 48, 118
(Redefreiheit!) und die Präambel, wie sie in der Verfassung und wie sie im heutigen
demokratischen Deutschland ausgelegt werden."
Wie ein Sieg wurde das Eingreifen der Polizei gefeiert. Die Kamener Zeitung gab
die Reaktion von Voß als wörtliches Zitat wieder:
„Meine Damen und Herren, Sie haben soeben einen Begriff davon bekommen,
was im heutigen Deutschland Freiheit ist. Ich löse hiermit die Versammlung auf,
gehen Sie friedlich nach Hause, erzählen Sie zu Hause jedem einzelnen, wie die
Freiheit in Deutschland aussieht."
Die Versammlung hätte sich bei der Unterbrechung „wie ein Mann erhoben und
spendete minutenlangen, stürmischen Beifall".
Unberührt von dieser demagogischen Betonung eigener Friedfertigkeit war die
Auffassung, daß sich eine erfolgreiche politische Bewegung immer als stark und
überlegen darstellen müsse, ein Grundbestandteil der NS-Ideologie. Propaganda
und Terror wurden so zu einer Einheit.[177] Dies war selbst in Ahlen zu beobachten,
wo die SA den Kampfverbänden der Arbeiterbewegung zahlenmäßig weit unterlegen war. Ob der Sieg durch massive Verstärkung von außerhalb, durch Waffenein-
satz oder gar durch das Gefangennehmen von Geiseln zustande kam, spielte keine
Rolle. Wenn der Gegner in die Flucht geschlagen wurde, glaubte man, die Überlegenheit der eigenen Ideologie bewiesen zu haben. In Ahlen ließen sich 25 gewalt-
tätige Auseinandersetzungen ermitteln. Dabei gab es 15 Verletzte und einen Toten
auf seiten der KPD sowie sieben verwundete Sozialdemokraten oder Reichsbannerleute. Dem stehen sechs verletzte Nationalsozialisten gegenüber (bei zwei weiteren
Verletzten blieb die Parteizugehörigkeit unklar).[178] Die Kampfverbände der Arbeiterbewegung waren sicherlich nicht zimperlich, doch setzt man ihre zahlenmäßige

---

174 Vgl. die Rede Franzkes im Veranstaltungsbericht der Kamener Zeitung vom 2.3.1932.
175 Vgl. StAM, Kreis Unna, Politische Polizei, Nr. 19 sowie Rote Erde vom 8.9.1932.
176 Kamener Zeitung vom 17.4.1931.
177 Paul (1990), S. 41.
178 Vgl. Rennspieß (1989), S. 268.

Überlegenheit in Bezug zur Verteilung der Verletzten, so zeigt sich, daß die SA ungleich gewalttätiger vorgegangen sein muß.[179]

Der Zusammenstoß mit dem politischen Gegner hatte für die NS-Bewegung eine wichtige Binnenwirkung. Über die erste schwere Schlägerei in Kamen, die sich einen Tag vor der Wahl im September 1930 ereignete, heißt es im mehrfach zitierten Buch von Beck, daß es ein „Taufakt" für alle beteiligten Parteigenossen war, der ihnen zum „unvergessenen Ereignis" wurde. Der Gegner sei eingeschüchtert und die eigenen Leute zusammengeschweißt worden. Die Zuschauer mußten sich entscheiden: Freund oder Feind. Nach diesen Ausschreitungen seien die Kamener Nationalsozialisten „aus ihrem anonymen Dasein herausgerissen (worden), sie waren bekannt, gehaßt und gefürchtet."[180]

Aus den polizeilichen Vernehmungsprotokollen zur Untersuchung der verschiedenen politischen Auseinandersetzungen in Kamen ergibt sich ein Bild über das soziale Profil der SA-Mitglieder zur damaligen Zeit. Ausgewertet wurden 33 Protokolle mit Personenstandsdaten von SA-Leuten, die als Mitwirkende in Gewalttaten verwikelt waren[181]: Ihr Durchschnittsalter betrug 24,9 Jahre. Dem Familienstand nach waren 18 ledig, 15 verheiratet. 23 von ihnen waren evangelisch, 6 katholisch und 4 dissident, 22 in Kamen geboren nur 11 zugezogen. Die Auszählung der Berufe ergab 7 Angestellte (zwei beim Kamener Milchhof), 6 Bergleute, und 3 Bäcker, den Rest stellten verschiedene Berufe, wie Schlosser, Klempner und Maurer. Insgesamt waren 21 von ihnen arbeitslos (darunter 4 der 6 Bergleute!).

Der in Schlägereien verwickelte SA-Mann war also in der Regel erwerbsloser Arbeiter, gerade über 20 Jahre, ledig, evangelisch und in Kamen geboren.[182]

Die Perspektivlosigkeit ihrer Situation ließ die jungen SA-Mitglieder nach radikalen Lösungen suchen. Die Neigung zur Gewalt entsprach dem Versuch, sich wenigstens auf diese Weise Geltung zu verschaffen. In der SA fand man Kameradschaft und konnte seine Sehnsucht nach Abenteuern und intensiven Gefühlen ausleben. Nicht vergessen werden darf auch, daß im SA-Heim ein warmer Raum und Verpflegung geboten wurden, was in dieser Notzeit einen starken Anreiz bot.

In den vorangegangenen Abschnitten ist bereits auf die unterschiedliche Ausrichtung der Presse in den Vergleichsstädten hingewiesen worden. Während die Ahlener Volkszeitung aus ihrer Unterstützung des Zentrums keinen Hehl machte und inhaltliche Aussagen der NS-Bewegung vor Ort nicht weitergab, spielte die Kamener Zeitung eine wichtige Rolle als Multiplikator der NS-Propaganda.

---

179 Broszat (1990), S. 130 behauptet demgegenüber, daß sich Nationalsozialisten und Kommunisten in Bezug auf Gewalttätigkeiten „in nichts nachstanden".

180 Beck (1938), S. 345.

181 Zusammengestellt aus den Akten: StAK, Nr. 2235 bis 2241.

182 Zu beachten ist bei dieser Auswertung noch, daß nicht alle SA-Leute als Täter vernommen wurden, sondern in manchen Fällen auch als Opfer oder Zeugen. Je eindeutiger ihre schuldhafte Beteiligung war, um so klarer ergaben sich die Merkmale: arbeitslos, jung und ledig.

Der amerikanische Soziologe Richard Hamilton hat nachhaltig auf die Bedeutung eines „rechten" Presseklimas für den Aufstieg der NSDAP aufmerksam gemacht. J.W. Falter versucht diese These mit den Mitteln der historischen Wahlforschung zu überprüfen und kommt zu dem Ergebnis, daß die NSDAP „in der Tat im Schnitt dort etwas erfolgreicher (war), wo eine rechte, neutrale oder bürgerliche Presse vorherrschte".[183] Ähnlich wie bei der Einschätzung der NS-Propaganda insgesamt ist es aber auch hier schwierig, Ursache und Wirkung auseinanderzuhalten. Darauf weist Falter mit der Frage hin:

„Ist die Presse am Ort nationalsozialistisch, weil es die meisten ihrer Leser auch sind, oder verläuft die Kausalität eher umgekehrt?"[184]

Das Kamener Beispiel spricht eher für einen Anpassungseffekt der Lokalzeitung an das jeweils vorherrschende politische Klima in der Stadt. Einmal auf diese Linie eingeschwenkt konnte sie aber erheblich zu ihrer Verfestigung und Verbreitung beitragen.

Der Herausgeber der Kamener Zeitung war ein typischer Repräsentant des traditionsorientierten, protestantischen Bürgertums der Stadt. Als langjähriger Vorsitzender des Krieger- und Landwehrvereins und Vorstandsmitglied des Schützenvereins arbeitete er mit den Führern der DVP und DNVP eng zusammen. Die Zeitung gab die politischen Grundpositionen dieser Parteien zunächst relativ gradlinig weiter. Zu Beginn der zweiten Hälfte der 20er Jahre ist jedoch ein spürbares Einschwenken auf die Linie der Kritiker des neuen Bürgermeisters zu beobachten. Nach Gründung der Wirtschaftspartei, Ende 1927, nahm die Berichterstattung über deren Veranstaltungen schon bald mehr Raum ein, als bei anderen Parteien üblich. (Inhalte von Veranstaltungen der Arbeiterparteien beispielsweise faßte man nur stichpunktartig zusammen.) Die Art und Weise, wie selbst unbewiesene Verdächtigungen gegen den Bürgermeister wiedergegeben, oder die angebliche Stimmung der Bevölkerung dargestellt wurden, lassen keinen Zweifel an der Sympathie der Redakteure für die neue Oppositionsbewegung.[185]

In Bezug auf die Darstellung der NS-Veranstaltungen seit 1930 fällt nun auf, daß die Zeitung von Anfang an ähnlich ausführlich wie sonst nur bei der Wirtschaftspartei darüber berichtete. Unter Berücksichtigung der von Falter aufgeworfenen Frage nach Ursachen und Wirkung der wohlwollenden Berichterstattung und der NS-Wahlerfolge muß jedoch daran erinnert werden, daß schon die ersten Veranstaltungen der NSDAP von über 1000 Menschen besucht wurden. Die Zeitung mußte also ein bereits vorhandenes Interesse voraussetzen. Auffällig sind allerdings die vielen wertenden Zusätze der Berichterstatter, die im Grunde nur als verdeckte Sympathie zu interpretieren sind. Schon im März 1931 hieß es beispielsweise über ein Referat des Gauleiters Wagner, daß es „tief durchdacht und sachlich klar" war. Wenig später machte der Schriftleiter der „National-Zeitung" laut

---

183 Falter (1991), S. 335, hier auch die Zusammenfassung der diesbezüglichen Aussagen Hamiltons, S. 325-327.
184 Ebenda, S. 227.
185 Beispiele dafür bei Rennspieß (1992), S. 118 f.

Zeitungsartikel „nicht alltägliche und äußerst zurückhaltende Darlegungen". Immer wieder finden sich wertende Beschreibungen wie: der Redner gab „scharf umrissene Schilderungen" der heutigen Verhältnisse, wobei er die Probleme „klar und eindeutig zeigte". Oder es hieß sogar, daß der Sprecher „das Gebiet des Semitismus ... möglichst objektiv und ruhig" behandelte.[186]

Vor ihren Veranstaltungen konnten die Nationalsozialisten in der Kamener Zeitung reichlich Werbung unterbringen, nicht nur Anzeigen, sondern auch Artikel, die den erwarteten Referenten vorstellten.[187] Im September 1931 verbot die Polizei einen öffentlichen Auftritt der NSDAP. Die Kamener Zeitung scheute sich trotzdem nicht, über die daraufhin als „geschlossene Sitzung" abgehaltene Veranstaltung zu berichten. Damit gab sie ihr im Nachhinein den öffentlichen Chrakter zurück.[188]

1932 wurde die Ablehnung der Arbeiterbewegung und die einseitige Stellungnahme zugungsten der NSDAP immer deutlicher. Vor der Preußenwahl hieß es beispielsweise: Die NSDAP „war in der Lage, ein kommunistisches Flugblatt, das dieser Tage hier verteilt wurde, als vollkommen erfunden zu entlarven".[189] Auch Repliken auf Behauptungen des Reichsbanners wurden wiedergegeben, von denen der Leser vorher gar nichts erfahren hatte. Die Redaktion der Kamener Zeitung ließ es sogar zu, daß die NSDAP mit Gegendarstellungen auf Artikel reagieren konnte, die in der in Hamm herausgegebnen sozialdemokratischen Zeitung „Der Hammer" erschienen waren.[190]

In den Veranstaltungsberichten der Lokalzeitung wurden alle Gegner der NSDAP summarisch als „Störenfriede" und „Linksradikale" bezeichnet, selbst die Polizei unterlag der Kritik, wenn sie gegen die Nationalsozialisten vorging. Ein eklatantes Beispiel dafür findet sich schon im Oktober 1930(!): Die Polizei bemühte sich dabei, ein zu dieser Zeit bestehendes Uniformverbot durchzusetzen und einen uniformierten SA-Mann aus dem Saal zu bringen. Daraufhin kam es zu einer schweren Schlägerei. Die Kamener Zeitung kritisierte, daß diese Polizeiaktion das „lautlos horchende Publikum von etwa 1500 Menschen" nur unnötig störte:

„Die plötzlich aufflammende Empörung der Leute – ohne Unterschied der Partei – (kannte) keine Grenzen mehr."[191]

Die NS-Zeitung „Westfalenwacht" verwies bei ihrer Darstellung der Vorfälle ausdrücklich darauf, daß „selbst das Lokalblatt Kamens" das Vorgehen der Polizei verurteilt habe.[192]

---

186 Kamener Zeitung vom 9., 19.3. und 29.4.1931.
187 Artikel über den Oberstleutnant a.D. Ahlemann oder über den Gau SA-Führer Scheppmann in der Kamener Zeitung vom 28.4. und 14.10.1931. Über einen Redner hieß es: „Er hat den Spitznamen ‚Knüppelkunze' als Mann, der auf den Terror der anderen mit gleichen Mitteln antwortet." Kamener Zeitung vom 9.4.1932.
188 Vgl. Kamener Zeitung vom 28.9.1931.
189 Vgl. Kamener Zeitung vom 20.4.1932.
190 Vgl. Kamener Zeitung vom 4.7.1932 und 9.1.1933.
191 Kamener Zeitung vom 18.10.1930.
192 Kopie des Artikels aus der „Westfalenwacht" vom 31.10.1930 in: StAK, Nr. 2818, vgl auch die Polizeiberichte und die ganz andere Darstellung des Dortmunder Generalanzeigers in

Interessant ist in diesem Zusammenhang auch die Wandlung der politischen Ausrichtung des in Hamm herausgegebenen Westfälischen Anzeigers. Er enthielt eine besondere Rubrik „Stadt Kamen". Seine rechtsliberale Position ließ ihn Abstand zur Wirtschaftspartei wahren. Die mit dem Erstarken dieser Partei immer umfangreicher werdende Berichterstattung über Kamen legt die Vermutung nahe, daß die dortigen Anhänger der DVP und DNVP nach dem Einschwenken der Kamener Zeitung auf die Positionen der Mittelstandsopposition nunmehr den Westfälichen Anzeiger abonnierten. In Bezug auf die wohlwollende Darstellung der NS-Bewegung lassen sich aber kaum Unterschiede feststellen. Anfang Mai 1933 wurde der Westfälische Anzeiger „offizielles Organ" der Kamener NSDAP. Die Redaktion sah darin, eine Belohnung für die „von jeher gezeigte Wahrung nationaler Belange".[193] Die Zurücksetzung der Kamener Zeitung, die längst – ähnlich wie der Westfälische Anzeiger – die Mitteilungen der NS-Nachrichtenstelle im Rathaus fast wörtlich übernahm, könnte eine nachträgliche „Bestrafung" dafür gewesen sein, daß die Lokalzeitung vor den Kommunalwahlen im März 1933 immer noch ein gewisses Verständnis für die Belange der „Kommunalen Wirtschaftspartei Kamen" gezeigt hatte.

Zusammengefaßt läßt sich sagen, daß die unkritische und ausführliche Berichterstattung der Kamener Zeitung und des Westfälischen Anzeigers sicher erheblich zur Breitenwirkung der NS-Propaganda beigetragen hat. Die erwähnten wertenden Zusätze in den Artikeln machten die hier vertretene Ideologie „salonfähig" und gaben ihr den Charakter ernstzunehmender politischer Stellungnahmen.

Entsprechend dem politischen Klima in der Stadt änderte auch die Kamener Polizei schon bald ihre Stellung zum Nationalsozialismus. Der leitende Polizeimeister brüstete sich nach sozialdemokratischer Darstellung schon damit, selbst die NSDAP zu wählen.[194] Von einem weiteren Polizisten war bekannt, daß seine beiden Söhne zur SA gehörten. Zwei Beamte, die sich nach der Machtübernahme für ihr Verhalten bei den Ereignissen vom 31.1.1933 rechtfertigen mußten, gaben darin zu erkennen, daß sie schon lange mit der NSDAP sympathisierten und nur unter dem Druck des stellvertretenden Bürgermeisters Müller nicht klarer gegen die Arbeiterbewegung vorgehen konnten. Die Sozialdemokratie wurde nicht müde, das einseitige Vorgehen der Kamener Polizei zu kritisieren. Mehrmals stellte man mit Hilfe der Kreisleitung eigene Untersuchungen und Zeugenaussagen zu politischen Auseinandersetzungen zusammen und bat den Landrat, das Vorgehen der Kamener Polizei zu überprüfen.

Das immer einseitigere Vorgehen der Polizei ergänzte das Erscheinungsbild der NSDAP dahingehend, daß sie in den Augen vieler Bürger als Opfer marxistischer Radaubrüder erschien.

---

der selben Akte.
193 Westfälischer Anzeiger vom 11.5.1933.
194 Vgl. zum Verhalten der Kamener Polizei ausführlich: Rennspieß (1992), S. 233-237 und S. 327.

Dies war in Ahlen ganz ähnlich. Beispiele dafür sind mehrmals angeklungen. Trotzdem soll noch eine Episode erwähnt werden, die zeigt, wie weit die Vorurteile gegen Kommunisten gehen konnten. Da berichtete der Ahlener Polizeioberinspektor über die Gründungsveranstaltung des Rot-Frontkämpfer-Bundes an den Landrat, daß den anwesenden 180 Mitgliedern 10 Mark abgenommen worden seien, um dafür Vereinskleidung zu kaufen und fügt hinzu:

„Ob die Veranstaltung Rote Hilfe, Rot-Frontkämpfer-Bund oder sonstwie heißt, stets kann die Wahrnehmung gemacht werden, daß man auf irgendeine Art versucht, Gelder unter irgendeinem Vorwande zu erhalten. Diese Gelder werden m.E. nicht für den genannten Zweck verwandt, sondern die Veranstalter verteilen unter sich den größten Teil, wenn nicht alles."[195]

Genau wie das Kamener Reichsbanner glaubten auch die Ahlener Kommunisten, die Polizei sympathisiere mit den Nationalsozialisten.[196] Im Konfliktfall erwartete man keinerlei Unterstützung und griff lieber zur Selbsthilfe. Wie sehr man sich dabei im Recht fühlte, zeigt der erwähnte Fall des von der Baustelle geholten vermeintlichen Messerstechers, mit dem man sich dann sogar fotografieren ließ (Kap. V.A1). Nach dem „Rachefeldzug" der SA durch die Kolonie beklagten sich die Kommunisten offensichtlich, denn ein Artikel der Zentrumspresse lautete:

„Daß sich ausgerechnet Kommunisten über Brutalität beschweren, ist zum Heulen. Wir sind der Ansicht, daß mit diesen Volksaufwieglern im Deutschen Reiche viel zu milde verfahren wird. Daß die Schutzpolizei bei den Ahlener Vorgängen durchaus korrekt vorgegangen ist, versteht sich am Rande."[197]

Im Zweifelsfalle waren immer die Kommunisten die Unruhestifter. Während die NSDAP die Möglichkeit hatte, ihre Version in Leserbriefen zu veröffentlichen,[198] kam die kommunsitische Sicht der Dinge nicht zur Sprache.

Aber nicht nur Polizei und Presse schenkten den Darstellungen der Arbeiterparteien keinen Glauben, auch die Gerichte waren auf dem „rechten Auge blind":[199] Für die erwähnten 25 politischen Auseinandersetzungen in Ahlen standen nur neun Nationalsozialisten vor Gericht, dagegen 37 Kommunisten. Während die KPD-Mitglieder in der Regel hohe Gefängnisstrafen bekamen, erhielten sechs der NSDAP-Straftäter lediglich Geldbußen.[200]

Nach der Machtergreifung paßte sich die Ahlener Polizei nahtlos in den NS-Staat ein. Einer ihrer Beamten hielt am 19.4.1933 vor einer Versammlung der Polizisten des Kreises Beckum eine Rede, in der er begrüßte, daß man heute „inmitten einer legalen Revolution mit dem großen Ziele der Errichtung einer nationalen deutschen Volksgemeinschaft" stehe. Man sei gezwungen gewesen, „Umzüge mit Bürgerkriegsfahnen" zu begleiten und „stundenlang jeder Moral bare ... Hetzreden"

---

195 StAM, Kreis Beckum, Nr. 650, Brief vom 14.1.1925.
196 Vgl. Rennspieß (1989), S. 269.
197 Die Glocke vom 8.11.1929.
198 Z.B. nach dem Tod des Jungkommunisten und nach der „Schlacht am Heessener Busch", in: Ahlener Volkszeitung vom 31.3.1931 und 16.7.1932.
199 Allgemein dazu beispielsweise: Rasehorn (1987), Hannover/Hannover-Drück (1987).
200 Hierzu genauer: Rennspieß (1989), S. 270.

anzuhören, die „von zugereisten jüdischen Kommunistenführern" gehalten wurden. Durch „unermüdliche Kleinarbeit" habe man „eine kommunistische Organisation nach der anderen zur Strecke gebracht", doch die alte Regierung gestattete immer wieder „die Fortführung unter anderem Namen".[201] Wenn der Machtergreifungsprozeß in Ahlen der Kamener Entwicklung auch hinterherhinkte, so war doch unverkennbar, daß immer größere Bevölkerungsteile von der nunmehr einsetzenden „Staatspropaganda" des „Dritten Reiches" erfaßt wurden. Sie war ungleich effektiver als die NS-Propaganda vor 1933. Sie erzeugte eine Aufbaumentalität und verbreitete das Gefühl, einer neuen Volksgemeinschaft anzugehören.[202] Der „Tag von Postdam" und der 1. Mai wurden kaum weniger euphorisch wie in Kamen begangen. Hier zeigte sich die geschickte Ausnutzung des propagierten „Aufbruchs der Nation", wobei es um eine „Überparteiliche Bewegung zur Rettung des Vaterlandes" gehen sollte. Die Rechtsparteien glaubten, am Prozeß einer „legalen Revolution" beteiligt zu sein.[203] Am sogenannten „Tag der Arbeit" sollen in Ahlen 12000 Menschen teilgenommen haben.[204] Für viele muß es ein ungewohntes Bild gewesen sein, den Unternehmer vor den Betriebsbelegschaften marschieren zu sehen.

Die meisten Altstadtbewohner nahmen den Terror gegen die Arbeiterbewegung „jenseits der Bahn" billigend in Kauf, oder begrüßten ganz offen, daß endlich konsequent für Ruhe und Ordnung gesorgt wurde. Antonius John schreibt in seinen Erinnerungen:

„Plötzlich hörten die Verbrechen auf, es gab keine Raubüberfälle mehr, man brauchte sich vor Gewalttaten nicht mehr zu fürchten. Die Bürger atmeten auf. Die stadtbekannten Chaoten und Rabauken wurden festgenommen und nach ‚Bergkamen' gebracht – so hieß es damals."[205]

Weiter unten wird noch gezeigt, daß sowohl die Behauptung vom Wegfall der Kriminalität als auch die weitverbreitete Auffassung eines sofort einsetzenden Wirtschaftsaufschwungs nach 1933 eher auf die NS-Propaganda als auf die Realität zurückgeht (vgl. Kap. VI.B3).

Interessant ist, daß die NSDAP auch nach 1933 an die lokalen Besonderheiten anknüpfte. So übernahm die NSV in Ahlen beispielsweise ganz den caritativen Habitus der katholischen Kirche und steigerte ihn soweit, daß die Stadt fast in einer Art „Sammelfieber" unterging.[206] In Kamen paßte man sich dagegen geschickt den militaristischen Traditionen an und arbeitete eng mit den Kriegervereinen und Vaterländischen Verbänden zusammen.[207]

201 Die Glocke vom 2.5.1933.
202 Dazu ausführlich: Tahmer (1989), S. 417 f.
203 Allgemein hierzu: Bracher (1983), S. 13 f.
204 Vgl. National-Zeitung vom 2.5.1933.
205 John (1983), S. 9.
206 Ausführlich dazu: Rennspieß (1989), S. 304-306.
207 So bereitete man schon Anfang März mit ihnen den Volkstrauertag vor, vgl. Kamener Zeitung vom 8.3.1933.

C. Wählerbewegungen

Exakten Stimmbezirksanalysen stehen in beiden Städten erhebliche methodische Schwierigkeiten entgegen. Sie liegen zum einen in den mehrmaligen Neuaufteilungen der Stimmbezirke während der Weimarer Zeit und zum anderen in den ungenauen Informationen über die soziale Struktur der dort lebenden Bewohner.

In Kamen gab es vor der Reichspräsidentenwahl im März 1932 eine Erweiterung der Stimmbezirke von sechs auf acht. Hier erscheint es noch lohnend, einige Wahlgänge auf der Stimmbezirksebene bis 1919 zurückzuverfolgen (vgl. Tab. 13 und 14 im Anhang). Die Einwohnerzahl wuchs nicht mehr so stark und die Straßeneinteilung blieb, zumindest bei einigen Stimmbezirken, vergleichbar. So haben sich vor allem die Bezirke mit den höchsten Bergarbeiteranteilen kaum verändert (zunächst V und VI, nach der Neuaufteilung VII und VIII).

In Ahlen gab es während der 20er Jahre ein stärkeres Bevölkerungswachstum, so daß mehrmals Neuaufteilungen der Stimmbezirke stattfanden. Dafür blieb die Aufteilung dann ab 1930 stabil (vgl. Tab. 15).

In Ermangelung genauerer Quellen konnte bei der Ermittlung der sozialen Zusammensetzung der Stimmbezirke nur auf Adreßbücher zurückgegriffen werden. Die dort gemachten Berufsangaben sind in der Regel sehr ungenau, denn sie wurden von Ort zu Ort nach anderen Kriterien zusammengestellt. Während im Kamener Adreßbuch beispielsweise die nicht berufstätigen volljährigen Personen eines Haushalts mit „o.B." (ohne Beruf) aufgeführt wurden, fehlen diese Angaben im Ahlener Adreßbuch. Dagegen bleibt hier unklar, ob sich hinter der Bezeichnung „Haustochter" ein Dienstmädchen verbarg oder einfach eine volljährige Tochter ohne Beruf. Als Konsequenz daraus ergab sich für Kamen ein höherer Prozentsatz der „Restgröße" „Witwen/Invaliden/ohne Beruf", während umgekehrt die Zahl der „Mithelfenden" in der Berufsgruppe 2 niedriger ausfiel als in Ahlen.

Um die Vielzahl der einzelnen Berufsangaben überhaupt handhabbar zu machen, mußten sie zu verschiedenen Berufsgruppen zusammengefaßt werden. Bei den vagen Berufsangaben schien es nicht sinnvoll, mehr als die in den Tabellen aufgeführten Differenzierungen vorzunehmen, da es meist nicht zu unterscheiden war, ob man es beispielsweise, mit einem „Fach"- oder „Hilfs"-arbeiter, einem leitenden oder unteren Angestellten, einem kleineren Selbständigen oder größeren Unternehmer zu tun hatte.

Unter der Bezeichnung „Bergleute" wurden alle Berufe zusammengefaßt, die sich unmittelbar auf den Bergbau bezogen, wie Hauer, Schlepper, Grubenschlosser etc. aber auch Tages- oder Kokereiarbeiter. Zum Bereich „sonstige Arbeiter" zählten alle anderen Arten von Fabrik-, Fach- und Hilfsarbeitern.

Die Berufsgruppe 2 orientiert sich an der Vorstellung vom „alten" Mittelstand (vgl. Kap. III.B). Sie umfaßt Gewerbetreibende und Selbständige (mit Außnahme der Fabrikbesitzer) und ihr mithelfendes Personal. Eine Schwierigkeit bestand in der klaren Abgrenzung von Arbeitern und Handwerkern (so konnte ein „Schuhmacher" Arbeiter einer Schuhfabrik oder Handwerker sein).

Zur Berufsgruppe 3 wurden neben Angestellten und Beamten auch Steiger, Ingenieure, Fabrikanten und Akademiker gerechnet. Den „neuen" Mittelstand sauber herauszufiltern war kaum möglich und hätte angesichts der geringen Zahlen keine Aussagekraft. Besonders in Kamen war die soziale „Durchmischung" der Bevölkerung schon relativ weit fortgeschritten.

Für die Tabellen 13 und 14 wurde das Kamener Adreßbuch von zwei unterschiedlichen Personen komplett ausgezählt. Die stadtweiten Durchschnittswerte zu den Berufsgruppen hätten rein theoretisch identisch sein müssen. Hier zeigen sich also deutlich die Zuordnungsprobleme, selbst bei genau abgesprochenen Kriterien.[208]

Die Folgerung daraus lautet: Die Berufsgruppenangaben in den Tabellen können nur grobe Richtwerte sein und dienen lediglich dazu, den Bergarbeiter- bzw. Arbeiteranteil gegenüber einigen mittelständischen Gruppen abzuwägen.

Betrachten wir zunächst die Wählerhochburgen der NSDAP in Kamen. Nach Tabelle 14 lag der Stimmbezirk V bei allen drei aufgeführten Wahlen an erster Stelle. Im April 1932 wählte hier fast jeder zweite Bewohner die NSDAP. Es folgt der Bezirk III und dann bereits mit einem Abstand von über 4 % der Bezirk II. In diesen drei Wahlkreisen fällt nun auf, daß Bergleute deutlich unterrepräsentiert waren, während mittelständische Gruppen der Kathegorie 2 dominierten. Am deutlichsten ist dies beim Stimmbezirk V, den den Innenstadtkern um den alten Markt umfaßte. Hier wohnten nur 8,4 % Bergleute, aber 37,7 % Kaufleute/Handwerker/Selbständige/Mithelfende.

Die Stimmbezirke mit dem niedrigsten Wähleranteil für die NSDAP sind dementsprechend eindeutig die Wohngebiete mit den höchsten Bergarbeiteranteilen. Allen voran der Bezirk VII um den Galenhof mit 20 Wohnblöcken der GBAG (54,2 % Bergarbeiter und 6,7 % „alter" Mittelstand). Hier erreichte die NSDAP im April 1932, als sie mit 37,3 % stadtweit ihr bestes Ergebnis vor der Machtergreifung erzielte, nur 17,7 %. Es folgen – allerdings bereits mit deutlichem Abstand – die Wahlbezirke IV mit 16 Blöcken der GBAG sowie der Bezirk VIII, der im wesentlichen das Wohngebiet der Hindenburgkolonie umfaßte. Nur in diesen drei Stimmbezirken lag der Wähleranteil der NSDAP unter dem städtischen Durchschnitt. Mit zwei Ausnahmen galt dies für alle Wahlgänge der Jahre 1932 und 1933.[209]

Damit läßt sich eindeutig festhalten: Je mehr mittelständische Berufe der Kathegorie 2 in einem Bezirk lebten, um so mehr Stimmen für die NSDAP, je mehr Bergleute, um so weniger.

---

208 Wie stark solche Auswertungen voneinander abweichen können, zeigt ein Vergleich mit Grevelhörster (1987), der für die drei Hochburgen der NSDAP in Ahlen ebenfalls eine Stimmbezirksanalyse anhand des Adreßbuches vornahm, vgl. S. 23. Seine Werte weichen erheblich von den Angaben in Tab. 15 ab. Da er allerdings nicht einmal die Hochburgen richtig bestimmte, liegt der Schluß nahe, daß nur ganz oberflächlich vorgegangen wurde.

209 Nur beim 2. Durchgang zur Reichspräsidentenwahl blieb auch der Stimmbezirk I und am 6.11.1932 der Stimmbezirk VI knapp unter dem städtischen Durchschnitt.

Nicht so einfach zu klären ist die Wahlbeziehung der „sonstigen Arbeiter" sowie der Berufsgruppe 3 zur NSDAP. Immerhin fällt auf, daß in den beiden Stimmbezirken mit den höchsten Anteilen an „sonstigen Arbeitern" (VI und III) die NSDAP über dem Durchschnitt lag, während SPD und KPD unter ihrem stadtweiten Ergebnis blieben.

Weiterhin läßt sich vermuten, daß im Stimmbezirk VIII (Hindenburgkolonie), wo kaum „alter" Mittelstand vorhanden war, dafür aber viele Angestellte und Beamte der Zeche wohnten, die relativ hohe Zahl der NSDAP-Stimmen zum großen Teil aus dieser Schicht kamen. Diese These wird durch eine zusätzliche Betrachtung der Wählerbewegungen unter den Parteien gestützt. Die Hindenburgkolonie war seit der Mitte der 20er Jahre die Hochburg der Rechtsliberalen mit 1928 = 13,8 % und 1930 immerhin noch 9,5 %. Im April 1932 erhielt die DVP dann in diesem Wohngebiet nur noch 6 Stimmen. Da bis auf ganz leichte Gewinne des Zentrums und der KPD auch alle anderen Parteien verloren, erscheint nur eine Abwanderung zur NSDAP naheliegend.

Daß es insbesondere die Wähler der liberalen Parteien waren, die zur NSDAP wechselten, wird auch dadurch bestätigt, daß beide Parteien vor 1930 im Stimmbezirk II, der nach der Neuaufteilung am ehesten der Hochburg der NSDAP, dem Stimmbezirk V, entsprach, am stärksten waren. Hier lagen die größeren Geschäftshäuser und handwerklichen Betriebe des alteingesessenen renommierten Mittelstandes. Die Hochburg der Wirtschaftspartei im alten Stimmbezirk IV verweist darauf, daß diese Partei die Masse ihrer Anhänger eher bei den Kleingewerbetreibenden, den Handwerkern und Händlern fand. 1932 lagen ihre Wohngebiete hauptsächlich im Stimmbezirk VI. Die Beziehung zu überdurchschnittlichen NSDAP-Wahlergebnissen ist nicht so eindeutig.

In Ahlen lagen die drei Hochburgen der NSDAP in den Stimmbezirken 16, 17 und 18 (vgl. Tab. 15). Hier wurden zum Teil doppelt so hohe Prozentzahlen erreicht wie im städtischen Durchschnitt. Bis zur Juliwahl stand der Bezirk 17 an erster Stelle und wurde dann vom Bezirk 16 abgelöst. Wieder fällt auf, daß der Mittelstand dominierte und Bergleute kaum vertreten waren. Im Bezirk 17 gab es mit Abstand die meisten Kaufleute (15,6 %) und zusätzlich den höchsten Prozentsatz an Beamten (5,8 %). Im Bezirk 18 wohnten die meisten Handwerkermeister und Gesellen (14,9 %). Im Bezirk 16 wiederum gab es den höchsten Prozentsatz von Angestellten in der Stadt (5,4 %) und den zweithöchsten Beamtenanteil (5 %). Alle drei Stimmbezirke lagen eng beieinander im Nordosten der Stadt, wo sich auch die evangelische Schule und Kirche befanden. Leider war es nicht möglich, die konfessionelle Zusammensetzung der Stimmbezirke zu ermitteln.[210] Trotzdem läßt sich mit Sicherheit davon ausgehen, daß hier die meisten Protestanten der Altstadt wohnten, denn alle drei Stimmbezirke waren auch Hochburgen der Parteien, die ganz überwiegend von Protestanten gewählt wurden. Das zeigen nicht nur die Ergebnisse für die DVP, Staats- und Wirtschaftspartei in Tab. 15, sondern noch

---

210 Aufgrund unsachgemäßer Lagerung sind fast alle Dokumente des evangelischen Kirchenarchivs in Ahlen unbrauchbar.

deutlicher die verschiedenen Kommunalwahlen mit ihren vom evangelischen Mittelstand getragenen Listenverbindungen (vgl. Kap. III.B1). Unter diesen Bedingungen läßt sich vermuten, daß in diesen drei Stimmbezirken neben der Schichtzugehörigkeit vor allem der konfessionelle Faktor bei der Wahl der NSDAP eine Rolle spielte.

Als weitgehend resistent gegenüber dem Nationalsozialismus erwiesen sich die fünf Stimmbezirke der „alten" Kolonie (Nr. 3 bis 7) und die zwei Bezirke der erst 1927 errichteten „neuen" Kolonie (Nr. 8 und 9). Dabei muß berücksichtigt werden, daß lediglich die Stimmbezirke 6 und 7 ausschließlich Werkswohnungen der Zeche umfaßten. Zu allen anderen Bezirken waren Wohngebiete hinzugetreten, die Eigenheime und Häuser von Siedlungsgesellschaften umfaßten. Eine interessante Struktur weist der Bezirk 4 auf. Neben Bergarbeiterwohnungen umfaßte er die gesamte „Beamtenkolonie" der Zeche. Ihre Bewohner stellten hier 19 % der Wähler (wodurch die Berufsgruppe 3 am zweitstärksten im Stadtgebiet vertreten war). Selten deutlicher als hier zeigt sich, daß es insbesondere die Steiger und Angestellten der Zeche waren, die NSDAP wählten, denn dies ist die einzige Ausnahme unter den Stimmbezirken mit hohem Bergarbeiteranteil, wo die Prozentzahlen für die NSDAP über dem Durchschnitt lagen. Im Vergleich zwischen „neuer" und „alter" Kolonie fällt auf, daß im März 1933 die Zunahme der NSDAP und umgekehrt die Verluste für die KPD im Stimmbezirk 8 besonders gravierend ausfielen (NSDAP + 11, KPD – 15,8 %), während sich dies im Innern der alten Kolonie (Stimmbezirk 6) in Grenzen hielt (NSDAP + 10, KPD – 6,2 %). Dies könnte ein Hinweis darauf sein, daß die längeren Traditionen der Arbeiterbewegung eine Rolle spielten. Immerhin lag der Anteil für die KPD im Stimmbezirk 6 und 7 im März 1933 noch bei rund 60 %, was in Anbetracht des Machtwechsels und der bereits begonnenen Unterdrückung der Arbeiterbewegung auf eine erstaunlich hohe Resistenz hindeutet.

Wenn auch in etwas abgeschwächterer Form als in den Wohngebieten der Bergleute, zeigten sich auch die Hochburgen des Zentrums als relativ immun gegenüber dem Nationalsozialismus. Dies betraf vor allem die Stimmbezirke 12 und 15, wo das Zentrum noch bis zum November 1932 über 55 % der Stimmen bekam. Im März 1933 waren die Einbrüche allerdings größer als in Bezirken, in denen das Zentrum in der Minderheit war. Nur in der Kolonie (Bezirk 3, 5, 6 und 7) konnte das Zentrum sogar noch zulegen. Unter Berücksichtigung des niedrigen Arbeiteranteils und der starken mittelständischen Gruppen in seinen Hochburgen, läßt dies den Schluß zu, daß es zunächst die bürgerlichen Zentrumsanhänger waren, die im März 1933 zur NSDAP wechselten, und nicht ihr „Arbeiterflügel".

Dies wird auch durch einen Blick auf den Stimmbezirk 14 untermauert. Er weist den höchsten Anteil „sonstiger Arbeiter" auf. Dabei handelte es sich insbesondere um Fabrikarbeiter der Emailleindustrie, die mehrheitlich in den christlichen Gewerkschaften organisiert waren. Hier blieb die NSDAP weit unter dem Durchschnitt und das Zentrum stabil. Anders als in Kamen, wo sich ein hoher Anteil „sonstiger Arbeiter" in einem Stimmbezirk und ein hoher Prozentsatz für die NSDAP nicht ausschlossen, stand die Arbeiterschaft kleinerer Fabriken in Ahlen dem Nationalsozialismus also ähnlich ablehnend gegenüber wie die Bergarbeiterschaft.

Die historische Wahlforschung hat das Bild der NSDAP als „Partei des radikalisierten Mittelstandes" längst differenziert.[211] Nach Falter war sie eher eine „Volkspartei des Protestes", die es mehr als jede andere Partei verstand, alle sozialen Schichten unter dem Vorzeichen der Volksgemeinschaft zu integrieren. Zwar habe sie einen „Mittelstandsbauch" gehabt, doch wählten sie auch Arbeiter und Angehörige der Oberschicht in erstaunlich hohem Maße.[212] Dabei spielte der religiöse Hintergrund und die Zugehörigkeit zu unterschiedlichen „politischen Lagern" eine wesentliche Rolle.[213] Hamilton konnte beispielsweise durch die Analyse von 14 deutschen Großstädten nachweisen, daß die NSDAP gerade in den Wohnvierteln der Ober- und oberen Mittelschicht überdurchschnittlich gut abschnitt.[214] Kamen scheint dies zu bestätigen, denn die Wählerhochburg der NSDAP lag gerade um den alten Markt, wo die größten Kaufhäuser und renommierten Handwerksbetriebe zu finden waren. Die Ahlener Stimmbezirksanalyse macht zudem auf die Berücksichtigung des „religiösen Faktors" aufmerksam. Mehr noch als die Zugehörigkeit zu einer bestimmten Berufsgruppe scheint der protestantische Hintergrund den Ausschlag für die NSDAP-Wahl gegeben zu haben.

In Bezug auf die Arbeiterschaft zeigen die Vergleichsstädte, daß die Bergleute weitgehend immun blieben. Erst im März 1933 sind größere Einbrüche zu verzeichnen. Wenn die NSDAP auch proletarische Wähler mobilisierte, so stammten diese aus der Schicht „sonstige Arbeiter". Wie angedeutet, fallen hierbei allerdings Unterschiede auf. Die in den christlichen Gewerkschaften organisierten Emaillearbeiter Ahlens waren deutlich resistenter als die Arbeiter der patriarchalisch geprägten Kleinindustrie Kamens. Auch in Bezug auf die Einbrüche im März 1933 lassen sich zwischen den Vergleichsstädten interessante Abweichungen feststellen: In Ahlen lag der Zuwachs für die NSDAP zwischen November 1932 und März 1933 stadtweit bei 12,1 %, in den Kernbereichen der Kolonie (Stimmbezirke 6 und 7) aber nur bei 10 bzw. 8,5 %. In Kamen war dies Verhältnis genau umgekehrt: der Zuwachs an NSDAP-Wählern lag in den Bergarbeiterwohngebieten durchschnittlich bei 9,3 % und damit über dem städtischen Mittel von 8,4 %. Betrachtet man nicht die Bewegung der NSDAP-Stimmen, sondern diejenige der Arbeiterparteien, so kann man parallel dazu feststellen, daß sie bis zum November 1932 relativ konstant blieben (wobei sich die KPD in Ahlen im November 1932 noch einmal steigern konnte). Erst im März 1933 gab es dann Einbrüche von 8,7 % in Ahlen und 9,3 % in Kamen. Genau wie beim Anstieg der NSDAP-Stimmen fällt bei diesen Verlusten der Arbeiterparteien auf, daß sie in den Bergarbeiterwohngebieten in Ahlen unter dem städtischen Durchschnitt und in Kamen darüber lagen.

211 Einen Überblick gibt Kolb (1988), S. 209-211.
212 Falter (1987), S. 496 und (1992), S. 13.
213 Falter (1991), S. 101 f. und Rohe (1992), S. 152 f.
214 Vgl. Hamilton (1981).

Die Arbeiterschaft war ebensowenig wie der Mittelstand eine homogene Gruppe. Wohn- und Arbeitsverhältnisse, Tradition und Herkunft konnten sich erheblich voneinander unterscheiden. Nach Rohe hing die Anfälligkeit unterschiedlicher Arbeitergruppen ganz erheblich von ihrer „historischen Vorprägung" ab.[215] Wenn auch in sehr unterschiedlichem Ausmaß, so kann sich doch keine soziale Schicht davon freisprechen, den Verlockungen der NSDAP nachgegeben zu haben. Im letzten Kapitel soll dies noch genauer untersucht werden.

215 Rohe (1992), S. 155.

Kapitel VI:
Reaktionen auf den Nationalsozialismus

„Noch immer steht die Forschung trotz der quantitativ bedeutenden Untersuchungen aus sozialgeschichtlicher und politologischer Sicht eigentlich ratlos vor der Frage, warum kein Funke, kein flächendeckender Brand entfacht werden konnte, der den doch in Schrift und Bild erkennbaren Kult mit dem ‚Rüstzeug von Barbaren' hätte stoppen können."[1]

Das Zitat stammt aus einem Aufsatz von Peter Friedemann, in dem er am Beispiel der Maiumzüge zeigt, daß selbst in der organisierten Arbeiterschaft „eine Rezeptionsbereitschaft für die Faszination der nationalsozialistischen Massenaufmärsche seit 1933 vorhanden gewesen sein muß".[2] Dies ist nur ein besonders markantes Beispiel dafür, daß letztlich keine soziale Gruppe oder Partei behaupten konnte, den Verlockungen der NS-Bewegung keinen Raum gegeben zu haben.

In diesem letzten Kapitel wird versucht, die unterschiedliche Verantwortung der wichtigsten Gruppen aus Arbeiterschaft, Mittelstand und Oberschicht für den Aufstieg des Nationalsozialismus zu untersuchen. Dabei sollen die Reaktionen auf diese Herausforderung vor dem Hintergrund der geschilderten strukturellen Bedingungen und politischen Traditionen betrachtet werden.

A. Stärken und Schwächen der Arbeiterbewegung

1. Vor dem Machtwechsel

Die dominierende Kraft der Kamener Arbeiterbewegung war die Sozialdemokratie. Sie war schon vor dem Ersten Weltkrieg in der Lage gewesen, über 40 % der Wähler zu erreichen und ein dichtes Vereinsnetz aufzubauen. Vor allem die zugewanderten Bergleute, die in der Regel in den großen 12-Familien-Häusern der GBAG wohnten, sahen in der Sozialdemokratie eine politische Kraft, die ihrer Lebens- und Arbeitssituation sowie ihren Interessen gegenüber den Alteingesessenen am besten Ausdruck verlieh. Wer Kamen nicht nur als „Durchgangsstation" ansah, wurde durch den „Alten Verband" und die zahlreichen sozialdemokratischen „Vorfeldorganisationen" fest an die SPD gebunden. Dies zeigte sich in der strikten Einhaltung der „Burgfriedenspolitik" während des Ersten Weltkrieges und dem Ausbleiben einer dauerhaften Radikalisierung im Gefolge der Novemberrevolution (vgl. Kap. II.B). Die KPD blieb relativ schwach, während die SPD bei den Reichstagswahlen der Weimarer Zeit durchweg 30 bis 40 % der Stadtbewohner erreichte. Zwischen

---

1 Friedemann (1991), S. 183.
2 Ebenda, S. 184.

dem Juli 1932 und dem März 1933 verlor sie allerdings über 10 % (nimmt man die Kommunalwahlen am 12.3.1933 mit dazu, dann waren es sogar 17 %). Am auffälligsten ist aber, daß die Bergarbeiterschaft im März 1933 mehrheitlich einen NSBO-Betriebsrat wählte.

Wie stark die Sozialdemokratie allein mit dieser Schicht verbunden blieb, zeigt eine Auswertung der Berufe ihrer Funktionäre und Stadtverordneten. Hier dominierten zu 90 % die Belegschaftsmitglieder der örtlichen Schachtanlage. Aus der ganzen Weimarer Zeit sind nur drei Angestellte bekannt, und hier und da einmal ein Maurer oder Anstreicher. Außer einem „Metallgießer" sind keine Arbeiter kleinerer Fabriken oder Betriebe zu finden!

Die letzteren blieben mehrheitlich im protestantisch-nationalen Lager, d.h. sie orientieten sich an der DVP oder DNVP. Die Anfälligkeit dieser Arbeiterschichten für den Nationalsozialismus, die sich ebenfalls deutlich durch die Wahl von NSBO-Betriebsräten im März 1933 zeigte, steht daher in engem Zusammenhang mit der Rechtsentwicklung dieser Parteien. Als eine Schwäche der Sozialdemokratie bleibt aber festzuhalten, daß sie es in Kamen nicht verstanden hat, sich für bergbauunabhängige Arbeiterschichten zu öffnen.

Wenn es zutrifft, was Rohe und andere vermuten, daß der Grad der „Distanz zur bürgerlichen Hegemonialkultur" ausschlaggebend für die Resistenz gegen den Nationalsozialismus war,[3] so muß noch einmal daran erinnert werden, daß auch die Kamener Bergleute Ende der Weimarer Zeit in hohem Maße in die lokale Gesellschaft integriert waren. Sie wohnten über die gesamte Stadt verteilt und stellten mit ihren Angehörigen rund die Hälfte der Einwohner. Viele waren schon in Kamen geboren und gingen in die gleichen Schulen, Kirchen und Vereine wie andere soziale Gruppen auch (vgl. Kap. II.A3). Wer nicht den Arbeiterparteien nahe stand, hatte die herrschende „protestantische Mittelklassenmoral" weitgehend verinnerlicht. Selbst von den Mitgliedern der KPD und SPD muß vermutet werden, daß sie ideologisch weit weniger gefestigt waren, als die marxistischen Intellektuellen glaubten, und daß sie voller „kleinbürgerlicher Vorurteile" und „autoritärer Denkweisen" stecken konnten.[4]

Am Ende der Weimarer Zeit unterstützten rund 80 % der Kamener Zechenbelegschaft den sozialdemokratisch orientierten Bergarbeiterverband. Für seine innere Struktur ist es nicht uninteressant im Auge zu behalten, daß er nahezu 30 % der ehemaligen Wähler des Christlichen Gewerkvereins übernommen hatte. Als Reaktion auf die Ablehnung der Einheimischen und die turbulente Nachkriegszeit waren die katholischen Zuwanderer offenbar weit seltener als in Ahlen zur KPD gegangen. Die Mehrheit fand den Weg zur SPD, zu einer „staatstragenden" Partei also, die ihren Schwerpunkt in Kamen ganz auf den Ausbau der Mitbestimmung im Betrieb und in der Kommunalpolitik ausgerichtet hatte.

---

3 Vgl. Rohe, Jäger, Dorow (1990), S. 490.
4 Hierzu ausführlich: Winkler (1988), S. 146 f., wo er die empirische Untersuchung von Erich Fromm „Arbeiter und Angestellte am Vorabend des Dritten Reiches" rezipiert.

Alle leitenden Funktionen innerhalb der SPD-Ortsgruppe, ob Parteivorstand oder Sprecher der Stadtverordnetenfraktion, wurden ohne Ausnahme von Betriebsratsmitgliedern der Zeche besetzt. Die pragmatische, gemäßigte Politik der Gewerkschaftsfunktionäre bestimmte somit die Grundeinstellung der Sozialdemokratie vor Ort.

Fast ein Drittel der Bergleute war in den 20er Jahren in die Wohnungen der gemeinnützigen Siedlungsgesellschaften oder der Hindenburgkolonie gezogen. Dazu gehörten auch die Funktionäre (vgl. Kap. II.A1). Da die Hochburgen der Sozialdemokratie weiterhin in den 12-Familien-Blocks der Zeche lagen, wurde damit schon rein räumlich gesehen ein gewisser Abstand zu den Wählern hergestellt. Die einfachen Gewerkschafts- und Parteimitglieder hatten sich längst daran gewöhnt, die Interessenvertretung und das politische Handeln auf ihre Stellvertreter zu übertragen. Die gepriesene gewerkschaftliche Disziplin, die sich während des Ersten Weltkrieges und danach durch strikte Befolgung der Leitungsbeschlüsse gezeigt hatte, wirkte sich mehr und mehr in mangelnder Spontaneität und im Rückzug aus der aktiven Mitarbeit aus.

Selbst in der Zeit der Weltwirtschaftskrise, als die sozialen Gegensätze wieder zunahmen, blieb die Klage der Funktionäre über die mangelnde Teilnahme an Gewerkschafts- und Parteiversammlungen ein Dauerthema. Die Großveranstaltungen des Reichsbanners oder der Eisernen Front mit bekannten Rednern zogen maximal 500 bis 600 Besucher an, während die Nationalsozialisten es nie schwer hatten, den größten Saal der Stadt zu füllen. Am 6.4.1932 beispielsweise, kurz vor dem zweiten Durchgang der Reichspräsidentenwahl, fanden in Kamen gleich drei Veranstaltungen statt: Für das Zentrum entschieden sich 130, für die Eiserne Front 500 und für die Nationalsozialisten 1200 Zuhörer. Dabei hatte die NSDAP im Gegensatz zu den anderen Veranstaltern nicht einmal einen auswärtigen Redner vorzuweisen.[5]

Selbst wenn die Sozialdemokraten besondere Anreize boten, blieb das Interesse gering. Auf einer Versammlung am 13.9.1930, einen Tag vor der Reichstagswahl, sollte laut Zeitungsbericht mit den „neuesten Mitteln der Werbetechnik" gearbeitet werden. Man zeigte zunächst einen Tonfilm, der Wahlreden bekannter Parteiführer vorstellte. Im Anschluß daran war dann noch ein lustiger Trickfilm angekündigt. Trotzdem war der Besuch äußerst schwach. In der Begrüßung hieß es sarkastisch, „daß man keine Nazi-Versammlung veranstalte, deshalb sei der Saal auch nicht so besetzt". Der Redner des Abends war der Kreisvorsitzende des Reichsbanners. Er warnte davor, „neuen Heilsverkündern nachzulaufen, die zu 90 Prozent vor dem Kriege noch auf der Schulbank gesessen und den alten Staat niemals gekannt hätten". Im weiteren Verlauf wurde der NSDAP-Führer Wilhelm Meinberg „einer besondern Kritik" unterzogen, und man wies darauf hin, daß die Regierung Brünings durch das entschlossene Handeln der SPD zum Sturz gebracht worden sei. Die Schuld an der Wirtschaftskrise sah der Redner im Großkapital und forderte

---

5   Vgl. Kamener Zeitung vom 7.4.1932.

„die Sozialisierung der Betriebe, die sich nicht mehr vom Interesse am Volksganzen leiten ließen". Über das Ende des Vortrags, hieß es:

„Mit dem Aufruf, in alter Treue zu den Arbeiterführern zu stehen, selbst wenn auch hier und da einer versagt habe, und mit dem Glauben an die Macht der sozialistischen Idee schloß der Sprecher."[6]

Geht man davon aus, daß der Zeitungsbericht auch nur annähernd den Ablauf der Veranstaltung wiedergibt, läßt sich daran schon fast die gesamte Problematik der Sozialdemokratie am Ende der Weimarer Zeit ablesen:

- Unterschätzung der nationalsozialistischen Gefahr als Bewegung jugendlicher Heilsverkünder, die etwas ähnliches wie den alten Staat wiederherstellen wollten,
- fehlende Klarheit über die Ursachen der Weltwirtschaftskrise,
- Konzeptionslosigkeit in Bezug auf Wege zu ihrer Überwindung,
- undurchsichtige Haltung zu Brüning, dessen Präsidialregierung trotz aller unpopulären Notverordnungen nach der Wahl von der SPD toleriert wurde,
- Überschätzung der anhaltenden Wirkung bloßer Appelle an die Parteidisziplin und die Treue der Anhänger, ohne gleichzeitig Kampfbereitschaft und wirkungsvolle Maßnahmen zu demonstrieren.

Trotz großer Mitgliederzahl, gut ausgebautem Organisationsnetz und verbalem Radikalismus gelang es der Sozialdemokratie offenbar nicht annähernd, die gleiche Anziehungskraft wie die Nationalsozialisten aufzubringen. Ganz davon zu schweigen, daß man kaum noch positive Visionen zu bieten hatte und keine überzeugenden Wege zur Überwindung der Krisenerscheinungen aufzeigte. Die SPD hatte „weitgehend das Zutrauen zu sich selbst und vor allem die Fähigkeit verloren, jenseits von Vernünftigkeit, Legalitätsdenken und Staatsräson, an das Gefühl der Massen auch emotional wirkungsvoll zu appellieren".[7]

Statt dessen verlor man sich ganz in den alten Strukturen der „inneren" Parteiarbeit und vernachlässigte die politische Arbeit nach „außen". 1930 fanden beispielsweise insgesamt 18 Veranstaltungen der SPD statt, darunter aber nur drei öffentliche, die übrigen verteilten sich auf acht Mitglieder- und sechs Fraktionsversammlungen. 1931 sah es bei 19 Veranstaltungen nicht anders aus.[8] Die Partei selbst reagierte auf die Herausforderungen der Weltwirtschaftskrise und des Nationalsozialismus nicht mit verstärkter Aktivität.

Die bei den Arbeiterkulturvereinen im Verlauf der Weimarer Republik oft beschriebene Tendenz der Abschwächung des Gegensatzes zur „herrschenden Kultur" bzw. der „gegenkulturellen Konturen"[9] war in Kamen besonders weit gediehen.

---

6 Kamener Zeitung vom 14.9.1930.
7 Broszat (1990), S. 149.
8 Nach einer Auswertung der Kamener Zeitung.
9 Vgl. Winkler (1988) S. 122 und von Saldern (1986), S. 39. Interessant ist in diesem Zusammenhang auch die Kontroverse zwischen Lösche/Walter (1989) und Wunderer (1992) über die Frage, ob die Arbeiterkulturvereine im Verlauf der Weimarer Zeit ihre Blüte oder ihren Niedergang erlebten.

Weder ein abgeschlossenes Wohngebiet noch eine konsequente Oppositionspartei wirkte dieser Entwicklung entgegen. Typische sozialdemokratische „Vorfeldorganisationen" waren Anfang der 20er Jahre eingegangen, und in vielen „bürgerlichen" Freizeitvereinen lassen sich SPD-Mitglieder nachweisen.

Im Verlauf der Weltwirtschaftskrise ist nun zu beobachten, daß einige Arbeitervereine reorganisiert wurden. Dies betraf z.b. den Arbeiterradfahrerverein „Solidarität", sowie Arbeiterjugend und Frauengruppen. 1931 wurde eine spezielle Arbeitsgemeinschaft zur Koordinierung der vielfältigen sozialdemokratischen Aktivitäten in der Stadt gegründet.[10] Die Zuspitzung sozialer Gegensätze während der Krise bewirkte offenbar, daß die Bedürfnisse nach selbständigen Vereinen wieder zunahmen. Trotz der Abgrenzung vom Bürgertum reihten sich diese Vereine allerdings nicht in eine aktive Abwehrfront gegen den Nationalsozialismus ein. Im Gegenteil – die Vereinsarbeit wurde zunehmend unpolitischer. Man schloß die Kommunisten aus und betonte seine Unabhängigkeit von der SPD. Die Führung des Arbeiter-Turn-und Sportbundes beispielsweise ging Anfang 1933 letztendlich so weit, die Nationalsozialisten um Aufnahme in die neue „Volksgemeinschaft" zu bitten.[11]

Den Kampf gegen die Nationalsozialisten überließ man fast ganz dem Reichsbanner.[12] Viele Sozialdemokraten glaubten offenbar, durch reine Mitgliedschaft in dieser Organisation genügend zur Abwehr der NS-Bewegung beizutragen. Das Reichsbanner trug durch den Aufbau einer eigenständigen Handballabteilung, eines Trommlercorps und einer Jugendgruppe weiter zur Zersplitterung der sozialdemokratischen Bewegung vor Ort bei. Anfang 1931 baute man zusätzlich eine „Schutzformation" auf, die im wesentlichen aus arbeitslosen Bergleuten bestand und zur „Sicherung" der öffentlichen Kundgebungen diente.

Die „Schufo"-Abteilungen begannen sich zu uniformieren, Geländeübungen durchzuführen und den militärischen Stil der SA zu kopieren. Sie lieferten sich tagelange Straßenschlachten mit den Nationalsozialisten. Deutet es aber wirklich auf Stärke hin, wenn man sich auf das Niveau seines Gegners einließ, zum Teil auch einzelne Nationalsozialisten überfiel und zusammenschlug?[13] Belastete nicht selbst eine gewonnene Saalschlacht in den Augen vieler Bürger die Republik und wirkte somit trotzdem im Sinne der Nationalsozialisten? Herbert Klein beispielsweise hat solche Zusammenstöße aus verschiedenen Orten des nordöstlichen Ruhrgebiets aneinandergereiht und meint daraus einen starken „antifaschistischen Abwehrkampf" der Arbeiterbewegung ableiten zu können.[14]

Der Häufung gewaltsamer Zusammenstöße in Kamen steht jedenfalls eine unterentwickelte inhaltliche Auseinandersetzung gegenüber. Sie blieb auf wenige Schlagworte begrenzt. Von innerparteilicher Schulung, durchdachten Konzepten

---

10 Vgl. Kamener Zeitung vom 20.5.1931.
11 Hierzu ausführlich: Überhorst (1973), S. 250 f.
12 Wo es diese „harmonische Arbeitsteilung" zwischen SPD und Reichsbanner gab, war die Sozialdemokratie in der Regel „sehr gemäßigt", vgl. Rohe (1966), S. 319.
13 Beispiele dafür bei Rennspieß (1992), S. 238 f.
14 Vgl. Klein (1979), S. 9 und (1980), S. 84.

Mauerparole in Kamen.

und öffentlichkeitswirksamen Reaktionen auf die NS-Bewegung ist kaum etwas zu finden.[15]

Mit der Gründung der „Eisernen Front" im Februar 1932 versuchte die Kamener Sozialdemokratie, die parteinahen Organisationen zu einer gemeinsamen Abwehr des Nationalsozialismus zusammenzufassen. Die Leitung bestand aus drei Personen und setzte sich aus den Ortsgruppenvorsitzenden der SPD, der Bergarbeitergewerkschaft und des Reichsbanners zusammen. Das Reichsbanner stellte außerdem zwei „technische Leiter".[16] 1932 fand im Schnitt einmal im Monat eine politische Veranstaltung statt, auf der man sich mit dem Nationalsozialismus beschäftigte. Die Versammlungen standen z.B. unter dem Motto „Nazis, was wollt ihr?", „Demokratie oder Faschismus" und „Die Verderber Deutschlands! Müssen Köpfe rollen?"[17]

Man kann zunächst eine spürbare Belebung der Aktivitäten konstatieren. Trotzdem blieben die Gegner des Nationalsozialismus in der Defensive. Im Juli 1932 richtete man am Markt eine Geschäftsstelle der Eisernen Front ein. Am Tag der Eröffnung fand eine Kundgebung statt, auf der ein Sprecher der SPD in Anspielung auf vorangegangene Unruhen in der Stadt ausführte,

„daß die Ereignisse es notwendig gemacht haben, der Bevölkerung von Kamen einmal zu zeigen, daß auch noch Republikaner vorhanden seien".

Weiter gab er der Hoffnung Ausdruck, „daß die irregeleiteten SA-Leute einmal wieder zur Eisernen Front stoßen würden" und schloß mit den Worten „Friede auf Erden und den Menschen ein Wohlgefallen".[18]

---

15 Allgemein zur sozialdemokratischen Einschätzung der NSDAP, vgl. Pyta (1989), S. 23 f.
16 Vgl. Kamener Zeitung vom 13.2.1932
17 Vgl. Rennspieß (1992), S. 278 f.
18 Vgl. Kamener Zeitung vom 9.7.1932.

Die „bloße Existenz der Organisation" wurde als Machtfaktor demonstrierend gezeigt, „aber nicht eingesetzt", wie sich besonders nach dem Preußenputsch zeigte.[19] Als die Parteiführung der SPD nach diesem offenen Verfassungsbruch lediglich juristische Schritte ankündigte, trat das Mißverhältnis zwischen legalistischem Kurs und dem in Kundgebungen dokumentierten Abwehrwillen deutlich zutage. Laut Kamener Zeitung versicherten die Führer der Eisernen Front auf einer Protestveranstaltung nach dem Preußenschlag:

„Für die Republikaner ergebe sich nunmehr die Aufgabe, erst recht Ruhe und Disziplin zu wahren, um die Reichstagswahlen durchzuführen."[20]

Allerdings waren Reichsbannermitglieder in Uniform auch auf einer KPD-Veranstaltung aufgetaucht und hatten sich für Einheitsfront und Streikmaßnahmen ausgesprochen (vgl. Kap. V.A2). Hier deutet sich an, daß nicht alle mit der offiziellen Politik einverstanden waren. Schon früher hatte es auf Veranstaltungen in Bezug auf die Tolerierungspolitik gegenüber Brüning kritische Nachfragen gegeben.[21] Auf einer Wahlkampfveranstaltung der Eisernen Front für Hindenburg sagte ein Besucher:

„Es gibt noch aufrechte Demokraten, die es heute als eine starke Zumutung empfinden, daß man den Feldmarschall von Hindenburg wählen soll ... Er ist derselbe Militarist von damals geblieben. Wenn sich die Parteien der Linken heute an die Rockschöße dieses Mannes hängen, so ist es beschämend, ... Aber es geht ja mit der Sozialdemokratie seit langem bergab. Ja, wir sind weit gekommen! Die Sozialdemokratie hat nicht nur Brüning und Hindenburg toleriert, nein, sie toleriert immer weiter, sie wird auch Hitler tolerieren."[22]

Ohne die sachliche Notwendigkeit der Tolerierungspolitik auf Reichsebene bewerten zu wollen,[23] zeigt sich am Beispiel Kamens, daß die Stillhaltetaktik der SPD-Führung die sozialdemokratische Abwehrfront vor Ort geschwächt hat.[24]

Die Nationalsozialisten nutzten diese Situation geschickt für ihre Propaganda. Besonders Gauleiter Wagner vergaß nie zu betonen, daß die SPD „mit dem Zentrumskanzler Brüning auf Gedeih und Verderb verbunden" sei.[25] Man glossierte die „Tragik der Sozialdemokratie, die als Hüter der Demokratie der Diktatur Brünings zustimmen müsse".[26] Im Reichspräsidentenwahlkampf hieß es sogar, daß die NSDAP mit Hitler nur deshalb einen eigenen Kandidaten aufstelle, da selbst der ehrwürdige Generalfeldmarschall die Notverordnungen Brünings stütze.[27]

Anfang 1931 traten noch NS-Redner auf Veranstaltungen des Reichsbanners auf. Sie betonten gerne, daß jeder Hinweis fehle, „wie man aus der deutschen Not

---

19 Vgl. Plum (1974), S. 358/359.
20 Kamener Zeitung vom 23.7.1932.
21 Vgl. Kamener Zeitung vom 13.10.1931.
22 Kamener Zeitung vom 11.3.1932.
23 Vgl. Matthias (1984), S. 103 f.
24 Ähnlich Goch (1990a), S. 351 f. am Beispiel Gelsenkirchens.
25 Kamener Zeitung vom 9.3.1931.
26 Kamener Zeitung vom 24.10.1931.
27 Vgl. Kamener Zeitung vom 2.3.1932.

herauskomme".[28] Über die Ursachen der Krise lassen sich in der Tat nur ganz allgemeine Aussagen finden, die darauf hinausliefen, daß der verlorene Krieg und die Rationalisierung der Wirtschaft Schuld seien.[29] Ein Konzept zur Überwindung der Krise fehlte. Ähnlich wie Brüning setzte man auf konsequentes Sparen und hielt Arbeitsbeschaffungsprogramme für unfinanzierbar.[30] In Bezug auf die nationalsozialistischen Versprechungen zur baldigen Einrichtung von Arbeitsplätzen hieß es lediglich, daß auch Hitler „die Naturgesetze nicht ändern könne".[31]

So manches Mitglied wird sich demoralisiert abgewandt haben. Die Politik der Sozialdemokratie verlangte ein Verständis, das viele nicht mehr aufbrachten. Eine Abwanderung zu den Kommunisten und – wie beschrieben – auch zu den Nationalsozialisten war die Folge.

Ein weiteres Problem, das durch die passive Kooperation zwischen SPD und Brüning-Kabinett zumindest verstärkt wurde, war der Kampf der Arbeiterparteien untereinander.

Ihre geringe Stärke hielt die Kommunisten nicht davon ab, die Sozialdemokraten bei jeder Gelegenheit entschieden zu bekämpfen. Gerade der große Einfluß der SPD im Stadtparlament und im Betriebsrat der Zeche Monopol führte dazu, daß die KPD in allen scheinbar gegen die Arbeiter gerichteten Maßnahmen eine Mitverantwortung der SPD sah. Als im April 1932 beispielsweise trotz der sinkenden Einkommen der Bergleute eine Mieterhöhung in den Werkswohnungen der GBAG vorgenommen wurde, riefen die Kommunisten zum Mietstreik auf und sahen im sozialdemokratischen Betriebsrat den Hauptschuldigen.[32] Als die Sozialdemokraten die Forderung der Erwerbslosen nach kostenloser Bereitstellung von Kohlen und Kartoffeln angesichts der leeren Stadtkasse für illusorisch erklärten, waren sie die „treuesten Gralshüter des bankrotten Kapitalismus".[33] Nach Ansicht der KPD bewies die Kamener SPDFührung, „daß sie der Zwillingsbruder des Faschismus ist, und sie dem Kanzler Papen hilft, sein Hungerprogramm durchzuführen."[34]

Bei den Sozialdemokraten war es andererseits gang und gäbe, „Nazis" und „Kozis" als Feinde der Demokratie gleichzusetzen.[35] Wie weit die gegenseitigen Ressentiments gingen, zeigte sich am Grab des erschossenen Reichsbannermannes. In seinem Beerdignungszug formierten sich 55 Fahnenabordnungen und 1200 Schufo-Leute aus dem gesamten Gau Westliches Westfalen. Die Leitung untersagte den Kommunisten jedoch die Entfaltung ihrer Fahnen.[36]

---

28 Kamener Zeitung vom 26.3.1931.
29 Vgl. hierzu beispielsweise: Kamener Zeitung vom 26.3. und 14.8.1931. Auf einer Veranstaltung Ende November 1931 hieß es, die Krise sei „nur international zu beheben", vgl. Kamener Zeitung vom 28.11.1931.
30 Allgemein zur Wirtschaftspolitik der SPD in der Krise, vgl. Gates (1974).
31 Kamener Zeitung vom 11.3.1932.
32 Vgl. der Kämpfer vom 5.4. und 7.4.1932.
33 Der Kämpfer vom 24./25.12.1932.
34 Der Kämpfer vom 1.10.1932.
35 Vgl. Kamener Zeitung vom 7.11.1931.
36 Westfälischen Anzeiger vom 4.8.1932.

Während der Weltwirtschaftskrise hatte die Arbeiterschaft unter erheblichen Verlusten des Realeinkommens zu leiden. Drei massive Lohnkürzungen trafen die Bergleute. Die KPD-Spitzen riefen jedesmal zu Abwehrstreiks auf. Dies wurde vom „Alten Verband" abgelehnt. Angesichts seiner „leeren Kassen" und der großen Arbeitslosigkeit glaubte er, den Arbeitskampf nicht mehr wirkungsvoll einsetzen zu können. In Kamen erreichte die Streikpropaganda der KPD im Januar 1932 ihren Höhepunkt. In den frühen Morgenstunden des 4.1.1932 besetzten ihre Anhänger die wichtigsten Zugangswege zur Schachtanlage Grillo. Nach Darstellung der Polizei und der Presse versuchten sie, die Bergleute, die sich auf dem Weg zur Arbeit befanden, gewaltsam zurückzuhalten. Es soll sich um „mehrere hundert Kommunisten" gehandelt haben, die „aus der näheren und weiteren Umgebung" herangezogen worden seien.[37] Polizei und Werkschutz waren jedoch gut vorbereitet und hatten die Situation nach kurzer Zeit wieder unter Kontrolle. Mit zwei Stunden Verspätung konnte die Morgenschicht einfahren. Sechs Kommunisten wurden „auf frischer Tat" festgenommen, neun weitere im Laufe des Vormittags. Bezeichnend ist, daß nur vier davon Bergleute waren, dagegen aber fünf Maurer bzw. Bauarbeiter, fünf sonstige Arbeiter und ein Händler.[38] Die Aktion wurde von der SPD als „kommunistischer Terrorakt" abgelehnt. Einige Funktionäre beteiligten sich aktiv an der „Niederschlagung".[39]

Der Graben zwischen den Arbeiterparteien konnte kaum noch tiefer sein. Die KPD hatte nur unter den Arbeitslosen einigen Einfluß (z.B im Erwerbslosenausschusses, vgl. Kap. IV.A2), aus den Betrieben und der Zeche war sie fast ganz verdrängt. Damit kamen zu den politischen auch noch soziale Gegensätze: „Denn nun standen die Sozialdemokraten sozusagen als die Partei der noch beschäftigten Arbeiter, der Satten, den Kommunisten als der Partei der Arbeitslosen, der Hungernden, gegenüber."[40] Die sozialdemokratischen Führer, die infolge ihrer Tolerierungspolitik die traditionelle Waffe der Arbeiterschaft, den Streik, ungenutzt ließen, setzten allein auf Wahlerfolge. Ihre Reaktion auf die NS-Bewegung war durch ihre „bürokratisch-passive Haltung" vorgezeichnet. Für sie war der Nationalsozialismus ein „Auswuchs der Wirtschaftskrise", irrational, aus unvereinbaren sozialen Elementen bestehend und von unlösbaren politischen Widersprüchen geplagt; er mußte bald wieder auseinanderbrechen.[41]

Die Ahlener Bergarbeiterschaft war von völlig andersartigen sozialen, politischen und religiösen Strukturen geprägt als ihre Kamener Berufskollegen. Durch die separate Wohnsituation in der Kolonie war sie weitgehend abgeschottet von den „Einflüssen der bürgerlichen Hegemonialkultur". Die Belegschaft der Zeche Westfalen bestand auch am Ende der Weimarer Republik noch immer überwiegend aus

---

37 StAM, Kreis Unna, Politische Polizei, Nr. 23, Bericht der Kamener Polizei vom 8.1.1932, vgl. dazu auch Kamener Zeitung vom 4.1.1932.
38 Ausführlicher dazu: Rennspieß (1992), S. 164-166.
39 Vgl. hierzu: Kamener Zeitung vom 13.1.1932.
40 Winkler (1987), S. 117.
41 Vgl. Dorpalen (1983), S. 88.

Zuwanderern der ersten Generation, darunter ein hoher Prozentsatz von ehemaligen Landarbeitern aus dem Osten, Ausländern und Jugendlichen (vgl. Kap. I.B2). Diese hatten über alle internen Unterschiede hinaus die gemeinsame Erfahrung der sozialen Diskriminierung gemacht. Die Ablehnung der Alteingesessenen stärkte den inneren Zusammenhalt der Bergarbeiter und förderte eine separate Milieubildung. Man baute ein spezifisches Vereinswesen auf, eigene Geschäfte und Formen der nachbarschaftlichen Unterstützung. Selbst Schulen und Kirchen der Kolonie entwickelten ein andersartiges Gepräge. Man denke nur an die Weltlichen Sammelklassen und die Spannungen im Bereich der Kirchengemeinden (vgl. Kap. II.A3).

Sozialer Protest, mangelnde sozialdemokratische Tradition und die Erfahrungen der revolutionären Ereignisse im Gefolge des Ersten Weltkrieges ließen die Bergarbeiter mehrheitlich die KPD unterstützen. Im inneren Bereich der Kolonie erreichte diese Partei Wähleranteile von 70 %.

Auch wenn die Dominanz der Kommunisten in den 20er Jahren durch die Mitarbeit im „Alten Verband" und „neutraler" Arbeiterkulturverbände überdeckt wurde, zeigte sich im Zuge der neuaufbrechenden politischen Gegensätze im Verlauf der Weltwirtschaftskrise deutlich, daß sie die entscheidenden Positionen im Betriebsrat und den Vereinsvorständen besetzten. Auf der Zeche traten die Kommunisten ab 1930 wieder mit einer separaten Betriebsratsliste an. Der Stimmenanteil des „Alten Verbandes" sank von 83,8 auf 16,2 % (vgl. Tab. 9). Die Spaltung der Arbeiterkulturbewegung führte in Ahlen zum Ausschluß ganzer Vereine aus den sozialdemokratisch orientierten Dachorganisationen.[42] In der Bergarbeiterkolonie war die SPD aber zu schwach, um sich nunmehr neue „Vorfeldorganisationen" zu schaffen. Wer mit der alleinigen Regie der Kommunisten nicht einverstanden war, mußte in die „bürgerlichen" Vereine der Altstadt wechseln. Wer dies aber tat, hatte in der Kolonie mit sozialer Diskriminierung zu rechnen.[43]

Von den vielfältigen politischen Fehleinschätzungen der KPD in der Endphase der Weimarer Republik[44] wirkten sich vor Ort besonders zwei Aspekte verheerend aus: Zum einen der Glaube, daß die Weltwirtschaftskrise eine „revolutionäre Situation" heranreifen lasse, und zum zweiten die Theorie, wonach die SPD, als „Zwillingsbruder" des Faschismus, genauso zu bekämpfen sei wie die NSDAP.

Die Basis in Ahlen hat die vorgegebenen politischen Strategien der übergeordneten Parteigremien nicht immer vorbehaltlos befolgt. Man denke nur an die erwähnte mangelhafte Beteiligung am Volksendscheid zur preußischen Landtagsauflösung. Auch die im Zuge der „scharfen Linkswendung" der Partei 1928/29 beginnende separate Gewerkschaftspolitik[45] stieß in Ahlen zunächst auf spürbaren

---

42 Vgl. Rennspieß (1989), S. 223 f.
43 Eine Ausnahme bildete die Arbeiterjugendbewegung. In diesem Bereich spielte die Sozialistische Arbeiterjugend (SAJ), gestützt auf enge Kontakte zu Lehrern der Weltlichen Schule, eine ungleich bedeutendere Rolle als der Kommunistische Jugendverband Deutschlands (KJVD), vgl. ebenda, S. 138 f.
44 Vgl. beispielsweise die Auflistung bei Weber (1982), S. 18 f., stärker aufs Ruhrgebiet bezogen: Bahne (1974), S. 330 f.
45 Dazu ausführlich: Bahne (1974), S. 331 f.

KPD-Kundgebung auf dem Glückaufplatz der Ahlener Zechenkolonie. 1929.

Widerstand. Drei KPD-Betriebsratsmitglieder verfaßten im Juli 1929 ein Flugblatt, in dem sie sich unter der Überschrift, „Was ist die Wahrheit?" gegen die Tendenz der KPD-Führung aussprachen, „auf eine neue Union hinzuarbeiten".[46] Die drei äußerten die Vermutung, daß die Unterbezirksleitung schon den Proteststreik auf der Zeche Westfalen, der als Reaktion auf den Berliner „Blutmai" ausbrach, dazu nutzen wollte, einen Massenausschluß aus dem „Alten Verband" zu provozieren.

Der Hintergrund war folgender: Am 1. Mai 1929 hatte der sozialdemokratische Polizeipräsident Zörgiebel in Berlin auf Maidemonstranten schießen lassen, wobei 32 Menschen starben. Als die Nachricht davon in Ahlen bekannt wurde, versammelte sich die Belegschaft der Zeche, um über einen Proteststreik zu beraten. Glaubt man der Ahlener Volkszeitung, so brachte allerdings ein großer Teil der Anwesenden zum Ausdruck, „nicht wieder als Erste zu streiken und nicht für die anderen die Kastanien aus dem Feuer zu holen."[47] Erst nachdem die Funktionäre versichert hatten, daß zum Zeichen der Anteilnahme für die „Berliner Opfer" auf allen Zechen eine 24-stündige Arbeitsniederlegung beginnen würde, trat die Belegschaft geschlossen in den Streik. Obwohl sich schnell herausstellte, daß die anderen Zechen doch nicht folgten, bestand die KPD-Führung nach Ablauf der 24-Stunden-Frist auf einer Fortsetzung des Streiks. Zwei Drittel der Belegschaft ging allerdings wieder zur Arbeit. Am 6. Mai brach der Streik zusammen und die „Rädelsführer" wurden fristlos entlassen.[48]

Daß sich die verhängnisvolle Politik der KPD-Führung auch in Ahlen letztendlich durchsetzte, lag allerdings nicht nur am starren Zentralismus der Partei, sondern auch an der Politik der örtlichen Sozialdemokratie. Als Gegenpol zum

46 Das Flugblatt befindet sich in städtischem Besitz.
47 Vgl. Ahlener Volkszeitung vom 4.5.1929
48 Vgl. StAM, Oberpräsidium Münster, Nr. 7778, Hauptverwaltungsbericht für den Oberbergamtsbezirk Dortmund von 1929.

Aktivismus der KPD gab man sich besonders „gemäßigt" und suchte die Zusammenarbeit mit dem „Arbeiterflügel" des Zentrums. Dies zeigte sich in gemeinsamen Aufrufen gegen die „Streikhetze" der Kommunisten, wie auch im Bereich der Kommunalpolitik, wo man sich in einer Arbeitsgemeinschaft mit dem Zentrum befand. Auch im Reichsbanner vollzogen die Sozialdemokraten einen deutlichen Schulterschluß mit den Christlichen Gewerkschaften. Schon bei der Gründung hatte man betont, daß „Republikaner national denken und ihr Vaterland lieben", und die Kommunisten deshalb von der Mitarbeit ausgeschlossen seien.[49] Immer wieder einmal wurden auch bekannte Zentrumsredner als Referenten eingeladen.[50] Betrachtet man das Programm des Ahlener Reichsbanners im Sommer 1932, so wird allerdings deutlich, daß die Sommerfeste und Vergnügungsveranstaltungen weit mehr Raum einnahmen als politische Aktivitäten.[51]

In einem Kommentar zur Gründung der „Eisernen Front" hieß es in der Ahlener Volkszeitung, daß der Christliche Bergarbeiterverband durch seine Vertreter erklären ließ, „die Arbeit der ‚Eisernen Front' in jeder Weise zu unterstützen." Überhaupt seien viele christliche Gewerkschafter beigetreten.[52] Während des Wahlkampfes für Hindenburg gab es gemeinsame Aktionen der „Volksfront" und der „Eisernen Front".[53]

Einen Markstein auf dem Weg zur unversöhnlichen Gegnerschaft der Arbeiterparteien stellte der Bergarbeiterstreik vom Januar 1931 dar. Den Hintergrund bildete die erste große Lohnabbauinitiative der Zechenunternehmer.[54] Trotz verbaler Proteste zeichnete sich ab, daß die traditionellen Gewerkschaften dem Druck nachgeben würden. In maßloser Überschätzung ihrer eigenen Kraft glaubten die Kommunisten, nunmehr allein einen Abwehrstreik in Gang setzen zu können. Sie hofften, die Schwächen der Bewegung durch perfekte Organisation und Mobilisierung aller ihrer Nebenorganisationen auffangen zu können. „Streiksturmbrigaden" zu je acht Mann wurden gebildet, die sich auf dem Höhepunkt des Kampfes vergrößern und in „rote Betriebswehren" verwandeln sollten. Erwerbslosen-, Frauen- und Jugendstaffeln sollten die möglichen Streikbrecher „bearbeiten", die Rote Hilfe sollte das Essen für die Streikenden kochen, die Arbeitersamariter mögliche Verletzte behandeln und die Arbeitersportler „Kurierdienste" leisten.[55]

Am 2. Januar 1931 wurde die Morgenschicht der Zeche Westfalen in der Waschkaue von ihrem Betriebsrat erwartet und zum Streik aufgefordert. An diesem Morgen fuhren nur 236 der ca. 750 anwesenden Bergleute ein. Von der Mittag-

---

49 Vgl. Ahlener Volkszeitung vom 26.7.1924.
50 Vgl. Ahlener Volkszeitung vom 31.8.1931.
51 Vgl. Ahlener Volkszeitung vom 30.5.1932
52 Vgl. Ahlener Volkszeitung vom 19.2.1932. Dies steht im Gegensatz zur schroffen Ablehnung der Eisernen Front durch den reichsweiten Zentrumsvorstand, vgl. Rohe (1966), S. 394 f.
53 So z.B. eine Unterschriftenaktion, vgl. Ahlener Volkszeitung vom 16.2.1932.
54 Vgl. Tschirbs (1986), S. 369 f.
55 Für diese organisatorischen Vorbereitungen verschickte der vorbereitende Kampfausschuß in Essen Rundbriefe, die natürlich auch in den Händen der Polizei landeten, vgl. StAM, Polizeipräsidium Bochum (Nachrichtensammelstelle), Nr. 51.

schicht streikten dann sogar 92 %. Am kommenden Tag, es war ein Sammstag, stieg die Streikbeteiligung noch einmal leicht an, um dann aber in der kommenden Woche schnell zusammenzubrechen. Selbst in Ahlen, wo der Streik durchaus erfolgreich in Gang gesetzt werden konnte, war gegen die vielen hemmenden Faktoren nicht anzukommen.[56]

Gleich am ersten Streiktag kam es zu Auseinandersetzungen mit arbeitswilligen Bergleuten. Die Polizei hatte 112 Beamte in der Kolonie zusammengezogen und ging sehr scharf vor. Der Bürgermeister forderte sogar, den „Ausnahmezustand" zu verhängen und die „beruflichen Hetzer" auf „Truppenübungsplätze zu internieren". Nur so könne die „Ruhe und Ordnung" wiederhergestellt werden. Er fügte hinzu: „Bei Betrachtung der gesamten Sachlage muß noch erwähnt werden, daß die Zeche Westfalen die östlichste, tiefste, deshalb unter ungünstigsten Verhältnissen arbeitende und jüngste Zeche ist, so daß sich hier viel Menschenmaterial befindet, das die anderen Zechen abgestoßen haben, vornehmlich Ausländer."[57]

Am schwersten für die Streikenden wog das Vorgehen der Zechenleitung. Da auch kommunistische Mitglieder des Betriebsrates in der Streikleitung waren, konnte ihnen fristlos gekündigt werden. Außerdem gab die Unternehmensleitung bekannt, daß alle Bergleute entlassen würden, die am Montag, den 5. Januar, nicht wieder zur Arbeit erschienen. In der Tat wurden nach dem Zusammenbruch des Streiks 350 Bergleute nicht wieder angelegt und teilweise durch Arbeitslose ersetzt. Im Nachhinein kam es zu mehreren Prozessen, in denen über 20 Personen zu mehrmonatigen Gefängnisstrafen verurteilt wurden. Um die Stimmungsmache der örtlichen Zentrumspresse noch einmal in Erinnerung zu rufen, sei ihr Kommentar zu der Weigerung der Angeklagten zitiert, ihre Schuld einzugestehen:

„Man hat schon häufig kommunistische Landfriedensprozesse aus der Ahlener Gegend vor dem Schöffengericht in Münster erlebt, eine derartig feige Gesellschaft, wie sie jetzt vor dem Richter stand, war noch niemals dabei."[58]

Die KPD änderte nach diesem Debakel nicht etwa ihre Politik. Schuld an dem Scheitern des Streiks war in ihren Augen vor allem die Sozialdemokratie. Als endgültige Trennung von diesen „Streikbrechern" wurde am 11. Januar 1931 in Duisburg der „Einheitsverband der Bergarbeiter Deutschlands" (EVBD) gegründet. Vorsitzender wurde der Mitbegründer der Ahlener KPD, Albert Funk (vgl. Kap. II.A1).

Als der Schiedsspruch mit der sechsprozentigen Lohnkürzung am 12. Januar 1931 bekannt gegeben wurde, versuchte die KPD, den Streik noch einmal zu beleben. Das ist ein markantes Beispiel für die rücksichtslose Umsetzung übergeordneter Beschlüsse und die unrealistische Beurteilung der Verhältnisse vor Ort durch die leitenden Funktionäre. Genau wie zwei spätere Streikversuche (aus Anlaß

---

56 In Ahlen war die Streikbeteiligung an den ersten beiden Tagen die höchste im Ruhrgebiet. Im Schnitt beteiligten sich nur 14,5 % der Ruhrbergleute, vgl. StAM, Polizeipräsidium Bochum (Nachrichtensammelstelle), Bericht vom 22.1.1931.
57 StAM, Regierung Münster, VII-52, Bd. 7, Bericht vom 12.1.1931.
58 Ahlener Volkszeitung vom 29.4.1932.

Demonstration der Ahlener Bergarbeiter durch die Altstadt. 1932.

der Lohnkürzungen im September 1931 und Januar 1932) stieß dies unter den Ahlener Kumpeln kaum noch auf Resonanz, führte aber zu weiteren Entlassungen von Kommunisten und polizeilichen Verfolgungsmaßnahmen.[59]

Nach der katastrophalen Niederlage im Januar 1931 waren die Bergleute in Ahlen nicht mehr bereit, den Streikparolen der KPD zu folgen. Um so erstaunlicher ist es, daß sie ihnen weiterhin die Mehrheit im Betriebsrat verschafften. (Der Stimmenanteil ging allerdings von 63,3 auf 50,7 % zurück, vgl. Tab. 9). Offenbar drückten die Bergleute ihren Protest gegen den Sozialabbau und die Lohnkürzungen weiterhin durch die Wahl der vermeintlich radikalsten Gegner dieser Maßnahmen aus, hielten einen aktiven Kampf dagegen aber für aussichtslos. So läßt sich – ähnlich wie bei der Kamener Sozialdemokratie – ein immer größer werdender Abstand der KPD-Funktionäre von den einfachen Mitgliedern und Wählern konstatieren.

Dies zeigte sich auch durch den Aufbau einer kleinen geheimen Gruppe „zuverlässiger Leute", die hauptsächlich damit beschäftigt war, verbotene Plakate zu kleben und Flugblätter zu verteilen. Daneben sammelte man aber auch Waffen und erhielt nach einer Broschüre mit dem Titel „Der Weg zum Sieg, die Kunst des bewaffneten Aufstandes" theoretischen und praktischen Unterricht. Die Gruppe bestand aus 15 bis 20 Personen, die eher unbekannt waren und somit auch den ersten Verfolgungsmaßnahmen nach dem Machtwechsel entgingen. Vermutlich wußten auch die einfachen KPD-Mitglieder nichts davon. Die Auffassung, in der

---

59   Vgl. Rennspieß (1989), S. 257 f.

Existenz solcher Gruppen einen Beweis für ernsthafte revolutionäre Umsturzpläne der Kommunisten gefunden zu haben, ist sicher falsch.[60] Die Nationalsozialisten haben es später allerdings glänzend verstanden, Waffenfunde und Informationen über diese Gruppe für ihre Massenverhaftungen, Schauprozesse und Propaganda auszunutzen (vgl. den folgenden Abschnitt).

Die politischen Auseinandersetzungen in der Kolonie hatten immer eine starke soziale Seite. So ist es kein Wunder, daß auch während der Weltwirtschaftskrise Hungermärsche und Streikversuche gegen Lohnabbau im Vordergrund standen. Der Kampf gegen den Nationalsozialismus war eher ein selbstverständlicher Nebenaspekt. Vor Ort schienen die „Söldnerarmeen der Bourgeoisie", die „braunen Mord- und Terrorbanden" und „Volksbetrüger" kaum eine Gefahr.[61] Wie erwähnt erhielten die Nationalsozialisten vor 1933 keine Möglichkeit zum selbstständigen Auftreten in der Kolonie. Als Gefangene ihrer Ideologie vermochten die KP-Funktionäre die Ereignisse, welche die nationalsozialistische Gefahr immer bedrohlicher werden ließen, nur noch als Zeichen der „revolutionären Situation" zu begreifen.

Bis zum 30. Januar 1933 und zum Teil noch darüberhinaus richteten die Ahlener Kommunisten ihr Augenmerk in geradezu grotesker Weise auf den Kampf gegen den „sozialdemokratischen Sumpfkübel", um der SPD „die faschistische Fratze" abzureißen.[62]

Zusammengefaßt läßt sich sagen, daß auch die stark wirkende linke Arbeiterbewegung der Ahlener Zechenkolonie keinen festen Damm gegen die nationalsozialistische Brandung bildete. Der Kampf untereinander ging so weit, daß die inhaltliche und ideologische Auseinandersetzung mit der NSDAP vernachlässigt wurde. Die Strategie der KPD hatte die Aktionsbereitschaft ihrer Anhänger abgeschliffen. Die Masse der Mitglieder war arbeitslos, hatte zum großen Teil resigniert und war nicht mehr bereit, sich für abstrakte Parolen mobilisieren zu lassen. Gerade in den letzten Monaten vor Hitlers Machtübernahme war aus der „roten Kolonie" in Ahlen fast nichts mehr zu hören. Der 30. Januar führte weder zum Streik auf der Zeche noch zu Demonstrationen in der Wohnsiedlung.[63]

Bei der Reichstagswahl im März 1933 erhielt die KPD in den Stimmbezirken 6 und 7 noch immer um die 60 %. Spätestens bei den Kommunalwahlen zeigte sich dann aber ein spürbarer Einbruch. Die Koloniebewohner begannen die Entwicklung zu akzeptieren. Durch brutale Unterdrückung einerseits, andererseits aber auch durch die geschickte übernahme bestimmter Traditionen des Vereinswesens

---

60 Vgl. Winkler (1987), S. 603. Ähnliches gab es auch beim Reichsbanner, vgl. Rohe (1966), S. 369.

61 Zitate aus Flugblättern der KPD, die meist zentral hergestellt auch in Ahlen verteilt wurden.

62 Mit diesen Überschriften begann noch im Januar 1933 eine Artikelserie gegen die Ahlener SPD, vgl. Der Kämpfer vom 18.1.1933. Da die SPD in der Bergkapelle der Zeche die Mehrheit besaß, wollte die KPD für ihre Weihnachtsfeier 1932 lieber eine „bürgerliche" Stadtkapelle, vgl. Der Kämpfer vom 22.12.1932 und 6.1.1933.

63 Vgl. dagegen beispielsweise die Aktivitäten der KPD im Unterbezirk Rheine aus dem Januar 1933, Klein (1980), S. 79 und die Aufzählung der Aktionen im Münsterland und östlichen Ruhrgebiet als Reaktion auf den 30.1.1933, ebenda, S. 84 f.

und vor allem durch den Kult vom „Arbeiter der Stirn und der Faust", der einen spürbaren Gegensatz zur vorher erfahrenen Diskriminierung darstellte, verstanden es die neuen Machthaber, auch die Koloniebewohner nach und nach zu erreichen (vgl. den folgenden Abschnitt).

Neben den Bergleuten gab es in Ahlen noch eine zweite große Arbeitergruppe – die Fabrikarbeiter. Sie stellten rund ein Drittel der Industriebeschäftigten. Ähnlich wie in Kamen waren sie allerdings weitgehend in die lokale Gesellschaft integriert. Die Mehrheit unterstützte das Zentrum, ein kleinerer Teil die Sozialdemokratie, wobei auch hier vermutlich die religiöse Scheidelinie eine Rolle spielte. Innerhalb der lokalen Zentrumspartei sorgten die Fabrikarbeiter für einen starken „Arbeiterflügel". Die sozialen Gegensätze innerhalb der Partei konnten nur mühsam gemeistert werden und spielten durchgehend eine bedeutende Rolle. Der Arbeiterflügel kandidierte zeitweilig mit eigener Liste zu den Kommunalwahlen (vgl. Kap. III.B2).

Während der Weltwirtschaftskrise organisierte die christliche Arbeiterbewegung eine überraschend starke Abwehrfront gegen Sozialabbau und Arbeitslosigkeit. Wenn auch in den Mitteln begrenzt, so blieben das Unterschreiben von Resolutionen, die vielen Veranstaltungen, die Spendenaktionen und die stärkere Zusammenfassung aller Organisationen auf Orts- und Kreisebene nicht ohne Wirkung, zum einen auf die Mitglieder selbst, die immerhin das Gefühl hatten, daß sie nicht allein gelassen wurden, zum anderen aber auch auf die Unternehmer, die ja größtenteils ebenfalls zum Zentrum gehörten. Arbeitskämpfe lehnten die Christlichen Gewerkschaften allerdings ab. Als im August 1932 ein wilder Streik auf zwei kleinen Schuhfabriken ausbrach, führte man dies auf die „Wühlarbeit" der Kommunisten zurück und setzte sich sofort für eine Beilegung ein.[64]

So hat die Weltwirtschaftskrise nicht zur Spaltung der Zentrumspartei geführt; im Gegenteil, man besann sich auf die verbindenden religiösen Grundlagen und die Verteidigung der Republik, die ja auch die Rechte der katholischen Kirche garantierte. Im Kampf gegen die Gefahren von links und rechts verschob sich der Schwerpunkt allerdings mehr und mehr auf die Abwehr der KPD. Die Unterstützung einer über den Parteien stehenden Präsidialregierung und die Verhandlungen der Zentrumsführung mit der NSDAP markieren einen deutlichen Rechtstrend der Partei. Vor allem die Kontakte zur NSDAP mußten in Ahlen oft gerechtfertigt werden und stießen offenbar bei vielen Fabrikarbeitern auf Unverständnis.[65] Auf der Herbsttagung der katholischen Arbeiter- und Knappenvereine des Bezirks hieß es im Oktober 1932 beispielsweise, das Zentrum hätte, im Falle einer Regierungsbeteiligung der NSDAP, „eine ähnliche Erziehungsarbeit wie in den vergangenen Jahren an der Sozialdemokratie so jetzt an den Nationalsozialisten geleistet".[66]

Zum Schluß stand fast nur noch eine religiös motivierte Abwehr des Nationalsozialismus als kleinster gemeinsamer Nenner im Vordergrund. Wie sich bei der Reichstagswahl im März 1933 zeigte, nahm der Arbeiterflügel diese Abwehr länger

---

64 Vgl. Ahlener Volkszeitung vom 14. und 17.8.1932.
65 Vgl. Ahlener Volkszeitung vom 29.10.1932.
66 Ahlener Volkszeitung vom 20.10.1932.

ernst als das Bürgertum. Nur in den Arbeiterwohngebieten konnte sich das Zentrum halten oder sogar noch Stimmen zulegen, während in bürgerlichen Stadtteilen starke Einbrüche zu verzeichnen waren. Trotz weiterbestehender Skepsis vieler seiner Anhänger, war das Zentrum nach den Kommunalwahlen zur Zusammenarbeit mit der NSDAP bereit.

2. Nach dem Machtwechsel

Die Ausschaltung der Arbeiterbewegung gestaltete sich in den Vergleichsstädten zu keiner Zeit zu einem Vorgang, der den Machtergreifungsprozeß vor Ort gefährden oder auch nur leicht beeinträchtigen konnte. Trotzdem gab es auch in diesem Zusammenhang bezeichnende Unterschiede zwischen Kamen und Ahlen. Dies betraf zum einen den Zeitpunkt und das Ausmaß der Verfolgungen, zum anderen aber auch den Grad der erreichten Anpassung der Arbeiterschaft.

In Kamen markierten die beschriebenen Ereignisse vom 31.1.1933 bereits einen deutlichen Wendepunkt für das politische Kräfteverhältnis in der Stadt (vgl. Kap. V.A3). Die ungeheure Erregung der organisierten Arbeiter, die kommunistischen Flugblätter mit Streikaufrufen und die Straßenschlachten mit der SA waren kein Auftakt für eine geschlossene Widerstandsfront, sondern sie stellten eher einen gewissen Endpunkt dar. Für die Kommunisten beispielsweise war es der letzte öffentliche Auftritt überhaupt. Während die Arbeiterparteien in den Ereignissen anscheinend lediglich eine neue Eskalation sahen, die sich ansonsten nahtlos in ähnliche Vorfälle der Vergangenheit einreihte, nutzten die Nationalsozialisten die Vorkommnisse zur unmittelbaren Klärung der Machtfrage innerhalb der Polizeileitung und zum Angriff auf den kommissarischen Bürgermeister. Die Verlegung des Reichsbannerheims vom Marktplatz in eine abseits gelegene Straße drückte bereits symbolhaft die Verdrängung der Arbeiterbewegung aus dem politischen Leben aus.

Wie stark die heraufziehende Gefahr unterschätzt wurde, zeigt ein Artikel, der in der SPD-nahen „Westfälischen Allgemeinen Volkszeitung" in Dortmund Anfang Februar 1933 unter der Überschrift „Kasper-Theater der Herren der Straße" erschien. Hier ging man sarkastisch auf eine Ankündigung der Nationalsozialisten ein, die lautete: „In den nächsten drei Tagen unserer Machtübernahme ist die Straße frei für die SA". Dazu meinte der Schreiber:

„Ach du grüne Neune, was ist aus dieser berauschenden Parole geworden?! Im ganzen Hammer Bezirk verhielten sich die Maul-Nazioten mucksmäuschenstill, nur in Kamen – ist das weiter verwunderlich – kreißten die SA-Berge und geboren wurde ein Kaspermäuschen ..."[67]

Die Arbeit der sozialdemokratischen Organisationen ging zunächst ihren üblichen Gang. Die Arbeiterwohlfahrt beispielsweise hielt eine Feierstunde ab, bei der

---

67 Zitiert nach: Griziwotz (1983), S. 17/18.

die „schönen Aufführungen bei den zahlreichen Zuschauern einen tiefen Eindruck hinterließen".[68] Auch die Zahlstellen eins und zwei des „Alten Verbandes" trafen sich nicht etwa, um über einen Generalstreik zu beraten, sondern um Delegierte für überregionale Konferenzen zu wählen und ihre Jubilare zu ehren.[69] Wie wenig Klarheit über die neu entstandene Situation auch innerhalb der KPD-Ortsgruppe bestand, zeigt das von den Kommunisten am 31.1.1933 in der Stadt verteilte Flugblatt. Hier hieß es:

„Nicht Hitler ist der Faschismus, sondern das System und die Ausbeuterklasse der Papen, Schleicher und Konsorten mit Hindenburg an der Spitze. Die wollen Euch zum sofortigen Bürgerkrieg zwingen. Nicht wir wollen den Bürgerkrieg, sondern Arbeit, Freiheit und Brot und den reinen Sozialismus."[70]

Das rigide Vorgehen von Polizei und SA ließ zwar bald klar werden, daß ein Weitermachen nach altem Stil nicht mehr möglich war, doch weder die KPD noch die SPD bereiteten sich ernsthaft auf eine illegale Arbeit vor.[71] Die Sozialdemokratie hielt sich auch weiterhin strikt an den Legalitätskurs. Die Funktionäre ermahnten die Mitglieder zu Ruhe und Ordnung, selbst als ihre letzten Wahlkampfveranstaltungen provokativ gestört wurden (vgl. Kap. V.A3). Bevor sich unter diesen Bedingungen genügend Klarheit über die Situation und über neue politische Wege unter den Mitgliedern verbreiten konnte, begannen auch schon die Verfolgungen.

Die KPD-Ortsgruppe wurde mit einem gezielten Schlag unmittelbar nach dem Reichstagsbrand so gut wie vollständig ausgeschaltet. Gezielt verhaftete man zwischen dem 28.2. und 1.3. alle Funktionsträger der Partei und ihrer Untergliederungen, insgesamt 31 Personen (darunter aber auch Bernhard Strelinski als Symbolfigur der Novemberrevolution und den Schufoführer des Reichsbanners).[72] Bei späteren Festnahmen von Kommunisten läßt sich häufig der Zusatz finden, daß der Betreffende seit dieser Zeit flüchtig war.[73] Eine Woche nach diesen Verhaftungen machte die Kamener KPD noch einen Reorganisationsversuch. Auf einer „Geheimsitzung" wurden Ersatzfunktionäre gewählt. Sieben Teilnehmer dieser Sitzung wurden unmittelbar darauf verhaftet. Im Grunde war die Ortsgruppe damit zerschlagen.

Die letzte größere Aktion gegen die KPD fand am 12.4.1933 statt. Sie war im Grunde genommen nicht mehr durch neue kommunistische Aktivitäten vor Ort begründet, sondern von oben angeordnet. Der preußische Innenminister Göring hatte den bisherigen Landrat Dr. Bentlage am 28.3.1933 durch Bergassessor Wilhelm Tengelmann ersetzen lassen. Als Direktor der Zeche Monopol verfügte Tengelmann über die Möglichkeit, durch die Einrichtung eines „Sammellagers" im

---

68 Westfälischer Anzeiger vom 2.2.1933.
69 Vgl. Westfälischer Anzeiger vom 3.2.1933.
70 StAM, Kreis Unna, Politische Polizei, Nr. 18, Flugblatt der KPD-Ortsgruppe Kamen.
71 Allgemein zum Verhalten der Arbeiterparteien im Ruhrgebiet nach dem Machtwechsel: Plum (1974), S. 362 f.
72 Vgl. StAM, Kreis Unna, Politische Polizei, Nr. 14, Bericht der Kamener Polizei vom 1.3.1933.
73 Hierzu und zum folgenden genauer: Rennspieß (1992), S. 369 f., vgl. auch die „Chronik der Verfolgungen", ebenda, S. 390-394.

zecheneigenen Wohlfahrtsgebäude Schönhausen in Bergkamen, den Engpaß in den überquellenden Gefängnissen zu beseitigen. Nunmehr telegrafierte er nach Kamen, daß weitere „Funktionäre und Ersatzfunktionäre der KPD und sämtlicher Nebenorganisationen" zu verhaften und in die „Turnhalle Schönhausen-Bergkamen" zu bringen seien.[74] In Kamen verhaftete man noch einmal 12 Personen, die vermutlich eher einfache Mitglieder waren, denn drei von ihnen wurden nach dem Verhör wieder auf freien Fuß gesetzt.[75]

Zwei Tage nach dem vereitelten Reorganisationsversuch der Kommunisten ging die Polizei genauso gezielt gegen die Sozialdemokratie vor. Nach der Verhaftung des Schufovorsitzenden am 28.2. und eines Kreistagsmitglieds am 12.4. (dem Tag der Eröffnung dieses Gremiums) erfolgte am Karfreitag, dem 14.4., die Verhaftung von neun bekannten Funktionären, von denen nach den Verhören sieben ins „Sammellager" nach Bergkamen gebracht wurden.[76]

Zu dieser Zeit befanden sich die sozialdemokratischen Organisationen bereits in voller Auflösung. Die letzten Wahlergebnisse, die Verhaftungswellen und die beschriebene „nationale Euphorie" in der Stadt ließen die meisten Mitglieder früh resignieren. Viele zogen sich in die sogenannte „innere Emigration" zurück und brachen nach außen hin mit der Partei. Zwischen den Zeilen läßt sich dies beispielsweise aus der Begründung für die Entlassung des städtischen Gasmeisters herauslesen. Dessen Austrittserklärung war den Nationalsozialisten in die Hände gefallen. Man schrieb ihm nun:

„Es wird Ihnen vorgeworfen, daß Sie seit 1929 Mitglied der SPD gewesen sind, sich als Stadtverordneter von dieser Partei haben aufstellen und wählen lassen ... Nach einem bei der SPD-Ortsleitung hier beschlagnahmten Schreiben sind Sie noch bis zum 11. März 1933 Mitglied der Partei gewesen und haben sich bezüglich Ihrer Abmeldung aus der Partei ‚schwer zu diesem Schritt durchgerungen' und bitten ‚denselben nicht zu mißdeuten'".[77]

Nicht nur solche Schreiben fielen der NSDAP in die Hände. Im Mai 1933 beschlagnahmte man beim Kassierer der SPD die gesamte Mitgliederliste der Partei, die zu diesem Zeitpunkt noch 134 Namen enthielt. Sie wurde Ende Juni mit dem Vermerk an Tengelmann weitergereicht, daß sich die Ortsgruppe aufgelöst habe und nicht mehr öffentlich hervorgetreten sei.[78] Denkt man an die einstmalige Stärke der Organisation, so wird deutlich, daß die Zahl 134 nur noch einen Teil der ursprünglichen Mitglieder darstellen kann und der Austritt des Gasmeisters kein Einzelfall war.[79]

---

74 Vgl. StAM, Kreis Unna, Politische Polizei, Nr. 14, Funkspruch vom 12.4.1933.
75 Vgl. Westfälischer Anzeiger vom 13.4.1933.
76 Vgl. StAM, Kreis Unna, Politische Polizei, Nr. 14, Bericht vom 14.4.1933, sowie Westfälischer Anzeiger vom 18.4.1933.
77 Vgl. StAK, Nr. 2848/214, Brief vom 5.7.1933.
78 Diese Liste gelangte als Kopie in die Hände des Verfassers. Die Aktenherkunft ließ sich nicht mehr feststellen. Hinter vielen Namen sind kleine Kommentare wie z.B. „in Schutzhaft", in zwei Fällen, „beurlaubt", bei drei städtischen Angestellten und bei fünf weiteren „noch im Dienst".
79 Zeitzeugen meinen, daß die SPD-Ortsgruppe vor der Machtübernahmen rund 200 Mitglieder zählte.

Die „Gefolgschaft der Schachtanlage Grillo" in Kamen tritt zum Festzug an. 1. Mai 1934.

Neben der „inneren Emigration" gab es auch offene Anpassung. So trat einer der fünf sozialdemokratischen Mandatsträger im neuen Stadtparlament bei der ersten Sitzung nach dem Machtwechsel, die am 20.4.1933 – am Geburtstag des Führers – stattfand, demonstrativ zur NSDAP über. Die anderen Vertreter der SPD erschienen überhaupt nicht mehr in diesem Gremium und traten nach und nach von ihren Mandaten zurück.[80]

Am 28.4.1933 erhielt der Ortsgruppenleiter der NSDAP, mittlerweile auch kommissarischer Bürgermeister, einen Brief der SPD-Ortsgruppe, in dem die Selbstauflösung der Partei bekanntgegeben wurde.[81]

Es läßt sich leicht ausmalen, daß unter diesen Bedingungen kein organisierter Wiederstand aufgebaut werden konnte. Für besondere Irritationen unter den Mitgliedern dürfte auch das Verhalten der freien Gewerkschaften gesorgt haben. Diese versuchten ihre Organisation zu retten, distanzierten sich von der SPD und versicherten, sich lediglich auf betriebliche und soziale Aufgaben beschränken zu wollen. Vor den „Feiern" zum 1. Mai gingen die Gewerkschaftsführer sogar so weit, den Mitgliedern das Mitmachen zu empfehlen. „Für die Freien Gewerkschaften gilt ungleich mehr noch als für die SPD selbst, daß sie an dem verzweifelten Versuch scheiterten, durch politischen Selbstmord den organisatorischen Tod zu verhin-

---

80   Vgl. Kamener Zeitung vom 21.4.1933 und StAK, Nr. 2272.
81   Im Orginal vorhanden, in: StAK, Nr. 2272/29.

dern".[82] In Interviews mit alten Sozialdemokraten ist noch heute eine große Verbitterung über das schnelle Einschwenken ihrer „Genossen" zu spüren: „Am 1.Mai machten die ja jetzt ihren Umzug. Ich habe mich aus lauter Protest nicht verkrochen, sondern vor die Tür gestellt und habe sie an mir vorbeiziehen lassen. Ein riesiger Umzug, ungefähr 3000 Mann, und wer da alles bei war. Die mußten natürlich durch die Bergarbeitersiedlung gerade bei S. und L. (bekannte Sozialdemokraten U.R.) vorbei, und ich hab sie mir angeguckt. Alle waren sie dabei, die Wendehälse, wie man heute sagt. Bis auf wenige Standfeste sind sie alle rübergegangen."[83]

Auf der Zeche hatten die Betriebsratswahlen schon Ende März eine Mehrheit für die NSBO ergeben. Neuer gewählter Vorsitzender wurde ein bekannter Nationalsozialist, der auch für die NSDAP ins Stadtparlament einzog. Er legte der Zechendirektion sofort eine Liste vor, nach der 80 Bergleute und 5 Angestellte als „marxistische Elemente" bis zum 15.4.1933 entlassen werden sollten.[84] Unter Berufung auf das Gesetz vom 4. April, wonach Arbeitern bei „Verdacht staatsfeindlicher Einstellung" gekündigt werden konnte, kam die Zechenleitung den Wünschen der NSBO bereitwillig nach.[85] Danach verlief die Gleichschaltung der Gewerkschaften in Kamen ohne Widerstand. Die Räume wurden durchsucht, Vermögen und Inventar beschlagnahmt.[86] Die NSBO forderte sogar dazu auf, weiterhin Mitglied der Gewerkschaft zu bleiben, denn diese werde jetzt zu einer „berufsständischen Organisation" umgestaltet, die „am großen Ziel der Volksgemeinschaft mitarbeitet". Dazu wurde Anfang Juni die Deutsche Arbeitsfront (DAF) gegründet.[87]

Im Mai fanden in Kamen keine weiteren Verhaftungen statt. Der erreichte Grad der Anpassung, Unterdrückung und Gleichschaltung erschien den neuen Machthabern vor Ort offenbar ausreichend. Die Ursachen für die Mitte Juni noch einmal einsetzenden Verfolgungen müssen eher auf allgemeine politische Entwicklungen, wie der verstärkten Hetze gegen die SPD im Vorfeld des reichsweiten Verbots, und Anordnungen von übergeordneten Gremien zurückgeführt werden. Am 24.6. wurden zehn Sozialdemokraten verhaftet, von denen zwei nach Schönhausen mußten, die anderen entließ man mit der Verpflichtung, sich täglich zu melden. Am 4.7. erfolgte die Festnahme von drei Reichsbannerleuten.[88]

Im Verwaltungsbericht der Stadt Kamen für die Jahre 1933 bis 1935 heißt es über die Zahl der Verhafteten:

82 Grebing (1966), S. 220, dazu auch: Thamer (1986), S. 283 f. und speziell zum „Alten Verband": Wisotzky (1983), S. 28 f.
83 Interview des Verfassers mit K. S. vom 6.2.1990.
84 Vgl. Westfälischer Anzeiger vom 31.3.1933.
85 Vgl. Westfälischer Anzeiger vom 3.4.1933.
86 Aufstellung der beschlagnahmten Gegenstände bei den Gewerkschaften, Vereinen und einzelnen Personen, in: StAK, Nr. 2247 bis 2250.
87 Vgl. hierzu: Westfälischer Anzeiger vom 29.5., 31.5., 12.6., 3.8., und 29.8.1933.
88 Vgl. „Chronik der Verfolgungen", in: Rennspieß (1992), S. 390-394.

„Wegen staatsfeindlicher Umtriebe mußten 1933 = 36, 1934 = 9 und 1935 = 13 Personen teils kürzere und teils längere Zeit in Schutzhaft genommen werden."[89] Die Akten über die Zu- und Abgänge des „Sammellagers" Schönhausen, das am 24.10.1933 auf Anordnung Görings offiziell aufgelöst wurde, weisen insgesamt 992 Häftlinge auf. Allein in diesen Listen finden sich 39 Personen aus Kamen.[90] Für 23 von ihnen war es nur eine Durchgangsstation zu den Konzentrationslagern Brauweiler, Wittlich und Esterwegen, sowie in die Strafanstalten Münster und Herne.[91] Mancher Verhaftete, besonders aus der Zeit vor Eröffnung des Lagers am 11.4.1933, kam auch direkt in ein Gefängnis. Der KPD-Vorsitzende beispielsweise, der am 21.3.1933 festgenommen wurde, war zuerst in Dortmund und dann bis zum 5.8.1933 im Zentralgefängnis Bochum.[92]

Zählt man alle Personen, die 1933 von einer kurzen Festnahme oder einer längeren Haftzeit betroffen waren, zusammen, so ergibt sich eine Zahl von 99 (58 Kommunisten, 35 Sozialdemokraten und sechs mit unklarer politischer Herkunft).

Wer aus dem „Sammellager" Schönhausen entlassen wurde, auf den warteten sogenannte Paten. In Kamen waren 72 politisch verdächtige Personen 26 Paten zugeteilt.[93] Diese Paten sollten bei ihren Schützlingen Besuche machen und sie dazu „anregen", bestimmte Bücher zu lesen. Von Zeit zu Zeit legten sie dann in „Patenberichten" Rechenschaft über ihre Arbeit ab. Ob es nun Bequemlichkeit der Paten, gute Verstellung ihrer Betreuungspersonen oder deren tatsächliche Anpassung war, jedenfalls steht in diesen Berichten so gut wie immer, daß sich die Betreffenden „ordnungsgemäß führen" und zum „Nationalsozialismus bekehrt" hätten.[94]

Die geschilderten Verhaftungs- und Unterdrückungsaktionen fanden nicht im Geheimen statt, sondern waren im Stil großaufgemachter Erfolgsmeldungen in der Zeitung nachzulesen. Dies erfüllte den doppelten Zweck, die Arbeiterbewegung einzuschüchtern und dem Bürgertum zu zeigen, daß jetzt endlich etwas gegen den „Marxismus" getan wurde. In Kamen war Anfang April eine NS-Nachrichtendienststelle eingerichtet worden. Hier wurden die wichtigsten Ereignisse eines jeden Tages im Sinne der NS-Ideologie zu Artikeln „verarbeitet", die von den Zeitungen teilweise wörtlich übernommen wurden. Man scheute sich nicht, die Namen und Funktionen der Verhafteten offen zu nennen. Besonders aufschlußreich für die Machart der NS-Propaganda sind die zum Teil wie spannende Erlebnisberichte aufgemachten Artikel über Lagerbesichtigungen in Schönhausen oder Gefangenentransporte.[95]

---

89 StAK, Nr. 1667, Verwaltungsbericht (1933-1935), S. 12.
90 Vgl. StAM, Kreis Unna, Politische Polizei, Nr. 59, mit den kompletten Lagerlisten.
91 Vgl. StAM, Kreis Unna, Politische Polizei, Nr. 56, Zusammenstellung der Transporte.
92 Sein Sohn stellte dem Verfasser die Akten über die spätere Anerkennung als politisch Verfolgter zur Verfügung.
93 Vgl. StAM, Kreis Unna, Politische Polizei, Nr. 56, Bericht vom 22.12.1933.
94 Vgl. StAM, Kreis Unna, Politische Polizei, Nr. 58, mit verschiedenen Patenberichten.
95 Vgl. StAK, Akte NS-Nachrichtenstelle. Über die Wirklichkeit des Lagerlebens: Rennspieß (1992), S. 383-396.

Etwa ab dem Herbst 1933 versuchten die neuen Machthaber erkennbar den Eindruck zu erwecken, als sei der Kampf mit dem politischen Gegner jetzt beendet. Das „Sammellager" und die NS-Nachrichtenstelle wurden aufgelöst, die „Hilfspolizei" entlassen, und die Berichte über Verhaftungsaktionen verschwanden aus den Zeitungen. Auf Anordnung Görings trugen die Polizisten keine Gümmiknüppel mehr, um zu zeigen, daß „diese menschenunwürdige Waffe eines alten Systems" fortan unnötig sei.[96]

In Ahlen fällt zunächst auf, daß – abgesehen von den Aktionen im Gefolge der Reichstagsbrandverordnung – die Verfolgungs- und Unterdrückungsmaßnahmen weit später als in Kamen einsetzten. Hier zeigte sich die Wirkung der unterschiedlich starken Verankerung der NS-Bewegungen vor Ort. In Ahlen waren die Nationalsozialisten so schwach, daß sie trotz der geänderten Machtverhältnisse im Reich zunächst nicht viel unternehmen konnten.

Die KPD betrachtete das Wohngebiet der Bergleute weiterhin als ihr Revier, in dem keine NS-Aktivitäten geduldet wurden. Die Partei war noch einige Wochen überaus aktiv. Flugblätter wurden gedruckt oder aus dem Ruhrgebiet beschafft, Streikpropaganda betrieben und eine kleine Gruppe „zuverlässiger Leute" bereitete sich – wie erwähnt – sogar mit Waffenübungen auf eine bald erwartete Auseinandersetzung vor. Ein deutliches Zeichen für die anfängliche Schwäche der NSDAP ist darin zu sehen, daß sie sich lediglich mit Beschwerden an die Polizei wandte. Unter diesem Druck und vermutlich auch aus eigener Überzeugung heraus ging die Polizei allerdings deutlich härter gegen die Aktivitäten der KPD vor. Ihr Geschäftslokal wurde am 10.2.1933 geschlossen und verschiedene Flugblattverteiler verhaftet (vgl. Kap. V.A3).

Alles in allem zeigten die ersten Wochen aber doch, wie stark die Nationalsozialisten auf den Reichstagsbrand als Propagandainstrument angewiesen waren. Erst als von Göring der Befehl kam, und der Reichspräsident die Notverordnung „zum Schutze von Volk und Staat" unterschrieb, ging die Ahlener Polizei gezielt vor, verhaftete 16 leitende KPD-Funktionäre und schloß vorübergehend das „Eiserne Heim".[97] Diese Aktionen ließen sich im Klima der reichsweiten Verfolgungen der Bevölkerung gegenüber gut rechtfertigen. Sie wurden – genau wie in Kamen – durch Gerüchte untermauert, nach denen die KPD einen Anschlag auf den Gasbehälter der Zeche geplant habe.[98] Wie solche Behauptungen auf das Bürgertum wirkten, beweist ein Brief des Vorsitzenden der Ortsgruppe des Katholischen Lehrervereins, an seinen Bruder in Amerika:

„Hier in Ahlen haben wir Angst vor dem Bürgerkrieg. Viele meinen, daß die Kommunisten jeden Tag losschlagen können. Bei uns in der Kolonie ist es nicht geheuer."[99]

---

96 Vgl. NS-Nachrichtenstelle unter dem 29.7.1933.
97 Vgl. Rennspieß (1989), S. 282. Allgemein dazu: Thamer (1989), S. 248 f.
98 Vgl. National-Zeitung vom 5.3.1933.
99 Zitiert nach: John (1983), S. 13.

Polizeifoto des von Nationalsozialisten durchwühlten Betriebsratsbüros der Zeche West-falen.

Nachdem die Reichstagswahl vom 5. März fast eine Verdoppelung der NSDAP-Wähler in der Stadt (von 12,3 auf 24,4 %) gebracht hatte, wurden die Nationalso-zialisten zunehmend forscher. Sie erreichten am 6. März das Hissen der Haken-kreuzfahne auf dem Rathaus und am 7. März die Vereidigung von 29 „Hilfspolizi-sten", bestehend aus SA- und Stahlhelmmitgliedern.[100]

Aus Verfolgten wurden Verfolger. Sie kannten ihre politischen Gegner und waren in ihrem Eifer kaum zu bremsen. Offensichtlich kam es zu Racheakten,[101] außer-dem zu unkontrollierten und vorschnellen Aktionen. Hierzu drei Beispiele: Am 28.3.1933 rief die Reichsleitung der NSDAP alle Ortsgruppen dazu auf, einen Boykott jüdischer Geschäfte zu organisieren, der am 1. April reichseinheitlich beginnen sollte. Die Ahlener Ortsgruppe setzte die Aktion bereits am 28. März in Szene.[102] Das zweite Beispiel liefern die Ereignisse vom 11.4.1933. An diesem Tag stürmte die NSBO das Betriebsratsbüro auf der Zeche Westfalen. Obwohl schnell ein paar belastende Flugblätter gefunden wurden, verwüstete man den Raum in sinnloser Zerstörungswut. Im Anschluß daran besetzte die SA alle Zechenausgänge und verhaftete den gesamten – erst vor zwei Wochen gewählten – Betriebsrat, ohne

100 Vgl. Die Glocke vom 8.3.1933. Die Vereidigung von Hilfspolizisten war in Kamen schon am 25.2.1933 erfolgt.
101 Vgl. Die Glocke vom 24.3.1933.
102 Dazu ausführlich: Gummersbach (1988), S. 132 f.

NS-Umzug durch die Ahlener Zechenkolonie. Nach 1933.

Unterschied der Gewerkschaftszugehörigkeit. Am Anschlagbrett wurde sofort ein neuer Betriebsrat bekanntgegeben, der sich ausschließlich aus NSDAP-Mitgliedern zusammensetzte. In den folgenden Tagen kam es zu Hausdurchsuchungen bei den inhaftierten Gewerkschaftlern. Bei wem man „belastendes Material" fand, der wurde angezeigt. Die anderen konnten wieder nach Hause. Daß diese Aktion der NSBO und SA nicht mit der Ortspolizei abgesprochen war, zeigte sich bei der späteren Gerichtsverhandlung gegen die Betriebsratsmitglieder. Jetzt fehlte wichtiges Beweismaterial. Es konnte nicht mehr nachgewiesen werden, wem eigentlich die gefundenen Flugblätter gehörten. Außerdem blieb unklar, wer sich noch nach dem 1.12.1932 („Weihnachtsamnestie" für politische Vergehen) „in hochverräterischer Weise betätigte". Die Ahlener Polizei war erst später im Betriebsratsbüro angekommen und hatte sogar ein Foto von dem Chaos gemacht.[103] Damit wies sie zu ihrer Entschuldigung nach, daß eine genaue Spurensicherung nicht mehr möglich war; die NSBO habe „auf die Ermittlung von Einzelheiten keinen besonderen Wert gelegt".[104]

Daß die Ahlener NSBO noch stark in der Tradition des „linken Flügels" innerhalb der NSDAP stand, wurde auf der ersten Belegschaftssitzung unter ihrer Regie deutlich. Sie fand am 20.4.1933, dem Tag des Hitlergeburtstages, statt. Den

103 Vgl. die Abbildung, in: Rennspieß (1989), S. 287.
104 StAM, Generalstaatsanwaltschaft Hamm, 1. Instanz, Nr. 12801, Brief des ersten Bürgermeisters als Ortspolizeibehörde an den Generalstaatsanwalt in Hamm vom 14.8.1933.

Arbeitern wurde versprochen, daß man nun das Erbe der alten Gewerkschaften übernehmen werde. Dabei vertrete man „die Belange der Arbeiter nicht um des materiellen Vorteils willen (wie die alten „Gewerkschaftsbonzen" U.R.), sondern aus reinem Idealismus".[105]

Solche Anschauungen wurden den NSBO-Mitgliedern bald ausgetrieben, denn das Regime dachte keineswegs daran, diese Organisation als Nachfolger der Gewerkschaften zu akzeptieren.[106]

Das dritte Beispiel vorschneller Aktivitäten unterer NS-Gliederungen betrifft das Vorgehen gegen die Freien und Christlichen Gewerkschaften. In beiden Fällen war es schon im April zu Bürobesetzungen und Beschlagnahmungen von Material und Kassenbeständen gekommen. Doch diese Aktionen fanden nicht die nötige Unterstützung der übergeordneten Stellen und wurden bald wieder rückgängig gemacht.[107] Offensichtlich sollte der anstehende Maiumzug nicht gestört werden. Außerdem könnte hierbei die kommunalpolitische Situation eine Rolle gespielt haben, in der die NSDAP noch immer auf die Unterstützung des Zentrums angewiesen war.

An den mit großem Aufwand inszenierten Besetzungen der Gewerkschaftshäuser, die Anfang Mai im ganzen Reich begannen, beteiligte man sich natürlich auch in Ahlen. Aber wieder fällt auf, daß die örtlichen SA-Leute über das Ziel hinausschossen. Wie im April gingen sie gleichermaßen gegen die Freien und die Christlichen Gewerkschaften vor.[108] Offensichtlich hielt man die Christlichen Gewerkschaften, die andernorts erst im Juni gleichgeschaltet wurden, in Ahlen für ebenso gefährlich wie die sozialdemokratischen Verbände. Immerhin vertraten sie die Mehrheit der Fabrikarbeiter. Diesmal wurden die Aktionen nicht mehr zurückgenommen. Daß von Seiten des Zentrums kein Protest laut wurde, unterstreicht, wie stark sich diese Partei schon angepaßt hatte.

Anfang Mai begannen in Ahlen auch erstmals Verhaftungsaktionen gegen die Sozialdemokratie. Ein Zeitzeugenbericht soll in diesem Zusammenhang noch einmal demonstrieren, wie stark die heraufziehende Gefahr unterschätzt wurde und wie tief der Graben zu den Kommunisten war:

„Am 10.5.1933 war mein 12. Geburtstag ... Als ich aus der Schule kam, sind mir schon ein paar Kinder entgegengelaufen und sagten: ‚Bei Euch ist Hausdurchsuchung'. Ich sagte noch: ‚Das gibt's doch nicht, die gehen doch nur zu den Kommunisten'. Man hat immer gedacht, nur die Kommunisten werden geholt ... Mein Vater wurde dann so rund 14 Tage festgehalten. Er saß mit anderen unten im Rathaus, in dem Keller. Meine Mutter und ich sind jeden Tag hingegangen und haben ihm etwas zu essen gebracht. Meinem Vater konnten sie ja nichts nachweisen, das war anders als bei den Kommunisten, die ja aktiven Widerstand leisteten ... Als mein Vater wieder raus kam, hat der sich aus allem rausgehalten. Meine Mutter

---

105 Die Glocke vom 21.4.1933.
106 Vgl. Wisotzky (1983), S. 40 f.
107 Vgl. Die Glocke vom 29. und 30.4.1933.
108 Vgl. Die Glocke vom 6.5.1933.

Ein seltenes Dokument für Widerstandsaktionen der Ahlener Bergarbeiter.

sagte immer: ‚Das waren für uns die ruhigsten Ehejahre, da blieb H. endlich mal zu Hause'."[109]

Mit solchen Erzählungen korrespondiert die Erinnerung eines damaligen SPD-Funktionärs. Er war Emaillemaler, der, erst 24-jährig, noch im Februar 1933 zum Vorsitzenden der Ortsgruppe gewählt worden war. Er berichtet, unter den Mitgliedern sei „die Überraschung groß gewesen, als die neue Regierung ihre Macht so ausnutzte".[110]

Das Verhalten der Sozialdemokraten scheint sich kaum von dem in Kamen unterschieden zu haben. Die meisten Mitglieder resignierten früh, hielten aktiven Widerstand für aussichtslos und damit für unverantwortlich. Wer sich nicht offen anpaßte, zog sich in die „innere Emigration" zurück. Diese Einschätzung schließt keinesfalls aus, daß es auch einzelne Sozialdemokraten gab, die konsequent den Hitlergruß verweigerten und sich keiner NS-Organisation anschlossen. Manche bemühten sich, mit ehemaligen Parteigenossen Kontakt zu halten.[111] 1934 scheint es sogar einen „Ableger" der von Hamm aus operierenden Gruppe um den ehemaligen Redakteur der SPD-Zeitung „Der Hammer", Walter Poller, in Ahlen gegeben zu haben.[112]

---

109   Inverwiew Uwe Rennspieß mit E. V. am 12.2.1988.
110   Zitiert nach: Grevelhörster (1987), S. 89. Ein weiterer Funktionär der damaligen Zeit, 1905 geboren und nach 1945 Bürgermeister und Stadtdirektor, berichtete: „Wir glaubten, daß Hitler nur ein Übergangskanzler sein würde, wie die andern vor ihm auch.", vgl. Die Glocke vom 29.1.1983.
111   Vgl. Rennspieß (1989), S. 296.
112   Vgl. Klein (1980), S. 225.

Der Widerstand der KPD war nicht so leicht zu brechen wie in Kamen. Obwohl auch hier die Ersatzleute (für die nach dem Reichstagsbrand verhafteten Funktionäre) schon im Mai wieder aufflogen, arbeitete eine kleine Gruppe weiter, die sich – wie erwähnt – bereits vor 1933 illegal betätigt hatte. Waffenfunde und abgefangene Briefe[113] brachten die Nationalsozialisten zu der Einschätzung,

„Die Bergarbeiterkolonie war eine Brutstätte des Bolschewismus, eine Eiterbeule und ein Unruheherd, von dem aus das gesamte Münsterland gespeist wurde."[114] Die Untersuchung der Vorgänge übernahm die Recklinghausener Staatspolizei. Am 2. Juni fand eine umfangreiche Razzia statt, in deren Verlauf über 80 Kommunisten festgenommen wurden. Wenige Tage später erfolgte eine zweite Aktion, die 17 Festnahmen brachte. Den ganzen Juni über ging es nun mit Hausdurchsuchungen und einzelnen Verhaftungen weiter. Wie ein Trauma geistern die Erinnerungen an diesen Monat bis heute durch die Kolonie.[115] Alle haben es mitbekommen. Haus für Haus wurde durchsucht und immer wieder nach Waffen gefragt. Verdächtige verprügelte man vor den Augen der Familienmitglieder und Nachbarn, um Geständnisse zu erpressen. Die Verhafteten wurden auf Lastwagen abtransportiert. Ihr Weg war unterschiedlich: Einige kamen ins „Sammellager" Schönhausen, von wo sie auf die verschiedenen Moorlager verteilt wurden. Die „schweren Fälle" mußten nach Recklinghausen – unter den Verhafteten auch „Schrecklinghausen" genannt. Ende Juni 1933 erschien dann ein groß aufgemachter Artikel in der Zeitung:

„Schluß mit dem Bolschewistenspuk! 86 Moskowiter hinter Schloß und Riegel. Ausbildung und Schulung für den Bürgerkrieg – Riesige Waffenmengen entdeckt."[116]

Damit wurde ein gewisser Schlußstrich unter die offenen Aktionen gezogen. Neben der Abschreckung achteten die NS-Stellen doch darauf, daß die Koloniebewohner nicht zu sehr beunruhigt wurden. Außerdem konnte das Bürgertum glauben, man werde mit den Kommunisten nicht fertig. Hinter den Kulissen gingen die Verhaftungen Flüchtiger oder durch erpreßte Geständnisse neu Belasteter natürlich weiter. Der ganze Vorgang läßt sich anhand der Akten der Generalstaatsanwaltschaft Hamm gut nachvollziehen. Aus dem anfänglichen Leugnen der Gefangenen wurden letztendlich detaillierte Protokolle über ihr gesamtes politisches Leben und alle Aktivitäten der Ahlener KPD. Sogar die konspirativen Wege zur Bezirksleitung nach Essen, sowie Namen und Adressen von dortigen Aktiven, sind hier nachzulesen. Man kann sich den Weg über Prügel und Gegenüberstellungen ausmalen, bis diese Inhaftierten sogar zugaben, „sich für einen kommunistischen Aufstandsversuch im nächsten Monat vorbereitet zu haben".[117]

---

113 Aus einem dieser Briefe ging hervor, daß die Ahlener KPD versuchen wollte, Vertraute in die SA und den Stahlhelm einzuschleusen, vgl. StAM, Generalstaatsanwaltschaft Hamm, 1. Instanz, Nr. 11947, Brief von A. M. vom 14.3.1933.
114 Zitiert nach dem Bericht über einen späteren Massenprozeß gegen 41 Ahlener Kommunisten, in: Ahlener Volkszeitung vom 15.12.1933.
115 Beispiele bei Rennspieß (1989), S. 291.
116 National-Zeitung vom 29.6.1933.
117 StAM, Generalstaatsanwaltschaft Hamm, 1. Instanz, Nr. 12854, Vernehmungsprotokolle.

Ein Beispiel für die Vernehmungsmethoden im Recklinghausener Polizeigefängnis ist das Schicksal des ehemaligen Ahlener Bergarbeiters Albert Funk, der am 28.4.1933 in Herringen verhaftet worden war. Beim Verhör stürzte er sich entweder selbst aus dem Fenster oder wurde sogar vorsätzlich ermordet.[118]

Am 11. und 12. Dezember 1933 fand in Hamm ein Massenprozeß gegen 41 Ahlener Kommunisten statt. Vorgeworfen wurde den Angeklagten „die Vorbereitung des bewaffneten Aufstandes im Münsterland". In der zweistündigen Urteilsbegründung hieß es unter anderem:

„Die fehlgeschlagenen Aufruhrversuche in früheren Jahren, z.B. im Jahre 1920 ... hatten der Partei gezeigt, daß das Unternehmen von langer Hand vorbereitet werden und daß sie vor allen Dingen über eine militärisch geschulte zuverlässige Kampftruppe verfügen mußte, die bei den Kämpfen als Kerntruppe eingesetzt werden konnte."[119]

Die Angeklagten wurden zu insgesamt 70 Jahren Gefängnis bzw. Zuchthaus verurteilt. Der Hauptangeklagte erhielt sechs Jahre Zuchthaus und mußte dann bis zum Ende der NS-Zeit in die Konzentrationslager Sachsenhausen und Dachau.[120]

Trotz der massiven Verfolgungsmaßnahmen in der Ahlener Zechenkolonie konnten nicht alle Aktiven erwischt werden. Mancher Kommunist tauchte in die Illegalität unter oder ging ins Ausland, wobei nicht vergessen werden darf, daß dies für viele bedeutete, Frau und Kinder zurückzulassen. Außerdem gab es in Ahlen immer wieder neue Reorganisationsversuche.[121] Die Motivation stützte sich, neben den politischen und moralischen Anschauungen, einerseits noch lange auf die Hoffnung, daß dieses Regime keine lange Überlebenschance besaß,[122] andererseits auf die fortdauernde offenkundige Unzufriedenheit vieler Koloniebewohner mit der anhaltend schlechten sozialen Situation.[123]

In den ersten Jahren der Machtübernahme scheint die Unterdrückung und Abschreckung der Hauptgrund für das Nachlassen der Abwehrfront unter den Bergleuten gewesen zu sein. Zu viele waren verhaftet worden und man sah manchen Bekannten, der aus dem KZ als „gebrochener Mann" zurückkam. Angst und Mißtrauen gingen um. Immer wieder gab es neue Verhaftungen oder Kampagnen gegen „Nörgler und Kritikaster".[124]

Auf der anderen Seite ist unverkennbar, daß neben der offenen Unterdrückung nach und nach auch andere Elemente ihre Wirkung zeigten. In Bezug auf die besondere Situation in Ahlen scheint dabei von Bedeutung gewesen zu sein, daß in

---

118 Vgl. Braunbuch (1978), S. 324 f. sowie Klein (1980), S. 197.
119 StAM, Generalstaatsanwaltschaft Hamm, 1. Instanz, Nr. 12854.
120 Kurzbiographie, in: Rennspieß (1989), S. 293/294.
121 Vgl. Rennspieß (1989), S. 297 f.
122 Das Zentralkomitee der KPD war noch im Mai 1933 der Meinung, daß man in einer revolutionären Situation stecke und weder „eine Schlacht verloren" noch überhaupt „eine Niederlage erlitten" habe, vgl. Plum (1974), S. 371.
123 Vgl. Rennspieß (1989), S. 296 und den Brief eines verhafteten KPD-Funktionärs an seinen Vater auf S. 300/301.
124 Vgl. Rennspieß (1989), S. 296/297.

Die Ahlener Bergleute beim Appell auf dem Zechenplatz.

Die Deutsche Arbeitsfront macht ihren „Herrschaftsanspruch" auf der Ahlener Zeche deutlich.

den gleichgeschalteten Vereinen und den NS-Organisationen nunmehr „Städter" und „Kolonisten" zwangsvereint wurden. Es hätte der Volksgemeinschaftsideologie widersprochen, wenn weiterhin von den Unterschieden zwischen „diesseits und jenseits der Bahn" die Rede gewesen wäre. In der Werkszeitung, in den Propagandaumzügen und bei anderen Gelegenheiten war jetzt ein neuer „Arbeiterkult" festzustellen. Gerade der Bergmann wurde zum Idealbild des „unerschrockenen Kämpfers", wie sich die NS-Ideologie jeden Deutschen wünschte.[125] Die Werksfürsorge wurde dermaßen intensiviert, daß die Zeche Westfalen 1938 zum „nationalsozialistischen Musterbetrieb" aufstieg. Die Jahre der Rüstungskonjunktur brachten die Überwindung der Arbeitslosigkeit, Ehestandsdarlehen, Ausflüge mit „Kraft durch Freude" etc. Wenn auch längst nicht alles Gold war, was da nach außen hin glänzte,[126] so war doch im ganzen gesehen unverkennbar, daß die Bergarbeiterkolonie weitgehend in den NS-Staat integriert wurde.

---

125 Vgl. Rennspieß (1989), S. 310 f., allgemein dazu: Wisotzky (1983), S. 100 f.
126 Vgl. dazu im Einzelnen: Rennspieß (1989), S. 324.

B. Die Rechtsentwicklung der kommunalen Eliten und mittelständischen Gruppen

Eine Betrachtung der entscheidenden Veränderungen des „bürgerlichen" Parteienspektrums in Kamen bestätigt auf lokaler Ebene eindrucksvoll die These Mommsens, wonach die Weichen „in Richtung auf eine Abkehr vom parlamentarischen System" bereits vor der Weltwirtschaftskrise gestellt waren.[127] Die DVP als dominierende Kraft des protestantischen Kamener Bürgertums verlor schon während der Prosperitätsphase der Weimarer Zeit die Masse ihrer Wähler (vgl. Tab. 11). In der Wirtschaftspartei erwuchs den Rechtsliberalen eine Konkurrenz, die es verstand, verschiedene mittelständische Gruppen zu vereinigen und in eine kompromißlose Oppositionsbewegung zu verwandeln. Hier fanden soziale Spannungen ihren Ausdruck, die sich schon vor 1914 abgezeichnet hatten und nur vorübergehend vom Ersten Weltkrieg und der Novemberrevolution verdeckt worden waren (vgl. Kap. III.A1).

Die Wirtschaftspartei griff alte Ängste gegen die alles beherrschende „Zechenpartei" auf, gegen die Verdrängung des „goldenen Mittelstandes" aus der Kommunalpolitik und gegen die Konkurrenz städtischer Regiebetriebe, Konsumvereine und „jüdischer Warenhäuser". Bürgermeister Berensmann, der seit 1924 mit modernen Verwaltungsmethoden tatkräftig zu Werke ging, wurde zur willkommenen Personifizierung aller Befürchtungen. Er verfügte einerseits über gute Beziehungen zu den lokalen Wirtschaftsführern und verstand es andererseits, eng mit der SPD zusammenzuarbeiten, wenn es um kostspielige Projekte des gemeinnützigen Wohnungsbaues, von Einrichtungen für den Freizeit- und Kulturbereich oder der kommunalen Strukturförderung (Kanalisation, Bergamt, Arbeitsamt etc.) ging.

Die Stadtverordnetenwahl vom November 1929 brachte die Verschiebungen in der politischen Landschaft der Stadt deutlich zum Ausdruck. Die Oppositionspartei des Mittelstandes wurde mit 35 % der Wählerstimmen und 8 Stadtverordnetenmandaten zur stärksten politischen Kraft der Stadt. Die Sozialdemokraten, die mit 33 % ebenfalls 8 Sitze erhielten, hatten kurz vor der Wahl die Zusammenarbeit mit dem Bürgermeister aufgekündigt und einen kompletten Austausch ihrer Kandidaten vorgenommen. Der Kurs des Bürgermeisters wurde nur noch von der „Bürgerliste" (bestehend aus DVP, DDP und DNVP) und dem Zentrum unterstützt, die mit jeweils 3 Sitzen hoffnungslos in der Minderheit waren.

Bei dieser Konstellation konnte es nicht ausbleiben, daß es gleich zu Beginn der neuen Legislaturperiode zu einer dramatischen Konfrontation kam, die über Mißtrauensanträge gegen den Bürgermeister, Untersuchungsausschüsse und Skandale bis zum Selbstmord des Fraktionssprechers der Wirtschaftspartei reichte (vgl. Kap. III.B2). Nur der abermaligen Kurskorrektur der Sozialdemokratie war es zu verdanken, daß die Selbstverwaltung arbeitsfähig blieb. Die dadurch bedingte

---

127 Mommsen (1990), S. 275.

Notwendigkeit, Kompromisse mit der SPD suchen zu müssen, brachte die DVP-Ortsgruppe in eine Zwickmühle, an der sie schon bald zerbrach. Weder der Rechtsschwenk, den die Gesamtpartei nach dem Tode Gustav Stresemanns vollzogen hatte,[128] noch die immer extremer zu Tage tretenden nationalistischen, revanchistischen und demokratiefeindlichen Ansichten der führenden Repräsentanten der Kamener DVP ließen eine Kommunalpolitik mit Unterstützung der Sozialdemokraten weiter zu.

Schon im September 1930 hatten die Kamener Rechtsliberalen den Wahlkampf hauptsächlich gegen die SPD geführt. Man forderte eine „Stärkung der Macht des Reichspräsidenten" und wollte Brüning nur so lange stützen, wie er sich „frei von jedem Einfluß der SPD" halte. Das einzig wirksame Mittel gegen die Macht der Linken sei „die Zusammenfassung aller bürgerlichen Kräfte auf der Rechten".[129] Im Frühjahr 1931 wurde mit der Beteiligung am Stahlhelm-Volksbegehren zur preußischen Landtagsauflösung ein deutlicher Schritt in Richtung auf diese „Zusammenfassung" vollzogen. In Kamen konstituierte sich eine Arbeitsgemeinschaft, der neben der DVP und den von ihr dominierten Vaterländischen Verbänden auch NSDAP, DNVP und Wirtschaftspartei angehörten.[130]

Auf örtlicher Ebene hatte es schon seit Beginn der Weimarer Zeit eine enge Zusammenarbeit der DVP und DNVP gegeben. Bisher war es aber immer so gewesen, daß die Rechtsliberalen die führende Rolle spielten. Jetzt kehrte sich das Verhältnis um. Die Auflösung des Liberalismus zeigte sich besonders deutlich auf dem Gebiet der Kommunalpolitik. Die Bindung an den Parteifreund Berensmann und die dadurch bedingten Spannungen zur Wirtschaftspartei einerseits, und die Probleme einer mit dem eingeschlagenen Rechtskurs nicht zu vereinbarenden, auch noch so zaghaften Zusammenarbeit mit den Sozialdemokraten andererseits ließen kaum noch Bewegungsfreiheit zu.

Im September 1931 legte der rechtsliberale Betriebsdirektor a.D. nach 25jähriger nur kurz unterbrochener Tätigkeit als Stadtverordnetenvorsteher sein Amt nieder. Als daraufhin die schwierige Frage seiner Nachfolge zur Lösung anstand, legte ein zweiter Abgeordneter der DVP sein Mandat nieder, ebenso sein „Nachrücker".[131] Nachdem nunmehr zwei Mandate der alten „Bürgerliste" vakant waren, konnten die Sozialdemokraten mit Unterstützung des Zentrums, gegen die Stimmen der Wirtschaftspartei und der Deutschnationalen (als dritter Mandatsträger der „Bürgerliste"), den Vorsteher stellen. In der Öffentlichkeit begann nun eine heftige Diskussion um die Nachrücker für die vakanten Mandate. Nach einigem Hin und Her zogen der langjährige Vorsitzende der DDP (jetzt Staatspartei) und ein rechtsliberaler Maurerpolier ins Stadtparlament ein. Letzterer nahm demonstrativ in den Reihen der SPD Platz. Die drei Mandate der „Bürgerliste" entfielen nunmehr auf einen Deutschnationalen, einen Linksliberalen und einen „Überläufer". Sinn-

---

128 Vgl. Booms (1984), S. 525.
129 Kamener Zeitung vom 3.9.1930.
130 Vgl. Rennspieß (1992), S. 290 f.
131 Vgl. hierzu und zum Folgenden: ebenda, S. 294.

fälliger kann die Situation der einstmals bestimmenden Partei des Kamener Bürgertums kaum noch zum Ausdruck gebracht werden.

Die Leitung des rechtsliberalen Wahlkreisvereins Westfalen-Süd forderte Ende 1931 eine Vereinigung mit der „Sammlungsbewegung unter Hugenberg". Als sich der Parteivorstand in Berlin weigerte, betrieb man konsequent den Austritt aus der Reichspartei und die Vereinigung mit der DNVP.[132] Die Kamener DVP-Ortsgruppe schloß sich diesem Vorgehen am 14.3.1932 an.[133]

Ein Teil der alten kommunalen Eliten – vor allem das Bildungsbürgertum – rückte in die zweite Reihe des politischen Geschehens. Ein anderer Teil – besonders die Vertreter der Zeche – betrieben nunmehr als Deutschnationale eine offensive Politik der Annäherung an die NSDAP. Stadtrat Fromme beispielsweise, von dessen hohem Sozialprestige als Bergwerksdirektor schon die Rede war (vgl. Kap. III.B1), ließ sich zum stellvertretenden DNVP-Vorsitzenden wählen und verkündete gleich nach der Machtergreifung, daß man bei der anstehenden Kommunalwahl auf eine eigene Kandidatur verzichte und „freudig" für eine gemeinsame Liste mit der NSDAP eintrete. Nur die Herren von der Wirtschaftspartei hätten

„das Gebot der Stunde nicht erkannt, ihr Begriffsvermögen war zu klein, die gewaltige Umgruppierung im politischen und kulturellen Denken des ganzen Volkes zu erkennen und zu verarbeiten".[134]

Dieser Weg der traditionellen Eliten machte die bürgerlich-nationalen Kreise der Stadt endgültig aufnahmebereit für den Nationalsozialismus. Ihre Ansichten von einer Revanche für Versailles, vom Kampf gegen den Marxismus und von einem starken Staat waren der NS-Ideologie von je her verwandt (vgl. Kap. III.A2).[135] Es waren eher Aversionen gegen die nationalsozialistische Politik der Straße, gegen den jugendlichen Charakter der NS-Bewegung und gewisse sozialistische Phrasen, die den Abstand zur NSDAP ausgemacht hatten. Auf einer Versammlung der DVP im September 1930 hieß es noch, daß die NSDAP „selbst marxistisch bis auf die Knochen" sei.[136]

Nach der Vereinigung mit den Deutschnationalen begannen die Schranken spürbar zu schmelzen. Jetzt bedauerte man „lebhaft", daß der von den meisten Kamener Bürgern gerade wiedergewählte Hindenburg „seine erste Unterschrift zur Unterdrückung einer nationalen Freiheitsbewegung gegeben habe" (gemeint war das SA-Verbot).[137] Einige evangelische Pfarrer traten offen für die NSDAP ein, und die Vaterländischen Verbände luden NS-Vertreter als Redner zu ihren Feiern aus

---

132 Vgl. Romeyk (1975), S. 231 f. und Booms (1984), S. 530 f.
133 Vgl. Kamener Zeitung vom 15.3.1932.
134 Vgl. Westfälischer Anzeiger vom 9.2.1933 und den Wahlaufruf in der Kamener Zeitung vom 8.3.1933.
135 Vgl. hierzu auch Mommsen (1984), S. 31: „Die nationale Diktatur war längst gefordert, bevor Hitler sie für sich verlangen konnte."
136 Vgl. Kamener Zeitung vom 12.9.1930.
137 Kamener Zeitung vom 15.4.1932. Interessant ist auch, daß den Nationalsozialisten fest vereinbarte Redezeiten auf Veranstaltungen der DNVP zur Verfügung gestellt wurden, vgl. Kamener Zeitung vom 4.11.1932.

Anlaß des „Totensonntags" im November 1932 und der „Reichsgründung" im Januar 1933.[138] Der Arbeitsamtsdirektor und Vorsitzende der Ortsgruppe des Deutschen Beamtenbundes in Kamen war schon wenige Wochen nach der Machtergreifung in den Reihen des Nationalsozialistischen Beamtenbundes zu finden.[139]

Bei den Kirchenvertreterwahlen im November 1932 kandidierte erstmals eine Liste der „Deutschen Christen". Auf ihren Veranstaltungen trat diese „Glaubensbewegung" offen für eine Synthese von Nationalsozialismus und Christentum ein.[140] Unter den Kandidaten lassen sich NSDAP-Mitglieder nachweisen, und die Partei forderte auf ihren Veranstaltungen auch dazu auf, diese Liste zu wählen.[141] Sie erhielt am 13.11.1932 mit 577 Stimmen 33,4 %. Die „kirchlich-unpolitische Liste" mit bekannten Repräsentanten der ehemaligen DVP kam auf 35,2 % und die Liste des „Evangelischen Volkskirchenbundes", auf der auch Sozialdemokraten kandidierten, blieb mit 31,5 % in der Minderheit.[142]

Das Wahlergebnis gab das politische Kräfteverhältnis in der evangelischen Kirche allerdings nur unzureichend wieder, denn die neugewählten Presbyter waren schon bald bereit, dem Druck der Deutschen Christen nachzugeben. Bei der Wahl eines neuen Pastors am 28.12.1932 wurde mit 45 gegen 4 Stimmen ein bekannter Vertreter dieser Richtung gewählt.[143]

Diese Beispiele spiegeln die Erosion der Abwehrfront des nationalgesinnten Kamener Bürgertums gegenüber dem Nationalsozialismus. Offensichtlich glaubten viele seiner Vertreter an das verbreitete Zähmungskonzept. Eine bestimmende Rolle innerhalb eines Bündnisses mit der NSDAP spielen zu können, mußte aber schon daran scheitern, daß sich das Bürgertum zwar im Negativen einig war, also in der Ablehnung der Demokratie, der Zerschlagung der Gewerkschaften, der Beseitigung der Fesseln des Versailler Vertrages etc., doch keine klaren Vorstellungen darüber besaß, was an die Stelle des „verhaßten Weimarer Systems" treten sollte. Außerdem waren die Nationalsozialisten in Kamen gar nicht mehr bereit, sich auf irgendwelche Kompromisse mit den alten Honoratioren einzulassen. Je mehr Annäherungsversuche von ihrer Seite erfolgten, um so mehr ging man auf Distanz. Vor allem im Wahlkampf vor dem 6.11.1932 war dies zu beobachten. Indem man die „Hugenbergfront unter die kritische Lupe nahm", stellte man seine Distanz zum „lauen Bürgertum" deutlich dar.[144] Überraschend scharf waren auch die persönlichen

---

138 Vgl. Westfälischer Anzeiger vom 23.11.1932 und Kamener Zeitung vom 20.1.1933.
139 Vgl. Kamener Zeitung vom 4.3.1933.
140 Vgl. Kamener Zeitung vom 11.11.1932. Allgemein dazu: Denzler/Fabricius (1988), S. 33 f., auf das Rheinland und Westfalen bezogen van Norden (1984).
141 Vgl. Kamener Zeitung vom 5. und 17.11.1932.
142 Vgl. Kamener Zeitung vom 14.11.1932.
143 Vgl. Kamener Zeitung vom 29.12.1932. Die Einsetzung des Dr. Steiger aus Esch wurde später allerdings von übergeordneter Stelle abgelehnt, da sich der Kandidat durch die öffentliche Beleidigung des Präsidenten der evangelischen Kirche im Elsaß diskreditiert hatte, vgl. hierzu die „Erinnerungen" von Karl Philipps im StAK. Dieser war von 1909-1949 Pfarrer in Kamen, gehörte zur Bekennenden Kirche und trat 1938 mutig für den inhaftierten Martin Niemöller ein, vgl. Westfälische Rundschau vom 31.12.1984.
144 So faßt es die Kamener Zeitung vom 5.11.1932 zusammen.

Angriffe gegen den Führer der DNVP und den ehemaligen Vorsitzenden der DVP. Unter anderem richtete man gegen letzteren den „schweren Vorwurf", einen „Deutschnationalen im Stadtparlament dazu verleitet zu haben, mit der SPD gegen die Wirtschaftspartei zu stimmen".[145]

Hier scheint sich auch ein „Generationskonflikt" abgespielt zu haben. Die Vorsitzenden der Kamener Rechtsparteien und Vaterländischen Verbände gehörten durchweg einer Generation an, die noch im Kaiserreich ihre politische Prägung erlebt hatte. Dagegen hebt sich der jugendliche Charakter der Führer der Kamener NSDAP deutlich ab. Bergassessor Tengelmann (geb. 1901) und Ortsgruppenleiter Franzke (geb. 1898) machten erst durch das „Fronterlebnis" und die Nachkriegsereignisse ihre politischen Erfahrungen.[146] Wie erwähnt, hatte selbst der Reichsbannervorsitzende die Nationalsozialisten mit den Worten abgetan, daß es sich bei „diesen neuen Heilsverkündern" um Leute handle, „die zu 90 % vor dem Krieg noch auf der Schulbank gesessen haben" (vgl. Kap. VI.A1).

Auf Seiten der NSDAP war dagegen vom „lauen Bürgertum" die Rede, das man aufrütteln wolle. Eine interessante Quelle für das Verhältnis zum Bürgertum ist die Reaktion des NSDAP-Ortsgruppenvorsitzenden auf die Welle von Aufnahmeanträgen im März und April 1933. In einem „offenen Wort an die Abgewiesenen" wies Franzke darauf hin,"daß uns der Nachweis, daß der Antragsteller nicht der SPD oder KPD angehört hat, daß er Mitglied des Kriegervereins, eines anderen Militärvereins oder Sportvereins, also alles in allem ein absolut national gesinnter Mann ist, nicht immer genügt. Viel leichter fällt uns die Entscheidung, wenn der Antragsteller nachweisen kann, daß er schon immer sozial eingestellt war und dementsprechend gehandelt hat. Die frühere Parteizugehörigkeit spielt dabei überhaupt keine Rolle. Ein echter Sozialist ist immer ein fanatischer Nationalist ... Die Kraft, welche heute manche sogenannte ‚Intellektuelle' verschwenden, um unser Parteibuch zu erwerben, hätte doch gerade von diesen Herren schon vor Jahren ... zur Anwendung kommen können. Der Geldbeutel und die gesellschaftliche Stellung sind nicht der Schlüssel zur Pforte der Nationalsozialistischen Deutschen Arbeiterpartei. Die alten Kämpfer nehmen die in die Bewegung hineinwachsende Jugend mit Freuden auf. Von den anderen verlangen sie mit Recht ‚Antreten im letzten Glied' ..."[147]

Die NSDAP fühlte sich eher der Oppositionsbewegung des Mittelstandes verbunden als den Repräsentanten der alten bürgerlichen Parteien. Trotz der Propaganda gegen die Wirtschaftspartei als „Interessensclub" waren es ihre Vertreter im Stadtparlament, in denen man am ehesten Ansprechpartner für kommunalpolitische Forderungen sah. Nachhaltig unterstützte man ihren Kampf gegen den „marxistisch verseuchten Bürgermeister". Mit Blick auf die abwandernde Wähler-

---

145 Vgl. Westfälischer Anzeiger vom 4.11.1932 sowie Kamener Zeitung vom 31.10.1932.
146 Zur Rolle des Ersten Weltkrieges als Nährboden des Nationalsozialismus, vgl. Brozsat (1990), S. 68 f.
147 StAK, Mitteilungen der NS-Nachrichtenstelle, veröffentlicht im Westfälischen Anzeiger vom 8.5.1933.

schaft wurden viele Forderungen übernommen. Im Konfliktfalle unterstützte man lieber einen Sprecher der Wirtschaftspartei als einen Vertreter der Deutschnationalen, selbst wenn es sich um Bergassessor Fromme handelte. Dies zeigte sich deutlich, als es um die Vertretung des endgültig gestürzten Bürgermeisters ging.

Nachdem die Wirtschaftspartei erneut umfangreiches Beschwerdematerial gegen Berensmann an den Regierungspräsidenten in Arnsberg weitergegeben hatte, gab dieser nach monatelangem Zögern nach und leitete am 18.7.1932 ein förmliches Dienststrafverfahren ein. Am 10. Oktober trat der Bürgermeister zunächst freiwillig einen Urlaub an, der dann zwangsweise bis zum Verfahren vor der Dienststrafkammer im Juni 1933 verlängert wurde (vgl. Kap. VI.C). Normalerweise hätte der Beigeordnete Kuno Müller nunmehr die Amtsgeschäfte übernehmen müssen. Da dieser aber Mitglied der Wirtschaftspartei war, zog es der Regierungspräsident vor, Stadtrat Fromme zum Stellvertreter zu ernennen. Nach der Beschwerde Müllers beim Oberpräsidenten rechtfertigte der Regierungspräsident sein Vorgehen damit, daß sich bei den Voruntersuchungen auch beim Stadtrentmeister und dem Polizeikommissar Pflichtverletzungen ergeben hätten, so daß auch gegen sie Verfahren eingeleitet wurden. Beide ständen aber mit dem Beigeordneten in engster Berührung und hätten der Wirtschaftspartei Informationen zukommen lassen, die diese zu weiteren Angriffen gegen Berensmann nutzten. Darum sei es schlechterdings unmöglich gewesen, Müller zum Bürgermeister zu machen.[148]

In diesem Streit setzte sich die NSDAP für den Beigeordneten Müller ein. Er sei als „pflichtbewußter und zuverlässiger Beamter in der ganzen Stadt bekannt" und es komme „einer Ehrenverletzung gleich, wenn man ihn jetzt „übergeht", hieß es auf einer Versammlung der NSDAP zur Kamener Kommunalpolitik. Man stellte sich auch hinter die andern beiden mit Dienststrafverfahren belegten Beamten und wandte sich mit einer Entschließung direkt an den preußischen Innenminister, damit er die „unhaltbaren Zustände" durch die sofortige Absendung eines Regierungsbeamten nach Kamen beende.[149]

Unter diesem Druck trat Fromme freiwillig von seinem kommissarischen Bürgermeisterposten zurück. Wie er zu seinem Nachfolger stand, wurde im März 1933 deutlich, als er verkündete:

„Es ist eine Unmöglichkeit, daß in dieser großen Notzeit an der Spitze einer 13000 Einwohner zählenden Stadt für längere Zeit ein Beigeordneter steht, dem die nötige Fachbildung für den Bürgermeisterposten fehlt."[150]

Mit diesen Äußerungen trug er das Seine zur Absetzung Müllers am 1.4.1933 bei. Den kommissarischen Bürgermeisterposten übernahm nunmehr der NSDAP-Vorsitzende. Dieser löste sofort alle städtischen Selbstverwaltungsgremien auf. Im neu gebildeten sechsköpfigen Magistrat fanden sich drei bekannte Vertreter der

---

148 Vgl. StAM, Regierung Arnsberg, Kommunalaufsicht, Nr. 19839, Brief vom 28.10.1932.
149 Vgl. Kamener Zeitung vom 31.10.1932.
150 So im Wahlaufruf für die Kommunalwahlliste „Franzke" in der Kamener Zeitung vom 8.3.1933. Daß auch die NSDAP sich gleich nach der Machtergreifung gegen Müller stellte, ist schon erwähnt worden, vgl. Kap. V. A3.

Eine Ansprache des Bergassessors Fromme vor den Kamener Bergleuten. 1934.

ehemaligen Wirtschaftspartei wieder, von den Vertretern der alten bürgerlichen Parteien blieb nur Bergassessor Fromme übrig. Die starke Beteiligung des Mittelstandes läßt sich auch an der Zusammensetzung der Kommissionen ablesen. Selbst der abgesetzte Beigeordnete tauchte hier wieder auf.[151]

Nachzutragen bleibt noch das Verhalten der Zentrumspartei. Gerade Ende 1932, als das Gerangel um den Stellvertreter des Bürgermeisters, die Vorgänge um die Dienststrafverfahren, die Verschuldungsproblematik sowie weitere Skandale und Prozesse das politische Klima in Kamen beherrschten,[152] wechselten ihre Vertreter im Stadtparlament das politische Lager. Obwohl sie die SPD bis zum Herbst 1932 noch gestützt hatte, wehrte sich die Partei in der Öffentlichkeit vehement dagegen, zu nahe an die Sozialdemokratie herangerückt zu werden.[153] Die reichsweite Rechtsentwicklung des Zentrums – vor allem die Versuche, in Opposition zum Kabinett von Papens eine „nationale Sammlung" unter Einbeziehung der NSDAP zustande zu bringen – gingen auch an der Kamener Ortsgruppe nicht spurlos vorbei. Ende November 1932 sorgten die drei Zentrumsvertreter im Stadtparlament für die Wahl eines Vorstehers aus den Reihen der Wirtschaftspartei. Die Sozialdemokratie war nunmehr völlig isoliert.[154]

---

151 Vgl. Rennspieß (1992), S. 359 f.
152 Beispiele hierzu: ebenda, S. 314 f.
153 Vgl. Kamener Zeitung vom 19. und 22.3.1932.
154 Vgl. den Bericht über die Stadtverordnetenversammlung in der Kamener Zeitung und dem

Die Vertreter der Wirtschaftspartei konnten die kommunalpolitischen Spitzenpositionen besetzen, obwohl die Masse der Wähler, denen sie ihre Mandate verdankte, längst abgewandert war. Im November erreichte die Partei noch 0,8 %. Das „sinkende Schiff" der Mutterpartei hatte die Ortsgruppe allerdings – genau wie die DVP – längst verlassen und sich unter dem Namen „Kommunale Wirtschaftspartei Kamen" im Juni 1932 neu konstituiert. Mehr noch als früher, wollte man sich nunmehr auf die kommunalpolitische Ebene beschränken.[155] Aber gerade ihr Kampf um die „kleinen Erleichterungen" für den Mittelstand wurde angesichts der Weltwirtschaftskrise zunehmend bedeutungslos. Zu den Ursachen der Krise, den großen innen- und außenpolitischen Fragen hatte man wenig zu sagen oder schloß sich den Auffassungen des rechten Bürgertums an. Die Nationalsozialisten verstanden es nach der Machtergreifung, vor allem durch den „Kampfbund des gewerblichen Mittelstandes", die Aktivitäten der alten Standesorganisationen in eine parteikonforme Richtung zu lenken. Mit der „Lösung" der Bürgermeisterfrage fiel denn auch die letzte Rechtfertigung der eigenen Existenz (vgl. Kap. VI.C).

In Ahlen wählten auch am Ende der Weimarer Republik noch weit über die Hälfte der Altstadtbewohner das Zentrum. Gestützt auf eine lange Tradition, ein enges Vereinsnetz und die katholische Kirche prägte diese „Verfassungspartei" die politischen Anschauungen der Mehrheit des Bürgertums und der mittelständischen Schichten, darüberhinaus auch großer Teile der Arbeiterschaft. Im Unterschied zu Kamen blieb der Einfluß rechtsgerichteter Parteien wie DVP, DNVP und Wirtschaftspartei äußerst gering und erreichte hauptsächlich den evangelischen Teil der Bevölkerung. Mit dem Erstarken der NSDAP verschwanden diese Parteien, mit Außnahme der DNVP (6.11.1932 = 3,5 %), fast ganz aus dem politischen Leben der Stadt. Dagegen blieb der „Zentrumsturm" zunächst stabil.[156]

Im Inneren der katholischen Volkspartei gab es allerdings starke Spannungen und Interessengegensätze. Sie zeigten sich auf der kommunalpolitischen Ebene durch die separate Kandidatur des „Arbeiterflügels" und verschiedener mittelständischer Interessengemeinschaften (vgl. Kap. III.B2).

Als wirksamstes Mittel zur Überspielung der sozialen und politischen Gegensätze in der Partei bewährte sich seit den revolutionären Ereignissen im Gefolge des Ersten Weltkrieges der Schulterschluß im Kampf gegen die Gefahren des Marxismus und der „Gottlosenbewegung". Unterstützt durch die sozialen Spannungen zwischen den Bergarbeiterfamilien „jenseits der Bahn" und den alteingesessenen Paohlbürgern „diesseits der Bahn", war das Feindbild des Kommunismus in Ahlen besonders wirksam (vgl. Kap. II.A3 und II.B3).

Die stabilisierende Wirkung des Antikommunismus für den Zusammenhalt des katholischen Lagers bewährte sich unter den Bedingungen der Weltwirtschaftskrise

Westfälischen Anzeiger vom 30.11.1932.
155 Vgl. Kamener Zeitung vom 18.6.1932.
156 Vgl. auch Hennig u.a. (1990), die am Beispiel der Stadt Fritzlar zeigen, daß der politische Katholizismus zwar seine eigenen Wähler stabil bindet, „die Faschisierung des evangelischen Umfeldes kann er aber nicht verhindern" (Zitat auf S. 332).

aufs Neue. Die beschriebenen sozialen Proteste der Koloniebewohner in Form von „Hungerunruhen", die Streikversuche der Bergleute und das immer radikaler werdende Auftreten der KPD konnten die verbreitete Angst vor einem kommunistischen Umsturz zu einer regelrechten „Panikstimmung" steigern.[157] Der „Arbeiterflügel" des Zentrums und der katholische Mittelstand schlossen sich als Reaktion auf diese Erscheinungen wieder eng an die „Mutterpartei" an. Im Unterschied zu Kamen hatte der Protest mittelständischer Organisationen kein berufsübergreifendes politisches Sprachrohr gefunden. Dies wurde durch die traditionellen Gräben zwischen Altstadt und Kolonie, Protestanten und Katholiken, sowie Kaufleuten und Fabrikanten auf der einen und Handwerkern und Händlern auf der anderen Seite verhindert. Dem Zentrum fiel es unter diesen Bedingungen leicht, je nach Sachlage wechselnde Koalitionen einzugehen und mit Blick auf die starke KPD-Fraktion unbestrittener Führer einer breiten Front gegen links zu bleiben. Personalentscheidungen beispielsweise wurden von allen Fraktionen unter Ausschluß der KPD vorbesprochen. Die Vertreter des Mittelstandes akzeptierten hierbei durchgehend die Wahl eines Stadtverordnetenvorstehers aus den Reihen des Zentrums und waren seit 1931 sogar bereit, einen sozialdemokratischen Stellvertreter zu wählen. Diese Leitung des Stadtparlaments wurde nach einem Kommentar der Ahlener Volkszeitung besonders deshalb einstimmig akzeptiert, weil sie es verstand,

„die Kommunisten nicht allzu sehr aufs hohe Pferd steigen zu lassen und stets beizeiten den eisernen Vorhang vor das Moskauer Theater zu ziehen".[158]

Neben der gemeinsamen Abwehr der kommunistischen Gefahr, war es vermutlich auch der starken Stellung des Bildungsbürgertums und der Geistlichkeit innerhalb des Ahlener Zentrums zu verdanken, daß die sozialen Gegensätze in der Partei nicht stärker aufeinanderprallten. Die Lehrer, Rechtsanwälte, Pfarrer und Vikare gaben nicht nur in der Kommunalpolitik den Ton an, sondern auch in weltanschaulichen Fragen. Durch die umfangreiche Berichterstattung der Ahlener Volkszeitung läßt sich der Tenor der Veranstaltungen des Parteivorstandes, der katholischen Vereine und der Christlichen Gewerkschaften recht gut vergleichen. Durchgehend fallen die häufiger werdenden Forderungen nach überparteilicher Regierung, Stärkung der Stellung des Reichspräsidenten, christlicher Volksgemeinschaft, Befreiung von den Fesseln des Versailler Vertrages sowie die Betonung des eigenen „nationalen Charakters" auf.

Lediglich im Kampf gegen Sozialabbau, Arbeitslosigkeit und Lohnkürzungen lassen sich Unterschiede finden. Aber auch hier überrascht es, daß gerade auf dem Höhepunkt der Weltwirtschaftskrise ein starkes Einschwenken der Christlichen Gewerkschaften auf die Parteilinie zu beobachten ist. An die Stelle der anfänglichen Proteste gegen die Notverordnungspolitik Brünings (vgl. Kap. IV.A2) trat im Reichspräsidentenwahlkampf Anfang 1932 vorbehaltlose Sympathie für den Kanz-

---

157 Vgl. Rennspieß (1989), S. 246 f. Erinnert sei auch an die Überreaktion des Ahlener Bürgermeisters während des Streiks vom Januar 1931 (Kap. VI.A1) und an die Erinnerungen von Antonius John (Kap. III.A2).

158 Ahlener Volkszeitung vom 22.1.1931.

ler. Eingebettet in die „Volksfront" wurde der Arbeiterflügel zwar aktiver, aber auch moderater. Der Zusammenschluß mit dem katholischen Vereinswesen stärkte den Einfluß der Geistlichen und die Rückbesinnung auf die allen gemeinsame christliche Basis.

Beispielhaft für die politischen Tendenzen des „Arbeiterflügels" ist eine Versammlung des Christlichen Metallarbeiterverbandes vom Februar 1932. Hier hieß es:

„Die Harzburger Front will die Diktatur und die Arbeiterentrechtung ... Die Rechtskreise versuchen, die Gewerkschaften zu ächten ... Auf der ganzen Linie zeigt sich eine reaktionäre Welle, die den wirtschaftlichen und sozialen Fortschritt bedroht. Die Wirtschaftskrise ... wird ... benutzt, den Einfluß des werktätigen Volkes in Staat, Wirtschaft und Gesellschaft einzudämmen. Es stehen Kämpfe bevor, um den Bestand der Tarifverträge, der Reallöhne ..."[159]

Auf der gleichen Veranstaltung unterstützte man aber auch das „Rettungswerk Brünings", der über den „Parteiinteressen" stehe und dem Arbeiter wieder „Lebensmöglichkeiten" gebe. Außerdem habe er den festen Willen, „das deutsche Volk aus den Sklavenketten der Kriegsfolgen zu befreien". Als „Nationale" sei „die Handlungsweise der nationalsozialistischen ‚Auchführer' und ‚Aucharbeiterpartei' bisher beschämend gewesen". Die christliche Arbeiterschaft will die „Volkskandidatur Hindenburgs".

Die Gefahren des Sozialabbaus und der Entrechtung der Arbeiter durch den Untergang der Republik wurden also deutlich gesehen, aber an die Stelle der rechten Diktatur sollte nicht etwa die Demokratie treten, sondern ein über den Parteien stehender „Führer" wie Brüning, der vom „Volkspräsidenten" unterstützt würde. Außerdem versuchte man, sich „nationaler" als die NS-Bewegung zu geben und unterstützte die Revanchegefühle für Versailles.[160]

Nicht vergessen werden darf in diesem Zusammenhang, daß der Antiparlamentarismus auch vor Ort längst zur Praxis geworden war. Zwischen August 1931 und Mai 1932 fand in Ahlen nicht eine einzige Stadtverordnetensitzung statt. Die KPD sprach von „Notverordnungsdiktatur",[161] und die SPD stellte den Antrag, nunmehr mindestens alle zwei Monate zu tagen. Dem wurde zwar zugestimmt, doch der Magistrat hielt sich nicht daran. Der Kommentar der Ahlener Volkszeitung lautete, „so hat's auch noch ein bisserl Zeit", bevor die „Herren von der äußersten Linken" wieder „schwere Geschütze auffahren".[162]

Wenn auch aus anderen Gründen, so läßt sich doch ganz ähnlich wie in Kamen beobachten, daß die demokratische Selbstverwaltung jegliche Anerkennung verspielt hatte. Von ihr erwartete kaum noch jemand Hilfe. Ende Oktober 1932 schrieb die Ahlener Volkszeitung:

---

159 Ahlener Volkszeitung vom 7.2.1932.
160 Vgl. auch die Charakterisierung der Arbeiterschaft im Zentrum durch Plum (1972), S. 67 f.
161 Der Kämpfer vom 12.5.1932.
162 Ahlener Volkszeitung vom 18.9.1932.

„Interessant ist uns die Feststellung, daß das Interesse für die Stadtverordneten-sitzungen ganz gewaltig nachgelassen hat. Selbst die Reihen der Freunde von der Linken sind stark gelichtet."[163]

Der Sturz Brünings Ende Mai 1932 erzeugte in der Ahlener Zentrumspartei lautstarke Empörung und Proteste. Die Bestürzung über „diesen Wahnsinn", diesen „Faustschlag ins Gesicht aller denkenden Menschen" einigte die Partei für kurze Zeit quer zu allen sozialen und politischen Gegensätzen.[164] Allerdings gab es in der Beurteilung seines Nachfolgers durchaus Unterschiede. Bestimmte Kreise inner-halb des Zentrums forderten eine Öffnung nach rechts zu den katholischen Deutschnationalen, als deren Repräsentant von Papen gelten konnte. Durch die Einladung Franz Graf von Galens (MDL), eines bekannten Vertreters dieser Richtung aus Münster,[165] läßt sich vermuten, daß auch in der örtlichen Zentrum-spartei solche Meinungen verbreitet waren. Allerdings stellten hier die Arbeiter eindeutig die Mehrheit der Wähler, so lud der Vorstand zur gleichen Wahlkampf-veranstaltung am 20. Juli auch einen Vertreter der Christlichen Gewerkschaften. Um so deutlicher traten die Unterschiede hervor:[166]

Während der Gewerkschafter scharfe Worte gegen von Papen und seine „sozialre-aktionäre Notverordnungspolitik" fand, sprach der Graf von dessen „untadeliger Persönlichkeit" und bedauerte es, daß der Versuch, „konservative und christliche Kreise rechts vom Zentrum" in die Brüningregierung einzubeziehen, gescheitert sei. Gegen den „unchristlichen Kollektivismus der Masse" forderte er „Rechte für die Persönlich-keit". „Das Vaterland" müsse „über die Partei" gestellt werden, und man wolle „jede Regierung unterstützen, die uns der Verwirklichung unseres Programms näher bringt".

Trotz dieser Töne war Graf von Galen kein Anhänger der Versuche, die NSDAP in eine neue Regierungsbildung einzubeziehen. Die Kontroverse um diese Bestre-bungen der Zentrumsführung beherrschte die Partei in den Monaten nach der Wahl.[167] In Ahlen scheint man diesen Schritt nur mühevoll nachvollzogen zu haben. Den katholischen Arbeitern wurde erklärt, daß es besser sei, wenn die Nationalsozialisten „nicht immer in der verantwortungslosen Opposition" bleiben, sondern auch einmal beweisen müssen, „was sie können".[168]

Diese Verhandlungen der Zentrumspartei haben die politischen und sozialen Gräben in Ahlen mit Sicherheit wieder vertieft. Der Zentrumspolitiker und Vor-sitzende des katholischen Lehrerverbandes in Ahlen schrieb am 4.12.1932 an seinen Bruder in Amerika:

---

163 Ahlener Volkszeitung vom 27.10.1932.

164 Vgl. vor allem Ahlener Volkszeitung vom 25.6.1932 und vom 21.7.1932.

165 Er war der Kopf einer Papen-freundlichen Gruppe, die vor allem aus ländlichen Grundbe-sitzern des Münsterlandes bestand. Er behauptete auf seinen Veranstaltungen, die gesamte Zentrumswählerschaft mit Ausnahme der Arbeiter stände hinter der neuen Regierung, vgl. Kaufmann (1984), S. 127. Die Zentrumsführung betrachtete allerdings „Papen und nicht Hitler als das größere Übel", Morsey (1984), S. 326.

166 Vgl. den ausführlichen Veranstaltungsbericht in der Ahlener Volkszeitung vom 21.7.1932.

167 Ausführlich dazu: Morsey (1977), S. 56 f.

168 So auf der Herbstdelegiertentagung der katholischen Arbeiter- und Knappenvereine, vgl. Ahlener Volkszeitung vom 20.10.1932, ähnlich auch am 29.10.1932.

„Die Zentrumspartei hier in Ahlen macht mir auch Sorgen. Da gibt es Rote und Rechte und auch Österreicher, das sind solche, die bei uns einen Staat nach österreichischer Machart bauen wollen. Nur eines fehlt: Einigkeit."[169] Mit der österreichischen Richtung sind wahrscheinlich die in Kreisen des Mittelstandes verbreiteten Vorstellungen von einer autoritär-berufsständisch orientierten Gesellschaft gemeint.

Die Irritationen über die Verhandlungen der Zentrumsführung mit der NSDAP dürften besonders die katholische Arbeiterschaft erschüttert haben, für die Hitler immer noch die schwärzeste soziale Reaktion symbolisierte. Vermutlich war es nicht nur der Wahlmüdigkeit zuzuschreiben, daß die „Volksfront" im Novemberwahlkampf kaum noch hervortrat und sich die Argumente gegen den Nationalsozialismus fast nur noch auf die Gefährdung der christlich-katholischen Werte beschränkten.

Ähnlich wie auf Reichsebene hatte sich auch in Ahlen eine „Klerikalisierung des politischen Katholizismus"[170] vollzogen. Deutlichen Ausdruck fand dies durch das Aufrücken eines Vikars zum Zentrumsvorsitzenden.[171] Als Geistlicher konnte er sich nicht so leicht wie mancher andere Zentrumspolitiker über die Warnungen der katholischen Bischhöfe vor der NSDAP hinwegsetzen. Diese hatten nach der Septemberwahl des Jahres 1930 deutlich die Unvereinbarkeit der nationalsozialistischen Ideologie mit der katholischen Lehre herausgestellt. Der Bischof von Münster war noch einen Schritt weitergegangen und hatte Anfang 1931 die Mitgliedschaft von Katholiken in der NSDAP und die Teilnahme geschlossener NS-Formationen am Gottesdienst verboten.[172]

Die Gegnerschaft der Kirche bezog sich allerdings immer nur auf die kulturpolitische Programmatik der NSDAP. Gegenüber ihren anderen Zielsetzungen bewahrte man Neutralität. Diese Reduzierung in der Bewertung des Nationalsozialismus machte es Hitler nach dem Machtwechsel leicht, allein durch die vage Zusicherung des Erhaltes kirchlicher Rechte die Abwehrfront des Katholizismus zu durchbrechen.

Seit dem 30. Januar war Adolf Hitler in den Augen vieler Katholiken nicht mehr nur der Führer einer starken Partei, sondern Repräsentant der „gottgesetzten Obrigkeit". Ihr Verhältnis zum Nationalsozialismus wurde deutlich moderater und gipfelte in der „Kundgabe" der Fuldaer Bischofskonferenz vom 28.3.1933. Darin wurden alle früheren Verbote und Warnungen aufgehoben und Loyalität zum Ausdruck gebracht.[173]

Das Zentrum hatte, eher aus Verbitterung über die völlige Ausschaltung aus den Verhandlungen über die Regierungsbildung als aus prinzipieller Gegnerschaft zum Nationalsozialismus, seine Zustimmung zu einer Vertagung des Reichstages verwei-

169 Veröffentlichung des Briefes, in: John (1983), S. 114.
170 Morsey (1977), S. 29. Nur die Geistlichen galten als gruppen- und interessenunabhängig.
171 Vgl. Ahlener Volkszeitung vom 21.2.1932.
172 Vgl. Kaufmann (1984), S. 156 f.
173 Vgl. Danzler/Fabricius (1984), S. 48 f.

gert und damit für die Auflösung des Parlamentes und einen neuen Wahlkampf gesorgt.[174] Nachdem die NSDAP mit Hilfe der Deutschnationalen dabei die absolute Mehrheit errang, versuchte der Zentrumsvorsitzende abermals, sich den neuen Machthabern mit Koalitionsangeboten zu nähern.[175] Von diesem Schlingerkurs konnten keine klaren Orientierungen für die Parteianhänger vor Ort abgeleitet werden, geschweige denn eine Stärkung ihrer Abwehrfront. Daß die Reichstagsfraktion sich an den Feierlichkeiten in der Potsdamer Garnisonskirche beteiligte und am 23.3.1933 geschlossen für das Ermächtigungsgesetz stimmte, mußte als endgültige Kapitulation wirken.

Ein gutes Barometer für die Veränderung der Stimmungslage im katholischen Bürgertum Ahlens sind die Briefe des erwähnten Vorsitzenden des katholischen Lehrerverbandes. An einer Stelle des oben zitierten Schreibens vom 4.12.1932 heißt es: „Hier in Ahlen werden die Kozis ... immer frecher. Schlägereien und Überfälle sind an der Tagesordnung. Wenn die die Macht bekommen, gehen alle Kirchen in Flammen auf ... Die Hitlerbanden sind auch nicht besser. Die bekämpfen auch die Kirche, sind aber nicht so radikal. Irgendwie haben sie noch einen Sinn für Ordnung. Sie wollen dafür sorgen, daß sich die Menschen wieder ohne Angst auf der Straße bewegen können ... Obwohl die Kirche ihren Gläubigen untersagt, in die Hakenkreuzpartei zu gehen, laufen doch viele über. Wie die das verantworten wollen, weiß ich nicht. Unser Pfarrer hat uns kürzlich noch einmal die Haltung der Kirche gegenüber dem Nationalsozialismus klargemacht. Das, was Hitler unter positives Christentum versteht, ist Neu-Heidentum."[176]

Hier zeigen sich besonders zwei Aspekte: zum einen das dominierende Gefühl der Angst vor dem Kommunismus, der den Ahlener Katholiken gerade nach der Wahl vom 6.11.1932 als weit bedrohlicher erschien als der Nationalsozialismus, und zum zweiten die Bedeutung der kirchlichen Bindung und die fast ausschließlich religiös motivierte Ablehnung der „Hakenkreuzpartei".

Wie stark sich die Stimmung nach dem Machtwechsel veränderte, bringt ein undatierter Brief des Zentrumspolitikers zum Ausdruck, der kurz nach dem 21.3.1933 geschrieben worden sein muß:

„Das Deutsche Reich hat mit dem Staatsakt von Potsdam seinen großen Tag, den größten vielleicht seit Sedan. Wir leben jetzt in einer Volksgemeinschaft, die alle umfaßt, alt und jung, arm und reich, Katholiken und Protestanten. Im Lande hat sich eine Erneuerung vollzogen, wir alle arbeiten an einem neuen Reich. Ich kann mir vorstellen, lieber Otto, daß auch Du bald wieder den Weg in die Heimat findest, wenn du siehst, wie es hier aufwärts geht ... Wir sind keine Hakenkreuzler geworden und werden es nie werden. Im Gegenteil, die Welle der Wiederentdeckung des neuen Wesens und deutscher Kraft muß mit Gottes Hilfe auch den Nationalsozialismus mitreißen und überschwemmen."[177]

---

174 Vgl. Morsey (1977), S. 81 f.
175 Vgl. ebenda, S. 118 f.
176 Zitiert nach: John (1983), S. 114.
177 Zitiert nach: ebenda, S. 116.

Es läßt sich deutlich erkennen, daß der Verfasser des Briefes von der „nationalen Begeisterung" erfaßt wurde. Er glaubte jetzt offenbar an eine Aussöhnung von Katholizismus und Nationalsozialismus. Ganz im Sinne des „Zähmungskonzeptes" setzte er auf eine Beherrschbarkeit der Nationalsozialisten.

Schon vor den Reichstagswahlen hieß es in einem „Aufruf der Zentrumspartei des Kreises Beckum: Es sei nicht „Schuld des Zentrums, daß es jetzt außerhalb der ‚nationalen Regierung' steht".[178] Wie beschrieben, gab es bei den Wahlen im März 1933 nur leichte Einbrüche unter den Zentrumswählern in der Stadt. Sie lagen vornehmlich in den „bürgerlichen" Stimmbezirken, während in den Wohngebieten der Arbeiter sogar noch Gewinne verzeichnet werden konnten. Die sich hier abzeichnenden Unterschiede zwischen der Arbeiterschaft und dem Bürgertum im Zentrum hatten aber keine weitergehenden Folgen. Bei der Kommunalwahl kandidierten drei bekannte Vertreter des „Arbeiterflügels" auf den aussichtsreichsten Listenplätzen. Sie zeigten keine erkennbare Opposition gegen die gleich nach dem 12.3.1933 beginnenden Koalitionsverhandlungen mit der NSDAP. Selbstbewußt hatte das Zentrum im Kommunalwahlkampf auf die gute Haushaltsführung und die Erfolge im Kampf gegen die Wirtschaftskrise verwiesen und dazu aufgefordert, nur bewährte Stadtverordnete zu wählen, die eingehende Kenntnisse mitbringen.[179] Offenbar glaubte man – ganz nach dem Muster des „Zähmungskonzeptes" -, gestützt auf die erfahrenen Kommunalpolitiker in den eigenen Reihen, die neuen NS-Abgeordneten beherrschen zu können.

Obwohl das Zentrum in Ahlen stärkste Partei geblieben war und gemeinsam mit der SPD und den drei Mittelstandsvertretern über eine sichere Mehrheit verfügt hätte, richtete sich das Augenmerk gleich auf die Nationalsozialisten. Schon am Tag nach der Wahl stand in der Ahlener Volkszeitung:

„Da die NSDAP die Sparsamkeit, gerechte Steuerverteilung, Beschaffung von Arbeit usw. will, was sich mit den Zielen des Zentrums deckt, so dürfte gedeiliche Zusammenarbeit gegeben sein."[180]

In den folgenden Wochen war das Zentrum unter dem Eindruck der reichsweiten Entwicklungen, der „Aufbruchseuphorie" und der Verordnungen Görings (z.B. zur „Behebung von Mißständen in der gemeindlichen Verwaltung") Schritt für Schritt bereit, den eigenen Führungsanspruch aufzugeben. Dies zeigte sich schon in der ersten Stadtverordnetensitzung vom 12.4.1933 durch die Wahl eines nationalsozialistischen Stadtvorordnetenvorstehers. 14 Tage später wurde auch die Zusammensetzung des Magistrats und der Kommissionen im Sinne der NSDAP verändert (vgl. den nächsten Abschnitt).

Überblickt man die Entwicklung noch einmal, so scheinen sich für die Ahlener Zentrumsanhänger besonders zwei Phasen als deutlicher Umbruch erwiesen zu haben. Zum einen die Zeit nach der Reichstagswahl vom 31.7.1932, als offene Koalitionsverhandlungen der Parteileitung mit der NSDAP begannen. Zum zwei-

---

178 Als Kopie bei der Stadt Ahlen.
179 Vgl. besonders Ahlener Volkszeitung vom 18. und 28.2.1933, im Anhang bei John (1983).
180 Ahlener Volkszeitung vom 13.4.1933, abgedruckt im Anhang bei John (1983).

ten die Zeit nach der Reichstagswahl vom 5.3.1933, als die katholische Bevölkerung offenbar glaubte, die „Regierung der nationalen Konzentration" sei nunmehr „legitimiert". Beides waren Impulse, die von überregionalen Entwicklungen ausgingen und sich vor Ort durch den deutlich zurückgenommenen Kampf gegen den Nationalsozialismus im Herbst 1932 und die Koalitionsverhandlungen nach der Kommunalwahl widerspiegelten. In Ahlen, wo die KPD Ende 1932 fast dreimal so stark wie die NSDAP war, glaubte das Bürgertum auf diese Kraft im Kampf gegen die „bolschewistische Gefahr" nicht mehr verzichten zu können. So sehr sich der Antikommunismus als Bewahrer der inneren Einheit des Zentrums bewährt hatte, schwächte er die Abwehr gegen den Nationalsozialismus, denn dieser versprach, am konsequentesten gegen die KPD vorzugehen. Ähnliches gilt für die Formel von der Bewahrung der christlich-katholischen Werte. Die Reduzierung in der Bewertung des Nationalsozialismus auf dieses Kriterium ließ die Abwehr nach dem vermeintlichen Wegfallen dieser Gefahr zusammenbrechen.

Der Tag von Potsdam mit der Verbeugung des neuen Kanzlers vor Hindenburg und dem Staatsakt in der Garnisonskirche ließ auch in Ahlen zum ersten Mal eine Stimmung erkennen, die offenbar größere Teile der katholischen Bevölkerung erreichte. Die Feierlichkeiten hatten den Katholischen Lehrerverein beispielsweise so stark beeindruckt, daß in seinen Reihen die Besorgnis aufkam, der Katholizismus werde die „Zeitenwende" möglicherweise abseits erleben.[181] Nach der Zustimmung ihrer Partei zum Ermächtigungsgesetz und der Fuldaer „Kundgabe" der Bischöfe glaubten die Ahlener Katholiken, sich gleichsam „von oben" sanktioniert am nationalen Aufbruch beteiligen zu können.

---

181 Ausfürlich hierzu: Grevelhörster (1987), S. 118 f.

C. Der Machtergreifungsprozeß des Jahres 1933

In seinem mittlerweile zum Standardwerk gewordenen Buch über „Nationalsozialismus und kommunale Selbstverwaltung" unterscheidet Horst Matzerath zwei Phasen der Machtergreifung: eine erste „revolutionäre" Phase, die durch Vor- und Übergriffe der unteren Parteieinheiten der NSDAP gekennzeichnet war, und eine zweite der „Konsolidierung", in der die eroberten Positionen gesichert und ausgebaut wurden.[182] Matzerath versucht auch die Techniken, die in der revolutionären Phase von den Nationalsozialisten eingesetzt wurden, einigermaßen zu ordnen. Demgegenüber betont Bernd Hey das „verwirrende Bild ineinandergreifender und auseinanderlaufender Maßnahmen" und glaubt, daß die Situationen in den einzelnen Städten „zu unterschiedlich waren", um sie „so leicht auf einen Nenner zu bringen".[183]

Mit Blick auf die Vergleichsstädte läßt sich im Grunde jede der beiden Sichtweisen bestätigen, denn es kommt ganz darauf an, wie tief man ins Detail geht. Bei der unterschiedlichen Ausgangssituation in Ahlen und Kamen erstaunt es zunächst, die vielen Gemeinsamkeiten zu sehen: Ob die Reichstagswahl nun 24 oder 42 % für die NSDAP brachte, auf den Rathäusern prangte die Hakenkreuzfahne. Ganz unabhängig von der Anzahl ihrer Mandate nach der letzten Kommunalwahl übernahmen die Nationalsozialisten die Regie im Stadtparlament und erreichten eine Umbesetzung des Magistrats und der Kommissionen. Hier wie da wurden Unregelmäßigkeiten in der Verwaltung gefunden, Untersuchungsausschüsse eingesetzt, katastrophale Finanzverhältnisse beklagt und politisch „unzuverlässige" Beamte der Korruption beschuldigt. Parallel dazu liefen Terror und Einschüchterung der politischen Gegner, Gleichschaltung der Vereine, Paraden und Aufmärsche, „Braune Messen", Mittelstandstage und Meldungen, die jede kleine Veränderung als Zeichen des Aufschwungs und der Krisenüberwindung darstellten. All dies gipfelte im ungeteilten Besitz der Macht und gehörte zu einem Szenario, daß offenbar ganz unabhängig von der besonderen Struktur einzelner Städte, dem Wähleranhang der NSDAP und dem Ausmaß der kommunalpolitischen Probleme ablief.

Im Detail lassen sich allerdings erhebliche Unterschiede finden. Vor allem der jeweilige Zeitpunkt der einzelnen Maßnahmen ist ein Hinweis auf retardierende Momente bzw. Widerstände in Bevölkerungsgruppen und Institutionen. Eilten die Ereignisse der reichsweiten Entwicklung voraus, oder wurde diese nur gezwungenermaßen nachvollzogen? Mußten die Nationalsozialisten vor Ort überhaupt noch Kompromisse eingehen? Wie groß war das erreichte Maß der Anpassung?

Im folgenden sollen die wesentlichen Etappen der Machtergreifung im Vergleich dargestellt werden, um die Unterschiede und Gemeinsamkeiten deutlicher hervortreten zu lassen:

---

182 Vgl. Matzerath (1970), S. 81 f. Zum Begriff der „Machtergreifung", Frei (1983).
183 Hey (1983), S. 70.

Es ist bereits beschrieben worden, daß sich die Folgen der neuen Regierungsbildung unter Adolf Hitler in Kamen weit früher bemerkbar machten als in Ahlen. Durch die Unruhen vom 31.1.1933 wurde praktisch sofort eine Machtprobe provoziert. Die lokale Stärke der NSDAP, der „direkte Draht" zu Göring und die besonders desolate kommunalpolitische Situation ermöglichten eine unmittelbar einsetzende Gleichschaltung der Ortspolizei und Angriffe auf den kommissarischen Bürgermeister. Nur die Perspektive der bevorstehenden Wahlen scheint die NS-Bewegung von weitergehenden Maßnahmen abgehalten zu haben (vgl. Kap. V.A3). In der Stadt machte sich allerdings schon vor dem Wählervotum ausgeprägte Aufbruchstimmung breit. Vereine wählten NS-Vertreter in ihre Vorstände, die Vaterländischen Verbände marschierten gemeinsam mit der SA durch die Straßen, und viele Beamte bekannten sich jetzt offen zur NSDAP. Außerdem wehten Hakenkreuzfahnen auf den öffentlichen Gebäuden, und am 4. März, dem „Tag der erwachenden Nation", wurde erstmals die neue „Volksgemeinschaft" zur Schau gestellt.

In Ahlen lassen sich solche Erscheinungen erst nach den Wahlen finden. Zu klein war die Schar der NS-Anhänger in der Stadt, um bis dahin schon spürbare Veränderungen herbeizuführen. Selbst in Bezug auf die Verfolgungsmaßnahmen nach dem Reichstagsbrand und die Vereidigung von „Hilfspolizisten" (die ja weniger eine Folge der Verhältnisse vor Ort, als vielmehr der Anordnungen des Innenministeriums waren) lassen sich bezeichnende Unterschiede zu Kamen feststellen. Während die KPD dort schon vor den Wahlen durch zwei gezielte Schläge praktisch ausgeschaltet wurde,[184] gab es in Ahlen trotz des verbreiteten Antikommunismus zunächst nur vereinzelte Festnahmen. Eine umfassende Verfolgung setzte erst im Juni 1933 unter Leitung der Gestapo-Dienststelle in Recklinghausen ein (vgl. Kap. VI.A2).

Der Polizeierlaß Görings vom 22.2.1933 zur Bildung einer „Hilfspolizei" wurde in Kamen ebenfalls schneller und konsequenter umgesetzt. Schon am 25. Februar kamen hier trotz der starken Stahlhelmgruppe vor Ort ausschließlich SA- und SS-Männer zum Einsatz.[185] Für diese kleine Stadt ist auch die Zahl von 30 „Hilfspolizisten" ungewöhnlich hoch. In Ahlen scheint in dieser Hinsicht so wenig geschehen zu sein, daß am 4. März, vermutlich auf Initiative übergeordneter Stellen, „vorrübergehend 24 Hilfspolizisten nach Ahlen kommandiert" wurden.[186] Erst unter diesem Druck reagierte die lokale Polizeibehörde einige Tage später durch die Indienstnahme von 29 örtlichen SA- und Stahlhelmmitgliedern.[187]

Aus den letzten „halbfreien" Kommunalwahlen vom 12.3.1933 ergaben sich für die Vergleichsstädte ganz unterschiedliche Voraussetzungen für den weiteren Gang des Machtergreifungsprozesses. Die gemeinsame Liste der NSDAP und der

---

184 Die Zahl der Verhaftungen nach dem Reichstagsbrand war genauso groß wie in Bochum, vgl. Wagner (1988), S. 113.
185 Vgl. Westfälischer Anzeiger vom 27.2.1933.
186 Vgl. Jahresrückblick der Ahlener Volkszeitung vom 28.12.1933.
187 Vgl. Die Glocke vom 8.3.1933.

Der Kamener Marktplatz am 1. Mai 1933.

„Kampffront" erreichte in Ahlen 27,2 und in Kamen 43,4 %. Nimmt man die Kreistagswahl zum Maßstab (da hier verschiedene mittelständische Listen fehlten), so erhöhten sich die Anteile auf 33,3 % bzw. 55,1 %.

Während die NSDAP in Ahlen auf eine Koalition mit dem Zentrum angewiesen war, verkündete sie in Kamen sofort, daß zukünftig „ausschließlich nationalsozialistisch regiert wird".[188] Bis zur Eröffnung der ersten Stadtverordnetensitzung am 20.4. war die Machtfrage im Kamener Rathaus bereits endgültig entschieden. Welche große Rolle die besonders instabile kommunalpolitische Situation dabei spielte, macht ein Brief des gerade auf direkte Anweisung Görings zum Landrat ernannten Bergassessors Tengelmann an den Regierungspräsidenten in Arnsberg vom 30.3.1933 deutlich: Darin ist von der Zwangsbeurlaubung des Bürgermeisters in Kamen die Rede und davon, daß „die Nachprüfung sehr vieler Vorkommnisse" erforderlich sei. Weiter heißt es:

„Es ist meine Überzeugung, daß diese Nachprüfung von dem jetzigen stellvertretenden Bürgermeister nicht mit der erforderlichen Beschleunigung und Gründlichkeit durchgeführt wird. Außerdem ist die Zusammenarbeit des Beigeordneten Müller mit der NSDAP, der weitaus stärksten Partei, nicht in dem genügenden Umfange sichergestellt. Ich bitte, aus den vorgetragenen Gründen und unter Bezugnahme auf das heutige fernmündliche Gespräch, baldmöglichst dafür Sorge tragen zu wollen, daß ein kommissarischer Bürgermeister eingesetzt wird. Zur

---

188 Vgl. die Wahlauswertung der NSDAP in der Kamener Zeitung vom 15.3.1933.

Besetzung dieses Ehrenamtes bringe ich den Leiter der Ortsgruppe der NSDAP, Herrn Milchhofdirektor Franzke, in Vorschlag ... Als Vertreter bitte ich Herrn Dipl.-Ing. Knaut (Mitglied der NSDAP) ernennen zu wollen ... Die Gauleitung hat inzwischen fernmündlich zu der Bestellung der beiden Herren ihr Einverständnis erklärt."[189]

Schon am 1.4.1933 konnte die Ablösung Müllers bekanntgegeben werden. Dabei hieß es, Alfred Franzke sei direkt vom preußischen Innenministerium ernannt worden, da er Kamen zur NSDAP-Hochburg Westfalens gemacht habe.[190]

Am Montag, dem 3.4.1933, fand auf dem Marktplatz die große Einführungsfeier für Franzke und seinen Stellvertreter, den Leiter der Anlernwerkstatt der Zeche Monopol, statt.[191] Bemerkenswert ist, daß Kuno Müller gute Miene zum bösen Spiel machte. Er empfing seine im Triumph durch den Polizeimeister im Wagen „eingeholten" Nachfolger und hielt eine Rede, die volles Einverständnis mit seiner Ablösung signalisierte. Laut Kamener Zeitung führte er unter anderem aus:

„Ich darf hierbei wohl zum Ausdruck bringen, daß der Wechsel nur bedingt ist aus Erwägung staatspolitischer Art als Folge jener nationalen Erhebung, deren Zeuge Sie in den letzten Wochen sein durften, und die ihren stärksten Ausdruck fand in der Feier jenes denkwürdigen 21. März 1933. Die neue Zeit ist da ... Auch kommunalpolitisch sind wir in das zweite Stadium der nationalen Revolution eingetreten und aus dem Stadium der Volksbewegung heraus werden auch Sie, meine Herren, nunmehr hinüberleiten müssen in das stillere Fahrwasser der kommunalen Arbeit, des Dienstes an der Stadt ... Eine hilfsbereite Beamten- und Angestelltenschaft steht Ihnen zur Seite."

Offenbar hatte sich Müller längst, wie viele andere Vertreter des Mittelstandes auch, ganz in den Dienst der neuen Machthaber gestellt. Bei der ersten Stadtverordnetensitzung traten die Vertreter der „Bürgerliste" geschlossen in den „Hospitantenstatus" der NSDAP-Fraktion über.

Der neue kommissarische Bürgermeister Franzke amtierte nur fünf Wochen, bevor er zum Leiter des Molkereiverbandes in Münster ernannt wurde und die Stadt verließ. In dieser Zeit verschmolzen die Entscheidungsebenen der NSDAP und der Stadtpolitik vollkommen miteinander. Franzke machte sich nicht die Mühe, seinen Maßnahmen einen demokratischen Anstrich zu geben. Schon am 4.4.1933 erklärte er den Magistrat und sämtliche Kommissionen für aufgelöst und ließ neue Zusammensetzungen bekanntgeben. Die „öffentliche Beratungsstelle der NSDAP" zog ins Rathaus um. Über die Arbeit in der Verwaltung unterrichtete künftig die NS-Nachrichtenstelle. Den städtischen Angestellten und Beamten befahl er, keine Aufträge mehr an jüdische Geschäfte zu vergeben und außerdem, „den Dienst in Uniform". Zwei „Kommissare für Bildung und Kultur" wurden ernannt, die den

189 StAM, Regierung Arnsberg, Kommunalaufsicht, Nr. 19839.
190 Die Bekanntgabe erfolgte auf einer „Bismarckfeier", vgl. Westfälischer Anzeiger vom 4.4.1933.
191 Vgl. Kamener Zeitung und Westfälischer Anzeiger jeweils vom 4.4.1933.

Die neuen Machthaber in Kamen. Mai 1933. Von links: NSDAP-Ortsvorsitzender Alfred Franzke, Vorsitzender des „Kampfbundes für den gewerblichen Mittelstand Fritz Jeromin, Polizeiobermeister Landmann, ?, SA-Führer und Leiter des „KZ Schönhausen" Wille Boddeutsch.

Milchhofinspektor Alfred Franzke, seit 1930 Ortsgruppenleiter der NSDAP wird bereits Ende April 1933 kommissarischer Bürgermeister.

Gleichschaltungsprozeß der Vereine überwachten, die Bibliotheken „reinigten" und kulturelle Darbietungen überprüften.[192]

Nachdem die erste Stadtverordnetensitzung dreimal verschoben worden war, wurde der Termin dann (bezeichnenderweise auf einer Hauptversammlung der NSDAP) für den 20.4.1933 bekanntgegeben.[193] Die Sitzung war nur noch ein besonderer „Leckerbissen" in der Festfolge aus Anlaß des 44. Geburtstags Adolf Hitlers. Eintrittskarten dafür mußten bei den NSDAP-Zellenleitern käuflich erworben werden. Höhepunkt war der feierliche Übertritt eines sozialdemokratischen Stadtverordneten. Die anderen Mandatsträger der SPD erschienen nicht mehr in diesem Gremium. Lediglich die zwei Zentrumsabgeordneten hielten noch einen gewissen Abstand zur NSDAP, bevor sie nach der Selbstauflösung ihrer Partei am 5.7.1933 ebenfalls in den Hospitantenstatus überwechselten.

In Kamen markierte die Stadtverordnetensitzung vom 20.4.1933 bereits deutlich das Ende der „revolutionären" Machtergreifungsphase, auch wenn die offiziellen Verbote von Gewerkschaften und Parteien, die Gleichschaltung der Vereine und Organisationen, sowie die personellen „Säuberungen" weiter gingen bzw. noch folgten. Alle kommunalpolitischen Schlüsselstellungen wurden von Nationalsozialisten besetzt, Kompromisse und besondere Rücksichtnahmen waren nicht mehr erforderlich. Dies wurde auch durch den Umgang mit dem deutschnationalen „Bündnispartner" unterstrichen. Während die „Kampffront" schon unmittelbar nach den Kommunalwahlen fast unbemerkt von der Öffentlichkeit mit der NSDAP verschmolz, beanspruchte die Kamener Stahlhelmgruppe weiterhin eine gewisse Selbständigkeit. Wie erwähnt, wurde die Stahlhelmgruppe bei der Einstellung der „Hilfspolizisten" übergangen. Ende März 1933 erstattete Alfred Franzke sogar Anzeige gegen den Stahlhelmführer. Dieser Zechenbeamte sollte sich „in abfälliger Weise über unsere Regierung geäußert haben".[194] Mitte Juni 1933 wurde der Stahlhelm dann in einer gewaltsamen Aktion endgültig mundtot gemacht. Den Anlaß bot ein Konzert der Stahlhelmkapelle, das in letzter Minute verboten wurde, „da die Öffentlichkeit daran Anstoß nehmen könnte". Als der Stahlhelm daraufhin eine geschlossene Veranstaltung abhielt, überfiel ein SA-Trupp die Teilnehmer und mißhandelte sie schwer. Die Nationalsozialisten rechtfertigten ihr Vorgehen mit der Behauptung, die Stahlhelmkapelle bestehe zu „über 50 % aus Reichsbannerleuten". Spätere Untersuchungen ergaben allerdings, daß nur ein einziger Musiker vorher in der Reichsbannerkapelle gespielt hatte.[195] Das Ganze scheint eher ein markantes Beispiel für die Druckmittel zu sein, mit der die am 21.6.1933 reichsweit feierlich inszenierte „Überführung" des Stahlhelms in die SA vor Ort umgesetzt wurde.

In Ahlen ließ sich allein aus den Kommunalwahlen kein Anspruch auf einen Machtwechsel ableiten. Das Zentrum war stärkste Partei geblieben, bot der NSDAP

---

192 Ausführlicher dazu: Rennspieß (1992), S. 356 f.
193 Vgl. ebenda S. 361 f.
194 StAK, Nr. 2241, Polizeiprotokoll vom 30.3.1933. Vgl. auch die in dieser Akte vorhandenen Zeugenvernehmungen dazu.
195 Vgl. StAK, Nr. 2239, sowie Westfälischer Anzeiger vom 16. und 19.6.1933.

Kamener SA bei einer Übung. 1934.

jedoch, wie beschrieben, eine Koalition an. Über die Verhandlungen hinter den Kulissen liegen keine Quellen vor. Sicher ist nur, daß die Nationalsozialisten das Zentrum mit dem Vorwurf von Unregelmäßigkeiten in der Verwaltung unter Druck setzten: In der National-Zeitung verkündeten sie:

„Der Korruption wird Einhalt geboten, eine rücksichtslose Säuberung beginnt. Wir werden nicht eher ruhen, bis Ordnung, die Zierde des Bürgertums, auch in Ahlen, der Stadt der unbegrenzten Möglichkeiten, wieder Einkehr gehalten hat."[196]

Die erste Stadtverordnetensitzung wurde – ähnlich wie in Kamen – mehrmals verschoben.[197] Als das Stadtparlament schließlich am 12.4.1933 eröffnet wurde, war das Zentrum zu weitgehenden Zugeständnissen bereit. Dies machte schon der äußere Ablauf überaus deutlich:[198] Zunächst rückten „starke Formationen der SA und des Stahlhelms mit ihren Bannern und mit Musik" zum Markt, von wo sie die Zentrumsfraktion und die drei Abgeordneten des Mittelstandes abholten. Der „feierliche Zug" zog dann durch ein Spalier aus SA-Leuten in den mit Hakenkreuz- und schwarz-weiß-roten Flaggen geschmückten Sitzungssaal ein. Bürgermeister Dr. Rasche führte die neuen Stadtverordneten in ihr Amt ein und hob hervor, daß die letzten Wahlen „den nationalen Gedanken in Deutschland zum Durchbruch gebracht haben". Den Erfolg sah er besonders in zwei Momenten: zum einen in der Stärkung der Partei des neuen Reichskanzlers und zum zweiten darin, daß eine Partei nicht mehr da sei, die „ihre parlamentarischen Rechte nur dazu benutzt hat,

---

196 National-Zeitung vom 21.3.1933.
197 Vgl. Grevelhörster (1987), S. 140 f.
198 Die folgenden Zitate und Beschreibungen entstammen dem Bericht der Glocke vom 13.4.1933.

den deutschen Interessen Abbruch zu tun". Dafür wären die „ordnungsliebenden" Ahlener dem preußischen Ministerpräsidenten „dankbar". Im weiteren Verlauf seiner Rede erwähnte er noch die Prinzipien der Stein'schen Selbstverwaltung, allerdings nur um darauf hinzuweisen, daß die Stadtverordneten nicht einzelne Interessen, sondern die gesamte Gemeinde vertreten müßten. Das lag ganz auf der Linie der neuen Volksgemeinschaftsideologie. Im Grunde enthielt diese Ansprache nicht die leisesten Anklänge oppositioneller Töne.[199]

Wie weitgehend die Zentrumsfraktion dem nationalsozialistischen Machtstreben entgegenkam, zeigte sich im weiteren Verlauf der Sitzung vor allem durch die Wahl eines Stadtverordnetenvorstehers aus den Reihen der NSDAP. Dieser hatte noch kurz vorher betont:

„Wir werden, wenn es erforderlich ist, uns über jeden formalen Parlamentarismus hinwegzusetzen wissen und weder durch Geschäftsordnungen, Satzungen und Beschlüsse der Vergangenheit stolpern ..."

Ungeachtet der deutlichen Worte wurde er „durch Zuruf" zum Vorsteher „gewählt". Entgegen der Tradition, wonach dieses Amt bisher immer der stärksten Partei zugestanden hatte, begnügte sich das Zentrum mit der „Stellvertreterposition". Nur die drei Sozialdemokraten enthielten sich der Stimme. Über sie hieß es spöttisch in der National-Zeitung:

„Drei Arbeitslose führten ein beschauliches Dasein ... Sie können nun über den Sinn der Internationale nachdenken, während wir für Deutschland arbeiten."[200]

Die Wahlen des Beigeordneten und der Magistratsmitglieder wurden auf Antrag der Nationalsozialisten zunächst vertagt und statt dessen 11 Dringlichkeitsanträge verabschiedet; darunter die üblichen Umbenennungen von Straßen und Plätzen, außerdem die Aberkennung des Fraktionsstatus für die drei Mittelstandsvertreter. Als dieser Punkt anstand, meinte der Abgeordnete der „Evangelischen Liste" unter der „Heiterkeit des ganzen Hauses", man möge „ihm und seinen Freunden" die Abstimmung über etwas ersparen, „was praktisch zur Folge hat, daß es im Ahlener Stadtparlament nur noch zwei Fraktionen gibt: Zentrum und NSDAP", denn „man könne schlecht von einem zum Tode verurteilten verlangen, daß er sich selbst die Schlinge um den Hals legt".

Auch die nächste Stadtverordnetensitzung, ursprünglich auf den 26. April festgesetzt, wurde auf den 2. Mai verschoben. Bis dahin erreichten die Nationalsozialisten durch Gespräche mit dem Bürgermeister und den Fraktionsvorsitzenden, daß die unbesoldeten Magistratsstellen von sechs auf vier herabgesetzt werden und aus je zwei Vertretern des Zentrums und der NSDAP bestehen sollten. Außerdem erzielte man Einigkeit über die Wahl eines nationalsozialistischen Beigeordneten. Nicht alle Mitglieder der Zentrumsfraktion scheinen mit der nachgiebigen Haltung des Bürgermeisters und ihres Fraktionssprechers (eines Fabrikanten!) einverstanden gewesen zu sein. In diesen Wochen trat ein erster Mandatsträger des „Arbeiterflügels" zurück.[201]

---

199 Wie dies Grevelhörster (1983), S. 142 darstellt.
200 National-Zeitung vom 26.4.1933.
201 Vgl. KAW, Stadt Ahlen, P 11, Magistratssitzung vom 25.4.1933.

In der Stadtverordnetensitzung vom 2.5.1933 zeigte sich, was es bedeutete, einen nationalsozialistischen Versammlungsleiter zu haben. Es wurde zunächst einmal durch ein dreifaches Sieg-Heil auf den 44. Geburtstag des Führers für die rechte Stimmung gesorgt.[202] Dieser Stil prägte von nun an jede Sitzung. Beim nächsten Mal mußten die Abgeordneten beispielsweise eine Gedenkminute für den „Freiheitshelden Schlageter" abhalten. Oder die NS-Fraktion verließ den Sitzungssaal, da man noch irgendwo am Gebäude eine schwarz-rot-gold gestrichene Fahnenstange entdeckt hatte. Erst nach ihrer Beseitigung eröffnete der Vorsteher dann die Sitzung.[203]

Gegen die Verkleinerung des Magistrats gab es übrigens einen zaghaften Einspruch auf Seiten der Zentrumsfraktion, was immerhin zeigt, daß nicht alle ihre Vertreter vorher informiert worden waren. Ein Abgeordneter „bat" darum, „an der Zahl von sechs festzuhalten, da diese Zahl für Ahlen nicht zu hoch sei und ein oder zwei Mitglieder immerhin mal verhindert sein könnten". Der Vorsteher entgegnete darauf: da wir nur noch zwei Fraktionen haben und diese „gar nichts Gegensätzliches mehr trennt, können Sie ruhig unserem Vorschlag zustimmen". Daraufhin ging alles einstimmig über die Bühne. (Die SPD-Abgeordneten waren nicht mehr erschienen). Das Zentrum ließ auch die Einsetzung eines „Untersuchungsausschusses zur Klärung der gesamten städtischen Verhältnisse" zu und war sogar bereit, in dem Gremium eine Majorität der Nationalsozialisten von drei zu zwei hinzunehmen. Im Rahmen der üblichen „Dringlichkeitsanträge" beauftragte man den Magistrat, im Kampf gegen das „Doppelverdienertum" dafür zu sorgen, daß allen weiblichen Angestellten der Stadt gekündigt wird und die jüdische und marxistische Literatur aus den Bibliotheken verschwindet.

Wie schnell sich allerdings die geschickt herausgekehrten Gemeinsamkeiten mit dem Zentrum in ihr Gegenteil verkehren konnten, zeigten dann die Etatberatungen Ende Mai.[204] Jetzt sprach der Stadtverordnetenvorsteher von einem „traurigen Erbe", das die städtischen Körperschaften hinterlassen hätten, die nach dem „schönen Mehrheitsprinzip" in ihrer „Bewilligungsfreudigkeit" nicht zu bremsen gewesen wären. Es würde Zeit, „daß ihnen der Geist Adolf Hitlers eingeimpft wird". Als danach ein Zentrumsvertreter von der Notwendigkeit sprach, den Fehlbetrag zu senken, kam es laut Zeitungsbericht zu dem Zwischenruf:

„Dafür seid Ihr ja verantwortlich. Als der Rote schob, hat der Schwarze immer Schmiere gestanden."

Noch deutlicher wurde ein Nationalsozialist, als ein Zentrumsabgeordneter den Wunsch aussprach, die Verwaltung möge sich für das weitere Halten eines D-Zuges in Ahlen einsetzten. Er rief dazwischen:

---

202 Vgl. KAW, Stadt Ahlen, P 21, Sitzungsprotokoll vom 2.5.1933 und die Glocke vom 3.5.1933.
203 Vgl. Die Glocke vom 15.7.1933.
204 Vgl. KAW, Stadt Ahlen, P 21, Sitzungsprotokoll vom 30.5.1933 und Die Glocke vom 31.5.1933.

„Damit wir die ganze Zentrumsfraktion drin packen können, und die dann heidi abgeht."

Das Klima hatte sich offenbar geändert. Nach der Besetzung des Vorsteheramtes und der Beigeordnetenstelle, sowie nach der Umgestaltung des Magistrats, fühlte sich die NSDAP stark genug, zum Frontalangriff auszuholen. Das Zentrum war nicht mehr in der Lage, den einmal eingeschlagenen Weg der Kooperation zu verlassen. Nach der reichsweiten Selbstauflösung der Partei am 5.7.1933 blieb ihren Kommunalpolitikern nur noch der Rückzug ins Private oder der Übertritt zur NSDAP. In der Stadtverordnetensitzung vom 14.7.1933 traten aber zunächst nur die drei Mittelstandsvertreter und ein Zentrumsabgeordneter als „Hospitant" in die NS-Fraktion ein.[205] Die endgültige Gleichschaltung des Ahlener Stadtparlaments verzögerte sich noch bis zum 15. September. An diesem Tag wurde der Abschlußbericht des Untersuchungsausschusses zu einer großen „Abrechnung" mit dem alten System gestaltet. Zwei Zentrumsabgeordnete beantragten daraufhin den „Hospitantenstatus", sechs weitere legten ihre Mandate nieder, darunter alle Vertreter des „Arbeiterflügels". Die zurückgebliebenen 15 Stadtverordneten wollten nunmehr „sämtliche Beschlüsse als Soldaten Adolf Hitlers einheitlich fassen".[206]

Damit stand nur noch die Bürgermeisterfrage im Raum. Obwohl Dr. Rasche seit langem unter starkem Druck stand und jede Unregelmäßigkeit der Vergangenheit zu Angriffen auf seine Person genutzte wurde, hielt er sich hartnäckig im Amt – allerdings um den Preis größter Anpassung.[207] Noch zum Jahresende schrieb er ein Geleitwort für die Zeitung, in dem es hieß:

„Gehen wir in das neue Jahr hinein mit dem felsenfesten Vertrauen auf Deutschlands Zukunft unter der neuen Führung des Kanzlers Adolf Hitler."[208]

Am 15.12.1933 wurde ein neues Gemeindeverfassungsgesetz erlassen. Es stärkte die Stellung des Bürgermeisters und erweiterte seine Kompetenzen. Ihm zur Seite stand eine verkleinerte Zahl von Gemeinderäten. Mit dieser Einführung des „Führerprinzips" in die Selbstverwaltung endete jede demokratisch kontrollierte Stadtpolitik.[209] Mit dem Inkrafttreten des neuen Gesetzes wurde Dr. Rasche beurlaubt. Bei der Einführung der neuen Gemeinderäte hieß es lapidar, daß ihm für die Führerposition „das hundertprozentige Vertrauen der Bevölkerung" gefehlt habe. Er wurde auf Anordnung des preußischen Innenministers am 6.4.1934 in den Ruhestand versetzt.[210] An seine Stelle war der Ortsgruppenleiter der NSDAP getreten. Mit einem halben Jahr Verzögerung war damit in Ahlen der gleiche Stand erreicht wie in Kamen.[211]

205 Vgl. Die Glocke vom 15.7.1933.
206 Die Glocke vom 16.9.1933.
207 Ganz ähnlich war es in Gladbeck, vgl. vorm Walde (1992), S. 37.
208 Ahlener Volkszeitung vom 28.12.1933.
209 Vgl. Matzerath (1970), S. 107 f.
210 Vgl. Grevelhörster (1987), S. 148 f.
211 Das Jahr 1933 überstanden in den preußischen Städten mit 20000 bis 50000 Einwohnern nur 42 % der Bürgermeister, vgl. Weinberger/Engeli (1983), Tabelle S. 416.

Treu leben - lachend sterben
Der Glückwunsch der SA- Standarte 22

Photo: Kerhausen, Ahlen

Die gesamte SA-Standarte 22 übermittelt der NSDAP, Ortsgruppe Ahlen, anläßlich ihres zehnjährigen Bestehens die herz-
lichsten Glückwünsche. Auch in dem nun vor uns liegenden Kampf-
Abschnitt werden die braunen Sturmkolonnen des Führers in vor-
bildlicher Weise die großen Aufgaben der NSDAP in Ahlen verwirklichen helfen. Unsere Parole lautet: Treu leben, tod-
trotzend kämpfen und lachend sterben!

Nicht ausruhen, nicht müde werden!
Kreisleiter Pg. Scholdra zur Zehn-Jahresfeier der NSDAP Ahlen

Photo: Arnemann, Ahlen

Jahr um Jahr — nach schweren und großen Kämpfen zehnjähriges
Bestehen der Ortsgruppe Ahlen der NSDAP! Jetzt flattern Hitler-
fahnen über allen Straßen! Das hat uns eine neue Ausrichtung
gegeben. Nicht ausruhen, nicht müde werden! Weiter ringen, bis
auch die letzte Seele dieser einstmals schwarzroten Stadt für den
großen Führer gewonnen ist! Mit dieser Kampfesparole auf zum
weiteren stillen Kampf für Volk und Führer! Darum:

Bekenne dich vom Ich zum Wir!
Dien deinem Volk, dann dienst du dir!
Heil Hitler!

Die Ahlener NS-„Elite". 1936.

In beiden Fällen blieben die Ortsgruppenvorsitzenden nicht lange in ihren kommissarischen Ämtern. Es kann sicher als eine Art Endpunkt des Machtergreifungsprozesses angesehen werden, wenn danach wieder ein Berufsbeamter förmlich in das Amt eingeführt wurde. Dies war in Ahlen erst im Oktober 1934 der Fall. In Kamen hatte die „Klärung" der Bürgermeisterfrage noch einen Nebenaspekt. Vermutlich unter dem Zeitdruck der frühzeitigen Abberufung Franzkes präsentierte man den Einwohnern schon am 12.5.1933 einen Nachfolger, der sowohl im Stadtparlament wie auch vom Landrat in einer Form bestätigt wurde, die einen eklatanten Eingriff in das laufende Dienststrafverfahren gegen den beurlaubten Berensmann darstellte. Die NSDAP betonte, daß eine Rückkehr des alten Bürgermeisters in sein Amt „ohne Rücksicht auf den Ausgang" dieses Verfahrens nicht mehr in Frage käme.[212] Kurz vorher hatte der „Kampfbund für den gewerblichen Mittelstand" die Regierung in einer Protestnote aufgefordert, Berensmann sofort ohne Entschädigung zu entlassen und dafür zu sorgen, daß er die Stadt verließe, nur so könne „endlich wieder Ruhe und Ordnung in Kamen Einzug halten".[213] Der Magistrat nahm nächtliche Überfälle auf das Bürgermeisterhaus zum Anlaß, Berensmann einen Umzug nahezulegen. Bei den Beratungen zum Haushaltsplan steigerte sich die Empörung der Stadtverordneten sogar soweit, seine sofortige Einweisung in ein Konzentrationslager zu fordern.[214]

Das Dienststrafverfahren fand erst am 18. und 19.7.1933 statt. Die Zeitungen brachten groß aufgemachte Berichte und nutzten die Gelegenheit noch einmal für eine Generalabrechnung.[215] Es hieß beispielsweise, „die Entwicklung der Dinge in der kleinen Stadt Kamen" sei „einzig und allein dem früheren Bürgermeister zur Last gelegt" worden:

„Damit wird endlich den Kämpfern der ehemaligen Wirtschaftspartei, die heute fast alle zur NSDAP gehören, ferner der Presse, die sich schon früh eine Kritik an Berensmannscher Arbeit erlaubte, an der Stelle des Gerichts die Anerkennung für die gerade Linie ihrer Arbeit gegen das System ausgesprochen."[216]

Das Urteil selbst lautete: Dienstentlassung und Aberkennung von 25 % des Ruhegehaltes wegen schwerer Pflichtverletzung.[217] Die Prozesse gegen den früheren Bürgermeister waren damit nicht zu Ende. Berensmann legte Berufung ein, und die Stadtverwaltung klagte ihrerseits auf Schadensersatz. Die Verfahren zogen sich jahrelang hin, verschwanden aber aus der Öffentlichkeit. Neuer Wohnsitz der achtköpfigen Familie Berensmann wurde Köln-Sülz.[218]

---

212 Vgl. StAK, Nr. 1872, Stadtverordnetenbeschlußbuch, S. 177.
213 Vgl. Kamener Zeitung vom 29.4.1933.
214 Vgl. zur „Vertreibung" des Bürgermeisters: Rennspieß (1992), S. 404 f.
215 Vgl. Westfälischer Anzeiger und Kamener Zeitung vom 19. und 20.7.1933.
216 Westfälischer Anzeiger vom 20.7.1933.
217 In der Urteilsbegründung tauchte von den ursprünglichen Anschuldigungen kaum noch etwas auf, vgl. Rennspieß (1992), S. 406.
218 Vgl. die Akte Berensmann beim Kreisarchiv Unna, Nr. 766. Das Dienststrafverfahren wurde im Dezember 1934 eingestellt, vgl. Holtmann (1989), S. 360 (Anmerkung 63).

Zwei weitere Dienststrafverfahren gegen Beamte, die auf dem Höhepunkt der kommunalpolitischen Kämpfe Ende 1932 beurlaubt worden waren, wurden zugunsten der Betroffenen entschieden, indem beide als „Opfer der Berensmannschen Machenschaften" dargestellt wurden.[219]

Der „Sündenbock" Berensmann spielte für den reibungslosen Machtergreifungsprozeß in Kamen eine große Rolle. Der Hinweis auf dessen Hinterlassenschaft half nicht nur bei der Integration der ehemaligen Wirtschaftspartei, sondern diente auch als eine Art Generalentschuldigung dafür, daß es längst nicht so schnell bergauf ging, wie es viele erwarteten. Als sich der Regierungspräsident im September 1933 beispielsweise weigerte, eine städtische Anleihe zur Finanzierung einer Arbeitsbeschaffungsmaßnahme zu genehmigen, hieß es:

„Leider scheitern vielfach auch die schönsten Pläne immer wieder an den acht Millionen Schulden der Stadt, und nun zeigt sich erst das Elend, das das verflossene Oberhaupt der Stadt hinterließ."[220]

Die hohe Verschuldung der Stadt war sicher eines der Themen, das damals die meisten Schlagzeilen machte. Die „großzügige Kreditaufnahme" von Bürgermeister Berensmann war der Hauptkritikpunkt der Wirtschaftspartei gewesen. Hier war es für die neuen Machthaber notwendig, zumindest den Anschein eines Neuanfangs zu erwecken. Schaut man hinter die propagandistische Fassade, so wird allerdings deutlich, daß wenig dabei herauskam. Vor der neuen Haushaltsplanberatung im Juni 1933 war von einer Verschuldung in Höhe von 7,5 Mill. RM die Rede. Damit ließ sich zumindest erklären, warum der neue Haushaltsplan nicht zur Deckung gebracht werden konnte (die Lücke betrug 1,7 Mill.) und die Steuersätze unvermindert hoch blieben. „Ohne Hilfe des Reiches ist die Lage also hoffnungslos", hieß es in diesem Zusammenhang.[221]

Am 21.9.1933 kam dann die Regierung tatsächlich zu Hilfe. Im Zuge eines sogenannten Umschuldungsgesetzes übernahm ein „Umschuldungsverband" einen Teil der alten Verpflichtungen der Städte und Gemeinden. Für Kamen brachte das Gesetz neben einem Schuldenerlaß um 18 % vor allem klarere Finanzverhältnisse. Die Stadt zahlte jetzt direkt an den Verband, der die alten Verpflichtungen an 29 Gläubiger übernahm. Die Zinszahlungen wurden durch die Gewährung von Staatsbeihilfen garantiert.[222] Sofort nach Wiederherstellung der Zahlungsfähigkeit der Stadt machten die NS-Machthaber genau das, was dem alten Bürgermeister zum Hauptvorwurf gemacht worden war: nämlich reichlichen Gebrauch von der wiedergewonnenen Möglichkeit zur Aufnahme von Darlehen. Damit wurde die Schuldenlast der Stadt auf Jahre hinaus nur unwesentlich verringert.[223]

---

219 Vgl. Westfälischer Anzeiger vom 24. und 25.7.1933 sowie vom 29.9.1933.
220 Westfälischer Anzeiger vom 14.9.1933.
221 Vgl. den Bericht über die Stadtverordnetenversammlung im Westfälischen Anzeiger vom 4.7.1933.
222 Vgl. StAK, Nr. 1667, Verwaltungsbericht (1933 – 1935), S. 36 f.
223 Ebenda S. 39/40.

Dies Beispiel mag genügen, um zu zeigen, wie wenig realer Gehalt hinter den NS-Parolen vom Neuanfang steckten. Bei nüchterner Betrachtung der wirtschaftlichen Entwicklung in den Vergleichsstädten wird außerdem deutlich, daß zumindest 1933 noch kein Aufschwung einsetzte. Weder in Ahlen noch in Kamen war es den Zechen möglich, nennenswerte Neueinstellungen vorzunehmen, und die Zahl der Feierschichten blieb unvermindert hoch. Wie wenig Wirkung die mit großem propagandistischen Aufwand herausgestellten Arbeitsbeschaffungsmaßnahmen zeitigten, wird schon daran deutlich, daß die Zahl der vom Wohlfahrtsamt unterstützten Personen im Verlauf des Jahres 1933 in beiden Städten sogar noch zunahm.[224]

Die Nationalsozialisten mußten früh erkennen, daß der kommunalpolitische Spielraum für eine erkennbare Verbesserung der Lebensbedingungen sehr gering war. Auf Grund des hohen Stellenwertes, den die Aufdeckung der „Berensmannschen Mißwirtschaft" in Kamen besaß, fiel es den dortigen Machthabern allerdings leichter, dem üblichen Verweis auf die Fehler des vergangenen „Systems" konkrete Plausibilität zu geben.

Ende 1933 ließen die sogenannte Reichstagswahl und die gleichzeitig abgehaltene „Volksabstimmung" über den von Hitler einseitig erklärten Austritt Deutschlands aus dem Völkerbund noch einmal deutlich erkennen, daß sich die Unterschiede zwischen den Vergleichsstädten nicht ausgeglichen hatten (vgl. Tab. 24).

In beiden Städten war die Bevölkerung auf die Abstimmungen am 12. November mit einer breiten Palette von Aktivitäten eingestimmt worden. In Ahlen reichten sie beispielsweise von „ergreifenden Kranzniederlegungen" der SA über große Saalveranstaltungen bis zur offenen Drohung:

„Wer sich versagt, und zwar auch schon dadurch, daß er sich seiner Stimme enthält, fällt dem Führer in den Rücken, stellt sich außerhalb seines Volkes ..."[225]

Beim Reichstagswahlkampf war die NSDAP einziger Kandidat. Da es keine geheime Abstimmung mehr gab, war es sicherlich ein großes Risiko, den Stimmzettel ungültig zu machen. Trotzdem taten dies in Ahlen immerhin 1609 Personen, das waren 11,4 %. In Kamen waren es nur 7,2 % und im Reichsdurchschnitt 8 %. Bei der „Volksabstimmung" votierten 1024 Ahlener mit „Nein" und 443 machten den Zettel ungültig. Mit 89,7 % „Ja"-Stimmen rangierte Ahlen im Kreisgebiet an unterster Stelle. In Kamen, wo es außerdem eine Wahlbeteiligung von nahezu 100 % gab, stimmten 93 % mit „Ja".

Die anhaltende Distanz der Ahlener Bevölkerung zur NS-Bewegung zeigte sich einige Monate später noch deutlicher. Im August 1934 fand die Abstimmung über die Zusammenlegung der Ämter des Reichspräsidenten und des Reichskanzlers statt. Während in Ahlen 23,9 % mit „Nein" stimmten, waren es in Kamen nur 9 %. Der Reichsdurchschnitt lag bei 10,1 %.

---

224 Vgl. Rennspieß (1989), S. 302 f. und (1992), S. 397 f. Die „Sozial- und Wirtschaftsgeschichte der Stadt Ahlen 1933 bis 1950" wird zur Zeit in einem Dissertationsprojekt von Rolf Schorfheide ausführlich erforscht.
225 National-Zeitung vom 12.11.1933.

Zusammenfassung

Der Aufschwung des Nationalsozialismus in den Bergbaustädten Ahlen und Kamen folgte keinem einheitlichen Schema. Zu verschieden waren die lokalen Verhältnisse in Form von religiösen und politischen Traditionen, subjektiven Erfahrungen und Verhaltensmustern, soziokulturellen Milieus und sozialen Gegensätzen, normsetzenden Persönlichkeiten und Presseklima. Die allgemeinpolitischen und wirtschaftlichen Entwicklungen machten zwar keinen Bogen um die Vergleichsstädte, doch die lokalen Besonderheiten konnten sich als fördernde oder hemmende Faktoren auf die Konkretisierung der historischen Prozesse sehr stark auswirken. In Ahlen gelang der NSDAP erst im Sog der reichsweiten Entwicklungen der Durchbruch, während sie in Kamen seit Ende 1930 einen geradezu atemberaubenden Aufschwung nahm.

Damit spiegeln die Vergleichsstädte zwei so weit auseinanderliegende Pole der allgemeinen Entwicklung wider, daß sich die Frage aufdrängt, wie sinnvoll es ist, die Ursachen des Nationalsozialismus zu griffigen Erklärungsbündeln zusammenzufassen. Schwächen der Arbeiterbewegung, „Panik im Mittelstand" und Einschwenken der bürgerlichen Eliten auf die Parolen des nationalen Aufbruchs lassen sich überall finden, genauso wie die Angriffe von links und rechts auf die demokratische Selbstverwaltung, die verheerenden Auswirkungen der Weltwirtschaftskrise usw. Was aber wird dadurch erklärt? Wirkte das eine nicht erst in Verbindung mit dem anderen oder konnte durch entgegenlaufende Entwicklungen so stark kompensiert werden, daß es gar nicht zur Geltung kam?

In neuester Zeit wird gegen den alten Vorwurf, die Stadtgeschichte führe nur zu einer „unaufhörlichen Detaillierung" der historischen Prozesse, als bewußte Antithese das Prinzip „radikaler Pluralität" gestellt.[1] Dahinter steht die Frage, ob die ungeordnete Vielgestaltigkeit und das zusammenhanglose Nebeneinander nicht eher die Regel als die Ausnahme in der Geschichte sind? Konsens besteht mittlerweile zumindest darin, daß sich alle monokausalen Erklärungen für den Aufstieg des Nationalsozialismus als untauglich erwiesen haben und es darum gehen muß, ein sehr komplexes „Ursachengeflecht" aufzuhellen.[2]

Die vorliegende Untersuchung hat gezeigt, daß viele Aspekte, die gemeinhin für den Aufschwung des Nationalsozialismus verantwortlich gemacht werden, durch die örtlichen Gegebenheiten so weit abgeschwächt oder auch verstärkt werden konnten, daß sie nur vor dem Hintergrund der jeweils spezifischen Verhältnisse erklärende Wirkung haben. Als differenzierende Momente haben sich insbesondere die Bedeutung der Religion, der lokalen politischen Kultur und der Milieueingebundenheit sozialer Schichten bestätigt. Während in der überregionalen Forschung mit guten Gründen davor gewarnt wurde, auf der Suche nach den Ursachen des

---

1 Vgl. Geschichte in der Kulturarbeit der Städte (1992), S. 21.
2 Vgl. Kolb (1988), S. 215.

Nationalsozialismus zu weit zurück zu gehen,[3] zeigte sich im lokalen Bereich die Notwendigkeit, zumindest den Industrialisierungsprozeß mit zu berücksichtigen. Hier wurden die entscheidenden Weichenstellungen für die sozialen, politischen und ökonomischen Verhältnisse einer Stadt gelegt, deren Folgen kaum zu überschätzende Auswirkungen auf die Aufstiegschancen des Nationalsozialismus hatten. Anhand der Reaktionen der wichtigsten sozialen Gruppen in der Stadt soll dies noch einmal in Erinnerung gerufen werden:

1. Die Abwehrfront der Arbeiterschaft.

Der Zeitpunkt der Zechengründung, die Reaktion der alteingesessenen Bevölkerung darauf, die Zusammensetzung der Belegschaften, die Entwicklung der Arbeits- und Wohnverhältnisse und die politischen Erfahrungen in Umbruchssituationen; all dies ließ in den Vergleichsstädten eine ganz unterschiedliche Arbeiterbewegung entstehen.

In Kamen stand sie überwiegend unter dem Einfluß der Sozialdemokratie und verlegte ihre Hauptaktivität auf den Bereich der betrieblichen Mitbestimmung und der Kommunalpolitik. Dies führte zu einer weitgehenden Integration der Arbeiterschaft in die lokale Gesellschaft. Die Immunisierung gegen den Nationalsozialismus schmolz in dem Maße, wie es der NS-Bewegung gelang, zum ernstzunehmenden Bestandteil dieser lokalen Gesellschaft zu werden.

In Ahlen ging nur die Fabrikarbeiterschaft den Weg der Anpassung, während in der Zechenkolonie ein proletarisches Milieu entstand, in dem unter Führung der Kommunisten stärkste Abgrenzung von „bürgerlichen Einflüssen" vorherrschte. Als schlimmste „Ausgeburt" dieser Einflüsse wurde dem Nationalsozialismus kaum eine Chance zur Ausbreitung gegeben.

2. Der „beunruhigte" Mittelstand.

Das Ausmaß der „Verdrängung" aus traditionellen Einflußbereichen, die Dominanz der „Zechenpartei", die Integrationskraft der bürgerlichen Parteien, die materiellen Folgelasten des Weltkrieges und die kommunalpolitischen Konfliktlinien bestimmten den politischen Weg der örtlichen Kaufleute, Handwerksmeister, Wirte etc.

In Kamen fühlten sich große Teile des Mittelstandes schon im Kaiserreich durch die „Zechenpartei" einerseits und die Arbeiterbewegung andererseits ins politische Abseits gedrängt. Nach der Novemberrevolution versuchten sie kommunalpolitisch auf eine separate Interessenvertretung zu setzen, verschleierten dies aber mit den alten Traditionen einer vermeintlich „unpolitischen Sacharbeit" in der Selbstver-

---

3 Vgl. Broszat (1990), S. 64 f. und Grebing (1986), S. 16 f.

waltung. Konsequentes Sparen, Steuersenkungen, Ablehnung von Parteibuchbeamten und Ausgrenzung der Sozialdemokratie waren die wichtigsten Forderungen. In scharfer Frontstellung zum Bürgermeister gelang es der Wirtschaftspartei, zum „Sammelbeken" aller Unzufriedenen zu werden. Ideologisch blieb man allerdings ganz in der bürgerlich-nationalen Vorstellungswelt verhaftet, verstand sich als „goldene Mitte der Nation", wo die alten Tugenden am ehesten bewahrt werden. Als die NSDAP Elemente dieser Vorstellungswelt aufgriff und die ständischen Interessen der Selbständigen zu berücksichtigen versprach, verließen die Unzufriedenen das sinkende Schiff der Wirtschaftspartei und setzten auf die ungleich erfolgreichere NS-Bewegung.

In Ahlen war der Mittelstand in viele kleine Gruppen gespalten, die Zechenverwaltung mischte sich nicht in die Kommunalpolitik ein, und das Zentrum verstand es, große Teile der Selbständigen an sich zu binden. Unter diesen Bedingungen waren es nur die wenigen Protestanten in den Reihen der mittelständischen Gruppen, die für den Nationalsozialismus besonders ansprechbar waren.

3. Das nationalgesinnte Bürgertum.

Die Stärke der emotionalen Bindungen an die preußische Monarchie und das Ausmaß der Aversionen gegen Weimar, der Grad sozialer und politischer Spannungen zur lokalen Arbeiterbewegung und die Schärfe der Konflikte in der revolutionären Nachkriegszeit waren wesentliche Elemente, die die Bereitschaft, den Nationalsozialismus als Bündnispartner zu akzeptieren, beeinflussen konnten.

In Kamen hatten sich große Teile des protestantischen Bürgertums nie richtig mit der Weimarer Republik angefreundet. Es gab eine große personelle Kontinuität der politischen Meinungsmacher über den Umbruch der Novemberrevolution hinaus. Militarismus, antidemokratisches Denken und Großmachtträume standen hoch im Kurs. Hier fand die NSDAP einen besonders fruchtbaren Boden für ihre nationalistischen Phrasen.

Die vom Kulturkampf geprägte Distanz zur untergegangenen Monarchie und die Einbindung des Zentrums in die Weimarer Koalition hielt das katholische Bürgertum Ahlens weit länger davon ab, eine politische Kraft zu akzeptieren, die die Zerstörung der Republik offen auf ihre Fahnen geschrieben hatte. Im Gegensatz zu den Auflösungserscheinungen der tragenden „bürgerlichen" Partei in Kamen hat sich das Zentrum in Ahlen unter den Herausforderungen der Weltwirtschaftskrise, des Nationalsozialismus und der vermeintlichen Gefahr von links noch einmal eng zusammengeschlossen. Der Preis dafür war allerdings eine vage Beschränkung auf religiöse Grundsätze und einen politischen Minimalkonsens.

Vor dem Hintergrund dieser Unterschiede, die sich in weiten Teilen aus den Folgen der Industrialisierung ergeben haben, scheinen besonders drei Elemente für die Durchsetzungschancen des Nationalsozialismus von Bedeutung gewesen zu sein:

- die Verantwortung der lokalen Eliten,
- das Ausmaß der kommunalpolitischen Spannungen und
- das jeweilige besondere Profil der NS-Bewegung.

In beiden Städten läßt sich beobachten, daß entscheidende Anstöße für den Durchbruch des Nationalsozialismus vom Verhalten wichtiger Repräsentanten der bürgerlichen Parteien, der Kirchen und der Vereinsvorstände ausgegangen sind. Im überschaubaren Rahmen der untersuchten Kleinstädte hatte die Meinung dieser Honoratioren einen hohen Vorbildcharakter. Indem sie unter Zurückstellung ihrer Vorbehalte gegen die sozialistischen Töne und Kampfmethoden der SA zur Zusammenarbeit mit den Nationalsozialisten bereit waren, machten sie deren politische Gesinnung „salonfähig".

In Kamen begann dieser Prozeß schon 1931 im Zusammenhang mit dem Volksbegehren zur preußischen Landtagsauflösung. Die Sprecher der DVP, die Vereinsvorsitzenden der zahlreichen Vaterländischen Verbände, die Referenten des evangelischen Arbeitervereins, die Lehrer an den Schulen, die protestantischen Geistlichen usw. hielten eine politische Kultur aufrecht, die in wesentlichen Teilen von den Vorstellungen der Kaiserzeit geprägt war. Kommunalpolitisch arbeitete man unter Führung der DVP eng zusammen. Hier war zunächst alles, was Rang und Namen hatte, versammelt. Im Zuge der Weltwirtschaftskrise und dem Wachsen der sozialen Gegensätze zerfiel der Liberalismus, und die DVP-Spitze führte das bürgerliche Lager in die „nationale Opposition". Während sich die Funktionäre allerdings noch einige Zeit vor der vollständigen Vereinnahmung durch die NSDAP wehrten, wechselten die ehemaligen Wähler weit schneller zur NS-Bewegung. Die Weltanschauung des bürgerlich-nationalen Lagers schien hier am konsequentesten vertreten und die alten Ziele der Verwirklichung nahe.

In Konfliktsituationen gehörte es in Ahlen schon lange zur Tradition, daß sich einflußreiche Fabrikanten und Mittelstandsvertreter nach rechts hin von der ausgleichenden Position des Zentrumsvorstandes lösten.

Dies scheint auch am Ende der Weimarer Zeit der Fall gewesen zu sein. Auf dem Höhepunkt der Weltwirtschaftskrise und der sozialen Unruhe in der Stadt setzten mehr und mehr Repräsentanten des Bürgertums auf eine Zusammenarbeit mit den Nationalsozialisten; zumal ihnen dieser Weg durch die Koalitionsverhandlungen zwischen NSDAP und Zentrum auf der Reichsebene vorgezeigt wurde. Nur die klaren Mehrheitsverhältnisse und die schwache NS-Bewegung vor Ort hielten sie zunächst davon ab, offen für eine Annäherung an die NSDAP einzutreten. Wie stark die innere Bereitschaft dazu allerdings schon vorhanden gewesen sein muß, zeigte der schnelle Umschwung nach der Ernennung Hitlers zum Reichskanzler. Obwohl das Zentrum die Mehrheit in der Stadt behielt, entschieden sich die führenden Repräsentanten des Bürgertums für eine Koalition mit den Nationalsozialisten. Ihr Verhalten und die Verbotsaufhebungen der Geistlichkeit wirkten auf die meisten Zentrumsanhänger wie eine offizielle Aufforderung, sich nunmehr am „nationalen Aufbruch" zu beteiligen. Der „Tag von Potsdam" brachte die neue Stimmung in der Stadt endgültig zum Ausdruck. Von einer Woge „nationaler

Euphorie" getragen gelang es der NSDAP auch in Ahlen, die gesamte Macht an sich zu reißen. 1933 brauchte dafür nicht ein einziger Verwaltungsbeamter des Zentrums ausgetauscht zu werden.

In dieser Untersuchung ist herausgearbeitet worden, daß die demokratische Selbstverwaltung am Ende der Weimarer Zeit in beiden Städten weitgehend ausgehöhlt war. In Ahlen stand allerdings immer noch ein relativ anerkannter Bürgermeister an der Spitze der Stadt, die Verschuldungsproblematik erreichte nicht das gleiche Ausmaß wie in Kamen, unpopuläre Maßnahmen überließ man dem Staatskommissar und die kommunalpolitische Zerstrittenheit hielt sich in Grenzen.

In Kamen war nach der Beurlaubung des Bürgermeisters Mitte 1932 fast ein Machtvakuum entstanden. Skandale, Dienstaufsichtsbeschwerden und Prozesse beherrschten die Szene. In der Stadtverwaltung fand eine Art Stellungskrieg zwischen Anhängern und Gegnern des beurlaubten Bürgermeisters statt. Den Nationalsozialisten fiel im Bereich der Kommunalpolitik praktisch ein Scherbenhaufen vor die Füße. Sie waren geschickt genug, die Situation so auszunutzen, daß sie einerseits als unverbrauchte, „saubere" Kraft erschienen, die endlich einen reinigenden Besen ansetzte, andererseits die erfahrenen Kommunalpolitiker des Mittelstandes an sich zu binden verstand.

Hier zeigt sich schon die Bedeutung des dritten, oben angesprochenen Punktes: das lokale Profil des Nationalsozialismus. In beiden Städten ging die NS-Bewegung zwar erstaunlich flexibel auf die örtlichen Verhältnisse ein. In personeller Hinsicht hatte die Kamener Ortsgruppe allerdings weit mehr zu bieten. Vor allem der „Bauernführer", der Milchhofdirektor und der Bergwerksdirektor in ihren Reihen gaben der NS-Bewegung schon früh einen „renommierten" Charakter und verschafften ihr gute Voraussetzungen dafür, bestimmte soziale Gruppen anzusprechen. Diese Gallionsfiguren der Kamener NSDAP-Ortsgruppe sorgten außerdem für gute finanzielle Verhältnisse und enge Kontakte zur Gauleitung, was sich durch bekannte Referenten und uneingeschränkte Propagandamöglichkeiten auszahlte. Flankiert wurde dies noch durch das NS- freundliche Presseklima in der Stadt. Die Lokalzeitung ließ die NSDAP von Anfang an als ernstzunehmende politische Kraft erscheinen.

Im Gegensatz zu diesen Faktoren treten andere Erklärungen, die üblicherweise im Ursachenkatalog für den Nationalsozialismus auftauchen, in den Hintergrund. Dies gilt beispielsweise für das verbreitete Schlagwort von den „totalitären" Parteien, an deren Schlägen die demokratischen Verhältnisse zerbrochen seien.

In Ahlen war die NSDAP zu solchen Schlägen zu schwach, und die starke kommunistische Stadtverordnetenfraktion scheint ganz im Gegenteil zur Stabilisierung der kommunalpolitischen Verhältnisse beigetragen zu haben, indem sie die anderen politischen Kräfte dazu zwang, sich zu Koalitionen zusammenzuschließen. In Kamen waren weder die KPD noch die NSDAP im Stadtparlament vertreten.

Auch die Auswirkungen der Weltwirtschaftskrise können nur in sehr eingeschränkter Weise zu den Faktoren gerechnet werden, die dem Nationalsozialismus zum Durchbruch verhalfen. In Kamen zerbrach der demokratische Grundkonsens schon bevor die Folgen der Krise wirklich spürbar wurden. Schon Ende 1929 waren das Protestpotential und die Unzufriedenheit in der Stadt so stark angewachsen, daß 35 % der Einwohnerschaft für die Wirtschaftspartei votierten. Durch eine kompromißlose Destruktionspolitik hat diese Partei die kommunalpolitischen Verhältnisse nachhaltig destabilisiert. In Ahlen hatte der Nationalsozialismus offensichtlich auch auf dem Höhepunkt der Krise keine Durchbruchsschancen und siegte erst nach der Einsetzung Hitlers zum Reichskanzler.

Tabelle 1
Belegschaftsentwicklung und Kohlenförderung
Schachtanlage Grillo
(alle Angaben mit * für Gesamtmonopol)

Jahr:	Belegschaft:	davon unter Tage: (t pro Jahr)	Förderung:
1873	ca. 150		
1885	ca. 450		
1887	ca. 700		
1889	ca. 900		
1895	988	791	248 020
1896	952	764	271 188
1897	1064	810	286 077
1898	1020	780	251 061
1899	1065	869	512 685*
1900	1248	997	587 538*
1901	1377	1115	583 130*
1902	1294	1036	529 700*
1903	1304	1028	610 730*
1904	1294	1000	621 990*
1905	1289	1005	620 130*
1906	1329	1053	731 970*
1907	1326	1050	699 820*
1908	1499	1135	724 280*
1909	1558	1200	761 950*
1910	1595	1247	899 870*
1911	1610	1249	984 320*
1912	1597	1217	1039 850*
1913	3276*		1100 490*
1914	3085*		874 210*
1915	2396*		763 590*
1916	2444*		807 620*
1917	2665*		829 140*
1918	2820*		823 460*
1919	3601*		648 510*
1920	3929*		755 600*

Jahr:	Arbeiter:	Beamte:	
1921	4660*	224*	
1922	4756*	258*	871 440*
1923	4991*	264*	867 670*
1924	4609* (1833)	242*	925 850*
1925	3916* (1561)	202*	891 680*
1926	3672* (1442)	190*	1012 442*
1927	4309* (1773)	212*	1169 310*
1928	4248* (1751)	264*	1193 400*
1929	2305 (1990)	119	797 806
1930	2161	126	697 255
1931	1526	104	535 669
1932	1318	86	432 730

313

1933	1396	83	496 761
1934	1428	105	660 019

(Die Zahlen in Klammern werden im Bericht über die Verwaltung der Stadt Kamen, 1924-1928, S. 14 als „Belegschaft" für Schacht Grillo genannt)
(Quellen: StAK, Nr. 1966, Jahrbuch des Oberbergamtsbezirks Dortmund, 1893-1935)

Tabelle 2
Belegschaftsentwicklung und Kohlenförderung Zeche Westfalen

Jahr:	Belegschaft:		Förderung: (t pro Jahr)
1909	314		
1910	340		
1911	536		
1912	889		
1913	1604		102 259
1914	1326		288 494
1915	1139		273 831
1916	1085		313 953
1917	1250		349 930
1918	1520		388 191
1919	1978		290 983
1920	2606		390 248
	Arbeiter:	Beamte:	
1921	2649	137	431 069
1922	2742	145	429 745
1923	3137	154	438 800
1924	3214	157	573 736
1925	3440	163	709 669
1926	3444	170	791 584
1927	3491	173	834 903
1928	2919	167	720 536
1929	2864	161	782 168
1930	2598	155	686 240
1931	2085	153	596 178
1932	1886	147	650 538
1933	1829	141	712 299
1934	1890	136	744 058
1937			1001 269

(Quelle: Jahrbuch des Oberbergamtsbezirks Dortmund, 1910-1939)

Tabelle 3
Zunahme der Einwohnerschaft im Vergleich

Jahr:	Ahlen:	Zunahme Index	Kamen:	Zunahme Index
1818	2319	100	1936	100
1843	2732	118	2772	143
1858	3247	140	3363	174
1871	3535	152	3728	193
1875	3557	153	4189	216
1880	3914	168	4423	228
1885	4747	205	4850	251
1890	4989	215	7063	364
1895	5595	241	7561	391
1900	6565	283	9889	511
1905	8089	349	10429	539
1910	10762	464	10754	555
1.8.1914	17835	769	–	–
1915	16106	695	10540	544
1917	15825	682	10270	530
1920	19300	832	10745	555
1925	22357	964	11686	604
1927	23436	1011	12090	624
1928	24476	1055	12186	629
1929	24930	1075	12292	635
1930	25154	1085	–	–
1933	25153	1084	12390	640
1939	25697	1108	12887	666
1946	30049	1296	14808	765
1950	33141	1429	16601	857

Fläche:	Ahlen	1858 = 20,04 qkm
		1951 = 20,08 qkm
	Kamen	1858 = 10,66 qkm
		1951 = 11,01 Qkm

Die leichten Gebietserweiterungen blieben ohne Auswirkungen auf die Bevölkerungsentwicklung.
(Quellen: Die Entwicklung in den Gemeinden Westfalens 1818-1950, Bericht über die Verwaltung der Stadt Kamen, 1924-1928, S. 7, StAK, Nr. 2315 und Muth (1989), S. 151)

Tabelle 4
Geburtenüberschuß und Wanderungsgewinn

	Einwohner:	Zuwachs insg.:	davon durch Wanderung:	Geburt:	auf 1.000 Einw.:
		in Ahlen			
1926	23109	327	- 67	+394 =	17,05
1927	23436	1040	+695	+345 =	14,72
1928	24478	454	+ 51	+403 =	16,46
1929	24930	224	- 65	+289 =	11,59
1930	25154	144	-194	+338 =	13,44
1931	25298				
1932	25447	429	+149	+280 =	11,00
		in Kamen			
1924	12194	38	-144	+182 =	14,93
1925	12232	–216	-411	+195 =	15,94
1926	12016	74	- 88	+162 =	13,48
1927	12090	96	- 90	+186 =	15,38
1928	12186	106	- 1	+107 =	8,78

(Quellen: Statistisches Jahrbuch für das niederrheinisch-westfälische Industriegebiet, Jg. 1928-1931, Statistisches Jahrbuch deutscher Städte, Jg. 1933 und Bericht über die Verwaltung der Stadt Kamen, 1924-1928, S. 7)

Tabelle 5
Zunahme der Wohnhäuser im Vergleich

Jahr:	Ahlen:	Kamen:
1800	356	
1822	377	
1826	399	
1837	380	
1840	427	
1849	440	
1852	461	
1864	488	
1871	528	493
1875	573	
1885	624	609
1890	680	663
1895	732	725
1900	836	814
1905	946	875
1910	1111	919
1912	1432	
1913	1831	
1918	1926	925
1919	2003	
1927	2643	1103

(Quellen: Mayr (1968), S. 75-76, Buschmann (1842), S. 218/219, Stadtchronik, Abs. 16, Gemeindelexikon für 1871, 1885, 1895 und 1905, StAK: Volkszählungsakten Nr. 1287-1293, Statistik des Deutschen Reiches, Reichswohnungszählung vom Mai 1918 und Mai 1927, Bd. 287 und 362)

317

Tabelle 6
Religionszugehörigkeit

Jahr:	Katholiken: (in %)	Protestanten: (in %)	andere Chr.:	Juden:	ohne Rel.:
		in Ahlen			
1816	2117 (96,84)	21 (0,96)		48	
1871	3345 (94,63)	89 (2,72)	1	100	
1885	4411 (92,92)	239 (5,03)		97	
1895	5262 (94,05)	231 (4,13)		102	
1905	7357 (90,95)	652 (8,09)		76	4
1925	15909 (71,16)	5286 (23,64)		122	565
1929	17364 (69,93)	5801 (23,36)	67	140	1460
1933	17415 (69,33)	5559 (22,13)	76	147	1921
		in Kamen			
1816	243 (12,52)	1644 (84,70)		54	
1840	457 (17,73)	2033 (78,86)		88	
1871	741 (19,89)	2855 (76,58)	2	130	
1880	915 (20,69)	3396 (76,78)	1	108	3
1885	1015 (20,93)	3718 (76,66)		117	
1890	2117 (29,97)	4816 (68,19)	1	119	10
1895	2230 (29,49)	5226 (69,12)		105	
1900	3290 (33,27)	6454 (65,26)	11	131	3
1905	3461 (33,19)	6764 (64,86)	69	135	
1925	3387 (29,07)	7632 (65,51)	327	89	215
1929	3718 (30,25)	8103 (65,92)		64	407*
1933	3519 (28,39)	8213 (66,26)	534	56	74

* = „andersgläubig"

(Quellen: Muth (1989), S. 153, Gemeindelexikon für 1871, 1885, 1895, 1905 und 1925, Berichte des Magistrats der Stadt Ahlen, Rechnungsjahr 1928 und 1932, Stadtchronik, Abs. 69, StAK, Volkszählungsakten, Nr. 1287-1292, Bericht über die Verwaltung der Stadt Kamen, 1924-1928, StAK, Nr. 1663)

Tabelle 7
Die Berufs- und Sozialstruktur im Vergleich

	Ahlen 1925	1933	Kamen 1925	1933
Einwohner	22357	25153	11686	12390
Erwerbspersonen	9768	9900	4983	4639
Erwerbspersonen pro				
1000 Einwohner	437	394	426	374
(davon weiblich)	20,3%	22,4%	22,3%	22,0%
Zugehörigkeit zu Wirtschaftsbereichen:				
Industrie/Handwerk	7133	6792	3264	2972
	= 73,0%	= 68,6%	= 65,5%	= 64,1%
(davon Bergbau)	2963	2539	1955	1646
	= 30,3%	= 25,6%	= 39,2%	= 35,5%
Handel/Verkehr	1089	1392	780	808
	= 11,1%	= 14,1%	= 15,7%	= 17,4%
Öffentliche Dienste/				
Kirche/freie Berufe	548	679	251	348
	= 5,6%	= 6,9%	= 5,0%	= 7,5%
Häusliche Dienste	588	583	336	270
	= 6,0%	= 5,9%	= 6,7%	= 5,8%
Land- und Forstwirtschaft	410	454	352	241
	= 4,2%	= 4,6%	= 7,1%	= 5,2%
Stellung der Erwerbspersonen im Beruf:				
Arbeiter	6681	6476	3067	2796
	= 68,4%	= 65,3%	= 61,5%	= 60,3%
(davon Bergleute)	2809	2385*	1831	1522*
	= 28,8%	= 24,1%	=3 6, %	= 32,8%
Selbständige	789	916	617	561
	= 8,1%	= 9,3%	= 12,4%	= 12,1%
Mithelfende				
Familienangehörige	403	421	346	286
	= 4,1%	= 4,3%	= 6,9%	= 6,2%
Beamte und				
Angestellte	1385	1512	675	732
	= 14,2%	= 15,3%	= 13,5%	= 15,8%
(davon Beamte)	?	328	?	190
	= 3,3%	= 4,1%		
Hausangestellte	510	575	278	264
	= 5,2%	= 5,8%	= 5,6%	= 6,0%

* Die Zahl der Zechenangestellten war nicht mehr besonders angegeben, deshalb wurde die gleiche Zahl wie 1925 abgezogen.
(Quelle: Statistik des Deutschen Reiches, Bd. 404, Heft 15 und Bd. 455, Heft 15)

Tabelle 8
Wohnverhältnisse im Vergleich

	Ahlen:		Kamen:	
	1918	1927	1918	1927
Wohnbevölkerung:	14962	23110	9387	11512
Gebäude:	1926	2643	925	1103
Wohnungen:	3298	4422	2332	2692
Wohnungen mit				
1 bis 3 Räumen:	937	1344	1029	1190
in Prozent:	(28,4)	(30,4)	(44,1)	(44,2)
Zahl der Bewohner:	2814	–	3618	–
in Prozent:	(18,8)	–	(38,6)	
darunter				
2 Räume + Küche:	419	–	809	
in Prozent:	(12,7)	–	(30,1)	
Zahl der Bewohner:	1307	–	3138	–
in Prozent:	(8,7)	–	(33,4)	–
jährl.				
Mietpreis in Mark:	180,–	–	167,–	–
4 bis 6 Räume:	2021	2658	1058	1198
in Prozent:	(61,3)	(60,1)	(45,4)	(44,5)
Zahl der Bewohner:	9788	–	4434	–
in Prozent:	(65,4)	–	(47,2)	–
Mietpreis für				
4 Räume in Mark:	262,–	–	290,–	–
7 und mehr Räume:	340	420	245	304
in Prozent:	(10,3)	(9,5)	(10,5)	(11,3)
Zahl der Bewohner:	2360	–	1335	–
in Prozent:	(15,8)	–	(14,2)	–

(Quelle: Statistik des Deutschen Reichs, Bd. 287 und 362)

Tabelle 9
Ergebnisse der Betriebsratswahlen auf den Zechen
(in Prozent)

		Alter Verband	Christl. Gewerkv.	Union/ Syndik.	RGO	NSBO	Hirsch-Dunker
1920	K	38,1	37,8	24,1			
	A	9,8	8,6	81,6			
1921	K	53,3	21,5	25,2			
	A	(31,7	19,6	48,7)**			
1922	K	75,8	24,2				
	A		34,1	19,0	46,9		
	K***						
1923	A	17,3	22,2	60,5			
1924	K	47,9	20,0	32,1			
	A	78,1	21,9				
1926	K	78,1	21,9				
	A	87,2	12,8				
1929	K	80,8	7,8			8,4*	3,0
	A	83,8	12,9				3,3
1930	K	81,9	10,3			4,8*	3,0
	A	15,8	17,4		63,3		3,5
1931	K	78,5	9,4			8,3*	3,8
	A	16,2	21,9		58,0	3,9	
1933	K	45,1	9,2			45,7	
	A	20,2	20,7		50,7	8,4	

K = Kamen, Schachtanlage Grillo
A = Ahlen, Zeche Westfalen

* Liste „Deutsche Arbeiter/Nationale Bewegung"
** Wahlen für die Besetzung des Berggewerbegerichts
*** wegen der Ruhrbesetzung verschoben

(Quellen: Kamener Zeitung bzw. Ahlener Volkszeitung, für 1933, Die Bergbau-Industrie vom 22.4.1933. Da die Wahlbeteiligung nicht immer angegeben war, beziehen sich die Prozentzahlen auf die Summe aller Stimmen für die aufgestellten Listen.)

Tabelle 10
Wahlen zur Stadtverordnetenversammlung
(Angaben in Prozent, Sitzverteilung in Klammern)

Kamen

	1919	1924	1929	1933
SPD	46,8 (14)	28,6 (7)	33,0 (8)	22,4 (5)
KPD		8,5 (2)	5,7*	4,7 (1)
Zentrum	17,1 (5)	18,1 (4)	13,1 (3)	10,3 (2)
DDP	19,7 (6)	7,1 (1)		
DVP/DNVP	16,5 (5)	16,8 (4)		
DVP/DNVP/DDP			12,6 (3)	
Haus u. Grundbes.		13,3 (3)		
Wirtschaftspartei			35,0 (8)	
Bürgerl. Vereinigung				19,1 (4)
Sozial-Völk. Gem.		7,5 (1)		
NSDAP				43,4 (10)
Sitze insgesamt:	(30)	(22)	(22)	(22)

* davon „Freie Arbeiter" 2,6%

Ahlen

	1919	1924	1929	1933
SPD	32,8 (10)	14,3 (3)	14,6 (4)	11,0 (3)
KPD		22,2 (6)	24,4 (8)	18,2 (6)
Zentrum	52,7 (16)	27,3 (8)	15,4 (5)	28,7 (9)
A. Rötering	4,4 (1)			
B. Rötering	3,7 (1)			
Polenpartei	6,4 (2)		1,6 –	
Christl. soz. Volksp.		8,3 (3)		
Evang. unpol. Liste		6,7 (2)	7,3 (2)	3,1 (1)
Mittelstandsliste		11,0 (3)	8,5 (2)	4,5 (1)
Verein zur Wahrung bürgerl. Interessen		6,5 (2)		
Bürgervereinigung		3,7 (1)		
Arbeiterzentrum			15,0 (5)	
Wirtschaftspartei			7,3 (2)	
Bürger u. Landvolkp.			5,9 (2)	
Christl. Arbeitersch.				1,8 –
Bürgerl. Mitte				0,6 –
Kom. Vereinig. d. Arbeiter, Bürger usw.				1,5 –
Bürgerblock				3,5 (1)
NSDAP				27,2 (9)
Sitze insgesammt:	(30)	(28)	(28)	(30)

(Quellen: Bericht über die Verwaltung der Stadt Kamen, 1924-1928, S. 26, StAK, Nr. 2582 und 2589, Ahlener Volkszeitung vom 8.3.1919, 6.5.1924, 17.11.1929 und Die Glocke vom 15.3.1933)

Tabelle 11
Wahlen in Kamen

obere Zahl = absolute Stimmen
untere Zahl = in % der gültigen Stimmen

Wahl-gänge	SPD	USPD	KPD	Zen-trum	DDP/ Staats-partei	DVP	DNVP/ Kampf-front	Wirt-schafts-partei	NSDAP	Sonst.	gültige Stim-men	Wahl-be-teili-gung
NV 19.1. 1919	2820 56,6	4 0,1		707 14,2	825 16,5	630 12,6					4986	?
RW 6.6. 1920	1523 30,5	667 13,4		803 16,1	417 8,4	1354 27,1	156 3,1			69 1,4	4989	84,0
LW 20.2. 1921	1817 34,9	280 5,4	192 3,7	944 18,1	480 9,2	1227 23,6	264 5,1				5204	85,8
RW 4.5. 1924	1734 30,5	69 1,2	677 11,9	1008 17,7	390 6,9	1006 17,7	407 7,2		220* 3,9	178 3,1	5689	80,6
RW 7.12. 1924	2129 36,4	25 0,4	327 5,8	1071 18,3	398 6,8	1199 20,5	522 8,9	69 1,2	48 0,8	54 0,9	5842	81,8
RW 20.5. 1928	2365 38,8	4 0,1	425 7,0	726 11,9	214 3,5	594 9,7	252 4,1	1364 22,1	21 0,3	154 2,5	6101	83,7
RW 14.9. 1930	2483 38,2	7 0,1	615 9,4	816 12,5	222 3,4	491 7,5	168 2,6	1063 16,3	362 5,6	281 4,3	6508	88,8
LW 24.4. 1932	2341 32,6		610 8,5	829 11,6	53 0,7	55 0,8	171 2,4	220 3,1	2672 37,3	221 3,1	7172	90,7
RW 31.7. 1932	2927 39,4		618 8,3	863 11,6	37 0,5	47 0,6	272 3,7	60 0,8	2476 33,4	124 1,7	7424	96,6
RW 6.11. 1932	2375 33,1		975 13,6	844 11,8	27 0,4	32 0,4	326 4,5	54 0,7	2405 33,6	140 2,0	7178	90,7
RW 5.3. 1933	2192 29,3		607 8,1	852 11,4	33 0,4	33 0,4	546 7,3		3146 42,0	84 1,1	7493	94,4

* National-Sozialistische Arbeiterpartei + Völkisch-Nationale Partei

(Quellen: Bericht über die Verwaltung der Stadt Kamen, 1924-1928, S. 16, StAK, Nr. 1259, 2573, 2580, 2586, 2588 sowie Kamener Zeitung vom 1.8.1932)

Tabelle 12
Wahlen in Ahlen

obere Zahl = absolute Stimmen
untere Zahl = in % der gültigen Stimmen

Wahlgänge	SPD	USPD	KPD	Zentrum	DDP/ Staatspartei	DVP	DNVP/ Kampffront	Wirtschaftspartei	NSDAP	Sonst.	gültige Stimmen	Wahlbeteiligung
NV 19.1. 1919	2703 37,4	289 4,0		3748 51,8	383 5,3	24 0,3	81 1,1			7 0,1	7229	85,0
RW 6.6. 1920	931 12,5	1436 19,3	186 2,5	3937 53,0	133 1,8	551 7,4	11 0,1			250 3,4	7430	78,9
LW 20.2. 1921	1269 16,4	653 8,5	962 12,5	3990 51,7	138 1,8	665 8,6	19 0,2			36 0,4	7724	81,9
RW 4.5. 1924	1415 15,6	69 0,8	2317 25,5	3405 37,4	178 2,0	581 6,4	253 2,8		94* 1,0	783 8,6	9095	87,0
RW 7.12. 1924	1520 17,0		2165 24,2	3346 37,4	249 2,8	527 5,9	311 3,5	204 2,3	41 0,5	593 6,6	8956	83,0
RW 20.5. 1928	2242 20,9		2858 26,6	3595 33,5	151 1,4	460 4,3	203 1,9	473 4,4	70 0,7	680 6,3	10732	81,6
RW 14.9. 1930	1984 17,0		3248 27,9	4194 36,0	110 0,9	281 2,4	173 1,5	242 2,1	864 7,4	559 4,8	11655	86,5
LW 24.4. 1932	1564 14,4		2494 22,9	4121 37,9	37 0,3	140 1,3	183 1,7	101 0,9	1815** 16,7	428 3,9	10883	78,8
RW 31.7. 1932	1750 14,7		3310 27,7	4634 38,8	10 0,1	66 0,5	294 2,5	42 0,3	1621 13,6	222 1,9	11949	87,8
RW 6.11. 1932	1563 13,2		3701 31,4	4320 36,6	10 0,1	117 1,0	409 3,5	17 0,1	1446 12,3	219 1,9	11801	84,2
RW 5.3. 1933	1538 11,9		3103 24,0	4298 33,2	32 0,2	51 0,4	712 5,5		3153 24,4	48 0,4	12932	90,8

* Völkisch-Sozialer Block + Nationale Freiheitspartei
** darunter 87 Stimmen für die Abspaltung unter Otto Strasser

(Quellen: Ahlener Volkszeitung und Berichte des Magistrats der Stadt Ahlen, Rechnungsjahre 1928 bis 1932)

Tabelle 13
Analyse der Kamener Stimmbezirke 1919 - 1930

Stimm-bezirke	Berufsgruppen* (nach dem Adreßbuch von 1927)		Wahl-gang	SPD	KPD	Zen-trum	DDP (ab 1930 Staats-partei)	DVP	DNVP	Wirt-schafts-partei	NSDAP
I	1	23,7% 11,6%	19.1.1919	48,4		14,7	17,0	19,9			
	2	23,2%	7.12.1924	38,0	2,6	18,7	6,2	21,8	9,8	1,2	0,4
	3	18,1%	20.5.1928	38,5	5,5	14,1	4,1	12,0	4,4	18,7	0,2
	4	23,4%	14.9.1930	37,5	7,0	13,2	5,0	8,8	4,1	12,5	7,4
II	1	16,3% 16,6%	19.1.1919	51,2		12,6	23,4	12,8			
	2	25,8%	7.12.1924	26,0	8,5	15,0	9,4	24,7	10,7	2,6	0,7
	3	12,7%	20.5.1928	29,5	9,2	8,1	2,7	11,4	5,7	30,7	0,8
	4	28,6%	14.9.1930	28,7	11,7	11,7	3,2	7,9	2,9	22,5	6,4
III	1	30,1% 14,9%	19.1.1919	60,2		13,5	14,6	11,7			
	2	17,9%	7.12.1924	36,7	6,5	15,7	5,0	20,1	12,0	1,2	1,3
	3	12,2%	20.5.1928	38,3	5,1	11,3	3,7	8,5	5,0	24,4	0,4
	4	24,9%	14.9.1930	34,2	9,6	12,8	4,1	7,8	2,1	19,8	4,9
IV	1	14,4% 15,3%	19.1.1919	51,7		15,1	21,5	11,3			
	2	33,0%	7.12.1924	26,,5	5,0	20,3	11,2	23,9	9,8	1,3	1,5
	3	11,4%	20.5.1928	26,3	8,5	13,0	3,1	7,5	2,9	36,2	0,6
	4	25,9%	14.9.1930	30,5	9,6	11,9	3,3	7,9	1,5	26,7	5,4
V	1	45,4% 14,0%	19.1.1919	71,8		15,0	5,7	7,6			
	2	10,7%	7.12.1924	55,7	5,6	19,3	4,6	8,5	3,8	0,2	0,5
	3	10,4%	20.5.1928	54,9	8,0	13,7	4,5	4,5	2,6	9,6	0,2
	4	19,7%	14.9.1930	53,0	11,6	15,0	2,4	3,4	2,0	5,3	3,8
VI	1	38,2% 14,6%	19.1.1919								
	2	14,0%	7.12.1924	38,9	6,3	21,4	4,0	19,7	6,0	0,0	0,7
	3	14,8%	20.5.1928	46,9	6,2	11,0	2,8	13,8	3,8	12,3	0,0
	4	18,5%	14.9.1930	46,0	7,5	9,9	1,7	9,5	2,4	10,1	4,6
Stadt-weit	1	28,0% 14,5%	19.1.1919	56,6		14,2	16,5	12,6			
	2	20,8%	7.12.1924	36,4	5,8	18,3	6,8	20,5	8,9	1,2	0,8
	3	13,3%	20.5.1928	38,8	7,0	11,9	3,5	9,7	4,1	22,1	0,3
	4	23,5%	14.9.1930	38,2	9,4	12,5	3,4	7,5	2,6	16,3	5,6

* Zahlenschlüssel
Tabelle 13: 1 = Bergleute (oberer Wert), sonstige Arbeiter (unterer Wert); 2 = Kaufleu-te/Handwerker/Selbständige/Mithelfende; 3 = Angestellte/Beamte; 4 = Witwen/Invali-den/ohne Beruf; (Quelle: Rennspieß (1992), S. 134)

Tabelle 14: 1 = Bergleute (oberer Wert)/sonstige Arbeiter (unterer Wert); 2 = Kaufleu-te/Handwerker/Selbständige/Mithelfende; 3 = Angestellte/Beamte; 4 = Witwen/Invali-den/ohne Beruf; (Quelle: Rennspieß (1992), S. 270)

Tabelle 14
Analyse der Kamener Stimmbezirke 1932 - 1933

Stimm-bezirke	Berufsgruppen* (nach dem Adreß-buch von 1927)		Wahlgang	NSDAP	DNVP	DVP/WP/Staats-partei	Zentrum	KPD	SPD
I	1	30%	24.4.1932	37,4	2,8	4,7	13,9	2,7	35,0
		12,9%							
	2	20,4%	6.11.1932	33,9	3,8	2,9	15,4	7,2	34,1
	3	16,3%	5.3.1933	42,5	7,1	1,3	13,7	2,3	30,9
	4	20,4%							
II	1	16,5%	24.4.1932	43,1	3,5	4,2	11,6	8,9	23,1
		12,5%							
	2	24,5%	6.11.1932	37,8	5,0	1,5	11,0	13,7	21,6
	3	19,2%	5.3.1933	43,0	9,2	1,0	11,7	10,2	23,4
	4	27,3%							
III	1	17,4%	24.4.1932	47,4	4,1	6,6	12,0	5,3	22,3
		17,2%							
	2	26,4%	6.11.1932	42,4	8,4	1,8	11,4	10,0	24,5
	3	14,5%	5.3.1933	52,3	10,2	0,9	9,4	3,8	21,7
	4	24,5%							
IV	1	36,1%	24.4.1932	30,7	2,8	5,2	9,1	14,1	35,0
		13,4%							
	2	16,3%	6.11.1932	27,5	4,0	1,5	8,5	21,5	35,1
	3	9,0%	5.3.1933	38,5	6,0	1,0	8,8	14,2	30,4
	4	25,2%							
V	1	8,4%	24.4.1932	49,1	2,1	8,3	11,8	5,5	20,9
		12,2%							
	2	37,7%	6.11.1932	47,4	4,9	3,7	13,0	9,9	18,9
	3	13,8%	5.3.1933	53,9	9,5	1,2	13,6	5,2	15,6
	4	28,0%							
VI	1	21,3%	24.4.1932	40,5	1,7	4,8	11,6	10,7	28,9
		18,9%							
	2	24,7%	6.11.1932	33,0	4,3	0,6	12,4	15,9	32,4
	3	9,3%	5.3.1933	44,2	5,8	1,1	12,7	9,3	27,6
	4	25,8%							
VII	1	54,2%	24.4.1932	17,7	0,7	0,8	12,1	11,5	53,9
		10,3%							
	2	6,7%	6.11.1932	16,1	1,9	0,3	11,0	15,4	53,9
	3	8,1%	5.3.1933	25,2	3,1	0,7	10,8	11,9	48,1
	4	20,7%							
VIII	1	39,2%	24.4.1932	33,7	1,6	2,5	11,1	7,8	40,3
		14,8%							
	2	13,7%	6.11.1932	30,0	4,4	0,5	11,2	12,7	39,7
	3	14,5%	5.3.1933	37,9	8,1	1,1	10,3	6,7	36,0
	4	17,9%							
Stadtweit	1	27,9%	24.4.1932	37,3	2,4	4,6	11,6	8,5	32,6
		14,0%							
	2	21,3%	6.11.1932	33,6	4,5	1,5	11,8	13,6	33,1
	3	13,1%	5.3.1933	42,0	7,3	0,9	11,4	8,1	29,3
	4	23,7%							

Tabelle 15
Analyse der Ahlener Stimmbezirke 1930 - 1933 (in %)

Stimm-bezirke	Berufsgruppen (nach dem Adreßbuch von 1928)		Wahlgang	NSDAP	DNVP/ Kampf-front	DVP/WP/ Staatspartei	Zentrum	KPD	SPD
1	1	25,2%							
		33,5%	14.9.1930	7,7	1,9	6,8	42,0	27,8	10,8
	2	21,1%	24.4.1932	16,0	1,6	1,7	43,0	23,2	10,5
	3	10,1%	6.11.1932	13,2	2,9	2,2	41,7	29,9	9,4
	4	10,1%	5.3.1933	25,6	4,1	0,8	37,8	24,1	6,9
2	1	13,8%							
		45,7%	14.9.1930	5,4	0,4	3,2	28,2	34,1	25,4
	2	17,8%	24.4.1932	11,7	0,5	0,6	29,7	33,1	20,9
	3	14,1%	6.11.1932	8,5	0,6	0,3	28,8	43,8	17,6
	4	8,5%	5.3.1933	17,5	1,0	0,2	27,6	36,5	16,3
3	1	47,1%							
		24,4%	14.9.1930	5,1	0,5	3,2	26,2	31,5	28,5
	2	16,4%	24.4.1932	10,1	0,8	0,6	32,6	25,3	26,3
	3	4,8%	6.11.1932	7,4	1,4	0,2	31,8	37,1	21,3
	4	7,2%	5.3.1933	15,3	2,6	0,2	33,1	28,7	20,8
4	1	36,8%							
		17,7%	14.9.1930	8,2	1,3	8,6	17,8	36,2	19,0
	2	17,1%	24.4.1932	19,0	3,3	5,1	19,5	29,5	15,6
	3	22,0%	6.11.1932	16,5	8,7	3,2	19,0	39,9	12,0
	4	6,4%	5.3.1933	30,9	8,7	2,1	15,1	33,3	8,7
5	1	65,8%							
		16,1%	14.9.1930	4,4	1,0	1,4	11,8	50,9	22,8
	2	6,7%	24.4.1932	7,0	1,3	1,0	13,7	47,7	23,9
	3	4,2%	6.11.1932	5,1	2,4	0,7	14,5	53,9	23,3
	4	7,2%	5.3.1933	18,6	2,5	–	16,1	42,7	20,0
6	1	63,5%							
		19,4%	14.9.1930	6,1	–	1,4	5,8	68,6	11,8
	2	7,6%	24.4.1932	10,9	–	0,8	5,8	61,2	12,2
	3	1,2%	6.11.1932	10,0	–	–	5,4	66,9	11,5
	4	8,3%	5.3.1933	20,0	0,8	–	6,0	60,7	11,9
7	1	70,8%							
		15,4%	14.9.1930	3,5	–	1,2	5,9	66,4	17,3
	2	4,0%	24.4.1932	4,8	–	0,3	8,2	60,7	18,9
	3	1,8%	6.11.1932	5,5	0,3	–	7,9	67,6	13,5
	4	8,1%	5.3.1933	14,0	3,1	–	9,6	59,3	13,4
8	1	47,2%							
		20,8%	14.9.1930	2,2	–	1,8	24,3	42,9	36,2
	2	15,7%	24.4.1932	8,7	0,8	1,2	24,0	40,5	23,7
	3	7,1%	6.11.1932	7,9	0,8	–	20,2	55,2	25,8
	4	9,2%	5.3.1933	18,8	2,5	–	20,1	39,4	25,5
9	1	73,0%							
		7,4%	14.9.1930	4,3	0,6	0,8	8,6	42,9	36,2
	2	10,8%	24.4.1932	12,1	0,8	0,6	15,5	38,1	23,7
	3	1,6%	6.11.1932	9,0	0,6	–	16,1	48,0	25,8
	4	7,2%	5.3.1933	20,0	0,8	–	15,4	38,1	25,5

Stimm-bezirke	Berufsgruppen (nach dem Adreßbuch von 1928)		Wahlgang	NSDAP	DNVP/ Kampf-front	DVP/WP/ Staatspartei	Zentrum	KPD	SPD
10	1	13,2% 41,8%	14.9.1930	7,3	2,4	4,1	44,7	24,1	15,1
	2	26,3%	24.4.1932	22,5	1,8	1,8	44,8	17,7	9,2
	3	10,1%	6.11.1932	12,8	4,6	1,0	43,1	29,9	7,9
	4	8,6%	5.3.1933	30,3	5,2	0,2	35,7	22,0	6,1
11	1	2,8% 24,4%	14.9.1930	9,9	1,4	5,7	52,1	15,6	12,5
	2	47,2%	24.4.1932	18,8	1,4	3,9	53,9	10,1	11,1
	3	13,1%	6.11.1932	13,1	4,4	1,3	53,1	18,5	9,4
	4	12,5%	5.3.1933	23,5	8,5	0,6	46,1	14,0	7,1
12	1	0,9% 19,7%	14.9.1930	7,7	2,8	8,3	57,0	11,6	9,6
	2	42,5%	24.4.1932	17,0	3,2	5,4	58,9	6,2	7,6
	3	18,9%	6.11.1932	11,3	7,5	2,7	55,7	13,8	8,4
	4	18,0%	5.3.1933	24,3	12,0	1,7	47,9	7,6	6,2
13	1	3,8% 28,0%	14.9.1930	9,6	2,7	8,3	51,8	8,9	12,2
	2	42,0%	24.4.1932	21,3	3,5	3,4	54,8	5,2	9,1
	3	16,0%	6.11.1932	17,1	4,4	1,7	54,9	11,2	10,5
	4	10,3%	5.3.1933	29,6	8,9	0,7	47,4	5,9	7,3
14	1	6,1% 50,6%	14.9.1930	4,7	1,5	5,7	51,6	12,0	20,6
	2	25,2%	24.4.1932	12,3	1,4	5,7	55,6	8,4	18,0
	3	8,2%	6.11.1932	8,5	1,1	–	52,5	19,9	17,6
	4	10,0%	5.3.1933	20,6	2,5	–	50,9	10,2	15,8
15	1	3,7% 25,3%	14.9.1930	7,4	1,8	6,1	57,3	8,2	15,1
	2	31,9%	24.4.1932	17,6	3,3	3,2	58,1	5,6	11,6
	3	26,8%	6.11.1932	10,9	5,1	0,4	57,7	14,7	10,9
	4	12,2%	5.3.1933	23,4	9,8	0,2	45,4	7,9	12,5
16	1	5,0% 28,2%	14.9.1930	13,9	1,8	10,6	43,7	10,4	17,0
	2	34,0%	24.4.1932	28,3	2,6	2,6	47,9	4,6	12,6
	3	20,4%	6.11.1932	24,9	5,1	2,2	47,1	6,4	13,4
	4	12,4%	5.3.1933	38,8	6,6	0,8	38,2	5,2	9,9
17	1	1,2% 13,2%	14.9.1930	14,0	3,8	13,3	52,2	5,4	5,6
	2	54,2%	24.4.1932	33,7	3,2	5,8	46,2	3,2	6,4
	3	18,1%	6.11.1932	22,0	10,6	3,7	49,7	6,3	7,8
	4	13,3%	5.3.1933	34,0	14,5	1,6	39,8	2,6	6,0
18	1	0,7% 21,7	14.9.1930	11,3	2,3	6,4	54,4	11,0	10,6
	2	54,0%	24.4.1932	27,5	1,0	2,7	52,4	4,3	9,5
	3	8,6%	6.11.1932	20,2	4,4	1,6	51,6	12,9	9,1
	4	14,9%	5.3.1933	34,4	7,4	0,9	42,8	8,1	6,4
Stadt-weit	1	26,7% 25,2%	14.9.1930	7,4	1,5	5,4	36,0	27,9	17,0
	2	26,4%	24.4.1932	16,7	1,7	2,5	37,9	22,9	14,4
	3	11,5%	6.11.1932	12,3	3,5	1,2	36,6	31,4	13,2
	4	10,3%	5.3.1933	24,4	5,5	0,6	33,2	24,0	11,9

Zahlenschlüssel für Tabelle 15:
1 = Bergleute (oberer Wert), sonstige Arbeiter (unterer Wert)
2 = Kaufleute/Handwerker/Selbstständige/Mithelfende
3 = Angestellte/Beamte
4 = Witwen/Invaliden/ohne Beruf

(Quelle: Ahlener Volkszeitung)

Tabelle 16
Wählerbewegungen in den Ahlener Koloniestimmbezirken
(in Prozent der gültigen Stimmen)

	NV 1919	RW 1920	LT 1921	RW* 5.1924
MSPD	73,5	17,6	23,9	17,1
USPD	11,1	41,4	15,4	1,0
KPD	–	9,8	41,5	58,1
Zentrum	11,0	11,3	12,1	6,8
DDP	2,3	2,3	1,4	0,7
DVP	1,0	4,6	5,8	2,8
DNVP	1,1	0,1	–	0,9
Polenpartei	–	12,9	–	4,2
sonstige	–	–	–	8,4**

* 1924 wurde die Kolonie in drei Stimmbezirke (bis dahin zwei) neu aufgeteilt
** davon Christlich Sozialer Volksdienst = 6,8
(Quelle: Ahlener Volkszeitung)

Tabelle 17
Wählerbewegung im Stimmbezirk 6 der Ahlener Kolonie
(in Prozent der gültigen Stimmen)

	1930	7.1932	11.1932	1933
KPD	68,6	62,9	66,9	60,7
SPD	11,8	14,1	11,5	11,9
Zentrum	5,8	6,2	5,4	6,0
NSDAP	6,1	11,3	10,0	20,1
DVP/WP/				
Staatsp.	1,4	–	–	–
DNVP	0,2	–	–	0,8
sonstige	6,2	5,0	5,8	–

Wählerbewegung im Stimmbezirk 7 der Ahlener Kolonie
(in Prozent der gültigen Stimmen)

	1930	7.1932	11.1932	1933
KPD	66,4	61,5	67,6	59,3
SPD	17,3	19,3	13,5	13,4
Zentrum	5,9	8,1	7,9	9,6
NSDAP	3,5	6,0	5,5	14,0
DVP/WP/				
Staatsp.	1,3	–	–	–
DNVP	–	–	–	3,1
sonstige	5,6	4,9	1,5	–

(Quelle: Ahlener Volkszeitung)

Tabelle 18
Reichspräsidentenwahlen (in Prozent)

1925 (2. Wahlgang am 26.4.)

	Kamen	Ahlen
Marx	57,7	64,8
von Hindenburg	39,4	13,9
Thälmann	2,9	21,3

(Quellen: StAK, Nr. 1250, Ahlener Volkszeitung vom 27.4.1925)

1932 (1. Wahlgang am 13.3.)

	Kamen	Ahlen
von Hindenburg	53,0	58,3
Hitler	32,0	13,9
Thälmann	11,4	26,8
Duesterberg	3,4	0,9
sonstige	0,2	0,1
gültige Stimmen	7379	12596
Wahlbeteiligung	95,3	90,2

(Quellen: StAK, Nr. 2311, Bericht des Magistrats der Stadt Ahlen, Rechnungsjahr 1931, S. 15)

1932 (2. Wahlgang am 10.4.1932)

	Kamen	Ahlen
von Hindenburg	55,6	62,7
Hitler	36,6	15,9
Thälmann	7,8	21,5
gültige Stimmen	7192	11929
Wahlbeteiligung	91,1	84,2

(Quellen: StAK, Nr. 2581, Bericht des Magistrats der Stadt Ahlen, Rechungsjahr 1932, S. 14)

Tabelle 19
Abbau der Arbeitsplätze in Ahlen
(in Betrieben mit mehr als 20 Beschäftigten)

	1927	1928	1929	1930	1931	1932	1933*
Bergbau:							
Zeche Westfalen**	3768	3205	2993	2987	2402	2096	1942
Emaille- und Blechwarenindustrie:							
Rollmann & Tovar	594	715	668	770	677	658	651
Westf.Stanz-u.Emaillierw.	498	692	676	517	482	277	246
Schomaker & Co.	220	238	227	219	198	169	182
Herding & Mentrup	108	118	108	117	106	100	60
Westfälische Metallwerke	90	111	100	80	67	26	32
Blanke & Griesskamp	89	89	67	–	–	–	–
Linnemann, Schulte & Co.	83	81	78	76	72	46	68
Winkelmann & Pannhoff	61	100	100	100	69	69	100
J & H. Köttendrop	46	47	48	45	–	–	–
Vulkan-Werke	43	39	26	29	31	–	–
Westfalenwerke	40	60	65	75	70	63	75
St. Nahrath	36	60	61	65	65	26	48
Orion-Werke	32	35	26	25	27	–	–
H. Gerlach	30	–	–	–	33	20	20
F. Kaldewey	25	26	23	67	61	60	51
W. Beckmann	20	–	–	–			
Josef Leifeld	30	32					
Branche zusammen:	1995	2411	2273	2205	1958	1543	1565
Maschinenbau:							
Th. Buschhoff	101	121	96	105	105	30	45
C. Geringhoff	42	45	32	25	23	20	–
Branche zusammen:	143	166	128	130	128	50	45
Schuhfabriken:							
Steinhoff & Hürkamp	89	88	73	72	71	59	51
Joh. Tovar	44	43	44	44	43	27	32
H. Huerkamp	26	26	26	23	–	–	–
Branche zusammen:	159	157	146	139	114	86	83
Sonstige:							
Kaufhaus Th. Althoff	45	51	–	–	–	–	–
Kaufhaus Beumer	40	40	–	–	–	–	–
Bauunternehmen Krämer	67	47	–	–	–	–	–
Bauunt. Flürenbrock		26	–	–	–	–	–
Gießerei Becker & Sohn	24	24	–	–	–	–	–
Insgesamt:	**6217**	**6127**	**5561**	**5461**	**4602**	**3776**	**3635**

* Stichtag der Zahlen ist jeweils der 31.3. des Jahres
** vgl. die Unterschiede zu Tab. 2

(Quellen: Berichte des Magistrats der Stadt Ahlen, Rechnungsjahre 1926 - 1932)

Tabelle 20
Arbeitslosigkeit 1930 - 1933

Kamen

		Arbeitslose insg.	in %*	davon: Alu (**)	Kru (**)	Wohlu(**)
Jan.	1930	295	= 6,4	256	4	35
April	1930	323	= 7,0	264	4	55
Aug.	1930	450	= 9,7	301	15	134
Okt.	1930	442	= 9,5	252 (57,0)	22 (5,0)	168 (38,0)
Jan.	1931	559	= 12,1	269 (48,1)	53 (9,5)	237 (42,4)
März	1931	622	= 13,4	279	99	244
Mai	1931	763	= 16,5	360	141	262
Aug.	1931	755	= 16,3	314 (41,6)	125 (16,6)	316 (41,9)
Nov.	1931	938	= 20,2	183 (19,5)	359 (38,3)	396 (42,2)
Jan.	1932	1178	= 25,4	249 (21,1)	372 (31,6)	557 (47,3)
Febr.	1932	1240	= 26,7	289 (23,3)	455 (36,7)	496 (40,0)
Mai	1932	1185	= 25,4	233 (19,7)	397 (33,5)	555 (46,8)
Juni	1932	1293	= 27,9	202	457	634
Aug.	1932	1201	= 25,9	99 (8,2)	323 (26,9)	779 (64,9)
April	1933	1058	= 22,8	31 (2,9)	181 (17,1)	846 (80,0)

Ahlen

		Arbeitslose insg.	in %*	davon: Alu (**)	Kru (**)	Wohlu(**)
Juli	1930			586	23	
Okt.	1930	764	= 7,7	406 (53,1)	73 (9,6)	285 (37,3)
Dez.	1930	1141	= 11,5	586	142	413
Jan.	1931	1397	= 14,1	660 (47,2)		
Juni	1931	1574	= 15,9	681	367	526
Aug.	1931	1650	= 16,7	604 (36,6)	492 (29,8)	554 (33,6)
Nov.	1931	1870	= 18,9	572 (30,6)	603 (32,2)	695 (37,2)
Dez.	1931	1927	= 19,5	560	601	766
Jan.	1932	2007	= 20,3	534 (26,6)	619 (30,8)	854 (42,6)
Febr	1932	2166	= 21,9	609 (28,1)	599 (27,7)	958 (44,1)
März	1932	2170	= 21,9	463	669	1038
Mai	1932	2127	= 21,5	313 (14,7)	658 (30,9)	1156 (54,3)
Aug.	1932	2103	= 21,2	272 (12,9)	554 (26,3)	1277 (60,7)
Dez.	1932	1910	= 19,3	180 (9,4)	380 (19,9)	1350 (70,7)

*   = in % aller Erwerbspersonen von 1933, vgl. Tab. 21
(**) = in % der Arbeitslosen insgesamt

(Quellen: Monatliche Berichte des Arbeitsamtes in der Kamener Zeitung, StAK, Nr. 1663, sowie monatliche Berichte des Arbeitsamtes in der Ahlener Volkszeitung)

Tabelle 21
Verteilung der Erwerbslosen 1933 im Vergleich

	Ahlen	Kamen
Erwerbspersonen insgamt:	9900	4639
davon Selbständige	916	561
Mithelfende Familienangehörige	421	286
Beamte	328	190
Angestellte	976	417
Arbeiter	4284	1660
Hausangestellte	481	230
Erwerbstätige zusammen	7406	3344
Erwerbslose	**2494**	**1295**
in Prozent der Erwerbspersonen	25,2	27,9
davon Angestellte	208	125
in Prozent der Erwerbslosen	8,3	9,6

Aufteilung nach Wirtschaftsabteilungen:

Industrie/Handwerk		
Erwerbspersonen insgesamt:	6792	2972
davon Erwerbslose in Prozent	31,0	36,8
Handel/Verkehr		
Erwerbspersonen insgesamt:	1392	808
davon Erwerbslose in Prozent	13,8	13,4
Öffentliche Dienste/Kirche/freie Berufe		
Erwerbspersonen insgesamt:	679	348
davon Erwerbslose in Prozent	5,6	5,7
Häusliche Dienste		
Erwerbspersonen insgesamt:	583	270
davon Erwerbslose in Prozent	16,1	13,3
Landwirtschaft/Gärtnerei/Tierzucht/Forstwirtschaft		
Erwerbspersonen insgesamt:	454	241
davon Erwerbslose in Prozent	15,4	14,9

(Quelle: Statistik des Deutschen Reiches, Bd. 455)

Tabelle 22
Die Etatentwicklung während der Weltwirtschaftskrise

Etatbereich	Kamen 1930 (RM)	1931 (RM)	1932 (RM)	Veränderung in %
Allg. Verwaltung	320900	306100	274750	- 14,4
Polizei	83800	70800	70500	- 15,9
Bauverwaltung	179300	180000	167000	- 6,9
Betriebe	177800	194600	170930	- 3,9
Schulen/Kultur	461000	410700	283150	- 38,6
Wohlfahrtspflege	288500	432000	770000	+166,9
Schuldenverwaltung	780300	860400	858476	+ 10,0
Zusammen:	2291600	2454600	2601806	+ 13,5

	Ahlen			
Allg. Verwaltung	562700	519900	428600	- 23,8
Polizei	241400	224900	200600	- 16,9
Bauverwaltung	463300	503890	367100	- 20,8
Betriebe	97650	100600	87400	- 10,5
Schulen/Kultur	18895	804700	530599	- 42,3
Wohlfahrtspflege	705600	1146600	1671400	+136,9
Schuldenverwaltung	304896	308940	327308	+ 7,4
Zusammen:	3294441	3609530	3613007	+ 9,7

Anteil der Wohlfahrtspflege in % des Haushalts

	Kamen	Ahlen
1930	12,6	21,4
1931	17,6	31,8
1932	29,6	46,3

(Quellen: StAK, Haushaltspläne Nr. 1679, 1681 und 1682, Ahlener Volkszeitung vom 28.4.1931 und 17.4.1932)

Tabelle 23: Wahlergebnisse der NSDAP im Vergleich
– in Prozent der gültigen Stimmen – (Wahlbeteiligung in Klammern)

Reichstagswahlen vom 14.9.1930
reichsweit 18,3 % für die NSDAP (82,0 %)

Kamen 362 Stimmen		Ahlen 864 Stimmen	
	5,6 % (88,8 %)		7,4 % (86,5 %)
Landkr.Hamm	11,5 % (88,9 %)	Kreis Beckum	4,7 % (87,3 %)
Reg. Arnsb.	13,9 % (84,7 %)	Reg. Münster	7,4 % (84,2 %)

Erster Durchgang der Reichspräsidentenwahl vom 13.3.1932
reichsweit 30,1 % für Hitler (86,2 %)

Kamen 2360 Stimmen		Ahlen 1747 Stimmen	
	32,0 % (95,3 %)		13,9 % (90,2 %)
Kreis Unna	28,2 % (90,8 %)	Kreis Beckum	13,1 % (87,3 %)
Reg. Arnsb.	24,2 % (87,8 %)	Reg. Münster	17,2 % (87,0 %)

Zweiter Durchgang der Reichspräsidentenwahl vom 10.4.1932
reichsweit 36,8 % für Hitler (83,5 %)

Kamen 2634 Stimmen		Ahlen 1896 Stimmen	
	36,6 % (91,7 %)		15,9 % (86,1 %)
Kreis Unna	32,4 % (88,0 %)	Kreis Beckum	14,1 % (83,6 %)
Reg. Arnsb.	29,0 % (84,2 %)	Reg. Münster	21,3 % (83,8 %)

Wahlen zum Preußischen Landtag vom 24.4.1932
landesweit 36,3 % für die NSDAP (ca.81 %)

Kamen 2672 Stimmen		Ahlen 1815 Stimmen	
	37,3 % (90,7 %)		16,7 % (78,8 %)
Kreis Unna	31,7 % (?)	Kreis Beckum	13,7 % (80,6 %)

Reichstagswahlen vom 31.7.1932
reichsweit 37,3 % für die NSDAP (84,1 %)

Kamen 2476 Stimmen		Ahlen 1621 Stimmen	
	33,4 % (96,6 %)		13,6 % (88,0 %)
Kreis Unna	31,2 % (91,4 %)	Kreis Beckum	12,3 % (85,0 %)
Reg. Arnsb.	27,2 % (87,5 %)	Reg. Münster	18,6 % (85,8 %)

Reichstagswahlen vom 6.11.1932
reichsweit 33,1 % für die NSDAP (80,6 %)

Kamen 2405 Stimmen		Ahlen 1446 Stimmen	
	33,6 % (96,6 %)		12,3 % (84,2 %)
Kreis Unna	29,4 % (88,3 %)	Kreis Beckum	10,3 % (82,2 %)
Reg. Arnsb.	24,8 % (83,7 %)	Reg. Münster	15,9 % (82,0 %)

Reichstagswahlen vom 5.3.1933
reichsweit 43,9 % für die NSDAP (88,8 %)

Kamen 3146 Stimmen		Ahlen 3153 Stimmen	
	42,0 % (94,4 %)		24,4 % (90,8 %)
Kreis Unna	38,5 % (92,9 %)	Kreis Beckum	25,4 % (89,3 %)
Reg. Arnsb.	33,8 % (91,0 %)	Reg. Münster	28,7 % (89,7 %)

(Quellen: siehe Tab. 11 und 12, zur Landtagswahl die Lokalzeitungen und zu den anderen Vergleichsdaten: Statistik des deutschen Reiches, Bd. 382, 427 und 434)

Tabelle 24
Die „Reichstagswahl" vom 12.11.1933

	Kamen	Ahlen
Wahlberechtigte	7898	14585
Abgegebene Stimmen	7835 = 99,2 %	14082 = 96,6 %
von den abg. Stimmen waren gültig	7268 = 92,8 %	12473 = 88,6 %
ungültig	567 = 7,2 %	1609 = 11,4 %

Die gleichzeitig abgehaltene „Volksabstimmung":

Abgegebene Stimmen	7896 = 99,98 %	14179 = 97,2 %
von den abg. Stimmen		
waren „Ja"-Stimmen	7345 = 93,0 %	12712 = 89,7 %
„Nein"-Stimmen	395 = 5,0 %	1024 = 7,2 %
ungültig	156 = 2,0 %	443 = 3,1 %

„Volksabstimmung" vom 20.8.1934:

Wahlberechtigte	7855	14949
Abgegebene Stimmen	7636 = 97,2 %	13750 = 92,0 %
von den abg. Stimmen		
waren „Ja"-Stimmen	6797 = 89,0 %	10045 = 73,1 %
„Nein"-Stimmen	687 = 9,0 %	3278 = 23,9 %
ungültig	155 = 2,0 %	427 = 3,1 %

(Quellen: StAK, Nr. 2571, 2304 sowie Neuer Emsbote vom 13.11.1933 und Ahlener Volkszeitung vom 21.8.1934)

Quellen und Literaturverzeichnis

I. Verzeichnis der benutzten unveröffentlichten Quellen:

Stadtarchiv Kamen (StAK),
Nr. 1026, 1036, 1037, 1044-1046, 1079-1083, 1250, 1259-1262, 1281, 1287-1291,
1567-1582, 1603, 1604, 1663, 1667-1682, 1697, 1766, 1872, 1912, 1941, 1966-1970,
2124-2130, 2215-2241, 2245-2253, 2256, 2271, 2272, 2295, 2301, 2311, 2315, 2339,
2341, 2571, 2573, 2577-2582, 2586-2589, 2598, 2753, 2818, 2819, 2848, 2887, 3033,
3341, 4147, 4243,
- Mitteilungen der NS-Nachrichtenstelle,
- „Erinnerungen" des Pfarrers Philipps,
- Chronik über die Stadt und das Kirchspiel Camen (Stadtchronik),
- „Monopol-Chronik" der Jahre 1921-1948,
- verschiedene Bauakten (noch ungeordnet),
- Manuskript Wolfgang Jäger,
- Interviewkassetten und Transkriptionen von Uwe Rennspieß.

Stadtarchiv Hamm,
Sammlung Stadtgeschichte: BI/19.

Stadtarchiv Soest,
„Die Verwandtschaft der Familie Ernst Fromme".

Evangelisches Pfarrarchiv Kamen,
Nr. 1437.

Evangelisches Pfarrarchiv Ahlen,
ungeordnet.

Stadtmuseum Ahlen,
- Flugblattsammlung,
- Interviewkassetten und Transkriptionen von Uwe Rennspieß.

Kreisarchiv Warendorf (KAW),
Bestand: Stadt Ahlen, B 270, C 7, C 9, C 14, P 11, P 21,
- Plakatsammlung,
- „Aus der Kampfzeit der NSDAP".

Kreisarchiv Unna,
Nr. 766.

Staatsarchiv Münster (StAM),
- Bestand: Kreis Beckum, Nr. 38, 73, 74, 98, 334, 650,
- Bestand: Regierung Münster, Nr. 517, 1030, 2103, 4100, 4131, 5171, IV-11-41, VII-1,
  Bd. 1, VII-2, Bd. 2, VII-17, Bd. 2, VII-52, Bd. 7, VII-66, Bd. 1, VII-67, Bd. 1 bis 3,
- Bestand: Oberpräsidium Münster, Nr. 1408, 1791, 1792, 7778,

– Bestand: Kreis Unna, Kreisausschuß, Nr. 35, 86,
– Bestand: Kreis Unna, Landratsamt, Nr. 792, 794, 801-804, 814,
– Bestand: Kreis Unna, Politische Polizei, Nr. 14, 18, 19, 23, 56-59, 63,
– Bestand: Regierung Arnsberg, Nr. 14079, 14113, 14137, 14177, 14234-14240, 19838, 19839,
– Bestand: Oberbergamt Dortmund, Nr. 1791, 1795, 1814, 1838,
– Bestand: Bergamt Hamm, A1, Nr. 194,
– Bestand: Polizeipräsidium Bochum (Nachrichtensammelstelle), Nr. 51, 57, 58,
– Bestand: Generalstaatsanwaltschaft Hamm, 1. Instanz, Nr. 11947, 12801, 12854.

Berlin Document Center,
Akte Tengelmann, Akte Klosterkemper.

II. Gedruckte Quellen:

– Ahlener Volkszeitung, Jg. 1900-1932, 1934.
– Die Bergbau-Industrie. Organ des Verbandes der Bergarbeiter Deutschlands, Jg. 1933.
– Neuer Emsbote. Warendorfer Kreisblatt, Jg. 1933.
– Die Glocke, Jg. 1929-1933, 1936, 1983.
– Hellweger-Anzeiger, Jg. 1932, 1933, 1990.
– Kamener Zeitung, Jg. 1909, 1911, 1918-1933.
– Der Kämpfer, Jg. 1931-1933.
– Landwirtschaftliches Wochenblatt, Jg. 1989.
– Märkische Zeitung, Jg. 1889-1891.
– National-Zeitung, Jg. 1933.
– Rote-Erde, Jg. 1932, 1933.
– Stadt- und Landbote, Jg. 1912, 1913.
– Tremonia, Jg. 1932.
– Volksfreund für Camen und Umgebung, Jg. 1876-1879, 1886, 1891, 1914.
– Der Westfale. Zechenzeitung der Gewerkschaft Westfalen. Ahlen i. W., Jg. 1927-1931, 1933.
– Westfälischer Anzeiger, Jg. 1932-1935.
– Zechen-Zeitung der Schachtanlage Grillo und Grimberg, Jg. 1925-1934.
– Bericht über die Verwaltung und den Stand der Gemeindeangelegenheiten der Stadt Kamen i.W. für die Rechnungsjahre 1924 bis 1928 (1. April 1924 bis 31. März 1929). Dortmund o.J. (1930).
– Adress-, Auskunfts- und Geschäfts-Handbuch für Unna und Camen 1902/03. Braunschweig o.J. (1903).
– Adreßbuch für die Stadt Kamen und die umliegenden Ortschaften 1914. Hrsg. vom Verein für Handel und Gewerbe e. V. zu Kamen. Kamen o.J. (1914).
– Einwohnerbuch der Stadt Kamen und der umliegenden Ortschaften 1923. Hrsg. vom Verein für Handel und Gewerbe e.V. zu Kamen. Hamm o.J. (1923).
– Einwohnerbuch der Stadt Kamen und der umliegenden Ortschaften 1927. Hrsg. vom Verkehrsverein e.V., Kamen. Essen o.J. (1927).
– Adreßbuch der Stadt Ahlen 1913. Ahlen 1913.
– Adreßbuch der Stadt Ahlen 1925. Ahlen 1925.
– Adreßbuch der Stadt Ahlen 1928. Ahlen 1928.

– Adreßbuch des Kreises Beckum 1938. Münster, Oelde, Ahlen 1938.
– Bericht des Magistrats der Stadt Ahlen i.W. für die Rechnungsjahre 1926-1933.
– Protokoll über die Verhandlungen vom 12. Kongreß der Freien Vereinigung deutscher Gewerkschaften. Abgehalten am 27.-30.12.1919 zu Berlin.
– Jahresberichte der Handelskammer Münster, Jg. 1909-1913.
– Jahrbuch für den Oberbergamtsbezirk Dortmund, Jg. 1893-1935.
– Statistik des deutschen Reiches, Bd. 283, 287, 362, 383, 404, 434, 455.
– Statistisches Jahrbuch für das niederrheinisch-westfälische Industriegebiet. (Sonderteil des Wirtschaftsjahrbuches für das niederrheinisch-westfälische Industriegebiet). Bearbeitet von einer AG der Industrie- und Handelskammern, Jg. 1928-1931.
– Statistisches Jahrbuch deutscher Städte. Amtliche Veröffentlichung des deutschen Städtetages, Jg. 1933-1935.
– Die Entwicklung der kreisfreien Städte, Landkreise und Gemeinden des Landes Nordrhein-Westfalen von 1871-1950. In: Beiträge zur Statistik des Landes Nordrhein-Westfalen. Hrsg. vom statistischen Landesamt Nordrhein-Westfalen. Heft 57, Düsseldorf 1956.
– Die Entwicklung des Niederrheinisch-Westfälischen Steinkohlen-Bergbaus in der zweiten Hälfte des 19. Jahrhunderts. Hrsg. vom Verein für die bergbaulichen Interessen im Oberbergamtsbezirk Dortmund in Gemeinschaft mit der Westfälischen Berggewerkschaftskasse und dem Rheinisch-Westfälischen Kohlensyndikat. XII. Wirtschaftliche Entwicklung. Teil 3. Berlin 1904.
– Tabellen und amtliche Nachrichten über den Preussischen Staat für das Jahr 1849. Teil V: Gewerbliche Tabellen. Berlin 1854.

(Gemeindelexikon für 1871)
– Die Gemeinden und Gutsbezirke der Provinz Westfalen und ihre Bevölkerung. Nach den Urmaterialien der allgemeinen Volkszählung vom 1. Dezember 1871 bearbeitet und zusammengestellt vom königlichen Statistischen Bureau. Berlin 1874.

(Gemeindelexikon für 1885)
– Gemeindelexikon für die Provinz Westfalen. Auf Grund der Materialien der Volkszählung vom 1. Dezember 1885 bearbeitet vom königlichen statistischen Bureau. Berlin 1887.

(Gemeindelexikon für 1895)
– Gemeindelexikon für die Provinz Westfalen. Auf Grund der Materialien der Volkszählung vom 2. Dezember 1895 bearbeitet vom königlichen statistischen Bureau. Berlin 1897.

(Gemeindelexikon für 1905)
– Gemeindelexikon für die Provinz Westfalen. Auf Grund der Materialien der Volkszählung vom 1. Dezember 1905 bearbeitet vom königlichen statistischen Bureau. Berlin 1909.

(Gemeindelexikon für 1925)
– Gemeindelexikon für den Freistaat Preußen. Band XI: Provinz Westfalen. Nach dem endgültigen Ergebnis der Volkszählung vom 16. Juni 1925 und anderen amtlichen Quellen unter Zugrundelegung des Gebietsstandes vom 1.3.1931 bearbeitet vom preußischen statistischen Landesamt. Berlin 1931.

(Belegschaftszählung von 1893)
– Die Belegschaft der Bergwerke und Salinen im Oberbergamtsbezirk Dortmund nach der Zählung vom 16. Dezember 1893, zusammengestellt vom königlichen Oberbergamt in

Dortmund und Erläuterungen von O. Taeglichsbeck. Erster Teil. Dortmund 1895. Zweiter Teil. Dortmund 1896.

III. Literatur

Abelshauser, Werner
- (1988) Umsturz, Terror, Bürgerkrieg: Das rheinisch-westfälische Industriegebiet in der revolutionären Nachkriegsperiode. In: Revolution in Rheinland und Westfalen. Quellen zu Wirtschaft, Gesellschaft und Politik 1918-1923. Hrsg. von demselben und Ralf Himmelmann. Essen 1988, S. XI-LI.
- (1990) Wirtschaft, Staat und Arbeitsmarkt 1914-1945. In: Das Ruhrgebiet im Industriezeitalter. Geschichte und Entwicklung. Hrsg. von Wolfgang Köllmann u.a. Düsseldorf 1990, S. 435-489.

Ahrenz, Franz
- (1968) Streiflichter aus dem Leben eines Kommunisten. Über Max Reimann. Hamburg 1968.

Bäumer, Gertrud
- (1953) Im Licht der Erinnerung. Tübingen 1953.

Bachem, Karl
- (1927) Vorgeschichte, Geschichte und Politik der deutschen Zentrumspartei. Bd. 3. Köln 1927.

Bahne, Siegfried
- (1974) Die KPD im Ruhrgebiet. In: Arbeiterbewegung an Rhein und Ruhr. Beiträge zur Geschichte der Arbeiterbewegung in Rheinland-Westfalen. Hrsg. von Jürgen Reulecke. Wuppertal 1974, S. 315-353.

Bajohr, Frank
- (1988) Zwischen Krupp und Kommune. Sozialdemokratie, Arbeiterschaft und Stadtverwaltung in Essen vor dem Ersten Weltkrieg. Essen 1988.

Beck, Friedrich
- (1938) Kampf und Sieg. Geschichte der NSDAP im Gau Westfalen-Süd von den Anfängen bis zur Machtübernahme. Dortmund 1938.

Becker, Winfrid
- (1986) Die Deutsche Zentrumspartei im Bismarckreich. In: Die Minderheit als Mitte. Die Deutsche Zentrumspartei in der Innenpolitik des Reiches 1871-1933. Hrsg. von demselben. Paderborn, München, Wien, Zürich 1986, S. 9-45.

Behrens-Cobet, Heidi/Schmidt, Ernst/Bajohr, Frank
- (1986) Freie Schulen. Eine vergessene Bildungsinitiative. Essen 1986.

Benner, Axel/Ostermann, Rüdiger
- (1987) Die Beschäftigungsstruktur in der Stadt Kamen in den Jahren 1888-1909. Eine statistische Analyse anhand von Krankenkassenmitgliederzahlen. Dortmund 1987.

Bergarbeiter
- (1969) Ausstellung zur Geschichte der organisierten Bergarbeiterbewegung in Deutschland. Veranstaltet von der Industriegewerkschaft Bergbau und Energie und dem Bergbaumuseum Bochum. Bochum 1969.

Bevölkerungsentwicklung 1837-1970 in den Gemeinden.
- (1978) (= Deutscher Planungsatlas, Bd. I, Nordrhein-Westfalen, Lieferung 13). Hannover 1978.

Bieber, Hans-Joachim
- (1981) Gewerkschaften in Krieg und Revolution. Arbeiterbewegung, Industrie, Staat und Militär in Deutschland 1914-1920. 2 Bände. Hamburg 1981.

Blotevogel, Hans Heinrich
- (1975) Zentrale Orte und Raumbeziehungen in Westfalen vor der Industrialisierung (1780-1850). Paderborn 1975.

Bock, Hans Manfred
- (1969) Syndikalismus und Linkskommunismus von 1918-1923. Zur Geschichte und Soziologie der Freien Arbeiter-Union Deutschlands (Syndikalisten), der Allgemeinen Arbeiter-Union Deutschlands und der Kommunistischen Arbeiter-Partei Deutschlands. Meisenheim 1969.

Böhnke, Wilfried
- (1974) Die NSDAP im Ruhrgebiet 1920-1933. Bonn-Bad Godesberg 1974.

Böhret, Carl
- (1966) Aktionen gegen die „kalte Sozialisierung" 1926-1930. Berlin 1966.

Bohn, Heribert
- (1980) Ahlen. Ahlen 1980.

Boll, Friedhelm
- (1981) Massenbewegungen in Niedersachsen 1906-1920. Eine sozialgeschichtliche Untersuchung zu den unterschiedlichen Entwicklungstypen Braunschweig und Hannover. Bonn 1981.

Borscheid, Peter
- (1983) Westfälische Industriepioniere in der Frühindustrialisierung. In: Rheinland-Westfalen im Industriezeitalter. Beiträge zur Landesgeschichte des 19. und 20. Jahrhunderts. Bd. 1: Von der Entstehung der Provinzen bis zur Reichsgründung. Hrsg. von Kurt Düwell und Wolfgang Köllmann. Wuppertal 1983, S. 158-174.

Bracher, Karl Dietrich
- (1978) Die Auflösung der Weimarer Republik. Eine Studie zum Problem des Machtverfalls in der Demokratie. Nachdruck der 5. Auflage, Düsseldorf 1978.
- (1983) Die Technik der nationalsozialistischen Machtergreifung. In: Die nationalsozialistische Machtergreifung. Der 30. Januar 1933 in Rheinland, Westfalen, Lippe. Hrsg. von der Landeszentrale für politische Bildung. Düsseldorf 1983, S. 9-24.

Braunbuch über Reichstagsbrand und Hitlerterror
- (1978) .Frankfurt 1978. Faksimile-Nachdruck der Ausgabe Basel 1933.

Brepohl, Wilhelm
- (1948) Der Aufbau des Ruhrvolkes im Zuge der Ost-West-Wanderung. Beiträge zur deutschen Sozialgeschichte des 19. und 20. Jahrhunderts. Recklinghausen 1948.
- (1957) Industrievolk im Wandel von der agraren zur industriellen Daseinsform – dargestellt am Ruhrgebiet. Tübingen 1957.

Broszat, Martin
- (1976) Der Staat Hitlers. Grundlegung und Entwicklung seiner inneren Verfassung. 6. Auflage. München 1976.
- (1983) Zur Struktur der NS-Massenbewegung. In: Vierteljahrshefte für Zeitgeschichte. Jg. 31, 1983, S. 52-76.
- (1990) Die Machtergreifung. Der Aufstieg der NSDAP und die Zerstörung der Weimarer Republik. 3. Auflage, München 1990.

Broszat, Martin/Fröhlich, Elke/Grossmann, Anton (Hrsg.)
- (1981) Bayern in der NS-Zeit. IV. Herrschaft und Gesellschaft im Konflikt. Teil C. München, Wien 1981.

Brüggemeier, Franz-Josef
- (1984) Leben vor Ort: Bergleute und Ruhrbergbau 1889-1984. 2. durchgesehene Auflage, München 1984.

Büttner, Ursula
- (1982) Hamburg in der Staats- und Wirtschaftskrise 1928-1931. Hamburg 1982.

Buschmann, Friedrich
- (1842) Geschichte der Stadt Camen. Münster 1842.

Castellan, Georges
- (1977) Zur sozialen Balance der Prosperität 1924-1929. In: Industrielles System und politische Entwicklung in der Weimarer Republik. Hrsg. von Hans Mommsen u.a. 2. Auflage, Düsseldorf 1977, Bd. 1, S. 104-110.

Croon, Helmut
- (1955) Die Entwicklung der Industrialisierung auf die gesellschaftliche Schichtung der Bevölkerung im rheinisch-westfälischen Industriegebiet. In: Rheinische Vierteljahresblätter, Jg. 20, 1955, S. 301-316.

Croon, Helmut/Utermann, Kurt
- (1958) Zeche und Gemeinde. Untersuchungen über den Strukturwandel einer Zechengemeinde im nördlichen Ruhrgebiet. Tübingen 1958.

Dahm, Karl-Wilhelm
- (1965) Pfarrer und Politik. Soziale Position und politische Mentalität des deutschen evangelischen Pfarrerstandes zwischen 1918 und 1933. Köln 1965.

Diehl, James M.
- (1985) Von der „Vaterlandspartei" zur „Nationalen Revolution": Die „Vereinigten Vaterländischen Verbände Deutschlands (VVVD)" 1922-1932. In: Vierteljahrshefte für Zeitgeschichte, Jg. 33, 1985, S. 617-639.

Ditt, Karl/Kift, Dagmar
- (1989) Der Bergarbeiterstreik von 1889: Ein Testfall für die sozialpolitische Reformfähigkeit des Kaiserreichs. In: 1889 – Bergarbeiterschaft und Wilhelminische Gesellschaft. Hrsg. von denselben. Hagen 1989. S. 9-33.

Döhn, Lothar
- (1977) Zur Verschränkung der Deutschen Volkspartei mit großwirtschaftlich-industriellen Interessen im Herrschaftssystem der Weimarer Republik. In: Industrielles System und politische Entwicklung in der Weimarer Republik. Hrsg. von Hans Mommsen, Dietmar Petzina und Bernd Weisbrod. 2. Auflage, Düsseldorf 1977, Bd. 2, S. 884-906.

Dörnemann, Manfred
- (1966) Die Politik des Verbandes der Bergarbeiter Deutschlands von der Novemberrevolution 1918 bis zum Osterputsch 1921 unter besonderer Berücksichtigung der Verhältnisse im rheinisch-westfälischen Industriegebiet. Ein Beitrag zur gewerkschaftlichen Auseinandersetzung mit den linksradikalen Strömungen nach dem Sturz des Kaiserreiches. Diss. Bochum 1966.

Dorpalen, Andreas
- (1983) SPD und KPD in der Endphase der Weimarer Republik. In: Vieteljahrshefte für Zeitgeschichte, Jg. 31, 1983, S. 77-107.

Düwell, Kurt
- (1990) Der Nationalsozialismus im Spiegel regional- und lokalgeschichtlicher Entwicklungen. Neue landesgeschichtliche Ansätze und das Problem der Gesamtsicht. In: Debatten um die lokale Zeitgeschichte. Methoden, Träger, Themen, Formen. Dokumentation einer Studienkonferenz der Thomas-Morus-Akademie Bensberg in Zusammenarbeit mit dem Landschaftsverband Rheinland/Referat Heimatpflege. Bergisch Gladbach 1990, S. 45-60.

Essellen, M.F.
- (1851) Beschreibung und kurze Geschichte des Kreises Hamm und der einzelnen Ortschaften in demselben. Hamm 1851.

Falter, Jürgen W.
- (1991) Hitlers Wähler. München 1991.

Faulenbach, Bernd
- (1982) Die preußischen Bergassessoren im Ruhrbergbau. Unternehmermentalität zwischen Obrigkeitsstaat und Privatindustrie. In: Mentalitäten und Lebensverhältnisse. Beispiele aus der Sozialgeschichte der Neuzeit. Rudolf Vierhaus zum 60. Geburtstag. Göttingen 1982, S. 225-242.

Franke, Eberhard
- (1936) Die Ostpreußen an der Ruhr. Essen 1936.

Frei, Norbert
- (1983) „Machtergreifung". Anmerkungen zu einem historischen Begriff. In: Vierteljahrshefte für Zeitgeschichte, Jg. 31, 1983, S. 136-145.

Friedemann, Peter
- (1991) Mit wem zog die neue Zeit? Maidemonstrationen am Ende der Weimarer Republik aus regionalgeschichtlicher Perspektive. In: Massenmedium Straße. Zur Kulturgeschichte der Demonstration. Hrsg. von Bernd Jürgen Warnecken. Frankfurt/New York 1991, S. 182-201.

Gaertingen, Friedrich Frhr. Hiller von
- (1984) Die Deutschnationale Volkspartei. In: Das Ende der Parteien 1933. Darstellung und Dokumente. Hrsg. von Erich Matthias und Rudolf Morsey. Düsseldorf 1984 (unveränderter Nachdruck der Ausgabe von 1960), S. 543-652.
- (1985) Monarchismus in der deutschen Republik. In: Die Weimarer Republik. Belagerte Civitas. Hrsg. von Michael Stürmer. 2. erweiterte Auflage, Königstein 1985, S. 254-271.

Gates, Robert A.
- (1977) Von der Sozialpolitik zur Wirtschaftspolitik? Das Dilemma der deutschen Sozialdemokratie in der Krise 1929-1933. In: Industrielles System und politische Entwicklung in der Weimarer Republik. Hrsg. von Hans Mommsen u.a. 2. Auflage, Düsseldorf 1977, Bd. 1, S. 206-225.

Gebhardt, Gerhard
- (1957) Ruhrbergbau. Geschichte, Aufbau und Verflechtung seiner Gesellschaften und Organisationen. Essen 1957.
- (1979) Die Gelsenkirchner Bergwerks Aktien-Gesellschaft. Rückblick auf ein großes Unternehmen. In: Glückauf 115, 1979, Nr. 10, S. 443-454.

Geschichte in der Kulturarbeit der Städte
- (1992). Hinweise des Deuschen Städtetages. Bearbeitet von Helmut Lange. In: Deutscher Städtetag – Beiträge zur Bildungs- und Kulturpolitik. Reihe C, Heft 19, 1992.

Gladen, Albin
- (1974) Die Streiks der Bergarbeiter im Ruhrgebiet in den Jahren 1889, 1905 und 1912. In: Arbeiterbewegung an Rhein und Ruhr. Beiträge zur Geschichte der Arbeiterbewegung in Rheinland-Westfalen. Hrsg. von Jürgen Reulecke. Wuppertal 1974, S. 111-148.

Goch, Stefan
- (1990) Sozialdemokratische Arbeiterbewegung und Arbeiterkultur im Ruhrgebiet. Eine Untersuchung am Beispiel Gelsenkirchen 1848-1975. Düsseldorf 1990.
- (1991) Das politische Klima in den bürgerlich-nationalen Kreisen Gelsenkirchens am Ende der Weimarer Republik. In: Deutschlandwahn und Wirtschaftskrise. Gelsenkirchen auf dem Weg in den Nationalsozialismus. Teil 1: Die antidemokratische Allianz formiert sich. Hrsg. von Heinz-Jürgen Priamus. Essen 1991, S. 147-216.

– (1992) Kulturelle Umbrüche in der Bochumer Gesellschaft der Weimarer Zeit – Noch mehr Fragen als Antworten –. In: Struktureller Wandel und kulturelles Leben. Politische Kultur in Bochum 1860-1990. Hrsg. von Peter Friedemann und Gustav Seebold. Essen 1992, S. 216-245.

Goehrke, Klaus
– (1978) Das Signal von Pelkum. Bericht über die Kämpfe zwischen Reichswehr und Roter Armee 1920 in Pelkum bei Hamm (Westf.). Hrsg. vom Pelkum-Komitee unter Koordination der VVN Kreis Unna-Hamm. o.O. o.J. (Kamen 1978).
– (1985) Frag doch Strelinski. In: Frag doch Strelinski und andere Erzählungen aus dem Werkkreis Literatur der Arbeitswelt. Hrsg. vom Werkkreis Bergkamen. Bönen 1985, S. 19-35.

Goehrke, Klaus/Klein, Herbert
– (1983) Kumpel, Kämpfer. Albert Funk 1894-1933. Hrsg. von der DKP Unna-Hamm. Hamm-Herringen 1983.

Görges, Reinhard/Volkhausen, Volker
– (1975) Das Wahlverhalten der Kamener Bevölkerung von 1871-1914. Examensarbeit an der Universität Dortmund 1975.

Grabowski, Detlef
– (1992) Ahlen. Geschichte der Stadt. In: Ahlen – Gesichter einer Stadt. Hrsg. von Hans Sommer. Ahlen 1992, S. 21-71.

Grau, Dieter
– (1992) Erziehung in der weltlichen Schule: Funktion und Grenzen. In: Struktureller Wandel und kulturelles Leben. Politische Kultur in Bochum 1960-1990. Hrsg. von Peter Friedemann und Gustav Seebold. Essen 1992, S. 273-283.

Grebing, Helga u.a.
– (1986) Der „deutsche Sonderweg" in Europa 1806-1945. Eine Kritik. Stuttgart 1986.

Grziwotz, Thomas
– (1983) Machtübernahme der Nationalsozialisten und Widerstand der Arbeiterschaft in Bergkamen 1932/1933. Staatsexamensarbeit an der Universität Dortmund 1983.

Gummersbach, Hans-W.
– (1988) Der Weg nach Auschwitz begann auch in Ahlen. Vergessene Spuren der jüdischen Gemeinde einer westfälischen Stadt. Ahlen 1988.

Hamilton, Richard F.
– (1981) Die soziale Basis des Nationalsozialismus. In: Angestellte im europäischen Vergleich. Hrsg. von Jürgen Kocka. Göttingen 1981. S. 354-375.

Hannover, Heinrich/Hannover-Drück, Elisabeth
– (1987) Politische Justiz 1918-1933. Bornheim-Merten 1987.

Hehl, Ulrich von
– (1984) Zum politischen Katholizismus in Rheinland-Westfalen 1890-1918. In: Rheinland-Westfalen im Industriezeitalter. Beiträge zur Landesgeschichte des 19. und 20. Jahrhunderts. Bd. 2: Von der Reichsgründung bis zur Weimarer Republik. Hrsg. von Kurt Düwell und Wolfgang Köllmann. Wuppertal 1984, S. 56-71.
– (1987) Staatsverständnis und Strategie des politischen Katholizismus in der Weimarer Republik. In: Die Weimarer Republik 1918-1933. Politik, Wirtschaft, Gesellschaft. Hrsg. von Karl Dietrich Bracher u.a. Düsseldorf 1987, S. 238-253.

Heinemann, Ulrich
– (1987) Die Last der Vergangenheit. Zur polipolitischen Bedeutung der Kriegsschuld- und Dolchstoßdiskussion. In: Die Weimarer Republik 1918-1933. Politik, Wirtschaft, Gesellschaft. Hrsg. von Karl Dietrich Bracher u.a. Düsseldorf 1987, S. 371-386.

Heinrichsbauer, August
– (1936) Industrielle Siedlung im Ruhrgebiet in Vergangenheit, Gegenwart und Zukunft. Essen 1936.

Hellkötter, Wilhelm
– (1950) Kapp-Putsch im März 1920. Examensarbeit 1950.

Helmrich, Wilhelm
– (1937) Die Industrialisierung und wirtschaftliche Verflechtung des Münsterlandes. Münster 1937.
– (1949) Das Ruhrgebiet. Wirtschaft und Verflechtung. 2. Auflage, Münster 1949.

Hennig, Eike
– (1980) Regionale Unterschiede bei der Entstehung des deutschen Faschismus. Ein Plädoyer für „mikroanalytische Studien" zur Erforschung der NSDAP. In: Politische Vierteljahresschrift. Jg. 21, 1980, Heft 3, S. 152-173.
– (1990) Die zeitverschobene Wende zur NSDAP. Zur Auswirkung sozialmoralischer Milieus auf die Wahlergebnisse in drei ländlichen hessischen Kreisen. In: Politische Teilkulturen zwischen Integration und Polarisierung. Zur politischen Kultur in der Weimarer Republik. Hrsg. von Detlef Lehnert und Klaus Megerle. Opladen 1990, S. 293-334.

Hensel, Horst
– (1987) Rosa Luxemburg und die Wahlrechtsdemonstration der SPD vom 10. April 1910 in Kamen. In: Beiträge zur Geschichte der Arbeiterbewegung. Jg. 29, 1987, Nr. 2, S. 243-245.

Hermann, Wilhelm und Gertrude
– (1990) Die alten Zechen an der Ruhr. 3. erweiterte Auflage, Königstein 1990.

Hey, Bernd
– (1983) Die nationalsozialistische Zeit. In: Westfälische Geschichte. Band 2: Das 19. und das 20. Jahrhundert. Politik und Kultur. Hrsg. von Wilhelm Kohl. Düsseldorf 1983, S. 211-268.

Högl, Günther
– (1988) „Eher siegt der Faschismus nicht, eh' er nicht jeden von uns zerbricht!" Dortmunder Sozialdemokraten im Widerstand. In: Eine Partei in ihrer Region. Zur Geschichte der SPD im Westlichen Westfalen. Hrsg. von Bernd Faulenbach und Günther Högl. Essen 1988, S. 117-123.

Holtmann, Everhard
– (1989) Politik und Nichtpolitik. Lokale Erscheinungsformen politischer Kultur im frühen Nachkriegsdeutschland. Das Beispiel Unna und Kamen. Opladen 1989.

Homburg, Heidrun
– (1985) Vom Arbeitslosen zum Zwangsarbeiter. Arbeitslosenpolitik und Fraktionierung der Arbeiterschaft in Deutschland 1930-1933 am Beispiel der Wohlfahrtserwerbslosen und der kommunalen Wohlfahrtshilfe. In: Archiv für Sozialgeschichte. Bd. XXV, 1985, S. 251-298.

Horst, Willy
– (1937) Studien über die Zusammenhänge zwischen Bevölkerungsbewegung und Industrieentwicklung im niederrheinisch-westfälischen Industriegebiet. Essen 1937.

Huhn, Michael/Rennspieß, Uwe
– (1991) Arbeitsbeschaffungsmaßnahmen contra Planstellen – ein Erfahrungsbericht aus Ahlen zum Thema „Stadthistoriker". In: Informationen zur modernen Stadtgeschichte, 1991, Heft 1, S. 34-38.

Hundt, Robert
– (1902) Bergarbeiter-Wohnungen im Ruhrgebiet. Berlin 1902.

50 Jahre Bauverein Glückauf GmbH
– (1976). Gemeinnütziges Wohnungsbauunternehmen, 1926-1976. Ahlen 1976.
100 Jahre KAB Heilige Familie und Männerverein St. Josef
– (1986), Kamen 1886-1986. Bearbeitet von Franz Böhmer. Kamen o.J. (1986).
60 Jahre St. Josef Ahlen
– (1983). Ahlen 1983.
30 Jahre Treuhandstelle für Bergmannswohnstätten
– (1950). Essen o.J. (1950).
Jaschke, Hans-Gerd
– (1991) Soziale Basis und soziale Funktion des Nationalsozialismus – Alte Fragen, neu
  aufgeworfen. In: Politische Formierung und soziale Erziehung im Nationalsozialismus.
  Hrsg. von Hans-Uwe Otto und Heinz Sünker. Frankfurt 1991, S. 18-49.
Jericho, Kurt
– (1963) Steinkohlenbergwerk Westfalen Aktiengesellschaft, Ahlen, Westf. 50 Jahre Stein-
  kohlenförderung. o.O., o.J. (Ahlen 1963).
John, Antonius
– (1977) Ahlen und das Ahlener Programm. Dokumente-Ereignisse-Erinnerungen. Ahlen.
– (1983) 1000 Jahre vor Ort. Fragen und Antworten zum Nationalsozialismus. Ahlen 1983.
– (1990) Weimar vor Ort – in Ahlen in Westfalen. Unsere kleine Stadt im Münsterland:
  1918 bis 1933 – von der Scham der Niederlage und der „Schande von Versailles". In: Alltag
  in der Weimarer Republik. Erinnerungen an eine unruhige Zeit. Hrsg. von Rudolf Pörtner.
  Düsseldorf, Wien, New York 1990, S. 632-655.
Kalmer, Georg
– (1971) Die „Massen" in der Revolution. Die Unterschichten als Problem der Revolu-
  tionsforschung. In: Zeitschrift für bayerische Landesgeschichte, Jg. 34, 1971, S. 316-357.
Kaschuba, Wolfgang
– (1990) Lebenswelt und Kultur der unterbürgerlichen Schichten im 19. und 20. Jahrhundert. München 1990.
Kastorff-Viehmann, Renate
– (1981) Wohnungsbau für Arbeiter. Das Beispiel Ruhrgebiet bis 1914. Aachen 1981.
Kaufmann, Doris
– (1984) Katholisches Milieu in Münster 1928-1933. Politische Aktionsformen und ge-
  schlechtsspezifische Verhaltensräume. Düsseldorf 1984.
Kirchhoff, Hans-Georg
– (1958) Die staatliche Sozialpolitik im Ruhrbergbau 1871-1914. Köln/Opladen 1958.
Kistner, Hans-Jürgen/Ostermann, Jürgen
– (1987) Zur Aufarbeitung historischer Archivdaten mit statistischen Methoden am Beispiel der Stadt Kamen. In: Der Archivar, Jg. 40, 1987, Heft 1, S. 87-94.
Kistner, Hans-Jürgen
– (1988) Gertrud Bäumer. In: Heimatbuch Kreis Unna. Jg. 9, 1988, S. 132-133.
Klein, Herbert
– (1979) Arbeiterwiderstand im Faschismus. Nördliches Ruhrgebiet/Münsterland 1933-
  1935. Münster 1979.
– (1980) Die Entstehung der faschistischen Bewegung und des antifaschistischen Widerstandes an der Peripherie des nördlichen Ruhrgebiets und im Münsterland 1932-1938.
  Sozialökonomische Voraussetzungen und Hintergründe. (Eine sozialwissenschaftlich-hi-
  storische Studie.) Diss. Münster 1980.
Kleßmann, Christoph
– (1978) Polnische Bergarbeiter im Ruhrgebiet 1870-1945. Soziale Integration und nationale Subkultur einer Minderheit in der deutschen Industriegesellschaft. Göttingen 1978.

Knütter, Hans-Helmuth
– (1987) Die Weimarer Republik in der Klammer von Rechts- und Linksextremismus. In: Die Weimarer Republik 1918-1933. Politik, Wirtschaft, Gesellschaft. Hrsg. von Karl Dietrich Bracher u.a. Bonn 1987, S. 378-406.

Kocka, Jürgen
– (1980) Ursachen des Nationalsozialismus. In: Aus Politik und Zeitgeschichte. Beilage zur Wochenzeitung „Das Parlament". B 25/80, 21. Juni 1980, S. 3-15.
– (1987) Bürgertum und Bürgerlichkeit als Problem der deutschen Geschichte vom späten 18. zum frühen 20. Jahrhundert. In: Bürger und Bürgerlichkeit im 19. Jahrhundert. Hrsg. von demselben. Göttingen 1987, S. 21-63.
– (1988) Bürgertum und bürgerliche Gesellschaft im 19. Jahrhundert. Europäische Entwicklung und deutsche Eigenart. In: Bürgertum im 19. Jahrhundert. Deutschland im internationalen Vergleich. Hrsg. von demselben. Bd. 1, München 1988, S. 11-76.

Köllmann, Wolfgang
– (1975) Die Bedeutung der Regionalgeschichte im Rahmen struktur- und sozialgeschichtlicher Konzeptionen. In: Archiv für Sozialgeschichte. Bd. XV, 1975, S. 43-50.

Kohlmann, Hans
– (1929) Die Entwicklung des Handels und Gewerbes nach 1850. In: Heimatbuch der Stadt Ahlen. Hrsg. vom S.G.V.-Heimatverein. Ahlen 1929, S. 189-196.

Kolb, Eberhard
– (1988) Die Weimarer Republik. 2. durchgesehene und ergänzte Auflage, München 1988.

Korn, Monika
– (1989) Die evangelischen Arbeitervereine in Rheinland und Westfalen und der Bergarbeiterstreik von 1889. In: 1889 – Bergarbeiterstreik und Wilhelminische Gesellschaft. Hrsg. von Karl Ditt und Dagmar Kift. Hagen 1989, S. 129-150.

Koszyk, Kurt
– (1974) Die sozialdemokratische Arbeiterbewegung 1890 bis 1914. In: Arbeiterbewegung an Rhein und Ruhr. Beiträge zur Geschichte der Arbeiterbewegung in Rheinland-Westfalen. Hrsg. von Jürgen Reulecke. Wuppertal 1974, S. 149-172.

Krabbe, Wolfgang R.
– (1984) Der Bürgermeister in der Preußischen Magistratsverfassung. In: Die Alte Stadt. 11. Jg., 1984, S. 41-47.
– (1985) Kommunalpolitik und Industrialisierung. Die Entfaltung der städtischen Leistungsverwaltung im 19. und frühen 20. Jahrhundert. Fallstudien zu Dortmund und Münster. Stuttgart u.a. 1985.

Krabs, Otto
– (1964) Der Landkreis Unna. Anfang und Entwicklung. Abriß seiner Verwaltungsgeschichte. Unna 1964.

Kroker, Evelyn/Werner Kroker
– (1991) Die Knappenvereine im Ruhrgebiet – Solidarität aus Tradition. In: Der Anschnitt, 43. Jg., 1991, Heft 2, S. 75-85.

Küppers, Heinrich
– (1982) Schulpolitik. In: Der soziale und politische Katholizismus. Entwicklungslinien in Deutschland 1803-1963. Hrsg. v. A. Rauscher. Bd. 2, München, Wien 1982, S. 352-394.

Lange, Gisela
– (1976) Das ländliche Gewerbe in der Grafschaft Mark am Vorabend der Industrialisierung. Köln 1976.

Lange-Kothe, Irmgard
– (1950) Hundert Jahre Bergarbeiterwohnungsbau. In: Der Anschnitt, 2. Jg., 1950, Heft 3, S. 7-19.

Lenger, Friedrich
- (1989) Mittelstand und Nationalsozialismus? Zur politischen Orientierung von Handwerkern und Angestellten in der Endphase der Weimarer Republik. In: Archiv für Sozialgeschichte. Bd. XXIX, 1989, S. 173-198.

Lepsius, Mario Rainer
- (1966a) Extremer Nationalismus. Strukturbedingungen vor der nationalsozialistischen Machtergreifung. Stuttgart, Berlin, Köln, Mainz 1966.
- (1966b) Parteiensystem und Sozialstruktur: Zum Problem der Demokratisierung der deutschen Gesellschaft. In: Wirtschaft, Geschichte und Wirtschaftsgeschichte. Festschrift zum 65. Geburtstag von Friedrich Lütge. Hrsg. von Wilhelm Abel u.a. Stuttgart 1966, S. 371-393.

Lexikon zur Geschichte der Parteien in Europa
- (1981). Hrsg. von Frank Wende. Stuttgart 1981.

Lindner, Rolf/Breuer, Heinrich Theodor
- (1978) „Sind doch nicht alles Beckenbauers". Zur Sozialgeschichte des Fußballs im Ruhrgebiet. Frankfurt 1978.

Lösche, Peter/Walter, Franz
- (1989) Zur Organisation der sozialdemokratischen Arbeiterbewegung in der Weimarer Republik. Niedergang der Klassenkultur oder solidargemeinschaftlicher Höhepunkt? In: Geschichte und Gesellschaft, 15. Jg, 1989, Heft 4, S. 511-536.

Longerich, Peter
- (1992) Nationalsozialistische Propaganda. In: Deutschland 1933-1945. Neue Studien zur nationalsozialistischen Herrschaft. Hrsg. von Karl Dietrich Bracher u.a. Düsseldorf 1992, S. 291-314.

Lucas-Busemann, Erhard
- (1971) Ursachen und Verlauf der Bergarbeiterbewegung in Hamborn und im westlichen Ruhrgebiet 1918/19. Zum Syndikalismus in der Novemberrevolution. In: Duisburger Forschungen. Schriftenreihe für Geschichte und Heimatkunde. Bd. 15, 1971, S. 1-119.
- (1974) (1983) (1978) Märzrevolution 1920. Bd. 1: Vom Generalstreik gegen den Militärputsch zum bewaffneten Arbeiteraufstand. 2. ergänzte Auflage, Frankfurt 1974. Bd. 2: Der bewaffnete Aufstand im Ruhrgebiet in seiner Struktur und in seinem Verhältnis zu den Klassenkämpfen in den verschiedenen Regionen des Reiches. 2. verbesserte Auflage, Frankfurt 1983. Bd. 3: Verhandlungsversuche und deren Scheitern; Gegenstrategien von Regierung und Militär; die Niederlage der Aufstandsbewegung; der weiße Terror. Frankfurt 1978.
- (1976) Zwei Formen von Radikalismus in der deutschen Arbeiterbewegung. Frankfurt 1976.
- (1984) Krieg und Revolution im rheinisch-westfälischen Industriegebiet 1914-19. Stadt- und Gemeindestrukturen als verursachendes und als differenzierendes Prinzip in sozialen Bewegungen – eine Forschungsskizze. (Rasteder Hefte, Nr. 7), Oldenburg 1984.

Mai, Günter
- (1983) Die Nationalsozialistische Betriebszellenorganisation. Zum Verhältnis von Arbeiterschaft und Nationalsozialismus. In: Vierteljahrshefte für Zeitgeschichte. Jg. 41, 1983, S. 573-613.

Marschalck, Peter
- (1980) Zur Rolle der Stadt für den Industrialisierungsprozeß in Deutschland in der 2. Hälfte des 19. Jahrhunderts. In: Die deutsche Stadt im Industriezeitalter. Beiträge zur modernen deutschen Stadtgeschichte. Hrsg. von Jürgen Reulecke. 2. Auflage, Wuppertal 1980, S. 57-66.

Marßoleck, Inge
- (1975) Sozialdemokratie und Revolution im östlichen Ruhrgebiet. Dortmund unter der Herrschaft des Arbeiter- und Soldatenrates. In: Arbeiter- und Soldatenräte im rheinisch-westfälischen Industriegebiet. Studien zur Geschichte der Revolution 1918/19. Hrsg. von Reinhard Rürup. Wuppertal 1975, S. 239-292.

Mattheier, Klaus
- (1974) Werkvereine und wirtschaftsfriedlich-nationale (gelbe) Arbeiterbewegung im Ruhrgebiet. In: Arbeiterbewegung an Rhein und Ruhr. Beiträge zur Geschichte der Arbeiterbewegung in Rheinland-Westfalen. Hrsg. von Jürgen Reulecke. Wuppertal 1974, S. 173-204.

Matthias, Erich
- (1984) Die Sozialdemokratische Partei Deutschlands. In: Das Ende der Parteien 1933. Darstellung und Dokumente. Hrsg. von dems. und Rudolf Morsey. Düsseldorf 1984 (unveränderter Nachdruck der Ausgabe von 1960), S. 101-278.

Matzerath, Horst
- (1970) Nationalsozialismus und kommunale Selbstverwaltung. Stuttgart u.a. 1970.

Mayr, Alois
- (1964) Der Wandel des Sozialgefüges der Stadt Ahlen (Westf.) unter besonderer Berücksichtigung der Vorboten der Industrie. Eine sozialgeschichtlich-volkskundliche Betrachtung. In: Heimatkalender für den Kreis Beckum, 1964, S. 19-31.
- (1965a) Ahlen und die Köln-Mindener Eisenbahn. In: Ahlener Monatsschau, 1965, Heft 8, S. 13, Heft 10, S. 5 und Heft 12, S. 4.
- (1965b) Zur Herkunft der bergmännischen Bevölkerung um Ahlen und Heessen in der Frühzeit des heimischen Bergbaus. In: Heimatkalender f.d. Kreis Beckum 1965, S. 69-79.
- (1966) Eingemeindungs- und Auskreisungspläne der Stadt Ahlen. In: Heimatkalender des Kreises Beckum, 1966, Nr. 15, S. 47-49.
- (1968) Ahlen in Westfalen. Siedlung und Bevölkerung einer Industriellen Mittelstadt mit besonderer Berücksichtigung der innerstädtischen Gliederung. Ahlen 1968.

Meßollen, Regina
- (1957) Ahlen, der wirtschaftsgeographische Aufbau und die Gliederung des Stadtgebietes. Wissenschaftliche Hausaufgabe für das Gewerbelehramt. Masch. Köln 1957.

Miller, Susanne
- (1974) Burgfrieden und Klassenkampf. Die deutsche Sozialdemokratie im Ersten Weltkrieg. Düsseldorf 1974.
- (1978) Die Bürde der Macht. Die deutsche Sozialdemokratie 1918-1920. Düsseldorf 1978.

Mommsen, Hans
- (1974) Die Bergarbeiterbewegung an der Ruhr 1918-1933. In: Arbeiterbewegung an Rhein und Ruhr. Beiträge zur Geschichte der Arbeiterbewegung in Rheinland-Westfalen. Hrsg. von Jürgen Reulecke. Wuppertal 1974, S. 275-314.
- (1979) Soziale Kämpfe im Ruhrgebiet nach der Jahrhundertwende. In: Glück auf, Kameraden! Die Bergarbeiter und ihre Organisationen in Deutschland. Hrsg. von demselben und Ulrich Borsdorf. Köln 1979, S. 249-279.

Morsey, Rudolf
- (1977) Der Untergang des politischen Katholizismus. Die Zentrumspartei zwischen christl. Selbstverständnis und „Nationaler Erhebung" 1932/33. Stuttgart/Zürich 1977.

Murmann, Manfred
- (1958) Der Wandel der beruflichen und sozialen Struktur der Kamener Bevölkerung. In: 100 Jahre Städtische Höhere Lehranstalt Kamen. Festschrift 1958. Hrsg. von Theo Simon. o.O. o.J. (Kamen 1958), S. 239-255.

Murzynowska, Krystina
- (1979) Die polnischen Erwerbsauswanderer im Ruhrgebiet während der Jahre 1880-1914. Dortmund 1979.

Muth, Wolfgang
- (1987) Emailleindustrie in Ahlen seit 1877. Eine Ausstellung des Heimatmuseums der Stadt Ahlen (Westf.). Ahlen 1987.
- (1989) Ahlen 1870-1914. Die Industrialisierung einer münsterländischen Ackerbürgerstadt. Ahlen 1989.

Niethammer, Lutz
- (1976) Wie wohnten Arbeiter im Kaiserreich? In: Archiv für Sozialgeschichte. Jg. 16, 1976, S. 61-134.

Nowak, Kurt
- (1981) Evangelische Kirche und Weimarer Republik. Zum politischen Weg des deutschen Protestantismus zwischen 1918 und 1922. Göttingen 1981.
- (1987) Protestantismus und Weimarer Republik. Politische Wegmarken in der evangelischen Kirche 1918-1932. In: Die Weimarer Republik 1918-1933. Politik, Wirtschaft, Gesellschaft. Hrsg. von Karl Dietrich Bracher u.a. Bonn 1987, S. 197-217.

Paul, Gerhard
- (1987) Die NSDAP des Saargebietes. Der verspätete Aufstieg der NSDAP in der katholisch-proletarischen Provinz. Saarbrücken 1987.
- (1990) Aufstand der Bilder. Die NS-Propaganda vor 1933. Bonn 1990.

Petzina, Dietmar
- (1986) Kommunale Finanzen und Handlungsspielräume in der Weltwirtschaftskrise: Das Beispiel der Stadt Bochum. In: Städtewachstum, Industrialisierung, sozialer Wandel. Beiträge zur Erforschung der Urbanisierung im 19. und 20. Jahrhundert. Hrsg. von Hans-Jürgen Teuteberg. Berlin 1986, S. 231-254.

Peukert, Detlev
- (1976) Ruhrarbeiter gegen den Faschismus. Dokumentation über den Widerstand im Ruhrgebiet 1933-1945. Frankfurt 1976.
- (1982) Arbeiteralltag – Mode oder Methode. In: Arbeiteralltag in Stadt und Land: neue Wege der Geschichtsschreibung. Hrsg. von Heiko Haumann. Berlin 1982, S. 8-39.
- (1986) Industrialisierung des Bewußtseins? Arbeitserfahrungen von Ruhrbergleuten im 20. Jahrhundert. In: Arbeit und Arbeitserfahrung in der Geschichte. Hrsg. von Klaus Tenfelde. Göttingen 1986, S. 92-119.
- (1987) Die Weimarer Republik. Krisenjahre der klassischen Moderne. Frankfurt 1987.

Plum, Günter
- (1972) Gesellschaftsstruktur und politisches Bewußtsein in einer katholischen Region 1928-1933. Untersuchungen am Beispiel des Regierungsbezirks Aachen. Stuttgart 1972.
- (1974) Die Arbeiterbewegung während der Nationalsozialistischen Herrschaft. In: Arbeiterbewegung an Rhein und Ruhr. Beiträge zur Geschichte der Arbeiterbewegung in Rheinland-Westfalen. Hrsg. von Jürgen Reulecke. Wuppertal 1974, S. 355-383.

Potthoff, Friedrich
- (1985) Heimatgeschichte. In: IGBE Industriegewerkschaft Bergbau und Energie 1945-1985. 40 Jahre Ortsgruppe Kaiserau, Kamen-Methler. o.O., o.J. (Kamen 1985), S. 11-14.

Pröbsting, Friedrich
- (1901) Geschichte der Stadt Camen und der Kirchspielgemeinden von Camen. Camen o.J. (1901).

Pyta, Wolfram
- (1989) Gegen Hitler und für die Republik. Die Auseinandersetzung der deutschen Sozialdemokratie mit der NSDAP in der Weimarer Republik. Düsseldorf 1989.

Rasehorn, Theo
- (1987) Rechtspolitik und Rechtsprechung. Ein Beitrag zur Ideologie der „Dritten Gewalt". In: Die Weimarer Republik 1918-1933. Politik, Wirtschaft, Gesellschaft. Hrsg. von Karl Dietrich Bracher u.a. Bonn 1987, S. 407-428.

Rebentisch, Dieter
- (1977) Kommunalpolitik, Konjunktur und Arbeitsmarkt in der Endphase der Weimarer Republik. In: Verwaltungsgeschichte. Aufgaben, Zielsetzungen, Beispiele. Hrsg. von Rudolf Morsey. Berlin 1977, S. 107-157.

Reekers, Stephanie
- (1956) Westfalens Bevölkerung 1818-1955. Die Bevölkerungsentwicklung der Gemeinden und Kreise im Zahlenbild. Münster 1956.

Reese, Dagmar
- (1989) Straff, aber nicht stramm – herb, aber nicht derb. Zur Vergesellschaftung von Mädchen durch den Bund Deutscher Mädel im sozialkulturellen Vergleich zweier Milieus. Weinheim, Basel 1989.

Rennspieß, Uwe
- (1988) 75-jähriges Jubiläum der Diesterwegschule. Wechselvolle Geschichte im Herzen der Ahlener Bergarbeiterkolonie. Ahlen o.J. (1988).
- (1989) „Jenseits der Bahn". Geschichte der Ahlener Bergarbeiterkolonie und der Zeche Westfalen. Essen 1989.
- (1990) 1889 – Ein Wendepunkt in der Geschichte Kamens. Kamen 1990.
- (1992) Von der Weltwirtschaftskrise zur Gleichschaltung. Stadtgeschichte und Kommunalpolitik Kamens 1929-1933. Essen 1992.

Reulecke, Jürgen
- (1985) Geschichte der Urbanisierung in Deutschland. Frankfurt 1985.
- (1990a) Das Ruhrgebiet als städtischer Lebensraum. In: Das Ruhrgebiet im Industriezeitalter. Hrsg. von Wolfgang Köllmann u.a., Bd. 2, Düsseldorf 1990, S. 67-120.
- (1990b) Der Erste Weltkrieg und die Arbeiterbewegung im rheinisch-westfälischen Industriegebiet. In: Derselbe: Vom Kohlenpott zu Deutschlands „starkem Stück": Beiträge zu einer Sozialgeschichte des Ruhrgebiets. Bonn 1990, S. 123-160.

Röer, Helmut
- (1985) Ahlen im Münsterland. Vergangenheit und Gegenwart. Geschichtliche Darstellung und Bilddokumentation. Ahlen o.J. (1985).

Röschenbleck, Paul
- (1983) KAB St. Michael Ahlen. Ein Stück katholisch-sozialer Bewegung vor Ort, 1883-1983. Ahlen 1983.

Rogalla, Hans
- (1979) Dokumentation zur Zechenkolonie „Ahlen Neustadt". Ahlen 1979.

Rohe, Karl
- (1966) Das Reichsbanner Schwarz-Rot-Gold. Ein Beitrag zur Geschichte und Struktur der politischen Kampfverbände zur Zeit der Weimarer Republik. Düsseldorf 1966.

Rohe, Karl
- (1981) Konfession, Klasse und lokale Gesellschaft als Bestimmungsfaktoren des Wahlverhaltens. Überlegungen und Problematisierungen am Beispiel des historischen Ruhrgebiets. In: Politische Parteien auf dem Weg zur parlamentarischen Demokratie in Deutschland. Hrsg. von Lothar Albertin und Werner Link. Düsseldorf 1981, S. 109-126.
- (1984) Sozialdemokratische „Hochburgen" und „Schwachburgen" in einer Industrieregion. Untersuchungen zum Wahlverhalten im Ruhrgebiet vor 1914. Vortrag gehalten auf dem 35. Historikertag in Berlin 1984.

– (1986) Vom Revier zum Ruhrgebiet. Wahlen, Parteien, Politische Kultur. Essen 1986.
– (1992) Wahlen und Wählertraditionen in Deutschland. Kulturelle Grundlagen deutscher Parteien und Parteiensysteme im 19. und 20. Jahrhundert. Frankfurt 1992.

Rohe, Karl/Jäger, Wolfgang/Dorow, Uwe
– (1990) Politische Gesellschaft und politische Kultur. In: Das Ruhrgebiet im Industriezeitalter. Geschichte und Entwicklung. Hrsg. von Wolfgang Köllmann u.a. Düsseldorf 1990, Bd. 2, S. 419-508.

Romeyk, Horst
– (1975) Die Deutsche Volkspartei in Rheinland und Westfalen 1918-1933. In: Rheinische Vierteljahresblätter, Jg. 39, 1975, S. 189-236.

Rürup, Reinhard
– (1975) Einleitung. In: Arbeiter- und Soldatenräte im rheinisch-westfälischen Industriegebiet. Studien zur Geschichte der Revolution 1918/19. Hrsg. von demselben. Wuppertal 1975, S. 7-38.
– (1983) Demokratische Revolution und „dritter Weg". Die deutsche Revolution von 1918/19 in der neueren wissenschaftlichen Diskus-sion. In: Geschichte und Gesellschaft. Jg. 9, 1983, S. 278-301.

Ruppert, Karsten
– (1984) Der politische Katholizismus im Rheinland und in Westfalen zur Zeit der Weimarer Republik. In: Rheinland-Westfalen im Industriezeitalter. Beiträge zur Landesgeschichte des 19. und 20. Jahrhunderts. Bd. 3: Vom Ende der Weimarer Republik bis zum Land Nordrhein-Westfalen. Hrsg. von Kurt Düwell und Wolfgang Köllmann. Wuppertal 1984, S. 76-97.
– (1986) Die Deutsche Zentrumspartei in der Mitverantwortung für die Weimarer Republik: Selbstverständnis und politische Leitideen einer konfessionellen Mittelpartei. In: Die Minderheit als Mitte. Die Deutsche Zentrumspartei in der Innenpolitik des Reiches 1871-1933. Hrsg. von Winfried Becker. Paderborn, München, Wien, Zürich 1986, S. 9-45.

Sälzer, Fritz
– (1984) Die Geschichte von Altkamen. o.O., o.J. (Kamen 1984).

Saldern, Adelheid von
– (1977) Wilhelminische Gesellschaft und Arbeiterklasse: Emanzipations- und Integrationsprozesse im kulturellen und sozialen Bereich. In: Internationale Wissenschaftliche Korrospondenz zur Geschichte der deutschen Arbeiterbewegung. Jg. 13, 1977, S. 469-505.
– (1984) Arbeiterradikalismus – Arbeiterformalismus. Zum politischen Profil der sozialdemokratischen Parteibasis im Deutschen Kaiserreich. Methodisch-inhaltliche Bemerkungen zu Vergleichsstudien. In: Internationale Wissenschaftliche Korrespondenz zur Geschichte der Arbeiterbewegung. Jg. 20, 1984, Heft 4, S. 483-508.
– (1986) Arbeiterkulturbewegung in Deutschland in der Zwischenkriegszeit. In: Arbeiterkultur zwischen Alltag und Politik. Beiträge zum europäischen Vergleich in der Zwischenkriegszeit. Hrsg. von Friedhelm Boll. Wien, München, Zürich 1986.

Saldern, Adelheid von
– (1991) Die Stadt in der Zeitgeschichte. Überlegungen zur neueren Lokalgeschichtsforschung. In: Die alte Stadt. 18. Jg., 1991, Heft 2, S. 127-153.

Schmidt, Wilhelm
– (1938) Die Entwicklung der Zeche Monopol. In: Zechen-Zeitung, 1938, Nr. 3 und 4.

Schöller, Peter
– (1978) Grundsätze der Städtebildung in Industriegebieten. In: Probleme des Städtewesens im industriellen Zeitalter. Hrsg. von Hartmut Jäger. Köln/Wien 1978, S. 99-107.

Schönbach, Eva-Maria
- (1991) Revolution, Industrialisierung, Stadt und Kreis Hamm im Kaiserreich (1848-1914). In: Geschichte der Stadt und Region Hamm im 19. und 20. Jahrhundert. Hrsg. von Wilhelm Ribhegge. Düsseldorf 1991, S. 72-165.

Schönhoven, Klaus
- (1984) Der demokratische Sozialismus im Dilemma: Die Sozialdemokratie und der Untergang der Weimarer Republik. In: Die nationalsozialistische Machtergreifung. Hrsg. von Wolfgang Michalka. Paderborn u.a. 1984, S. 74-84.

Schröder, Arno
- (1940) Mit der Partei vorwärts! Zehn Jahre Gau Westfalen-Nord. Detmold 1940.

Schrumpf, Emil
- (1958) Gewerkschaftsbildung und Politik im Bergbau. Unter besonderer Berücksichtigung des Ruhrbergbaus. Dortmund 1958.

Schüren, Ulrich
- (1978) Der Volksentscheid zur Fürstenenteignung 1926. Die Vermögensauseinandersetzung mit den depossedierten Landesherren als Problem der deutschen Innenpolitik unter besonderer Berücksichtigung der Verhältnisse in Preußen. Düsseldorf 1978.

Schütter, Silke
- (1989) Die Geschichte des Arbeitsmarktes in den Altkreisen Warendorf und Beckum 1900 bis 1918. (Veröffentlichungen aus dem Kreisarchiv Warendorf, Reihe 2, Heft 1) Münster/Warendorf 1989.

Schulte, Wilhelm
- (1947) Der Kreis Beckum. Münster 1947.
- (1963) Westfälische Köpfe, 300 Lebensbilder bedeutender Westfalen. Münster 1963.

Schulte, Ludger
- (1970) Ahlener Werkssiedlungen gestern und heute. In: Unsere Heimat Kreis Beckum, 1970, S. 46-53.

Schumacher, Martin
- (1972) Mittelstandsfront und Republik. Die Wirtschaftspartei – Reichspartei des deutschen Mittelstandes 1919-1933. Düsseldorf 1972.
- (1977) Hausbesitz, Mittelstand und Wirtschaftspartei in der Weimarer Republik. In: Industrielles System und politische Entwicklung in der Weimarer Republik. Hrsg. von Hans Mommsen u.a. 2. Aufl. Düsseldorf 1977, Bd. 2, S. 823-844.

Schwenger, Rudolf
- (1932) Die betriebliche Sozialpolitik im Ruhrkohlenbergbau. München/Leipzig 1932.

Seifert, Hans
- (1951) Die wirtschaftliche Entwicklung und Struktur der Stadt Ahlen i. Westf. unter besonderer Berücksichtigung der Stanz- und Emailleindustrie. Diss. Köln 1951.

Die Siedlungsarbeit der Stadt Ahlen in Westfalen
- (1930). Im Auftrag der Stadtverwaltung hrsg. vom Stadtbauamt, Gemeinnützigem Bauverein GmbH, Gewerkschaft Westfalen und Bauverein Glückauf. Düsseldorf o.J. (1930).

Siegel, August
- (1926/27) Die Entwicklung der Stadt Kamen. Rückblick, Vergleich, Ausblick. In: Zechen-Zeitung, 1926, Nr. 23-24, 1927, Nr. 1-7.

Simon, Theo
- (1982) Kleine Kamener Stadtgeschichte. Kamen 1982.

Smula, Hans Jürgen
- (1986) Milieu und Partei. Eine regionale Analyse der Interdependenz von politisch-sozialen Milieus. Parteiensystem und Wahlverhalten am Beispiel des Landkreises Lüdinghausen 1919-1933. Diss. Münster 1986.

Spethmann, Hans
– (1928) 12 Jahre Ruhrbergbau. Aus seiner Geschichte von Kriegsanfang bis zum Franzosenabmarsch 1914-1925. Bd. 1 und 2. Berlin 1928.

Stachura, Peter
– (1978) Der kritische Wendepunkt? Die NSDAP und die Reichstagswahlen vom 20. Mai 1928. In Vierteljahrshefte für Zeitgeschichte. Jg. 26, 1978, S. 66-99.

Stefanski, Valentina-Maria
– (1984) Zum Prozeß der Emanzipation und Integration von Außenseitern: Polnische Arbeitsmigranten im Ruhrgebiet. Dortmund 1984.

Steinberg, Hans Günter
– (1978) Bevölkerungsentwicklung des Ruhrgebietes im 19. und 20. Jahrhundert. Düsseldorf 1978.

Stehlbrink, Wolfgang
– (1992) Die Stellung des preußischen Landrates im nationalsozialistischen Staat. Dissertationsmanuskript Universität Münster 1992.

Stephan, Werner
– (1973) Aufstieg und Verfall des Linksliberalismus 1918-1933. Geschichte der Deutschen Demokratischen Partei. Göttingen 1973.

Strotdrees, Gisbert
– (1991) Höfe, Bauern, Hungerjahre. Aus der Geschichte der westfälischen Landwirtschaft 1890-1950. Münster 1991.

Swientek, Horst Oskar
– (1954) Dortmund und Waldenburg/Schlesien. Eine städtische Patenschaft – zugleich ein Stück Industrie- und Sozialgeschichte. In: Beiträge zur Geschichte Dortmunds und der Grafschaft Mark. Jg. 1954, S. 119-126.
– (1961) Westfalen und Schlesien. (Reihe: Nordrhein-Westfalen und der Deutsche Osten). Dortmund 1961.

Tampke, Jürgen
– (1979) Die Sozialisierungsbewegung im Steinkohlenbergbau an der Ruhr. In: Glück auf, Kameraden! Die Bergarbeiter und ihre Organisationen in Deutschland. Hrsg. von Hans Mommsen und Ulrich Borsdorf. Köln 1979, S. 225-248.

Tenfelde, Klaus
– (1979) Der bergmännische Arbeitsplatz während der Hochindustrialisierung (1890-1919). In: Arbeiter im Industrialisierungsprozeß. Hrsg. von Werner Conze und Ulrich Engelhardt. Stuttgart 1979, S. 283-335.
– (1981) Sozialgeschichte der Bergarbeiterschaft an der Ruhr im 19. Jahrhundert. 2. durchgesehene Auflage, Bonn 1981.
– (1986) Sozialgeschichte und vergleichende Geschichte der Arbeiter. In: Arbeiter und Arbeiterbewegung im Vergleich. Berichte zur internationalen historischen Forschung. Hrsg. von demselben. München 1986, S. 13-62.
– (1990) Soziale Schichtung und soziale Konflikte. In: Das Ruhrgebiet im Industriezeitalter. Geschichte und Entwicklung. Hrsg. von Wolfgang Köllmann u.a. Düsseldorf 1990, Bd. 2, S. 121-217.

Teuteberg, Hans Jürgen
– (1984) Vom Agrar- zum Industriestaat (1850-1914). In: Westfälische Geschichte. Hrsg. von Wilhelm Kohl. Bd. 3: Das 19. und 20. Jahrhundert. Wirtschaft und Gesellschaft. Düsseldorf 1984, S. 163-312.

Thamer, Hans-Ulrich
– (1989) Verführung und Gewalt. Deutschland 1933-1945. 2. durchgesehene Auflage, Berlin 1989.

– (1990) Lokalgeschichte und Zeitgeschichte. In: Debatten um die lokale Zeitgeschichte. Methoden, Träger, Themen, Formen. Dokumentation einer Studienkonferenz der Thomas-Morus-Akademie Bensberg in Zusammenarbeit mit dem Landschaftsverband Rheinland/Referat Heimatpflege. Bergisch Gladbach 1990, S. 9-22.

Timm, Willy
– (1983) Unna unter dem Hakenkreuz. 1. Von den Anfängen bis zur Machtergreifung. Unna 1983.

Treuhandstelle für Bergmannswohnstätten im rheinisch-westfälischen Steinkohlenbezirk Essen 1920-1970
– (1970). Essen o.J. (1970).

Tschirbs, Rudolf
– (1986) Tarifpolitik im Ruhrgebiet 1918-1933. Berlin/New York 1986.

Turner, Henry Ashby
– (1985) Die Großunternehmer und der Aufstieg Hitlers. Berlin 1985.

Unverfehrt, Gabriele/ Evelyn Kroker
– (1981) Der Arbeitsplatz des Bergmanns in historischen Bildern und Dokumenten. 2. erweiterte Auflage, Bochum 1981.

Vierhaus, Rudolf
– (1967) Auswirkungen der Krise um 1930 in Deutschland. In: Die Staats- und Wirtschaftskrise des Deutschen Reiches 1929-1933. Hrsg. von Werner Conze und Hans Raupach. Stuttgart 1967, S. 155-175.

Wagner, Johannes Volker
– (1988) Sozialdemokratie und nationalsozialistische Machtergreifung in Bochum. In: Eine Partei in ihrer Region. Zur Geschichte der SPD im Westlichen Westfalen. Hrsg. von Bernd Faulenbach und Günther Högl. Essen 1988, S. 107-116.

Walde, Wendel vorm
– (1992) Gleichschaltung am Ort. Die Gladbecker Gemeindeorgane von 1933 bis 1939. In: Beiträge zur Gladbecker Geschichte, 1992, Heft 4, S. 30-62.

Weber, Hermann
– (1982) Hauptfeind Sozialdemokratie. Strategie und Taktik der KPD 1929-1933. Düsseldorf 1982.

Weber, Wolfhard
– (1975) Der Arbeitsplatz in einem expandierenden Wirtschaftszweig: Der Bergmann. In: Fabrik, Familie, Feierabend. Beiträge zur Sozialgeschichte des Alltags im Industriezeitalter. Hrsg. von Jürgen Reulecke und demselben. Wuppertal 1975, S. 89-113.

Weinberger, Bruno/Engeli, Christian
– (1983) Machtergreifung und kommunale Selbstverwaltung – Städte und Städtetag 1933. In: Der Städtetag N.F., Jg. 36, 1983, Heft 6, S. 414-418.

Werner, Wolfgang Franz
– (1984) Rüstungswirtschaftliche Mobilisierung und materielle Lebensverhältnisse im Ruhrgebiet 1933-1939. Das Beispiel der Bergarbeiter. In: Rheinland-Westfalen im Industriezeitalter. Beiträge zur Landesgeschichte des 19. und 20. Jahrhunderts. Bd. 3: Vom Ende der Weimarer Republik bis zum Land Nordrhein-Westfalen. Hrsg. von Kurt Düwell und Wolfgang Köllmann. Wuppertal 1984, S. 147-158.

Widerstand und Verfolgung in Dortmund 1933-1945
– (1981). Ständige Ausstellung und Dokumentation im Auftrage des Rates der Stadt Dortmund erstellt vom Stadtarchiv. 2. Auflage, Dortmund 1981.

Wiel, Paul
– (1970) Wirtschaftsgeschichte des Ruhrgebietes. Essen 1970

Winckler, Franz von
- (1985) Zur Sozialpolitik der oberschlesischen Montanunternehmer im 19. und zu Beginn des 20. Jahrhunderts. In: Beiträge zur Wirtschafts- und Sozialgeschichte Schlesiens. Hrsg. von Konrad Fuchs. Dortmund 1985, S. 187-200.
- (1972) Mittelstand, Demokratie und Nationalsozialismus. Die politische Entwicklung von Handwerk und Kleinhandel in der Weimarer Republik. Köln 1972.

Winkler, Heinrich August
- (1976) Mittelstand oder Volkspartei? Zur sozialen Basis der NSDAP. In: Faschismus und soziale Bewegung. Deutschland und Italien im Vergleich. Hrsg. von Wolfgang Schieder. 2. Auflage Göttingen 1976.
- (1977) Vom Protest zur Panik: Der gewerbliche Mittelstand in der Weimarer Republik. In: Industrielles System und politische Entwicklung in der Weimarer Republik. Hrsg. von Hans Mommsen, Dietmar Petzina und Bernd Weisbrod. 2. Auflage Düsseldorf 1977, Bd. 2, S. 778-791.
- (1983) Wie konnte es zum 30. Januar 1933 kommen? In: Aus Politik und Zeitgeschichte. Beilage zur Wochenzeitung „Das Parlament". B 4/5, 29. Januar 1983, S. 3-15.
- (1985) Von der Revolution zur Stabilisierung. Arbeiter und Arbeiterbewegung in der Weimarer Republik 1918 bis 1924. 2. durchgesehene und korrigierte Auflage, Berlin/Bonn 1985.
- (1987) Der Weg in die Katastrophe. Arbeiter und Arbeiterbewegung in der Weimarer Republik 1930 bis 1933. Berlin, Bonn 1987.

Witt, Christian-Peter
- (1979) Inflation, Wohnungszwangswirtschaft und Hauszinssteuer. Zur Regelung von Wohnungsbau und Wohnungsmarkt in der Weimarer Republik. In: Wohnen im Wandel. Beiträge zur Geschichte des Alltags in der bürgerlichen Gesellschaft. Hrsg. von Lutz Niethammer. Wuppertal 1979, S. 385-407.

Witt, Manfred
- (1991) Kommunale Demokratie, politisch-soziale Konflikte, wirtschaftliche Krise: Stadt und Region Hamm in der Weimarer Republik 1918-1932. In: Geschichte der Stadt und Region Hamm im 19. und 20. Jahrhundert. Hrsg. von Wilhelm Ribhegge. Düsseldorf 1991, S. 222-293.

Witthauer, Kurt
- (1958) Die Bevölkerung der Erde. Verteilung und Dynamik. Gotha 1958.

Wunderer, Hartmann
- (1980) Arbeitervereine und Arbeiterparteien. Kultur und Massenorganisationen in der Arbeiterbewegung (1890-1933). Frankfurt 1980.
- (1992) Noch einmal: Niedergang der Klassenkultur oder solidargemeinschaftlicher Höhepunkt? Anmerkungen zu einem Beitrag von Peter Lösche und Frank Walter. In: Geschichte und Gesellschaft, 18. Jg., 1992, Heft 1, S. 88-93.

Wurst, Adolf
- (1929) Festschrift zum 75jährigen Bestehen der Industrie- und Handelskammer Münster. Industrie und Handel des Bezirks 1854-1929. Münster 1929.

Zimmer, Werner
- (1987) Die Arbeiterbewegung in Ahlen von 1918 bis 1923. Magisterarbeit Universität Münster 1987.

Zollitsch, Wolfgang
- (1990) Arbeiter zwischen Weltwirtschaftskrise und Nationalsozialismus. Göttingen 1990.

Abbildungsnachweis

Berlin Document Center, Akte Tengelmann: 217
Die Glocke v. 18.1.1936: 303 (3)
Privatbesitz: 24, 27, 41, 56, 73, 102, 108, 115, 169, 193, 195, 196, 207, 208, 257, 260, 271, 273, 276 (2)
Stadtarchiv Kamen: 20, 48, 126, 139, 178, 230, 252, 295, 293 (2), 299
StAM, Generalstaatsanwalt Hamm, 1. Instanz, Nr. 12801: 270
Strotdrees (1991): 202
Westfälischer Anzeiger v. 28.8.1933: 221
Zechen-Zeitung Nr. 10/1934: 266, 284